敦煌文獻合集

張涌泉 主編 審訂

敦煌經部文獻合集

第九册 小學類羣書音義之屬 許建平 撰

中華書局

小學類羣書音義之屬

經典釋文

陸德明

周易釋文（泰卦—易略例）

斯五七三五（底一）

伯二六一七（底二）

【題解】

底一編號爲斯五七三五，殘片，存七行，首行僅存注文『輕舉貌古文作翩』七字（僅『輕舉』二字略全，餘五字僅存殘畫），末行中段之右側有殘泐，第三、五、六行下端亦殘損。起《泰卦》『篇篇』條注『輕舉』，至《同人卦》『而遠』條。羅福萇《倫敦博物館敦煌書目》首先定名爲《易經釋文》（羅氏之書目乃是根據日本狩野直喜從倫敦抄來的敦煌寫本目録而作，那麽最早定名者應是狩野直喜），《翟目》更進一步標明爲陸德明所著《周易釋文》，《敘録》定名與《翟目》同，《黄目》及《索引新編》均據以定名爲《經典釋文》，唯《索引》定爲《易占》，不確。

底二編號爲伯二六一七，爲一長卷，共三百二十六行，起《大有卦》，至卷末，尾題『周易經典釋文一卷』八字，諸家皆據尾題定名。

《敘録》及《翟目》最早確定底一及底二爲同一寫本，兩卷綴合後，共得三百三十三行，存《泰卦》至卷末，所佚者僅《乾》至《小畜》凡九卦，應該是内容較爲完整的一卷寫本。卦名朱書，其他墨書（王國維《唐寫本食療本草殘卷跋》，《觀堂集林》第四册一〇〇九頁，中華書局一九五九），寫卷正文單行大字，注文雙行小字。今依例擬名爲《周易釋文（泰卦—易略例）》（關於定名爲《周易釋文》的詳細理由請參閱許建平《敦煌經籍敘録》六一—六三頁，中華書局二〇〇六）。

寫卷卷末有題記五行：開元廿六年九月九日於蒲州趙全岳本寫此年八月七日／勑簡過放冬集　勑頭盧濟甲頭张抃又奉十二日／勑放春選差御史王佶就軍試　勑頭陳令祖／己卯開元廿七年正月十七日在新泉勘音并易一遍／五月廿五日於晉州衛杲本寫指例略

據此可知，此寫卷分兩次抄寫，《易經》部分的音義據趙全岳本抄寫，王弼《周易略例》的音義部分據衛杲本抄寫，而且《易經》部分的音義又重新據《周易》經文對勘過。蒲州及晉州在開元時皆屬河東道，則此抄寫人可能是河東道人（即今所謂山西省人），而其抄寫此《周易釋文》的目的，姜伯勤據題記中『勑簡過放冬集』、『勑放春選』等術語，認爲是一個應試者爲準備科舉考試而抄（考詳姜氏所著《敦煌社會文書導論》一二〇至一二一頁，臺北新文豐出版公司一九九二）。

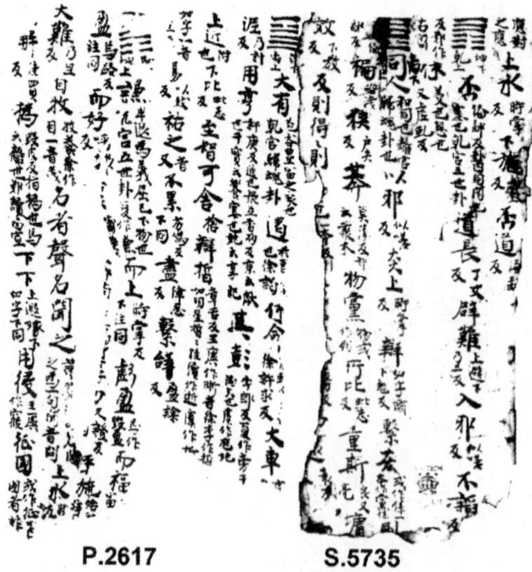

P.2617　S.5735

底一及底二綴合圖（局部）

寫卷并非陸德明《釋文》原貌，乃多次傳抄并經删改之本，而且其删改具有較大的隨意性，粗作概括，可分九類。

一、傳本詞目出二字或三字，寫卷删去無注音之字，如《井卦》『滓穢，側里反』條，寫卷僅出一『滓』字。二、《釋文》以直音爲注音，例作『音×』，寫卷或删『音』字，如《説卦》『蕃，音煩』，寫卷無『音』字；或作『×音』，如《萃卦》『妃，音配』，寫卷『音配』作『配音』。三、《釋文》凡切語皆作『××反』，寫卷或删去『反』字，如《復卦》

『心見，賢遍反』，寫卷無『反』字；或删去切語，如《損卦》『遄，市專反，速也』，寫卷無『市專反』三字；亦有删去『如字』二字者，如《繫辭上》『不流，如字，京作留』，寫卷無『如字』二字。四、《釋文》音切後多出義注，寫卷則删去義注，如《豫卦》『盍，胡臘反，合也』，寫卷無『合也』二字。五、《釋文》引主名爲全稱者，寫卷多删去一字，如《繫辭上》『利斷，丁亂反，王肅丁管反』，寫卷無『王』字。六、《釋文》音切或義訓有主名，寫卷删去主名，如《夬卦》『夬決，徐古穴反』，寫卷無『徐』字；《繫辭上》『險易，以豉反。注同。京云：險惡也』，寫卷無『京云』二字。七、《釋文》引用古書義訓，寫卷删去書名，如《恒卦》『餘蘊，紆粉反，《廣雅》云積也』，寫卷無『廣雅云』三字。八、大量的隨意删削，特别是《釋文》引用古人音切義訓，或出别本異文者，如《豐卦》『肱，古弘反，姚作股』，寫卷無『姚作股』三字；《説卦》『爲亟，紀力反。王肅去紀反。荀作極，云中也』，寫卷僅出『紀力反』三字。九、《釋文》傳本所出條目，殘卷無者凡一五一條。另外，亦有手民抄録時隨手改動者。《釋文》於『靠近』義之『近』皆音爲『附近之近』，并無例外，寫卷多改作『附也』（如《大有卦》『上近』條）或『去』（意謂讀作去聲，如《兑卦》『近』條）；《釋文》於『拯』字皆注云『拯救之拯』，寫卷多省作『救也』二字。以上種種，若一併出校，則過於煩碎，且亦無此必要，故凡於句意理解無礙、句讀可通者，即使與傳本相較有異文，亦不復再出校語；若因寫卷删削而致不可解或易生歧義者，方據刊本擬補并適當出校説明。

尚秉和所撰《周易釋文一卷》提要（《續修四庫全書總目提要》上册，中華書局一九九三。簡稱『尚秉和』）對底二作過校勘；羅常培《唐寫本經典釋文殘卷五種跋》（《國學季刊》第七卷第二期，一九五一。簡稱『羅常培』）則對底一、底二都作過校勘；黄焯《經典釋文彙校》（中華書局一九八〇。簡稱『彙校』）亦曾將底二作爲異本校入；于大成《周易釋文校唐記》（上、下）（連載於《孔孟學報》第二十九及三十二期，一九七五年四月、一九七六年九月。簡稱『于大成』）對底二作了詳細的校勘，然多録異文，考證較少，且未吸收尚秉和、羅常培的成果；馬敘倫《讀書續記》（北京市中國書店一九八五）亦曾據今本校寫本，臚列九條，惜無創獲，故不取。

底一據《英藏》録文，底二據《寶藏》一三九册《欣賞篇》録文，以中華書局影印清徐乾學通志堂本《經典釋文》爲校本（簡稱『刊本』），校録於後。

（前缺）

輕▨▨▨▨▨▨▨（舉貌。古文作翩）▭〔一〕應對之應。〔二〕 上承時掌反。 下施始豉反。 否道備▨（鄙）反。〔三〕

䷋坤下乾上〔四〕 否備鄙反，卦内同，閉也，塞也。乾宫三世卦。〔五〕 道長丁丈反。 辟難上避，下乃旦反。〔六〕 入邪似嗟反。 不謟□□（勑檢）反。〔七〕▭〔八〕反。鄭作古舀［字］。 休美也，息也。又虚虬反。

䷌离下乾上 同人和同也。離宫歸魂卦也。〔九〕 以邪似嗟反。 炎上時掌反。 辯如字，肅卜勉反。〔一〇〕 繫𠫤（吝）或作係。一本作『黨係』。 則▭▨▨（反，又）備鄙反。〔一一〕 褊必淺反。 狭（狹）户夹（夾）反。 莽莫蕩反，鄭云『藁木』。〔一二〕 物黨物或作朋。 所比毗志反。 量斯〔一三〕良，又亮。 墉▭〔一四〕 效下教反。 反則得得則□（吉）也一本『反則▭〔一五〕 ▨（號）▨▨□（户羔反）。〔一六〕 ▨（咷）道刀反。〔一七〕 ▨▨（而遠）〔一八〕袁万反。

䷍〔一九〕乾下离上 大有苞容豊富之象也。乾宫歸魂卦。〔二〇〕 遏於葛□（反），止也。徐［又音］謁。 休命▨▨▨▨▨（虚虬反，美也）。徐許求反。〔二一〕 大車肅▭▨（蜀）▭〔二二〕 泥乃計反。 用亨許庚反，通也。衆［家］並香兩反，京云『獻也』，干寶云『饗宴也』，姚云『享祀』。〔二三〕 其彭步郎反。夏作旁。干▭滿皃也。虞作尫。姚▭。〔二四〕 上近附也。下比毗志反。 至智。〔二五〕 可舍捨。 辯哲章舌反。王廙作晣，［同］音。徐、李作哲▭如『明星哲哲』。陸續作逝。虞作折。〔二六〕▭如字。一音□▨▨（乃旦反）。〔二七〕 易以豉反。 祐之音又。 不累劣僞反。下同。 盡津忍反。 繫辤盈[illegible]反。〔二八〕

䷎艮□（下）坤上〔二九〕 謙卑退爲義，屈己下物也。兑宫五世卦。夏作▨（嗛）。〔三〇〕 而上時掌反。下注同。 虧（虧）盈馬作『毁盈』。 而福▨（京）▭富。〔三一〕 □（惡）盈烏路反。注同。〔三二〕 而好呼報反。 ▨（裒）▨▨□（蒲侯反）。▨（鄭）、荀、▨（董）、▨▨▨▨（蜀才作捊）▭〔三三〕 ▨▨（稱物）尺證反。〔三四〕 平施始▨□（豉反）。注▨（同）。〔三五〕 大難乃旦反。自牧牧養。徐作目，一音茂。〔三六〕名者聲名聞之讀『聲』絶句，『名聞之』爲一句。聞，音問。〔三七〕上承時掌反。〔三八〕□（匪）解佳買反。〔三九〕撝毁皮反，指撝也。馬云『離也』，鄭讀爲宣。下下上遐嫁，下如字。下同。用侵王廙作寑。〔四〇〕征國或作『征邑國』者非。□〔四一〕所惡烏故反。〔四二〕爭鬭爭。〔四三〕

▨（䷏）〔四四〕□（坤）下震上 豫悦也，俻豫也。馬、王云：『豫，樂也。』震宫一世卦。〔四五〕剛應應對之應也。〔四六〕不忒他得反，鄭云『差也』。京作貸。清清静也；鄭云『猶希也』。〔四七〕奮方問反。動。〔四八〕殷於勤反，馬云『盛也』；《説文》云『作樂之盛稱殷』。京作隱。薦將電反。又作藨，獸名，或薦，並非。介于音界，纖介也。古文作砎。鄭古八反，［云］『謂磨也』。馬作扴，云『觸小石聲』。荀説音悦。▨（盱）香▨▨（于反）。向云：『▨▨（睢盱），小人喜悦之皃。』馬、王云：『盱，大也。』鄭云：□又火于反。子夏作紆。京作汙。姚作盱，云『日始出也』，引《詩》『盱如日旦』也。〔四九〕睢香維反。《説文》云『仰目也』。《字林》云火佳反。〔五〇〕由由，從也。鄭［云］『用也』。馬［云］：『猶豫，疑也。』〔五一〕盇胡臘反。簪（簪）徐側林反，夏云『疾也』，鄭云『速也』。肅又祖感。古文作貸。京作撍（撍）。馬作□（臧）。荀作宗。虞［作］戠，戠，叢合也。蜀才本作京，義從鄭也。〔五二〕冥覓經反，馬云『冥昧，耽樂也』，王廙云『深也』。又正定反。鄭讀爲鳴。〔五三〕有渝羊朱反。盡津忍反。樂洛。

䷐震下兑上 隨從也。震宫歸魂卦。而下遐嫁反。注下同。而説悦。注同。大亨貞本又作『大亨利貞』。而令力呈反。否俻鄙反。以嚮許亮反。肅作鄉。入宴徐烏練反，肅烏顯反。官有蜀才作『館』。〔五四〕乘夫苻。〔五五〕故舍捨。以擅市戰反。盡隨津忍反。正中或『中正』。□〔五六〕▨▨（許庚）反。▨（陸）許□。〔五七〕之濱賓。在道或作於道。〔五八〕

䷑巽下艮上 蠱音古，事也，惑［也］，亂也。《左傳》云：『於文皿蟲爲蠱。』又：『女惑男、風落山謂之蠱。』徐又姬祖反，一音故。巽宫歸魂卦。〔五九〕先息薦反，《彖》并注同。斷丁乱反。爭爭鬭也。治也直吏反。注同。説隨音悦。創刱上初亮，下制音。〔六〇〕洽復扶又反。〔六一〕以振舊音之慎。育德肅作古毓。〔六二〕考无咎馬云以『考』字絶句。〔六三〕裕羊樹反。馬云『寬也』。不累劣僞反。

䷒兑下坤上　臨《序卦》云『大也』。坤宫二世卦。浸子鴆反。而長丁丈反。説悦。下同。教思息吏反。强居良反。注同。〔六四〕媚密偹反。位當或作『當位』，非也。知智音。

䷓坤下巽上　觀官喚反，不也。乹宫四世卦。〔六五〕盥音管。顒魚恭反。足復扶又反。灌官喚反。忒他得反。〔六六〕神道或有『以神道』。〔六七〕童觀馬云『童猶獨也』，鄭云『稚也』。遠袁万反。朝美直遥反。所鑒古暫反。下同。闚苦規反。或作窺。〔六八〕狹（狹）户夹（夾）反。女貞或有『利』字。比毗志反。最近附也。德見賢遍反。易以豉反。夫觀至大觀肅音官。以觀天徐唯此一字作觀音。〔六九〕觀廣官音。居觀主觀從『盡夫觀盛』以下並官喚反。餘不出者悉音官。〔七〇〕

噬嗑傳第三〔七一〕

䷔震下离上　噬市制反，囓也。〔七二〕嗑胡臘反，合也。巽宫五世卦。齧研節反。有閒閒厠之閒。與過或作『有過』。頤以之反。不合或作『而合』。溷胡困反，濁也，雜也，乱也，韋昭云『汙辱也』。上行時掌反。注同。勑法俗字也，《字林》作『敕』。鄭云『猶理也』。一云整也。〔七三〕屨紀具反。校爻教反。馬音教。滅止或作趾。趾，足。於着（著）張慮反。〔七四〕挃章實反。〔七五〕懲直冰反。不重直勇反。〔七六〕絞交戒反。〔七七〕不行也本或作『止不行』。膚肥美曰膚。其分苻問反。〔七八〕脆七歲反。腊肉音昔。馬云：『晞於陽而煬於日曰腊肉。』鄭［注］《周禮》云：『小物全乾曰腊。』〔七九〕乾音干。胏緇美反，馬云『有骨謂之胏』，鄭云『簀也』，《字林》云『食所遺也』，一曰『脯也』。子夏□荀、董同。〔八〇〕聡不明馬云『耳無所聞也』，鄭云『目不明耳不聡也』，肅云『聡不明』。〔八一〕可解佳買反。

䷕离下艮上　賁彼僞反。徐甫寄反，李府盆反。傅氏：『賁，古斑字，文章皃。』鄭云：『賁，變也，變文飾之皃。』王肅苻文反，云：『賁，有坎飾，黄白色。』艮宫一世卦。〔八二〕剛上時掌反。注同。解天蟹。下同。以明蜀才作命。敢折之舌反。注同。鄭云『斷也』。斷音丁乱反。上附時掌反。皤白波反。《説文》云『老人白也』。董音盤，云『馬作足横行皤』。鄭、陸作

[燔]，音煩。荀[作]波。〔八三〕 翰（翰）户旦反，董云『馬舉頭高仰也』，馬、荀云『高也』，鄭云『白也』。〔八四〕 媾古豆反。〔八五〕 趾止。鄭云：『趾，足也。』舍捨。注同。 車音居。鄭作輿。 須字從彡，水邊非。 比毗志反。〔八六〕 閡五戴反。 寇難乃旦反。下同。 賁于黄作世。〔八七〕 束帛子夏云：『五匹爲束，三玄二纁，象陰陽。』 戔戔在千反，馬云『委積皃』，薛、虞云『礼之也』，黄云『猥積皃』，一云顯見皃。子夏作殘殘。〔八八〕 有喜如字，徐許意反。《无妄》、《大畜》卦放此。

䷖巛下艮上 剥邦角反。《彖》云『剥，剥也』，馬云『落也』，《説文》云『裂也』。乾宮五世卦。〔八九〕 人長丁丈反。下注皆同。 强其良反。 亢苦浪反。〔九〇〕 激經歷反。 拂附弗反。 忤五故反。 殞于敏反。 失處昌吕反，又昌預反。 蔑莫結反，猶削也，楚俗削蔑之言；馬云『無也』，鄭[云]『輕慢也』。荀作滅也。 猶削相略反。或作消，此從荀也。下皆然。 以辯徐音辯具之辯，足上也，馬、鄭[同]；[黄]云『牀簀也』；薛、虞云『膝下也』。鄭苻免反。 肅不免反。〔九一〕 浸子鴆反。下同。 近附也。 六三剥無咎作『剥之无咎』，非。〔九二〕 以膚方于反。京作簠，祭器。〔九三〕 近巨靳反。 貫魚古乱反。徐官音。 駢薄田反。 輿餘。董作德車。〔九四〕 廬力居反。 覆芳富反。〔九五〕 蔭於鴆反。 所芘或作庇，必利反，又悲備反。

䷗震下巛上 復音服，反[也]，還也。巛宮一世卦。〔九六〕 朋如字，京作崩。〔九七〕 反復芳福反。《彖》注同。 剛反絶句。 長丁丈反。下注同。 心見賢遍。 具存或作『其存』。 不省悉井反。〔九八〕 旅鄭云：『資貨而行曰商。』旅，客。〔九九〕 無祇支音，辞也。馬同，音之是反。韓康祁支反，[云]『大也』，鄭云『病也』。肅作禔，時支反。陸[云]『禔，安也』。九家本作多字，音支。〔一〇〇〕 幾悔音機（機），又祈。 難乃旦反。 遠袁万反。 錯之七故反。 休虚虬反。 軍比毗志反。〔一〇一〕 仁行下孟。 下仁遐嫁反。 以下徐户嫁反。 頻頻眉也。鄭作顰，馬云『憂頻也』。〔一〇二〕 頻戚千寂反，又子六反。 自考鄭云『成也』，向云『察也』。 有灾鄭作烖。按《説文》，烖，正字也；或灾字；災，籀文也。 眚生領反。子夏云：『傷害曰灾，妖祥曰眚。』鄭云：『異自内曰眚，自外曰祥，害物曰灾。』〔一〇三〕 雖復扶又反。

䷘震下乾上 无妄亡亮反，无虚妄也。《説文》：『妄，乱也，誣也。』馬、鄭、肅云：『妄猶望也。』謂所无希望。巽宮四世卦。〔一〇四〕柔邪似嗟反。不佑音又，鄭云『助也』。或作祐。馬作右，謂天不右行。下賤遐嫁反。穫黄郭反。注『不耕而穫』，非。〔一〇五〕菑側其反，馬云『田一歲也』，董云『反草也』。畬餘音，田三歲；董〔云〕『悉耨曰畬』；《説文》云『三歲治田也』。《字林》弋恕反。〔一〇六〕不造曹早反。〔一〇七〕擅市戰反。行違下孟反。『之行』同。爲獲作穫非。比毗志反。近附也。自復服也。〔一〇八〕試試驗也。一云用也。

䷙乾下艮上　大畜有〔作〕蓄者，勑六反。義与《小畜》同。艮宫二世卦。〔一〇九〕剛健絶句。煇輝。光絶句。日新絶句。物厭於艷。〔一一〇〕令賢力呈反。險難乃旦反。多識如字，一試音。劉表作志。〔一一一〕往行下孟反。利已夷止反。畜己紀。〔一一二〕輿音餘。已則夷止反。〔一一三〕説吐活反。馬云『解』。輹音福，又服音，車下縛也。《老子》云『卅輻共〔一〕轂』也。《釋〔名〕》云：『輹似人屐。』又曰：『伏兔在軸上似之也。』又：『輹伏在軸上也。』〔一一四〕憑河皮冰反。〔一一五〕良馬逐逐鄭〔云〕：『兩馬走也。』姚云：『逐逐，並馳之皃。』一音冑。〔一一六〕曰閑越音，又人質反，猶『言』，鄭云『日習車徒也』。閑，閡也，鄭〔云〕『習也』。〔一一七〕險阨於革反。童牛無角牛。《〔廣〕蒼》作㹔。劉作童。〔一一八〕牿〔一一九〕古毒反。九家作告。《説文》云：『牛觸角著横木。』有喜許意反。〔一二〇〕抑鋭上於力反，又灾卧反。強争上其良反。有喜許意反。豶苻文反。劉云：『豕去勢曰豶。』〔一二一〕之牙鄭讀爲互。猾于八反。又作骨，剛突反。〔一二二〕禁暴上金音。何天音何。梁武帝何可反。〔一二三〕衢其俱反。馬云：『四達〔謂之〕衢。』〔一二四〕亨許庚反。

䷚震下艮上　頤以之反，養也。篆文字也。巽宫遊魂卦。舍捨。朶都果反，動也。京作揣。〔一二五〕嚼詳略反。能令力呈反。〔一二六〕離力智反。闐顛丁田反。〔一二七〕拂苻拂反，違也。薛敷弗反。〔一二八〕履夫苻。〔一二九〕此行下孟反。悖布内反，逆。眈眈丁南反，虎視皃。逐逐敦實也，薛云『速也』。子夏攸攸，《志〔林〕》云『攸當爲逐』。蘇林音迪。荀爽作悠悠。劉表𨗴，云『遠也』，音式六反。〔一三〇〕施賢始豉反。上施上同。〔一三一〕得頤或作『〔得〕順』。〔一三二〕難乃旦反。厲吉嚴厲也，馬、王〔云〕『危也』。羨息練反。㠓躁音。〔一三三〕

䷛巽下兑上　大過徐古卧反，過，罪也，超也。震宮遊魂卦。棟橈乃教反，曲折也。拯拯救也。弱或讀溺。而説悦。救難乃旦反。遯徒遜反。藉在夜反。馬云：『在下曰藉。』唯慎辰震反。枯如字。鄭［音］姑，謂无姑山榆。梯徒奚反。〔一三四〕特或作持。令力呈反。少詩照反。穉直吏反。〔一三五〕長丁丈反。溺乃歷反。喪如字。〔一三六〕華花。譽預，又餘。

䷜坎下坎上　習便習也，重。劉云：『水流不休，故曰習。』坎徐苦感反。又作埳。京、劉作飲，險也。八純卦，象水。謂便婢面反。重直龍反。下同。陗七妙反。洊在薦反。徐又在悶。干寶在荐，《尔疋》云『再也』，劉云『仍也』，臻也。〔一三七〕德行下孟反。難乃旦反。夫苻。窞徒坎反，《説文》『坎中更有坎也』。一云窞，底也。《字林》：『坎中小坎。』一曰傍入。〔一三八〕而復扶又反。險且如字。鄭、向作撿，鄭云『木在手曰撿』。枕徐針鴆反，鄭［云］『木在首曰枕』，陸云『閑閡險之皃』。九家作玷。古文作沉。〔一三九〕樽酒絶句。缶方有反。絶句。〔一四〇〕簋貳軌，絶句。自牖誘。〔一四一〕比毗志反。食嗣音，飤也。〔一四二〕祇音支，又祈支。鄭云『小丘』。京作禔，《説文》上支反，安也。〔一四三〕纆墨音。三股曰徽，兩股曰纆，皆索名。〔一四四〕寘置也，之豉反。〔一四五〕

䷝离下离上　離離，麗也。麗，著也。八純卦，象火。〔一四六〕牝頻忍反，徐扶死反。下同。〔一四七〕猶着（著）直略反。木麗《説文》作麗。〔一四八〕乎土肅作地。重直龍反。兩作鄭［云］『作，起』，荀云『用』。照明相繼一本無『明照』二字。〔一四九〕鍇鄭七洛反，馬七路反。〔一五〇〕驚言領反。〔一五一〕辟音避。鼓鄭作擊。耊田節反，馬云『七十』，肅云『八十』。之嗟如字。肅遭歌反。荀爽作差。〔一五二〕突《字林》云『暫出』。出如字。徐尺遂反。涕徐他米反，又弟音。沱徒何反。荀作沲。〔一五三〕若如也。戚千寂反，咨慼也。勝音升。逆首逆道，兩道。〔一五四〕離離，麗也。梁武力智反。折徐之舌反。以去羌吕反。

咸傳第四下經〔一五五〕

䷞艮下兑上　咸《彖》云『感也』。兑宫三世卦。〔一五六〕娶女七具反。又『取』。〔一五七〕相與與猶親也。而説悦。下遐嫁反。見於賢遍反。受人如字。時胄反。〔一五八〕拇茂后反，馬、鄭、薛云『足大指也』。夏作跗。［荀作母］，云『陰位之尊』。〔一五九〕　腓房非反，腨腸也，王廙〔云〕『腓腸也』。腨音市戀反。荀〔作〕肥，〔云〕『五也』。尊盛故稱肥。〔一六〇〕　離搊力智反。躁早報反。　股古。　憧憧昌容反，馬云『行皃』；肅云『往來不絶皃』；劉云『意未定也』；《字林》云『遲也』。徐音鍾。〔一六一〕　脢武杯反，心上口下也；鄭云『背脊肉也』；《廣疋》云『胂謂之脢』。胂音以人反。　輔上頷也。虞云酺，耳目之閒也。〔一六二〕　頰兼叶反。　滕待登反。〔一六三〕　口說如字。徐〔音〕脱，又始銳反。

䷟巽下震上　恒久也。震宫三世卦。　長陽長陰並丁丈反。　媲普計反，配也。　復始扶又反。　見去。〔一六四〕　浚荀閏反，深也。鄭作濬。〔一六五〕　令物力呈反。　緼紆粉反，積也。　或承或，有也。　德行下孟反。　詰去吉反。　振恒之刃反，馬云『動也』，鄭云『搖也』。張作震。〔一六六〕

䷠艮下乾上　遯徒遜反。又〔作〕遁，隱退也。匿迹避時，退隱之謂。鄭云：『逃〔去〕之名。』乾宫二世卦也。〔一六七〕　非否備鄙反。　浸子鴆反。　長丁丈反。　以遠袁万反。　避内避。〔一六八〕　難乃旦反。　何灾何可反。〔一六九〕　勝升證反。　說肅云『解說』。徐脱，又始銳反。〔一七〇〕　皆遯已以音，或紀。〔一七一〕　係古詣。　畜許六反。〔一七二〕　憊蒲拜反，鄭〔云〕『困也』。肅〔作〕斃也。〔一七三〕　好遯呼報反。　人否音鄙，惡也。　能舍捨。　肥〔子夏傳〕云『饒裕』。　累劣僞反。　繳章略反。

䷡乾下震上　大壯莊亮反，威〔盛〕強猛之名也；鄭云『氣力浸強之名』；肅云『壯盛也』；《廣〔雅〕》云『健也』；馬云『傷也』；郭璞云『淮南人呼壯爲傷』。《宫四世卦也。〔一七四〕　慎礼或作順，義亦通。〔一七五〕　冈羅冈；王、馬云『无也』。〔一七六〕　羝音低，張云羝羊。〔一七七〕　藩方袁反。徐甫言反。下同。馬云『離落』。〔一七八〕　羸律悲反，馬云『大索也』。鄭、虞作纍。　雖復扶又反。　藩决（決）音穴。〔一七九〕　大輿餘。　輹音福，鄭作復伏反。〔一八〇〕　行下孟反。　能說吐活反。　喪息浪反。　于易以豉反，鄭謂挍易也。陸作埸，謂壃埸也。〔一八一〕　難則難並乃旦反。　長猶與上丁丈反，下預音。　其分扶問反。　詳詳審也。王〔肅〕作祥，善也。　不長直良反。〔一八二〕

䷢離上坤下〔一八三〕　晉晉進也。乹宫遊魂卦。　康美之名也，馬云『安也』，鄭〔云〕『尊也』，陸云『安樂也』。　蕃音煩，多也。鄭發袁反。庶如字。鄭止奢反，謂藩遮也。〔一八四〕晝竹又反。三息暫反。〔一八五〕接如字。鄭〔音〕捷，捷，勝也。上時掌反。着（著）直略反。褫勑紙反，又直紙反。摧罪雷反，退也。鄭〔讀〕如『南山崔崔』。自喪息浪反。愁狀由反。變色皃。介戒。和之胡過反。〔一八六〕鼫石。

䷣离下坤上　明夷夷，傷也。坎宮遊魂卦。大難乃旦反。莅履二反。蔽或『弊僞』，並依字讀。〔一八七〕所辟音避。下同。遠袁万反。遁徒困反。〔一八八〕匿女力反。遑皇。夷如字，鄭、六同，云『旁視曰睇』。〔一八九〕左股古，肅云『旋也，日隨天左旋也』。姚作〔右〕槃，云『自辰右旋入丑』。〔一九〇〕用丞拯救也。子夏作抍也。《字林》云：『抍，上舉也。』音承。〔一九一〕示行或作亦。近難近，附也。憚但旦反。〔一九二〕狩手又反。作守。〔一九三〕去羌吕反。忤五故反。箕子蜀才箕作其。劉向云：『祭《易》箕子〔作〕荄滋。』鄒湛云：『訓箕爲荄，姑子爲滋，蔓衍無徑，不可致詰，以譏荀爽。』〔一九四〕比毗志反。

䷤离下巽上　家人《説文》：『家，居也。』按人所居稱家，室内謂之家也。巽宫二世卦。〔一九五〕熾尺志反。而行下孟反。閑馬〔云〕『闌』。饋巨愧反，食也。嗃嗃呼洛反，又呼學反，馬云『悦樂自〔得〕之皃』，鄭〔云〕『苦熱之意』。荀作確確，劉作嗃嗃也。〔一九六〕嘻嘻喜悲反，馬云『笑聲』，鄭〔云〕『驕佚喜笑之意』。張璠作嬉之，陸作喜喜。〔一九七〕長丁丈反。近附也。王假更白反。徐古雅反。愛樂洛。

䷥兑下离上　睽苦圭反，《序卦》云『乖也』，《雜卦》云『外也』，《説文》『不相聽也』。艮宫四世卦。〔一九八〕上時掌反。同行去。〔一九九〕説悦。喪息浪反。必顯或作類。可援于眷反，又袁。辟音避。巷《字書》作衖。〔二〇〇〕曳以制反。掣昌逝反。徐市制反。《説文》云：『角一俯一仰也。』子夏〔云〕：『一角仰也。』荀作觭。〔劉本〕從〔《説〕文》，〔解〕依鄭。〔二〇一〕人天天，剠也。馬云：『剠鑿其額曰天。』劓魚器反，截鼻也。肅作臲，魚一反。比毗志反。噬市制反。之弧音胡。後説吐活反。又始鋭反。之弧京、馬、鄭、肅作胡。〔二〇二〕媾古豆。〔二〇三〕恢苦回反。詭譎上九委反，乖也。下古穴反，詐也。〔二〇四〕吁况于反。剠其京反。

艮下坎上　蹇紀免反。兑宫四世卦。〔二〇五〕　難乃旦反。下同。　解蟹。　未否俻鄙反。　知音智。　得中如字。又張仲反。　正邦荀、陸作『正國』，爲漢朝諱。　宜待張璠『宜時也』，鄭『宜待時也』。〔二〇六〕　遠袁万反。　喜又許意反。〔二〇七〕　璉力善反。〔二〇八〕　長丁丈反。　碩音石。〔二〇九〕

坎下震上　解音蟹，［序卦］云『緩也』。　震宫二世卦。〔二一〇〕　濟戹或作危。　解並蟹。〔二一一〕　得中丁仲反。〔二一二〕　坼勑宅反，《説文》云『裂也』，《廣［雅］》云『分也』。　陸、馬作宅，云『根也』。〔二一三〕　否結俻鄙反。　亨許庚反。　宥又音。　磐步丹反。　有遇或作『過』。　稱尺證反。　失枉紆往反。〔二一四〕　且乘如字。　肅繩證反。　邪似嗟反。　戎或作『致寇』。〔二一五〕　解徐佳買反。〔二一六〕　拇茂后反，陸［云］『足大指』。　比毗志反。　有解蟹。　用射食亦反。　隼荀尹反，鷂也。　高墉容。　悖布内反。

兑下艮上　損虧（虧）减損之義。《序卦》云『緩必有此失』是也。　艮宫三世卦。〔二一七〕　曷何葛反。　簋蜀才作軌。〔二一八〕　亨香兩反。　下同。　才作許庚反。〔二一九〕　上行時掌反。　陰（陰）説悦。　非長丁丈反。　下『德長』、『遂長』同。　爲邪似嗟反。　能拯救也。　難乃旦反。〔二二〇〕　簋應對應。〔二二一〕　分扶問反。　懲直升反，止也；鄭云『清也』。　劉作澂，云『清也』。　才作澄也。〔二二二〕　忿芳粉反。　窒珍栗反。　徐得悉反。　鄭作憤，憤，止也。　孟作恎。　陸作脊。〔二二三〕　欲孟作浴。　已事以音。　虞作紀。〔二二四〕　遄速也。　荀作顓。　復自扶又反。　二注同。〔二二五〕　以上時掌反。　化淳尚春反。　以離力智反。　知者音智。　上祐音又。　亦作佑。　不制或作『下制』。

震下巽上　益增長之名也，又弘裕爲義。《繫辭》云『益長［裕］而不設』也。　巽宫三世卦。〔二二六〕　民説悦。　彊居良反。〔二二七〕　下下上遐嫁反。　難乃旦反。〔二二八〕　天施始豉反。　之處昌預反。　下『其處』同。　用亨香兩反，廣許庚反。〔二二九〕　不爲或作『不届』。〔二三〇〕　用費芳貴反。　无厭於鹽反。〔二三一〕　莫和胡卧反。　惡盈烏路反。　偏辟音篇。

下經夬傳第五

乾下兑上　夬古快反，决也。　巛宫五世卦。　孚號胡報反。〔二三二〕　剛幾祈。　决（決）古穴反。〔二三三〕　而説悦。　齊長丁丈反。　則邪斷上似嗟反，下丁乱反。〔二三四〕　上時掌反。　以施去。〔二三五〕　壯（壯）側亮反。　趾止。　惕勑歷反。　荀作錫，［云］『錫，賜也』。　號户羔反。　莫夜暮音。　鄭云：『莫，無也。』無夜，非一夜。〔二三六〕　號呼火故反。　頄求龜反，顴也。　又求音，又丘倫反。　翟云：『面顴頰閒骨也。』鄭作頯，『夹（夾）面也』。　鼐音龜。　江氏音琴威。　才作仇。〔二三七〕　濡而朱反。〔二三八〕　愠紆運反，恨也。　權如字。　《字書》作顴。〔二三九〕　累劣僞反。　臀徒敦反。　次或作趑，又作欧；《説文》作越，《説文》『倉卆（卒）也』，七私反。　馬云『却行不前也』。　下卦放此。　且或作趄，七餘反。　義連上同上。〔二四〇〕　牽子夏作掔，苦年反。　牿丁礼反。　或作羝，又丁啼反。〔二四一〕　佷胡懇反。〔二四二〕　莧閑辯反。　陸陸，商陸也。　才作睦。〔二四三〕　脃七歲反。　易以豉反。　比必夷反。〔二四四〕　咷徒刀反。

䷫巽下乾上　姤古豆反。　古文遘，遇也。　乾宫一世卦。〔二四五〕　用娶七喻反。　又作取。　正乃亦作疋。　誥古報反。　鄭作［詰］，起一反。〔二四六〕　柅徐乃履反，又女紀反。　《説文》作掜，云『絡絲趺也，讀若昵』。　才作尼，云『止也』。　子夏鏑。〔二四七〕　羸豖劣隨反。　鄭力追反。　陸作累。　蹢直戟反。　徐治益反。　或作躑。　古文蹢。〔二四八〕　躅重録反。〔二四九〕　牝頻忍反。　豭家音。　包或作庖，白交反。　荀作胞。　鄭百交反。　虞云『白茅苞［之］』。〔二五〇〕　利賓如字。　才作嬪。〔二五一〕　擅市戰反。　遠袁万反。　杞音起，張云『苟杞』，馬［云］『大木也』，鄭［云］『柳也』，薛云『杞柳，柔刃木也』。〔二五二〕　包瓜上白交反。　下工花反。　舍捨。　復扶又反。　争争鬬也。

䷬坤下兑上　苹在季反，聚也。　兑宫二世卦。〔二五三〕　亨許庚反。　鼐同。　馬、鄭、陸、虞等無亨字。〔二五四〕　王假更白反。　注同。〔二五五〕　以説悦。　則邪似嗟反。　孝享香兩反。　聚荀作『取』。　上時掌反。　除戎陸云：『除猶脩理也。』鄭云：『除，去也。』〔二五六〕　若號户報反。　絶句。　鄭、王户羔反。　握烏學反。　鄭［云］：『握當爲屋。』好呼報反。　愞乃乱反。〔二五七〕　正亦作疋。　妃配音。　禴羊略反，殷春祭名。　僻多匹亦反。〔二五八〕　遠袁万反。　之省生領反。　下同。　比毗志反。　未光亦有一本『志光』。〔二五九〕　齎徐將池反。　鼐將啼反。　咨音諮，嗟嘆之辞也。　鄭［同。　馬云］『悲聲』。〔二六〇〕　涕徐音體。　又作苐。〔二六一〕　洟他麗反，又夷音。　鄭云：『自目曰涕，自鼻曰洟也。』

䷭巽下坤上　升式陵反，上也。鄭[作]昇也，馬云『高也』。震宮四世卦。〔二六二〕　用見或作『利見』。　以順或作慎。　以高或作『以成高大』。〔二六三〕　閑邪似嗟反。　升虛空也。　用亨許庚反，通也。馬、鄭、陸並許兩反，[馬]云『祭也』。　岐山其宜反。〔二六四〕　攘如羊反。　冥覓經反，闇昧之義。又[云]『日冥』。　則喪息浪反。

䷮坎下兑上　困窮悴(悴)掩蔽之義。故[象]云：『剛掩也。』兑宮一世卦。〔二六五〕　揜掩。　以說悅。　臀徒敦反。　株張愚反。　谷徐古木反。　覿大歷反。　拯救也。　遯徒困反。　數歲色柱反。亦作『三歲』。　解蟹。　紱弗。〔二六六〕　享祀許兩反。注同。　難乃旦反。〔二六七〕　不勝升音。　衍延善反。　蒺疾。　蔾(藜)梨音。蒺蔾(藜)，茨草。　比毗志反。　焉得於虔反。　徐徐徐徐，疑懼皃；馬云『安行也』。[子]夏作『荼荼』。翟云『内不定意也』。　金車或作『金輿』。　劓魚器(器)。　刖徐五刮反，月音。　祭祀亦作『享祭』本。〔二六八〕　遐遠或作『遐迩』。〔二六九〕　藟力軌反，似葛之草也。《毛詩[草木疏]》云：『一名巨苽，似蘡薁，亦連蔓，幽州人謂之推虆。』〔二七〇〕　臲五結反。　肅姸喆反。《說文》作臲。〔二七一〕　卼五骨反，月音。《說文》作䑢，云『不安也』。〔二七二〕　曰動音越。　令生力呈反。

䷯巽下坎上　井《雜卦》云『通也』；《象》[云]『養而不窮也』。《周書》『黃帝穿井』，《世本》云『伯益作井』，堯臣也。《廣[雅]》云：『井，深也。』鄭云：『井，法。』清潔爲義。震宮五世卦也。〔二七三〕　無喪息浪反。　汔徐許訖反，肅其乞反。　繘音橘，鄭[云]『綆也』。《方言》：『關西[謂]綆爲繘。』[郭]璞云：『汲水索也。』又述。〔二七四〕　羸律悲反，徐力追反。　瓶白經反。　幾辯或機音。〔二七五〕　覆芳福反。　上水時掌反。下同。　井養以尚反。〔二七六〕　勞力報反。注同。　勸相息亮反。　上時掌反。〔二七七〕　井泥乃計反。注及下同。　滓側里反。　嚮向。〔二七八〕　舍捨。　井谷古木反，又浴。　射食亦反。徐食夜反，厭也。　鮒附，魚名也。《子夏[傳]》謂蝦蟇。　甕屋送反。《說文》：『甕，汲缾。』〔二七九〕　敝婢世反。徐、王扶滅反。〔二八〇〕　谿喻啼反。〔二八一〕　復扶又反。　與之或『莫之与』。〔二八二〕　渫息列反。徐食列反。治也。〔二八三〕　心側緇力反，《說文》[云]『痛』。〔二八四〕　汲急。　汙烏。　行下孟反。　井甃側舊反，馬云『爲瓦裹下達上也』，子夏云『修治也』，才云『以塼壘井也』。壯(壯)謬反。〔二八五〕　冽音烈，潔也；《說文》

[云]『水清』。〔二八六〕 不橈乃孝反。 不食又嗣。 收徐詩救反，馬云『爲乙汲也』，陸云『井幹』。〔二八七〕 勿幕音莫，覆也。

䷰离下兑上 革馬、鄭云『改也』。 坎宫四世卦。〔二八八〕 已曰上以下越。〔二八九〕 樂洛。 相息馬云『滅也』。《説文》相熄。〔二九〇〕 欲上時掌反。 信之一本无『之』。 以説悦。 治曆直吏反。〔二九一〕 鞏九勇反。 仞仁震反。〔二九二〕 行有如字，又下孟反。 比毗志反。 炳兵領反。 蔚音尉，又紆弗反，《廣[雅]》云『茂也，數也』。《説文》作斐。〔二九三〕

䷱巽下离上 鼎丁冷反，法象也，即鼎器(器)也。 離宫二世卦。〔二九四〕 革去羌吕反。 愚別彼列反。 火烹普庚反，煑也。『聖人烹』、『大烹』、『烹飪』並音同。〔二九五〕 飪入甚反，熟也。 徐而鴆反。 以享香兩反。『享上帝』同。〔二九六〕 上行時掌反。 凝魚承反，嚴皃；鄭云『成也』。 翟作擬，云『度』。 顛(顛)丁田反，倒也。 趾止。 出否上徐尺遂反。 下悲紀反，惡也。〔二九七〕 是覆芳目反。 趾倒丁老反。 以爲于僞反。 下『[體]爲』同。〔二九八〕 悖必内反，逆也。 仇音求，鄭云『怨偶曰仇』。〔二九九〕 復扶又反。 其行下孟反。 膏食之美者。 折足之舌反。 餗送鹿反，虞云『八珍之具』，鄭云『菜也』，馬云『鍵也』。 [鍵]音[之]然反。〔三〇〇〕 渥於角反，沾也。 鄭音屋。 施始豉反。 所盛成。 知小智。 鉉玄典反。 徐古玄反。 馬云：『鉉，扛鼎舉足。』〔三〇一〕 用勁吉政反。〔三〇二〕

䷲震下震上 震止慎反，動也。 八純卦，象雷。 以成成亦作盛。 虩虩許戟反，馬云『恐懼』。 荀作『愬愬』。〔三〇三〕 啞啞烏客反，馬云『笑』，鄭云『樂』。 惰徒卧反。 解慢佳買反。〔三〇四〕 喪息浪反。 匕必以反。 鬯勑亮反，香酒。 長丁丈反。 己出音紀。 洊在薦反。 徐在悶反。〔三〇五〕 億噫，於其反，辝也；鄭云『十万曰億』。 貝又音敗。〔三〇六〕 喪息浪反。 荀如字。 躋子西反，升也。 雖復扶又反。 蘇蘇疑懼皃；肅云『躁動皃』；鄭云『不安也』；馬云『尸禄素飡皃』。〔三〇七〕 无眚生領反。 遂泥乃計反。 難乃旦反。〔三〇八〕 索索桑落反，懼也；馬云『内不安皃』；鄭云『猶縮縮，足不正也』。〔三〇九〕 矍矍俱縛反。 徐許縛反。 馬云『中未得皃』，鄭云『目不正皃』。 媾古豆反。〔三一〇〕

䷳艮下艮上 艮止也。 鄭云：『艮之言很。』八純卦，象山。 背必内反。 徐甫載反。 相背音佩。 否之俻鄙反。 令物力呈反。而強其兩。姸邪似嗟反。應又音鷹。〔三一一〕趾止。腓苻非反。拯拯，救也。〔三一二〕快苦夬反。其限胥也。〔三一三〕夤引真反，夹（夾）脊宍也。徐音𠃵。荀作腎，［云］：『互體有坎，坎爲腎。』〔三一四〕薰許云反。互體有震，震爲動。喪息浪反。

䷴艮下巽上　漸捷檢反。階漸之道。艮宮歸魂卦。女歸吉也肅本『吉利貞』。善俗王作『風俗』。于干鄭［云］『干，水旁，故停水處』；陸云『水畔稱干』；《毛詩傳》云『涯也，澗也』；王云『澗水也』。〔三一五〕困於又本『困讒於小子』也。〔三一六〕謗博浪反。諛臾。盤山石之安也；馬云『山中石盤紆』。〔三一七〕衎衎苦旦反，馬云『饒衍』。〔三一八〕養羊尚反。樂洛。陸陸，高之頂也；馬云『山上高平曰陸』。孕以證反，《說文》『懷子』，鄭云『有娠』。〔三一九〕復扶又反。邪似嗟反。好呼報反。能閒閒厠之閒。離力智反。桷角音，椽也，陸云『榱也』。之勝升證反。〔三二〇〕捿（棲）西。累劣僞反。峩五何反。

䷵兌下震上　歸妹婦人［謂］嫁曰歸。妹者，少［女之］稱。兑宮歸魂卦。〔三二一〕少詩照反。之稱尺證反。長丁丈反。說悅。不樂洛。邪似嗟反。弊婢勢反。〔三二二〕娣大計反。跛波我反。娣從才用反。眇妙小反。〔三二三〕以須待也。荀、陸作嬬（嬬），陸云『妾也』。愆起虔反。遲（遲）晚也，緩也，待也。不應或『無應』字。〔三二四〕待而行或『待』作『時』。袂弥勢反。〔三二五〕幾機。又作祈。荀作既。〔三二六〕承匡曲亡反。〔三二七〕刲苦圭反，馬云『刾（刺）也』。一音工惠反。

下經豐傳第六

䷶离下震上　豐芳宗反。《字林》匹忠反。［依］字作豐，今並三直畫，是變體。若曲下作者，禮字，非也。代人乱之久矣。《彖》《序［卦］》皆［云］『大也』。按豐是腆光厚大之義也。鄭云：『豐之［言］偰，充滿意也。』坎宮五世卦。〔三二八〕王假庚白反，至也。下同。馬古雅反，大也。闡昌善反。通夫苻，下同。〔三二九〕而令力呈反。徧遍。昃側音。孟作稷。〔三三〇〕則食或作蝕，非。則溢或『方溢』，非。以折之舌反，斷也。其配如字。鄭作妃，［云］：『嘉偶曰妃。』〔三三一〕雖旬如字，均也。肅尚純反，或脣。荀作均，劉昞作鈞。蔀音部。徐蒲户反。肅普苟反。《略例》云『大暗謂之蔀』，馬云『小也』。薛作菩，云『小席』。〔三三二〕

見斗孟作『見主』。覆芳富反。〔三三三〕暧愛。彰章，又止尚反。又作鄣。〔三三四〕斗見賢遍。下『不見』同。不邪似嗟反。沛蒲貝反。或作旆，謂幡幔也，姚云『滂沛也』。徐蒲蓋反。夏作苐，云『小也』。苐，方末反。鄭同。夏云：『祭祀之蔽膝也。』〔三三五〕沬徐武蓋反。又亡對反，微昧之光也。《字林》作昧音，云『斗杓後星也』。鄭同。服虔云『日中而昏也』，夏曰『昧，星之小者』。馬同。薛云『輔星』。〔三三六〕肱古弘反。幡芳袁反。幔末半反。禦魚呂反。微昧妹。其屋《說文》云：『豐，大屋。』〔三三七〕闚（闃）苦規反，李登云『小視』。〔三三八〕閴苦鶪反。徐苦鵙反。一音苦鹹反。馬、鄭云『無人皃』，《字林》云『静也』。姚作闃，孟作窒。〔三三九〕覿徒歷反。陰於鳩反。〔三四〇〕其行下孟反。不見賢遍反。〔三四一〕治道直吏反。天際如字。鄭〔云〕：『當爲瘵，瘵，病也。』〔三四二〕翔也鄭、肅作祥。〔三四三〕翳於計反。〔三四四〕自藏如字。衆家作戕，慈羊反，馬、肅云『殘也』，鄭云『傷也』。〔三四五〕有爲于僞反。户庭應云『門庭』，門、户通語也。作『户』誤也。

䷷艮下离上　旅力舉反，羇旅也。《序卦》云『旅而無所容』，《雜卦》云『親寡旅』也。離宫一世卦。肅等以爲軍旅。〔三四六〕特重直用反。物長丁丈反。而復扶又反。下同。令附力呈反。非知音智。瑣瑣悉果反，鄭云『瑣瑣，小也』，馬云『疲弊皃』，〔王肅〕云『小細』。〔三四七〕懷其或作『資斧』，非也。〔三四八〕喪息浪反。下同。施始豉反。與萌如字。又預。其資斧如字。夏及諸家並作『齊斧』。張軌（軌）云『齊斧，蓋黄鉞也』；張晏云『整齊也』；應劭〔云〕『齊，利也』。虞喜云：『齊當作齋，齋戒入廟而受斧也。』下同。〔三四九〕坦吐但反。〔三五〇〕射雉食亦反。而上時掌反。逮代，又大計反。號咷上户羔反，下道羔反。〔三五一〕于易以豉反。注同。肅音亦。而當丁郎反。〔三五二〕於難諸安反。〔三五三〕義焚馬云：『義，宜也。』或作『宜其焚』。之凶作『喪牛于易』，非。〔三五四〕

䷸巽下巽上　巽孫問反，入也；《廣疋》云『順也』。八純卦，象風象木。巽苐大計反。亦作悌。重巽直龍反。邪似嗟反。下同。治直吏反。紛芳云反，衆也，喜也，盛也。復扶又反。下同。神祇祁支反。頻顣干戚反，又子六反。〔三五五〕不樂洛。遠袁万反。庖步交反。先庚西鷹反。後庚胡豆反。卒以寸忽反。下同。説悦。先申身。或作甲。令着（著）張慮反。〔三五六〕其資作齋者多。〔三五七〕以斷都乱反。〔三五八〕

䷹兑下兑上　兑徒外反，悦也。八純卦，象澤。説悦。以先西鷹反。犯難乃旦反。〔三五九〕麗澤如字。麗，連；鄭云『猶併也』。黨繫亦作『私説』。〔三六〇〕商兑量（量）也，鄭〔云〕『隱度也』。介界音，隔也。馬云『大也』。近去。〔三六一〕比毗志反。道長丁丈反。

䷺坎下巽上　涣呼乱反，散也，《序卦》云『离也』。离宫五世卦。〔三六二〕王假格。下同。梁武賈。〔三六三〕而上時掌反。之難乃旦反。下同。〔三六四〕累劣僞反。享于香兩反。以逝或作遊。拯支剆反。拯，救也。〔三六五〕厄劇或作『危處』，又作『厄處』。机几。有丘姚作『近』。匪夷荀作『匪苐』。〔三六六〕墟（墟）去魚反。汗下旦反。〔三六七〕大號胡報反。〔三六八〕盪徒黨反。阨於隔反。假古雅反。血去羌吕反。〔三六九〕逖湯歷反。遠袁万反。近訖靳反。〔三七〇〕

䷻兑下坎上　節明礼有制度之名也，止也，又分段支節之義。坎宫一世卦。〔三七一〕女别彼列反。復扶又反。説悦。澤上上或作中，今不用。制數色具反。〔三七二〕德行下孟反。下同。匿女力反。則嗟如字。荀作差。〔三七三〕所惌紆万反，又紆元反。

䷼兑下巽上　中孚芳夫反，信也。艮宫遊魂卦。豚徒尊反。〔三七四〕説悦。之行下孟反。畜許六反。或作獸。涉難乃旦反。〔三七五〕鶴户各反。和胡卧反。好如字。王呼報反。爾靡亡池反，散也。干同。徐武寄反，又亡彼反。《韓詩》云『共也』。孟同。《〔埤〕蒼》作縻，云『散』。陸作縻。〔三七六〕重陰直龍反。徇似俊。或罷如字。徐扶彼反。少陰（陰）詩照反。長陰（陰）丁丈反。相比毗志反。闋五代反。勝升證反。〔三七七〕物挍交皃反。〔三七八〕憊（憊）蒲拜反。〔三七九〕幾望音機，又祈。京云『近』。荀作既。〔三八〇〕而上時掌反。孿力圓反。舍捨。翰（翰）胡旦反。内喪息浪反。

䷽艮下震上　小過古卧反。《大過》同義。肅音戈。兑宫遊魂卦。遺如字。肅夷類反。〔三八一〕宜上時掌反。浸子鴆反。行下孟反。所鐕七路反。妣必履反。僭（僭）子念反。或戕徐在良反。故令力呈反。先過西鷹反。而復扶又反。晏安於諫反，又音宴。鴆除蔭反。或作醜。〔三八二〕怯去業反。公弋餘軄（職）反。蒸軄（職）塍反。〔三八三〕小畜勑六反。

上時掌反。〔三八四〕其施始豉反。難乃旦反。〔三八五〕已上並如字。又時掌反。〔三八六〕陽已上『陽已上故少陰上』也。少＝多少。〔三八七〕上六弗遇玉付反。本多誤，故詳之。〔三八八〕眚生領反。鳥離力知反。〔三八九〕

䷾离下坎上　既濟節計反。鄭云：『[既]，已也，盡也；濟，度也。』坎宮三世卦。〔三九〇〕亨小絶句。以『小』連『利貞』者非。則邪似嗟反。下同。之要於妙反。〔三九一〕濡（濡）儒（儒）。燥西早反。未造七報反。易以豉反。弃難乃旦反。下同。〔三九二〕喪息浪反。笰方拂反，首飾也，干云『蔽也』，鄭[云]『車蔽也』。子夏作髴。荀作紱。董作髢。〔三九三〕不比毗志反。鬼方《蒼[頡篇]》云：鬼，遠。憊（憊）蒲拜反，陸云『困劣也』。〔三九四〕繻（繻）作濡（濡），而朱反。又星榆反，正。子夏作襦（襦）。薛[云]『古文繻（繻）』。〔三九五〕衣袽女居反，絲袽也。肅音如。《説文》[云]『緼也』，《廣[雅]》云『絮，塞也』。夏作茹。〔三九六〕郄去逆反。〔三九七〕禴羊略反。沼之紹反。趾止。蘋頻。蘩繁。〔三九八〕馨呼庭反。

䷿坎下离上　未濟離宮三世卦。〔三九九〕小狐徐音胡。汔許訖反，《説文》[云]『水涸也』，鄭[云]『幾也』。拔難乃旦反。〔四〇〇〕令物力呈反。得所或『當』。經綸或作論，同，音倫，又魯門反。屯張倫反。蹇紀免反。〔四〇一〕循難似遵反，猶履也。喪息浪反。已比毗志反。近附也。暉許歸反。躭（耽）丁南反。於樂音洛。

繫辤上傳第七

繫徐胡詣反，本系也。又[音]係，係，續也。字從毄。若直作毄下安糸者，音口奚反，非也。〔四〇二〕辤本作辝，依字應作詞。鄭云：『詞，[説也]。』《説文》云：詞者，意内而言外也。辤，不受，[受]辛宜辤。[辝]，籀文辤字也。本亦作『繫辤上』，馬、王肅本皆作『繫辤傳』，訖于《雜卦》，皆有傳字。〔四〇三〕第七　韓康伯注〔四〇四〕

地卑如字。又音婢。亦作埤，同。易之『易之門户』。〔四〇五〕斷矣丁乱反。分苻問反。章末同。着（著）張慮反。卷内同。〔四〇六〕見賢遍反。〔四〇七〕縣玄。施始豉反。相摩末何反，又作磨，京云『磑切』。磑音古代反。馬云『磨切也』，鄭玄注《礼記》云『迫也』。〔四〇八〕相盪衆[家作]蕩。肅作唐當反。徐云『除也』，桓玄云『動也』，韓云『相推盪也』。〔四〇九〕鼓（鼓）之虞、陸、董、黄[云]『皷(鼓)動』。〔四一〇〕霆王、吕音庭。徐徒鼎反，又音定。京云：『霆者，雷之餘氣，挺生万物。』運行姚作『違行』。大始音泰。肅作泰。〔四一一〕坤作虞、姚作『坤化』，姚云『當爲作』。易知以豉反。訖章末皆同。鄭、荀、董並音亦。簡能如字。姚云：『能當爲從。』其分苻問反。〔四一二〕而成位肅作『易成位』。繫音係。卷内皆同。〔四一三〕焉而明吉凶虞本更有『悔厃(吝)』二字。往復服。〔四一四〕迭田節反。剛柔者晝夜象也虞作『晝夜者剛柔之象』。三極陸云：『極，至也。』馬云：『三極，三統也。』鄭、韓云：『三才也。』肅云：『[陰]陽、剛柔、仁義也。』〔四一五〕能見賢遍反。序也陸云『序，象也』，京云『次也』。虞本作象。所樂音岳，適會也。虞本作『所變』。而玩五乱反，研玩也，馬云『貪也』。鄭作翫。祐之音又，後同。爻者户交反，《説文》云『交也』。小疵徐才斯反，馬云『瑕也』。辯吉凶如字，京云『明也』，虞、董、姚、頋(顧)、蜀才云『别也』。見乎賢遍反。之差楚佳反。〔四一六〕乎介音界，介纖。〔四一七〕纖息廉反。震震，敬也，鄭云『懼也』，韓云『動也』，周云『救也』。〔四一八〕險易以豉反。險，惡也；易，善也。之否備鄙反。地准准，等也；鄭云『中也，平也』。〔四一九〕弥又作彌。〔四二〇〕綸音倫，京云『知也』，肅云『緾(纏)裹也』，荀云『終也』。天下有作『天地』。俯甫。察於有作『觀於』。反終鄭、虞作『乃終』。〔四二一〕之説如字。宋始鋭反。〔四二二〕之數色具反。〔四二三〕烟音因。煴紆云反。散蘇旦反。〔四二四〕知周音智。道濟如字。鄭云：『道當作導。』不流京作留。樂音洛。虞作『變天』。贍涉艷反。範鄭云『法也』。馬、王作『犯違』也，張云：『犯違猶裁成也。』〔四二五〕而知如字。僧紹音智。上時掌反。之稱尺證反。知者智。分苻問反。鮮悉淺反。

藏才剛反，鄭云善也。衣於既反。被皮寄反。營之功或無功字，或作功迹。〔四二六〕成象蜀才作『盛象』。爻法胡孝反。馬、韓如字。蜀才作効。〔四二七〕極數色具反。〔四二八〕詰去吉反。大虗泰音。已下『太極』同。〔四二九〕欻况勿反。而稱尺證反。〔四三〇〕禦魚吕反，禁也，止也。乎迩尔。也專如字。陸作摶，音同。〔四三一〕翕虗急反，斂也。〔四三二〕闢婢亦反，開也。易簡以豉反。知崇智。禮蜀才作體。卑必弥反。賾仕責反。下同。京作嘖。典禮姚作『典體』。以斷丁乱反。噁於嫁反。荀作亞。又烏路反。馬、鄭烏洛反。〔四三三〕至動而不可九家同，册也。鄭作『至賾』，[云『當]爲動也』。〔四三四〕可遠袁万反。惡烏路反。錯之七路反。〔四三五〕議之鄭、姚、桓、荀作『儀之』。子和胡卧反。縻之又作靡，亡池反，徐亡彼反。行下孟反。下同。見乎賢遍反。樞尺朱反，王廙云『户樞』；一云門臼也。機廙云『弩牙』。號户恙反。默亡北反。利斷丁乱反。肅丁管反。臭昌又反。

六藉在夜反。白茅卯交反。无咎或以此爲〔别〕章，今不同。〔四三六〕苟錯七故反。慎斯術也時震反。鄭云：『術，道也。』不德鄭、陸云：『置當爲德也。』下人遐嫁反。爲階姚作機。爲易者或『作易者』。乘舋（釁）許靳反。〔四三七〕致寇寇或作戎。宋衷云『戎』誤。乘也者如字。又繩證反。慢藏才浪反。誨謂悔恨。冶容妖野容儀，教誨淫泆。大衍延善反，衍，演也，合也，廣也。大極音泰。掛卦買反，别也。肅音卦。揲時設反。按揲猶數也，《説文》云『閲持也』。是音思夾（夾）反。徐息列反。鄭云『取也』。〔四三八〕歸奇紀宜反。扐力得反，馬云『指間也』，荀云『别』。〔四三九〕後掛京作卦，云『再扐而後布卦也』。〔四四〇〕之筞（策）初革反。或作筴。期音基。伸音身。又作信。長丁丈反。德行下孟反。酬市由反。徐音疇。酢才洛反。京作酬。〔四四一〕與祐音又，助也，馬〔云〕『配也』。荀作侑。

以言下三句無『以』字。如嚮許兩反。又作響。能與音預。參伍七南反。〔四四二〕錯七洛反。〔四四三〕綜宗統反。之文陸作『之爻』。籌直周反。研蜀才作揅。〔四四四〕幾也如字。鄭〔云〕：『幾當作機。』機，微也。〔四四五〕夫易開肅作闓，音〔同〕。〔四四六〕物成務或無『夫易』二字。冒天覆也。覆芳富反。〔四四七〕斷丁乱反。下二章同。蓍音尸〔四四八〕圓音員。以知音智。下同。分苻問反。易以以豉反。韓音亦，謂變易。貢如字，告也。京、陸、虞作工，荀作功。洗心劉瓛悉殄反，盡也。肅、韓悉礼反。虞、董、張等作先石反。〔四四九〕濯直角反。藏往如字。劉作臧，云『善也』。能與音預。不殺馬、鄭、王、干所戒反，徐所例反。陸、韓同。〔四五〇〕者夫音苻。齋側皆反。〔四五一〕則其德夫荀、虞、顧（顧）絶句。諸家皆以『夫』爲下句。闔户户臘反。〔四五二〕闢婢亦反。施始豉反。見乃賢遍反。注同。〔四五三〕

太極音泰。太極，无也，馬云『北辰也』。肅云：『此章首獨言「是故」者，揔衆章之意。』〔四五四〕无稱之稱並尺證反。懸象音玄。〔四五五〕探吐南反。賾九家作册。索隱色白反。亹亹亡偉反。莫善于蓍龜本亦作『莫見』。〔四五六〕見吉賢遍反。河出如字。一音尺遂反。下同。洛出王肅又作雒。以斷都乱反。下同。〔四五七〕又以尚也鄭本亦作『有以』。書不盡如字。又津忍反。下同。以盡津忍反。下皆同。〔四五八〕之緼紆粉反。徐於憤反，王肅又於問反。奥也烏報反。〔四五九〕而上時掌反。而錯七故反。注同。本又作措。之賾本亦作『之至賾』。而裁音才。本又作財。默而成本或作『默而成之』。德行下孟反。注同。〔四六〇〕

周易繫辭下第八

而重直龍反。注同。明治直吏反。繫辭音係。卷内皆同。而命孟喜作明。或否俻鄙反。而斷丁乱反。則見賢遍反。下及注皆同。〔四六一〕趣時七樹反。貞勝姚本作『貞稱』。乎累劣僞反。下同。〔四六二〕殉吉辭俊反。後同。〔四六三〕未離力智反。盡會津忍反。下同。貞夫音符。確然苦角反，馬、韓云『剛皃』。《説文》作確，云『高至也』。〔四六四〕人易以豉反。注同。隤然大迴反，馬、韓云『柔皃』。孟作退。陸、董、姚作妥。〔四六五〕像此音象。施生始豉反。大寶孟作保。曰人王肅、卞伯玉、桓玄、明僧紹作仁。〔四六六〕禁民音金，又金鴆反。包本又作庖，白交反，鄭云『取也』。孟、京作伏。犧許宜反。字又作羲。鄭云：『鳥獸全具曰犧。』孟、京作戲，［云］『化也』。〔四六七〕氏包犧氏，太皡也，三皇之㝡（最）先也。〔四六八〕之王于況反。不究九又反。爲罟音古，馬、姚云『猶冈（网）也』。董本作『爲冈（网）罟』，云：『取獸曰冈（网），取魚曰罟。』〔四六九〕以佃音田。本亦作田。以漁音魚。本亦作魚。又言庶反。馬云：『取獸曰佃，取魚曰漁。』斲木陟角反。〔四七〇〕爲耜音似，京云『耒下耓也』，陸云『廣五寸』。耓音勑丁反。揉木如九反。京、姚作柔。《説文》作煣，云『屈申木也』。〔四七一〕爲耒力對反，京云『耜上勾木也』；《説文》云『耕曲木，垂所作也』。《字林》同，音力佳反。徐力猥反。本或『揉木爲耒耨』，非。〔四七二〕耒耨之利奴豆反，馬云『鋤也』，孟云『耘除也』。〔四七三〕爲市《世本》［云］『祝融爲市』，宋衷云『顓頊臣也』。《説文》云：市，時也。〔四七四〕噬嗑市制反。胡臘反。〔四七五〕不解佳賣反。祐之音又，又作祐。〔四七六〕下治直吏反。章末同。以別彼列反。亦作辯。挎又作刳，口孤反。徐又口溝反。〔四七七〕掞以冉反。楫將輒反，楫謂之橈，或謂之擢（櫂）也。致遠以利天下一本無此句。諸渙喚。以利天下蓋取諸隨一本無『以利天下』一句。重門直龍反。拆（柝）他洛反。馬云『兩木相擊以行夜也』。説也。《説文》作欜，《字林》他各反。〔四七八〕暴客白報反。鄭作虣。斷木丁緩反。爲杵昌呂反。掘地其月反，又其勿反。爲臼求酉反。爲弧音胡。剡木以冉反。《字林》〔云〕：『剡，鋭也。』囚冉反。〔四七九〕諸睽苦圭反，又圭。〔四八〇〕厚衣於既反。決（決）斷丁乱反。〔四八一〕卦奇紀宜反。德行下孟反。畫音獲。憧憧又作憧，昌容反。〔四八二〕以貫古乱反。屈也丘勿反。信也作伸。尺蠖紆縛反，蟲名也。徐又烏郭反。龍蛇又作蛇。蟄直立反。全身亦『存身』。思慮息吏反。累劣僞反。死其其亦作期。射食亦反。隼恤允反。墉容。括古活反。閡五代反。懲直升反。屨俱遇反。校胡孝反。滅止指。〔四八三〕弗去羌呂反。何校何可反，又何音。〔四八四〕其治直吏反。知小音智。尠仙善反，少。〔四八五〕折足之設反。覆公芳六反。餗速。渥於角反。不勝升。而上時掌反。未離力智反。先見賢遍反。介徐音戒，衆家砎。王廙吉黠反。〔四八六〕斷丁乱反。復行扶又反。造形七報反。之分苻問反。祇韓祁支反。輔嗣音支。〔四八七〕舍捨。絪音因。緼音氳。〔四八八〕化醇淳。易其以豉反。迕五路反。其易之門邪本又作『門户邪』。之撰仕勉反，下章同，數〔也〕，《廣疋》云『定也』。王肅仕篹反。〔四八九〕數也色主反。〔四九〇〕爻繇直救反，下同，服虔云『抽也，抽出吉凶』；韋昭云『由也，吉凶所由而出者也』。於稽古兮反，考也。闡幽昌善反，明也。辯物如字，徐扶勉反。斷辤丁乱反。注同。辤文如字。一音問。而中丁仲反。注同。因貳音二。鄭云『當爲弍』。〔四九一〕民行下孟反。注同。所蹈徒報反。之柄兵病反。之脩如字，鄭云『治也』。馬作循。之辯如字。王肅下勉反。〔四九二〕不厭於艷反。注同。後易以豉反。注同。長裕丁丈反。注同。其施始豉反。下同。巽稱尺證反，又尺升反。〔四九三〕和行下孟反。以遠袁万反。注同。〔四九四〕不濫力暫反。不可遠馬、王肅、韓袁万反。注皆同。師讀如字。上下時掌反。章末注同。〔四九五〕典要於妙反。又有音腰者。〔四九六〕趣舍音捨。處昧音妹。而揆葵癸反，度也。以度待洛反。以要一遥反。下文『要終』同。易知以豉反。注同。〔四九七〕撰德鄭作算，云『數也』。噫於其反。王肅一力反，云『辤也』。馬同。按：噫，歎辤。〔四九八〕亦要一妙反，絶句。又一遥反，則句至『吉凶』。則居馬如字，處也。師同。鄭、王肅音基，云『辤』。〔四九九〕知者音智。彖辤馬云『彖辤，卦辤也』，鄭云『爻辤也』。周同。王肅云：『《彖》先《象》之要也。』師説通謂爻卦之辤也。一云：夫子彖辤也。〔五〇〇〕則思息吏反。轉近附近之近。下章『以近』同。須援于眷。剛勝升證反。一音升。勝其音升。閑邪似嗟反。其當如字。下『當文王』同。紂直久反。〔五〇一〕蒙難乃旦反。能亨許庚反。易者以豉反。注同。其治直吏反。德行下孟反。下『德行』同。易以以豉反。下注『險易』同。知阻莊(莊)吕反。能説音悦。注同。亹亹亡偉反，鄭云『没也』，王肅云『勉也』。〔五〇二〕役思息吏反。〔五〇三〕探吐南反。射食亦反。不厭於艶反。以盡津忍反。下同。愛惡烏路反。注同。鄭烏洛反。泯然亡忍反。比爻毗志反。辤枝音支。誣(誣)善音無。

周易説卦第九

幽賛(贊)本又作讃(讚)，子旦反。幽，深也；賛(贊)，明也。〔五〇四〕蓍音尸。《説文》云：『蒿屬也，生千歲，三百莖。易以爲數，天子九尺，諸侯七尺，大夫五尺，士三尺。』《毛詩草木疏》云：『似藾蕭，青色，科生。』《洪範五行傳》云：『蓍百年一本，生百莖。』《論衡》云：『七十歲生一莖，[七百歲生十莖]，神靈之物，故生遅(遲)也。』《史記》云：『生滿百莖者，其下必有神龜守之，其上常有雲氣覆之。』《淮南子》云：『上有蘩蓍，下有伏龜。』〔五〇五〕嚮香兩反。本又作響。參天七南反，三也。〔五〇六〕而倚於綺反，馬云『依也』。王肅其綺反，云『立也』。虞同。蜀才作可反。〔五〇七〕數色具反。參奇紀宜反。觀變一本作『觀變化』。發揮音輝，鄭云『揚也』，王廙、韓云『散也』。盡性津忍反。要其一遥反。迭用田節反。六位而成章〔五〇八〕本又作『六畫』。相薄旁各反，陸云『相附薄也』，馬、鄭、顧(顧)云『薄，入也』。相射食亦反，入也。京、虞、陸、董、姚、王肅音亦，云『猒也』。〔五〇九〕數往色具反，又色主反。逆數色主反。〔五一〇〕而數色主反。下文同。烜况晚反，京云『乾也』。本又作烜，徐古鄧反，一音香元反。〔五一一〕以説音悦。後皆同。嚮明許亮反。而治直吏反。妙萬物如字。王肅作眇，音妙。董云：『眇，成。』撓徐乃飽反。王肅乃教反，又呼勞反。燥悉早反。〔五一二〕熯王肅云：『呼但反，火氣也。』徐本暵，音漢，云『熱暵也』。《[説]文》同。〔五一三〕莫盛是政反。鄭音成，云『裹』。水火不相逮音代，一音大計反。鄭、宋、陸、王、廙無『不』字。悖必内反，逆也。

爲豕京作彘。爲狗音苟。一索色白反，下同，馬云『數也』，王肅云『求也』。長男丁丈反。下『長女』、『長男』皆同。〔五一四〕中男丁仲反。下『中女』同。〔五一五〕少男詩照反。下『少女』皆同。爲圜音圓。瘠在亦反。王廙云：『健者爲多骨也。』京、荀作柴，云『多肋幹也』。〔五一六〕駮邦角反。〔五一七〕爲釜房甫反。爲吝（吝）京作遴。嗇（嗇）音色。爲柄彼病反。爲龍如字。虞、干作駹，虞云『倉色也』，干云『雜色也』。爲旉王肅音孚。干云：『花之通名，鋪爲花皃，爲藪。』本又作旉，如字。虞同。姚云『專一也』。鄭市戀反。〔五一八〕蒼筤音郎，本或作琅。萑音丸，《廣疋》云『薍也』。薍音狄。〔五一九〕葦韋鬼反，蘆也。鳴鳴，聲。〔五二〇〕馵注。荀云『陽在下』。〔五二一〕的丁歷反。顙桑黨反。的顙，白顛（顛）也。反生麻豆之屬生戴莩甲而出。〔五二二〕蕃煩。鮮息連反。臭香臭。〔五二三〕宣（寡）髮又作宣髮。黑白雜爲宣髮。爲廣或作黃。倍步罪反。究九又反。鞣如九反。肅奴又反，云『使曲者就直』。京作柔，荀作撓。弓輪姚作綸。〔五二四〕脊精亦反。爲亟紀力反。蹄徒佂（低）反。曳以制反。眚生領反，王云『病』。甲胄丈又反。〔五二五〕乾古丹反。鄭云：『乾當作幹，正也。』鱉卑列反。蟹户買反。〔五二六〕蠃力禾反。姚作蠡（蠡），京作螺。〔五二七〕蚌步項反。科空也。槁苦老反。鄭作槀，干作熇。爲徑古定反。〔五二八〕果蓏力火反。馬云：『果，桃李之屬；蓏，瓜瓠之屬。』應邵云：『木實曰果，草［實］曰蓏。』張晏云：『有核［曰果，无核曰蓏］。』〔五二九〕閽寺如字。徐音侍，蜀才作閽。〔五三〇〕黔其廉反。徐音禽。肅作其嚴反。鄭作黚，謂虎豹之屬，貪冒也。〔五三一〕喙況廢反。徐丁遘反。〔五三二〕爲堅或本無『堅』者。爲巫亡苻反。附如字，徐作穴（六）音。〔五三三〕剛鹵力杜反，鹹土。爲羊虞作羔。〔此依求索而爲次第也。本亦有『三男居前，三女在後』者。兩通。從『乾，健也』章至此，韓無注。或有，有注者，疑非也。荀爽、九家《集解》本乾後更有四，云：爲龍、［爲］直、爲衣、爲言；巛後有八，云：爲牝、爲迷、爲方、爲囊、爲裳、［爲黃］、爲帛、爲漿；震後有三，云：爲王、爲鵠、爲鼓；巽後有二，云：爲楊、爲鸛；坎後有八，云：爲官、爲律、爲可、［爲棟］、爲藂棘、爲狐、爲蒺蔾、爲桎梏；离後有一，云：爲牝牛；艮後有三，云：爲鼻、爲虎、爲狐；兑後有二，爲常、爲輔頰。注云：常，西方神也。不同，故記之。〔五三四〕

周易序卦第十

之穉直吏反。或作稚，同。〔五三五〕以觀官喚反。亨則許庚反。鄭許兩。徐同。實喪息浪反。所錯七各反。徐七路反。之緼紆粉反。又作藴。遠袁万反。有難乃旦反。以解音蟹。決(決)邪似嗟反。而上時掌反。去故起吕反。以和胡卧反。齊才細反。又如字。若長丁丈反。説音悦。下注同。行過下孟反。

周易雜卦韓云:『雜糅衆[卦]也。』孟云:『雜,乱也。』〔五三六〕

雜糅女九反。〔五三七〕比毗志反。樂音洛。臨觀古乱反。來觀官。〔五三八〕屯見賢遍反。注及下皆同。經綸又作論,音力門反。上升時掌反。而着(著)張慮反。〔五三九〕豫怠如字。京、虞作怡。〔五四〇〕則飾音勑,注同,整(整)治也。升食反。〔五四一〕剥爛老旦反。晝竹又反。誅誅,滅也,韓云『傷也』。解蟹。難乃旦反。衆也終。去故起吕反。豊(豐)多故絶句。親宜(寡)旅也『故親』絶句,『宜(寡)旅』别爲句。道長丁丈反。

周易略例上案《略例》本無上字,此是輔嗣所作,既釋[經]文,故相承講之,今亦隨世音焉。或題爲第十一者,後人輒加,非也。〔五四二〕

明象 動不能制或本作『天地不能制動』。〔五四三〕貞夫音符。後皆同。琁音旋。璣音機。輻福。湊千豆反。則吏音利。〔五四四〕可遠袁万反。〔五四五〕能渝羊朱反。至賾仕責反。能與預。觀象或作『象觀』。可見〔五四六〕

明爻通變 非數色具反。〔五四七〕好静呼報反。度量(量)亮。朝直遥反。廷定。比毗志反。隆墀直其反。又作坻(坻)。坻(坻),螘冢也。壑火各反。而濟或作『而載』。能説悦。善又作繕。愛惡烏路反。有格或作括者。能與預。〔五四八〕

明卦適變通爻 否泰俻鄙反。險易以豉反。於斷丁乱反。要其一遥反。辟險音避。比復毗志反。好先呼報反。侮妻亡甫反。故當如字。其介音界。亦苻問反。

明象〔五四九〕 觀意又作『見意』。猶蹄啼。在兔他故反。筌七全反,事見《庄(莊)子》。重畫直龍反。應鷹。滋漫末半反。縱復扶又反。

辯位 不説如字。〔五五〇〕繫辝户計反。下同。位分扶問反。下同。去羌吕反。無六爻無亦作損六爻。〔五五一〕

略例下或無『下』字。

以勝升證反。〔五五二〕率音類，又所律反。相比毗志反。險易以豉反。之行下孟反。去六羌呂反。咥直結反。所怨紆万反，又紆元反。

卦略凡十一

屯難乃旦反，《明夷》同。〔五五三〕所馮皮冰反。陰昧妹。諮作資。四遠袁万反，《明夷》同。初比毗志反。履不處昌呂反。謂陽爻不處位爲美。〔五五四〕履者禮也撿今《雜卦》本無此句，韓注有，或傳寫者誤。〔五五五〕臨剛長丁丈反，《遯卦》同。觀古乱反。所見或作『知見』。以近附也，《明夷》同。楝橈乃孝反。同好呼報反。所贍常艷反。褊必淺反。睽見〔五五六〕賢遍反。洽乃咸夾反。豊（豐）惡烏路反。之沛普貝反，又步貝反。〔五五七〕之蔀步口反。明昧〔五五八〕妹，又作沬，皆末貝反。下同。無與如字，又預。折其之舌反。

周易經典釋文一卷

【校記】

〔一〕『輕舉貌古文作翩』爲『篇篇』條之注文；底一『舉』右下角殘泐，『翩』存左半（刊本作『偏』，然刊本前有『子夏傳作翩翩』六字，疑底一前作『子夏傳作偏偏』，後作『古文作翩翩』），『貌古文作』四字存左邊殘畫，今據刊本擬補；『翩』後底一殘泐，刊本作『以祉音恥一音勑子反又音止女處本亦作爻處盡夫音符後皆放此以意求之隍音皇城塹也子夏作堭姚作湟所應如字舊音』。以下底卷中凡殘字、缺字、脱字（包括由於手民臆删而導致歧義或不可解者）補出者，均據刊本，不復一一注明。

〔二〕應對之應，此爲『所應』條之注文。

〔三〕否道，底一『否』字下部『口』字缺末筆，全卷（包括底二）皆同，不知爲何，今皆據刊本録正；底一『傜鄙反』

之『鄙』之右下角殘泐，《玉篇・人部》『備』條下云：『偹，同上，俗。』下凡『偹』字皆同，不復出校。

〔四〕坤下乹上，『乹』爲『乾』之俗字，此卦形後之四字，刊本無。下皆同，不復出校。

〔五〕閇，刊本作『閉』，『閇』爲『閉』之俗字。

〔六〕旦，底一原上部『日』作『口』，應是避唐睿宗李旦之諱，兹據刊本録正。寫卷『旦』及從『旦』之字或缺筆或不缺筆，故下凡缺筆處，僅作説明而已。

〔七〕謟，刊本作『諂』，案『謟』乃『諂』之俗字，敦煌寫卷『舀』旁與『臽』旁常混用。

〔八〕上條注文之下底一殘泐，刊本作『否亨許庚反疇直留』。

〔九〕後一『也』字疑衍，刊本正無此字。

〔一〇〕『肅』刊本作『王肅』，下同。又『卜勉反』刊本作『卜免反』，『免』『勉』同韻。

〔一一〕『則』下底一殘泐，刊本作『否方有』。『反又』二字底一皆存左邊殘畫。

〔一二〕刊本『莽』作『莽』，『藂』作『叢』，《干禄字書・上聲》：『莽、莽，上俗下正。』《説文》有『叢』無『藂』，『藂』爲後起別體。

〔一三〕量，刊本作『量』，『量』爲『量』之俗字。後『量』字同。

〔一四〕『墉』下底一殘泐，刊本作『徐音容鄭作庸而』。

〔一五〕反則得得則吉也，底一『吉』字殘存上端殘畫，刊本此句作『不克則反，反則得吉也』，注云『一本作「反則得，得則吉也」』，其注正與底一之正文同，故據以擬補『吉』字；底一注文殘存右行『一本反則』四字，左行殘泐，不知何字。

〔一六〕『號』字底一存右端殘畫。注文右行殘存『户羔』二字之右半，左行殘泐，今據刊本擬補一『反』字。

〔一七〕『咷』字底一存右端殘畫，注文左行殘泐，刊本作『號咷，啼呼也』。

〔一八〕『而遠』兩字底一均殘存右半。

〔二九〕卦形底一存右邊小部分，底二存左邊大部分，二卷正可綴合。底一止於此，底二起於此。

〔三〇〕苞容豊富之象也，刊本『苞』作『包』，『豊』作『豐』，無『也』字。『包』『苞』古今字。《玉篇·豐部》：『豐，俗作豊。』下『豊』字皆同，不復出校。

〔三一〕虛虬反美也，底二『虬』字殘存左邊『虫』，餘四字皆存左邊殘畫。

〔三二〕『肅』下底二殘泐，刊本作『剛除反』；『蜀』字底二存上端殘畫，不能辨其爲何字，今據刊本『蜀才作與』句，疑爲『蜀』之殘泐，故據以擬補。

〔三三〕干寶云饗宴也姚云享祀，刊本無『寶』字，『饗』作『享』，『祀』下有『也』字，案《說文·食部》：『饗，鄉人飲酒也。』亯部：『亯，獻也。』『享』爲『亯』之隸定字，是『享』爲本字，『饗』爲借字，此二字古多混用。

〔三四〕刊本『夏』作『子夏』，下同。『干』下底二殘泐，刊本作『云彭亨驕』。又『皃』刊本作『貌』，據《說文》，『皃』爲小篆隸定字，『貌』爲籀文隸定字，底卷中之『皃』刊本皆作『貌』，下不復出校。『姚』下底二殘泐，刊本作『云彭旁徐音同』。

〔三五〕至智，刊本出『至知』，注云：『音智。』于大成云：『唐寫本但出「至智」二字，無釋文，當有奪文。』案《釋文》通例，凡知識之『知』，皆注云『音智』，而無有正文出『智』字者，此當以刊本爲是，底卷如此作者，蓋或有改『知』爲『智』者，故傳抄之人遂刪去『音智』二字。

〔三六〕辯哲，刊本不出『辯』字，『音』前有『同』字，『徐李作哲』之『哲』作『哲』，『陸續』作『陸績』，于大成云：『今本奪「辯」字……「陸本」作「陸續」，當作「陸績」。』案『音』前當有『同』字，否則句不通，兹據刊本補；『哲』當從刊本作『哲』，否則與被注字同；『李作哲』下底二殘泐，刊本作『字鄭本作遰云讀』，《隋書·經籍志》有陸績《周易述》十五卷，是『續』爲『績』之形誤。『虞作折』下底二殘泐，刊本作『何難依象宜』。

〔三七〕底二『旦』存右半，『反』存右上角。『如字』前刊本作『難依象宜』。

〔三八〕刊本『繫辞』作『繫辭』，《干禄字書·平聲》：『辞、辤、辭，上中竝辞讓；下辭説，今作辞，俗。』下凡此均不復出校；刊本『盈隷反』作『音係』，案『隷』爲『隸』之俗字，説見《敦煌俗字研究》下編六二六頁；羅常培云：『《廣韻・霽韻》「繫」「係」同古詣切，「隸」郎計切；惟「盈」屬喻紐以類，與「古」異紐，或爲「蓋」字之訛。』于大成云：『「繫」字《集韻》吉詣切，此「盈」字似當爲「吉」。然盈从夃皿，夃，《説文》引《詩》叚爲姑，《玉篇》引《論語》叚爲沽，夃、吉皆見母字，尚可通。』案《釋文》『繫辭』之『繫』多作『音係』或『户計反』，唯此一處作『盈隸反』，疑爲後人所改。

〔二九〕『艮』下一字底二殘缺，據底卷通例，當是『下』字，茲據補。

〔三〇〕嗛，底二殘存右半『兼』。

〔三一〕『京』字底二存左端殘畫，『京』下底二殘泐，刊本作『本作而』。

〔三二〕『惡』字底二殘泐，茲據刊本補，注文『烏路反』爲『惡』之切語。刊本『注同』前有『卦末』二字，于大成云：『考王此處無注，唯上六象傳注云「未有居衆人之所惡」，有「惡」字，唐寫本彼處別出一條，今本無。』案《謙卦》『惡』字唯二見，寫卷『惡盈』音烏路反，下『所惡』音烏故反，烏路、烏故音無別。《禮記・禮運》『貨惡其弃於地也』《釋文》：『惡其弃，上烏故反，下同。』《論語・陽貨》『年四十而見惡焉』《釋文》：『見惡，烏故反，注同。』是《釋文》亦有以『烏故反』音『惡』者，刊本蓋已爲後人改動，因兩『惡』字同音，故删其下『所惡』條，而於上條『惡盈』注中增『卦末』二字以足之。

〔三三〕底二標目字『裒』存右邊殘畫，注文『蒲侯』『鄭』『董』『蜀才作捊』九字在右行，『裒』『董』『作捊』殘存右邊殘畫，『鄭』殘存『阝』，『蒲侯』『蜀才』殘存右半；注文左行底二殘泐，刊本作『云取也字書作掊廣雅云掊減』。

〔三四〕『稱物』二字底二存右邊殘畫。

〔三五〕『豉』、『同』二字底二均殘存上半。

〔三六〕刊本『牧養』作『牧養之牧』，『徐作目』作『徐音目』；案凡放牧之牧，《釋文》皆作『牧養之牧』，底二作『牧養』者，當是手民刪去『之牧』二字，《書·舜典》『乃日覲四岳羣牧』《釋文》：『牧，牧養之牧，徐音目。』《書·禹貢》『萊夷作牧』《釋文》：『牧，牧養之牧，徐音目，一音茂。』《周禮·天官·大宰》『四曰藪牧』《釋文》：『牧，牧養之牧，徐音目，劉音茂。』《周禮·地官·敘官》『牧人』《釋文》：『牧養之牧，徐音目。』則應以刊本作『徐音目』者爲是。

〔三七〕名者聲名聞之，刊本末有『謂也』二字，《周易正義》（中華書局影印《十三經注疏》本，以下簡稱『阮本』）作『鳴者聲名聞之謂也』，盧文弨《經典釋文考證》（以下簡稱『盧文弨』）云：『注疏本經、注皆作「鳴謙」，陸氏所見本必本是「名謙」，注亦作「名者」，毛居正欲改作「鳴者」，是不知陸、孔兩家之本不相同也。』阮元《周易校勘記》（中華書局影印《十三經注疏》本，下簡稱『阮校』）云：『宋本、閩本、盧本同，監本上「名」改「鳴」，按監本是也。』然今唐寫本亦作『名』，則阮説不能爲定論。『謂也』二字當是爲手民所刪。刊本無『名聞之爲一句』六字。

〔三八〕上承，刊本無此條，案此《九三》王注『上承下接』句中文：『掌』字底二殘泐，此據羅振玉《鳴沙石室古籍叢殘·羣書叢殘》影印本補。

〔三九〕刊本『佳買反』作『佳賣反』，案此王弼注『上承下接，勞謙匪解，是以吉也』句中文，『解』當讀爲『懈』，《廣韻·蟹韻》小韻『佳買切』下有『解』字，注云：『講也，説也，脱也，散也。』《卦韻》小韻『古隘切』下有『解』字，注云：『除也。』又有『懈』字，注云：『懶也，怠也。』『解』『懈』古今字。『解』之『懈怠』義《廣韻》已不收，而置於『懈』字下，故『古隘切』即『懈』之音也，古隘切合於佳賣反，而與『佳買反』不同韻；《釋文》『解怠』之懈音佳賣反，如《易·繫辭下》『通其變，使民不倦』注『通物之變，故樂其器用，不解倦也』，《釋文》：『解，佳賣反。』《詩·檜風·素冠》『庶見素冠兮，棘人欒欒兮』鄭箋『時人皆解緩，無三年之恩於其父母』《釋文》：『解，佳賣反。』《詩·大雅·假樂》『不解于位』，《周禮·天官·小宰》『三曰廉敬』注『敬，不解于位也』，《周禮·天官·宫正》『夕擊柝而比之』注『爲其有解惰離部署』，《易·乾卦·文言》『故乾乾因其時而惕，雖危无咎矣』注『處事之極，失時則廢，懈怠則曠』，《易・震卦》『震來虩虩，笑言啞啞』注『震者，驚駭怠惰以肅解慢者也』，皆音『佳賣反』。作『佳買反』者，《易・噬嗑・上九》小象注『聰不明，故不慮惡積，至于不可解也』，《易・解卦・九二》注『處於險中，知險之情，以斯解物，能獲隱伏也』，《詩・小雅・楚茨》『或剥或亨』鄭箋『箋有解剥其皮者』，《易・解卦》象『天地解而雷雨作』，均合於《廣韻》『佳買切』下『解』字之説解，是底二作『佳買反』者誤也。

〔四〇〕刊本『寢』作『寑』，『寑』爲『寢』之俗字，『寢』本字，『寑』隸變字。

〔四一〕此處底二殘泐，刊本作『不與音預』。

〔四二〕『所惡』條刊本無，説詳校記〔三三〕。

〔四三〕鬪争，刊本作『争鬭之争』，案以『争鬭之争』音『争』乃《釋文》之通例；『鬪』爲『鬭』之俗字，見《玉篇・門部》。下『争』字條同，不復出校。

〔四四〕卦形底二殘存左邊小半。

〔四五〕馬王云，刊本無『王』字。

〔四六〕剛應，刊本無此條，案此《彖辭》『剛應而志行』句中文。

〔四七〕清，刊本無此條，案此《彖辭》『則刑罰清而民服』句中文。

〔四八〕動，刊本無，案李鼎祚《周易集解》引鄭玄注：『奮，動也。』

〔四九〕『盱』及注文『于反』『睢盱』四字底二皆殘存右半。刊本無『馬』字。『鄭云』下底二殘泐，刊本作『誇也説文云張目也字林火孤反』。刊本『盱如日旦也』作『盱日始旦』，于大成云：『「如」當爲「始」，又誤錯「日」上耳，然「旦」下有「也」字，則今本誤奪。』案今本《詩・邶風・匏有苦葉》作『旭日始旦』，『盱』、『旭』聲義相近，説詳馬瑞辰《毛詩傳箋通釋》。

〔五〇〕火隹反，刊本『隹』作『佳』，羅常培云：『《字林》火佳反，寫本同。段、盧校本「佳」改作「隹」。案《廣韻》

「睢」許葵切，「隹」職追切，並屬脂韻，「佳」古膎切，屬佳韻；「佳」乃「隹」之形訛。』于大成云：『「一佳」字誤，唐寫本作「隹」，是。』

〔五一〕本條標目字刊本出『由豫』二字，案『豫』當爲手民所刪，若僅出『由』字，則馬注『猶豫』一詞無所出也。

〔五二〕菆合也，刊本『菆』作『叢』，《五經文字・丵部》：『叢，經典或借「菆」字爲之。』刊本『蜀才本作京』作『蜀才本依京』，于大成云：『唐寫本……「依京」作「作京」，誤，今本是。』案于説是也，上云『京作撍』，下云『義從鄭也』，乃指蜀才本字依京房作『撍』，義從康成作『速』也。

〔五三〕正定反，刊本作『亡定反』，是也，『正』之俗寫與『亡』形近。

〔五四〕館，刊本作『館有』，案被注字爲『官有』，注文當作『館有』方相合，此『有』乃爲抄者誤刪。

〔五五〕乘夫，刊本無此條，此《六二》王注『而以乘夫剛動』句中文，于大成云：『「一苻」即「符」，唐寫本从竹、从艸之字多不別，六朝、唐人俗書如此。』

〔五六〕『中正』下底二殘泐，刊本作『拘句于反用亨』。

〔五七〕許庚，底二『許』殘存右邊殘畫，『庚』殘存右半；『陸』，底二殘存左半『坴』；底二左行殘泐，刊本作『兩反云祭也』。

〔五八〕在道，刊本無此條，此《九四》爻辭『有孚在道』句中文，依次序當在『以擅』條前。

〔五九〕『惑也』之『也』底二原無，茲據刊本擬補；『於文皿蟲爲蠱』，底二『蠱』原作『蟲』，于大成云：『唐寫本……「蠱」誤「蟲」。此《左氏・昭元年》傳文也，《左氏》亦作「蠱」。』茲據刊本改正；『歸』，刊本作『歸』，據《説文》，『歸』爲籀文隸定字，『歸』爲小篆隸定字。

〔六〇〕創捌，刊本作『創制』，于大成云：『捌字不得音制，「捌」字當是注文羼入者。下字音制，則正文或是「製」字。』

〔六一〕洽復，刊本出『復始』，尚秉和云：『「一復始」誤作「復洽」。』于大成云：『唐寫本出文作「洽復」，誤。』案此王弼注『因事申令，終則復始』中文，刊本是。

〔六二〕肅作古毓，刊本作『王肅作毓，古育字』，底二應是手民删改所致。

〔六三〕馬云以考字絶句，刊本作『周依馬王肅以考絶句』，『云』應是『王』之誤字，馬融《周易注》不會有這樣的注文。

〔六四〕强，刊本出『无疆』二字，案《五經文字·弓部》：『彊、強，上弓有力，彊盛字本合作此字；強者蟲名，《爾雅》強蚚是也。今經典相承通用之。』而『彊』又用作『疆』之俗字（説詳《敦煌俗字研究》下編四一六頁），故『疆』誤作『强』。

〔六五〕亓，刊本作『示』，《集韻·至韻》：『示，古作亓。』底二『世』原缺筆作『廿』，避唐諱缺筆字，兹據刊本録正。

〔六六〕他得反，刊本作『吐得反』，羅常培云：『「吐」「他」同屬透紐。』

〔六七〕或有，刊本作『一本作』，是也。

〔六八〕闚，刊本作『闚』，《龍龕·門部》：『闚，俗；闚，正。』下凡『闚』字同。

〔六九〕注文『觀』，刊本作『官』，于大成云：『唐寫本……「官」誤「觀」，蓋涉出正文而誤，今本是。』

〔七〇〕從盡夫觀盛以下並官喚反餘不出者悉音官，于大成云：『元朗之意，謂自「盡夫觀盛」已下，至「觀之盛也」，凡「觀」字十有五，並音官喚反；其中唯「至大觀在上」王肅音官，「以觀天下」徐邈音官，「大觀廣鑒」亦音官，爲有異讀爾。唐寫本寫者有删節，「盡夫觀盛」删「盡」、「盛」二字，則與元朗「從盡夫觀盛」之語不相應。且最末「爲觀之主」與「觀之盛也」，乃是兩句，寫者不能斷句，竟删存「主觀」二字，甚謬。唯「觀之盛也」一句，今本經、傳與王注並不見，《九五》「觀我生，君子無咎」下，王注云：「居於尊位，爲觀之主，宣弘大化，光于四表，觀之極者也」，疑「觀之極者也」一句，元朗本作「觀之盛也」，故出正文如此。』

〔七一〕苐，刊本作『第』，『苐』爲『弟』之俗字，俗書竹頭多寫作草頭，俗據『苐』楷正，則成『第』字。下『苐』字不復出校。

〔七二〕嚻，刊本作『嚚』，于大成云：『當以作「嚚」爲正。』

〔七三〕底二『敕』原作『勑』，《五經文字·攴部》：『敕，古勅字，今相承皆作勅。』于大成云：『當是「敕」字。』《彙校》云：『「勅」則「敕」之後出字。』『勑』當是『敕』之形誤，茲據以改正。

〔七四〕於著，刊本無此條，此《初九》王注『必始於微，而後至於著』句中文。

〔七五〕挃，刊本作『桎』，案當作『桎』，此扌、木混用之故也。

〔七六〕不重，刊本無此條，此《初九》王注『足懲而已，故不重也』句中文。

〔七七〕絞，刊本出『木絞』二字，下有『械，口戒反』條，羅常培云：『今本此條下有「械，口戒反」，此蓋涉下譌併爲一條。』于大成云：『此二條九字，唐寫本但作「絞，交戒反」四字，奪「卯反械口」四字。但「絞」上無「木」字，亦與今本異。』

〔七八〕苻，刊本作『符』，羅常培云：『扶、苻、符同屬奉紐。案段玉裁、王筠所校葉林宗影宋本前作「符問反」，後作「苻問反」。』案『苻』爲『符』之俗字，因艹、⺮混用所致也，敦煌寫本『符』字多寫作『苻』。下凡寫卷中之『苻』字皆當爲『符』之俗寫，不復出校。

〔七九〕煬於日，刊本作『煬於火』，底二原無『注』字，當是誤删，茲據刊本擬補。

〔八〇〕食所遺也，刊本作『含食所遺也』，盧文弨云：『舊本㙚譌作含，今从神廟本正。』于大成云：『依唐寫本，則「食」也、「㙚」也竝不當有，止當作「食所遺也」。』《彙校》云：『寫本止作「食所遺也」，無「含」字。宋本、葉鈔「含」作「食」。盧改作「㙚」。今謂盧改未碻。案《説文》㙚、胏一字。此引《字林》而覆述本文，《釋文》中罕見此例。蓋由宋本誤重「食」字，校者漫改作「含」，盧遂緣《説文》重加改定，實則應依唐本爲正耳。』

〔八一〕注文『聦不明』刊本作『言其聰之不明』，于大成云：『「聦不明」三字，必有奪文。』『聦』爲『聰』之俗字。『子夏』下底二殘泐，刊本作『作脯徐音甫』。

〔八二〕李府盆反，刊本作『李軌府瓫反』，羅常培云：『「瓫」「盆」同屬並紐魂韻。』刊本『斑』作『囡』，《彙校》云：

『「囡」乃「斑」字之譌。寫本作「斑」，宋本誤作「班」。』刊本無『賁有坎飾』句之『賁』字，『坎』作『文』，于大成云：『「文」誤「坎」。』底二『世』字缺筆作『廿』，避諱缺筆字，茲據刊本録正。

〔八三〕 老人白也，刊本作『老人貌』，于大成云：『唐寫本「老人貌」作「老人白也」，與《説文》合。段玉裁云：「《易》釋文、《文選·兩都賦》注皆作老人皃，非是。」惜未及見此唐寫本《釋文》也。』案『白也』二字連寫似『皃』，故又誤作『貌』。刊本『董音盤』之『盤』作『槃』，羅常培云：『「槃」「盤」《廣韻》「薄官切」，同屬並紐桓韻。』底二原無『燔』字，于大成云：『「鄭、陸作」下奪「燔」字。』茲據刊本補。

〔八四〕 户旦反，刊本作『尸旦反』，『尸』爲『户』之形誤。刊本『董云』作『董黄云』，于大成云：『考《釋文·序録》有黄穎注十卷，或「董」、「黄」形近，致奪「黄」字。』刊本『仰』作『卬』，案卬、仰古今字。

〔八五〕 『媾』之右上角底卷本作『廿』，乃避諱缺筆字，茲據刊本録正。下『媾』字皆依例録正。

〔八六〕 從『趾』至此『比』共五條刊本在『上附』條前，是也。

〔八七〕 世，底二原缺筆作『廿』，避諱缺筆字，茲據刊本録正。

〔八八〕 在千反，底二原誤作『在干反』，茲據刊本改正。刊本『礼之也』作『禮之多也』，于大成云：『唐寫本「禮之」下無「多」字，當奪。』

〔八九〕 世，底二原缺筆作『廿』，避諱缺筆字，茲據刊本録正。

〔九〇〕 『强』、『亢』二條刊本無，于大成云：『唐寫本有此二條，在「人長」條下，釋王注「强亢激拂」句之「强亢」二字也。』

〔九一〕 以辯，刊本出『辨』字，于大成云：『今本奪「以」字。』案伯二五三〇《周易注》作『辯』，與此卷同，《説文·刀部》：『辨，判也。』段注：『辨從刀，俗作辨，爲辨别字。』《辡部》：『辯，治也。』二字義别，李鼎祚《周易集解》引鄭玄曰：『足上稱辨，謂近厀之下。詘則相近，信則相遠，故謂之辨。辨，分也。』孔穎達《正義》曰：『辨，謂牀身之下，牀足之上，足與牀身分辨之處也。』是作『辨』者正字。注中『辯具之辯』，『辯』亦『辨』之借字。底二『馬鄭同黄云』句無『同黄』二字，于大成云：『考《集解》引鄭玄曰「足上稱辨」，則鄭與徐同；「牀簀」之訓，自是黄義。唐寫本有奪文。』兹據刊本補。刊本無『薛、虞云』之『云』字。刊本『苻免反』作『符勉反』，羅常培云：『「勉」「免」同屬明紐獮韻。』刊本『不免反』作『否勉反』，不、否古今字。

〔九二〕標目字『無』刊本作『无』，伯二五三〇《周易注》亦作『无』，《乾卦》釋文：『无，音無。《易》内皆作此字。《説文》云：「奇字無也。」』作『無』者後人所改。下凡標目字『無』不復出校。

〔九三〕簋，刊本作『簠』，于大成云：『唐寫本「簠」作「簋」，誤。』

〔九四〕輿，刊本出『得輿』二字，于大成云：『《集解》本作「德車」，與董本合。《集解》引虞翻云「夬：乾爲君子，爲德；坤爲車，爲民。乾在坤，故以德爲車」，則虞本亦作「德車」也。又唐寫本不出「得」字，觀其引京房「德輿」，董過「德車」，則此「得」字必不可少。』

〔九五〕芳富反，刊本『覆』『蔭』二條連寫，無此反切，于大成云：『今本有奪文。』

〔九六〕巛宫一世卦，刊本『巛』作『坤』，《干禄字書・平聲》：『巛、坤，上通下正。』下凡『巛』字同此，不復出校；『世』，底二原缺筆作『廿』，避諱缺筆字，兹據刊本録正。

〔九七〕崩，刊本作『萠』，盧文弨云：『舊「崩」譌从「艸」，今據宋本、神廟本改正，字書無「萠」字。』《彙校》云：『寫本、宋本「萠」作「崩」，十行本、閩、監本、雅雨本同，阮云「作崩是也」。』

〔九八〕不省，刊本無此條，案《復卦》象辭云：『先王以至日閉關，商旅不行，后不省方。』則此條當在『旅』條後。

〔九九〕標目字刊本作『商旅』二字，于大成云：『唐寫本不出「商」字，非。』

〔一〇〇〕無祇，刊本作『无祇』，尚秉和云：『祇各本均从氏，獨宋本從氏，與此本合。足徵宋本是而各本皆非。』《彙校》云：『寫本、宋本作無祇，寫本《周易》亦作祇。案氏、是古通用，王肅作禔，證知祇從氏，非從氏也。』刊本『韓康』作『韓伯』，于大成云：『《釋文・序録》云「韓伯，字康伯」，疑元朗不當稱「韓康」。』刊本『多』作『敍』，阮校：『盧本「多」作「敍」。案盧挍是也。』

〔一〇一〕軍比，刊本作『最比』，尚秉和云：『「最比」誤「軍比」。』于大成云：『唐寫本「最」誤「軍」。』

〔一〇二〕注文『頻』，刊本作『嚬』，且前有『如字本又作嚬』六字。

〔一〇三〕刊本『異自内』下有『生』字，刊本二『灾』字均作『災』，『災』爲籒文『灾』字。

〔一〇四〕刊本無『誣也』二字，案今本《説文》云：『妄，亂也。』亦無『誣也』二字。刊本『所无』作『无所』，案『所无』應是誤倒。

〔一〇五〕標目字刊本作『不耕穫』三字，案寫卷妄删『不耕』二字，遂與注文『不耕而穫』不協。『注不耕而穫非』刊本作『或依注作「不耕而穫」，非』，于大成云：『唐寫本止作「注不耕而穫非」六字，文有删節，大失元朗之意。』

〔一〇六〕三歲治田，刊本『三』作『二』，于大成云：『《説文》舊本作「三歲」，段從今本《釋文》改爲「二歲」。』案《詩·小雅·采芑》『于彼新田，于此菑畝』毛傳：『田一歲曰菑，二歲曰新田，三歲曰畬。』《周頌·臣工》『亦又何求？如何新畬』毛傳：『田二歲曰新，三歲曰畬。』《爾雅·釋地》：『田一歲曰菑，二歲曰新田，三歲曰畬。』皆以三歲者爲畬。《禮記·坊記》『《易》曰「不耕穫，不菑畬，凶」』鄭玄注：『田一歲曰菑，二歲曰畬，三歲曰新田。』則以二歲爲畬。陳奐《詩毛氏傳疏》於《臣工》篇下疏云：『《易·无妄》馬融注：「菑，田一歲也；畬，田三歲也。」《詩》正義引鄭《易》注同。《禮記·坊記》注：「田一歲曰菑，二歲曰畬，三歲曰新田。」案《易》注是而《禮》注非也。《説文》：「畬，三歲治田也。」《易》釋文引《説文》「畬二歲」亦非。孫炎云：「菑，始災殺其草木也；新田，新成柔田也。畬，和也；田，舒緩也。」郭璞云：「今江東呼初耕地反草爲菑。」《説文》：「菑，不耕田也。」不耕爲菑，猶休不耕者爲萊。菑與萊聲相近也。鄭箋讀俶載爲熾菑，初耕未能柔孰，必以利耜發田，與「田一歲菑」合。新謂耕二歲者，畬謂耕三歲者，《易》董遇注「悉耨曰畬」，蓋至三歲悉可耕耨矣。』李道平《周易集解纂疏》云：『當以《爾雅·釋地》爲正。蓋初九震足動，田之始，爲一歲，有菑象。五應二歷三爻，爲三歲，有畬象。耕穫菑畬，望利者也。六二得位，上應于五。』寫卷作

『三歲』，可證陳、李之説。刊本作『二歲』者，蓋後人據《禮記》鄭注改。

〔一〇七〕不造，刊本無此條，案此《六二》王注『代終已成而不造也』句中文。

〔一〇八〕自復，刊本無此條，案此《九五》王注『非妄之災，勿治自復』句中文。

〔一〇九〕『有蓄者』刊本作『本又有作蓄者』，于大成云：『「有」下疑奪「作」字。』案此寫卷删削所致也。『与』刊本作『與』，二字古混用無別，敦煌寫本多用『与』字，後世刊本多改作『與』，下凡『与』均不復出。『世』，底二原缺筆作『卄』，避諱缺筆字，茲據刊本録正。

〔一一〇〕『物厭』刊本作『厭而』，于大成云：『考王注云：「凡物既厭而退者弱也。」唐寫本「物」下無「既」字，或有奪文；今本則可決其必有改竄。』案《釋文》於標目詞多出兩字，不知于氏以作『厭而』爲非者何所據？刊本『艷』作『豔』，《玉篇·色部》：『艷，俗豔字。』下『艷』字皆同。

〔一一一〕劉表，刊本無『表』字。

〔一一二〕畜已，刊本無此條，案此乃王注『四乃畜已，未可犯也。故進則有厲，已則利也』句中文，《正義》釋此句云：『初九雖有應於四，四乃抑畜於己。己今若往，則有危厲。唯利休已，不須前進，則不犯禍凶也。』德明讀此『畜已』之『已』爲『自已』之『已』，餘皆讀作『夷止反』，義爲停止，故獨出『畜已』一條。

〔一一三〕已則，刊本無此條，于大成云：『考唐寫本《周易》王注初九象傳云：「處健之始，未果其進者也，故能已也」，今本作「處健之始，未果其健者，故能利已」，則與今《釋文》本不合。又唐寫本有一條云「已則，夷止反」，即此條所引之「已則」也，唯當在「畜已，紀」一條下，誤錯在下「輿」條之下。然可據以知今本《釋文》之多改竄併合，非元朗之舊矣。』案今本《釋文》於『利已』條下注云：『下及注「已則」、「能已」同。』『下』者即《象辭》『有厲利已』也；注『已則』者，即『故進則有厲，已則利也』；『能已』者，即『處健之始，未果其健者也，故能已也』（此據伯二五三〇，刊本作『處健之始，未果其健者，故能利已』）。『能已』二字與刊本不同，阮校：『岳本、閩、監、毛本同。案《釋文》「利已」下云：「注能已同。」此文作「能利已」，與釋文不合。』

則阮氏未見有作『能已』之異本。盧文弨云：『能已，注疏本作「故能利」，「已」衍字。』則又欲删『已』字矣。據此可知，《釋文》『下及注「已則」、「能已」同』之語應未經人改竄，寫卷無者，手民所删也。既然《釋文》在『利已』條下已爲『已則』作音，下不當再出『已則』一條。故寫卷此條當是手民所添，《釋文》原無。

〔一一四〕注文『音福又服音』刊本作『音服又音福』，案《大壯·九四》王注『无有能説其輹者，可以往也』《釋文》：『輹，音福，本又作輻。』《左傳·僖公十五年》『車説其輹，火焚其旗』《釋文》：『輹，音福，又音服。案車旁著畐音福，《老子》所云「三十輻共一轂」是也。車旁著复音服，是車下伏菟。』《釋文》雖言音福者爲輻字，音服者爲輹字，然仍以『福』音在前，『服』音在後，而且《大壯》釋文僅音『福』，而無『服』音，此亦當同，寫卷爲善。刊本『卅』作『三十』，于大成云：『唐人「三十」皆作「卅」，今本作「三十」，當出後人所改。』底二原無『一』字，《老子》十一章：『三十輻共一轂。』茲據刊本補。底二原無『名』字，于大成云：『唐寫本「釋」下奪「名」字。』案《釋名·釋車》云：『屐似人屐也。又曰伏兔在軸上似之也。又曰轐，轐，伏也，伏於軸上也。』茲據刊本補。底二『輹似人屐』之『輹』原作『輾』，應是涉下『屐』字而誤，茲據刊本改正。底二『又曰』之『曰』原作『似』，此蓋涉下『似之也』而誤，茲據刊本改正。刊本『兔』作『菟』，『菟』爲後起俗字。底二『在軸上似之也』之『軸』本作『輻』，《釋名·釋車》云：『屐似人屐也。又曰伏兔在軸上似之也。』茲據刊本改正。底二『輹伏在軸上也』之『輹』下原有重文符號，蓋誤衍，茲據刊本删之。

〔一一五〕憑，刊本作『馮』，于大成云：『唐寫本「馮」誤「憑」。』案：『憑』爲『馮』之後起增旁字，非誤字。

〔一一六〕良馬逐逐，刊本出『良馬逐』三字。

〔一一七〕標目字『曰閑』刊本分爲『曰』、『閑』二條。刊本『人質反』作『人實反』，羅常培云：『「實」「質」同屬質韻。』

〔一一八〕底二『犝』原誤作『撞』，茲據刊本改正。『劉作童』刊本作『劉云童妾也』。

〔一一九〕捁，刊本作『牿』，《説文·牛部》云：『告，牛觸人，角箸横木，所以告人也。《易》曰：「僮牛之告。」』《周禮・天官・内饔》鄭注『般臂』賈公彦《疏》云：『鄭荅冷剛「童牛之梏」，牛在手曰梏，牛無手，以前足當之。』《周禮・秋官・司寇》鄭注『木在足曰桎，在手曰梏』賈疏引鄭玄《易志》：『《大畜・六四》「童牛之梏，元吉。」』寫卷作『捁』，當是『梏』之俗寫，因扌、木混用所致也。是寫卷亦作『梏』也。惠棟《九經古義・周易上》云：『《釋名》曰：「牛羊之無角者曰童。」《大玄》云：「童牛角馬。」明童牛者無角之稱。童牛無角，是梏施於前足。許、鄭二説近之，今作牿者非也。』寫卷可爲惠説佐證。

〔一三〇〕有喜，刊本無此條，案此條蓋釋《象辭》『六四元吉，有喜也』句，《賁卦・上九》象辭：『六五之吉，有喜也。』《釋文》出『有喜』，云：『如字，徐許意反。《无妄》、《大畜》卦放此。』可知此處『有喜』不必再釋其音。且陸氏『喜』讀如字，許意反者徐邈音也。此條應是手民所增。下行『有喜』條同此，亦手民所增。由此所增兩『有喜』可知，《易》原本象辭在爻辭後，王注最後，非如今本象辭在最後。

〔一三一〕苻文反，刊本作『符云反』，案《廣韻》文、云皆在文韻。

〔一三二〕猾，刊本無此條，案此《六五》王注『豕牙橫猾』句中文。

〔一三三〕音何梁武帝何可反，刊本作『音河梁武帝音賀』，羅常培云：『依例同字不得爲音切，則今本爲是。』

〔一三四〕四達謂之衢，底二原無『謂之』二字，《爾雅・釋宫》云：『四達謂之衢。』茲據刊本補。

〔一三五〕都果反，刊本作『多果反』，羅常培云：『「多」「都」同屬端紐。』『揣』刊本作『椯』，盧文弨云：『椯，舊本从木，譌，今从宋本、錢本正。』陳壽祺《左海經辨・釋揣》云：『「揣」正字，「朵」同聲假借字，京、鄭文異義同。……今據宋本及錢遵王本《釋文》，證以《廣雅》詁訓，定从手作「揣」。』吴承仕《經籍舊音辨證》曰：『《後漢書》李注引蕭該《音義》曰：「《説文》：揣，量也。初委反，又丁果反。」「丁果」之音正與朵同。《爾雅》、《廣雅》揣並訓動，然則「京作揣」者，音義並與朵同，唯形異耳。』是寫卷作『揣』者，《釋文》原貌也。

〔一三六〕能令，刊本出『令物』，案此《初九》王注『不能令物由己養』句中文。

〔一三七〕闕顛，刊本分成『而闕』、『顛頤』兩條。案『而闕』條出王弼注『闕我寵禄而競進』（伯二五三〇『闕』上有

「而」字)句，「顚頤」條出「六二，顚頤」句，寫卷有删削；「顚」爲「顛」之俗字。

〔一二八〕苻拂反，刊本作「符弗反」，案「拂」當從刊本作「弗」，否則與被切字同。

〔一二九〕履夫，刊本無此條，此《六三》王注「履夫不正以養於上」句中文。

〔一三〇〕志林，底二原無「林」字，于大成云：「唐寫本……「志」下奪「林」。」案于説是也，《志林》，晉虞喜撰，《隋書·經籍志》子部儒家類有著録，兹據刊本補。「荀爽」，刊本無「爽」字。「劉表篴篴」，刊本作「劉作篴」，案《六四》爻辭云「其欲逐逐」，「逐逐」爲重言詞，劉表亦應是重言詞「篴篴」。「音式六反」，刊本作「説文篴音式六反」。

〔一三一〕上施，刊本無此條，案此《六四》象辭「上施光也」句之文。上有「施賢」條，寫卷注云「始豉反」，而刊本下又有「下文同又如字」六字。既云「下文同」，則下「施」字不必再出。且按《釋文》體例，言「下同」，而不言「上同」。此蓋手民所據本已删「下文同又如字」六字，故後之抄者又增此「上施」條。

〔一三二〕得順，底二原無「得」字，與詞目「得頤」不合，當是手民妄删，兹據刊本補。

〔一三三〕「羡」「𡾰」二條刊本無，于大成云：「考《初九》王注云：「不能貞其所履，以全其德，而舍其靈龜之明兆，羡我朵頤而躁求。」此二條必釋此文者也。「羡」字誤，當從今本《易注》作「羨」，唐寫本《周易》王注亦作「羨」，「躁」字元朗本作「𡾰」。此二條當在「令物」一條之下，「離其」一條之上，不知何故誤錯卦尾，後人見「厲吉」之下，別無「羡」、「𡾰」字，妄爲删去，幸唐寫本尚存，可據以復元朗之舊也。」案「羡」爲「羨」之俗字，于氏謂爲誤字，不確。羨慕之羨《釋文》讀作錢面反(《詩·大雅·皇矣》「無然歆羨」《釋文》：「羨，錢面反。」)與此「息練反」聲韻皆有别。字書無「𡾰」字，其「躁音」之注蓋以注音方式糾正誤字之例，然《釋文》糾誤字多有解説，其例與此不同。此「羡」、「𡾰」二條甚爲可疑，可能爲後人所添，非《釋文》原有。

〔一三四〕梯，刊本作「稊」，于大成認爲寫卷「梯」爲「稊」之誤。案毛居正《六經正誤》云：「作「稊」誤。案「梯」字從木從弟，梯，稚也，木根再生稚條也。」伯二五三〇《周易注》亦作「梯」，于説誤。「徒奚反」刊本作「徒稽反』，羅常培云：『「稽」「奚」同屬齊韻。』

〔一三五〕穉，刊本作『稺』，《五經文字・禾部》云：『稺、穉，上《説文》，下《字林》。』

〔一三六〕喪，刊本無此條，刊本《九三》王注有『宜其淹溺而凶衰也』句，郭京《周易舉正》卷上云：『「衰」字誤作「喪」字。《大過》義在極衰危，非在喪亡死喪之義，誤亦明矣。』則郭京所見有作『宜其淹溺而凶喪也』之本，伯二五三〇《周易注》作『宜其淹溺而凶喪矣』，正與郭京所見本同；寫卷出『喪』字，則德明所據本亦作『宜其淹溺而凶喪也』，今本無此條者，蓋後人據作『衰』之本删之也。

〔一三七〕徐又在問干寶在荐，刊本作『徐在悶反干作荐』，且置於此條之末，羅常培云：『「洊」同「荐」，《集韻》徂悶切，再也無「在問」之音。「在荐」蓋亦反語，下文《震卦》「洊」有「在薦反」一音。』刊本『尔疋』作『爾雅』，《敦煌俗字研究》云：『「爾」「尒」古本非一字，後世則合二而一，字多寫作「爾」。』（下編第七頁）『尔』爲『尒』之手寫變體（下編第八頁）。黄侃《字通》云：『雅，正字當作疋。』（九三頁，《説文箋識四種》，上海古籍出版社一九八三）『臻也』，刊本作『京作臻』。

〔一三八〕窞底也，刊本作『窞坎底也』。又『傍』字刊本作『旁』，『旁』『傍』古今字。

〔一三九〕『木在首曰枕』之『首』底卷原誤作『酉』，兹據刊本改正。『閑閡險之皃』刊本作『閑礙險害之貌』。又『沉』字刊本作『沈』，『沉』爲『沈』之俗字。

〔一四〇〕缶，刊本出『用缶』，刊本此條在『簋貳』條下，案刊本是也，寫卷誤倒。

〔一四一〕誘，刊本作『音酉陸作誘』，案誘、酉同音，然《釋文》爲『牖』注音，直音者皆作『音酉』，無作『音誘』者，寫卷注作『誘』，當是肆意删削所致。

〔一四二〕飰，刊本作『飯』，《玉篇・食部》以『飰』爲『飯』之俗字。

〔一四三〕祈支，刊本作『祁支反』，羅常培云：『「祁」「祈」同屬羣紐。』

〔一四四〕三股曰徽兩股曰纆，二『股』字底二原皆誤作『般』，兹據刊本改正。

〔一四五〕置也之豉反，刊本作『之豉反置也』，案《釋文》體例，先音後義，此當從刊本。

〔一四六〕注文『離』，底二原爲重文符號，刊本無此字，而有『列池反』一音。

〔一四七〕下同，刊本無，案王注中有『畜牝牛』句，『下同』二字當指此而言。

〔一四八〕説文作麗，刊本作『説文作蘼』，案《説文·艸部》：『蘼，艸木生箸土。从艸，麗聲。《易》曰：「百穀艸木麗於地。」』段玉裁注：『此引《易·彖傳》，説從艸麗之意也。凡引經傳，有證字義者，有證字形者，有證字音者。如「艸木麗於地」，説從艸麗；「豐其屋」，説從宀豐，皆論字形耳。陸氏《易釋文》乃云：《説文》作蘼，作寷，不亦謬哉。』于大成云：『考《豐卦》釋文，唐寫本云：「《説文》云：豐，大屋。」今本云：「《説文》作寷，云：大屋也。」元朗實未嘗云《説文》作蘼、作寷也。依豐字之例，此處「《説文》作蘼」，「蘼」字當從唐寫本作「麗」。元朗之意，蓋謂《説文》引《易》此文，雖在「蘼」字下，但彼所引仍是「麗」字。段氏不達此恉，反謂元朗爲謬，未免厚誣古人。』

〔一四九〕照明相繼，刊本作『明照相繼』，于大成云：『唐寫本出文「明照」二字誤到。』

〔一五〇〕鍇，刊本作『錯』，『鍇』爲『錯』之古字，後凡此均不復出校。又『七洛反』刊本作『七各反』，羅常培云『「各」「洛」同屬鐸韻』。

〔一五一〕驚言領反，刊本作『警京領反』，羅常培云：『「警」非平聲，亦非疑紐，「驚」與「言」均形近而訛。』于大成云：『唐寫本「警」作「驚」，「京」作「言」，皆誤。』

〔一五二〕遭歌反，刊本作『遭哥反』，羅常培云『「哥」「歌」同屬見紐歌韻』。刊本無『荀爽』之『爽』字。

〔一五三〕徒何反，刊本作『徒河反』，羅常培云『「河」「何」同屬見紐歌韻』。

〔一五四〕兩道，刊本作『兩得』，案當以『兩得』爲善。

〔一五五〕咸傳第四下經，刊本作『周易下經咸傳第四』，于大成云：『考下「周易繫辭下第八」、「周易説卦第九」、「周易序卦第十」、「周易雜卦第十一」、「周易略例」，唐寫本標題亦竝有「周易」二字。又下「周易下經夬傳第五」唐寫本作「下經夬傳第五」，「周易下經豐傳第六」唐寫本作「下經豐傳第六」，「周易繫辭上第七」唐寫本作「繫辭上傳第七」。則「下經」二字當在「咸傳」上，作大字，不當作小字注於「第四」下也。然則上「周易上經噬嗑傳第三」，唐寫本止作「噬嗑傳第三」五字者，亦當從今本。唐寫本《大有》已上闕，「乾傳第一」、「泰傳第二」之標題，雖不可見，元朗原本，當亦與今本不異也。」

〔一五六〕世，底二原缺筆作『卋』，避諱缺筆字，茲據刊本録正。

〔一五七〕娶女，刊本出『取』字，于大成云：『唐寫本出正文作「娶女」，釋止作「又取」二字。知陸氏所據經文作「娶」，與今本不同。』

〔一五八〕受人，刊本無此條，此《象辭》『君子以虚受人』句中文，于大成云：『「受」字《廣韻》「殖酉切」，在上聲四十四有。「冑」字在《廣韻》去聲四十九宥。既云「如字」，則不當復箸「時冑反」一音。疑「時冑反」上奪「又」字。時冑反者，「授」字之反音也。《廣韻》、《集韻》四十九宥，「授」字竝「承呪切」。』

〔一五九〕云陰位之尊，刊本前有『荀作母』三字，于大成云：『唐寫本無「荀作母」四字，誤奪。作「跼」，則不得云「陰位之尊」。』案此手民臆删所致，茲據刊本補。

〔一六〇〕市戀反，刊本作『市巒反』，于大成云：『「膞」字見於《廣韻》下平二仙、上聲二十八獮，「巒」字見於上平二十六桓、上聲二十八獮，今本「膞」字市巒反，是也。「戀」爲去聲字，不得以爲「膞」字之反切下字。唐寫本非也。』『盛』底二原作『感』，于大成云：『唐寫本以形似譌「感」。』茲據刊本改正。

〔一六一〕遅，刊本作『遲』，『遅』爲『遲』之俗字。

〔一六二〕虞云，『云』刊本作『作』，案當以刊本爲是，正文所出爲『輔』，若此作『云』，則『酺』字不知所出矣。

〔一六三〕待登反，刊本作『徒登反』，于大成云：『考「待」字《廣韻》「徒亥切」，則徒、待同聲。』

〔一六四〕去，刊本作『賢遍反』，案此『見』字讀作『現』，寫卷注『去』，意謂讀作去聲，《釋文》無此體例，當是手民臆爲。

〔一六五〕荀閏反，刊本作『荀潤反』，『閏』『潤』同韻。

〔一六六〕振恒，『恒』底二原作『恤』，尚秉和云：『「振恒」誤「振恤」。』于大成云：『唐寫本「恒」誤「恤」。』茲據刊本改正。

〔一六七〕徒遜反，刊本作『徒巽反』，羅常培云：『「巽」「遜」同屬心紐慁韻。』

〔一六八〕避內，刊本作『辟內』，案『避』當作『辟』，否則與直音『避』相重。

〔一六九〕何可反，刊本作『音河，諸河可反』，羅常培云：『依例同字不得爲音切，則今本爲是。』

〔一七〇〕脱，刊本作『吐活反』，底二《咸卦》釋文『口説』條下注云：『如字。徐脱，又始鋭反。』『徐脱』刊本作『徐音脱』；此條『徐脱，又始鋭反』，刊本作『徐吐活反，又始鋭反』，『吐活反』即『脱』之切語，蓋《釋文》原本引徐音作『脱』，傳寫既久，遂改爲『吐活反』。

〔一七一〕皆遯已，刊本無『皆』字，案此《六二》王注『物皆遯已，何以固之』句中文。

〔一七二〕畜，刊本無此條，案此《九三》『畜臣妾』句中文。

〔一七三〕偹，刊本作『憊』，『偹』爲『憊』之俗字。下『偹』字同。

〔一七四〕『壮』爲『壯』之俗字，刊本即作『壯』，下凡『壯』及從『壯』之字皆然。底二原無『威盛』之『盛』，于大成云：『唐寫本「威」下奪「盛」字。』茲據刊本補。底二原無『廣雅』之『雅』，案《廣雅·釋詁》：『壯，健也。』茲據刊本補。底二『世』字原缺筆作『廿』，避諱缺筆字，茲據刊本改正。

〔一七五〕亦，底卷原作『二』，于大成云：『「二」迺「亦」字草書之誤。』茲據刊本改正。

〔一七六〕冈，刊本作『罔』，『冈』爲『罔』之俗字。下凡『冈』字同。

〔一七七〕『羝』爲『羝』之俗字，『仾』爲『低』之俗字，刊本即作『羝』、『低』；『羖』字刊本作『羖』，于大成云：『羖即羖字，見《集韻》。』

〔一七八〕離，刊本作『籬』，于大成云：『唐寫本「籬」誤「離」。』

〔一七九〕穴，底二原作『宂』，爲『冗』之俗字，兹據刊本改正。

〔一八〇〕鄭作復伏反，刊本作『本又作輻』，案『復伏反』之音可疑。

〔一八一〕挍易，刊本作『狡易』，盧文弨云：『「佼」，舊本作「狡」，今从宋本、錢本、神廟本，與「狡」通。』案《公羊傳·莊公十三年》『何以不日？易也』何休注：『易猶佼易也。』亦作『佼』，寫卷作『挍』，蓋『狡』之形誤。

〔一八二〕不長，刊本無此條，案此《上六》象辭『咎不長也』句中文。

〔一八三〕離上坤下，當作『坤下離上』。

〔一八四〕藩遮也，刊本作『蕃遮禽也』。

〔一八五〕息暫反，刊本作『徐息慙反』，盧文弨云：『疑是息暫反。』《彙校》云：『寫本、宋本、葉鈔、朱鈔「慙」作「暫」。盧疑當作「息暫反」，是也。阮謂「慙」字不誤，非也。』于大成云：『考數字之「三」，與「慙」字同隸《廣韻》下平二十三談，三思之「三」，與「暫」字同隸《廣韻》去聲五十四闞。《蒙卦》「再三瀆」《釋文》：「息暫反，又如字」，《晉卦》「終朝三褫之」《釋文》：「息暫反，或如字。」是「三」字如字讀平聲息慙反，三思之「三」乃讀去聲息暫反。此文若是息慙反，徐止合云「如字」。然則唐本是也。』

〔一八六〕胡過反，刊本作『胡卧反』，羅常培云：『「卧」「過」同屬過韻。』

〔一八七〕蔽，刊本出『蔽僞』，于大成云：『唐寫本……出文奪一「僞」字。』刊本無『並依字讀』四字。

〔一八八〕徒困反，刊本作『徒遜反』，羅常培謂『困』『遜』同屬慁韻。

〔一八九〕六，刊本作『陸』，案六、陸《廣韻》同音力竹切，『六』爲『陸』之借字，敦煌寫卷中『陸』字常有寫作『六』者，如斯二七二一《隨身寶》：『《切韻》，六法言作。』伯四九七六《兒郎偉》：『北六寒光罷末，東風吹散冰光。』

〔一九〇〕右，底二原無，此釋『左股』，則當有『右』字，兹據刊本補。

〔一九一〕丞，刊本作『拯』，案『丞』『拯』雖通用，然注中作『拯』，則作『丞』者手民之誤也。

〔一九二〕『但』字底二右上角『日』原寫作『口』，避諱缺筆字，兹據刊本録正。

〔一九三〕作守，刊本前有『本亦』二字，案寫卷語不通，當是手民肆意删削所致。

〔一九四〕祭，刊本作『今』，案作『祭』不通。『訓箕爲荄』之『荄』底二原誤作『兹』，兹據刊本改正。『姑』刊本作『詁』，『姑』爲『詁』之同音借字。『蔓』刊本作『漫』，《説文·艸部》：『蔓，葛屬也。』段注：『此專謂葛屬，則知滋蔓字古祇作曼。』是『曼』『蔓』古今字，《説文》無『漫』字，『曼』、『漫』亦古今字，滋蔓字正字當作『蔓』，『漫』者同音假借字。

〔一九五〕刊本『按』作『案』，于大成云：『唐寫本「案」作「按」，通卷皆同，下不復出。』底二『世』字原缺筆作『廿』，避諱缺筆字，兹據刊本改正。

〔一九六〕呼洛反，刊本作『呼落反』，案洛、落同韻。『悦樂自得之皃』之『得』底二原無，刊本無『之』字，于大成云：『唐本奪「得」字，今本奪「之」字。』『劉作嗃嗃』之『嗃嗃』刊本作『熇熇』，于大成云：『唐寫本……「熇熇」誤「嗃嗃」。』案于説是也，作『嗃嗃』與正文重，《説文·火部》：『熇，火熱也。《詩》曰：「多將熇熇。」』正與鄭玄『苦熱之意』同。

〔一九七〕張播，刊本無『播』字。『嬉之』刊本作『嬉嬉』，于大成云：『唐寫本……下「嬉」字誤「之」，當是本作二小點，因誤爲「之」。』

〔一九八〕睽，底二原作『暌』，于大成云：『唐寫本「睽」字誤從「日」，從目、從日之字俗書或不别。』兹據刊本改正。『聽』刊本作『視』，盧文弨云：『聽，舊本作「視」，乃妄人所改。聽者順從之意。今據宋本正，與《説文》正合。』阮校：『閩、監本同，宋本、盧本「視」作「聽」，按「聽」字是也。』于大成云：『考《説文》云：「睽，目不相聽也。」段玉裁注云：「聽猶順也。」段校本《釋文》亦作「聽」。』

〔一九九〕去，刊本作『如字。王肅遐孟反』，案此爲手民妄改，《釋文》無此例也。

〔二〇〇〕街，刊本作『衖』，于大成云：『「街」即「衖」之誤。《説文》「里中道也」，《廣雅》「居也」，皆即「衖」字之訓。依《説文》，「巷」爲小篆，「衖」爲古文。』

〔三〇一〕底二『掣』字條注文，于大成謂『删節不成文理』，今據刊本擬補如上。

〔三〇二〕京馬鄭肅作胡，刊本作『京馬鄭王肅翟子玄作壺』，于大成云：『「胡」字是也。《敘録》註解傳述人有翟牧字子況，此翟子玄不知何人。』

〔三〇三〕媾，底二右上部作『廿』，蓋『媾』字俗寫右上部作『世』，避唐諱又改寫作『廿』。

〔三〇四〕九委反，刊本作『女委反』，羅常培云：『寫本「女」作「九」，段、王、盧校本均作「久」，「久」與「九」同一聲類。』

〔三〇五〕世，底二原缺筆作『廿』，避諱缺筆字，兹據刊本録正。

〔三〇六〕宜待，刊本出『宜待也』三字，于大成云：『出文「也」字不可無。』

〔三〇七〕又許意反，刊本作『如字徐許意反猶好也』，于大成謂寫本『删節不成文理』。

〔三〇八〕璉，刊本出『來連』二字，案『璉』爲『瑚璉』之『璉』，其本字爲『槤』，説見《説文·木部》『槤』字下段注；惠棟《九經古義·周易下》：『連讀曰輦。』徐芹庭《周易異文考》認爲『連』爲正字，『輦』爲借字，則此作『璉』者亦爲『連』之同音借字也。

〔三〇九〕碩，刊本無此條，于大成云：『《九五》注：「執德之長。」《上六》「往蹇來碩」，注：「往則長難。」是此條當厠上「長難」一條之上，方與《易》本文序次相合。唐本誤錯，今本誤奪。』

〔三一〇〕底二原無『序卦』二字，案《序卦》云：『解者，緩也。』兹據刊本補。底二『世』原缺筆作『廿』，避諱缺筆字，兹據刊本録正。

〔三一一〕並蟹，刊本作『音蟹自此盡初六注皆同』，案作『並』者乃手民概括此句意。

〔三一二〕得中，刊本無此條，案此《彖辭》『乃得中也』句中文。

〔三一三〕廣雅，底二原無『雅』字，《廣雅·釋詁》云：『坼，分也。』兹據刊本補。

〔三一四〕紆，底二原作『行』，于大成云：『唐寫本「紆」誤「行」。』兹據刊本改正。

〔二五〕戎，刊本出『自我致戎』四字，案注作『致寇』，則出語中『致』字不可少，此手民妄删所致。

〔二六〕徐，刊本無。

〔二七〕虧減損，刊本無『損』字。『此失』刊本作『所失』，《序卦》云：『緩必有所失，故受之以《損》。』『世』底二原缺筆作『卋』，避諱缺筆字，茲據刊本録正。

〔二八〕軏，刊本作『軌』，『軏』爲『軌』之俗字。

〔二九〕亨，刊本出『用享』二字，盧文弨曰：『毛居正云：用亨，作享誤。《益卦》「用亨」、《萃卦》「孝亨」、《困卦》「亨祀」、《鼎卦》「以亨」注「亨上帝」、《渙卦》「亨于帝」竝作「享」，誤。今案：毛説非也。古享亦作亨音，二字通用。……神廟本作「用亨」，蓋從毛説誤改。』《彙校》云：『唐寫本《周易》作「享」，寫本《釋文》作「亨」，汲古本、雅雨本、盧本並作「亨」。案《釋文》此本於上經《大有·九三》「公用亨于天子」、《隨·上六》「王用亨于西山」，下經《升·六四》「王用亨于岐山」並音「許庚反」，訓爲通，字作「亨」。下經《益·六二》「王用亨于帝」、《困·九二》「利用亨祀」《象》下傳、《萃》「致孝亨也」、《鼎》「圣人亨」「以亨上帝」《象》下傳、《渙》「先王以亨于帝立廟」與此卦《彖辭》「二簋可用亨」，並音「香兩反」，字作享。惟亨、享實爲一字……特隸書與今音分而爲二耳。此卦「用亨」，唐本與宋本互異，《益·六二》「王用亨」，唐宋本又皆作「亨」，緣其本爲一字，故作享作亨，初無定準也。』刊本無『作』字，案《釋文》注音不言『作』，此『作』當是衍文。『才』字刊本作『蜀才』，下同。

〔三〇〕旦，底二原缺筆。

〔三一〕對應，刊本作『舊應對之應』，案此手民妄删所致。

〔三二〕懲，刊本作『徵』，案阮本作『懲』，伯二五三二《周易注》亦作『懲』。『劉作澂』之『澂』刊本作『懲』，盧文弨云：『澂，舊本作懲，據訓云「清也」，則當作澂。』

〔三三〕昚，刊本作『沓』，案此皆《説文》所引『慎』之古文的隸變之異。

〔二二四〕紀，刊本作『祀』，于大成云：『《集解》引虞翻作「祀」，唐本誤。』

〔二二五〕二，刊本作『九二』，于大成云：『唐寫本奪「九」字。』案于説是也，《九二》王弼注有『《九二》履中而復』句。

〔二二六〕益長裕，底二原無『裕』字，《繫辭下》云：『益長裕而不設。』茲據刊本補。『世』底二原缺筆作『廿』，避諱缺筆字，茲據刊本録正。

〔二二七〕彊，刊本作『疆』，伯二五三二《周易注》亦作『彊』，『彊』爲『疆』之俗字，説詳《敦煌俗字研究》下編四一六頁。

〔二二八〕旦，底二原缺筆。

〔二二九〕亨，刊本作『享』，説參校記〔二一九〕。

〔二三〇〕不爲或作不屆，刊本作『不爲于僞反不處本或作不屆』，于大成云：『唐寫本此二條誤合爲一條。』案此手民隨意刪削所致也。

〔二三一〕无，刊本作『無』，于大成云：『《四部叢刊》景宋本、阮刻本《上九》注文皆作「无」，阮元云：「岳本、閩、監、毛本同。」是知今本作「無」者，迺後人所改，唐寫本尚存其舊也。』

〔二三二〕孚號，刊本無此條，案此卦辭『孚號有厲』句中文。

〔二三三〕古穴反，『穴』底二原作『宂』，此據刊本改正。

〔二三四〕此條刊本分爲『則邪』及『斷制』二條，于大成云：『考《彖》傳「孚號有厲，其危乃光也」，注云：「剛正明信，以宣其令，則柔邪者危，故曰：其危乃光也。」又「告自邑，不利即戎，所尚乃窮也」注云：「以剛斷制，告令可也。」出注文既分在兩處，則不當合爲一條。』

〔二三五〕去，刊本作『始豉反』，案此乃手民妄改，《釋文》無此例。

〔二三六〕非一夜，底二原作『悲夜』，尚秉和云：『「非一夜」誤作「悲夜」。』于大成云：『「非一」二字誤合爲「悲」字。』案『心』之草書與『一』近似而誤，茲據刊本改正。

〔二三七〕『頷』刊本作『頯』，《説文・頁部》云：『頷，顡也。』又：『頯，權也。』則作『頷』者誤字。底二『威』原作『盛』，羅常培云：『寫本「琴威」之「威」誤作「盛」。』于大成云：『「威」誤「盛」。』兹據刊本改正。

〔二三八〕『濡』爲『濡』之俗字，刊本作『濡』。

〔二三九〕權，底二原作『擢』，扌、木不分之故也，兹據刊本録正。

〔二四〇〕『義連上同上』五字刊本無。

〔二四一〕『𤘽』爲『牴』之俗字，『𤭛』爲『甁』之俗字，刊本作『牴』、『甁』。

〔二四二〕佷，刊本作『很』，『佷』同『很』，俗書亻、彳不分，《説文・犬部》『狠』篆下段注：『今俗用狠爲很，許書很、狠義别。』

〔二四三〕𦚏，刊本作『睦』，于大成云：『「𦚏」是「睦」之誤文。』案《隸續》卷十一《都鄉孝子嚴舉碑》：『慈順博爱，九族和陸。』『陸』即『睦』之借字。

〔二四四〕必夷反，刊本作『毗志反』，羅常培云：『「毗」屬並紐，「志」屬去聲志韻，「夷」屬平聲脂韻，兩音聲韻调並異。案《釋文》陸氏反語，「比」作去聲，「毗志反」者一百三十一，「必利反」者三十四，「必二反」者六，「方二反」者一，作上聲「必履反」者七，「必爾」、「必里」、「并是」者各一，無作平聲「必夷反」者。寫本作此，未詳何據。』案寫卷《復卦》『最比』（原誤作『軍比』）條，『比』音『毗志反』，此處『最比』之『比』，音亦當同。

〔二四五〕『遰』之右上角底卷本作『廿』，乃『遰』俗寫避諱缺筆字，兹據刊本録正。又『世』字底二原亦缺筆作『廿』，亦據刊本録正。

〔二四六〕底二原無『詰』字，兹據刊本補。

〔二四七〕掐，刊本作『檷』，案今本《説文・木部》：『檷，絡絲柎（原作『檷』，從段注改）也。』柎、趺古今字（段玉裁説）。則作『掐』者誤字。『才作尼』之『作』底二原誤作『云』，兹據刊本改正。『鏑』字刊本作『鑈』，『鏑』蓋誤字。

〔二四八〕 蹄，刊本作『蹢』，于大成云：『「蹢」誤「蹄」。「蹢」即「蹏」字，見《集韻》。』

〔二四九〕 躅，刊本作『躅』，于大成云：『唐寫本……與今本所引别本合。則元朗所據本是「躅」字，後人依今本經文改爲「躅」。』『重録反』刊本作『直録反』，案重、直同紐。

〔二五〇〕 白茅苞之，底二原無『之』字，此引《詩·召南·野有死麕》『白茅包之』也，兹據刊本補『之』字。『苞』刊本作『包』，『包』『苞』古今字。

〔二五一〕 才作嬪，刊本無，『才』者，蜀才也。

〔二五二〕 杞柳柔刃木也，刊本無『杞』字，『刃』作『韌』，段玉裁《周禮漢讀考》云：『刃、韌古今字。』

〔二五三〕 『萃』爲『萃』之俗字，刊本作『萃』。刊本『在季反』作『在李反』，盧文弨云：『在季反，舊作在李反，譌，今從神廟本。』于大成云：『考之《廣韻》，萃、季皆隸去聲六至，李在上聲六止，則今本作「在李反」者，誤也。阮刻與唐寫本同。』『世』字底二本作『廿』，避諱缺筆字，兹據刊本録正。

〔二五四〕 許庚反，刊本無。

〔二五五〕 『注同』二字刊本無，案王注云：『假，至也（『也』原訛『聚』，此據阮校改）。』則有此『注同』二字是也。

〔二五六〕 理，刊本作『治』，于大成云：『「理」字唐人避高宗諱改。』

〔二五七〕 『悏』爲『愜』之俗字，刊本作『愜』。

〔二五八〕 僻多，刊本作『多僻』，于大成云：『唐寫本「多僻」二字誤到。』

〔二五九〕 亦有一本志光，刊本作『一本作「志未光也」』，于大成云：『「志」下當從今本補「未」字。』

〔二六〇〕 鄭同馬云悲聲，底二原作『鄭悲聲』。案刊本全文作『齎咨嗟歎之辭也鄭同馬云悲聲怨聲』，『齎咨，嗟歎之辭也』爲王弼注文，『鄭同』者，謂鄭玄《周易注》與王弼注同，若鄭注與馬注同，依《釋文》體例，當作『馬、鄭云某某』，此乃手民隨意删削所致，故據刊本擬補如上。

〔二六一〕 『又作苐』三字刊本無。

〔二六二〕「世」字底二本作「廿」，避諱缺筆字，兹據刊本録正。

〔二六三〕以高，刊本出「以高大」三字，于大成云：「『大』字不可無。」底二「成」原作「或」，于大成云：「唐寫本『成』誤『或』。」兹據刊本改正。

〔二六四〕岐，底二原作「歧」，案此謂岐山，當從山旁，兹據刊本改正。

〔二六五〕彖云剛揜也，底二原無「彖」字，案《彖辭》有「困，剛揜也」句，「彖」字不應無，兹據刊本補。「世」字底二本作「廿」，避諱缺筆字，兹據刊本録正。

〔二六六〕「紱」爲「紱」之俗字，刊本正作「紱」。

〔二六七〕旦，底二原缺筆。

〔二六八〕亦作享祭本，刊本作「本亦作享祀」，于大成云：「『本』字當在『亦』字上。」

〔二六九〕迩，刊本作「邇」，「迩」爲「邇」之古文「迩」的變體，説詳《敦煌俗字研究》下編五八四頁。

〔二七〇〕毛詩草木疏，底二原無「草木疏」三字，案陸璣《毛詩草木鳥獸蟲魚疏》卷上「莫莫葛藟」條云：「藟，一名巨荒，似燕薁，亦延蔓生。葉如艾，白色。其子赤，可食，酢而不美。幽州人謂之推藟。」故據刊本補「草木疏」三字。「荒」字刊本作「荒」，《詩·周南·樛木》釋文：「藟，本亦作櫐，力軌反，似葛之草也。《草木疏》云：「一名巨荒，似燕薁，亦連蔓葉，似艾，白色，其子赤，可食。」」則作「荒」者是。「推藟」刊本作「蓷虆」，于大成云：「《齊民要術》引『蓷』作『椎』，則本當是『推』字也。」

〔二七一〕説文作鼿，刊本「鼿」作「劓」，于大成云：「『劓』誤『鼿』。」案《説文》無「鼿」字，刊本是也。

〔二七二〕䠳，刊本作「𩲡」，案《説文·出部》有「𩲡」字，云「槷𩲡，不安也」，而無「䠳」字，「䠳」應是「𩲡」之形誤。

〔二七三〕底二「周書」之「周」字原作「圖」，于大成云：「《周書》黄帝作井之文，亦見《太平御覽》一百八十九、《事物紀原》八引，「周書」是也。」兹據刊本改正。「世本」、「五世卦」兩「世」字底二均缺筆作「廿」，避諱缺筆字，兹據刊本録正。「伯益」刊本作「化益」，案《漢書·律曆志上》「壽王言化益爲天子代禹」顔師古注：「化益即伯益。』《太平御覽》卷一八九引《世本》作『伯益』。底二原無『廣雅』之『雅』字，《廣雅·釋詁》云：『井，深也。』兹據刊本補。刊本『潔』作『絜』，《玉篇·冫部》：『潔，俗絜字。』

〔二七四〕關西謂綆爲繘，底二原無『謂』字，《方言》卷五：『繘，自關而東周洛韓魏之間謂之綆，或謂之絡，關西謂之繘。』『謂』字不可無，兹據刊本補。

〔二七五〕辯或機音，刊本作『音祈或音機』，于大成云：『「辯」是誤字，《夬卦》「剛幾」，《歸妹卦》「月幾」，《中孚卦》「幾望」，幾字皆音祈，「祈」字是。』

〔二七六〕以尚反，刊本作『徐以上反』，羅常培云『「上」「尚」同在禪紐漾韻』。

〔二七七〕上，刊本無此條，此《象辭》『木上有水，井』王注『上水以養，養而不窮者也』句中文。

〔二七八〕向，刊本作『許亮反』，羅常培云：『《廣韻·漾韻》「嚮」「向」同許亮切。』案《釋文》音『嚮』多作『許亮反』，亦有作『香兩反』、『許兩反』者，但無有音『向』者，『嚮』爲『向』之後起增旁字，此以『向』注『嚮』，應非《釋文》原貌。

〔二七九〕説文甕，刊本『甕』作『㽉』，案《説文》無『甕』字，《缶部》有『罋』字，云：『汲缾也。』『㽉』爲『罋』之隸變，且出語亦作『甕』，故當從刊本作『㽉』。

〔二八〇〕『世』字底二缺筆作『廿』，避諱缺筆字，兹據刊本録正。

〔二八一〕喻，刊本作『口』，羅常培云：『寫本「口」誤作「喻」。』于大成云：『考《廣韻》上平十二齊，谿字音「苦奚反」，苦、口皆溪母字，則「喻」字誤也。』

〔二八二〕『與之』，刊本出『无與之也』，于大成云：『唐寫本不出「无」字，非是。』

〔二八三〕『渫』之右上角底二原作『廿』，避諱缺筆字，兹據刊本録正。

〔二八四〕側，刊本作『惻』，于大成云：『唐寫本「惻」誤「側」。』『緇力反』刊本作『初力反』，羅常培云：『「初」屬穿紐初類，「緇」屬照紐莊類。』案『緇力反』爲『側』之切語，『初力反』爲『惻』之切語；『心惻』爲《九三》爻辭

「井渫不食，爲我心惻」句中文，疑誤「惻」爲「側」，手民又據以改切語。

〔二八五〕井甃，刊本無「井」字，案此《六四》爻辭「井甃无咎」句中文。「瓦裏」之「裏」刊本作「裏」，盧文弨云：「裏，毛居正云「裏」之誤，未知何據。」孟森《宋本周易注附釋文校記》云：「甃爲瓦裏下達上也，「裏」，盧、十行皆作「裏」，此可正「裏」字之誤。以瓦爲裏，由下達上，説甃之義明甚。」刊本「修」作「脩」，「脩」爲「修」之借字。刊本「才云」作「干云」，案「才」爲蜀才，「干」爲干寶，不知何者爲是。刊本「塼」作「甎」，案二字皆爲「專」之後起增旁字。刊本無「壯謬反」三字，而有「字林云井壁也」六字，《莊子·秋水》「入休乎缺甃之崖」《釋文》：「甃，側救反。李云：「如闌，以塼爲之，著井底闌也。」《字林》壯繆反，云：「井壁也。」」是《字林》有「壯謬反」之音也，寫卷删去「字林云井壁也」六字，遂使注音無所歸屬，刊本無「壯謬反」之音者，蓋傳寫脱漏也。

〔二八六〕烈，刊本作「列」，羅常培云：「「列」「例」《廣韻》良薛切，同屬來紐薛韻。案段、王所校葉本「列」亦作「烈」。」刊本「潔」作「絜」，《玉篇·氵部》：「潔，俗絜字。」

〔二八七〕爲乞汲也，刊本無「爲乞」二字。

〔二八八〕世，底二原作「廿」，避諱缺筆字，兹據刊本録正。

〔二八九〕已曰，刊本無此條，此卦辭「巳日乃孚」句中文，王弼注云：「故革之爲道，即日不孚，巳日乃孚也。」是王弼讀爲「巳午」之「巳」；李鼎祚《周易集解》引干寶云：「天命已至之日也。」是干讀爲「已經」之「已」；寫本注音「上以下越」，乃讀「巳日」爲「已曰」，此「日期」之「日」，不可讀爲「曰」，且《釋文》所據者王弼注，不應讀作「已經」之「已」。此條兩注音均可疑，蓋手民所添，而非《釋文》原本也。

〔二九〇〕相熄，刊本「相」作「作」，于大成云：「唐寫本「作」誤「相」。」

〔二九一〕治曆，刊本無此條，此《象辭》「君子以治厤明時」句中文，于大成云：「《唐石經》、《四部叢刊》景宋本《象傳》皆作「歷」，阮本作「厤」，皆與元朗所據本不合。」案「厤」「歷」古今字，「歷」「曆」亦古今字。

〔二九二〕 仞，刊本作『韌』，盧文弨云：『堅仞，舊本作「韌」，今據宋本、錢本改。各本多同，唯神廟本、萬卷堂本、毛本作「韌」。案「仞」與韌、刃、忍竝通用。』案段玉裁《周禮漢讀考》云：『刃、韌古今字。』『仞』爲借字。

〔二九三〕 底二原無『雅』字，《廣雅·釋詁》云：『蔚，數也。』茲據刊本補。『數也』刊本作『敷也』，《彙校》云：『敷，監本、雅雨本同。寫本、宋本「敷」作「數」，是也。』

〔二九四〕 世，底二原作『廿』，避諱缺筆字，茲據刊本録正。

〔二九五〕 火烹，『烹』刊本作『亨』，亨、烹古今字，注中三『烹』字同。刊本『餁』作『飪』，《説文》有『飪』無『餁』，『餁』爲後起換旁字，下條『餁』字同。刊本無『音』字，『音』應是衍文。

〔二九六〕 享上帝同，刊本作『注享上帝』，于大成云：『唐寫本奪「注」字；「帝」下有「同」字，最是。』

〔二九七〕 悲紀反，刊本作『悲己反』，羅常培云：『「己」「紀」同屬見紐止韻。』

〔二九八〕 底二原無『體』字，盧文弨在詞目『以爲』下補『子』字，云：『本無「子」字，案上云「取妾以爲室主」，「爲」如字讀；下「得妾以爲子」，乃當云「于僞反」，不出「子」字，則不明，今補之。』案《鼎卦》經、注中，『得妾以爲子，故无咎也』句下，尚有『鼎之爲義』及『體爲渥沾』兩句有『爲』字，然唯『體爲渥沾』之『爲』讀『于僞反』，故『體』字不可無；底二詞目出『以爲』二字，是此唐寫本亦無『子』字，或許陸德明偶爾疏忽，本無『子』字，亦有可能也。

〔二九九〕 偶，刊本作『耦』，『耦』正字，『偶』借字，説詳段玉裁《説文》『耦』篆下注。

〔三〇〇〕 底二『菜也』之『也』原作『人』，于大成云：『當從今本作「菜也」。』茲據刊本改正。『鍵音之然反』，底二原無『鍵』、『之』二字，于大成云：『「音然反」當從今本補「鍵」、「之」二字。』茲據刊本補。

〔三〇一〕 扛鼎舉足，刊本作『扛鼎而舉之也』，《説文·金部》：『鉉，舉鼎也。』李鼎祚《周易集解》引干寶曰：『凡舉鼎者，鉉也。』疑底二『足』爲『之』之形誤，『足』字俗寫與『之』形近。

〔三〇二〕 吉，刊本作『古』，羅常培云：『「古」「吉」同屬見紐，但「古」爲一二四等上字，「吉」爲三等上字，以一二四等不與三等同切言，則寫本爲正，今本或因形近訛省。」案羅説是也。《釋文》爲「勁」注音共五次，《禮記・樂記》「廉直、勁正、莊誠之音作」、《左傳・宣公十二年》「中權後勁」，《釋文》「勁」並音「吉政反」；《禮記・曲禮上》「急繕其怒」《釋文》：「繕，依注音勁，吉政反。」《左傳・昭公十八年》「今執事撊然授兵登陴」杜預注「撊然，勁忿貌」《釋文》：「勁，古政反。」然《彙校》云：「宋本及何校本、北宋本「古」作「吉」。」可知「古」者均「吉」之誤。

〔三〇三〕虩虩，底二「虩」之「虍」旁原誤作「卓」，茲據刊本改正。「許戟反」之「戟」刊本作「逆」，羅常培云：「「逆」「戟」同屬陌韻。」

〔三〇四〕佳買反，刊本作「佳賣反」，羅常培云：「毛居正本注疏本「解」作「懈」，《廣韻》去聲卦韻「懈」「解」同古隘切，「懈」無上聲，故應以「賣」爲切。」案羅説是也，作「佳買反」者誤，説詳校記〔三九〕。

〔三〇五〕鳶，刊本作「薦」，羅常培云：「《廣韻・蟹韻》「鳶」宅買切，《霰韻》「洊」在甸切，「薦」作甸切，聲音迥異，此蓋形近而訛。」案敦煌寫本「薦」常寫作「鳶」，此「鳶」字亦當作「薦」。下凡「鳶」字皆同，不復出校。

〔三〇六〕貝，刊本此條在「喪」條下，于大成云：「此二條唐寫本互錯。」

〔三〇七〕飡，刊本作「餐」，《説文・食部》：「餐，或从水。」《廣韻・寒韻》：「飡，俗作飡。」則「飡」爲「餐」之俗字。

〔三〇八〕旦，底二原缺筆。

〔三〇九〕桑落反，刊本「落」作「洛」，案落、洛同韻。「足不正」之「正」底二原作「止」，形誤字，茲據刊本改正。

〔三一〇〕「媾」之右上角底卷本作「厷」，「媾」字俗寫右上角作「世」，唐代從「世」旁之字避諱多寫作「厷」，茲據刊本録正。

〔三一一〕鷹，刊本作「膺」，羅常培云：「「膺」「鷹」《廣韻》於陵切，同屬影紐蒸韻。」

〔三一二〕拯，刊本出「不承」二字，阮校：「《石經》、岳本、閩、監、毛本同，《釋文》……不承音拯救之拯，是陸所據本作「承」。」案《漢石經》作「抍」，帛書《周易》作「登」，李鼎祚《周易集解》本作「拯」，承、抍、登、拯諸字皆同源通用。阮氏以爲陸德明所據本作『承』，未必然。

〔三一三〕⿱覀月，刊本作『要』，『⿱覀月』爲後起增旁字。

〔三一四〕『宍』爲『肉』之俗字，刊本作『肉』。『乿』字刊本作『⿰肙乚』，『乿』疑爲俗字。

〔三一五〕旁，刊本作『傍』，『旁』『傍』古今字。『毛詩傳』刊本作『毛傳詩』，盧文弨云：『官本改作「毛詩傳云」，非。書内《毛詩》二字連者皆後人所改。』案刊本《釋文》内多作『毛詩傳』，唯此一處作『毛傳詩』，而此處寫本又作『毛詩傳』，則應以作『毛詩傳』者爲是。

〔三一六〕困於，刊本出『則困於小子』，案『小子』二字不可少，此乃手民臆删所致。

〔三一七〕盤，刊本作『磐』，此《六二》『鴻漸于磐』句中文，《漢書·郊祀志》引《易》曰：『鴻漸于般。』《説文·木部》：『槃，承槃也。古文從金，籀文從皿。』而無『磐』字。齊佩瑢《訓詁學概論》曰：『籀文盤字，篆文作槃，古文作鎜，而甲文則止作般。』（三九頁，中華書局，一九八四）盤、槃、磐皆爲『般』之後起字，王弼注云：『磐，山石之安者。』言『山石』，則其所據本作『磐』也。刊本無『山中石盤紆』之『石』字，于大成云：『唐寫本「山中」下有「石」字，最是。』《彙校》云：『寫本「山中」下有「石」字，與《孔疏》引馬季良語合。』

〔三一八〕旦，底二原缺筆。

〔三一九〕有娠，刊本作『猶娠』，于大成云：『唐寫本「猶」作「有」，是。』

〔三二〇〕之勝，刊本無此條，于大成云：『此出《九五》爻辭經文，當在下「安棲」條下。』

〔三二一〕婦人謂嫁曰歸，底二原無『謂』字，案《泰卦·六五》王注云：『婦人謂嫁曰歸。』此當是手民抄脱，兹據刊本補。底二原無『少女之稱』之『女之』二字，王注云：『妹者，少女之稱也。』此乃《釋文》引王弼注文，故據刊本補。

〔三二二〕勢，刊本作『世』，羅常培云：『「世」「勢」同屬審紐書類祭韻。』于大成云：『「勢」字當是唐人避諱改。』

〔三二三〕妙，刊本作『彌』，羅常培云：『「彌」「妙」同屬明紐。』案《履卦·六三》『眇能視』《釋文》：『眇，妙小反。』亦作『妙』。

〔三一四〕或無應字，刊本作『本亦作无應』，案刊本是，底二句不通。

〔三一五〕弥勢反，刊本作『彌世反』，羅常培云『「世」「勢」同屬審紐書類祭韻』。

〔三一六〕又作祈，刊本作『又音祈』，于大成云：『唐寫本下「音」字誤「作」。』

〔三一七〕匡，刊本作『筐』，『匡』『筐』古今字。

〔三一八〕芳宗反，刊本作『芳忠反』，羅常培云：『《廣韻》「忠」屬東韻，「宗」屬冬韻，韻部不同。案《釋文》陸氏反語「豐」作「芳弓反」者四，「芳中」、「芳忠」、「敷馮」者各一，均屬東韻三等，無作「芳宗反」者。寫本不知何據。』『匹忠反』之『忠』底二原作『恵』，形誤字，茲據刊本改正。『依字作豐』句，底二原脱『依』字，『豐』作『豈』，案若作『豈』，則與下『若曲下作者，禮字，非也』句矛盾，故據刊本改正。『代人』刊本作『世人』，『代』乃諱改字。『豐之言倎』句底二原無『言』字，依例當有，茲據刊本補。『世』字底二原作『廿』，避諱缺筆字，茲據刊本録正。

〔三一九〕通夫，刊本無此條，案此卦辭『勿憂，宜日中』王注『通夫隱滯者也』句中文。『下同』者，指下『用夫豐亨不憂之德』句也。

〔三二〇〕側音，刊本作『如字』，案《周禮・地官・司市》『日昃而市』《釋文》：『昃，音側，本又作昗。』《尚書・旅獒》『爲山九仞，功虧一簣』僞孔傳：『是以聖人乾乾日昃慎終如始』《釋文》：『昃，音側。』《尚書・無逸》『自朝至于日中昃』《釋文》：『昃，音側，本亦作仄。』《春秋・定公十五年》『日下昃』《釋文》：『昃，音側。』（『昗』爲『昃』篆文之隸變）皆作『音側』，無作『如字』者，疑寫本爲善。

〔三二一〕偶，刊本作『耦』，『偶』爲『耦』之借字。

〔三二二〕刊本無『徐蒲户反』之『徐』，而有『王廙同』三字。『大暗謂之蔀』之『謂之』刊本作『之謂』，盧文弨云：『「大暗謂之蔀，「謂之」舊本倒，今从《略例》正。』《彙校》云：『寫本「之謂」作「謂之」』。阮云：「《略例》作謂之。」案作「之謂」是也。戴震《孟子字義疏證》云：「古人言辭，之謂、謂之有異。凡曰之謂，以上所稱解下。凡曰謂之者，以下所稱之名辨上之實也。」』案《彙校》誤，訓詁術語『謂之』者，解釋事物之名或異名也，如《詩・衛風・淇奥》毛傳：『充耳謂之瑱。』《大雅・桑柔》鄭箋：『西風謂之大風。』《左傳・僖公三十三年》杜預注：『殺人以血塗鼓謂之釁鼓。』且德明所引者王弼《周易略例》，《略例》云：『小闇謂之沛，大闇謂之蔀。』『㢋』刊本作『席』，《干禄字書・入聲》：『㢋、席，上俗下正。』

〔三三三〕覆，刊本無此條，案此《六二》王注『蔀，覆曖』句中文。

〔三三四〕彰，刊本作『鄣』，《説文・彡部》：『彰，文彰也。』《廣雅・釋詁》：『彰，明也。』《説文・𨸏部》：『障，隔也。』此音王注『鄣光明之物也』句，依義當作『障』，作『彰』者音誤字。『鄣』刊本作『障』，『鄣』爲『障』之偏旁移位字也。

〔三三五〕『蒲貝反』刊本作『普貝反』，『徐蒲蓋反』刊本作『徐普蓋反』，羅常培云：『「普」「蒲」雖分隸滂、並兩紐，「貝」「蓋」則同屬泰韻，「普貝」與「普蓋」，「蒲貝」與「蒲蓋」實同音也。依《釋文》同音不出二反語之例，則兩本均有一譌。今以陸氏反語考之，全書中「沛」字作滂紐「普貝」或「普蓋」反者各二，作並紐「蒲貝」或「步貝反」者各一；「旆」字作「步貝反」者四，「蒲貝反」者三，「步蓋」「蒲蓋」「薄貝」反者各一，無隸滂紐者。《廣韻》「沛，流貌，亦滂沛，普蓋切，又音貝」，無「蒲蓋切」又讀；「旆，旗也，繫旐曰旆，蒲蓋切」，亦無「普貝切」又讀。故「普貝反」字作「沛」，宜從今本；「蒲蓋反」字作「旆」，宜從寫本。』『旆』刊本作『旆』，《正字通・方部》：『旆，俗旆字。』『子夏作芾』之『芾』刊本作『芾』，無『茀方末反』四字，羅常培云：『寫本「夏作茀」及「茀方末反」，「茀」均係「芾」之譌。「方末反」爲「方未反」之譌。《毛詩》「蔽芾甘棠」，《韓詩外傳》引作「蔽茀甘棠」，《廣韻》「芾」「茀」同方味反。』于大成云：『「末」當爲「未」，《廣韻》去聲八未，茀、芾竝方味切，未、味同音。』

〔三三六〕字林作昧音，刊本作『字林作昧亡太反』，案《廣韻・末韻》『昧』字下注：『《音義》云：《字林》作昧，斗杓後星。」故知《字林》乃字作『昧』，非音『昧』，『亡太反』之音不可無，此當是手民删削所致。

〔三三七〕其屋，刊本出『豐其屋』，于大成云：『出文無「豐」字，則《釋文》皆無著落。』

〔三三八〕覘，刊本作『規』，《正字通·矢部》：『覘，規本字。』

〔三三九〕『閴』刊本作『闃』，盧文弨云：『「闃」與「鶪」竝从「狊」，下作「犬」，舊本「闃」下从「六」，「鶪」从「貝」，皆譌，今改正。』案《説文》無『闃』字，新附始有，徐鉉云：『義當只用狊字。』是『闃』爲『狊』之後起字，『閴』則又『闃』之訛體也。盧氏謂『鵙』爲『鶪』字訛字，是也。《説文·鳥部》：『鶪，伯勞也。』無『鵙』字，《玉篇》亦無此字。『鹹』刊本作『鹹』，『鹹』爲俗字。

〔三四〇〕陰，刊本作『廕』，案《説文·阜部》：『陰，闇也。』《艸部》：『蔭，艸陰地。』段注：『引伸之凡覆庇之義也。』而無『廕』字，『陰』『蔭』古今字，『廕』則『蔭』之後起別體。

〔三四一〕不見，刊本無此條，此《上六》王注『大道既濟，而猶不見』句中文。

〔三四二〕當，底二原誤作『尚』，兹據刊本改正。

〔三四三〕翔也，刊本不出『也』字，案此《象辭》『天際翔也』句中文。

〔三四四〕於計反，刊本作『烏細反』，羅常培云：『「烏」「於」同屬影紐，「細」「計」同屬霽韻。』案刊本《釋文》『翳』凡出十次，其中七次『於計反』，一次『於兮反』，一次『烏帝反』，一次『烏細反』，而此作『烏細反』者，寫卷恰作『於計反』，疑作『烏細反』者後人所改。

〔三四五〕戕，底二原作『𢦔』，于大成云：『唐寫本「戕」誤「𢦔」。』兹據刊本改正。

〔三四六〕『世』字底二原作『卋』，避諱缺筆字，兹據刊本録正。

〔三四七〕小細，刊本作『細小貌』，底二『小細』當是誤倒。

〔三四八〕懷其，刊本出『懷其資』三字，于大成云：『唐寫本出文奪「資」字。』

〔三四九〕『並作』底二原作『並云』，兹從刊本改正。『庿』底二原誤作『屇』，刊本作『廟』，案『庿』爲『廟』之古文，兹以意改正。
〔三五〇〕『坦』、『但』底二原缺筆。
〔三五一〕此條刊本分爲『號』、『咷』二條。
〔三五二〕而當，刊本無此條，此《上九》王注『以不親之身而當被害之地』句中文。
〔三五三〕於難，刊本無此條，此《上九》王注『不在於難』句中文。
〔三五四〕之凶，刊本出『喪牛之凶』四字，案手民臆删『喪牛』二字，遂使出語與注文不符。刊本無『非』字。
〔三五五〕千戚反，刊本作『千寂反』，羅常培云：『「寂」「戚」同在錫韻，「干」乃「千」之訛。』
〔三五六〕令著，刊本無此條，此《九五》王注『令著之後，復申三日』句中文。
〔三五七〕其資，刊本無此條，此《上九》爻辭『喪其資斧』句中文。
〔三五八〕都乱反，刊本作『丁亂反』，羅常培云：『「丁」「都」同屬端紐。』
〔三五九〕旦，底二原缺筆。
〔三六〇〕亦作私説，刊本作『本亦作俿』，底二疑有誤。
〔三六一〕去，刊本作『附近之近』，案此爲手民妄改，《釋文》無此例也。
〔三六二〕『世』字底二原作『廿』，避諱缺筆字，兹據刊本録正。
〔三六三〕格，刊本作『庚白反』，案『格』與『庚白反』同音。『梁武賈』刊本作『梁武帝音賈』，寫卷乃手民删削所致。
〔三六四〕旦，底二原缺筆。
〔三六五〕底二此條旁注在『以逝』條下，刊本出『用拯』二字，在『以逝』條上。『支剆反拯救也』刊本作『拯救之拯』，案《釋文》凡『拯』字皆音『拯救之拯』，無一例外，《廣韻》『拯』爲上聲拯韻，此作『支剆反』者，則在平聲庚韻，此音可疑，蓋非《釋文》原有。
〔三六六〕弟，刊本作『弟』，『弟』爲『弟』之俗字。

〔三六七〕旦，底二原缺筆。

〔三六八〕大號，刊本無此條，此《九五》爻辭『渙汗其大號』句中文。

〔三六九〕刊本此條在『逖』字條下，于大成云：『唐寫本此二條互錯。《易·上九》：「渙其血，去逖出，无咎。」則唐寫本是也。』

〔三七〇〕訖斳反，刊本作『附近之近』，羅常培云：『「近」「斳」《廣韻》同屬焮韻，惟「近」屬羣紐，「訖」屬見紐，清濁不同。』案《廣韻》『近』有其謹切、巨斳切二音，一在上聲，一在去聲。《釋文》『近』凡兩讀，一讀如字，一讀『附近之近』，此作『訖斳反』，可疑。

〔三七一〕『世』字底二原作『廿』，避諱缺筆字，兹據刊本録正。

〔三七二〕制數，刊本無此條，此《象辭》『君子以制數度』句中文。

〔三七三〕則嗟，刊本無此條，此《六三》爻辭『不節若，則嗟若，无咎』句中文。

〔三七四〕腞，刊本作『豚』，案『豚』字《説文》作『豚』，從『彖』省，從又持肉，『腞』蓋即『豚』省『又』而從不省的『彖』旁，實即『豚』字或體。

〔三七五〕旦，底二原缺筆。

〔三七六〕𤕦，刊本作『爾』，『𤕦』爲『爾』小篆的隸定字。『𦆡』刊本作『䌕』，《古今韻會舉要·支韻》云：『縻，亦書作䌕。』字書無『𦆡』字（萬有文庫本《集韻》有此字，乃『𢕬』之譌，考詳方成珪《集韻考正》）。『𦆡』應是『䌕』之別體，從麻從靡之字可通用，如『摩』字後寫作『㸏』（説參段玉裁《説文解字注》『摩』篆下注），『䃺』又寫作『礳』（見《集韻·果韻》）。

〔三七七〕勝，刊本無此條，此《六三》王注『不勝而退』句中文。

〔三七八〕物挍，刊本無此條，此《六三》王注『不與物校』句中文。錢大昕《十駕齋養新録》卷三『陸氏釋文多俗字』條云：『《説文·手部》無「挍」字，漢碑木旁字多作手旁，此隸體之變，非別有挍字。』

〔三七九〕蒲拜反，刊本作『備拜反』，羅常培云：『「備」「蒲」同屬並紐。』

〔三八〇〕京云近，刊本作『京作近』。

〔三八一〕『肅夷類反』四字刊本無。

〔三八二〕或作醜，刊本作『本亦作酖』，于大成云：『唐寫本「酖」誤「醜」。』

〔三八三〕軄塍反，刊本作『章勝反』，羅常培云：『「章」「軄」同屬照紐章類，「勝」「塍」同屬蒸韻。』

〔三八四〕上，刊本無此條，此《六五》王注『小過陽不上交』句中文。

〔三八五〕旦，底二原缺筆。

〔三八六〕刊本『又』前有『上』字，案『上』字不可少，此手民刪削所致。

〔三八七〕陽已上，刊本出『陽已上故止也』六字，案『故止也』三字不可少，否則與注文不合。『故少陰上』之『上』刊本作『止』，阮校：『閩、監本同，宋本、盧本「上」作「止」。案「止」字是也。』刊本『少=多少』作『少音多少之少』，此手民刪削所致。

〔三八八〕玉，刊本作『王』，盧文弨云：『「玉付反」，「玉」舊譌「王」，今从錢本。毛本、官本同。』

〔三八九〕鳥離，刊本無此條，于大成云：『《上六》爻辭云：「弗遇過之，飛鳥離之，凶。是謂災眚。」則此條當與上「災眚」條互易。』

〔三九〇〕『世』字底二原作『廿』，避諱缺筆字，兹據刊本録正。

〔三九一〕之要，刊本無此條，此《彖辭》『故既濟之要，在柔得中也』句中文。

〔三九二〕弃，刊本作『棄』，《説文》以『弃』爲古文『棄』字，唐代因爲避太宗之諱，多從古文寫作『弃』，説詳《敦煌俗字研究》下編二四〇頁。底二『旦』字原缺筆。

〔三九三〕第，刊本作『茀』，『第』爲『茀』之俗寫，敦煌寫卷⺮、艹混用。又『懸也』刊本作『馬髴也』。

〔三九四〕蒲拜反，刊本作『備拜反』，『備』『蒲』同屬並紐。

〔三九五〕 刊本無『作濡』二字。底二『又星榆反正』五字旁注，刊本無，羅常培云：『「星榆反」即「須」字切音。』

〔三九六〕 『絲袽』之『絲』底二原誤作『紛』，茲據刊本改正。底二原無『廣雅』之『雅』字，《廣雅·釋詁》云：『絮，塞也。』王念孫《疏證》曰：『絮者，《玉篇》女於切，字或作袽、茹、絮、帤。』茲據刊本補。

〔三九七〕 郄，刊本作『郤』，《晉書音義·帝紀第六》云：『郤，本或作郄，俗。』

〔三九八〕 繁，刊本作『音煩』，羅常培云『「煩」「繁」《廣韻》附袁切，同屬奉紐元韻』。

〔三九九〕 『世』字底二原作『廿』，避諱缺筆字，茲據刊本録正。

〔四〇〇〕 拔難，刊本無此條，此《象辭》王注『必剛健拔難』句中文。

〔四〇一〕 紀免反，刊本作『紀勉反』，羅常培云『「勉」「免」同屬明紐獮韻』。

〔四〇二〕 『字從』之『字』底二原誤『序』，于大成云：『唐寫本「字」誤「序」。』茲據刊本改正。『字從毄若直作毄下安糸者』，兩『毄』字底二原皆作『繫』，于大成云：『唐寫本二「毄」並誤「繫」。』亦據刊本改正。

〔四〇三〕 刊本『辤』作『辭』，《説文·辛部》：『辤，不受也。』『辭，訟也。』『辭』爲正字，『辤』爲借字，下凡『繫辤』之『辤』刊本均作『辭』，不復出校。『本作辞』之『辞』刊本作『嗣』。『鄭云詞説也』底二原無『説也』二字，刊本無『鄭云詞』三字，于大成云：『「本當作「鄭云詞説也」，今本奪「鄭云詞」三字，唐寫本奪「説也」二字。』茲據以補。『意内而言外也』之『意』底二原誤作『音』，茲據刊本改正。『受辛宜辤』底二原無『受』字，刊本『宜』作『者』，于大成云：『唐寫本「辛」上奪「受」字，「辛」下「者」作「宜」，與《説文》合。』底二原無『辞籀文辤字也』之『辞』，于大成云：『「籀文」上奪「辞」字。』茲據刊本補。

〔四〇四〕 韓康伯注，刊本作『韓伯注』，于大成云：『「考《敘録》於注解傳述人云：「其《繫辭》已下，王不注，相承以韓康伯注續之。」今亦用韓本。」疑元朗舊本，必作「韓康伯注」，迺與《敘録》合。或本有作「韓伯注」者，後人乃既改出正文，又補《釋文》，唯唐寫本尚存其舊也。』

〔四〇五〕 標目字『易之』刊本作『其易之門』，案『門』字不可少，否則出語與注文不合。

〔四〇六〕『卷内同』三字刊本無，此指《繫辭上》『剛柔者，晝夜之象也』注『變化之道，則俱由剛柔而著』及『縣象著明莫大乎日月』句中之『著』也。

〔四〇七〕賢遍反，刊本作『賢徧反』，羅常培云：『「徧」「遍」同屬幫紐線韻。』案『徧』『遍』古今字。

〔四〇八〕磨切也，『磨』刊本作『摩』，案『摩』『磨』古今字。

〔四〇九〕『衆家作蕩』底二原作『衆蕩』，乃此手民隨意删削，遂致不可讀，故據刊本補。『唐當反』刊本作『唐黨反』，羅常培云：『《廣韻》上聲蕩韻「盪」徒朗切，「黨」多郎切；「當」只有平去二讀。』案據羅説，知『當』爲誤字。『徐』刊本作『馬』。

〔四一〇〕刊本無『黄』字，案《釋文·序録》有黄穎《周易注》十卷。

〔四一一〕始，底二原作『行』，案此音『乾知大始，坤作成物』句，兹據刊本改正。

〔四一二〕其分，刊本無此條，此注『莫不由於易簡而各得順其分位也』句中文。

〔四一三〕係，刊本作『系』，案『係』『系』音同，然《繫辭下》『繫』亦『音係』，此蓋作『係』爲善。

〔四一四〕往復，刊本無此條，此注『往復相推，迭進退也』句中文。

〔四一五〕底二原無『陰』字，于大成云：『唐寫本「陽」上奪「陰」字。』兹據刊本補。

〔四一六〕之差，刊本無此條，此注『故下歷言五者之差也』句中文。

〔四一七〕介纖，刊本作『纖介也』，疑《釋文》原作『介，纖介也』。

〔四一八〕敬，刊本作『驚』，『敬』爲『驚』之同音借字。

〔四一九〕二『准』字刊本皆作『準』，《玉篇·冫部》：『准，俗準字。』

〔四二〇〕弥又作彌，刊本作『彌，本又作弥』。

〔四二一〕乃終，刊本作『及終』，案李鼎祚《周易集解》引《九家易》曰：『合則生，離則死，故「原始及終，故知死生之説」矣。』

〔四二二〕始锐反，『始』底二原作『如』，羅常培云：『寫本「始」誤作「如」。』兹據刊本改正。

〔四二三〕之數，刊本無此條，此注『死生者，終始之數也』句中文。

〔四二四〕散，刊本無此條，此注『聚極則散』句中文。

〔四二五〕範，刊本出『範圍』二字，于大成云：『唐寫本出文奪「圍」字。』『作』底二原作『云』，誤，據下张璠『犯違猶裁成也』句知馬融、王肅『範圍』二字寫作『犯違』也，故據刊本改正。

〔四二六〕或作功迹，刊本作『一本功作迹』，案阮本即作『功跡』，則刊本『功作』二字誤倒也。

〔四二七〕効，刊本作『效』，《玉篇·力部》：『効，俗效字。』

〔四二八〕極數，刊本無此條，此『極數知來之謂占』句中文。

〔四二九〕太極，刊本作『大極』，于大成云：『唐寫本「大極」誤「太極」。』案大、太古今字，不可謂誤。

〔四三〇〕而稱，于大成云：『考韓注云：「是以明兩儀以大極爲始，變化而稱極乎神也。夫唯知天之所爲者，窮理體化，坐忘遺照，至虚而善應，則以道爲稱。」則「而」是「爲」之誤字。上「而稱極乎神」，稱是名號之誼，字當讀尺征反。』案此處刊本有『稱極』、『爲稱』兩條，而底二唯『而稱』一條，『而稱』即王注『變化而稱極乎神也』句中文，疑底二脱漏『而稱』條注音『尺征反』及『爲稱』條詞目，遂成今貌。于氏以『而』爲『爲』之誤，疑不確。

〔四三一〕摶，刊本作『塼』，盧文弨云：『摶，舊作「塼」，譌，今定作「摶」。《左氏·昭廿年傳》「若琴瑟之專壹」，亦作「摶」；《史記·始皇本紀》「摶心揖志」，皆與「專」同。』

〔四三二〕急，刊本作『級』，羅常培云『「級」「急」同屬見紐緝韻』。

〔四三三〕噁，刊本作『惡』，案二字同音通用，如『喑噁』或作『喑惡』。

〔四三四〕鄭作至賾云當爲動也，底二原作『鄭云至賾爲動也』，不通，乃手民删改所致，今據刊本補正。

〔四三五〕路，刊本作『各』，案此韓注『錯之則乖於理』句中文，《正義》解『錯』爲『錯亂』。《廣韻》『錯』有二音，一音倉故切，義爲金塗，在去聲暮韻；一音倉各切，義爲雜也，摩也，在入聲鐸韻。『倉各切』與『七各反』同，是作『各』者爲是。

〔四三六〕或以此爲別章今不同，底二原無『別』字，刊本『同』作『用』，于大成云：『唐寫本奪「別」字，「用」誤「同」。』茲據以補。

〔四三七〕靳，刊本作『覲』，羅常培云：『《廣韻》「覲」震韻，「靳」在焮韻。據余所攷《釋文》陸氏音系真、欣不分，則「覲」「靳」韻實同類。』

〔四三八〕『揲猶數也』之『揲』底二右上角『世』字缺筆作『廿』，避諱缺筆字，茲據刊本録正。『思夾反』刊本作『思頰反』，羅常培云：『《廣韻》「頰」古協切，帖韻，「夾」古洽切，洽韻；依例心紐不得與二等洽韻作切。』

〔四三九〕力得反，刊本作『郎得反』，羅常培云：『「郎」「力」同屬來紐，但郎爲一二四等上字，「力」爲三等上字。』

〔四四〇〕布卦，底二原作『布後卦』，『後』爲衍文，茲據刊本刪。

〔四四一〕才，刊本作『在』，羅常培云：『「在」「才」同屬從紐。』『酬』刊本作『醋』，于大成云：『唐寫本「醋」誤「酬」。』案《儀禮·特牲饋食禮》『尸以醋主人』鄭注：『古文醋作酢。』『醋』、『酢』二字古常混用，故『酬酢』，京房作『酬醋』，『酬』當爲『醋』之誤字。

〔四四二〕七南反，『七』底二原誤作『乙』，茲據刊本改正。

〔四四三〕洛，刊本作『各』，羅常培云：『「各」「洛」同屬鐸韻。』

〔四四四〕掔，底二原誤分爲『研手』二字，茲據刊本改正。

〔四四五〕幾當作機機微也，刊本作『機當作幾幾微也』。

〔四四六〕同，底二原無，此字不可少，當是爲手民所刪削，茲據刊本補。

〔四四七〕覆，刊本無此條，此注『冒覆也』句中文。

〔四四八〕著，底二原作『著』，羅常培云：『寫本「著」誤作「著」。』于大成云：『唐寫本「著」誤「著」。』茲據刊本改正。

〔四四九〕虞董張等作先石反，刊本作『京荀虞董張蜀才作先石經同』，羅常培云：『「先石反」乃轉寫訛奪。』

〔四五〇〕陸韓同，刊本作『陸韓如字』，是也；考此乃『古之聰明叡知神武而不殺者夫』句中文，韓康伯注云：『服萬物而不以威形也。』讀『殺』爲殺戮之『殺』，而『所戒反』、『所例反』之音乃讀爲『衰滅』之『殺』，是韓讀與馬、鄭、王、干、徐讀不同。

〔四五一〕齋，刊本作『齊』，『齊』『齋』古今字。

〔四五二〕户臘反，刊本作『胡臘反』，羅常培云：『「胡」「户」同屬匣紐。』

〔四五三〕注同，刊本無，案注云：『兆見曰象。』則有『注同』二字爲善。

〔四五四〕底二兩『太極』刊本皆作『大極』，于大成云：『唐寫本二「大極」皆誤爲「太」。』案『大』『太』古今字，不可謂誤字。『无也』之『无』底二原誤作『元』，兹據刊本改正。

〔四五五〕懸，刊本作『縣』，『縣』『懸』古今字。

〔四五六〕莫見，刊本作『莫大』。

〔四五七〕以斷，刊本無此條，此『定之以吉凶，所以斷也』句中文。

〔四五八〕以盡，刊本無此條。案《廣韻》『盡』有二音，一音慈忍切，竭也，終也；一音即忍切，引《曲禮》『虚坐盡前』（當作『虚坐盡後』，《廣韻》誤）句以釋之，『盡』乃盡量之意。上條『書不盡』，德明讀爲『如字』，即同《廣韻》之慈忍切也。此『以盡』條乃指『聖人立象以盡意，設卦以盡情僞，繫辭焉以盡其言，變而通之以盡利，鼓之舞之以盡神』數句，諸『盡』字之意與上『書不盡』之『盡』無別，亦應讀『如字』。疑此條後添，非《釋文》原有。

〔四五九〕奥也，刊本出『之奥』，于大成云：『盧文弨改「之」作「淵」，謂「疑避唐諱因致譌」，不知唐寫本固作「奥也」也。』案此韓注『縕淵奥也』句中文，刊本誤，盧校改『之』爲『淵』，亦誤。

〔四六〇〕注同，刊本無，案『注同』者指注文『德行，賢人之德行也』句，此二字當有。

〔四六一〕注，底二原作『文』，于大成云：『唐寫本「注」誤「文」。』兹據刊本改正。

〔四六二〕下同，刊本無，案『乎累』爲韓注『夫有動則未免乎累』句中文，下注中又有『而不累於吉凶者』句，有『下同』二字爲善。

〔四六三〕辤，刊本作『辭』，二字同音。

〔四六四〕說文作礭云高至也，『作』字底卷原誤作『云』，于大成曰：『上「云」字當爲「作」。』兹據以改正。刊本無『作礭』二字，《彙校》云：『段校於「說文」下增「作隺」二字。』案段校是也，于大成云：『然《說文》訓「高至」者乃「隺」字，《冂部》云：「隺，高至也。从隹上欲出冂。《易》曰：夫乾隺然。」段玉裁云：「蓋《釋文》固作隺然，淺人改爲從石耳。許書有隺無確。」』『礭』爲『確』之俗字。

〔四六五〕迴，刊本作『回』，羅常培云：『「回」「迴」同屬匣紐灰韻。』

〔四六六〕卞伯玉，刊本作『卜伯玉』，盧文弨云：『卞，舊譌「卜」，今从錢本正。』案《釋文·序録》有卞伯玉《繫辭注》。

〔四六七〕戲，底二原作『虧』，《尚書序》釋文：『犧，本又作羲，亦作戲，許皮反。《說文》云：「賈侍中說此犧非古字。」張揖《字詁》云：「羲古字，戲今字。」』兹據刊本改正。

〔四六八〕太，刊本作『大』，于大成：『唐寫本「大」誤「太」。』案『大』『太』古今字，不可謂爲誤字。

〔四六九〕董本，『董』刊本作『黄』。

〔四七〇〕斵，刊本作『斲』，《龍龕·斤部》以『斵』爲『斲』之俗。

〔四七一〕揉朮，刊本無此條，此『揉木爲耒』句中文。

〔四七二〕刊本『勾』作『句』，《干禄字書·去聲》：『勾、句，上俗下正。』刊本『耕曲木』作『耜曲木』，于大成云：『唐寫本「耜」作「耕」，是，與《說文》合。』案今本《說文·耒部》：『耒，手耕曲木也。古者垂作耒耜以振民也。』段注删『手』字，正與寫卷所引合。『力隹反』之『隹』刊本作『佳』，盧文弨云：『舊本「力隹」誤作「力佳」，今改正。』于大成云：『唐寫本「佳」作「隹」，是。今本「隹」每誤「佳」。』

〔四七三〕鋤，刊本作『鉏』，『鋤』爲『鉏』之後起別體。

〔四七四〕『世本』之『世』字底二原作『廿』，避諱缺筆字，兹據刊本録正。『跱也』刊本作『時止反』，今本《説文》云：『市，買賣所之也。』『跱也』二字不可解，『時止切』爲徐鉉據《唐韻》而增，許慎原本並無反切，刊本之『時止反』乃後人所增。

〔四七五〕『噬嗑』條刊本分爲『噬』、『嗑』二條。

〔四七六〕又作祐，刊本作『本亦作佑』，于大成云：『「佑」誤「祐」。』

〔四七七〕底二『溝』字右上角『世』字缺筆作『廿』（『溝』字俗寫右上角作『世』），避諱缺筆字，兹據刊本録正。

〔四七八〕刊本無『説也』二字，于大成云：『當是誤衍。』

〔四七九〕囙，刊本作『因』，羅常培云：『案《廣韻》「剡」以冉切，屬喻紐以類，「囙」似由切，屬邪紐，《釋文》切語喻邪相通，「因」蓋形近而訛。《儀禮·聘禮》釋文引《字林》作「才冉反」，「才冉」即「囙冉」之音也。法偉堂云「此與《玉藻》因冉反並囙冉之譌。《聘禮》引徐邈（案，徐邈應作《字林》）才冉反，古從邪二紐互通，故《字林》作囙冉也。喻邪最近，影則遠矣，況他處亦無用因字爲紐者」。黄季剛先生《經籍舊音考證校語》云：「因冉蓋當作囙冉，蓋才冉是。」亦不謀而合。』于大成云：『唐寫本「因」誤「囙」。』案：于説誤。據簡啓賢《〈字林〉音注研究》的考證，《字林》中邪紐與以紐接近，兩者是讀音相近的聲母，可據以證羅説之善。

〔四八〇〕睽，底二原誤作『睽』，兹據刊本改正。

〔四八一〕丁乱反，刊本作『都亂反』，丁、都同紐。

〔四八二〕又作僮，『僮』刊本作『憧』。

〔四八三〕指，刊本作『本亦作趾』。

〔四八四〕何可反又何音，刊本作『河可反又音河』，于大成云：『唐寫本二「河」字並誤「何」。』

〔四八五〕尠，刊本作『尟』，《説文》有『尟』無『尠』，『尠』是後起別體。

〔四八六〕砎，刊本作『介』，盧文弨云：『砎，舊譌「介」，今从雅雨本正。』『吉黠反』刊本作『古黠反』，羅常培云：『「古」「吉」同屬見紐，但「古」爲一二四等上字，「吉」爲三等上字。《廣韻》「介」古黠切，字宜從寫本，切應從今本。』

〔四八七〕祇，刊本作『祇』。案此《繫辭下》引《復卦·初九》『不遠復，无祇悔，元吉』句，伯二五三〇《周易注》作『祇』，《玉篇·示部》『祇』字下云：『《易》曰：「無祇悔。」韓康伯云：「祇，大也。」《周禮》亦作示。』且《釋文》言王肅作『禔』，是與氏通，亦與示通，作『祇』是也。

〔四八八〕音氳，刊本作『本又作氳紆云反』，羅常培云：『《廣韻·文韻》「緼」「氳」同於云切，「紆」「於」同屬影紐。』案此乃底二爲手民删改所致，非以『氳』音『緼』也。

〔四八九〕刊本『數』下有『也』字，案此乃《釋文》引韓注，當有『也』字，下條『數也』即爲韓注作音，兹據以補『也』字。『仕篡反』刊本作『士眷反』，羅常培云：『「士」「仕」同屬牀紐崇類，「眷」《廣韻》居倦切，「篡」《集韻》「芻眷切」，同屬線韻。』

〔四九〇〕主，刊本作『柱』，羅常培云：『「柱」「主」同在麌韻。』盧氏《考證》云：『主舊作柱，譌，宋本作拄，仍據前後例改作主。』法偉堂云：『柱，盧改主是。』所校雖與寫本暗合，顧與音類無涉。

〔四九一〕忒，刊本作『弍』，案該段言乾坤，《周易集解》引虞翻曰：『二謂乾與坤也。』『忒』當爲『弍』之形誤。

〔四九二〕下勉反，刊本作『卜免反』，羅常培云：『寫本「卜」誤作「下」。』于大成云：『唐寫本「卜」誤「下」。』案《同人卦》『辯』音『卜勉反』，可證；免、勉同韻。

〔四九三〕『巽』字底二有淡筆所添『辶』，必後人所爲，此『巽，稱而隱』句中文，巽者，巽卦也。

〔四九四〕袁，刊本作『于』，羅常培云：『「于」「袁」同屬喻紐云類。』

〔四九五〕章末注同，刊本無『注』字，案此後有傳文『其初難知，其上易知，本末也』句及章末注文『形而上者，可以觀道，過半之益，不亦宜乎』句，『其上易知』之『上』讀如字，『形而上者』之『上』讀時掌反，有『注』字較善。

〔四九六〕典要，刊本無此條，此『不可爲典要』句中文。

〔四九七〕注同，刊本無，案注有『上者，卦之終，事皆成著，故易知也』句，有『注同』二字者是。

〔四九八〕『一力反』，底二原作『一万又』，刊本作『於力反』，羅常培云：『「於」「一」同屬影紐，「万」乃「力」之形訛。』于大成云：『「万」是「力」之誤字。』案『又』當是『反』之形誤，兹據以改正。刊本無『按噫歎辭』四字。

〔四九九〕同，底二原作『周』，于大成云：『唐寫本「同」誤「周」。』兹據刊本改正。

〔五〇〇〕先象之要也，刊本『先』作『舉』，案《易·繫辭上》云：『象者，言乎象者也。』孔疏云：『象謂卦下之辭，言説乎一卦之象也。』王弼《周易略例》云：『夫彖者何也？統論一卦之體，明其所由之主者也。』是彖辭乃總説一卦之象，故當作『舉』，『先』乃誤字。

〔五〇一〕久，刊本作『又』，羅常培云：『《廣韻》「紂」除柳切，「久」舉有切，均在上聲有韻，「又」于救切，在去聲宥韻，寫本作「久」是。法偉堂云：「又蓋久之訛，《廣韻》紂不讀去聲。」』

〔五〇二〕没，刊本作『汲汲』，盧文弨云：『没没，舊作「汲汲」，譌，今據宋本正。錢本、神廟本同。没没犹言勉勉。』案寫卷蓋脱寫重文符號。

〔五〇三〕役，刊本作『役』，《説文·殳部》：『古文役从人。』

〔五〇四〕旦，底二原缺筆。

〔五〇五〕『洪範五行傳』之『洪』刊本作『鴻』，案二字古多通用。『蓍百年一本』之『百年』右一角底二有小字旁注『生一莖』三字，刊本無，查《藝文類聚》卷八二、《太平御覽》卷九九七引《洪範五行傳》皆曰：『百年一本生百莖。』《禮記·曲禮上》『凡卜筮日』《正義》引《洪範五行傳》曰：『蓍生百年，一本生百莖。』皆無此『生一莖』三字，此當是手民因下有『生百莖』三字而臆加之詞，故不録。『七百歲生十莖』六字底二原無，《論衡·狀留篇》云：『蓍生七十歲生一莖，七百歲生十莖，神靈之物也，故生遲留。』兹據刊本補。『其上常有雲氣覆之』句，『雲氣』今本褚少孫補《史記·龜策列傳》作『青雲』，然《禮記·曲禮上》『凡卜筮日』《正義》引《史記》亦作『雲氣』，且此『蓍』條注文所引内容，與《禮記·曲禮上》『凡卜筮日』下《正義》所引均同，蓋兩者同一來源。『藂』刊本作『叢』，《説文》有『叢』無『藂』，『藂』爲後起字。

〔五〇六〕三也，刊本作『又如字，音三』，案刊本是也，此手民隨意删削所致。

〔五〇七〕蜀才作可反，刊本作『蜀才作奇通』，案寫卷所言不可解，當以刊本爲是。

〔五〇八〕六，底二原誤作『立』，兹據刊本改正。

〔五〇九〕刊本無『入也京』三字，『猒』作『厭』，案『猒』『厭』古今字。

〔五一〇〕逆數，刊本無此條，案此傳文『是故易逆數也』句中文，其前有傳文『處數往者順，知來者逆』及韓注『易八卦相錯變化，理備於往則順而知之，於來則逆而數之』，『數往』條音傳文『處數往者順』句之『數』，下『而數』條釋韓注『於來則逆而數之』之『數』也，此『逆數』條依序當在『而數』條後，『而數』條注云：『色主反，下文同。』『下文同』即指『是故易逆數也』句而言，此『逆數』條應是手民所增，非《釋文》原有。

〔五一一〕烜，刊本作『晅』，案孟森《宋本周易注附釋文校記》引宋本作『烜』，阮本亦作『烜』。『恒』刊本作『晅』，于大成云：『唐寫本不成字。』

〔五一二〕熯，刊本無此條，此『熯萬物者，莫熯乎火』句中文。

〔五一三〕但缺筆，底二原無『説文』之『説』字，《説文·日部》『暵』篆下引《易》曰：『燥萬物者，莫暵于離。』兹據刊本補。

〔五一四〕注文『長男』刊本作『長子』，于大成云：『唐寫本「長子」誤「長男」。』

〔五一五〕中女，刊本無，案有此二字爲長，若不注明『中女』二字，則『下同』之意即謂『下「中男」同』，而《説卦》以下再無『中男』一詞。

〔五一六〕柴，底二原作『紫』，于大成云：『唐寫本「柴」誤「紫」。』兹據刊本改正。『肋』刊本作『筋』。

〔五一七〕駮，刊本作『駁』，阮校：『閩、監本同，宋本、盧本作「駁」是也。』《彙校》云：『案駮、駁誼别。《説文》「駮，獸如馬，倨牙，食虎豹」，「駁，馬色不純」。孔疏言「此馬有牙如倨，能食虎豹」，是其所據本作「駮」。《集解》本作「駁」。宋衷曰：「天有五行之色，故爲駁馬也。」今謂作「駁」是。』

〔五一八〕『本又作𦤎』之『𦤎』刊本作『專』，于大成云：『唐寫本「專」誤「𦤎」。』

〔五一九〕藋，刊本作『萑』，于大成云：『字當作「雈」，「藋」爲俗字。』

〔五二〇〕鳴，刊本無此條，此『其於馬也爲善鳴』句中文。

〔五二一〕注，刊本作『主樹反』，『注』與『主樹反』同音。

〔五二二〕麻豆之屬生戴莩甲而出，刊本『生』前有『反』字，《正義》云：『其於稼也爲反生，取其始生戴甲而出也。』案此釋『反生』之義，戴甲而出，似倒生，故云反生，『生』前『反』字不當有。

〔五二三〕此條刊本作『爲臭昌又反王肅作爲香臭』，底二删削過甚，遂致不可解。

〔五二四〕綸，刊本作『倫』。

〔五二五〕丈，刊本作『直』，羅常培云：『「直」「丈」同屬澄紐。』

〔五二六〕户買反，『買』刊本作『賣』，于大成云：『唐寫本「賣」誤「買」。』于説誤，盧文弨云：『户買反，本作户賣反。毛居正云：「當有音户買反，蟹字無去聲。」案《解卦》音蟹，解字亦無去聲。考《禮記·檀弓》「蟹有匡」，《月令》「稻蟹」，皆户買反，則「賣」字實傳寫之誤。雅雨本从神廟本作「買」，今从之。』阮校：『宋本、閩本同，監本、盧本「賣」作「買」，是也。』羅常培云：『案《廣韻》上聲蟹韻「蟹」胡買切，不應以去聲「賣」字爲切。』案《釋文》『蟹』凡出五次，《周禮·天官·庖人》、《禮記·檀弓下》、《莊子·秋水》皆音『户買反』，《禮記·月令》音『胡買反』，唯此處刊本作『户賣反』，其誤可知。

〔五二七〕羸，底二原作『羸』，于大成云：『唐寫本「羸」誤「羸」。』兹據刊本改正。

〔五二八〕徑，刊本作『徑』，于大成云：『唐人从彳、从亻之字或不分。』

〔五二九〕草實曰蓏，底二原無『實』字，《漢書・食貨志上》『菜茹有畦，瓜瓠果蓏』顔師古引應劭注：『木實曰果，草實曰蓏。』兹據刊本補。『曰果无核曰蓏』六字底二原無，《漢書・食貨志上》『菜茹有畦，瓜瓠果蓏』顔師古引张晏注：『有核曰果，無核曰蓏。』兹據刊本補。

〔五三〇〕闔，刊本作『閽』，『閽』爲正字，『闔』乃避唐太宗李世民之『民』字而成的諱改字。『蜀才作閽』刊本作『亦作閽字』。

〔五三一〕『徐音禽』之『音』底二原誤作『作』，兹據刊本改正。

〔五三二〕底二『遘』字右上角『世』字缺筆作『廿』（『遘』字俗寫右上角作『世』），避諱缺筆字，兹據刊本録正。

〔五三三〕附，刊本出『附決』二字，案刊本是也，此條爲『決』字作音，手民誤删。

〔五三四〕刊本無『兩通』二字，無『疑非也』之『疑』字；『爲主』之『主』作『王』，『爲官』之『官』作『宫』。底二原無『爲直』之『爲』字，于大成云：『唐寫本「直」上奪「爲」字。』兹據刊本補。底二奪『爲黄』、『爲楝』四字，亦據刊本補。

〔五三五〕穉，刊本作『稺』，《五經文字・禾部》：『稺、穉，上《説文》，下《字林》。』刊本無『同』字。

〔五三六〕底二原無『雜糅衆卦』之『卦』，『乱也』之『也』作『反』，于大成認爲底二『卦』字奪，『反』字誤，兹據刊本補正。

〔五三七〕女九反，刊本作『如又反』，羅常培云：『陸氏音系娘、日兩紐尚未分化，「如」「女」實同一聲；「又」或「久」之訛，據《周易音義》貳玖：二二「紂（直又反）」，寫本「又」正作「久」，可以爲證，「久」與「九」固同音字也。』案羅説誤，《釋文》『糅』凡出三次，《儀禮・鄉射禮》『女又反』，《莊子・齊物論》『如救反』，此作『如又反』，皆去聲，無作上聲讀者；《廣韻》『糅』音女救切，亦去聲，與《釋文》音同，是寫卷作『九』者爲誤字。

〔五三八〕來觀，刊本無此條，此韓注『物來觀我，故曰求』句中文。卦名『觀』《釋文》讀去聲，觀看之『觀』《釋文》讀平聲，『臨觀』之『觀』爲卦名，故讀作『古乱反』；『來觀』之『觀』當讀平聲，刊本無此條者，蓋後人惑於二讀之别而删者也。

〔五三九〕而著，刊本無此條，此「蒙雜而著」句中文，當在「上升」條前。

〔五四〇〕京虞作怡，刊本作「京作治虞作怡」。

〔五四一〕此條刊本作「則飭，音敕，注同，整治也。鄭本、王肅作飾」，羅常培云：「《廣韻・職韻》「飭」「敕」「勑」同恥力切，屬徹紐，「飾」賞職切，屬審紐書類。寫本「升食反」即「飾」字切音，但文義疑有脱誤。則以兩本所據之文字不同，故音切迥異，固未可與上舉各例並論也。」案《周易集解》云「蠱則飾也」，孔氏《周易正義》作「蠱則飭也」，刊本《釋文》云：「鄭本、王肅作飾。」是亦有作「飾」之本，然其音爲「勑」，則不當是「飾」字。其注云「整治也」，正用韓注「飭，整治也」之語，其本作「飭」明矣。因或人改「飭」爲「飾」，遂使注文「鄭本、王肅作飾」與出語不符，於是又改以爲「升食反」，以符出語，不虞其前音「音勑」仍留下破綻。《五經文字・攴部》：「敕，古勑字，今相承皆作勑。」「治」底二原誤作「冶」，兹據刊本改正。

〔五四二〕周易略例上，刊本無「上」字，案疑本有「上」字，故注中有「案略例本無上字」七字，今刊本無「上」字，遂删去此七字。底二原無「經文」之「經」字，案此德明言《略例》爲王弼所作，本不當爲之音義，現既然已經爲《周易》經文作音義，故隨带亦爲之音義，有「經」字於義爲長，兹據刊本補。「第十一」刊本作「第十」，于大成云：「考《易》本「説卦第九」一卷中，含《説卦》第九、《序卦》第十、《雜卦》第十一，則後人輒加，《略例》當爲第十，唐本作「十一」，非也。」刊本「非也」作「之耳」。底二「講」字右上角「世」字缺筆作「廿」（「講」字俗寫右上角作「世」），避諱缺筆字，兹據刊本録正。

〔五四三〕動不能制，刊本作「動不能制動」，案據注文，後「動」字不能省，此手民誤删。

〔五四四〕則吏，刊本出「則思」，案《略例》不見「則吏」二字，有「觀其彖辭則思過半矣」句，疑或譌「思」爲「吏」，故又改注音爲「利」。

〔五四五〕袁，刊本作「于」，二字聲紐同。

〔五四六〕可見，刊本無，案此當爲『故觀象以斯義可見矣』句中文，寫卷奪切語。
〔五四七〕非數，刊本無此條，此『夫情僞之動，非數之所求也』句中文。
〔五四八〕預，刊本作『音豫』，『預』『豫』同音。
〔五四九〕明，刊本作『明』，二字異體。
〔五五〇〕不説，刊本無此條，此『而初亦不説當位失位也』句中文。
〔五五一〕損六爻，刊本無『六爻』二字，案『六爻』二字疑衍。
〔五五二〕以胜，刊本無此條，此『凡體具四德者，則轉以勝者爲先』句中文。
〔五五三〕旦，底二原缺筆。
〔五五四〕昌吕反，刊本無。
〔五五五〕無，底二原誤作『多』，兹據刊本改正。
〔五五六〕睽，底二原誤作『睽』，兹據刊本改正。
〔五五七〕普貝反又步貝反，刊本作『步貝反，又普貝反』。
〔五五八〕明，刊本作『明』，二字異體。

尚書釋文（堯典、舜典）

伯三三一五（底卷）　　伯三四六二A（甲卷）

【題解】

底卷編號爲伯三三一五，起《堯典》『光被四表』句音義『表』（寫卷作『𧘝』）字條，訖《舜典》篇末『槀飫』句音義『𥝢』字條，共一百零三行，前十六行上半截殘泐（前十六殘行《寶藏》、《法藏》均無）。詞目單行大字，僞孔《傳》雙行小字。日本學者狩野直喜於一九一五年在《藝文》六卷二號發表《唐鈔古本尚書釋文考》（簡稱『狩野直喜』），是關於該寫卷的第一篇研究論文。狩野氏以底卷爲陸德明《經典釋文》中的《尚書釋文》，甚是。《伯目》擬題『《古文尚書注疏》殘文』，不確。茲依例擬名《尚書釋文（堯典、舜典）》。

甲卷編號爲伯三四六二A，存七行，内容是陸德明《經典釋文·尚書音義》中對『三苗』的一段注解，有小題『竄三苗於西裔沙州也』，可能是某類書的内容。《寶藏》定名《尚書舜典》，誤。《尚書文字合編》（上海古籍出版社一九九六）定名爲《舜典釋文》，今依例擬名爲《尚書釋文（舜典）》。

繼狩野直喜之後，吴士鑑《唐寫本經典釋文校語》（《涵芬樓秘笈》第四集，一九一七。簡稱『吴士鑑』）、馬敘倫《唐寫本經典釋文殘卷校語補正》（天馬山房自印本，一九一八。簡稱『馬敘倫』）、吴承仕《唐寫本尚書舜典釋文箋》（《華國月刊》第二卷第三、四册，一九二五年一、二月。簡稱『吴承仕』）、龔道耕《唐寫殘本〈尚書釋文〉考證》（《華西學報》第四期，一九三六年六月；第五期，一九三七年十二月；第六、七期合刊，一九四一年六月。簡稱『龔道耕』）、羅常培《唐寫本經典釋文殘卷四種跋》（《清華學報》第十三卷第二期，一九四一年十月。簡稱『羅常培』）、潘重規《敦煌唐寫本尚書釋文殘卷跋》（《學術季刊》第三卷第三期，一九五五年三月。簡稱『潘重規』）、黄焯《經典釋文彙校》（中華書局一九八〇。簡稱『彙校』）、吴福熙《敦煌殘卷古文尚書校注》（甘肅人民出版社一九九二。簡稱『吴福熙』)、余行達《〈尚書釋文〉殘卷和今本的比較》(《古漢語研究》一九九三年第四期。簡稱『余行達』)均對底卷作過考校。詳參許建平《敦煌出土〈尚書〉寫卷研究的過去與未來》一文(《敦煌吐魯番研究》第七卷,中華書局二〇〇四)。

今綜合諸家之考訂,對此《釋文》殘卷之價值,略作概括如下:

(一)僞《古文尚書》原爲隸古定,陸德明據宋齊舊本而作音義,亦多存隸古定字。至唐玄宗天寶三載,集賢學士衛包承詔改《古文尚書》之隸古字爲今文,隸古定《尚書》遂亡。宋太祖開寶五年(九七二年),命陳鄂重定《經典釋文》,僅存於《釋文》之《尚書》隸古字亦删削殆盡。此寫卷爲陳鄂删削前之《釋文》,可據以推知陸德明《尚書釋文》原本之面貌。

(二)東晉梅賾所上僞《古文尚書》,没有《舜典》篇,後人將王肅《尚書注》的《堯典》篇下半部割裂下來作爲《舜典》補上,因而通行的僞《古文尚書》的《舜典》篇之注是王肅注,陸德明《尚書釋文》即是根據這個本子作的。到南朝齊明帝時,吴興姚方興僞造孔傳《舜典》,至隋時由劉炫奏上,取代王肅《舜典注》,收入《古文尚書》。而陳鄂删定《尚書釋文》,所依據之本恰恰是姚方興僞造本,因而將姚本所無之條目悉行删改。今據寫卷,可知《釋文》《舜典》篇之原貌。而且因王肅《尚書注》已佚,據寫卷又可補歷代輯佚書之缺。

(三)《經典釋文·序録》云:『今以墨書經本,朱字辯注,用相分别,使較然可求。』但世之傳本,皆用墨書,無用朱書者。此寫卷凡《傳》文之詞目,上皆加朱點以别之(狩野直喜《唐鈔古本〈尚書釋文〉考》,《先秦經籍考》上册一〇五頁,上海文藝出版社一九九〇),猶可窺《釋文》原貌之一斑。

(四)《釋文》解經,往往引所宗注家之義於前,而置他家之義於後。《堯典》篇釋文多引僞孔《傳》之文以釋義,但今本多爲陳鄂所删,今據寫卷而可復《釋文》之原貌。

(五)《釋文》注音,其音有别讀者,往往羅列數家之音,以存其異。但今本則往往據宋人之習讀,移易其首音、次音之位次,得寫卷而可糾宋人之誤,其於陸氏音系之考訂,極有參考價值。至於《釋文》中所見《切韻》之音，得寫卷而知爲陳鄂所添。
諸家論著對底卷的文本校録及其價值，多有貢獻，然瑕瑜並見，且散諸報刊，查檢不便，今在諸家校録的基
礎上，據一九一四年羅振玉《吉石盦叢書》所載底卷的影印本，并參一九八三年中華書局影印清徐乾學通志堂本
《經典釋文》（簡稱『刊本』），重新校録於後。

（前缺）
［　］▨古表字，《説文》古文作𢒼〔一〕。　格加百□，古作𢦏。〔二〕［　］▨（音）逸。〔三〕　畯本又作儁，皆古俊字。〔四〕　悳古德
字。〔五〕［　］上自高［　］同。〔六〕　旡古既字。〔七〕　睦古文作𥈋。〔八〕　平［　］邦本又［　］▨同。〔九〕　黎力兮反，衆
也。〔一〇〕　彭古變［　］二氏，重黎之後也。馬云：『羲氏掌天官，和氏掌地官，四子掌四時。』〔一一〕［　］本又作［　］又作
㚒。〔一二〕　辰古文辰。〔一三〕　教授［　］謂日月交會於十二次也。寅曰□（析）木，卯曰大火，辰曰壽星，巳曰［　］。〔一四〕
□□（羲中）音仲。注及下羲中、和中并四中放此。〔一五〕　嵎音隅。［　］尚書考［　］夷。〔一六〕　暘古陽字。〔一七〕　谷工卜
［　］陽衍字。〔一八〕　寅古文作▨（𡗕），音夷，徐又以真反，▨（敬）也。下同。〔一九〕［　］〔二〇〕▨（平）如字，均也。馬作苹，
普□（庚）反，云『使也』。下亦放□（此）。〔二一〕　秩如字，序也。《説文》［　］馬［　］。〔二二〕　中㫚古春字▨（也），古又作
旾。〔二三〕　七宿音秀。下同。［　］字，古𡰱［　］曰字。〔二四〕　乳化［　］〔二五〕▨五禾反，化也。〔二六〕　中［　］。〔二七〕▨
（寅）淺注作餞，同。〔二八〕［　］▨▨（如字）［　］。〔二九〕　毨古洗字，先典反，理也。《説文》云：『仲秋鳥獸毛盛，可選取以
爲器用也。讀若選。』〔三〇〕　朔古䏊字，《尔疋》云『北方』。〔三一〕　匚古方字。〔三二〕　分別▨▨（彼列）反。〔三三〕　昴□□，徐又音茅，古
文作丣。〔三四〕　中冬古作𠔦，古文作臭也。〔三五〕　炛古燠字，於六反，室也。馬云『煖也』。〔三六〕　𡾟本又作𣯛，又作𣰋，如勇反，徐又而
宂反，又如宂反，謂𤅢（濡）毳細毛也。馬云『温柔皃』。《説文》作毴，人尹反，云：『毛盛皃也。』〔三七〕　以辟音避。〔三八〕　生𤅢
（濡）本或作䘖（襦），音儒（儒）。本又作渜（渜），如宂反。〔三九〕　毳尺鋭反。　咨女音汝。〔四〇〕　𣌭其器（器）反，與也。〔四一〕　晉本

又作朞，皆古朞字，居其反。《説文》作稘，云『復其時期也』。〔四二〕 ナ古有字。〔四三〕 旬似遵反，十日爲旬。古文作旬。〔四四〕 定如
字。古文作壬，《説文》以壬爲古文正字也。〔四五〕 戚古成字。〔四六〕 𢦏古歲字。〔四七〕 帀四子合反。〔四八〕 曰期居其反。〔四九〕 允叠
本亦作𨰼（釐），力之反，理也。〔五〇〕 庨古庶（庶）字，衆也。〔五一〕 𡖍古文熙字，許其反，廣也。馬云『興也』。〔五二〕 𠷎古疇字，誰
也。〔五三〕 登庸古作𩑴。〔五四〕 放方往反。注同。 𠫸古齊字。齊，臣名也。〔五五〕 𢓴古文胤字，引信反，國名；馬云『嗣也』。〔五六〕 学
古文子。〔五七〕 启古文啓字，開也。〔五八〕 吁况于反，疑恠之辞也。徐又往付反。一音于。古作𠬡，《説文》作亏。〔五九〕 𠾾古文嚚字，
魚巾反。言不忠信爲嚚。〔六〇〕 訟才用反，争訟也。馬本作庸。〔六一〕 又好呼報反。下『好此』同。〔六二〕 争訟争闘之争。〔六三〕 𦍌予
羊汝反，我也。一音餘也。〔六四〕 采七在反，事也。馬云『官也』。〔六五〕 復求扶又反。〔六六〕 鴅古驩字，呼端反。〔六七〕 吺古兜字，丁侯
反。驩兜，臣名也。〔六八〕 共工音恭。注同。共工，官名。〔六九〕 𠃨救音鳩，聚也。〔七〇〕 僝仕蕑反，▨（徐）音▨（撰），□。〔七一〕
𢀛古功字。〔七二〕 都於音烏。〔七三〕 官稱尺證反。 彭古静字，謀也。〔七四〕 言古作𠆢、▨。〔七五〕 ▨□字□。〔七六〕 滔吐刀
反，漫也。〔七七〕 漫也末旦反。下同。〔七八〕 而背音佩。〔七九〕 傲五報反。〔八〇〕 佷恨懇反。〔八一〕 三𦍌古岳字。〔八二〕 湯湯音傷，流
皃。〔八三〕 洪水户工反，大也。〔八四〕 创古割字，害也。〔八五〕 褱古懷字，苞也。〔八六〕 𠷈古襄字，上也。〔八七〕 陵古作𨺅，大阜曰陵。〔八八〕
浩浩胡老反，古作灝。〔八九〕 滌（滌）直歷反。〔九〇〕 襄上時掌反。下同。〔九一〕 亓古其字。〔九二〕 ナ耐古能字。〔九三〕 卑必尔反，使
也。〔九四〕 乂音刈，治也。下同。〔九五〕 僉七簾反，皆也。徐又七劍反。〔九六〕 曰於音烏，歎美。〔九七〕 鯀古鮌字，故本反。崇伯之名，
馬云『顓頊之子，禹父也』。〔九八〕 才古哉字作才，若才能之字則從木。他皆放此。〔九九〕 朝臣直遥反。〔一〇〇〕 咈扶弗反，戾
也。〔一〇一〕 𠃨命如字。馬云『方，放也』，徐云『鄭、王音放』。 圮皮美反，毁也。〔一〇二〕 戾力計反。 毁敗必邁反。〔一〇三〕 异徐
〔云〕『鄭音異』，孔、王音怡，已也。〔一〇四〕 徃古往字，古文作㞷。〔一〇五〕 績㫀古文用字。〔一〇六〕 弜古弗字。〔一〇七〕 朕直錦反，馬云
『我也』。〔一〇八〕 女耐音汝。〔一〇九〕 巽音遜，順也。馬云『讓也』。〔一一〇〕 否悳音鄙，又方九反，不也。〔一一一〕 忝他簟反，辱也。 𣸣
古陽字，舉也。〔一一二〕 仄字又作庂，古側字。〔一一三〕 不肖音咲，《説文》云：『肖，骨肉相以也。不似其先，故曰不肖。』〔一一四〕 師或

作帀。師，衆也。古文作㒳。〔一一五〕錫星歷反，與也。〔一一六〕鰥故頑反。無妻曰鰥。〔一一七〕曰㚘舜虞，氏；舜，名也。馬云：『舜，謚也。舜死後，賢臣録之，臣子爲諱，故變名言謚。』〔一一八〕俞羊朱反，然也。〔一一九〕予𦖞古聞字，《説文》古作『䎽』，無此𦖞字。〔一二〇〕德行下孟反。下『其行』同。瞽音古，無目曰瞽。〔一二一〕㝃古敖字，五報反。〔一二二〕無目曰瞽一本作無目眳，音直忍反。〔一二三〕不能別彼列反，又一本作『不能分別』。〔一二四〕曰瞍字或作瞍，素后反。〔一二五〕之稱尺證反。〔一二六〕諧户皆反，和也。〔一二七〕丞承之承反。〔一二八〕姦古奸字，《説文》作『㤥』。〔一二九〕女于恧據反，妻也。注『女妻也』同。〔一三〇〕刑于古刑字，法也。〔一三一〕女妻七計反。下同。〔一三二〕嬀字又作嬀，居危反，水名。〔一三三〕内音汭，如鋭反。水之内也。杜預注《左傳》云『水隈之曲曰汭』。〔一三四〕嫔本又作姘，皆古嬪字。毗真反，婦也。〔一三五〕嬀水居危反。之内音汭，又如字。〔一三六〕

舜典第二〔一三七〕

王氏注相承云：梅賾上孔傳《古文尚書》，亡《舜典》一篇，時以王肅注頗類孔氏，故取王注從『慎徽五典』以下爲《舜典》篇，以續孔傳。徐仙民亦音此本，今依舊音〔之〕。〔一三八〕㞢字又作𡴆，古之字。〔一三九〕岑古使字。〔一四〇〕孠古嗣字。〔一四一〕㟪本又作彬，古諸字。〔一四二〕䧘古難字，乃丹反。〔一四三〕作舜典此下或更有《舜典》題者，非也。此篇既是王注，應作今文，相承以續孔傳，故亦爲古字。〔一四四〕曰䂓乩古帝舜曰重𠤭叶丂帝此十二字是姚方興所上孔傳本，阮孝緒《七録》亦云。然方興本或此下更有『濬哲文明温恭允塞玄德升聞乃命以位』，凡廿八字異。聊出之，於王注無施。〔一四五〕㫋古慎字。〔一四六〕徽許違反。王云『美也』，馬云『善也』。〔一四七〕乂、古文五字，又作九。〔一四八〕㓉古從字。〔一四九〕八元《左傳》云：『高辛氏有才子八人，伯奮、仲堪、叔獻、季仲、伯虎、仲熊、叔豹、季狸，忠肅恭懿，宣慈惠和，天下之民謂之八元也。』〔一五〇〕内丂音納。下同。〔一五一〕百揆葵癸反，度也。〔一五二〕揆度待洛反。下同。〔一五三〕八凱開在反，字又或作愷。愷，古字也。《左傳》云：『高陽氏有才子八人，蒼舒、隤敳、檮戭、大臨、尨降、庭堅、仲容、叔達，齊聖廣㴊（淵），明允篤誠，天下之民謂之八愷。』〔一五四〕斆斆古穆字。古文作穌，美也。〔一五五〕朝者直遥反。〔一五六〕大菉古文鹿字，王云『録也』，馬、鄭云『山足也』。〔一五七〕㓮古列字。〔一五八〕靁古雷字。〔一五九〕雨古作羽、冐。〔一六〇〕其應應對之應。其又作期。〔一六一〕忩伏起虔反。〔一六二〕之行下孟反。〔一六三〕格女音汝。注及下皆同。〔一六四〕詢音苟，謀也。〔一六五〕丂古考字。〔一六六〕厎之履反，王云『致也』，馬云『定也』。本或作庢字，非也。〔一六七〕爲我丁僞反。〔一六八〕女陟古文作倂。〔一六九〕攘于音讓。後同。〔一七〇〕

正月音政，又音征（征）。《說文》古文作正、作𤴓。〔一七一〕受𠘧本又作𠦴，皆古終字。《說文》作兵。〔一七二〕𠔃𡨄古『文祖』字。古示邊多作爪，後放此。王云：『文祖，廟名也。』馬云：『文者，天也。天爲文万物之祖，故曰文祖。』〔一七三〕璿古璿字，音旋，美玉也。馬本作瓊。〔一七四〕玉㮚古衡字，平也。〔一七五〕渾天胡門反。嬴音盈。縮所六反。以重直用反。〔一七六〕肆音四字，王云『次也』，馬云『故也』。〔一七七〕𩏽字又作𩏽。古類字。〔一七八〕上帝王云：『上帝，天也。』馬云：『上帝，太一神，在紫微宫中，天之最尊者。』〔一七九〕禋于音因字，王云『潔祀也』，馬云『精意以享也』。〔一八〇〕六宗王云『四時寒暑日月星水旱也』，馬云『天地四時也』。埋亡皆反。少牢詩照反。大昭音泰。祖迎並如字。与鄭注《祭法》不同。坎本又作埳。苦▨反。〔一八一〕壇徒丹反。幽宗如字。下同。雩音于。宗本或作禜，音詠字。〔一八二〕偏亐古遍反▨。〔一八三〕𥘫古神字，又作𥛵。〔一八四〕墳衍扶云反。〔一八五〕揖徐音集，王云『合也』，馬云『斂也』。〔一八六〕㕚瑞垂僞反，信也。羣牧牧養之牧，徐音目。〔一八七〕巡古作徇，以遵反。徐養純反。〔一八八〕守詩救反。本或作狩。注守禜謂同。〔一八九〕𡉉于古至字。〔一九〇〕岱宗音代。岱宗，泰山也。〔一九一〕柴仕佳反。《說文》作柴，從此木，云：『燎天祭也。古文作禬。』《尔疋》云：『祭天曰燔柴。』馬云：『祭山曰柴。積柴加牲其上而燔之也。』今經典並止作柴薪字。〔一九二〕爲天子于僞反。下『舜爲』同。循行下孟反。以燔扶袁反，又扶云反。四瀆徒木反。〔一九三〕同律王云：『同，齊同也；律，六律也。』馬云：『律，法也。』鄭云：『同，陰吕也；律，陽律。』〔一九四〕厇古度字，丈尺也。《說文》以爲古文宅字。〔一九五〕量力尚反。注同。升斛。〔一九六〕㮚稱也，音衡。〔一九七〕修音脩。〔一九八〕㐅𠧢古文礼。〔一九九〕三帛玄、纁、黄也，附庸、諸侯之適子、公之孤所執也。馬云『三孤所執也』。〔二〇〇〕纁（纁）許云反。〔二〇一〕適子丁歷反。下同。〔二〇二〕摯本又作贄，音至，所執也。〔二〇三〕如㐅器並依字。費𩲸云：『鄭讀如音乃佐反。』〔二〇四〕卒子恤反，終也。後皆同。〔二〇五〕則還如字。下同。〔二〇六〕華山户化反，又户花反。〔二〇七〕十𠦃如字，徐于救反。〔二〇八〕至于北𡴀如初馬本同，方興本作如西禮。〔二〇九〕歸古歸字。〔二一〇〕 蓺魚世反，又馬、王云『禰也』。〔二一一〕 禰本又作祢，乃礼反，考廟。〔二一二〕 三輈直遥反。注同。馬、王皆云『四面朝於方岳之下也』。鄭云：『四朝，四年一朝京師也。』〔二一三〕 尃古敷字。音孚，陳也。〔二一四〕 奏如字。字又作奉，古文作敹。〔二一五〕 旌（旌）以音精。〔二一六〕 肇音兆，始也。〔二一七〕 十ナ二州古文州字。謂冀、兗、青、徐、荆、楊（揚）、豫、梁、邕、并、幽、營。〔二一八〕 燕齊音烟。下同。 遼遠了彫反。〔二一九〕 圭古封字。古文作圭。〔二二〇〕 濬川荀俊反，深也。〔二二一〕 令得力呈反。 當其丁浪反。〔二二二〕 汿古流字，放也。〔二二三〕 宥音又。馬云：『宥，三宥也。』〔二二四〕 形見賢遍反。〔二二五〕 叏古文鞭字，必綿反。〔二二六〕 苻普卜反，徐敷卜反。 字及作笇，注同。 楚苻。〔二二七〕 金古金字。〔二二八〕 贖刑徐音樹刑。〔二二九〕 贖罪食欲反，又音樹。〔二三〇〕 坐不才卧反。〔二三一〕 眚所景反，過也。 注同。〔二三二〕 災本又作災，皆古灾字，害也。《說文》云：災，籀文烖字也；灾，或烖字也。 古文作扷。〔二三三〕 怙鼻音户，恃也。〔二三四〕 卹才峻律反，憂也。〔二三五〕 共工音恭。《左傳》云：『少皞氏有不才子，毁信廢忠，崇飾惡言，靖譖庸回，服讒蒐慝，以誣盛德，天下之民謂之窮奇。』杜預云『即共工』。〔二三六〕 北裔以制反。〔二三七〕 鴅吺《左傳》云：『帝鴻氏有不才子，掩義隱賊，好行凶德，醜類惡物，頑嚚不友，是与比周，天下之民謂之渾敦。』杜云：『即驩兜也。 帝鴻，黄帝也。』〔二三八〕 崈山古崇字。〔二三九〕 竄七乱反，《字林》七外反。〔二四〇〕 弎古文三字。〔二四一〕 苗馬、王云：『三苗，國名也。 縉雲氏之後爲諸侯，盖饕餮也。』《左傳》云：『縉雲氏有不才子，貪于飲食，冒于貨賄，侵欲崇侈，不可盈猒，聚斂積實，不知紀極，不分孤宜（寡），不恤窮匱，天下之民，以比三凶，謂之饕餮。』杜云：『縉雲，黄帝時官名，非帝子孫，故以比三凶也。 貪財爲饕，貪食爲餮也。』〔二四二〕 縉雲音晉。〔二四三〕 饕本又作叨，吐刀反。〔二四四〕 餮他節反。 字或作飻。〔二四五〕 殛紀力反，誅也。 注同。〔二四六〕 鯀《左傳》云：『顓頊氏有不才子，不可教訓，不知話言，告之則頑，舍之則嚚，傲佷明德，以乱天常，天下之民謂之檮杌。』杜云：『即鮌也。 檮杌，頑凶無疇正之皃。』〔二四七〕 三皋古文罪字，從自辛，秦始皇以其似皇字，改從罔，非之也。〔二四八〕 之行下孟反。〔二四九〕 放勛方往反。〔二五〇〕 迺殂本又作殂，古文作殂，皆古殂字，才楛反，死也。 馬、鄭本同，方興本作『帝乃徂落』。〔二五一〕 如喪古作喪，如字，又息浪反。〔二五二〕 考妣必履反，父曰考，母曰妣。 三棸古海字。〔二五三〕 遏安邁反，或音謁絶。〔二五四〕 八音謂金，鍾也；石，磬也；絲，琴瑟也；竹，篪笛也；匏，笙也；土，塤也；革，鼔（鼓）也；木，柷敔也。〔二五五〕 匏白交反。 舜格庚百反，至也。〔二五六〕 故復扶又反。 辟本又作闢，婢亦反，徐甫赤反，開也。説文作闢。〔二五七〕 𣅀才古食字。〔二五八〕 耐迯古文邇，音迩，近。〔二五九〕 惇本又作㥃，皆元古敦字，厚也。〔二六〇〕 元長丁丈反。及下注同。〔二六一〕 而難乃旦反，注及下皆同。〔二六二〕 壬人如字，又而鴆反。注同。壬人，佞人。〔二六三〕 柏古以此爲伯仲字。〔二六四〕 舠古文服字。〔二六五〕 奮弗運反，明也。〔二六六〕 𢝊古文惠字，順也。〔二六七〕 居度待洛反。〔二六八〕 衛古率字。〔二六九〕 帝古禹字。《説文》古文作帝。〔二七〇〕 長稱尺證反。〔二七一〕 俞以朱反。 女平音汝。後皆同。〔二七二〕 楙（楙）才古茂字，王云『勉也』，馬云『美』。〔二七三〕 𣲛古拜字。《説文》以爲今字，云：『古文作𢫶，又作𢪔。』今本止作拜字。〔二七四〕 䭫古稽字，音啟也。〔二七五〕 𦤎古首字。稽首，首至地，臣事君之礼。〔二七六〕 稷古稷字，官名也。〔二七七〕 离古文作萬，皆古偰字，息列反，臣名也。〔二七八〕 𠁼音羔。〔二七九〕 䌛音遥，𠁼䌛，臣名。〔二八〇〕 弃古棄字，后稷名也。〔二八一〕 俎本又作阻，莊（莊）吕反，王云『難也』；馬本作徂，云『始也』。〔二八二〕 飤古飢字。〔二八三〕 𠈭古文播（播），波佐反，敷也。字又或作敿，亦古播（播）字。〔二八四〕 不遜音遜，順也。〔二八五〕 滑于八反，乱。〔二八六〕 寇（寇）苦豆反。 姦宄字又作宄，古文作宄，皆音軌。〔二八七〕 剽匹妙反，《説文》云『一曰刧人也』。《字林》父召反。〔二八八〕 劓魚器反，截鼻也。〔二八九〕 剕扶貴反，刖足也。〔二九〇〕 大辟婢亦反，死刑也。下同。〔二九一〕 朝市直遥反。 甸師田遍反。〔二九二〕 三處昌慮反。〔二九三〕 復陳扶又反。篇末注同。〔二九四〕 𡍮本又作𡍮，皆古垂字。如字，臣名也。徐一音睡。〔二九五〕 女共工音恭。馬云：『共工，司空官也。』本或作『女作共工』。〔二九六〕 殳音殊。〔二九七〕 斨七良反。殳斨，臣名。〔二九八〕 柏與音餘。伯與，臣名。〔二九九〕 艸本又作中，古草字。〔三〇〇〕 𦯬字又作𦯬，古益字。𠁼䌛子名。〔三〇一〕 羆彼皮反。古文作㷱。〔三〇二〕 柏𡰥伯夷，臣名也。馬本作伯异。〔三〇三〕 咨柏本或作『咨伯夷』，舊本皆無夷字。〔三〇四〕 女秩宗本或作『女作秩宗』，『作』衍字。〔三〇五〕 夙本又作𡖋，古夙字，早也。〔三〇六〕 夗本又作𡖋，古夜字。〔三〇七〕 惟寅徐音夷，又以真反。〔三〇八〕 蘷求龜反，臣名也。〔三〇九〕 竜本又作蓕，古龍字，臣名。〔三一〇〕 冑（胄）𢽽直又反。王云：『冑（胄）子，國子也。』馬云：『冑（胄），長也。教長天子之子弟。』〔三一一〕 㮚古栗字，字又作㮚，戰栗也。〔三一二〕 但古剛字。古文作㐰。〔三一三〕 而亡音無，古文無字皆亾。止失之字作亾，從人。〔三一四〕 柬古蕳（簡）字。〔三一五〕 亡奡五報反。〔三一六〕 詍古詩字。〔三一七〕 言忠古志字。〔三一八〕 哥古歌字。〔三一九〕 永言如字，長也。下同。徐音詠。〔三二〇〕**奪倫**如字，或作古敓字。〔三二一〕**於予**並如字。讀者或以於爲烏音而絶句，非也。〔三二二〕**石**古作后磬。〔三二三〕**拊石**音撫，徐又音府。〔三二四〕**衛翌**古舞字。〔三二五〕**服不氏**《周礼》有其觿（職），掌養禽獸。〔三二六〕**堲**徐音在力，疾也。《説文》才尸反，云：『古文字，疾惡。』〔三二七〕**讒説**如字。注同。徐失鋭反。〔三二八〕**殄**古文作𣦵。〔三二九〕**行**下孟反。注同。**内言**音納。下同。〔三三〇〕**喉舌**音侯。〔三三一〕**二十ナ二人**禹、垂、益、伯夷、蒕（夔）、龍六人，四岳，十二牧，凡廿二人。〔三三二〕**黜**勑律反，退也。〔三三三〕**分北**並如字。北又音佩。〔三三四〕**不令**力呈反。〔三三五〕**徵**古文作𢼊。〔三三六〕**帝釐**本又作𥝊（釐）字，力之反。馬云『賜也，理也』。〔三三七〕**下土**絶句，讀至『方』字絶句。〔三三八〕**别生**彼列反。生，姓也。〔三三九〕**分贊**方云反，徐扶問反。〔三四〇〕**汩作**音骨。汩作，《書》篇名也。〔三四一〕**九共**音恭，王恭勇反，法也。馬同。九共，《書》篇名，凡九篇。〔三四二〕**藁**苦報反，勞也。〔三四三〕**秋**於庶反，賜也。藁秋，亦《書》篇名也。《汩作》等十一篇共同此序，其文皆亡。而序与百篇之序同編，故存。今馬、鄭之徒百篇之序總爲一卷，孔以各冠其篇首，而亡篇之序亦隨其次弟居見在之間，衆家經文並盡此，唯王法（注）本下更有《汩作》、《九共》，故逸，故亦作古文也。〔三四四〕

【校記】

〔一〕標目字底卷殘存下部『表』，上端殘泐，刊本無此條，案注云『古表字』，可知此標目字乃『表』之古字。『表』字《説文》寫作『衺』，《集韻·小韻》：『表，古作衺。』與底卷殘存字形不符；《篇海類編·衣服類·衣部》云：『褎，音表，義同。』正與此殘存字形相符，底卷當是作『褎』也。注『説文古文作䄙』，吴士鑑云：『《説文》「表」古作「褾」，从衣不从方。此从「方」者乃轉寫之譌。』

〔二〕格，刊本無此條，案此『格于上下』句中文。

〔三〕音逸，底卷『音』字殘存下半，刊本有『溢，音逸』條，乃釋僞《傳》『故其名聞充溢四外』句之『溢』字，吴士鑑云：『今本同，脱一「溢」字。』『音逸』前底卷殘泐，刊本有『名聞』條。

〔四〕畯，刊本無此條，案此『克明俊德』句中文。

〔五〕悳，刊本無此條，案此『克明俊德』句中文。

〔六〕此『上自高』『同』諸字應是『九族』條之注文。刊本有『九族』條，注云：『上自高祖，下至玄孫，凡九族，馬、鄭同。』然據其雙行小注之排列（左行之『同』與右行之『自』並列），『上』前有九個字的位置，疑刊本『上自高祖』前有脱漏。

〔七〕旡，刊本無此條，案此『九族既睦』句中文。

〔八〕睦，刊本無此條，案此『九族既睦』句中文。『古文作⿱大⿱八田』，龔道耕云：『薛本作「⿱山⿱八田」，《説文》「睦」古文。此作「⿱大⿱八田」，隸寫變。』案龔氏所言薛本，指薛季宣《書古文訓》所收之《尚書》經文，下所言『薛本』皆指此。

〔九〕『平』字在行末，次行上部底卷殘缺約十一字，刊本『平』條作『如字，馬作苹，普庚反，云，使也。下皆放此』。自『邦』至『同』諸字刊本無，據下條『黎』及此注文『邦』字，疑爲『協和萬邦』句『邦』之音義，釋『邦』之古字；斯二〇七四、伯三六七〇、伯三七六七諸敦煌本《尚書》寫卷凡『邦』字均寫作『邽』，薛本則作『⿱屮田』，不知《釋文》作何形？

〔一〇〕衆也，刊本無。案僞《傳》云：『黎，衆。』即此《釋文》所據。

〔一一〕『⿰貞彡』字注文『古變』二字底卷在行末，按正文大字計，次行上部殘缺約十一字。刊本無『⿰貞彡』字條，案此『黎民於變時雍』句中文，『古變』下殘泐之字當是『字』。自『馬云』至『四子掌四時』刊本爲『羲和』條之注文，僞《傳》云：『重黎之後羲氏、和氏世掌天地四時之官。』則『二氏重黎之後也』諸字當亦『羲和』條之注文，而刊本無。

〔一二〕『本又作』及『又作垒』諸字刊本無，龔道耕云：『「本又作」下闕文當是「曐」字。』案此應是『厤象日月星辰』之『星』的注文。

〔一三〕厎，刊本無此條，案此『厤象日月星辰』句中文。

〔一四〕標目字『教授』及注文『巳曰』底卷皆在行末，按正文大字計，次行上部各殘缺約十一字。『教授』蓋經文

『敬授人時』句中文，刊本無此條，龔道耕認爲『敎』爲『敬（敬）』之訛體。自『謂日月』至『巳曰』刊本爲僞《傳》『日月所會』之注文。『析』字底卷殘泐，兹據刊本補，以下底卷中凡殘字、缺字、脱字補出者，均據刊本，不復一一注明。『巳曰』後刊本作『鶉尾，午曰鶉火，未曰鶉首，申曰實沈，酉曰大梁，戌曰降婁，亥曰娵訾，子曰玄枵，丑曰星紀』。

〔一五〕注文『音仲』以下十四字刊本無。吴士鑑云：『今本闕此條。案商周彝器「仲」皆作「中」，不及備舉。此作義中、和中，乃真古文也。』案此應是釋『分命羲仲』句之『仲』，據其『音仲』之語，知所出標目字爲『羲中』也，故據以擬補。

〔一六〕注文『音隅』二字底卷在行末，按正文大字計，次行上部殘缺約十一字，刊本其下注文作『馬云嵎海嵎也夷萊夷也尚書考靈耀及史記作禺銕』。底卷末字『夷』當即刊本『史記作禺銕』之『銕』，吴士鑑云：『夷字今本作「銕」。蓋所引《史記》本作「夷」，後人改作「銕」也。』

〔一七〕『古陽字』刊本作『音陽』，邵榮芬《經典釋文音系》云：『「音陽」蓋後增。』（四七三頁，臺北學海出版社一九九五）案『音陽』應是陳鄂所改。

〔一八〕注文『工卜』二字底卷在行末，按正文大字計，次行上部殘缺約九字，刊本作『反又音欲下同馬云暘谷海嵎夷之地名日出於谷本或作日出於陽谷』。『卜』字刊本作『木』，羅常培云：『「木」「卜」同屬屋韻。』

〔一九〕底卷『古文作𡩟』之『𡩟』原中部殘損，龔道耕云：『薛本作「𡩟」，即《説文》古文「𡩟」字，此闕文當如之。』案《説文》以『[illegible]』爲古文『寅』字，薛本之『𡩟』即其隸定，兹據龔説擬補。『音夷徐又以真反』刊本作『徐以真反又音夷』，余行達云：『這兩條的「寅」，注文都訓爲「敬」，所以用「音夷」爲首；「以真反」的詞義是「辰名」，是子丑寅卯的「寅」了。《廣韻·六脂》以脂切：「寅，敬也。」又《十七真》翼真切：「寅，辰名。」即可爲證。這是陳鄂没有弄清楚《釋文》首音、次音的規律而妄自改變。』案余氏所言『兩條』，另一條指的是第九六行『惟寅』條。底二『敬也』之『敬』略模糊，龔道耕云：『當是「敬也」。』《彙校》録作『敬也』，案僞

《傳》云：『寅，敬。』此《釋文》所據，茲據以擬補。

〔二〇〕底卷本行上部殘泐約九字（按正文大字計），刊本有『賓』、『出日』兩條。

〔二一〕『平』字底卷殘存下截。注文『均也』二字刊本無，案僞《傳》云：『平均次序東作之事。』《釋文》『均也』之訓當即據此；刊本『亦』作『皆』。

〔二二〕注文『說文』二字底卷在行末，按正文大字計，次行上部殘缺約十字。『秩』條注文『序也說文』四字刊本無，吳士鑑云：『「序也」二字用孔《傳》。』龔道耕云：『《說文》：「豒，爵之次弟也。從豊弟。《虞書》曰：平豒東作。」此《說文》下闕文當引此也。』又查刊本注文有『馬』者唯『殷』字條：『於勤反，馬、鄭云，中也。』下條爲『中旹』，乃『以殷仲春』句中文，『殷』字正在『仲春』前。

〔二三〕中旹，刊本無此條，此爲『以殷仲春』句中文。『也』字底卷殘存左半，今以意擬補。

〔二四〕底卷本行上部殘泐約十四字（按正文大字計）。注文『字古屁』及『曰字』，吳士鑑據『屁』字認爲此條釋『鳥獸孳尾』之『尾』，應在『孳』字條下，今本已闕。案如吳說，則下『曰字』二字無所歸屬。考北敦一四六八一《尚書》殘卷『鳥獸孳尾』作『鳥獸字尾』，僞《傳》中『乳化曰孳』作『乳化曰字』，正與此作『曰字』相合，底卷『曰字』前當殘泐『乳化』二字。《史記·五帝本紀》『其民析，鳥獸字微』裴駰《集解》：『孔安國曰：「春事既起，丁壯就功，言其民老壯分析也。乳化曰字。」《尚書》「微」作「尾」字。』據此知裴駰所見本《尚書》作『字尾』，與北敦一四六八一相同。《釋文》此條詞目應是『字尾』。陳鄂據《唐石經》改『字』爲『孳』，又刪除『尾』字及其說解，遂成今貌。

〔二五〕標目字『乳化』二字底卷在行末，按正文大字計，次行上部殘缺約十四字，刊本本條注文作『上儒付反。《說文》云：人及鳥生子曰乳，獸曰產』，另有『申重』條。

〔二六〕本條標目字底卷殘存右邊『爲』，刊本作『訛』，吳士鑑云：『「化也」二字用孔《傳》。』案《史記》『便程南譌』，正與此同。《集解》引孔安國曰『譌，化也』，《索隱》曰：『爲依字讀，孔安國强讀爲訛字。』《正義》亦云「爲，于僞反」，是《史記》及注本作「爲」，後人始改作「譌」也。段氏懋堂以爲妄依衛包所改《尚書》。今此本作「譌」，是唐初已改「譌」矣。《説文》「譌」从言爲聲，《韩詩·無羊》「或寢或譌」，《毛詩》作「訛」，是「訛」又「譌」之改字。』《彙校》云：『係「譌」字缺左旁。』龔道耕云：『寫本此字左旁雖少爛奪，然諦宷之，確是「爲」字，無偏旁。則《釋文》本與小司馬所見本同也（吴士鑑校謂寫本作譌，未細宷）。《羣經音辨》三：「僞，化也。音訛。」引《書》「平秩南僞」。蓋賈氏所據《尚書釋文》本作「僞」，與寫本異，與薛本同。』案寫卷此字殘缺左邊小半，而殘存之右邊『爲』并非全字，只存右邊大半。若補全『爲』字殘缺之左邊後，則左邊再無空間來安排一個『言』字偏旁。第五一、六〇行兩『為』字的寫法完全可以證明這一點。若謂此字爲『偽』之殘缺，倒是極有可能的。因爲寫卷中『偽』字的寫法是將左邊『亻』旁寫在『為』字的左上角，作『僞』與《羣經音辨》、薛本同。刊本無『化也』二字。

〔二七〕標目字『中』字底卷在行末，按正文大字計，次行上部殘缺約十四字，刊本無『中』條，龔道耕云：『此出「日永星火」《傳》「中星」字音，以與「義中」等「中」字音異也。宋人依衛包改彼「中」字作「仲」，則「中」字習見，不須音，故刪之矣。』此殘缺處刊本有『昧』『冥』兩條。

〔二八〕底卷『寅』字上端殘泐；刊本出『寅餞』二字，注作『賤衍反，馬云，滅也。滅猶没也』。

〔二九〕底卷本行上部殘泐約十四字（按正文大字計），其中注文部分左行尚殘存左邊小部分，僅『如字』二字殘存左半可辨，餘皆不能辨。

〔三〇〕注文『古洗字』、『理也』、『讀若選』諸字刊本無，當爲陳鄂所刪。

〔三一〕刊本無此條，案此釋『宅朔方』句之『朔』字。龔道耕云：『「玥」爲六朝通行俗字，故陸氏以「朔」爲古字，非古文也。』『尓疋』即『爾雅』，『尓』爲『尒』之手寫變體，《敦煌俗字研究》云：『「爾」、「尒」古本非一字，後世則合二而一，字多寫作「爾」。』（下編第七頁）黄侃《字通》云：『雅，正字當作疋。』（九三頁，《説文箋識四種》，上海古籍出版社一九八三）下凡『尓』、『疋』字同。

〔三二〕刊本無此條，案此釋『宅朔方』句之『方』字，龔道耕云：『此即「匚」字行書之也。凡《尚書》「方」字，薛本俱作「匚」，《釋文》本蓋亦同。』下『匚』字同。

〔三三〕底卷『彼列』二字皆殘存左半。『彼列反』下刊本有『下同』二字，《堯典》『瞽子，父頑』僞《傳》：『舜父有目，不能分別好惡。』寫卷第三八行有『不能別，彼列反，又一本作「不能分別」』一條，余行達云：『今本没有這一條，但在上文「分別，彼列反」下增加「下同」二字；這裏「別」的讀音雖然留下了，但僞孔《傳》這裏兩個本子有異却被陳鄂的無知而删去了。』

〔三四〕昴，刊本無此條，案此『日短，星昴』僞《傳》『昴，白虎之中星』句中文。龔道耕懷疑『卯』有誤。

〔三五〕中冬，刊本無此條，案此『以正仲冬』句中文，『中』爲『仲』之古文。

〔三六〕灹，刊本作『隩』，《集韻·屋韻》：『燠，古作灹。』北敦一四六八一《尚書》寫卷作『燠』，已改隸古字爲今字也，龔道耕云：『僞《傳》讀「灹」爲奥，而解爲室，則用鄭義。衛包遂改爲「隩」。』案改『燠』爲『隩』者應是據僞《傳》『室也』之訓，龔説是也。然日本古寫本均作『隩』，則始作俑者非衛包也。陳鄂據《唐石經》改《釋文》『灹』爲『隩』，故删去『古燠字』、『室也』五字；既改爲『隩』，應是從『室也』之訓，而陳鄂居然删去『室也』而存馬融『煖也』之訓，可謂不思之甚。

〔三七〕刊本『⿰耑矣』作『⿰耑毛』，無『本又作⿰耑毛又作⿰耑犬』七字。案『⿰耑矣』、『⿰耑犬』當是『⿰耎毛』之形誤，考詳《古文尚書傳（二）》校記〔五五〕，陳鄂據《唐石經》改『⿰耎毛』爲『⿰耑毛』，遂删去『本又作⿰耑毛又作⿰耑犬』七字。『而兖反，又如兖反』刊本作『而充反，又如充反』，吴福熙云：『「兖」爲「充」之誤。』案吴説大謬，吴承仕《經籍舊音辨證》云：『段玉裁曰：「《書》釋文本作『徐而允反，又如兖反』，俗本並譌作『充』。」承仕案：以唐寫本證之，段説近是。』（八四頁，中华書局一九八六）黄侃《經籍舊音辨證箋識》云：『「而兖」、「如兖」必有一誤。』（二六六頁，同上書）龔道耕云：『影寫宋殘本作「而充」、「如兖」，當據訂正。』則正當作『而允反，又如兖反』。刊本『皃』作『貌』，據《説文》，『皃』爲小篆隸定字，『貌』爲籀文隸定字，下凡『皃』字同此。刊本删去『謂濡毳細毛也』、

『説文作毴人尹反云毛盛皃也』十八字。

〔三八〕以辟，刊本不出『以』字，案此釋僞《傳》『民改歲入此室處，以辟風寒』句。

〔三九〕生濡，刊本出『耎』字，此僞《傳》『鳥獸皆生而毳細毛以自温焉』句中文，阮元《尚書校勘記》（以下簡稱『阮校』）云：『岳本、閩本、明監本、毛本「而」作「耎」，陸氏曰：「耎，如兗反。本或作濡，音儒。」是作「而」字誤也。』北敦一四六八一《尚書》殘卷作『耎』，則『耎』之俗寫。

〔四〇〕咨女，刊本無此條，案此『咨！汝羲暨和』句中文。段玉裁《古文尚書撰異》（後簡稱『撰異』）云：『經籍中絶不用「汝」字，自天寶、開寶兩朝荒陋，《尚書》全用「汝」字，與羣經乖異。今正之，一還其舊。如此條音義，必同他經，有「女音汝」之語。衛包既改《尚書》之「女」爲「汝」字，開寶中陳鄂遂刪之。』

〔四一〕臮，刊本作『暨』，『臮』者，『臮』之變體也，《玉篇・乑部》：『臮，古文暨字。』刊本無『與也』二字，案僞《傳》云『暨，與也』，此《釋文》所本。

〔四二〕⿱开日，刊本作『朞』，馬敘倫云：『下文云「开，古其字」，則此字上從之「开」亦古「其」字。……蓋「开」即《説文》之「丌」，《墨子》用爲「其」字，隸變爲「亓」，故《玉篇》云「亓，古文其」，復變爲「开」。』龔道耕云：『薛本作「⿱丌日」，《汗簡》引《書》同，《説文》「期」古文也。此寫譌。』案《説文・月部》：『期，會也。从月，其聲。古文从日丌。』又丌部：『丌，下基也。』段注：『字亦作亓，古多用爲今渠之切之「其」。《墨子》書其字多作「亓」，「亓」與「丌」同也。』則『朞』即『期』之古文也。『其』古文作『亓』，『朞』可寫作『⿱丌日』，當然亦可寫作『⿱亓日』，底卷作『⿱开日』，乃訛上部『亓』爲『开』耳；至於『朞』與『期』，僅偏旁位置之異耳。《撰異》云：『作「稘」者，壁中故書；作「期」者，孔子國以今字讀之，易「稘」爲「期」也。宋次道家之《古文尚書》作「⿱丌日」，則好事者皮傅「期」字古文爲之而已矣。』吳士鑑云：『「掑」爲「稘」之省文，今《説文》作「稘，復其時也」，「時」下無「期」字，疑元朗所見本有之。』案敦煌寫卷扌、礻、禾三個偏旁多混，此『掑』應是『稘』字寫訛，非省文。刊本無『本又作朞皆古朞字』、『説文作掑云復其時也』諸字，而有『下同』二字，案『下同』當是指僞《傳》『匝四時曰朞』句，然底卷有『曰期』條，據其次序，即音『匝四時曰朞』句也，德明所據底本經文作『𣅀』，僞《傳》則改古文爲今文『期』，故德明不合併爲一，而分別注音，況且《釋文》體例，當句傳注之音，例言『注同』，不云『下同』，陳鄂改經文之『𣅀』爲『朞』，而所據本傳文又作『朞』，故删去傳文『曰期』一條，而於經文中添『下同』二字。

〔四三〕 𠂇，刊本無此條，案此『朞三百有六旬有六日』句中文。

〔四四〕 刊本無『古文作𠣏』四字，《説文・勹部》『旬』之古文作『𠣏』，此作『𠣏』，蓋其訛變也，日本古寫本内野本、足利本亦作『𠣏』。《龍龕・勹部》：『𠣏，古文，音旬。』『𠣏』又『𠣏』之訛變。

〔四五〕 定，刊本無此條，案此『以閏月定四時，成歲』句中文。吴士鑑云：『「正」古文作「𤴓」，从二，二，古上字。此作「𤴔」者，从二小變其體也。』

〔四六〕 㦰，刊本無此條，案此『以閏月定四時，成歲』句中文。

〔四七〕 𢦔，刊本無此條，案此『以閏月定四時，成歲』句中文，吴士鑑云：『《説文》「歲」从步戌聲，此蓋从步戌省。《汗簡・戈部》引《尚書》正作「𢦔」。』

〔四八〕 帀四，刊本出『迊』字，吴士鑑云：『《説文》作「帀」，《廣韻》一作「迊」，是「帀」爲本字，「迊」爲後起字。』

〔四九〕 刊本無『曰期』條，説詳校記〔四三〕。

〔五〇〕 允𨤲，刊本出『釐』字，《集韻・之韻》：『釐，或作𨤲。』『𨤲』爲『釐』之俗體。刊本無『本亦作釐』、『理也』六字。

〔五一〕 刊本無此條，案此『庶績咸熙』句中文。龔道耕謂『此疑即「庻」字寫譌』，案『庻』爲小篆隸定字，『庶』爲隸變字。

〔五二〕 刊本『𤋮』作『熙』，無『古文熙字』、『廣也馬云』諸字。

〔五三〕 𠷎，刊本作『疇』，龔道耕云：『薛本闕，此葉下疇咨字作「弓」。寫本是，薛本誤也。』案龔説是，考詳《古文尚書傳》(二)校記〔三五〕。『古疇字誰也』刊本作『直由反』，案《經典釋文》除此處外，爲『疇』作音者尚有四處，《易・否卦》『疇離祉』，《禮記・檀弓上》『予疇昔之夜』，《爾雅・釋詁》『疇、孰，誰也』，《釋文》皆音『直留反』；《詩・小雅・祈父》『祈父，予王之爪牙』《鄭箋》引《書》曰：『若疇圻父。』《釋文》：『𠷎，此古疇字，本又作壽。案孔注《尚書》「直留反」，馬、鄭音受。』是《釋文》於『疇』皆音直留反，不作直由反。雖『留』、『由』均平聲尤韻字，然此『直由反』當是陳鄂所添，非《釋文》原有；又《鄭箋》所引乃《酒誥》『矧惟若疇圻父』文，《釋文》所見本《詩箋》作『𠷎』，正與此處底卷作『𠷎』同，可證隸古本《尚書》作『𠷎』，不作『疇』。德明云『孔注《尚書》「直留反」』，刊本《酒誥篇》不爲『疇』字作音，蓋爲陳鄂所删。

〔五四〕刊本無此條，案此『疇咨若時？登庸』句中文，馬敘倫謂『□』字云：『《說文》「𦎫」乃用舍本字，疑此乃「𦎫」之變。』案馬所疑是也，《龍龕・亠部》：『⿳亠田月，古文，音容，今作庸字。』『□』與『⿳亠田月』形近，當是『⿳亠田月』之訛變，《說文・亯部》：『𦎫，用也。从亯从自，自知臭香所食也。讀若庸。』『⿳亠田月』又『𦎫』之訛也。

〔五五〕刊本無此條，案此『放齊曰』句中文。

〔五六〕衜，刊本作『胤』，龔道耕云：『《說文》「胤」，古文作「□」(《說文》作「□」，龔氏描摹失真)。隸變訛爲「衜」，「衜」則俗書也。』刊本無『古文胤字』、『國名』六字。

〔五七〕刊本無此條，案此『胤子朱啓明』句中文。

〔五八〕刊本無此條，案此『胤子朱啓明』句中文。

〔五九〕刊本無『疑恠之辝也』、『古作号說文作写』十二字。『吁』字《說文》作『□』，龔道耕認爲底卷所引《說文》字形乃爛脱所致。

〔六〇〕『𡍮』刊本作『嚚』，無『古文嚚字』、『言不忠信爲嚚』十字。

〔六一〕刊本無『争訟也』三字。

〔六二〕下好此同，刊本作『下注同』。案《堯典》及僞《傳》下有『好』字者僅『方命圮族』《傳》『好此方名』及『瞽子，父頑」《傳》「舜父有目，不能分别好惡」兩處，《釋文·序録》云：「夫質有精麤，謂之好惡竝如字；心有愛憎，稱爲好惡上呼報反，下烏路反。」「舜父有目，不能分别好惡」句之「好」《釋文》讀如字，故寫卷作「下好此同」者爲善，若如刊本作「下注同」，則「舜父有目，不能分别好惡」句之「好」亦讀作「呼報反」矣，此當是陳鄂妄改。

〔六三〕争訟，刊本不出「訟」字。「争鬭之争」刊本作「鬭也」，盧文弨《經典釋文考證》（下簡称「盧文弨」）云：「陸每音爭鬭之爭，但辨音不讀諫爭之爭耳，義固不煩釋也。此亦後人所改。」「鬪」爲「鬭」之俗字。

〔六四〕䇯，刊本作「若」，龔道耕云：「篇首「曰若」字下《釋文》當有説，故此不更著。據此，則陸氏本「若」字皆作「䇯」，依篆書上從艸而已。」刊本注文作「音餘又羊汝反」，潘重規云：「所以移易音讀之位次者，蓋由宋人習讀……予爲餘。」

〔六五〕刊本無「事也」二字。

〔六六〕「扶又反」刊本前有「上」字，余行達云：「陳鄂妄加。」

〔六七〕鴅，刊本作「驩」，龔道耕云：「《廣韻·廿六桓》「鴅，鳥名，人面鳥喙。」「䲰，䲰兜，四凶名。古文《尚書》作「鴅」。」《説文·口部》「吺」下徐鍇注：「古文《尚書》驩兜字作「吺」。」《集韻·廿六桓》：「鴅兜，四凶之一。通作鴅，今通作驩。」據諸書所引，則「驩兜」字古文《尚書》作「鴅吺」，「鴅」從鳥丹聲，作「䲰」作「鴅」，皆轉寫之訛。」刊本無「古驩字」三字。

〔六八〕「吺」刊本作「兜」，無「古兜字」、「驩兜臣名也」八字。

〔六九〕「音恭」刊本前有「上」字，無「共工官名」四字。

〔七〇〕刊本無此條，案此「共工方鳩僝功」句中文，考詳《古文尚書傳》（二）校記〔八七〕。

〔七一〕底卷「徐」、「撰」均殘存左半。「仕𥳑反」以下六字底卷在雙行小注之右行，其左行殘泐，刊本作「馬云具也」，龔道耕云：「闕文依陸氏例，當是「見也馬云具也」六字。今本有「馬云具也」四字，《釋文》複述傳訓，宋人多删之，卷中屢見。』依小注右行字數，或以龔説近是。

〔七二〕刊本無此條，案此『共工方鳩僝功』句中文。

〔七三〕『音烏』刊本前有『下』字，余行達云：『陳鄂妄加。』

〔七四〕刊本無此條，案此『靜言庸違』句中文。

〔七五〕刊本無此條，案此『静言庸違』句中文。『古作仐▨』，龔道耕云：『《玉篇》「[illegible]，古文言」，寫本畫闕誤。』末缺字底卷殘存上部『厶』，下部模糊不可辨。

〔七六〕此標目字底卷殘存上端『亠』，龔道耕云：『此庸違字。作「亯」，止存首二畫。』

〔七七〕『吐』刊本作『土』，羅常培云：『寫本「土」作「吐」，《古逸叢書》影宋大字本《尚書釋音》同，「土」「吐」同屬透紐。』《彙校》云：『寫本、宋本、景宋本、注疏本「土」皆作「吐」，土、吐音同。』案《釋文》『滔』凡出八次，另六次『吐刀反』（《詩·齊風·載驅》『汶水滔滔』，《詩·小雅·四月》、《詩·大雅·江漢》『滔滔江漢』，《左傳·昭公二十六年》『官不滔』，《論語·微子》『滔滔者天下皆是也』，《莊子·田子方》『無器而民滔乎前』），一次他刀反（《詩·大雅·蕩》『天降滔德』），且寫本、宋本、景宋本、注疏本亦皆作『吐』，則刊本所作之『土』，當是『吐』之壞字。刊本無『漫也』二字。

〔七八〕刊本無『也』字，『下同』下有『又末寒反』四字。余行達云：『《史記·五帝本紀》「似恭漫天」張守節《正義》：「漫音莫干反。」《集韻·二十六桓》謨官切：「漫，水廣大貌。」都和今本「末寒反」之音相同。「末旦反」爲典籍常用之音，自當爲首；陸氏往往兼載異讀，有「又末寒反」更爲完備。』案陸氏雖然兼載異讀，但前提是須有異讀可載，張守節《正義》與《集韻》之音不能證寫本《釋文》之脱漏。

〔七九〕而背，刊本不出『而』字。

〔八〇〕『五報反』刊本下有『下同』二字，案後有經文『象傲』及僞《傳》文『傲慢不友』、『言能以至孝和諧頑嚚昏傲』，則似當有『下同』二字。

〔八一〕『佷』刊本作『很』，案『佷』同『很』，俗書亻、彳不分，《玉篇・人部》：『佷，本作很。』

〔八二〕刊本無此條，案此『咨！四岳』句中文。《玉篇・二部》：『亖，古文四。』吴士鑑云：『岳，隸作𡵀，此从丠，由北而變。』

〔八三〕注文『流皃』刊本無。

〔八四〕刊本不出『洪水』之『水』字，又無『大也』二字。

〔八五〕刊本無此條，案此『湯湯洪水方割』句中文。

〔八六〕刊本無此條，案此『蕩蕩懷山襄陵』句中文。

〔八七〕刊本無此條，案此『蕩蕩懷山襄陵』句中文。《説文・衣部》『襄』作『𧞻』，此作『𮜾』，形體小變。

〔八八〕刊本無此條，案此『蕩蕩懷山襄陵』句中文。龔道耕云：『薛本作「餕」，《説文》篆體也。此音義「餕」字小譌。』

〔八九〕刊本無『古作灝』三字。

〔九〇〕『直歷反』刊本作『大歷反』。《彙校》云：『「大」字係後人所改，乃更類隔爲音和也。』

〔九一〕刊本無『下同』二字，余行達認爲此二字爲陳鄂所删。

〔九二〕亣，底卷略近『开』，龔道耕云：『此寫譌。唐殘本《玉篇》：「亣，字書古文其字也，《尚書》作其字如此。」』兹據以改正。刊本無此條，案此『下民其咨』句中文。

〔九三〕刊本無此條，案此『有能俾乂』句中文。

〔九四〕『卑』刊本作『俾』，無『使也』二字，吴士鑑云：『俾，古作卑。』

〔九五〕刊本無此條，案此『有能俾乂』句中文。

〔九六〕『七簾反』之『簾』刊本作『廉』，羅常培云：『「廉」「簾」同屬來紐鹽韻。』刊本無『皆也』、『徐』三字，吴士鑑云：『「皆也」二字用孔《傳》，今本闕。』

〔九七〕歎美，刊本無。
〔九八〕『繇』刊本作『繇』，無『古鯀字』、『崇伯之名』、『顓頊之子』十一字，《集韻·混韻》：『繇，通用鯀。』
〔九九〕刊本無此條，案此『於，鯀哉』句中文。
〔一〇〇〕『直遥反』前刊本有『上』字，余行達謂『陳鄂妄加』。
〔一〇一〕戾也，刊本作『忿戾也』，《彙校》云：『寫本無「忿」字，是也。今本《釋文》凡用王注（案『王注』應是『孔傳』之誤）者皆删去，獨「咈」下「忝」下未删。』
〔一〇二〕毁也，刊本無，吴士鑑云：『「毁也」二字用孔《傳》，今本闕。』
〔一〇三〕刊本無此條，案此『方命圮族』僞《傳》『輒毁敗善類』句中文。
〔一〇四〕底卷原無『云』字，吴福熙云：『「徐」下脱「云」字。』余行達云：『「徐」下當如今本有「云」字。』兹據刊本補。
〔一〇五〕刊本無此條，案此『往，欽哉』句中文。
〔一〇六〕刊本無此條，案此『績用弗成』句中文，吴士鑑云：『《説文》「用」，古文作「庯」。此作「㠯」，因「庯」省變。』
〔一〇七〕刊本無此條，案此『績用弗成』句中文，馬敘倫云：『阮雲臺氏、陳恭甫氏證「弖」爲古「敽」字，亦即「弗」字，甚塙。此文「弜」字右方微省。』案此當是傳抄訛變。
〔一〇八〕朕，刊本作『朕』，余行達謂『朕』與『朕』是『篆隸字式的差異』，案余説是也，『朕』爲小篆隸定字，『朕』爲隸變字。
〔一〇九〕刊本無此條，案此釋『汝能庸命』句。『女』爲『汝』之古字，『耐』爲『能』之古字。
〔一一〇〕順也，刊本無，吴士鑑云：『「順也」二字用孔《傳》，今本闕。』
〔一一一〕此條刊本出『否』字，注文作『方久反不也又音鄙』，潘重規云：『所以移易音讀之位次者，蓋由宋人習讀……否爲方久反。』羅常培云：『「久」「九」同屬見紐有韻。』

〔一一二〕刊本無此條，案此『明明揚側陋』句中文。

〔一一三〕刊本無此條，案此『明明揚側陋』句中文。

〔一一四〕『相以』刊本作『相似』，吴士鑑云：『「相以」當爲「相似」之譌。』龔道耕云：『「相以」當作「相似」。』

〔一一五〕刊本無此條，案此『師錫帝曰』句中文。龔道耕云：『《釋文》「帀」字，六朝俗書。』吴士鑑云：『《説文》「師」，古文作「𠦜」，「𠦝」蓋「𠦜」之隸變。』

〔一一六〕『鍚』刊本作『錫』，無『與也』二字。《集韻·侵韻》：『金，古作金。』則『鍚』爲『錫』之古文。

〔一一七〕無妻曰鰥，刊本無，吴士鑑云：『「無妻曰鰥」句用孔《傳》，今本闕。』

〔一一八〕曰𡆧舜，刊本出『虞舜』二字，吴士鑑云：『《左傳·隱元年》正義引「唐叔有文在手曰虞」云：「《石經》古文虞作𡆧。」《集韻》「虞」，古文亦作「𡆧」。《汗簡·入部》引《尚書》正作「𡆧」。』龔道耕云：『此作「𡆧」，筆勢小異。』『謚』刊本作『諡』，『謚』爲後起別體。

〔一一九〕刊本無『然也』二字，吴士鑑云：『「然也」二字用孔《傳》，今本闕。』

〔一二〇〕刊本無此條，案此『予聞，如何』句中文。吴士鑑云：『《説文》「聞」，古文作「䎽」，从昏得聲。此作「䎽」，形體小變。』案《玉篇·耳部》『聞』條下云：『䎽、𦖞，並古文。』從昬、從昏同也，底卷作『䎽』，與《玉篇》同。

〔一二一〕瞽，刊本作『瞽』，『瞽』爲『瞽』之俗字，《正字通·皮部》：『皷，俗鼓字。』刊本無『無目曰瞽』四字，吴士鑑云：『「無目曰瞽」句用孔《傳》，今本闕。』

〔一二二〕奡，刊本作『傲』，《撰異》云：『傲，經典多作「敖」，音五報反。此恐亦天寶所改。』案《説文·夰部》：『奡，嫚也。《虞書》曰：「若丹朱奡。」讀若傲。』此引《益稷篇》『無若丹朱傲』也。柳榮宗《説文引經攷異》卷三『無若丹朱傲』條云：『《漢書·劉向傳》、《後漢書·梁冀傳》、《論衡·譴告篇、問孔篇》俱引作「毋若丹朱敖」，《管子·宙合篇》「若敖之在堯也」房玄齡注：「敖，堯子丹朱，慢而不恭，故謂之敖。《書》曰：毋若丹朱敖。」房所據蓋即本《漢書》、《論衡》所引今文《尚書》也。』柳氏此説極奇，房玄齡注《管子》，欲引《尚書》，不用當時通行之古文《尚書》，而去轉引《漢書》、《論衡》中之《尚書》文，無此理也。柳氏不能解釋《説文》『讀若傲』與《漢書》等作『敖』之别，故有此不能服人之言論。馬宗霍《説文解字引經考》云：『《漢書·楚元王傳》劉向上奏引本經此文作「敖」，顔師古注云：「敖讀曰傲。」王充《論衡·問孔篇》引與劉同。段玉裁據《管子·宙合篇》房玄齡注引《書》亦作「敖」，謂「天寶以前本尚不作傲」。如段説，是作「敖」古今文所同，「奡」則古文别本，「傲」或史遷以故訓字易經，而後人又用以改本經耳。然許君又云「讀若傲」，疑作「傲」亦舊本，爲許君所及見，不必始自天寶。段氏謂「讀若傲之傲當作敖」，則亦偏見也。』《説文·出部》：『敖，遊也。從出從放。』徐灝《説文解字注箋》云：『《邶風·柏舟篇》「以敖以遊」《釋文》：「敖，本亦作傲。」相承增偏旁。敖從出從放會意，又讀爲傲。《爾雅·釋言》「敖，傲也」，蓋出遊、放縱有亢傲自肆之意，故兩義兼之。』則徐氏以敖、傲爲古今字。金文有『敖』無『傲』。《爾雅》時已有『傲』字，故《釋言》云：『敖、幠，傲也。』以倨慢義專屬之『傲』，故許君云『讀若傲』。《尚書》先秦時作品，恐不作『傲』。至於段謂『傲』字爲衛包所改，則誤，北敦一四六八一《尚書》寫卷已作『傲』。刊本無『古敖字』三字，龔道耕云：『《音義》「敖」字當作「傲」。』案龔氏囿於傳本『傲』字，遂以不誤爲誤也。

〔一三三〕無目曰瞽，刊本無此條，案此釋『瞽子』僞《傳》『無目曰瞽』句也。

〔一三四〕刊本無此條，案此釋『瞽子』僞《傳》有『舜父有目，不能分别好惡』句，考詳校記〔三四〕。

〔一三五〕刊本無『曰』字及注文『字或作瞍』。吴士鑑云：『《説文》「瞍」，从目叜聲，此「瞍」之本字。《周禮·春官》釋文云「本又作瞍」，是元朗原文，乃後人删此而存彼何也。』（吴氏『瞍』録作『瞜』，『叜』録作『叓』，皆誤，今並予以改正。）案陳鄂删改《尚書釋文》，而未删改《周禮釋文》也。

〔一三六〕『尺證反』刊本下有『又如字』三字，余行達云：『「如字」讀的音義和《廣韻·十六蒸》處陵切「稱，知輕重也」相同。這裏是給僞孔《傳》「瞍，無目之稱」的「稱」作音，當然止讀「尺證反」。如《周易·繫辭注》説：「道者何，無之稱也。」又説：「大極者，無稱之稱。」陸德明給這兩句的「稱」作音都没有「又如字」。《周易釋文》殘卷和今本並同。《繫辭注》和僞孔《傳》的句法相同，陳鄂增加「又如字」是不應該的。」

〔二二七〕刊本無『和也』二字，吴士鑑云：『「和也」二字用孔《傳》，今本闕。』

〔二二八〕丞丞，刊本作『烝烝』，吴士鑑、龔道耕皆録作『丞』，以爲是『烝』之訛，案『烝』俗或寫作『丞』（例詳《敦煌俗字研究》下編三六四頁），『丞』字底下四點連寫即成『丞』，是『丞』爲『烝』之俗寫，非誤字也。『之承反』刊本作『之丞反』，羅常培云：『「丞」「承」同屬蒸韻。』

〔二二九〕刊本無『古㚸字説文作𢘫』七字，而有切語『古顏反』。

〔二三〇〕『恧據反』刊本作『上而據反』，龔道耕云：『恧、而同紐。』羅常培云：『宋大字本《尚書釋音》同，「而」屬日紐，「恧」屬娘紐。法偉堂《經典釋文校語》云：「《廣韻》尼據切，此作而，殆據類隔也。」據余所攷陸氏音系娘日同隸一紐，故「而」與「恧」在《釋文》實同聲類。』《彙校》云：『宋本、景宋本、葉鈔、何校本並作「恧據」，案作「恧」是。』刊本無『妻也注女妻也同』諸字，吴士鑑録無『同』字，並云：『「妻也」二字用孔《傳》。「注女妻也」四字似衍文。』《彙校》云：『「注女妻也」四字衍文。』案吴氏録無『同』，故以爲『注女妻也』四字不成文，遂疑其爲衍文；而《彙校》則全抄吴氏校語。『注女妻也同』謂僞《傳》中『女妻也』（阮刻本無『也』字，然内野本、足利本、影天正本、八行本均有『也』字）之『女』亦讀作『恧據反』也。

〔二三一〕刊本無此條，案此『觀厥刑于二女』句中文。

〔二三二〕刊本出『妻』字。『七計反』刊本作『千計反』，吴士鑑云：『《廣韻》又作七稽切，七計與七稽一音之轉，是六朝時本作「七」，元朗原本亦作「七」，後人改爲千。』羅常培云：『「千」「七」同屬清紐。』余行達云：『《釋文》全書「妻」的反語上字没有一條用過「千」字，盡是用「七」。不過陳鄂改「七」爲「千」，不算錯誤。』刊本無『下同』二字，案『下同』者，謂僞《傳》『堯於是以二女妻舜』之『妻』也。

〔二三三〕刊本『嬀』作『嫣』，無『字又作嬴』、『水名』六字。《國語·周語下》：『反及嬴内，以無射之上宫，布憲施舍於百姓，故謂之嬴亂，所以優柔容民也。』宋庠注：『嬴或作嬴，非是。古文《尚書》作「嬴」，與「嫣」同。』因而龔道耕云：「寫本『⿱亠⿲月瓜凡』當作『⿳亡口⿲月瓜凡』。」

〔一三四〕「内」刊本作「汭」，無「音汭」二字，案既然改「内」爲「汭」，「音汭」二字自然删去。「水隈之曲曰汭」刊本作「水之隈曲曰汭」，龔道耕云：「『水隈之曲』當作『水之隈曲』。」案《左傳·閔公二年》「虢公敗犬戎于渭汭」杜預注：「水之隈曲曰汭。」

〔一三五〕「嫔」刊本作「嬪」，「毗真反」刊本作「毗人反」，無「本又作姘皆古嬪字」、「婦也」十字，羅常培云：「『人』『真』同屬真韻。」

〔一三六〕刊本無「嬀水」、「之内」兩條，案此釋僞《傳》「能以義理下帝女之心於所居嬀水之汭」句中「嬀水之汭」也，因陳鄂改經文「⿳亡口⿲月瓜凡内」爲「嬀汭」，故删此二條。

〔一三七〕苐，刊本作「第」，「苐」爲「弟」之俗字，俗書竹頭多寫作草頭，俗據「苐」楷正，則成「第」字。

〔一三八〕「王氏注」三字刊本爲小字注文，龔道耕云：「今本『王氏注』三字細書，並『相承』云云繫『舜典第二』下，宋人妄改也。陸氏此篇所據乃王肅注，經文亦用王本，特依隸古定本改作古文，蓋宋齊以來相承如此，隋唐以後始用姚方興僞本經傳。」又「梅頥上孔傳」刊本作「梅頤上孔氏傳」，吴福熙云：「『頥』今本作『頤』，恐誤。」案作「頥」是，説詳虞萬里《獻〈古文尚書〉者梅頥名氏地望辨證》（《文史》二〇〇四年第四輯）。又「亡」刊本作「云」，《彙校》云：「『云』字誤，寫本、宋本作『亡』。」又底卷原無「之」字，吴承仕云：「寫本『音』下奪『之』字，應據補。」龔道耕云：「末當依今本補『之』字。」茲據補。

〔一三九〕刊本無此條，案此「堯聞之聰明」句中文，吴士鑑云：「《説文》『帀』从中从一，《漢潘乾校官碑額》亦作『帀』，此作『㞢』，爲隸變也。」馬敘倫云：「《説文》之篆大、小徐並作『㞢』，與此正合，疑非隸變。」案吴士鑑録文有誤，故以爲隸變也。

〔一四〇〕刊本無此條，案此「將使嗣位」句中文。

〔一四一〕刊本無此條，案此「將使嗣位」句中文。

〔一四二〕刊本無此條，案此『歷試諸難』句中文。《玉篇·彡部》：『彩，古文諸。』『彩』當是『彩』之變體，吴士鑑謂『古字山與止往往相混』，是也；龔道耕謂『峜』爲『彩』之變體，蓋是。

〔一四三〕鞋，刊本作『難』，吴士鑑云：『《説文》「鸛」，从鳥堇聲，或从隹。此作墓者，由墓省變也。』刊本無『古難字』三字，案既改『鞋』爲『難』，故刪去之。

〔一四四〕刊本無此條，案此《舜典》小序文。

〔一四五〕曰䂞乩古帝舜曰重䔯叶亐帝，刊本作『曰若稽古帝舜曰重華協于帝』。『䂞』應是『碧』之變體，見校記〔六五〕。《玉篇·乙部》：『乩，今作稽。』口部：『叶，古文協。』亐部『亐』條下云：『于，同上，今文。』上部『帝』條下云：『帝，古文。』『䔯』爲小篆『䔯』的隸定。又『孔傳本』下刊本有『本無』二字，狩野直喜《舜典十二字釋文答問》云：『余謂「姚方興所上孔氏傳本」句，其下「無」字之有無，有重大之關係。德明之意，蓋謂舜典首十二字，乃出之姚方興。從來諸家所無，姚采馬王之注，而作《舜典》一篇，自名曰孔傳。故德明因謂「姚方興所上孔氏傳本」，以别於王注本。又曰「於王注無施」，猶言與王注無關係也。自後世淺人，於「孔氏傳本」下，更加二「無」字，議論紛紛。段玉裁因謂宜讀「孔氏傳」爲一句，「本無」爲一句。不知唐代鈔本，原無「無」字，文義固明白，無容後之鑿空。』（《先秦經籍考》上册一一九至一二〇頁，上海文藝出版社一九九〇）又底卷『阮孝緒』之『阮』原作『既』，吴士鑑、龔道耕、狩野直喜皆以『既』爲『阮』之誤，兹據刊本改正。又『悊』刊本作『哲』，《説文·口部》：『哲，知也。悊，哲或从心。』又『廿八』刊本作『二十八』，『廿』爲『二十』之合文。

〔一四六〕刊本無此條，案此『慎徽五典』句中文。

〔一四七〕『許違反』刊本作『許韋反』，羅常培云：『「韋」「違」同屬喻紐云類微韻。』案《釋文》全書『徽』的反切下字用『韋』或『歸』，而没有用『違』的，疑此本亦作『韋』，後人加『辶』耳。

〔一四八〕刊本無此條，案此『慎徽五典』句中文。『五』字《説文》小篆作『㐅』，《玉篇·五部》以爲『五』之古文，此作

「乂丶」，當是「㐅」之變體。下「乂丶」字同。

〔一四九〕「刅」刊本作「從」，無「古从字」三字，而有切語「才容反」。

〔一五〇〕刊本有「八元」條，然底卷「八」上有小朱點，則此爲王肅注文，而刊本之「八元」則爲僞孔《傳》文，潘重規云：「《釋文》今本同。「愼徽五典五典克從」僞孔《傳》曰：「舉八元使布之於四方。」王注當有「八元」語。《釋文》「徽」注引王云：「美也。」僞《傳》「徽美也」亦采王注。」又刊本無「左傳云」之「云」字，吴士鑑云：「《左傳》下脱「云」字。」又「季狸」之「狸」刊本作「貍」，無「八元也」之「也」字，「狸」爲「貍」之後起换旁字，《干禄字書·平聲》：「狸貍，上通下正。」

〔一五一〕刊本無此條，案此「納于百揆」句中文。内、納古今字，亐、于異體。

〔一五二〕百揆，刊本不出「百」字。又刊本無「度也」二字，吴士鑑云：「「度也」二字用孔《傳》，今本闕。」吴承仕云：「梅頤所上孔傳，亡失《舜典》，《釋文》、《正義》，俱有明文。今《正義》所據，蓋方興僞《傳》也。其與寫本《釋文》相應者，乃僞《傳》用王注，非《釋文》用孔《傳》也。吴氏於《釋文》與僞《傳》同者，並云用孔《傳》，郢爲疏舛。」

〔一五三〕刊本無此條，潘重規云：「「納于百揆」僞孔《傳》曰：「揆，度也。」即采王注。今本《釋文》無此二字，蓋宋人偶誤删去。」

〔一五四〕八凱，潘重規云：「《釋文》今本同。僞《傳》曰：「舜舉八凱，使揆度百事。」王注當有「八凱」語。」案此「八凱」上有小朱點，乃王注中語。又刊本無「字又或作愷愷古字也」及「左傳云」之「云」凡十字。又「八愷」刊本作「八凱」，案《左傳》作「八愷」。

〔一五五〕刊本無此條，案此「四門穆穆」句中文。「㪚」乃「敹」之俗寫，《玉篇·禾部》云：「穆，古文作敹。」

〔一五六〕朝者，刊本作「來朝」，吴承仕云：「僞《傳》云「四方諸侯來朝者，舜賓迎之」，《五帝本紀》《集解》引馬融云：「諸侯羣臣朝者，舜賓迎之。」疑王注亦無「來」字，與馬注同。今本《釋文》作「來朝」不作「朝者」，則陳鄂等妄改之，俾與僞《傳》相應。』龔道耕云：『僞《傳》「四方諸侯來朝者，舜賓迎之」，蓋王注雖大同僞《傳》，而無「來」字。今本依僞《傳》改。』潘重規云：『僞《傳》云「來朝者」，馬云「朝者」，語小異。王注蓋與馬注同。凡《釋文》所引馬注，與《正義》所引王注，其文往往相同，蓋王注多用馬説也。』

〔一五七〕刊本無『古文鹿字』四字，而有直音『音鹿』。

〔一五八〕大禁，刊本出『麓』字，《玉篇·林部》『麓』條下云：『禁，古文。』龔道耕謂『古文鹿字』之『鹿』爲『麓』之誤，刊本無此條，案此『烈風雷雨弗迷』句中文，馬敘倫云：『今本作「列」，故删此條。《説文》「颲颲，風雨暴疾也」，此文蓋「颲」之省，故《史記·五帝紀》易以「暴」字，注疏本作「烈」者，不達古誼妄改也。』

〔一五九〕刊本無此條，案此『烈風雷雨弗迷』句中文。

〔一六〇〕刊本無此條，案此『烈風雷雨弗迷』句中文。

〔一六一〕刊本無此條，吴士鑑云：『今本闕此條，注疏本孔《傳》亦無「其應」二字。疑元朗用王注也。』吴承仕云：『案僞《傳》云「陰陽和，風雨時，各以其節」，疑王注作「各以期應」。王注既從今文説，訓「麓」爲録，故以陰陽和風雨時爲太平瑞應之事，猶緯書言五日一風，十日一雨矣。』案《羣書治要》卷二引《尚書》『納于大麓，烈風雷雨弗迷』，其小注云：『納舜於尊顯之官，使大録萬機之政，於是陰陽清和，烈風雷雨各以期應，不有迷錯𠫤伏，明舜之行合於天心也。』考《北堂書鈔》卷五九『大録萬機』條小注云：『王肅解《尚書》「納于大麓」曰：「堯納舜於尊顯之官，使天下大録萬機之政也。」』則《治要》所引者乃王肅注也。

〔一六二〕愆伏，刊本不出『伏』字，《羣書治要》引王肅注作『𠫤伏』，據《説文》，『𠫤』爲『愆』之籀文。

〔一六三〕刊本無此條，吴士鑑云：『今本闕此條，孔《傳》亦無「之行」二字。疑《傳》文「明舜之德合於天」，元朗所見本作「明舜之行」也。』吴承仕云：『案吴説近是。然《釋文》自據王注作音，吴謂元朗所見本云云，似謂陸氏亦據孔《傳》，但與見行《正義》本異耳。則惑之甚者。』案《羣書治要》引王肅注有『明舜之行合於天心也』句。

〔一六四〕刊本無此條，案此『格，汝舜』句中文。女、汝古今字。

〔一六五〕刊本無『謀也』二字，吴士鑑云：『「謀也」二字用孔《傳》，今本闕。』案『謀也』二字應是用王肅注。

〔一六六〕刊本無此條，案此『詢事考言』句中文。

〔一六七〕厔，刊本作『底』，吴士鑑云：『案《説文》作「厎」，隸變爲「厔」。』龔道耕云：『「庢」則六朝俗别字。』案『庢』爲『底』之俗字，『厔』爲『厎』之俗字，因《尚書》有誤『厎』爲『底』之本，如北敦一四六八一《尚書》寫卷即誤作『庢』，故陸云『非也』。

〔一六八〕刊本無此條，吴士鑑云：『今本闕此條，注疏本孔《傳》亦無「爲我」二字，疑元朗用王注也。』吴承仕云：『案僞《傳》無「爲我」連文者，此出「爲我」，不審於王注云何。』又『丁僞反』，吴承仕云：『「丁」當爲「于」，傳寫失之。』

〔一六九〕刊本無此條，案此『汝陟帝位』句中文。

〔一七〇〕刊本無此條，案此『舜讓于德』句中文，吴承仕云：『《説文》「攘」爲揖攘字，「讓」爲責讓字，今經典皆假「讓」爲「攘」，此用本字。未知王本如此，抑六朝以古文寫《舜典》者改之？』俞樾《湖樓筆谈》云：『疑古本《堯典》作「舜攘于德，弗辭」。「辭」籀文作「嗣」，古與「嗣」通。然則今本作「讓」，古本必作「攘」也。攘者，取也。言以德攘取而弗辭也。』（《九九銷夏録》一七二頁，中華書局一九九五）

〔一七一〕刊本無『説文古文作正作𤴓』諸字，吴士鑑在上『作』字下小注：『「作」衍字。』《彙校》云：『「上「作」字衍文。」案吴、黄誤也，龔道耕云：『《説文》「正」字古文作「𤴓」，又作「𤴓」。此古文作「正」之「正」，當作「𤴓」。』

〔一七二〕刊本無此條，案此『受終于文祖』句中文。《説文・糸部》：『𠔾，古文終。』段注：『有𠔾而後有[illegible]，冬而後有終，此造字之先後也，其音義則先有終之古文也。』是冬、終古今字，底卷第一七行：『冬，古作𣅜。』『𣅜』爲『[illegible]』之隸變，『[illegible]』又『𣅜』之變體。又『説文作兵』，《説文》『終』作『𠔾』，『兵』應是『𠔾』之形誤。

〔一七三〕『⿺辶勿⿸爪且』刊本作『文祖』，無『古文祖字古示邊多作爪後放此』諸字，吴士鑑云：『今本改作「文祖」，故無「古文祖字」以下十三字。』注文『庿名也』，『庿』字底卷原作『厝』，狩野直喜云『當作庿』，兹據改；刊本作『廟』，『庿』爲『廟』之古字。 又『文者』刊本作『文祖』，狩野直喜云：『文者天也之文，其下想是脱「祖」字。』

〔一七四〕『琮』刊本作『璿』，無『古璿字』、『美玉也馬本作瓊』十字。 案《説文·玉部》：『璿，古文璿。』『琮』應是『璿』之俗省。

〔一七五〕刊本無此條，案此『在璿璣玉衡』句中文，《玉篇·角部》『衡』條下云：『𠧪，古文。』底卷『⿱卤大』即『𠧪』手寫之變。

〔一七六〕刊本無『渾天』、『羸』、『縮』、『以重』四條，吴士鑑云：『今本闕此四條。 案孔疏引馬融曰：「渾天儀可旋轉。」又曰：「日月星皆以璿璣玉衢（當作衡）度知其盈縮進退。」又曰：「知其政是與否重己之事也。」疑《釋文》所用王注原本亦引馬義，故並爲作音，否則後人爲孔疏之音訓羼入《釋文》之中，非元朗原本也。』狩野直喜云：『此數語，乃摘記王肅注以解《尚書》經文「在璿璣玉衡以齊七政」者也。 因王肅注無他書所引，今雖不能詳知，嗚盛《尚書疏》從《史記索隱》等輯録馬融注，有「機，渾天儀可轉旋故曰機（中略）皆以璿機玉衡，度知其盈縮進退，失政所在」云云。 王肅之注，恐亦此類似之語，蓋《尚書》解中，馬融及王肅注，與孔《傳》互相類似，爲向來之定論。』吴承仕云：『此四條，蓋王注承用馬義，《釋文》爲之作音，宋人以《釋文》比附僞《傳》，故妄删之。 吴氏頗疑後人爲孔疏音訓羼入《釋文》，是誤甚矣。』

〔一七七〕刊本無此條，案此『肆類于上帝』句中文。

〔一七八〕刊本無此條，案此『肆類于上帝』句中文。《説文·肉部》：『⿱曾月，血祭也。』龔道耕云：『蓋古文假「⿱曾月」爲「類」。』案『⿱曽月』爲『⿱曾月』手寫之變。

〔一七九〕上帝，刊本作『上帝』，《説文·上部》云：『丄，高也。 此古文上。』《玉篇·上部》『帝』條下云：『帝，古文。」刊本無『紫微宮中』之『中』字。

［一八〇］刊本無『于』字及『音因字』之『字』，余行達云：『「字」字不當有，今本即無。』又『潔』刊本作『絜』，《玉篇·冫部》：「潔，俗絜字。」

［一八一］注文切音下字底卷略近『盛』字，吴承仕云：『「坎苦感反」，寫本摩滅不審。』龔道耕亦録作『苦感反』。

［一八二］注文末『字』字吴承仕以爲是衍文。又刊本無『埋』至『宗』九條，狩野直喜云：『埋少牢、大昭、祖迎、坎、壇、幽宗、雩宗，此數語，對於經文「禋于六宗」，據王鳴盛所輯録其全文如左：「埋少牢于泰昭，祭時也。相近於坎壇，祭寒暑也。王宫祭日也，夜明祭月也。幽禜，祭星也。雩禜，祭水旱也。禋于六宗，此之謂矣。」據此可以知之。』吴承仕云：『今本無此九條。案王注以四時寒暑日月星水旱説六宗，并引《祭法》「埋少牢於太昭，祭時；祖迎於坎壇，祭寒暑；王宫，祭日；夜明，祭月；幽宗，祭星；雩宗，祭水旱」六語以證之。《正義》述《祭法》義竟，又云「王肅亦引彼文，乃云禋于六宗，此之謂矣」。《祭法》《正義》亦云「王肅以此爲六宗」，可知王注首述六宗之名，次引《祭法》以定六宗之次，終以「禋于六宗，此之謂矣」一語結之，僞《傳》采用王説而省其文句，故開寶中重定《釋文》，亦遂删此九事。吴氏又誤謂此九條爲《正義》作音訓。又案《祭法》《釋文》云：「相近依注讀爲禳祈，王肅作祖迎。幽宗雩宗依注讀爲禜，王如字，此鄭王異義也。」並與此文相應。』龔道耕云：『《藝文類聚》三十八、《初學記》十三引王注云：「六宗者，所宗者六皆絜祀之，埋少牢於泰昭，祭時也；相近於坎壇，祭寒暑也；王宫，祭日也；夜明，祭月也；幽宗，祭星也；雩宗，祭水旱也。禋于六宗，此之謂也。」與寫本所出注文皆合。』王利器《經典釋文考》云：『以上九條，皆「禋于六宗」王《注》，《初學記》卷十三、《類聚》卷三十八、《小學紺珠》卷一、《玉海》卷一百二、《羣書考索》卷三十五、《通考》卷八十一引王《注》云：「六宗者，所宗者六，皆系祀之，埋少牢于泰昭，祭時也；相迎于坎壇，祭寒暑也；王宫，祭日也；夜明，祭月也；幽禜，祭星也；雩禜，祭水旱也；禋于六宗，此之謂矣。」《本疏》曰：「《祭法》云：埋少牢于大昭，祭時；相近于坎坛，祭寒暑；王宫，祭日；夜明，祭月；幽禜，祭星；雩，祭

水旱也。……王肅亦引彼文，乃云禋于六宗，此之謂矣。」今案《祭法釋文》，「相近，……王肅作祖迎也」。是王肅讀「相近」爲祖迎，孔《疏》以行文之便，故曰王肅亦引彼文，其實王引《祭法》即作「祖迎」，今敦煌本正作「祖迎」。』（《曉然書齋集》四九至五〇頁，華東師範大學出版社一九九七）

〔一八三〕刊本無此條，案此『偏于群神』句中文。吴承仕云：『寫本「古遍」字以下，漫漶不顯，疑當云「古遍字」。吴氏校作「古遍反」，失之。「偏」正字，「遍」俗字。陸云「古遍字」者，隨俗言之，非漢人所云今古文。』案：底卷『反』字清晰可辨（文中或可從吴承仕校作『字』字），『反』下一字筆畫較細，字迹黯淡，但細察仍可知本爲『于』字，此『于』或係注標目字『亐』。

〔一八四〕刊本無此條，案此『偏于群神』句中文。吴士鑑云：『爬从古文爪，隸變作爪。昌亦隸變作电。』

〔一八五〕墳衍，狩野直喜云：『「墳衍」，對於經文之「偏於羣神」，王肅注語之全文，今不得知。但僞孔《傳》有「羣神謂丘陵墳衍古之聖賢皆祭之」，王肅注蓋亦此類。以其中「墳衍」語，故摘之而附以反切。』『扶云反』下刊本有「下音演」三字，余行達云：『《釋文》全書爲「衍」作音的頗多，如《周易·需卦》「衍，以善反」，又《困卦》「衍，延善反」。殘卷没有「衍」的注音，是爲漏落。』案《釋文》尚於《周禮·地官·大司徒》、《周禮·夏官·邍師》兩處出『墳衍』，然皆音『扶云反』，而不爲『衍』字作音，是余氏所言未可爲定論也。

〔一八六〕楫，刊本作『輯』，吴承仕云：『段玉裁曰：「《唐石經》以下作『輯』，是衛包改也。字當作『揖』，從木亦非。」案段説近之。從手從木，隸書形近通作。』吴承仕又於《尚書傳王孔異同考》中云：『唐寫本《釋文》原作「楫」，王云合也，馬云斂也。案字正作「揖」，隸變作「楫」。《爾雅》、《詩傳》並云：「輯，和也。」和、合義同，王蓋讀「揖」爲「輯」，故云合也。』（《華國月刊》第二期第七册一一頁，一九二五）

〔一八七〕羣牧，刊本不出『羣』字。

〔一八八〕『以遵反』刊本作『似遵反』，龔道耕云：『「以遵」當作「似遵」。』羅常培云：『「似」屬邪紐，「以」屬喻紐以類。案《釋文》陸氏音切以類與邪紐每相涉入，則「似」「以」聲實相近，未必即爲形訛也。』余行達云：『喻、邪同爲濁聲之摩擦，是戴東原《轉語》所説的「位同雙聲」。《釋文》全書中此二紐也確有相混的，羅《跋》可備一説。然如羅説，則此條首音與「徐養純反」之讀無別，陸氏既以爲首，當爲「合理會時」的「似遵反」。也就是説，「殘卷」的「以」，應依今本作「似」。』刊本無『古作徇』三字。

〔一八九〕刊本無『本或作狩』之『本』字，盧文弨云：『「本或作狩」，「本」字舊無，毛註疏本有，據補。』案據寫卷，盧補是也。又刊本無『注守禜謂同』諸字，吴士鑑云：『「守禜謂同」，蓋元朗所采王注，今已脱去，「謂」字疑有譌。』

〔一九〇〕刊本無此條，案此『至于岱宗』句中文。

〔一九一〕刊本不出『宗』字，又無注文『岱宗』二字，吴士鑑云：『今本脱「岱宗」二字。』

〔一九二〕『仕佳反』刊本作『士皆反』，吴士鑑云：『《唐韻》作士佳切，正與此同。』羅常培云：『《廣韻》「皆」在皆韻，「佳」在佳韻，則皆佳不分也。』又『祭山曰柴』刊本作『祭時』，無『説文作柴從此木云燎天祭也古文作』、『今經典並止作柴薪字』諸字，馬敘倫云：『《説文》「祡，燒柴寮祭天也」，「柴，小木散材」，祡、柴各字，此云「《説文》作柴，從此木」者，「柴」當作「祡」，「木」當作「示」，傳寫之譌。陸以經典並止作柴薪字，而《説文》作「祡」，故云云。若《説文》作「柴」，綴此云云，爲無義矣。』

〔一九三〕『爲天子』、『循行』、『以燔』、『四瀆』四條刊本作『巡行』、『燔』、『瀆』三條，龔道耕云：『此所出王注文，今無考。姚僞《傳》有「諸侯爲天子守土，故曰守，巡行之」、「四瀆視諸侯」語，蓋皆襲王注。』吴士鑑云：『案《白虎通》云「巡者，循也」，是巡、循古義可通。』又云：『「播」爲「燔」之筆誤。』潘重規云：『案僞《傳》云：「燔柴祭天告至。」無「以」字，故爲宋人删去。』案寫卷『柴』條引馬融曰：『積柴加牲其上而燔之也。』《史記·五帝本紀》《集解》引馬融曰：『加牲其上而燔之。』王肅注當是作『以燔』。

〔一九四〕『同陰吕也律陽律』刊本作『陰吕陽律也』，《撰異》云：『然則《釋文》大書「同律」下「鄭云陰吕陽律也」，蓋「陰吕」訓同，「陽律」訓律也。』吴承仕云：『此經鄭與馬王異讀，鄭「同律」連文，「協時月正日」不絶句，王則以「齊」與「協」對文成義。《正義》既定從僞《傳》，宋人又不解鄭讀，故改爲「陰吕陽律」，則義無所施矣。而《五帝本紀》《集解》所引鄭注，亦有矯亂。段玉裁已疑之矣。今檢寫本，適足證成段説。』龔道耕云：『今本鄭云「陰吕陽律也」，宋人删節之。』又刊本無『齊同』之『同』字。

〔一九五〕刊本無『古度字』及『説文以爲古文宅字』諸字，而有『如字』二字。

〔一九六〕『廾斛』刊本作『斗斛也』，龔道耕『廾』録作『升』，云：『「升」當作「斗」。』案『廾』實即『斗』字俗書，説參《敦煌俗字研究》下編第九頁『升』字條。

〔一九七〕㮚，刊本作『衡』，『㮚』爲『衡』之古文，因第五三行『玉㮚』條已注云『古衡字』，故此不復出。又刊本無『音衡』二字，《彙校》云：『今本既改古文「㮚」爲「衡」，故將「音衡」二字删去。』

〔一九八〕刊本無此條，案此『修五禮、五玉』句中文，吴士鑑云：『今本闕此條。案《説文》「脩」與「修」不同訓，隸變則脩、修通用。』

〔一九九〕刊本無此條，案此『修五禮、五玉』句中文，吴士鑑云：『《説文》𠕁，古文禮字，隸變作「𠕁」。』

〔二〇〇〕刊本無『修』、『乂𠕁』、『三帛』三條，案此『修五禮、五玉、三帛、二生、一死贄』句中文。

〔二〇一〕刊本『纁』條在『贄』條下，吴士鑑云：『《正義》引王肅云「三帛，纁、玄、黄也，附庸與諸侯之適子、公之孤執皮帛」，與此略同。此蓋元朗用王注入《釋文》也。』潘重規云：『「玄、纁、黄」云云，即《釋文》撮引王注之辭，而未標明姓氏者。以與僞《傳》異，故宋人删去此條。』王利器《經典釋文考》云：『「三帛《僞傳》云：「三帛，諸侯世子執纁，公之孤執玄，附庸之君執黄。」本疏引王肅云：「三帛，纁玄黄也，附庸與諸侯之適子、公之孤執皮帛。」王與之《周禮訂義》卷三十五，及《玉海》卷八十七，亦引王《注》此文。以王注與僞《傳》異，故宋人删去三帛及適子二條。』（《曉然書齋集》五〇頁）案『纁』爲王注『三帛，纁玄黄也』句中文，寫卷《釋文》未標明姓氏者，此《釋文》通例也，凡注中未標明主名之義訓多是陸氏用其所宗注家的注文，《釋文》於《舜典》用王肅注，故引王注不標明姓氏。寫卷『纁』條在『三帛』後者，因王注『三帛，纁玄黄也，附庸、諸侯之適子、公之孤所執也』乃緊接經文『三帛』之後，而姚本僞《傳》『三帛，諸侯世子執纁，公之孤執玄，附庸之君執黄』則在經文『三帛、二生、一死贄』之後，陳鄂據姚本删改王注本，故移『纁』字條於『贄』條下。

〔二〇二〕刊本無此條，吴士鑑云：『此爲孔疏作音訓，非傳注也。』吴承仕云：『案《釋文》通例，先出本經，次出傳注，前條所用王注，明著「諸侯適子」之文，則後條之「丁歷反」，即爲王注作音。而吴氏又誤仞爲孔疏，愚所未諭。』潘重規云：『姚即采王注及所引或説糅合之。惟變「適子」言「世子」，故宋人删去「適子」一條。』

〔二〇三〕摯，刊本作『贄』，吴士鑑云：『今本「贄」字在「纁」字之上，蓋以「贄」屬上文「一死」句，故先釋「贄」字，後釋注中「纁」字，元朗原本則以「摯」屬下文「如五器」句，故寫本在傳疏「纁在適子」之下，此句攷見句讀之不同者。摯，《説文》从手从執會意，乃「贄」之本字也。』案吴説誤，考詳條校記〔二〇二〕。又『本又作贄音至所執也』刊本作『音至本又作摯』，案此當是陳鄂據通行本改也。

〔二〇四〕刊本無此條，案此『如五器，卒乃復』句中文。

〔二〇五〕刊本無此條，案此『如五器，卒乃復』句中文。

〔二〇六〕則還，刊本出『還』字，潘重規云：『案「如五器卒乃復」僞《傳》曰：「器謂圭璧，如五器，禮終則還之，三帛生死則否。」《後案》引馬曰：「卒乃復，五玉禮終則還之，三帛以下不還也。」王注蓋與馬同，僞《傳》采之。』又『如字下同』刊本作『音旋』，龔道耕云：『「還」當如字讀，陳鄂改爲音旋，誤。』

〔二〇七〕華山，刊本出『華』字，潘重規云：『案「至于西岳」僞《傳》云：「西岳華山。」亦采王注。』王利器《經典釋文考》云：『按《詩大雅崧高正義》：「《孝經鉤命決》云：五岳：东岳岱，南岳衡，西岳華，北岳恒，中岳崧高。」是五岳又數崧高之文也；故王肅之注《尚書》，服虔之注《左傳》，鄭於《大宗伯注》皆然。』尋「至于西岳」僞《傳》云：「西岳華山。」即采王注，故宋人未之删也。』（《曉然書齋集》五〇頁）『又户花反』刊本作『華山在弘農』，余行達云：『《周禮·職方氏》：「華山，如字，劉胡化反。」《禮記·中庸》：「華岳，户化、户瓜二反。」又《樂記》：「華山，如字，又户化反。」《爾雅·釋地》：「華，户花反，又户化反。」又《釋山》：「華，户花，户化二反。」從這些例證來看，都是平、去聲兩種讀音，沒有再説此山在何地的訓義。足見陳鄂删改《尚書釋文》并没有考慮過怎樣才適合《釋文》全書的規律。」

〔二〇八〕ナ，刊本作『有』，案第二〇行已有『ナ，古有字』條，故此處不再出。

〔二〇九〕此條刊本作「至于北岳如西禮方興本同馬本作如初」狩野直喜云：『蓋王肅本與馬融本同，作「如初」；姚方興本作「如西禮也」。後《正義》盛行，必王肅本與姚方興本同。通行本《釋文》，宋以後大受改竄，而不可深信，不已明哉？又據此本之出，則可知素來學者，妄據通行本以非議陸氏者之誤也。』龔道耕云：『據此則馬、王本俱作「如初」，……鄭本亦作「如初」，惟方興本爲異。今本《釋文》出經文作「如西禮」，下改爲「方興本同，馬本作如初」，則陳鄂等以意竄亂，誣王肅矣。惜段氏不見此寫本，猶謂王本與姚同也。』

〔二一〇〕刊本無此條，案此『歸，格于藝祖，用特』句中文。

〔二一一〕蓺，刊本作『藝』，《説文》有『埶』而無『蓺』、『藝』，桂馥《説文解字義證》、翟雲升《隸篇》、馬敘倫《説文解字六書疏證》皆謂《説文・艸部》之『蓺』爲『蓺』之誤，是《説文》時有『蓺』，爲『埶』之後起字，至於『藝』，則又『蓺』之後起字，不見於《説文》。刊本無『又馬王云』之『又』字，龔道耕云：『「又」字衍。』

〔二一二〕刊本無此條，吴士鑑云：『今本闕此條。案《傳》文無「禰」字，當爲孔疏作音訓。』吴承仕云：『今本無此條。案王注云：「藝，禰也」，見前條《釋文》。吴氏又誤以王注爲孔《疏》。』又『考廟』之『廟』底卷原作『庿』，形誤字，兹改正。

〔二一三〕亖𣍤，刊本作『四朝』。案《玉篇・二部》：『亖，古文四。』《廣韻・宵韻》『朝』條下云：『𣍤，古文。』又『四年一朝京師也』刊本作『四季朝京師也』，盧文弨改『季』爲『秊』，云『秊，古年字，舊譌季，今改正。』龔道耕云：『《禮記・王制》《正義》引鄭書注云：「巡守之年，諸侯見於方岳之下，其間四年，四方諸侯分來朝於京師，歲徧。」……此注亦謂四方諸侯各分四部以四時來朝，一歲則一方皆徧，四方分四歲，故云四年一朝京師也。陳鄂輩改作四季朝京師，則是四方諸侯，皆於一年之内四季分朝，失鄭意矣。』

〔二二四〕刊本『尃』作『敷』，無『古敷字』、『陳也』五字。

〔二二五〕刊本無此條，案此『敷奏以言』句中文。吴士鑑云：『《説文》「𢾀」，古文「奏」字，隸變爲「孜」。』龔道耕云：『此「孜」字亦「𢾀」之誤，「奉」疑當作「𡙈」，以篆體書之也。』案龔説是也，『孜』爲『敢』之古文，敦煌《尚書》寫卷中習見。

〔二二六〕刊本無此條，吴士鑑云：『今本闕此條。案傳、疏均無「旌以」二字，疑元朗采用王注也。』龔道耕云：『《後漢書·輿服志》「書曰：明試以功，車服以庸。」劉昭注：「孔安國曰：效（案：龔原誤作『攷』，兹據中華版《後漢書》改）試其居國爲政，以差其功。賜以車服，以旌其德，用所任也。」又一通：「諸侯四朝，各使陳進治化之言，明試其言，以要其功。功成則錫車服，以表顯其能用。」今姚僞《傳》與所引又一通者同，而無前語，蓋前即王肅注，劉以其續入孔《傳》，故徑作孔安國，而姚《傳》則劉氏所不信，故謂之又一通也。此「旌以」當作「以旌」。』案《羣書治要》卷二引《尚書》：『五載一巡狩，羣后四朝，敷奏以言，明試以功，車服以庸。』小注云：『敷奏猶遍進也。諸侯每見皆以次序徧進而問焉，以觀其才，既則效，試其居國爲政，以著其功，賜之車服，以旌其所用任也。』與劉昭所引孔《傳》前一通大同。《羣書治要》所引有王肅注（見校記〔六二〕），疑此亦王肅注。不過，寫卷『尃』條王肅注釋『尃』爲陳，與此釋『敷』爲『遍』不同，疑不能解，待考。

〔二二七〕『肈』刊本作『肇』，無『始也』二字。《玉篇·攴部》：『肈，俗肇字。』

〔二二八〕『十ナ二𡿧』刊本作『十有二州』，無『古文州字』四字，案既改『ナ』为『有』，『𡿧』爲『州』，故删此四字。又刊本『邕』作『雍』，『邕』『雍』古多通用。

〔二二九〕刊本無『燕齊』、『遼遠』二條，吴士鑑云：『以上二條今本闕。案傳、疏均無此文，疑元朗采用王注也。』吴承仕云：『今本無此二條。案《五帝本紀》《集解》引馬融曰：「燕齊遼遠，分燕置幽州，分齊爲營州。」王注蓋用馬説。』

〔二三〇〕刊本無此條，案此『封十有二山』句中文。《龍龕·山部》：『𡶀，古文，音封。』龔道耕謂『古文作𡶀』之

「㞷」爲「㞷」之訛，是也，《玉篇・土部》「𡉘」：「古文封。或作㞷。」

〔三二〕刊本不出「川」字，又無「深也」二字。

〔三三〕刊本無「令得」、「當其」兩條，吴士鑑云：「今本闕此二條。案傳、疏均無「令得」及「當其」字，疑元朗采用王注也。」

〔三三〕刊本無此條，案此「流宥五刑」句中文。

〔三四〕「音又」下底卷原衍「字」字，兹據刊本删。

〔三五〕刊本無此條，吴承仕云：「案《正義》引王肅云「言宥五刑，則正五刑見矣」。此言「流宥五刑」，則典刑亦五可知。「刑」傳寫譌作「形」。」

〔三六〕刊本無此條，案此「鞭作官刑」句中文。

〔三七〕詞目「苻」刊本作「扑」，吴士鑑云：「案「苻」與「扑」古無通叚之義，蓋「𦬂」字傳寫以形近誤「苻」。」馬敘倫云：「《説文》「攴，小擊也」，即鞭扑本字。此文作「苻」者，付聲、卜聲同在侯類，故得相通。唯「苻」字不箸《説文》，《爾雅》有之，「𦬂」亦叚爲「攴」。」吴承仕云：「案《汗簡》有「苻」字，云出古文《尚書》，字當從竹仆聲。隸書艸、竹多相亂也。頗疑古文「扑」自作「𥫩」，不必爲「攴」之借。」案《撰異》云：「『扑者，攴之隸變，手與又同也。』又刊本無『字及作𥫩，注同。楚苻』諸字，吴士鑑云：「「及」當爲「又」字之譌。「楚苻」下恐有脱字。」

〔三八〕刊本無此條，案此「金作贖刑」句中文。《集韻・侵韻》：「金，古作𨥙。」「𨥙」爲「𨥙」之變體。

〔三九〕刊本無此條，案此「金作贖刑」句中文。吴承仕云：「案上文「刑」字數見，不應於此始出之，其形從一從州，無以下筆，疑「形」字引長首畫即變爲「刑」，故譌作「𠛬」，本非古文寫者偶誤作此形。陸氏仍爲古文，特出之，《古文四聲韻》引崔希裕《纂古》，「形」正作「𠛬」，可證《纂古》所收，即誤據《尚書》隸古定本。」又「徐音樹刑」，吴士鑑云：「「刑」字下當有脱文。」案徐邈讀「贖」爲「樹」，以「𠛬」爲「刑」，下應無脱文。

〔二三〇〕此條刊本不出『罪』字，『食欲反又音樹』作『石欲反徐音樹』，案《廣韻》『贖』、『食』在神紐，『石』在禪紐，刊本以『石』切『贖』，蓋是陳鄂所爲。因爲八、九世紀後，基本上没有神禪分立的方言了（見邵榮芬《切韻研究》一〇三頁，中國社會科學出版社一九八二）。

〔二三一〕刊本無此條，吴士鑑云：『今本闕此條。案傳、疏均無此二字，疑元朗采用王注也。』吴承仕云：『今本無此條。案《五帝本紀》《集解》引馬融曰：「意善功惡，使出金贖罪，坐不戒慎者。」疑王注與馬説大同。』

〔二三二〕刊本無『過也注同』四字，吴士鑑云：『「過也」用孔《傳》。』案吴説誤。《羣書治要》卷二『眚災肆赦』句下小注云：『眚，過也；災，害也；肆，失也。言罪過誤失以爲當赦之也。』此當是王肅注。

〔二三三〕刊本無此條，案此『眚災肆赦』句中文。

〔二三四〕刊本不出『㬎』字，又無『恃也』二字。

〔二三五〕卹才，『卹』刊本作『恤』，無『才』字，阮本『才』作『哉』，案《説文·血部》：『卹，憂也。』段注：『卹與《心部》「恤」音義皆同，古書多用「卹」字，後人多改爲「恤」。』《集韻·咍韻》：『哉，古作才。』

〔二三六〕『音恭』前刊本有『上』字，無『左傳云』之『云』字，『癈』作『廢』，案『癈』爲『廢』之俗字。

〔二三七〕北裔，刊本不出『北』字，案《羣書治要》卷二『流共工于幽洲』句下小注云：『共工，窮奇也；幽洲，北裔也。』此當是王肅注。

〔二三八〕鴅吺，刊本分成『驩』、『兜』兩條，並且『驩』下有切語『呼端反』，『兜』下有切語『丁侯反』，疑此兩反切乃陳鄂據《堯典》而添。又『賊』底卷原作『賦』，吴士鑑云：『賊，譌作「賦」。』龔道耕云：『賦，賊之誤。』案《左傳·文公十八年》作『賊』，兹據以改正。又『杜云』刊本作『杜預云』，無『左傳云』之『云』字。

〔二三九〕刊本無此條，案此『放驩兜于崇山』句中文。

〔二四〇〕刊本無『字林七外反』五字，《撰異》云：『「竄」字今音七亂切，古音七外切，見《周易·訟》象傳、宋玉《高唐賦》、班固《西都賦》、魏《大饗碑辭》、晉張協《七命》、潘岳《西征賦》、宋謝靈運《撰征賦》。』吴承仕《經籍舊音辨證》云：『《左傳・僖二十六年釋文》引《字林》千外反，《昭二十六年》釋文引《字林》七外反，證知德明《尚書釋文》原本引《字林》音而陳鄂等妄删之。尋《高唐賦》「飛揚伏竄」李善注云：「《字林》曰：竄，逃也。七外切，非關協韻。一音七玩切。」此賦以磕、厲、濇、喙、邁、竄爲韻，俱屬泰部。竄本音七外反，對轉寒則音七玩反，然六朝以還，本音久不行用，故《玉篇》、《切韻》竄字遂不收七外一音。李注云「非關協韻」者，正以時人不曉竄有七外反，故正言以明本音耳。陳鄂輒删，亦以「七外」一音世所不用故也。』

〔二四一〕此條刊本『弎』作『三』，且與下『苗』合爲一條，而無『古文三字』四字；案陳鄂改『弎』爲『三』，故删去其注。

〔二四二〕『馬王云』甲卷誤作『王言云』，『以比三凶』之『比』誤作『此』，『窮匱』誤作『貧』，無『國名也』之『也』字，『縉雲氏之後』之『後』作『后』，案『後』『后』同音通用。又刊本無『左傳云』之『云』字，甲卷有。又『猒』，甲卷同，刊本作『厭』，『猒』『厭』古今字。又『不分』，甲卷同，刊本作『不念』，案《左傳・文公十八年》作『分』，『念』誤。又『縉雲黄帝時官名』，刊本同，甲卷作『縉雲氏黄帝官名』，案杜預注：『縉雲，黄帝時官名。』則甲卷誤。又『三凶也』，刊本作『二凶也』，甲卷無『也』字，《彙校》云：『「二」字誤，寫本宋本皆作「三」。』又『貪財爲饕貪食爲飻也』，甲卷、刊本作『貪財曰饕貪食曰飻』，案杜預注作『貪財爲饕，貪食爲飻』，『也』蓋底卷抄者所添。又『天下之民』之『民』字甲卷缺末筆。

〔二四三〕縉雲，刊本不出『雲』字。

〔二四四〕刊本無『本又作叨』四字，『吐刀反』作『七刀反』，吴士鑑云：『《唐韻》作「土刀切」，吐、土同音，似「七」字爲「土」字之譌。』吴承仕《經籍舊音辨證》云：『盧校依刊本作「七刀反」，「七」爲「土」之形譌。』案《釋文》『饕』凡出五次，除此處外，作『吐刀反』者三次，『他刀反』者一次，『土』或爲『吐』之壞字。

〔二四五〕刊本無『字或作飻』四字，吴士鑑云：『《説文》：「飻，食也，从食，殄聲。《春秋傳》曰：謂之饕飻。」是「飻」爲本字也。』

〔二四六〕刊本無『誅也注同』四字。

〔二四七〕⿰骨系，刊本作『繇』，案底卷第三十一行有『⿰骨系，古鮌字』句，《説文》有『繇』無『鮌』，『鮌』應是後起別體。又『左傳云』刊本無『云』字，前有『故本反』三字，案『故本反』蓋陳鄂抄自《堯典》《釋文》。又『疇正之皃』刊本作『儔匹之貌』，吴士鑑云：『「正」當作「匹」，寫本偶誤。』龔道耕云：『疇正，儔匹之譌。』案龔説是也，《左傳·文公十八年》杜預注作『儔匹』。又『杜云』刊本作『杜預云』，『鮌』作『繇』。

〔二四八〕刊本無此條，案此『四罪而天下咸服』句中文。又『罔』爲『网』之俗字，龔道耕謂『非之也』之『之』字衍，案『之』字抄手爲雙行對齊而添。

〔二四九〕刊本無此條，吴士鑑云：『今本闕此條。案傳、疏均無「之行」二字，疑元朗采用王注也。』案《羣書治要》卷二『四罪而天下咸服』句下小注：『美舜之行，故本其徵用之功也。』此當是王肅注。

〔二五〇〕刊本無此條，《撰異》云：『疑古文作「放勛」，今文作「放勳」，皆不作「帝」也。』潘重規云：『據此條《釋文》，是馬鄭王本皆作「放勛迺殂」，方興本則作「帝乃徂落」。宋人以與《正義》本違異，遂徑删之，僅留一「徂」字，而注云「才枯反」矣。』吴士鑑云：『「敗」不見六朝以前經典，或因「放」字从文而誤。』

〔二五一〕迺殂，刊本不出『迺』字，注文僅『才枯反』三字，羅常培云：『《廣韻》「殂」「枯」同在模韻，「楛」在姥韻，應以作「枯」爲是。』馬敘倫云：『「殂」當作「殂」，傳寫之譌。』

〔二五二〕如䘮，刊本不出『如』字，又無『古作𠷔』三字。吴士鑑云：『《玉篇》古文「喪」作「𠷎」，與「𠷔」字形體小變。』案『䘮』『喪』隸變之異。

〔二五三〕刊本無此條，案此『四海遏密八音』句中文。

〔二五四〕『遏』刊本作『葛』，羅常培云：『「遏蓋俗訛。」』案此當是因正文『遏』而誤。又『謁』下蓋脱『遏』字，僞《傳》云：『遏，絶。』疑王注亦如此。刊本無『謁絶』之『絶』字。

〔二五五〕『鍾』刊本作『鐘』，『篪』作『箎』，案《干禄字書·平聲》：『鍾鐘，上酒器，下鐘磬。今竝用上字。』《説文》有

「篪」（鯱之或體）無「箎」，「箎」爲後起別體。

〔三五六〕刊本無此條，案此「舜格于文祖」句中文。

〔三五七〕「辟」刊本作「闢」，無「本又作闡」四字。案「闡」當爲「闢」之誤，「辟」「闢」古今字；陳鄂改「辟」爲「闢」，故删此四字。又「甫赤反」刊本作「甫亦反」，羅常培云：「「赤」「亦」同屬昔韻。」又刊本無「開也説文作闢」六字。

〔三五八〕刊本無此條，案此「食哉，惟時」句中文。顧藹吉《隸辨》認爲「飠」是由《説文》小篆「[illegible]」隸變而成，則此「飠」字當是「飠」之變體。

〔三五九〕刊本無此條，案此「柔遠能邇」句中文。「迩」爲「迩」的增筆俗字，「迩」爲「邇」之古文。

〔三六〇〕刊本注文唯「音敦」二字。案《説文》「惇」作「憞」，此作「憞」，訛體也；吴士鑑云：「「元」衍字。」

〔三六一〕元長，刊本作「之長」。吴士鑑云：「《傳》云「元善之長」，似以作「之長」爲是。」吴承仕云：「案僞《傳》云「元善之長」，王則以「長」訓元。吴氏以「善之長」爲是，二皆舊義，無庸校其是非。」潘重規云：「「惇德允元」僞《傳》曰：「元，善之長。」與王注微異，故宋人改爲「之長」以就僞《傳》。」

〔三六二〕刊本「難」作「難」，無「注及下皆同」五字。

〔三六三〕壬人，刊本出「任」字，周悦讓《倦游庵槧記》云：「「壬」即「任」之本字也。」又「如字」刊本作「音壬」，無「注同壬人佞人」六字。《干禄字書・去聲》：「佞、佞，上俗下正。」

〔三六四〕刊本無此條，案此「蠻夷率服」句中文。

〔三六五〕刊本無此條，案此「蠻夷率服」句中文。吴士鑑云：「《説文》「服」，古文从舟从人會意作[illegible]，隸變作「舠」。」

〔三六六〕刊本無「明也」二字。吴承仕云：「案《五帝本紀》集解引馬融「奮，明也」，僞《傳》「奮，起也」。此文不言馬云，當是王注，蓋王注多用馬説也。」

〔二六七〕刊本無此條。案此『亮采惠疇』句中文。

〔二六八〕刊本無此條。吴士鑑云：『今本闕此條。案傳、疏均無「居度」二字，疑元朗采用王注也。』潘重規云：『此「使宅百揆」王注，與僞《傳》異，故宋人删去。』

〔二六九〕刊本無此條。案此『伯禹作司空』句中文。

〔二七〇〕刊本無此條。案此『伯禹作司空』句中文。吴士鑑云：『《説文》「〓」，古文禹。《漢書・藝文志》「《大帝》三十七篇」，顔注曰：「古禹字。」帝爲由篆變隸，此又變作帝，非《説文》本作帝也。』案《説文》『禹』之古文作『〓』，吴氏所録不確。

〔二七一〕刊本無此條。吴士鑑云：『今本闕此條。案傳、疏均無「長稱」二字，疑元朗采用王注也。』潘重規云：『此「伯禹作司空」王注。』

〔二七二〕刊本無此條。案此『汝平水土』句中文。

〔二七三〕楙才，刊本出『懋』字，案『楙』爲『懋』之古字，考詳《古文尚書傳（二）》校記〔三三〕。又『古茂字』刊本作『音茂』，『馬云美』下有『也』字，吴士鑑云：『「美」下脱一「也」字。』

〔二七四〕刊本無此條，案此『禹拜稽首』句中文。吴士鑑云：『《説文》「拜」作「〓」，隸變乃作「櫯」；古文又作「〓」，此作「〓」，即其變體也。惟「〓」字不見《説文》，恐有脱筆。』案『〓』字吴氏誤録爲『〓』。

〔二七五〕䭫，刊本作『稽』，《玉篇・𦣻部》：『𩠐，今作稽。』『䭫』爲『𩠐』之俗書。刊本注文僅『音啓』二字。

〔二七六〕『𦣻』刊本作『首』，無『古首字』三字。

〔二七七〕刊本無此條，案此『讓于稷、契暨皐陶』句中文。

〔二七八〕禼，刊本作『契』，吴士鑑云：『《説文》「禼」下云：「讀與偰同，古文作〓。」又「偰」下云：「高辛氏之子，堯司徒，殷之先。」是許君本作「偰」，後人始改爲「契」也。』刊本注文僅『息列反』三字。

〔二七九〕刊本無此條，案此『讓于稷、契暨皐陶』句中文，『皐陶』古有作『咎繇』者。參下條。

〔二八〇〕 繇，刊本作『陶』。《撰異》云：『攷自來《古文尚書》有作「皋陶」者，有作「咎繇」者，是以顏注《漢書》引《尚書》皆作「咎繇」，李注《文選》則皆作「皋陶」。要之，衡以古音，則皋陶二字古在尤幽，《説文》引《虞書》作「咎繇」，則壁中元本也。』『咎』爲『咎』之變體，『繇』爲『繇』之訛誤。刊本無『咎繇臣名』四字。

〔二八一〕 刊本無此條，案此『棄，黎民阻飢』句中文。

〔二八二〕 俎，刊本作『阻』。《撰異》云：『《周頌・思文》鄭箋云：「昔堯遭洪水，黎民阻飢，后稷播殖百穀，烝民乃粒，萬邦作乂。」《正義》引《舜典》「黎民阻飢，女后稷播時百穀」，注曰：「阻讀曰俎，阻，戹也，時讀曰蒔。」玉裁按：凡言「讀曰」，與「讀爲」同，「讀曰蒔」者，易「時」字作「蒔」；則讀曰「俎」者，豈易「俎」字作「阻」乎？ 初疑當是讀如「俎」，謂其音同「俎」耳。既思「阻」字非難識之字，鄭君何必比方爲音，如「餂」之讀如「聒」乎？ 蓋壁中故書作「俎」，故鄭云「俎讀曰阻，阻，戹也」。學者既改經文作「阻」，則注文不可通。乃又倒之云「阻讀曰俎」。』又刊本無『本又作阻』、『馬本作徂云如也』十一字。

〔二八三〕 刊本無此條，案此『棄，黎民阻飢』句中文。

〔二八四〕 囷，刊本作『播』。刊本注文僅『波左反』三字，案『佐』『左』同韻。

〔二八五〕 刊本無此條，案此『五品不遜』句中文。吴士鑑云：『今本闕此條。案既云「音遜」，則經文不應作「遜」，當是譌文。《説文》「愻」下引《書》「五品不愻」，疑元朗見本亦作「愻」。』

〔二八六〕 滑，刊本作『猾』。吴士鑑云：『《説文》無「猾」字，《尚書大傳》「蠻夷滑夏」，《荀子・成相篇》「無鈸滑」，《史記・酷吏傳》「滑賊任威」，均作「滑」，蓋「猾」字乃漢以後俗字也。』吴承仕云：『案《潛夫論・志姓氏篇》引作「蠻夷滑夏」，與寫本同。今本作「猾」，當是衛包所改。』又『于八反』刊本作『户八反』，吴承仕云：『「于」當爲「乎」。《篇》、《韻》滑、猾字止有胡骨、户八等切，無與「于八反」相應者，是其證。』《彙校》云：『《禮記・儒行》釋文「壞己，乎怪反」，唐寫本亦作「于怪反」，蓋「于」字六朝以前讀入匣紐，與「乎」同聲，故以切滑、壞等字。唐宋以後「于」讀入喻紐，與匣紐隔類，後人覺其音之不合，遂改類隔爲音和，故

《篇》、《韻》滑、猾字止有胡骨、户八等切也。吴氏謂「于」當作「乎」，殊未合。』又刊本無『乱』字。

〔二八七〕姦宂，刊本出『宄』字。案『宂』乃『宄』之變體，北敦一四六八一《尚書》寫卷亦作『宂』。又注文『字又作宄』，則與正文相同，疑其中一個應寫作『宄』。又注文『宂』爲宂忙之『宂』的正字，此以爲『宄』之古文，疑亦有誤。又『軓』當是『軌』之形誤。

〔二八八〕刊本無此條。吴士鑑云：『今本闕此條。案傳、疏均無「剽」字，疑元朗采用王注也。』吴承仕云：『今本無此條。案僞《傳》「羣行攻劫曰寇」，王注自作「攻剽」，文異而義同。玄應《一切經音義》引范甯《尚書集解》曰「寇羣行攻剽者」，蓋用王注舊文。』

〔二八九〕『也』字底卷原作『反』。吴士鑑云：『「反」字爲「也」字之譌。』兹據刊本改正。

〔二九〇〕厞，刊本作『剕』。吴士鑑云：『《爾疋·釋言》「䠊，刖也」，《説文》「䠊，跀也」，爲「剕」之本字。《漢書·百官公卿表》「正五刑」注云：「剕，去髕骨也。」始作「剕」字。「厞」，《説文》訓隱，古書未有叚作「剕」者，疑寫本偶誤。』馬敘倫云：『䠊、剕、厞並從非聲，故剕、厞得叚爲䠊。』又『扶貴反』刊本作『扶味反』，羅常培云：『「味」「貴」同屬未韻。』

〔二九一〕刊本無『下同』二字。

〔二九二〕刊本無『朝市』、『甸師』二條。吴承仕云：『《正義》云「馬鄭王三家皆以三就爲原野也、市朝也、甸師氏也」，此爲王注作音，與僞《傳》不相應，故宋人妄删之。』王利器《經典釋文考》云：『「朝市」今本作「于朝」，「三處」在「大辟」一條之下，此俱改從《僞傳》，餘二條今本無。尋此即「五服三就」王注也，本疏曰：「馬鄭王三家皆以三就爲原野也，市朝也，甸師氏也。」』（《曉然書齋集》五一頁）《彙校》云：『據《正義》引馬鄭王三家説有「市朝」之語，知陸氏原爲王注作音。今本作「於朝」者，蓋宋人據僞孔《傳》「大夫於朝」之文改也。』

〔二九三〕三處，吴士鑑云：『今本同，惟在「大辟」一條之下，此本偶誤。』吴承仕云：『案僞《傳》云「行刑當就三處，大罪於原野，大夫於朝，士於市」，而王注則先言原野、市朝、甸師氏，後以「三處」之文結之，故《釋文》出注次第異也。吴氏誤以僞《傳》校王注，則拘而鮮通矣。」

〔二九四〕刊本無此條，吴士鑑云：「今本闕此條。案傳、疏均無「復陳」二字，疑元朗采用王注也。」吴承仕云：「案王注「復陳」二字，其上下文云何，今難質言。下文「分北三苗」，《正義》引王肅曰「三苗之民有赦宥者，復不從化，不令相從，分北流之」，此云「篇末注同」者，謂「復不從化」之「復」，亦音「扶又反」也。」

〔二九五〕刊本「𡍮」作「垂」，注文僅「如字徐音睡」五字，《彙校》云：「今本改作「垂」，故無「本又作𡍮」以下八字。」

〔二九六〕此條刊本出「共」字，注僅「音恭」二字。

〔二九七〕刊本無此條，案此「讓于殳斨暨伯與」句中文。

〔二九八〕斨，刊本作「斨」，吴士鑑云：「《説文》「斨」从爿，《漢李翊碑》「牂柯太守」，《隸釋》云：「以牂爲牂，是漢人隸變。」凡从爿者，皆作牛。」又刊本無「殳斨臣名」四字。

〔二九九〕「柏」刊本作「伯」，無「伯與臣名」四字，「音餘」前有「下」字，余行達謂「下」爲陳鄂妄加。

〔三〇〇〕刊本無此條，案此「疇若予上下草木鳥獸」句中文。

〔三〇一〕菸，刊本作「益」，吴士鑑云：「《漢書·百官公卿表》「菸作朕虞」，顔注曰：「菸，古益字。」此作「菸」，蓋有脱筆。」又刊本無「字又作菸，古益字」諸字，「咎繇子名」作「皐陶子也」。

〔三〇二〕刊本無「古文作嬖」四字，吴士鑑云：「《説文》「羆，古文从能皮聲」。此作「嬖」，爲「㲋」之隸變。」

〔三〇三〕刊本無此條，案此「僉曰伯夷」句中文。

〔三〇四〕刊本無此條，案此「俞，咨！伯，汝作秩宗」句中文。

〔三〇五〕刊本無此條，案此「俞，咨！伯，汝作秩宗」句中文，「袟」爲「秩」之俗訛。

〔三〇六〕刊本無此條，案此「夙夜惟寅」句中文。

〔三〇七〕刊本無此條，案此「夙夜惟寅」句中文。

〔三〇八〕刊本不出『惟』字，『徐音夷又以真反』作『如字徐音夷』，案説详校記〔三二〕。

〔三〇九〕蕢，刊本作『夔』，《干禄字書·平聲》：『蕢、蘷、夔，上俗中通下正。』『蕢』爲『蘷』之變體。又刊本無『臣名也』三字。

〔三一〇〕刊本無此條，案此『讓于夔、龍』句中文，馬敘倫云：『《郘鐘》「龍」字作「□」，此文「竜」字與之相似。「本又作蓖」者，由「竜」變譌矣。』

〔三一一〕刊本不出『学』字，『教長天子之子弟』之『天子』作『天下』。吴士鑑云：『案孔疏曰：「《説文》云：胄，胤也。《釋詁》云：胤，繼也。繼父世者惟長子，故以胄爲長也。謂元子已下至卿大夫子弟，《王制》云：樂正崇四術，立四教。王太子、王子、羣后之太子、卿大夫元士之適子皆造焉。是下至卿大夫也。不言元士，士卑，故略之。」如孔氏之説，是胄子上至天子下至卿大夫士，若作「天下之子弟」，則語意泛濫爲不詞矣。馬氏但云「天子之子弟」，蓋舉最尊以概其餘也。今本作「天下」，當从寫本作「天子」爲是。』

〔三一二〕㮚，刊本作『栗』，吴士鑑云：『《説文》「㮚」，从木从鹵，此蓋省㮚作㮚，古文从木从二鹵从西作「□」，此又省作「㮚」。』又刊本無『古栗字字又作㮚』諸字。

〔三一三〕刊本無此條，案此『剛而無虐』句中文。吴士鑑云：『《説文》「剛」，古文作「□」，隸變爲「□」，又小變其體作「但」。』

〔三一四〕刊本無此條，案此當亦王注中文。又『止失之字作亾』，『止』蓋爲『亾』之誤。

〔三一五〕刊本無此條，案此『簡而無傲』句中文。《漢書·高惠高后文功臣表》『遴柬布章，非所以視化勸後也』師古注引晉灼曰：『柬，古簡字。』『柬』爲『柬』之變體。

〔三一六〕刊本無此條，案此『簡而無傲』句中文。底卷第三十七行：『奡，古敖字。』『敖』『傲』古今字。

〔三一七〕刊本無此條，案此『詩言志』句中文。

〔三一八〕刊本無此條，案此『詩言志』句中文。

〔三一九〕刊本無此條，案此『歌永言』句中文。

〔三二〇〕刊本不出『言』字，『如字長也下同徐音詠』刊本作『徐音詠又如字』。

〔三二一〕刊本無此條，案此『無相奪倫』句中文。

〔三二二〕刊本不出『予』字，『並如字讀者或以於爲烏音而絶句非也』刊本作『如字或音烏而絶句者非』。

〔三二三〕刊本無此條，案此『予擊石拊石』句中文。

〔三二四〕刊本不出『石』字，無注文『又』字。

〔三二五〕刊本無此條，案此『百獸率舞』句中文。

〔三二六〕刊本無此條，吴士鑑云：『今本闕此條。案傳、疏均無「服不氏」三字，疑元朗采用王注也。』吴承仕云：『今本無此條。案《五帝本紀》《集解》引鄭玄曰「百獸，服不氏所養者也」。王注或與鄭義同。』

〔三二七〕底卷『徐音在力』下當奪一『反』字，刊本無『疾也説文才尸反云古文字疾惡』諸字。

〔三二八〕讒説，『讒』下刊本有『切韻士咸反』注文，吴承仕云：『案《釋文》作於《切韻》前，今引《切韻》者，乃陳鄂等爲之。』

〔三二九〕刊本無『古文作尸』四字，而有『切韻徒典反』五字，余行達云：『今本「切韻」二字，自爲陳鄂妄加，但「徒典反」三字當有，陸氏在《毛詩・新臺》、《左傳・襄二十六年》給「殄」作音正是「徒典反」。』

〔三三〇〕刊本無此條，案此『命汝作納言』句中文。

〔三三一〕喉舌，刊本不出『舌』字。潘重規云：『「使爾作納言」僞《傳》曰：「納言，喉舌之官。」《後案》引《北堂書鈔》所引《尚書注》曰：「納言，如今尚書官主喉舌也。」所引蓋王肅注。』

〔三三二〕刊本無此條，案此『汝二十有二人』句中文。

〔三三三〕勑律反，刊本作『丑律反』，羅常培云：『「丑」「勑」同屬徹紐。』又刊本無『退也』二字。

〔三三四〕刊本不出『分』字，注文無『並』、『北』二字。

〔三三五〕不令，刊本不出『不』字。潘重規云：『案「分北三苗」僞《傳》「君臣善否分北流之，不令相從」，蓋采王注。』王利器《經典釋文考》云：『按「分北三苗」僞《傳》云：「君盧善否，分北流之，不令相從。」本疏引王肅云：「三苗之民，有赦宥者，復不從化，不令相從，分北流之。」是僞《傳》亦采王注。』（《曉然書齋集》五一頁）

〔三三六〕刊本無此條，案此『舜生三十徵庸』句中文。吴士鑑云：『《説文》「徵」古文作「𢼸」，此作「嶶」，乃隸體省變。』

〔三三七〕帝釐，刊本出『釐』字，無『本又作釐字』諸字。

〔三三八〕刊本『讀』前有『一』字，吴士鑑云：『今本「讀」上有「一」字，此脱寫。』

〔三三九〕刊本不出『生』字，無『生姓也』三字。

〔三四〇〕分臂，刊本不出『臂』字，案此『别生分類』句中文。

〔三四一〕汨作，刊本不出『作』字，又無『汨作書篇名也』諸字。

〔三四二〕詞目『九共』刊本不出『九』字。又注文『恭勇反』之『恭』刊本作『己』，吴士鑑云：『此作「恭勇」，涉上文「音恭」而誤。』吴承仕云：『己、恭同紐，昔人隨意作之，寫本未誤。』羅常培云：『「己」「恭」同屬見紐。』又刊本無『九共書篇名凡九篇』諸字。

〔三四三〕『藁』刊本作『稾』，無『勞也』二字。《説文》有『稾』無『藁』，『藁』爲後起增旁字。

〔三四四〕秗，刊本作『飫』，吴士鑑云：『飫，《説文》作「餀」，經典往往省作「飫」。惟《集韻》始云「飫，古作秗」，蓋亦六朝後起字。』又刊本注文無『賜也』、『共同此序』之『共』及注末之『文也』二字，『亦隨其次弟居見在之間』作『即隨其次第居見存者之間』，『藁秗』作『稾飫』。

禮記釋文（檀弓）

北敦九五二三（殷四四）

【題解】

底卷編號爲北敦九五二三，原千字文編號爲殷四四，起《檀弓上第三》『玉從』條注『又如字』之『又』，止《檀弓下第四》『入見』條，共二十五行，第一行僅存注文一字半，餘皆全。詞目單行大字，注文雙行小字。許國霖《敦煌石室寫經題記與敦煌雜録》（商務印書館一九三七）在下輯《敦煌雜録》中收録了此卷，并擬題《禮記音義》；《中國國家圖書館藏敦煌遺書精品選》定名爲《禮記音義檀弓下第四》，此乃是據第二十三行之小題定名，其實本卷前二十三行爲《檀弓上第三》之内容，《檀弓下第四》僅存二行。故今擬題《禮記釋文（檀弓）》。

底卷第二十二行『葉』字寫作『茉』，蓋爲唐寫本。

羅常培《唐寫本經典釋文殘卷五種跋》（《國學季刊》第七卷第二期，一九五一。簡稱『羅常培』）對此有過校勘，黄焯《經典釋文彙校》（中華書局一九八〇。簡稱『彙校』）亦曾將底二作爲異本校入，只是他们所據者均爲許國霖《敦煌雜録》之排印本。許建平《BD〇九五二三〈禮記音義〉殘卷跋》（《敦煌研究》二〇〇三年第二期）對國家圖書館所藏原卷作了詳細的考校。

底卷多有删削，經與中华書局影印清徐乾學通志堂本《經典釋文》對勘，底卷無者共有二十九條，今皆不出校語。

底卷據中國國家圖書館所藏原卷録文，以中华書局影印清徐乾學通志堂本《經典釋文》爲對校本（簡稱『刊本』），校録於後。

（前缺）

又▨□〔一〕直宣。〔二〕蚩尺之。〔三〕卜人師依注卜音僕。師，長也，謂太僕也。本或無師字者非也。前儒（儒）如字，卜人及豎師。〔四〕二夫人▨（音）扶。注同。〔五〕相爲于僞反。注及下注夫爲妻同。〔六〕縱縱依注音摠，急遽。〔七〕折折大兮反，安舒也。注同。〔八〕怠惰徒臥。騷騷素刀反，急疾。〔九〕謂大音泰，一音他。又下同。〔一〇〕謂絞户交反。後同。紟其蔭。衾［冒］莫報。〔一一〕遠之于万。妻期音基。不知音智。成味依注音沬，亡葛反。〔一二〕成斲陟角。〔一三〕縢也本又作滕，徒登反。〔一四〕靧也音悔，洗面。竽笙音于。不和胡臥。之調直弔。〔一五〕簨息尹反，横曰簨。〔一六〕虡音巨，植曰虡。〔一七〕植曰時力反，又音值。問喪問或作聞。音息浪反，注及下皆同。〔一八〕孫子音孫。〔一九〕有爲于僞反。下爲桓司馬、［爲］敬叔、則爲之，注爲民作、爲嫁母同。〔二〇〕宋向式尚。〔二一〕戌音恤。名魋大回。侈也昌氏反，又申氏反。而朝直遥。注同。將應應對之應。汲汲音急。繆公音穆。〔二二〕出竟音境。焉得於虔。公牀叔木音戍，式樹反；又音朱，徐之樹反。〔二三〕贈襚音遂。子璅蘇果，依字。〔二四〕爲孟于僞反。下及注爲人同。〔二五〕伯鞏蔡恭勇反。〔二六〕内外易以豉。〔二七〕絺（綌）衰去逆，麁葛。下七迴反。〔二八〕□□（繐裳）□□（音歳），布細而疎而曰繐。〔二九〕無相息亮反。沽也音古，略。〔三〇〕稱家尺證。有亡皇如字，無也。一音無。下同。〔三一〕惡乎音烏。注同。齊才細反，又如字。注同。豊（豐）省所領反。之比必利反。毋過音無。還葬音旋，便也。已斂力斂反。〔三二〕而封依注作窆，彼驗反，下棺也。徐又甫鄧。〔三三〕設碑必皮。〔三四〕綍音律。作堋北鄧。〔三五〕司士賁音奔。賁，人名也。〔三六〕汏哉本又［作大］，音泰，自矜大也。〔三七〕醯呼兮。醢音海。〔三八〕而甕烏弄。〔三九〕慶遺于季反，又如字。革紀力。〔四〇〕不墾苦很。〔四一〕衎爾苦旦反，自得之皃。〔四二〕爲小君于僞反。下爲之殷、爲其久、爲君服同。〔四三〕深遠邃雖遂。〔四四〕難人乃旦。反壤而兩。〔四五〕反復扶又反，舊音服，非。大古音泰。自燕烏田。爲龍力勇。〔四六〕坊者音房。〔四七〕旁殺色戒。下同。茨瓦徐在私反，茅覆屋。〔四八〕門廡。〔四九〕而卑如字，又音婢。〔五〇〕又易以豉。馬鬣力輒反。断其音短。下同。〔五一〕廣衮古曠反；下音茂，徐亡尤。〔五二〕重霤直容。衣以於既。〔五三〕椑蒲歷反，徐房益反，親尸棺。〔五四〕堅著直若反。〔五五〕水兕徐履。〔五六〕漆音七。〔五七〕不令也力政反，一本作合。〔五八〕楔齒齒節反。〔五九〕綴足丁劣反，又丁衛。〔六〇〕飯煩晚。〔六一〕不剥并角。〔六二〕也與音餘。下同。倮也力果反，謂不巾覆。〔六三〕埃加音哀。逮日音代，或大計反。緾七絹。淺赤色，今之紅。〔六四〕緣悦絹反。下注同。於薰本亦纁，許云反。〔六五〕要絰一遥反。注小要音結。〔六六〕無絇其俱反，履頭飾。角瑱吐練。〔六七〕衡依注作横，華彭反。下衡三同。〔六八〕長袪起魚反，一音丘據。謂褏本又作褎，徐秀反。〔六九〕袂口面制。〔七〇〕麛裘音迷，本又作麑，鹿子。〔七一〕青犴音岸。〔七二〕四重直龍。注皆同。被之皮寄反。注同。〔七三〕其厚胡豆反，度厚薄曰厚，皆同此音。拖（柂）棺羊支，木名。〔七四〕椵梅徒乱。謂屬（屬）音燭。周帀本又作迊，子合反。〔七五〕能濕乃代。衽而審反，又而鴆反，小要也。〔七六〕髤字又作髹，許求反。〔七七〕題徒低反，頭。〔七八〕湊七豆反，聚也。純衣本又作緇，又作紂，同，側其反。〔七九〕明爲于僞反。下文及注爲其變同。〔八〇〕菆塗才官。龍輴勑倫。謂黼音甫。以剡七亦反。〔八一〕於縿音消。幕音莫。別姓彼列。注同。於朝直遥反。〔八二〕耆巨之。〔八三〕莫相息亮反，佐。注同。〔八四〕尼父音甫。其行下孟。大縣郡縣之縣。皆厭於葉。注同。〔八五〕大廟音泰。惡野烏路。叫（叫）呼火故。〔八六〕税人始兑反，謂以物遺人。〔八七〕謂遺唯季。〔八八〕而縞古老。注同。〔八九〕紕也辟支。〔九〇〕賜帟音亦，幕之小者。〔九一〕以上時掌。〔九二〕共焉音恭。〔九三〕

檀弓下第四〔九四〕卷第三

君之適丁歷反。下及適室同。〔九五〕長殤丁丈反。下及注皆同。〔九六〕三乘繩證反。下及注同。皆户户嫁。〔九七〕降殺色戒。遺棄戰。〔九八〕爲差初佳，又初宜反。遠之于万。朝亦直遥。〔九九〕越彊居良反，本作壃。下越彊同。〔一〇〇〕蟜固君表反。蟜固，人姓名。〔一〇一〕不説他活反，本亦税。徐又申税反。下同。〔一〇二〕入見賢遍

（後缺）

【校記】

〔一〕『又』下一字底卷殘存左邊『女』，當是『如』之殘，刊本此處有『玉從』條，注云：『才用反，又如字。』『如』下

底卷殘泐，刊本作「字名拔皮八反徐蒲末反樂哉音洛下同一讀下音五教反則瑗于卷反又於願反刺其七賜反弁人皮彥反孺子而注反可傳」。

〔二〕直宣，刊本作「直專」，羅常培云：「『專』『宣』同屬仙韻。」

〔三〕蚩，刊本作「嗤」，《彙校》云：「宋本作『蚩』。段云作蚩是也。下『蚩兄死者』音正無口傍。撫本作『嗤』，非，今各本注亦誤。」案《釋文》全書「蚩」出四次，「嗤」出二次。另一次「嗤」見於《左傳・文公二年》釋文，云：「嗤，尺之反。」《彙校》云：「宋本及北宋本作『蚩』。阮云：杜氏所用古字也。」是作「嗤」處皆有異文「蚩」。今此條底卷與宋本同，亦作「蚩」，可爲《釋文》原本作「蚩」之證。「尺之」刊本作「昌之」，羅常培云：「『昌』『尺』同屬穿紐昌類。」

〔四〕刊本無「依注卜音僕」之「卜」字，案有「卜」字佳。「太僕」之「太」刊本作「大」（「大」「太」古今字），「毉師」之「毉」作「醫」，末有「也」字。案《五經文字・酉部》：「醫，从巫俗。」

〔五〕音，底卷殘存左半，兹據刊本擬補。

〔六〕于僞反，「僞」底卷原作「爲」，案《釋文》作去聲讀之「爲」皆音「于僞反」，無一例外，兹據刊本改正。

〔七〕急遽，刊本下有「貌」字。

〔八〕安舒也，「也」刊本作「貌」，案鄭注云：「安舒貌。」德明據鄭注，當以作「貌」爲是。

〔九〕急疾，刊本下有「貌」字。

〔一〇〕一音他，刊本作「一音他佐反」。案《集韻・過韻》小韻「他佐切」下收有「大」字，云：「太也。何休曰：約誓大甚。」《集韻》所引何休語見《公羊傳・隱公元年》「昧者何？地期也」注：「爲其約誓大甚，朋黨深背之。」《釋文》出「大甚」，云：「音泰，或勑賀反。」「他」與「勑」爲透徹類隔，求之古音，同在透紐，「佐」與「賀」皆爲去聲箇韻字，是「他佐切」者即《釋文》所引之或音「勑賀反」也。統觀《釋文》爲讀作「太」之「大」所作及引用他人之反切，有吐賀反、勑賀反、他賀反、代賀反、勑佐反、他佐反、莵佐反、他餓反、莵餓反、唐餓反、徒餓反等，切下字均爲去聲箇韻。而『他』字《廣韻》託何切，在平聲歌韻。寫卷『他』下當是脱去『佐反』二字。又『又下同』刊本作『下注同』，羅常培云：『疑有訛奪。』案『謂大』者，爲『故騷騷爾則野』注『謂大疾』之『謂大』作音也，下又有『鼎鼎爾則小人』注『謂大舒』語。《釋文》通例，言『下注同』而不言『又下同』，此蓋脱去『注』字。

〔一一〕衮冒，底卷原無『冒』字，案《周易・繫辭上》『冒天下之道』，《尚書・泰誓上》『沈湎冒色』，『冒』字《釋文》皆音『莫報反』，可證此處切語『莫報』乃爲『冒』作音，則寫卷脱去『冒』字，兹據刊本補。

〔一二〕亡葛反，『葛』刊本作『曷』，案二字同韻。

〔一三〕斵，底卷原作『劉』，案此經『木不成斵』句中文，『劉』爲形誤字，兹據刊本改正。

〔一四〕縢也，刊本無『也』字，案阮刻本《禮記》（中华書局影印《十三經注疏》本）鄭注原文爲『竹不可善用，謂邊無縢』，『縢』下無『也』字；而《通典》卷八六《禮四十六・凶禮八》引此段則爲：『是故竹不成用，瓦不成味，木不成斵，成猶善也。竹不可善用，謂邊無縢也。』則杜佑所見本有『也』字。孔穎達《禮記正義》（以下簡稱『正義』）云：『竹不善用，謂竹器邊無縢緣也。』孔所見本蓋亦有『也』字。今此寫卷亦有『也』字，應非手民擅增所致，當是《釋文》原貌如此。『又作榺』之『榺』刊本作『縢』，《正義》云：『竹不善用，謂竹器邊無縢緣也。』《説文・木部》：『榺，機持經者。』當以作『榺』爲是。

〔一五〕弔，底卷原作『予』，羅常培云：『寫本「弔」誤作「予」。』兹據刊本改正。

〔一六〕息尹反，『尹』刊本作『允』，羅常培云：『「允」「尹」同屬準韻。』

〔一七〕虡，底卷原作『虛』，案此經『有鐘磬而無簨虡』句中文，兹據刊本改正。『植曰虡』之『植』底卷原作『直』，案阮刻本鄭玄注云：『横曰簨，植曰虡。』『植曰虡』乃鄭注文，底卷《釋文》下條『植曰』即是爲鄭注作音。《通典》卷八六《禮四十六・凶禮八》引《禮記》鄭注：『横曰簨，植曰簴。』亦作『植』，則底卷『直』當爲『植』之譌，兹據刊本改正。

〔一八〕刊本無『音息浪反』之『音』字。

〔一九〕孫子，刊本作『孫于』，案此出鄭玄注『魯昭公孫于齊，曰：喪人其何稱』句，此語鄭玄引自《公羊傳·昭公二十五年》，文云：『九月，己亥，公孫于齊，次于楊州……』足證『子』爲『于』之形訛。『音孫』之『孫』刊本作『遜』，羅常培云：『依例同字不得爲音切。』案《内則》『博學無方，孫友視志』，《少儀》『不敢問其年』鄭注『問年，則已恭孫之心不全』，《學記》『入學鼓篋，孫其業也』，《緇衣》『則民有孫心』，《儒行》『孫接者，仁之能也』，諸『孫』字《釋文》皆『音遜』，是作『遜』者是也。

〔二〇〕底卷原無『爲敬叔』之『爲』字，此經『喪之欲速貧，爲敬叔言之也』句中文，當有『爲』字，兹據刊本補。

〔二一〕『同』前刊本有『皆』字，案有『皆』字是。

〔二二〕尚，刊本作『上』，羅常培云：『「上」「尚」同屬漾韻。』

〔二三〕音穆，『穆』刊本作『木』，羅常培云：『「木」，《廣韻》莫卜切，「穆」《廣韻》莫六切，同屬明紐屋韻，但侈弇不同，繩以音例，則寫本爲是。』案《周禮·春官·女巫》『旱暵，則舞雩』鄭注引《禮記·檀弓下》『穆公召縣子而問焉』《釋文》：『繆公，音穆。』《禮記·檀弓下》『穆公召縣子而問然』鄭注『凡穆或作繆』《釋文》：『繆，音穆。』《禮記·坊記》『陽侯猶殺繆侯而竊其夫人』《釋文》：『音穆。』《公羊傳·隱公元年》『隱長又賢，何以不宜立』注『據賢繆公與大夫』《釋文》：『音穆。』《釋文》於謚號之『繆』多音以『穆』，其實乃是以異文爲注。

〔二四〕公𣏟叔木音戍，刊本無『𣏟』、『戍』二字。案此出經『公叔木有同母異父之昆弟死』句，鄭注云：『木當爲朱，《春秋》作戍，衛公叔文子之子，定公十四年奔魯。』孔穎達《正義》云：『《世本》「衛獻公生成子當，當生文子拔，拔生朱」，故知「木當爲朱」也。』《左傳·定公十三年》云：『及文子卒，衛侯始惡于公叔戍，以其富也。』『公叔戍』即《禮記》之『公叔木』，此乃《釋文》依鄭注以異文爲注。『音戍』者，『公叔木』或作『公叔戍』也；『又音朱』者，『公叔木』或作『公叔朱』也。『戍』字當有，否則下之『式樹反』無所從屬，易使人誤爲『木』有此音。又『尗』即『叔』的俗字，二字當衍其一。

〔二四〕蘇果，刊本作『息果反』，羅常培云：『「息」「蘇」同屬心紐。』又刊本『依字』下有『作瑣』二字，《詩・邶風・旄丘》釋文：『璅，依字作瑣，素果反。』《左傳・成公十二年經》釋文『璅，素果反，依字宜作瑣。』殘卷『依字』下抄脱『作瑣』二字無疑矣。『瑣』爲『瑣』字俗書，而『璅』又爲『瑣』進一步訛變形成的俗字。

〔二五〕下及注，刊本作『下及下注』，此指下段鄭注『斂者，動摇尸，帷堂，爲人褻之』，但第六行『有爲』條注『注爲民作、爲嫁母同』，『爲嫁母』亦另一段之文，而不作『下注』。

〔二六〕刊本無『蔡恭勇反』之『蔡』字，案《釋文・序録》云：『蔡謨，字道明，濟陽考城人，晉司徒，文穆公，□□音□卷。』《隋書・經籍志》：『《禮記音》二卷，宋中散大夫徐爰撰。梁有鄭玄、王肅、射慈、射貞、孫毓、繆炳音各一卷，蔡謨、东晉安北谘議參軍曹耽、國子助教尹毅、李軌、員外郎范宣音各二卷，徐邈音三卷，劉昌宗音五卷，亡。』是《釋文》『□□音□卷』當是『《禮記音》二卷』之脱，盧文弨《經典釋文考證》即據《隋志》補足，因此而知蔡謨曾撰《禮記音》。《隋志》雖云『亡』，然德明作《釋文》時曾及見，并引用之，則蔡謨音蓋亡於隋末大亂時，至唐初撰《隋志》時，已不可見。《月令》『審斷、決獄』《釋文》：『斷，蔡徒管反。』此『蔡』當爲蔡謨之音也。《月令釋文》中屢言『蔡云』，《隋志》云：『《月令章句》十二卷，漢左中郎將蔡邕撰。』《釋文》所言『蔡云』者，乃是蔡邕《月令章句》中文，如『掩骼埋胔』注：『才賜反。蔡云：露骨曰骼，有肉曰胔。』『螻蟈鳴』注：『蔡云：螻，螻蛄；蟈，蛙也。』而蔡邕未有注音，《釋文・序録》未言，《隋志》亦無記載，則言音者，蔡謨之音也；言義者，蔡伯喈之文也。底卷此條有『蔡』字，當是《釋文》原貌。

〔二七〕内外易，刊本作『外内易』，案此出經『買棺外内易』句，刊本是也。

〔二八〕麁葛，『麁』刊本作『麤』，末有『也』字。案《五經文字・鹿部》：『麤，相承作麁，及蟲字作虫之類，不可施行於經典。』則作『麁』者俗字。又刊本無『下七迴反』之『下』字，『迴』字作『雷』，《彙校》云：『宋本、敦煌本「雷」皆作「迴」。阮云，撫本、十行本、岳本並作「迴」。』

〔二九〕注文後一『而』字刊本無，當據删；《儀禮・喪服》『總衰者何？以小功之總也』鄭注：『凡布細而疏者謂之總。』可證。

〔三〇〕『略』下刊本有『也』字，案鄭注云：『沽猶略也。』

〔三一〕如字，底卷原作『如豉字』，『豉』定是衍文，兹據刊本删。

〔三二〕已斂，刊本無『已』字，案此出鄭注『言已斂即葬』句。『力斂反』刊本作『力驗反』，羅常培認爲依例同字不得爲音切，作『驗』是也。

〔三三〕『依注作窆』之『窆』底卷原作『空』，『徐又甫鄧』之『鄧』原作『劉』，羅常培云：『寫本「窆」誤作「空」，「鄧」誤作「劉」。』兹均據刊本改正。

〔三四〕必，刊本作『彼』，羅常培云：『「彼」「必」同屬幫紐。』

〔三五〕堋，刊本作『堋』，《説文・土部》『堋』篆下云：『喪葬下土也。从土，朋聲。《春秋傳》曰「朝而堋」。《禮》謂之封，《周官》謂之窆。』《集韻・嶝韻》：『堋，或作塴。』則『塴』爲後起字，今寫卷作『堋』，與《説文》合。

〔三六〕司士賁，刊本不出『司』字，案此出經文『司士賁告於子游曰』句。刊本無『賁人名也』之『賁』、『也』二字。

〔三七〕汏哉，刊本『汏』作『汰』，《彙校》云：『《石經》同，各本作「汰」。』嚴可均《唐石經校文》云：『各本「汏」作「汰」。《説文》泰，古文作太，滑也。徐鉉曰：「本音他達反，今《左氏傳》作汏輈，非是。」均謂改「汏」爲「泰」爲「太」，亦無舊本可憑，而《石經》通例，唯《尚書》及《月令》、《爾雅》用古文「太」，餘都借「大」爲之。則汏哉之「汏」，及《左氏傳》「汏」字宜統爲「大」矣。至「汏」字《説文》所無，自毋庸論。』案《説文》亦無『汏』字，當是『汏』之誤。注『本又作大』，底卷原脱『作大』二字，兹據刊本補。又『自矜大也』，底卷『自』原誤『白』，兹據刊本改正；『矜』刊本作『矜』，無『也』字，案當作『矜』，『矜』字本無，後人所改也，臧庸《拜經日記》於此考之甚詳，可參看。

〔三八〕醓，底卷原作『醓』，此出經『宋襄公葬其夫人，醓醢百甕』句，兹據刊本改正。

〔三九〕而甕，刊本不出『而』字，案此出經『宋襄公葬其夫人，醯醢百甕』句，『而』應是『百』之形訛。

〔四〇〕革，刊本出『革矣』，案此出經『子之病革矣』句。

〔四一〕佷，刊本作『很』，案『佷』乃是亻、彳混用而成之俗字。

〔四二〕『⿱亼爾』刊本作『爾』，案『⿱亼爾』『爾』小篆隸變之異。底卷『苦旦反』之『旦』原誤『且』，茲據刊本改正。又『自得之皃』前刊本有『注同』二字，『皃』作『貌』，案『居處、言語、飲食衎爾』鄭注『衎爾，自得貌』，則『注同』二字當有，據《説文》，『皃』小篆隸定字，『貌』籀文隸定字。

〔四三〕『久』底卷原作『大』，案此指鄭注『爲其久設，塵埃加也』句，茲據刊本改正。

〔四四〕深遠邃，刊本無『遠』字，案此指鄭注『言皆所以爲深邃』句，『遠』當是手民因熟於『深遠』一詞而誤衍。『雖遂』刊本作『先遂』，羅常培云：『「先」「雖」同屬心紐。』

〔四五〕兩，刊本作『丈』，羅常培云：『「丈」「兩」同屬養韻。』

〔四六〕龍，刊本作『壟』，羅常培云：『「龍」無上聲。』案此鄭注『封，築土爲壟』句中文，當作『壟』。

〔四七〕房，刊本作『防』，羅常培云：『「防」「房」《廣韻》符方切，同屬奉紐陽韻。』

〔四八〕瓦，底卷原作『凡』，羅常培云：『寫本「瓦」誤作「凡」。』『凡』爲『瓦』之俗字的訛變，茲據刊本改正。

〔四九〕門廡，刊本下有注音『音武』二字，此當是誤奪。

〔五〇〕而卑，刊本不出『而』字，案此出鄭注『夏屋，今之門廡也，其形旁廣而卑』句。

〔五一〕断，刊本作『斷』，《干禄字書·上聲》：『断、斷，上俗下正。』

〔五二〕亡尤，刊本作『又亡侯反』，羅常培云：『《廣韻》「袤」莫候切，「尤」字殆誤。』《彙校》云：『前「廣袤」條「徐又亡侯反」，敦煌本作「徐又亡尤」，如「尤」字非誤，則當徐邈時尤侯不分。』

〔五三〕於既，刊本作『于既』，羅常培云：『「衣」「於」屬影紐，「于」屬喻紐云類，作「於」爲是。』

〔五四〕親尸棺，『親』刊本作『櫬』，《彙校》云：『敦煌本作「親」，是也。』案《彙校》是也，此處鄭注云：『椑謂杝棺親尸者。」又《曾子問》「君出疆，以三年之戒，以椑從」鄭注：「親身棺曰椑。」

〔五五〕直若反，「若」刊本作「略」，羅常培云：「『略』『若』同屬藥韻。」

〔五六〕徐履，「履」刊本作「里」，羅常培云：「《廣韻》『里』在止韻，『履』在旨韻。據余所考《釋文》陸氏音系之脂不分，則『里』與『履』，韻實同類。」《彙校》云：「《廣韻》『兕』『履』在五旨，『里』在六止。」案《釋文》除此條外，「兕」共出現十六次，其中十二次徐履反，一次詞履反，一次徐里反，一次徐子反，一次引徐邈音辭姊反。「徐里反」者，在《左傳・宣公二年》釋文，《彙校》云：「『里』，宋本同。何校本、北宋本作『履』，注疏本同。阮云：作履是也。」則刊本《釋文》中兩次作「徐里反」者，皆有作「徐履反」之異文。虽然《釋文》支脂之不分，然此則當以作「徐履反」者爲善。

〔五七〕漆，刊本出「漆之」二字，案此出經文「歲壹漆之」句。

〔五八〕不令也，刊本無「也」字，案阮刻本《禮記》鄭注此句作「虛之不合」，阮元《禮記校勘記》云：「閩、監本同，岳本、嘉靖本同，毛本『合』作『令』，衛氏《集説》同，《考文》引古本同。《釋文》出『不令』，云：『力政反，本又作合。』《正義》云：『虛之不令也。令，善也。一本爲虛之不合者，謂不以蓋合覆其上。』然則《正義》本當亦作『令』，與《釋文》同。今作『合』，注與疏不相謀，當由附合注疏時所據注本不同。毛本改從『令』，是也。衛氏《集説》『令』下有『也』字，《考文》引古本同。案《正義》，則『也』字亦當有。」又「一本」刊本作「本又」。

〔五九〕齒節反，「齒」刊本作「悉」，羅常培云：「寫本『悉』作『齒』，沿上而訛。」

〔六〇〕綴足，刊本不出「足」字，案此出經文「復、楔齒、綴足、飯、設飾、帷堂並作」句。

〔六一〕煩晚，刊本下有釋義「啥也」二字。

〔六二〕并角，「并」刊本作「邦」，《彙校》云：「邦、并聲同。」案「剥」「邦」同爲幫紐字，重脣音；「并」爲非紐字，輕脣音，《釋文》時輕重脣音尚未分化。

〔六三〕倮也，刊本無『也』字，案此出鄭注『剥猶倮也』句。『謂不巾覆』刊本後有『也』字，案鄭注云：『累，倮也，謂不巾覆也。』

〔六四〕緶，刊本作『縓』，案此出經『練，練衣黄裏，縓緣』句，《儀禮・喪服・記》『公子爲其母，練冠、麻，麻衣縓緣』鄭注：『《檀弓》曰：練，練衣黄裏、縓緣。』可知作『緶』者爲誤字。底卷『今之红』的『之红』二字倒寫於上行末，爲雙行對齊故也，刊本下有『也』字。

〔六五〕於薫，『薫』底卷原作『董』，案此鄭注『黄之色卑於纁』中文，且注云『本亦纁』，則正文作『薫』可知也，兹據刊本改正。又『本亦』刊本作『本又作』。

〔六六〕注小要音結，刊本作『下注小要同下大結反』，羅常培謂寫底卷『訛脱不可讀』。

〔六七〕吐練，刊本下有釋義『充耳』二字，案鄭注有『瑱，充耳也』句。

〔六八〕『依注』之『注』刊本作『字』，《彙校》云：『敦煌本「字」作「注」，是也。』

〔六九〕褎，底卷原作『褏』，形誤字，兹據刊本改正。又『褎』刊本作『袖』，《説文》以『袖』爲『褎』之俗字；《説文》無『褎』字，當爲後起换旁字。又『徐秀反』前刊本有『音』字。

〔七〇〕面制，『制』刊本作『世』，羅常培云：『「世」「制」同屬祭韻。』案除本條外，《釋文》『袂』共出現十七次，其中七次彌世反，七次面世反，一次武世反，一次緜世反，一次滅制反，只有一次切下字是『制』，餘皆爲『世』，而本條則寫本爲『制』，刊本爲『世』，疑此爲避諱而改『世』爲『制』，刊本之『滅制反』疑亦爲改動所致。

〔七一〕本又作麑鹿子，刊本作『本又作麑同鹿子也』。

〔七二〕青犴，『犴』刊本作『豻』，《説文・豸部》：『豻，或从犬。』『音岸』下刊本有『胡地野犬』四字。

〔七三〕此條底卷重出，兹删其一。

〔七四〕拖，刊本作『杝』，案『拖』爲『柂』之俗訛，『柂』則爲『杝』之别體，《説文》有『杝』無『柂』。下條『柂』字同。

〔七五〕『本又作迊』下刊本有『同』字。

〔七六〕 刊本無『小要也』之『也』字。

〔七七〕 髤，刊本作『髹』。髤、髹皆《説文》『㯃』之後起别體，《玉篇・髟部》：『髹，赤黑漆也。髤，同上。』注『字又作髹』，刊本作『又作髤』，字書無『髹』字，蓋爲『髹』之譌，如此，則底卷與刊本『髤』、『髹』二字位置互易。

〔七八〕 徒低反，『低』底卷原作『位』，羅常培云：『寫本「低」誤作「位」。』案『位』當是『伭』之訛，『伭』者，『低』之俗字，兹據刊本改正。『頭』下刊本有『也』字。

〔七九〕 純衣，『純』刊本作『紂』，注文之『紂』則作『純』，如此，底卷與刊本『純』、『紂』二字位置互易。

〔八〇〕 『同』前刊本有『皆』字，案有『皆』字爲善。

〔八一〕 剌，刊本作『刺』，『剌』爲『刺』之俗字。

〔八二〕 刊本『直遥反』後有『下同』二字，案此出鄭注『别於朝覲來時』句，鄭注下又有『朝覲爵同同位』句，則有『下同』二字爲是。

〔八三〕 耆，刊本出『耆老』二字，案此出經文『天不遺耆老，莫相予位焉』句。又『巨之』刊本作『巨支』，《彙校》云：『此以支切耆，是支、脂不分，敦煌本以「之」切「耆」，是之、脂亦不分也。』

〔八四〕 佐，刊本下有『也』字，案鄭注云：『相，佐也。』依例當有『也』字。

〔八五〕 於桊，刊本作『于葉』，案羅常培云：『寫本「于」作「於」，段校本同。法偉堂云：「厭、于不同紐，于乃於之誤也。」』『桊』乃『葉』之諱改字。

〔八六〕 火故，刊本下有『火胡二反』四字。

〔八七〕 始兑反，刊本『兑』作『鋭』，羅常培云：『寫本「鋭」誤作「兑」。』案《廣韻》『税』在去聲祭韻，『兑』在去聲泰韻，祭、泰不同用，作『鋭』是也，『鋭』亦祭韻字；且《釋文》全書凡爲『税』作音，其切下字多作『鋭』，而無作『兑』者。又刊本注文之末有『也』字。

〔八八〕 唯季，『唯』刊本作『維』，羅常培云：『「維」「唯」同屬喻紐以類。』

〔八九〕而縞，刊本不出『而』字，案此出經『祥而縞』句。

〔九〇〕紕也，刊本不出『也』字，案此出鄭注『縞冠，素紕也』句。刊本『辟支』之『辟』作『避』，羅常培云：『「避」「辟」同屬並紐。』

〔九一〕帟，底卷原作『弈』，案此經『君於士有賜帟』句中文，兹據刊本改正。

〔九二〕刊本無此條，案此出鄭注『大夫以上，幕人職供焉』句。

〔九三〕『音恭』下刊本有『本亦作供』四字。

〔九四〕苐，刊本作『第』，『苐』爲『弟』之俗字，俗書竹頭多寫作草頭，俚俗據『苐』楷正，則成『第』字。下『苐』字同。

〔九五〕下及適室同，『及』下刊本有『下』字，案有『下』字是，前一『下』指本段『大夫之適長殤』，而『適室』二字則在第七段『妻之昆弟爲父後者死，哭之適室』中。

〔九六〕『下及注皆同』刊本後有『下式羊反』四字，案『式羊反』乃是『殤』之切語。

〔九七〕皆户，刊本作『皆下』，羅常培云：『寫本「下」作「户」，涉下而訛。』

〔九八〕遺，刊本出『遺車』二字，案此出鄭注『降殺以兩，成人遺車五乘』句。『棄戰』之『棄』刊本作『弃』，乃承襲諱改字。

〔九九〕『直遥』下刊本有『注同』二字，案此出經『朝亦如之』句，鄭注云：『朝，喪朝廟也。』『注同』二字應有。

〔一〇〇〕越彊，『彊』刊本作『疆』，『彊』爲『疆』之俗字，説詳《敦煌俗字研究》下編四一六頁。注中『彊』字同。

〔一〇一〕君表反，『君』刊本作『居』，羅常培云：『「居」「君」同屬見紐。』案刊本《釋文》『蟜』共出七次，皆作『居表反』。

〔一〇二〕『徐又申税反』刊本作『徐又音申鋭反』，羅常培云：『「鋭」「税」同屬祭韻。』

毛詩音(一)(周南關雎—秦風駟驖)

斯二七二九B(底一)　　俄敦一三六六(底二)

【題解】

底一是斯二七二九號第二部分内容,起《詩大序》『王者之風,故繫之周公』句注音『王者』條,止《唐風·山有樞》『子有廷内,弗洒弗埽』句注音『埽』字條,共一百二十九行,前二行上截泐,末九行上截亦殘泐,而且末行僅存半邊。標目字單行大字,注文雙行小字。

底二編號俄敦一三六六(列一五一七),起《齊風·載驅》『行人儦儦』句注音『儦』字條,訖《秦風·駟驖》『舍拔則獲』《鄭箋》『拔,括也』句之注音『括』字條,共十七上半行。

《孟目》、潘重規《倫敦藏斯二七二九號暨列寧格勒藏一五一七號敦煌毛詩音殘卷綴合寫定題記》(《敦煌詩經卷子研究論文集》,七七頁,香港新亞研究所一九七〇)已將底一、底二綴合爲一。底二前九行即爲底一末九行之上截,兩卷綴合後,共一百三十六行,起《詩大序》『王者之風,故繫之周公』句注音『王者』條,止《秦風·駟驖》『舍拔則獲』《鄭箋》『拔,括也』句之注音『括』字條,兹定名爲《毛詩音(周南關雎—秦風駟驖)》。

平山久雄根據同卷上辰年(八〇〇)的朱浄言牒認爲寫卷抄寫於八世紀後半期(《敦煌〈毛詩音〉殘卷反切的結構特點》,《古漢語研究》一九九〇年第三期),今從之。

關於本書的作者,王重民以爲是撰成於顔師古後孔穎達前之《詩音》彙編本(《敘録》四三至四四頁);潘重規認爲是隋劉炫所撰《毛詩音》(《敦煌詩經卷子研究論文集》八一頁);王利器認爲是劉炫所著《毛詩述義》(《跋敦煌唐寫本劉炫〈毛詩述議〉》,《文獻》第十七輯,三二至三四頁),後又在《經典釋文考》一文中否定此説,認爲是劉炫的《五經正名》(《曉傳書齋集》七一頁,華東師範大學出版社一九九七);平山久雄《敦煌〈毛詩音〉

殘卷反切的結構特點》則認爲寫卷非劉炫《毛詩音》。

潘重規《倫敦藏斯二七二九號暨列寧格勒藏一五一七號敦煌毛詩音殘卷綴合寫定題記》（載《敦煌詩經卷子研究論文集》，簡稱『潘重規』）有録文；平山久雄《敦煌〈毛詩音〉殘卷反切の研究（上）》有録文及校記〔《北海道大學文學部紀要》第十四號第三分册，一九六六年三月。簡稱『平山（一）』〕，後又在《敦煌毛詩音殘卷反切の研究（中の一）》對録文作了訂正〔《東洋文化研究所紀要》第七十八册，一九七九年三月。簡稱『平山（二）』〕。

底卷不分段，为醒目起見，録文時每詩獨立爲段；如果有明確之詩題且無注文者，則於詩題後空一格。

底一據《英藏》録文，底二據《俄藏》録文，以中華書局影印阮元刻《十三經注疏·毛詩正義》（簡稱『刊本』）及影印清徐乾學通志堂本《經典釋文》（簡稱『釋文』）爲參校本，校録於後。

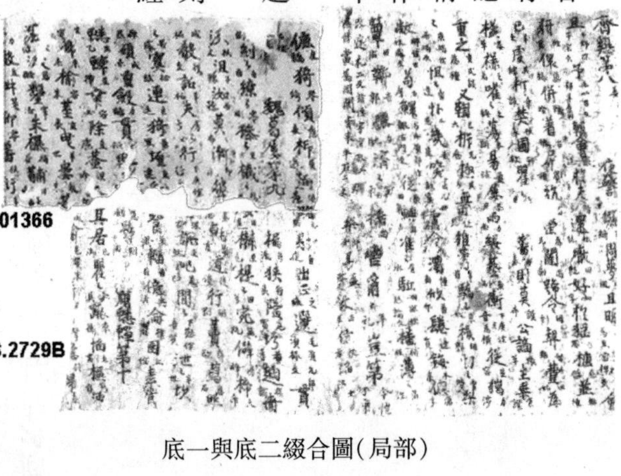

底一與底二綴合圖（局部）

（前缺）

□▨（王）者亏放。〔一〕　騶側流。〔二〕　虞元亏。　岐▨宜。〔三〕□〔四〕

□（關）雎第一〔五〕

▨（鳩）□牛。〔六〕　▨（摯）□二。〔七〕　▨（好）□到。〔八〕　▨□▨（鄭）市□。〔九〕　▨（間）下艱。〔一〇〕　怨耦五口。〔一一〕　參創今。　差楚宜。　▨（荇）□□。〔一二〕　左宰賀。　右于▨。〔一三〕　荾茶苴葉。〔一四〕　之葅側居。　寤（寤）覺皆孝。　展轉張輦。〔一五〕　芼之莫報。　樂□□。

覃音▨。〔一六〕▨(澣)胡管。〔一七〕濯棖▨(孝)。〔一八〕施羊豉。萋千兮。絺勑梨。綌卿逆。〔一九〕㒵(皃)前孝。〔二〇〕淈淈(浸浸)子鴆。于樌古乱。〔二一〕喈喈更諧。槫▨(徒)丸。〔二二〕蘪木存東。遠聞▨▨。〔二三〕刈言癈。穫胡郭。〔二四〕斁羊石。〔二五〕濩煮直汝。〔二六〕猒(猒)因艷。〔二七〕玄紞(紞)當敢。紘懷泓。綖盈禰。〔二八〕衣應氣。適成石。〔二九〕告古篤。薄汚汪姑。〔三〇〕褘勳歸。橺辱▨反,《説□(文)》『兩手相攻也』。〔三一〕祿通乱。〔三二〕害何割。否甫久。清秦生。〔三三〕

卷▨▨。〔三四〕險詖戲(戲)眨。傾筐曲狂。〔三五〕苓歷丁。筐畚甫衮。易盈盈豉。寘彼征豉。〔三六〕周行恒剄(剛)。陟張力。崔存雷。虺化壞。〔三七〕隤濁壞。〔三八〕使▨(色)吏。〔三九〕離□□。罍盧回。〔四〇〕勞郎到。觵辰(瓜)宏。〔四一〕砠七余。瘏同都。〔四二〕痡妃亐。〔四三〕怃况亐。〔四四〕

樛▨虬。〔四五〕妃逮唐愛。嫉從七。妬東路。〔四六〕藟力癸。〔四七〕纍力隹。蔓亡販。樂只亡是。〔四八〕綏荀□。〔四九〕帑因營。〔五〇〕

螽(螽)支嵩。詵詵生臻。蚣宣容。蝟(蝟)息余。振振征(征)忍。楫(揖)制立。蟄尺十。

桃夭英驕。觚辰(瓜)頑。〔五一〕蕡扶文。蓁蓁側仁。

罝子耶。椓竹角。打打竹耕(耕)。〔五二〕罟工户。栈(杙)羊力。赳(赳)吉酉。干剄(剛)寒。杆(扞)恒旦。▨(禦)言巨。〔五三〕難乃旦。施式支。逵權追。〔五四〕断都乱。〔五五〕

芣薄不。苢盈耳。蕮息石。〔五六〕棳(掇)東活。捋盧栝(括)。袺經切,音結。襭刑結。极(扱)差洽。衽而□。

□(被)皮義。〔五七〕域營逼。〔五八〕橋奇妖。息炿以烋(休)、來、息韻,疑息當爲忍。〔五九〕竦宣勇。泳爲命。〔六〇〕柎方亐。〔六一〕

翹翹祇遥。馬□□。□(秣)莫撥。〔六二〕其蔓龍朱。

墳扶文。條(條)[枚]木杯。〔六三〕惄年歷。調直流。飢巾師反,《説文》『餓』。肄盈二。〔六四〕愈容主。赬勑貞。

㷄兄委。度(瘦)山又。

之定帝徑(徑)。題田兮。表方遥。

鵲巢第二

巢林肴。〔六五〕厲式皆(脂)。〔六六〕均規旬。〔六七〕桔庚八。〔六八〕鞠己六。兩力匠。訝顔嫁。〔六九〕媵食證。姪定結。娣廷帝。

蘩扶袁。沼之繞。沚直耳。〔七〇〕皤蒲何。溪𡍮(牽)兮。〔七一〕澗皆晏。夾(夾)皆洽。被皮義。僮僮徒東。濯搌孝。〔七二〕概剄(剛)概。〔七三〕饎尺志。爨公乱。〔七四〕髲𩭐(髲鬄)庭帝。〔七五〕祁祁石尸。

喓喓因遥。〔七六〕趯趯天歷。躍羊略。忡忡勑中。既覯(覯)▨(古)豆。〔七七〕降懷江。蕨(蕨)俱鉞。鱉并滅。〔七八〕惙中劣。説今説字。〔七九〕

蘋脾賓。能循松荀。共祭機凶。婉威阮。娩亡反。麻枲息里。紝而鴆。〔八〇〕紃松荀。之濱并民。藻祖老,▨。〔八一〕潦郎道。蓱鞞經。漼顔佳。〔八二〕先嫁星見。盛尚征(征)。莒姜許。〔八三〕以湘息良。錡琴綺。亨派彭。〔八四〕湇欽急。錋嵇經。奠庭見。牖羊首。齋側皆。〔八五〕俟迎宜敬。齍即黎,古齍、齊、粢皆作齍,他放此也。〔八六〕盛尚征(征)。

棠夫當。〔八七〕奭式石。蔽(蔽)方避。茀勿翦子淺。〔八八〕茇蒲▨。〔八九〕敗布邁。憩卿▨。〔九〇〕説束鋭。〔九一〕柭(拔)彭八。

猒因十。〔九二〕浥英十。昕香▨(斤)。〔九三〕謂爵雀音。〔九四〕穿姝專。謂女仁袁。獄梋▨▨。〔九五〕咮中救。《説文》『烏口』。礼紂側狸。〔九六〕妁掌勺。墉▨(踰)鍾。〔九七〕訟旬從。

五佹唐何。〔九八〕英厄耕(耕)。委英危。虵盈▨。〔九九〕縱▨容。〔一〇〇〕緎况逼。〔一〇一〕縫扶用。五総祖工。〔一〇二〕

殷應謹。靁盧回。奮甫問。暇行嫁。〔一〇三〕

摽脾小。昌羊止。〔一〇四〕墮徒果。〔一〇五〕迨筐塈香氣。〔一〇六〕番扶袁。〔一〇七〕

嘒彼血惠。噣中救。肅宵息遥。寔(寔)成力。參山陰。与昴萠飽。〔一〇八〕食(衾)綺金。与裯毛直流，鄭重須。

氾詳子。沱唐何。〔一〇九〕渚真汝。山道唐到。嘯星即。〔一一〇〕蹙子六。

死麕几倫。惡汪故。殺色列。樸蒲卜。楝蕪木。〔一一一〕茅(茅)純徒論。脱通外。感吉紈(紞)。〔一一二〕悦(悦)束鋭。使尨萠邦。吠扶癈。

襛辱容。厭因輒。翟績故憒。〔一一三〕緫祖工。唐棣唐愛。褕羊須。〔一一四〕栘成兮。緡武斌。綸律旬。

蕃扶袁。蒐色流。則王亏放。彼(彼)茁側劣。葭(葭)皆遨(遐)。壹發方吠。豝八杷。〔一一五〕牝脾忍。豵祖工。〔一一六〕

鄁栢第三〔一一七〕

汎彼(彼)敷劒。儆巾影。茹仁恕。度唐洛。據七御。〔一一八〕卷九免。逮▨(唐)愛。〔一一九〕選須兖。儼宜儉。

悄七小。愠威問。侮亡甫。寤(寤)擗脾益。〔一二〇〕拊妃武。迭徒結。虧(虧)丘爲。憒古繢。

绿毛如字，鄭通乱。上僭(僭)祖念。嬖補詣。绿閒皆莧。〔一二一〕鞠己六。織真識。俾并婢。訧于鳩。淒千兮。

燕乙翳見。〔一二二〕嫣京爲。差楚宜。池直離。〔一二三〕憤扶粉。涕(涕)天礼。頡之形結。亢恒郎。〔一二四〕竚直吕。〔一二五〕下上成兩。感激經歷。氏任毛平，鄭去。〔一二六〕心塞桑則。以蕌(勗)凶玉。〔一二七〕

州吁凶亏。顧工户。猶曾才登。冒(冒)莫報。畜香六。卆(卒)足恤。

譴(謔)浪向洛。〔一二八〕咲(笑)敖五到。悼唐到。且竆孟皆。〔一二九〕且曀宴計。欬肯代。〔一三〇〕虺虺勳鬼。

擊經歷。〔一三一〕將子亮。子馮皮氷。弊(弊)邑脾袂。〔一三二〕鏜太郎。〔一三三〕城漕才勞。忡勑中。爰喪僧浪。還旬儇。契啓▨。〔一三四〕數朔樹。約因妙。子偕▨諧。〔一三五〕嗟洵血縣。信毛式真，鄭息恡(㤭)。

颽康改。〔一三六〕慰雍貴。彼𣗥（棘）京色。樂夏即各。〔一三七〕夭夭英驕。叡容歲。浚須俊。晛刑顯。睆華板。好呼老。

旅數雙捉。泄泄羊世。奮訊息㕕（吝）。〔一三八〕自貽羊之。〔一三九〕伊阻側吕。作翳燕兮。〔一四〇〕迭挺結。臧辛郎。不伎征（征）豉。〔一四一〕

濟有箋詣。由膝息栗。〔一四二〕則揭（揭）卿例。賢与不甫久。瀰民婢。〔一四三〕鷕羊小。徦（假）皆訝。不濡（濡）辱朱。軓（軓）范；凡之上聲。〔一四四〕牡莫厚。漬秦智。由輈卓流。雝雝威共。〔一四五〕旭暉玉。迨唐改。未泮普半。仰我罡（剛）。〔一四六〕否甫久。

僶俛名忍。〔一四七〕譴輕戰。葑妃風。菲敷尾。芴亡弗。根莖下耕（耕）。畿勤衣。我財纔音。〔一四八〕茶同都。薺前礼。宴尒燕顯。〔一四九〕涇雞形。濁幢角。湜湜成力。沚真耳。我屑星結。以捕蓬（蓬）故。閔容血。匍匐蒲北。慉香六。讎市由。賈工户。售市又。蔽（蔽）并袂。覬京噐（器）。毒螫式石。蓄勑六。以御言吕。洸罡（剛）黄。潰胡憒。貽羊之。〔一五〇〕肄羊世。〔一五一〕塈香氣。

棃（黎）零兮。寓元句。

旄莫褒。繂（率）色類。與羊諸。蒙武容。璪藕火。〔一五二〕而偷湯侯。〔一五三〕褏（褎）詳秀。

蕑皆限。〔一五四〕伶歷丁。俁俁元距。纆（纆）兵冀。〔一五五〕組宗户。籥羊畧。〔一五六〕翟田歷。渥泓角。赭章社。淳殊脣。《周礼》『染羽，以朱湛丹秫，淳而漬之』。〔一五七〕昪（畀）并至。琿亐郡。〔一五八〕胞彭交。閽呼温。寺時志。一散桑旱。揍（榛）側仁。苓歷丁。

呰兵冀。湛▨甚。〔一五九〕孌力轉。聊零彫。餞慈箭。于禰年礼。〔一六〇〕舍軷蒲末。舝行瞎。遄垂專。臻側仁。瑕（瑕）行家。害毛何盖反，鄭何割反。歎湯丹。

殷應斤。　鄉向音。　蹇郡羽。〔一六一〕　一埤頻移。　稅束鋭。　徧補見。〔一六二〕　讁根革。　事敦毛都温，鄭都雷。〔一六三〕　擲直惜。　偏催毛存雷，鄭祖回。〔一六四〕

携螢圭。〔一六五〕　雨雪云付。　雱普黄。　邪祥余。　既亟己力。　且子余。　徐式諸。〔一六六〕　霏敷非。

彤徒冬。　姝春朱。　城隅元亐。　畜香六。　搔素勞。　踟[躕]直須。〔一六七〕　月辰字或誤爲娠，非。　煒亐尾。　[説]懌毛容雪、羊石二反，鄭東悦、舒石二反。〔一六八〕　歸苐田兮。〔一六九〕　洵須旬。

新臺　納伋京及。　泚千礼。　瀰眠陛。　宴燕顯。　婉因晚。　蘧其居。〔一七〇〕　篨直諸。〔一七一〕　鮮毛息淺，鄭息延。　洒浼浼上忩罪反，下莫罪反。〔一七二〕　不殄毛廷典，鄭天典。　下人行嫁。

乘舟支由。　景余景。〔一七三〕　隘厄賣。　有害毛何盖，鄭何割。

鄘栢第四卷三〔一七四〕

共恭音。　佰蚤今早字。〔一七五〕　㲊（髧）徒感。　兩毦（髦）莫高。　昧蒙悔。〔一七六〕　擳（櫛）側乙。　縱晉生綺，又生波二反。〔一七七〕　総祖工。　拂敷勿。　冠綏辱隹。〔一七八〕　死矢商旨。　靡它他音。　諒力尚。

茨前諮。　埽桑老。〔一七九〕　蒺藜（藜）茨栗。　冓（冓）古豆。　襄抽勑由。〔一八〇〕

偕老更諧。　笄經兮。　六珈皆編。〔一八一〕　編髮上并綿。　寂（最）祖會。　步摇羊招。　委英危。　它它唐何。〔一八二〕　易盈豉。　瑳千我，采何。〔一八三〕　鬒髮之忍。〔一八四〕　屑星結。　髮髢（髢）上皮義，下庭帝。〔一八五〕　揥天帝。　皙先歷。〔一八六〕　縐（縐）側救。　紲息列。　袢扶袁。　縠胡槃。〔一八七〕　袢延舒延。〔一八八〕　蹙子六。〔一八九〕　襢張扇。　媛亐万。　倚琴綺。

沬（沬）之蒙誨。　弋羊力。〔一九〇〕　葑妃風。

鶉之殊脣。　奔奔甫門。　彊己良。〔一九一〕　其居居或誤俱。

定帝侄（徑）。　方中作爲曰麾。〔一九二〕　漕在勞。　攘而羊。　于熒玄肩。　廬力諸。　揆凳（犖）癸。　準極其力。　揍

(榛)側仁。椅莫宜。〔一九三〕柒此粟。〔一九四〕虛起居。夾(夾)皆洽。蝨在南。〔一九五〕銇力水。〔一九六〕倌瓜患。說束鋭。
稼穡(穡)山力。騋郎才。牝脾忍。
蝃都計。蝀丁動。虹隮箋詣。〔一九七〕
不遄垂專。
孑勁列。旄莫褒。浚須俊。之旟之然。紕頻至。縿生銜。卑并至。〔一九八〕旟羊諸。組宗户。驂馬采南。旌(旌)将(將)盈。析先歷。祝毛之六;鄭[云]當作属(屬),朱辱反。〔一九九〕
歸唁迎變。跋蒲枯。不閟兵冀。〔二〇〇〕蝱麻庚。以療(療)零弔。稺直致。〔二〇一〕一槩剄(剛)愛。芃芃扶雄。
控于告送。〔二〇二〕求援于元。

衛淇澳第五〔二〇三〕

澳衣六。入相息亮。绿力足。猗猗英宜。猥烏回。〔二〇四〕王萏(蒭)窓(窗)于。萹匹殄。匪敷尾。瑳采何。〔二〇五〕瑟生乙。僩下板。喧暉晚。矜京氷。〔二〇六〕莊(莊)側良。諼况袁。琇息救。瑩爲兄。會古外。弁皮變。縫扶用。瓅郎各。〔二〇七〕簀争革。綽昌約。猗莫綺。〔二〇八〕重直龍。戲(戲)▨寄。〔二〇九〕較瓜岳。〔二一〇〕謔香約。弜〔二一一〕
考盤蒲安。〔二一二〕邁苦戈。軸田歷,直六。告古篤。
於變補詣。其頎懃衣。衣應氣。褧口逈。襜昌廉。佼皆卯。〔二一三〕禪當寒。太湯賀。〔二一四〕著張慮。柔第田兮。〔二一五〕膚封于。凝脂旨氷。〔二一六〕蝤在勞。〔二一七〕蠐(蠐)疾尸。〔二一八〕頸祇形反,又坐整(整)。〔二一九〕蝎何割。瓠犀星兮。〔二二〇〕蠐彭覓。〔二二一〕螓首慈珍。〔二二二〕首頯僧朗。謂蜻蜻七領。〔二二三〕倩清見。口輔房舞。盼普莧。〔二二四〕説于毛束鋭,鄭[云]當作襚,旬醉反。驕御喬。〔二二五〕鑣方苗。幩敷文。〔二二六〕狄茀方勿。〔二二七〕扇汗何且(旦)。薢并袂。〔二二八〕後罷彭買。朝直遥。洋洋以良。活活古活。罛工胡。濊濊火活。鱣張連。鮪羌軌。〔二二九〕發發補末。蕟(葭)皆牙。菼湯敢。楬楬(揭揭)巾竭。藆迎竭。〔二三〇〕有朅起謁。鮥郎各。〔二三一〕[艹乱](亂)凡患。〔二三二〕武壯側亮。〔二三三〕

氓麻庚。〔二三四〕妃普背。耦五口。泆盈栗。蚩蚩(蚩蚩)尺之。布貿莫候。我愆綺焉。〔二三五〕將子良。垝京毁。垣亏煩。復步茂。泣涕(涕)天礼。漣漣力延。爾茎(筮)成世。咎其久。蓍式▨。〔二三六〕沃威縛。葚食甚。〔二三七〕[舟冘](躭)都南。〔二三八〕鶻鳩古忽。隕榮閏。〔二三九〕湯湯失羊。漸即廉。帷癸悲。〔二四〇〕童殊鍾。爽山丈。褣庚鍾。〔二四一〕罔極其力。〔二四二〕朝張遥。咥喜至。泮蒲半。构恭亏。〔二四三〕棇▨動。〔二四四〕▨(宴)翳厄。〔二四五〕晏晏見諫。〔二四六〕狠肯佷。〔二四七〕側欵苦管。〔二四八〕

籊籊天歷。釣丁叫(叫)。殺色例。儺乃可。檜古活。楫(楫)慈立。櫂▨孝。〔二四九〕丸胡官。〔二五〇〕僮徒冬。〔二五一〕雋儇規。〔二五二〕悸其季。瑞純恚。韘尸涉。言昝徒荅。韝(韝)古侯。甲瓜狎，徐胡甲反。

沆之恒剄(剛)。〔二五三〕狭(狹)行夹(夾)。跂輕智。朅兮起謁。傑(傑)歌梨(桀)。〔二五四〕殳純朱。軫之忍。戟京逆。酋齊由。矛莫侯。適丁歷。杲杲剄(剛)老。

甘猒(猒)因艷。得諼况袁。背蒲輩。痗(痗)莫代。

則殺色例。綏息隹。〔二五五〕

瓊葵營。玖久音。苴子余。橘規聿。柚盈秀。

王黍離第六卷四

彷徨蒲光。〔二五六〕鎬恒老。靡靡苗彼。搖羊招。〔二五七〕稱(稱)旻武巾。穗旬醉。噎翳結。

于時成之。〔二五八〕畜香六。産生醆。佸胡括。〔二五九〕于梨(桀)奇傑(傑)。〔二六〇〕栝(括)古活。杙羊力。

簧胡光。陶陶羊招。翿徒高。纛徒到。翳宴計。
屯戍束樹。激經歷。湍吐官。迅須俊。彼其居忌。《箋》：記、己同。予還旬緣。
有椎土雷。〔二六一〕暵黑旱。〔二六二〕乾剄(剛)寒。萑章維。〔二六三〕菸安居。女仳扶鄙。嘅肯代。嘆(嘆)他干。脩息流反。《礼》謂乾爲鍛脩。啜中劣。〔二六四〕
菟爰亐煩。〔二六五〕構(構)古豆。不樂五孝。躁祖到。蹙子六。訛五戈。〔二六六〕罦蒲不。罿春容。罬构(拘)悦。
蓷力水。滸荒古。遠亐万。顧工户。〔二六七〕涘繩使。王又無又或誤爲后(后)。漘食純。隒宜險。〔二六八〕人昆古門。

采蕭星彫。

檻檻下斬。毳昌税。菼湯敢。鵻章維。〔二六九〕績胡憒。啍啍土孫。璊莫昆反。《説文》云：『璊，䅿色，禾之苗謂盈，其色如之也。』〔二七〇〕璊䅿(經)勑盈。〔二七一〕皎經了。〔二七二〕

有麻〔二七三〕墝客交。埆施式移。〔二七四〕伺息吏。閒下艱。

鄭緇衣第七〔二七五〕

緇側狸。弊予脾袂。館古乱。〔二七六〕粲(粲)采安。飧蕵温。〔二七七〕受采食代。〔二七八〕飲英禁。食詳吏。好黑老。改造才老。廗詳吏。〔二七九〕

將七祥。〔二八〇〕不勝商承。叔升祝。祭側例。〔二八一〕驟士縮。〔二八二〕段同乱。〔二八三〕折章設。樹杞羌己。檀唐丹。彊忍而振。〔二八四〕

繕成戰。鎧肯代。洵〔二八五〕

太湯盖。乘乘食證。藪蘓走。襢唐旱。裼先歷。搏補各。將乙羊。〔二八六〕狃拏丑。夾(夾)皆洽。射忌居意。

磬啓定。控苦送。騁勑領。發方吠。乘乘隖補道。〔二八七〕驪白力馳。嫚盲辨。〔二八八〕衎黑旱。〔二八九〕穉掤悲憑。抑

㽸（啚）勑亮。弢土高。〔二九〇〕

竟巾景。翱五高。翔辞羊。旁旁八耕（耕）。𦆂（率）色律（律）。〔二九一〕二矛莫侯。英厄耕（耕）。麃麃彼驕。

橋京妖。〔二九二〕累何恒多。〔二九三〕矜（矜）奇巾。〔二九四〕在軸直六。陶陶唐到。抽勑流。

濡（濡）辱朱。晏翳見。

摻執生斬。袪起據。▨欖（摻攬）郎敢。〔二九五〕袂民世。惡汪故。𨓆（寁）祖感。我䰩昌酋。〔二九六〕好黑老。

相警布影。〔二九七〕爤郎旦。〔二九八〕弋羊力。〔二九九〕鳧（鳧）旁于。繳之若。肴行交。〔三〇〇〕徹直列。珩下庚。璜胡

光。琚姜於。瑀云矩。儲直余力。〔三〇一〕

請妻千細。堇基▨（隱）。〔三〇二〕將七羊。

蕪妾胡。〔三〇三〕荷恒多。夫旁于。渠其居。菡胡感。狂且子余。橋亦妖，苦老。〔三〇四〕狡皆昂。〔三〇五〕

蘀湯洛。〔三〇六〕倡尺尚。而和胡卧。槀苦老。〔三〇七〕其溧（漂）篇遥。

擅成戰。牡（壯）側亮。登采丹。〔三〇八〕

褰忞即利。〔三〇九〕行（行）下孟。溱側仁。洧榮軌（軌）。

丰敷容。〔三一〇〕▨（堂）毛大郎；鄭［云］當作『棖』，宅庚反。〔三一一〕

町町天鼎。茅蒙交。〔三一二〕蒐色流。踐墻淺。噉唐敢。〔三一三〕

淒淒千兮。喈喈更諧。瀟星彫。〔三一四〕膠膠皆老。瘳（瘳）勑流。晦呼憒。

衿奇金。學校行孝。衣純朱尹。瑺（璓）辱允。〔三一五〕綬石首。挑土高。達渴割。〔三一六〕

終鮮息淺。

子疊亡斐。〔三一七〕 縞剄（剛）到。 綦求基。 慉朽救。〔三一八〕 我員云音。 闉伊仁。 闍毛常奢，郑（鄭）東胡。

蔓草亡販。 溥徒桓。 婉威阮。 邂行懈。 逅（逅）胡遘（遘）。 瀼瀼而羊。

渙呼乱。 蕳皆蠻。 訏凶亐。 瀏力周。 誆求狂。〔三一九〕

齊鷄［鳴］第八 姜［□］〔三二〇〕

夜警□景。 纚生綺。 同夢亡風。〔三二一〕 且明且，七野反，或誤爲旦，當捍反。 會且七野，徐子余反。 予毛以吕反，郑（鄭）羊翥（翥）。 朝會張遥。 於夫旁亐。

還松緣。 厭（厭）因艶。 好如字。 於猛乃高。 捷慈棱。 並排梗。 豜經賢。〔三二二〕 儇隳緣。 併鞞冷。

著治據。 屏賓領。 紞（紞）▨□。〔三二三〕 瑩爲兄。

闥渴割。〔三二四〕

號令胡到。 挈（契）啓結。〔三二五〕 葦洪姑。〔三二六〕 爲已羊之。〔三二七〕 處其據。〔三二八〕 析章設。〔三二九〕 樊扶袁。 圃本故。

瞿瞿▨▨。〔三三〇〕 □□□。 蕃甫表。〔三三一〕 則莫謨布。

公謫（謫）帳（帳）革。 生乘食證。 搤晏革。〔三三二〕 祥之若。 嗺嗺之綏。〔三三三〕 蕩太朗。〔三三四〕 易盈豉。 屨恭▨（具）。〔三三五〕 兩力尚。 綏▨▨。〔三三六〕 藝魚制。〔三三七〕 衡下庚，徐（徐）音爲横。 從足容。 獵力涉。〔三三八〕 重之重或誤爲種。〔三三九〕 又鞠己六。 枏（析）先歷。 極其力。

無田廷見。 維莠羊首。 驕驕京妖。 穫胡郭。〔三四〇〕 忉忉當勞。 桀桀（桀桀）京竭，徐（徐）居竭反。 怛怛當達。〔三四一〕 忭瓜患。〔三四二〕 幾姜豈。 突出兀，勑奪。〔三四三〕

盧令歷丁。 濁惲角。〔三四四〕 欣香斤。 捲（鬈）逵員。 鋂木來。 偲倉才。

敝脾世，徐（徐）扶威反。 苟古厚。〔三四五〕 鰥毛瓜頑；郑（鄭）作鯤，古門反。〔三四六〕 從聚用。 鱮詳与。 唯唯食水。〔三四七〕

駈回跦，徐起諭反。〔三四八〕播補佐。〔三四九〕薄薄蒲作。簞田玷。鞹吉郭。〔三五〇〕驪力馳。濟濟箋礼。捶尚吹。〔三五一〕轡（轡）爾爾年礼。〔三五二〕豈第今愷字，康改、庭礼二反，諸愷字皆放此。郑（鄭）［云］『愷悌當爲闓闉』，肯來、羊石二反。〔三五三〕樂郎各。易盈豉反。▨亡羊。〔三五四〕仿扶方。〔三五五〕滔滔土高。〔三五六〕儦皮驕。〔三五七〕猗琴綺。頎懃衣。柳（抑）英▨（逼）。〔三五八〕趨（趨）促愚。蹌七羊。〔三五九〕射食夜。出正之成。選毛須允，郑（鄭）須椽（掾）反。〔三六〇〕貫古桓，▨▨。〔三六一〕

魏葛屨第九〔三六二〕

褊并淺。狹（狹）行夾（夾）。隘厄買。〔三六三〕巧苦孝。趨（趨）從諭。〔三六四〕嗇□側。〔三六五〕糾糾（糾糾）吉酉。繚繚零彫。摻摻生▨。〔三六六〕襳襳息▨。〔三六七〕▨（要）因遙。〔三六八〕棶京色。〔三六九〕提提（提提）田兮。宛威阮。僻房辟。〔三七〇〕揥天帝。

汾扶文。〔三七一〕沮子豫。洳而豫。莫～布。〔三七二〕漸即▨。〔三七三〕彼▨（其）姜▨。〔三七四〕秏莫高。遉徒傎。〔三七五〕

行胡㓻（剛）。殽行交。謡羊柘。〔三七八〕蕢詳欲。蔦息石。〔三七六〕照成柘。〔三七七〕夫房亐。以行下庚，徐（徐）行▨。〔三七九〕

□（岵）洪古。〔三八〇〕旃之然。屺羌己。

閒閒下艱，徐（徐）音賢。泄泄羊世。

坎坎苦感。〔三八一〕寘征豉。漣良延。〔三八二〕猗英宜。壥直連。〔三八三〕▨（貆）□□。〔三八四〕飡采丹。〔三八五〕輻甫目。億央力。淪律旬。囷丘倫。素飡蕪昆。〔三八六〕

碩成赤。重斂（斂）力贍。〔三八七〕貫▨（古）桓。〔三八八〕▨（樂）□□。〔三八九〕□爲柄。〔三九〇〕號胡刀。

唐蟋蟀第十〔三九一〕

蟋生乙。〔三九二〕蟀生律。聿容必。除直慮。蛬俱奉。□□▨。〔三九三〕其居己御。瞿瞿▨具。〔三九四〕蹷(蹶)京衛。

慆土高。〔三九五〕

樞烏侯。洒生寄。〔三九六〕掃桑老。〔三九七〕榆容朱。荎直夷。曳羊世。婁龍朱。▨(菀)▨□。〔三九八〕▨(愉)毛容

朱，▭。〔三九九〕▨▨□。〔四〇〇〕□拏□。〔四〇一〕▨(檍)於□。〔四〇二〕▨(埽)素□。〔四〇三〕灑▨彼。〔四〇四〕

沃烏酷。鑿辛洛。朱襮補各。黼▨(付)▨。〔四〇五〕▨▭〔四〇六〕鄰力珍。〔四〇七〕徹直列。〔四〇八〕

椒箋彫。聊零彫。蕃扶袁。衍羊戰。▭

▨流。〔四〇九〕繆眉愁。後胡豆。荀窓(窗)亏。〔四一〇〕隅元亏。邂行懈。▨(覯)▭〔四一一〕

賓正。〔四一二〕湑湑息与。踽踽恭羽。不佽此二。菁毛▨▭子▨▭〔四一三〕

詳秀。〔四一四〕究姜又。

鴇補老。〔四一五〕苞八交。栩眄禹。抒食汝。迮▭翮下革。煖況袁。〔四一六〕

噬(噬)成世。飲英禁。食▨□。▭〔四一七〕

▨哉。〔四一八〕▨(謗)補浪。〔四一九〕訕生管。〔四二〇〕

秦車鄰▨(第)[十一]▭〔四二一〕

□途□。

▨庭□。〔四二二〕囿于救。媚美▨。〔四二三〕拔蒲割。▨(括)古活。▭〔四二四〕

(後缺)

【校記】

〔一〕『王』字底一存最下一横，此應是《詩大序》『王者之風，故繫之周公』句中之『王』，平山（一）、潘重規録作『王』，兹據以擬補。切上字『亐』爲『于』之異體，底卷『于』多寫作『亐』。下凡此不復出校説明。

〔二〕駒，《詩大序》有『《鵲巢》、《騶虞》之德』句，『駒』爲『騶』之俗字。

〔三〕切上字殘存上部三分之一，似『其』之殘，《釋文》『岐』音『其宜反』。

〔四〕底卷此行上部大半行殘缺，下部所存爲『（關）雎苐一』之後三字，所殘除『關』字外應包括《詩大序》的部分條目。

〔五〕『雎』前底一殘泐，據下『鵲巢苐二』，則殘泐者應是『關』字，兹據以擬補；『苐』爲『弟』之俗字，俗書竹頭多寫作草頭，俚俗據『苐』楷正，則成『第』字。下『苐』字皆同。

〔六〕『鳩』字底一殘存左邊『九』，此應是《關雎》『關關雎鳩』句中『鳩』字之殘，平山（一）録作『鳩』，兹據以擬補。

〔七〕『摯』字底一殘存左邊，且模糊，從切語下字『二』看，當是『摯』字，《關雎》『關關雎鳩，在河之洲』《鄭箋》有『摯之言至也』句，平山（一）録作『摯』，兹據以擬補；《大雅·常武》『王旅嘽嘽，如飛如翰』《毛傳》『疾如飛，摯如翰』，伯三三八三《毛詩音》『摯』音『真二』，可爲佐證。

〔八〕『好』字底一存左半『女』，從切語下字『到』看，當是『好』字，《關雎》相應位置有『君子好逑』句，平山（一）録作『好』，兹據以擬補。

〔九〕此標目字底一殘存左邊，似爲『辶』之殘，平山（一）校：『左行第一字似「鄭」，然則右行第一字當是「毛」，俱暫存疑。按《釈文》云：「逑音求，毛云匹也，本亦作仇，音同。鄭云：怨耦曰仇。」右行下二字當是相當於「音求」之反切。左行以常母「市」爲切上字，當是讀「逑」爲「讎」之故也。《廣韻》「讎」下云：「匹也、仇也，市流切。」左行第三字似「流」，亦存疑。』平山（一）據此補被切字爲『逑』。注中『鄭』字底一殘存左半

『奠』，平山(二)録作『鄭』，兹從之。

〔一〇〕『閒』字底一右上角殘泐，《關雎》『窈窕淑女，君子好逑』《毛傳》有『窈窕，幽閒也』句，『閒』『間』古今字。

〔一一〕稝，《關雎》『窈窕淑女，君子好逑』《鄭箋》有『怨耦曰仇』句，『稝』爲『耦』之俗訛，禾、耒偏旁亦常有混寫者，如『耕』俗寫作『秆』。

〔一二〕『莕』字底一殘去下部『口』，《關雎》有『參差荇菜』句，《釋文》云：『荇，衡猛反，本亦作莕，接余也。』《説文·艸部》：『莕，或作荇。』平山(一)、潘重規均録作『莕』，兹據以擬補。

〔一三〕切下字模糊不可辨，平山(一)録作『救』。

〔一四〕萎茶，《關雎》『參差荇菜，左右流之』《毛傳》：『荇，接余也。』《釋文》云：『接余，本或作萎荼，非。』《説文·艸部》『莕』、『萎』下並云：『萎餘也。』則《釋文》所云不確。

〔一五〕展轉，《關雎》有『輾轉反側』句，《釋文》云：『輾，本亦作展，哲善反。吕忱從車展。』盧文弨《經典釋文考證》(以下簡稱『盧文弨』)云：『《説文》無「輾」字，當以作「展」爲正。』王引之《經義述聞》卷三十二：『「展」字因「轉」字而誤加「車」。』李富孫《詩經異文釋》云：『古本皆當作「展」。今從車旁，則《字林》所加也。』

〔一六〕切下字底一殘存右半，模糊難辨，平山(一)録作『覃』，則與被注字『覃』相同，因而平山(二)又改被注字爲『蕈』。

〔一七〕『澣』字底一筆畫殘破，從形狀看，當是『澣』，《葛覃》小序有『服澣濯之衣』句，《釋文》出『澣』字，音『户管反』，與此音『胡管』聲韻同，平山(一)、潘重規均録作『澣』，兹據以擬補。

〔一八〕『孝』字底一有折痕，左上角未見，從形狀看，蓋是『孝』，平山(一)、潘重規均録作『孝』，兹據以補。

〔一九〕綌，《葛覃》『葛之覃兮』有《毛傳》『葛，所以爲絺綌』句，『綌』爲『綌』之俗字。

〔二〇〕皃，《葛覃》『維葉萋萋』《毛傳》有『萋萋，茂盛貌』句，據《説文》，『皃』爲小篆隷定字，『貌』爲籀文隷定字。

切上字『前』爲從紐字，不可切明紐字『皃』，疑『前』爲『盲』之形誤，『盲』爲微紐開口二等字，與明紐開口二等字『皃』僅明、微之别；第九九行『嫚』音『盲旃』，即以『盲』爲切上字，寫卷明、微不分，如第五〇行『蒙』音『武容』，第一一一行『夢』音『亡風』等皆是。

〔三一〕于樌，《葛覃》此處有『集于灌木』句，《釋文》云：『灌，古亂反』，《爾雅·釋木》：『灌木，叢木。』郭注引《詩》曰：『集于灌木。』《釋文》出『樌』，云：『古亂反，字又作灌。』嚴可均《爾雅匡名》云：『《説文·木部》無「樌」字。自《石經》以後各本及《毛詩》經、傳、正義皆作「灌」。』汪鎣《爾雅正名》云：『《説文》無「樌」字，當依《詩》作「灌」。』黄侃《爾雅音訓》云：『灌之言觀也。《釋詁》「觀，多也」。其正字當作「錁」。《釋文》「灌」作「樌」，蓋即「貫」之後出字。貫，錢貝之貫也，亦有多義。』王先謙《詩三家義集疏》云：『《詩》釋文「灌木」下毛無「亦作」本，則作「樌」者，魯家異文也。』案此《毛詩音》所據者爲《毛詩傳箋》本，則《毛詩》亦有作『樌』之本。《釋文》未言有異本，蓋陸未見此《毛詩音》也。

〔三二〕榑，此處《葛覃》『黄鳥于飛』《毛傳》有『黄鳥，搏黍也』句，『榑』應是因扌、木不分造成之俗寫，平山（一）、潘重規均録作『搏』。切上字『徒』底一原作『走』，潘重規録作『定』，平山（一）録作『徒』，并校云：『原作精母「走」，與定母「搏」不合，故訂「徒」。』案『搏』、『徒』均爲定紐合口一等字，而『定』則爲定紐開口四等字，潘録誤。底一切上字左邊有折痕，應是『徒』字之殘存，平山（一）所校是也。

〔三三〕底一反切上下字均殘損，難以辨識，平山（一）録作『亡糞』，案切下字上部『米』字依稀可辨，蓋爲『糞』之殘存，伯三三八三《毛詩音》第四四、七八行『聞』皆音『亡糞』，平山（一）所録當是。

〔三四〕穫，此處《葛覃》有『是刈是濩』句，平山（一）改作『濩』，校云：『原作「穫」，今拠阮本改。下文「濩煮」不誤。』案《説文·水部》：『濩，雨流霤下皃。』金部：『鑊，鐫也。』禾部：『穫，刈穀也。』馬瑞辰《毛詩傳箋通釋》云：『「濩」即「鑊」之假借。鑊所以煮，因訓鑊爲煮。』陳玉樹《毛詩異文箋》説同，是《詩》之本字當作『鑊』。《爾雅·釋訓》『是刈是濩，濩，煮之也。』《毛傳》據《爾雅》，本已用作借字『濩』。《釋文》出『濩』，亦未云别本異文，且底一下又出『濩煮』一條，足證其所據本當作『濩』，作『穫』者蓋誤字也，平山（一）所改有理。

〔二五〕斁，此處《葛覃》有『服之無斁』句，《釋文》云：『斁，本又作斁，音亦。』黄焯《經典釋文彙校》（下簡稱『彙校』）云：『要之從欠從犬，皆「斁」之譌體也。』

〔二六〕直汝，平山（一）改作『真汝』，校云：『原作澄母「直」，與章母「煮」不合，故訂「真」。』然平山（二）又回改成『直』。案平山（一）原校作『真』不誤，底一第三〇行『渚』音『真汝』，《廣韻》『煮』、『渚』同音照與切，作『真汝』者是也。

〔二七〕猒，《葛覃》『服之無斁』《毛傳》有『斁，厭也』句，《釋文》出『猒』字，云：『於豔反，本亦作厭。』《説文·甘部》『猒』篆下段注云：『猒、厭古今字。』

〔二八〕盈祧，平山（一）録作『盈栫』，校云：『原似從「礻」，當是「栫」之訛。』案『祧』應是『旃』之訛變俗字，『方』旁俗或作『礻』旁，説參《敦煌俗字研究》下編三六一頁『旅』之諸俗字考證；『祧』之右半部分爲『毋』之訛變，例可參《敦煌俗字研究》下編三五九頁『旃』字下諸俗字寫法。平山（一）所改誤。

〔二九〕成石，平山（一）改作『式石』，校云：『原作常母「成」，與書母「適」不合，下字「石」亦常母，故訂「式」。』

〔三〇〕薄汚，此處《葛覃》有『薄汙我私』句，『汚』爲『汙』之異體，底卷『于』多寫作『亐』。下凡此不復出校。

〔三一〕猬，此處《葛覃》『薄汙我私，薄澣我衣』《鄭箋》有『煩，煩撋之，用功深』句，『撋』當是因扌、木混用造成之俗字。切下字底一殘存右上角，不識何字。《説文·手部》：『挼，推也，从手，委聲。一曰：兩手相切摩也。』慧琳《音義》卷十五《大寶積經》第一百二十卷『摩挼』條下云：『《説文》：摧也。又云：兩手切摩也。』又卷六十二《根本説一切有部毗奈耶雜事律》第二卷『挼腹』條：『《説文》云：挼，摧也。一云：兩手相切摩也。』玄應《音義》卷十《生經》第一卷『挼彼』條云：『《説文》：挼，摧也。又：亦兩手相切也。』『攻』當是『切』之誤字；底一『説』下殘損之字應是『文』，兹據以擬補。

〔三二〕 裿，此處《葛覃》『薄汙我私，薄澣我衣』《鄭箋》有『衣，謂褘衣以下至褖衣』句，《釋文》云：『褖，吐亂反。』則『裿』當爲『褖』之俗訛。

〔三三〕 秦生，平山（一）改作『秦性』，校云：『原作庚韻二等「生」。「清」，《釈文》云「如字，沈音浄」，按「如字」指清韻清母之音，「音浄」指勁韻從母之音。右字「秦」是從母，此処反切蓋是相當於後一音者，故訂「生」爲勁韻「性」。二等「生」不応切三等「清」亦其旁證也。伯三三八三殘卷第四十二行「清」下亦有「秦性」反。』案平山所校是也，《説文·水部》：『瀞，無垢薉也。』段注：『此今之浄字也，古瀞今浄，是之謂古今字。……古書多假清爲瀞。』《廣韻·勁韻》小韻『疾政切』下收『瀞』字，以之爲『浄』之古文，然内府本王韻則作『瀞』，正與《説文》合，沈重音浄，乃是破讀『清』爲『浄』也，寫卷讀作『秦性』，正與沈同。

〔三四〕 底一切上字殘存右下角殘畫，切下字存左上角及右下角殘畫，不能辨其爲何字。

〔三五〕 傾筐，此《卷耳》『不盈頃筐』句中文，《釋文》出『頃』字，《玉篇·木部》『概』字下引《詩》作『傾』，李富孫《詩經異文釋》云：『頃、傾古今字。』

〔三六〕 寘彼，《卷耳》有『嗟我懷人，寘彼周行』句，《釋文》出『寘』，陳奐《詩毛氏傳疏》云：『寘者，寘之俗。』『彼』、『征』爲『彼』、『征』之俗寫，敦煌寫卷彳、亻往往不分，下凡此皆同，不復出校。

〔三七〕 化壞，平山（一）改『壞』爲『懷』，校云：『原作一等「壞」，與二等「虺」、「隤」不合，故訂「懷」。』案『虺隤』之『虺』，《廣韻》有呼懷、呼恢二音，一在皆韻二等，一在灰韻一等，《釋文》讀作『呼回反』（《爾雅·釋詁》釋文：『虺，虎回反。』），亦在一等，徐邈讀作『呼懷反』，則在二等，是作『壞』不誤。

〔三八〕 隤，『虺隤』字《爾雅·釋詁》作『頽』，郝懿行《爾雅義疏》云：『《説文》作「穨」，云「秃皃」，隸作頽，通作隤。』《廣韻》平聲皆韻『杜懷切』、平聲灰韻『杜回切』下均有『隫』字，『隫』即『隤』字因『虺』而類化偏旁者。平山（一）改切下字『壞』爲『懷』，校云：『原作一等「壞」，與二等「虺」「隤」不合，故訂「懷」。』案《廣韻》『隫』字二音一爲皆韻二等，一爲灰韻一等，寫卷以一等『壞』字作切，不誤。《釋文》『隤』音『徒回反』

(《爾雅・釋詁》釋文『頹，徒回反』)，亦在一等，《釋文》引徐邈音『徒瓌反』，其切下字與寫卷同，平山(一)所改誤。切上字『濁』在澄紐，與被切字『隤』舌上舌頭類隔。

〔三九〕切上字底一殘存上半截，平山(一)、潘重規録作『色』，兹據以擬補。

〔四〇〕壘，此處《卷耳》有『我姑酌彼金罍』句，潘重規云：『「壘」當爲「罍」之誤。』

〔四一〕觵，《卷耳》有『我姑酌彼兕觥』句，《釋文》云：『觵，古横反，字又作觥。』案《説文・角部》以『觥』爲『觵』之俗字。

〔四二〕庴，《卷耳》有『我馬瘏矣』句，『庴』爲『瘏』之俗寫，俗字广部、疒部混用。

〔四三〕庯，《卷耳》有『我僕痡矣』句，而『庯』《玉篇・广部》云『屋上平』，非義，『庯』乃『痡』之俗寫。

〔四四〕㤆，《卷耳》有『我僕痡矣，云何吁矣』句，《説文・心部》：『忓，憂也。』口部：『吁，驚詞也。』馬瑞辰《毛詩傳箋通釋》、陳玉樹《毛詩異文箋》並以『吁』爲『忓』之借字；而『㤆』又『忓』之别體。

〔四五〕切上字底一模糊難辨，不識何字，平山(一)録作『兼』，潘重規録作『京』，『兼』字與殘形較合。

〔四六〕妬，《樛木》小序有『而無嫉妬之心焉』句，『妬』爲『妬』之俗字，説見《敦煌俗字研究》下編二一三頁。

〔四七〕虆，《樛木》有『南有樛木，葛藟纍之』句，《釋文》云：『藟，本亦作櫐，力軌反。』平山(一)校云：『阮本、《釈文》俱作「藟」。按《釈文》「藟」下云「本亦作櫐」，次項「纍」下云「本又作虆」，此行「虆纍」二字當是誤换者，而「纍」當訂「櫐」也。』案平山之説不確，段玉裁於《説文・艸部》『藟』篆下注：『凡藤者謂之藟，系之艸則有藟字，系之木則有虆字，其實一也。』《説文》無『虆』字，《玉篇・艸部》：『虆，蔓也。』《左傳・文公七年》『葛藟猶能庇其本根』《釋文》：『藟，本或作虆。』『虆』當爲後起增旁字。

〔四八〕切上字『亡』平山(一)改作『之』，校云：『原作明母「亡」，與章母「只」不合，故訂「之」。』案平山是也，《釋文》『只』音『之氏反』，切上字即作『之』；《莊子・大宗師》『而奚來爲軹』《釋文》：『軹，之是反。』只、軹同音。

〔四九〕綾，《樛木》有「樂只君子，福履綏之」句，《毛傳》：「綏，安也。」《玉篇・糸部》：「綾，綾續也。」與此義不合，「綾」當是「綏」之俗訛。

〔五〇〕帶，《樛木》有「葛藟縈之」句，《釋文》云：「帶，本又作縈，烏營反。」馬瑞辰《毛詩傳箋通釋》云：「「帶」與「縈」皆「縈」之假借。」

〔五一〕觻，《桃夭》小序有「國無鰥民也」句，俄敦一二七五九《毛詩》寫卷亦作「觻」，平山（一）改作「鰥」，校云：「原從「角」，誤。」案「觻」爲「鰥」之俗字，《敦煌俗字研究》「鰥」字下云：「俗書「魚」、「角」二旁相亂，故「鰥」字俗書寫從「角」旁。」（下編六六四頁）

〔五二〕打打，《兔罝》有「椓之丁丁」句，《説文》、《玉篇》均無「打」字，乃是「朾」之俗字（説見黄侃《説文新附考原》，《説文箋識四種》三三三頁，上海古籍出版社一九八三），「朾」又「丁」之後起字，陳奐《詩毛氏傳疏》云：「椓杙，今俗謂之朾橜。杙者，弋之俗；丁，古朾字。」

〔五三〕「禦」字底一左上角殘缺，下半作「衣」形，《兔罝》「公侯干城」《鄭箋》有「干也、城也，皆以禦難也」句，殘字當是「禦」字俗訛。

〔五四〕逵，此《兔罝》「施于中逵」句中文，「逵」爲「逵」之增筆俗字。

〔五五〕断，《兔罝》「赳赳武夫，公侯腹心」《毛傳》有「可以制斷」句，《干禄字書・上聲》：「断、斷，上俗下正。」

〔五六〕蕮，此《芣苢》「采采芣苢」《毛傳》「芣苢，馬舄」句中文，《集韻・昔韻》：「蕮，馬蕮，艸名，車前也。或作蕮。」「蕮」應是「蕮」之形誤；《爾雅・釋草》：「芣苢，馬舄。」《釋文》出「蕮」字，嚴元照《爾雅匡名》以爲俗字。

〔五七〕「被」字底一殘泐，此處《漢廣》小序有「文王之道被于南國」句，《釋文》「被」音「皮義反」，正與寫卷之切語「皮義」同，平山（一）補「被」字，兹據以擬補。

〔五八〕營逼，平山（一）改作「榮逼」，校云：「原作羊母「營」，與匣母「域」不合，故訂「榮」。」

〔五九〕平山(一)改『炷』爲『炫』，校云：『原從「火立」，當是「炫」之訛。隋劉炫著有《毛詩述義》。』潘重規《敦煌詩經卷子研究論文集・序》云：『余讀倫敦斯二七二九《毛詩音》殘卷，訂「炷」爲「炫」字，判詩音乃劉炫所作。或謂但憑臆測，未有明徵。及讀巴黎伯三六九三號《切韻》殘卷上聲廿五銑云：「泫，露光，胡犬反。」是六朝唐人書「泫」作「泣」之明證。則是推之，則「炷」之爲「炫」，豁然碻斯，無可置疑矣。』平山(一)又改「來」爲「求」，改「忍」爲「思」，并校云：『此下原有「息」，當衍也，今删。或疑「息」是「爲」之誤。』案平山所改是也，孔穎達《毛詩正義》(以下簡稱『正義』)云：『疑經「休息」之字作「休思」也。何則？《詩》之大體，韻在辭上，疑休、求字爲韻，二字俱作思。』據此，則知底一『來』爲『求』之訛，『忍』爲『思』之訛。

〔六〇〕泳，底一原作『詠』，此處《漢廣》有『漢之廣矣，不可泳思』句，『詠』當是『泳』之誤字，平山(一)改作『泳』，校云：『原從「言」誤。』茲據以改正。

〔六一〕柎，《漢廣》『不可方思』《毛傳》有『方，泭也』句，《釋文》云：『泭，芳于反，本亦作游，又作桴，或作柎，並同。樊光《爾雅》本作「柎」。』案《説文・水部》：『泭，編木以渡也。』木部：『柎，闌足也。』是作『泭』者爲正字。

〔六二〕『秣』字底一原殘泐，此處《漢廣》有『言秣其馬』句，下切語『莫撥』正可切『秣』字，平山(一)補『秣』字，茲據以擬補。

〔六三〕底一原無『枚』字，此處《漢廣》有『伐其條枚』句，平山(一)補『枚』字，校云：『原脱此字，當補。』潘重規云：『「條」下疑脱「枚」字。』案平山及潘説均是也，『木杯』爲『枚』之切語，茲據以擬補。

〔六四〕肆，《汝墳》有『伐其條肄』句，斯三九五一、斯七八九兩《毛詩》寫卷即作『肆』，案經典肄、肆二字常通用，如《周禮・春官・小宗伯》『肄儀爲位』鄭注：『肄，習也。故書肄爲肆。』《儀禮・聘禮》『俟于郊，爲肄』鄭注：『古文肄爲肆。』然其義訓爲『餘』者，當以『肄』爲正字。《禮記・玉藻》『肆束及帶』鄭注：『肆讀爲肄。肆(平案：肆當爲肄之誤)，餘也。』《左傳・襄二十九年》『晉國不恤周宗之闕，而夏肄是屏』杜注：

『夏肄，杞也。肄，餘也。』可知《詩》當以『肄』爲正字，『肆』爲借字。其音『盈二』正切『肄』字。平山（一）録作『肆』，非原形。

〔六五〕林肴，潘重規云：『「林」疑「材」之誤。』平山（二）改作『牀肴』，校云：『「牀」原譌作「林」。』案《尚書·旅獒》『巢伯來朝』，《釋文》云：『巢，仕交反，徐呂交反。』吴承仕《經籍舊音辨證》云：『毛居正《六經正誤》曰：「呂交反，呂當作石。」承仕按：「仕」屬牀、「石」屬禪，聲相近；若「呂」則屬來，聲類絶遠矣。居正所改，近得其實，然《類篇》、《集韻》「巢」字並有「力交」一切，注云「國名」，則北宋本固作「呂交反」矣。』（八八頁，中华書局一九八六）黄侃《經籍舊音辨證箋識》云：『勦、勞一語之變，「巢」有來紐者，何足怪耶？毛改作「石交」，「石交」乃爲舌音之變，古當屬定紐。然則又何不可作來紐耶？』（二六六頁，同上書）底一『巢』音『林肴』，與《旅獒》釋文所引徐邈『呂交反』之聲韻相同，可知『巢』有讀作來紐者，『林』字不誤。

〔六六〕鳲，《鵲巢》小序有『德如鳲鳩』句，《集韻·脂韻》：『鳲，鳲鳩，鳥名，布穀也。亦書作鳲。』

〔六七〕覞，《正字通·矢部》：『覞，規本字。』下凡『覞』字同，不復出校。

〔六八〕桔，《鵲巢》『維鳩居之』《毛傳》有『鳩，鳲鳩，秸鞠也』句，《釋文》云：『秸，古八反，又音吉。《爾雅》作「鴶」。』平山（一）改作『秸』，校云：『原從「木」，當非。』案『秸鞠』雙聲聯緜詞，《爾雅·釋鳥》作『鴶鵴』，《廣雅·釋鳥》作『鴶鵴』，《方言》作『結誥』。《説文·鳥部》：『鵴，秸鵴，尸鳩也。』段玉裁改『秸』爲『秸』，《黄侃手批爾雅正名》云：『段改謬。』（第一一九頁，武漢大學出版社一九八六）嚴元照《爾雅匡名》謂《説文》無『秸』及『鴶鵴』字，當作『秸鵴』。是底一作『桔』者當是《毛傳》原貌。

〔六九〕訝，此處《鵲巢》有『百兩御之』句，《釋文》云：『御，五嫁反，本亦作訝，又作迓，同，迎也。王肅魚據反。』申濩元《讀毛詩日記》云：『竊謂作訝、作迓，嫌於改經，此説恐非。《思齊傳》「御，迎也」，若此經「御」字本作「迎」字之訓，毛當於此先發之，不待彼傳而始見矣。鄭君未會毛恉，遽以彼傳釋此經，孔穎達復涉箋「送之」「迎之」之文，易傳「送御」爲「送迎」，皆誤也。「御」讀如字，與上「居」字韻，讀從本音，則誼亦當從本訓。《釋文》引王肅云「魚據反，侍也」，子雍説經雖多肊謬，顧此注卻足以發明《毛傳》所未言。」

〔七〇〕直耳，平山（一）改作『真耳』，校云：『原作澄母「直」，與章母「沚」不合，故訂「真」。』案平山説是，第四八行『沚』音『真耳』，可證。

〔七一〕溪，《采蘩》『于沼于沚』《毛傳》有『沼沚谿澗之草』句，《釋文》出『谿』字，《説文》有『谿』無『溪』，『溪』爲後起別體。

〔七二〕『搌』當即『棖』之增旁俗字，俗書扌、木本不分，第五行『濯』音『棖孝』，可爲證。

〔七三〕概，《采蘩》『被之僮僮，夙夜在公』《鄭箋》有『謂視濯溉饎爨之事』句，《釋文》出『溉』字，平山（一）改作『溉』，校云：『原作「概」，誤。』潘重規云：『「概」疑「溉」之誤。』案平山及潘説皆誤，《大雅·泂酌》『可以濯溉』，王念孫曰：『上章「可以濯罍」，罍爲祭器，此章之溉義亦當然。溉當讀爲概。……概者，横概之義。是罍與概皆尊名。』（《經義述聞》卷七『可以濯溉』條）伯三三八三《毛詩音》第四二行此字作『摡』（『摡』即『概』之俗寫），可爲王説佐證，亦可證此『濯溉』之『溉』亦當爲『概』之誤。切語『剛概』，平山（一）改作『剛慨』，校云：『原作見母「概」，則與上字「剛」同母，當誤。故訂溪母「慨」。』案平山所改是也，伯三三八三《毛詩音》第四二行『概』音『剛慨』，可爲佐證。

〔七四〕公乱，平山（一）改『公』爲『忩』，校云：『原作見母「公」，被注字清母，故訂「忩」。』案『忩』爲『怱』之俗字。

〔七五〕髮鬄，《采蘩》『被之僮僮，夙夜在公』《鄭箋》引《禮記》云：『主婦髮髢。』《釋文》出『髮鬄』，云：『本亦作髢，徒帝反。』『髢』爲『鬄』之或體，《説文·髟部》：『鬄，或从也聲。』

〔七六〕喓喓，底一下『喓』字原作重文符號在切語之下，平山（一）録作『喓=』，校云：『原誤在反切下，今正之。』兹據以乙正。

〔七七〕底一切上字『古』殘存下部『口』，當是『古』之殘，《釋文》音『古豆反』，可爲佐證；平山（一）、潘均録作『古』，茲從之。

〔七八〕 虌，《草蟲》「言采其蕨」《毛傳》：「蕨，鱉也。」《釋文》云：「鼈，卑滅反，本又作鱉。俗云草初生似鼈脚，故名焉。」《爾雅·釋草》云：「蕨，虌。」「虌」爲「鼈」之後起換旁字，郝懿行《爾雅義疏》謂作「虌」非是。案《說文·艸部》云：「蕨，鼈也。」本字當作「鼈」，而「虌」應是涉「蕨」字類化增旁；至於底一之「虌」，實「虌」之俗訛。

〔七九〕 今說字，平山（一）改「說」作「悦」，校云：「原作「說」，當誤。」

〔八〇〕 紝，《采蘋序》鄭玄《箋》云：「婉娩聽從，執麻枲、治絲繭、織紝組紃。」《釋文》出「紝」字，案《說文·糸部》：「紝，機縷也。或从絫。」「絫」與「紝」僅偏旁位置之異，二字應是別體。

〔八一〕 底一雙行小注右行爲「祖老」二字，左行一字模糊難辨，平山（一）録作「芹」，與殘形有距離。

〔八二〕 漄，《采蘋》「南澗之濱」《毛傳》「濱，涯也」，《釋文》云：「涯，本亦作厓，五佳反。」案厓、崖同字（王筠《說文釋例》卷七《異部重文》），涯、漄當亦同字；厓、涯古今字，則崖、漄亦古今字也。

〔八三〕 莒，《采蘋》「維筐及莒」，《釋文》出「筥」字，案「莒」當是因⺮、艹混用而造成之俗寫。平山（一）改作「筥」。

〔八四〕 烹，《采蘋》「于以湘之」《毛傳》「湘，亨也」，《釋文》云：「亨，本又作烹，同，普更反。」「亨」「烹」古今字。

〔八五〕 齋，《采蘋》有「有齊季女」句，《釋文》云：「齊，本亦作齋，同，側皆反。」《玉篇·女部》引《詩》作「䶒」，王先謙《詩三家義集疏》認爲其所據者《韓詩》，俞樾《湖樓筆談》卷一云：「䶒，好也。義胜於毛。」案「齋」、「䶒」皆「齊」之後起字，《毛傳》釋「齊」爲敬，故後人易其字爲「齋」；《韓詩》釋「齊」爲好，故後人易其字爲「䶒」；尋其本字，原當作「齊」。底卷音「側皆」，乃讀爲「齋」也。

〔八六〕 齍，《采蘋》「誰其尸之？有齊季女」《鄭箋》有「其粢盛蓋以黍稷」句，《釋文》云：「齍，音資，本或作粢。」盧文弨云：「古之粢字多作齍，見《周禮》。」

〔八七〕 夫當，平山（一）改作「大當」，校云：「原作幫母「夫」，與定母「棠」不合，故訂「大」。」

〔八八〕 茀，《甘棠》有『蔽芾甘棠』句，《釋文》云：『芾，非貴反。』《韓詩外傳》引《詩》作『茀』，因而陳玉樹《毛詩異文箋》認爲當從《韓詩》作『茀』，案陳説是也，《説文》有『茀』無『芾』，故《毛詩》不當作『芾』；王先謙據《韓詩外傳》認爲《韓詩》作『茀』爲正字，《毛詩》作『芾』爲借字，誤；《毛詩》古本當亦作『茀』，作『芾』者後人所改耳。 又據寫卷體例，『茀』下當有切語，平山（一）校云：『此下當有注。』是也。

〔八九〕 切下字底一殘存左上角殘畫，不識何字，平山（一）録作『末』。

〔九〇〕 切下字底一殘存左上角殘畫，不識何字，平山（一）録作『例』。

〔九一〕 底一『東』原作『東』，平山（一）校：『原作端母「東」，與書母「説」不合，故訂「東」。』茲據以改正。

〔九二〕 猒，《行露》有『厭浥行露』句，『猒』『厭』古今字。

〔九三〕 底一『昕』原作『昕』，平山（一）改作『昕』，校云：『原從「目」非。』案此《行露》首章『謂行多露』句《鄭箋》『行事必以昏昕』句中文，茲據以改正。 切下字『斤』底一殘存右半殘畫，平山（一）、潘重規均録作『斤』，茲據以擬補。

〔九四〕 爵，《行露》有『誰謂雀無角』句，《説文·隹部》：『雀，依人小鳥也。 讀與爵同。』鬯部：『爵，禮器也。 象雀之形。』『爵』『雀』二字古多通用，此處作『爵』，乃『雀』之借字。

〔九五〕 獄桷，《行露》『何以速我獄』《毛傳》有『獄，埆也』句，平山（一）校云：『恐「桷」或是「埆」之誤。』案《説文·㹜部》：『獄，確也。』段注：『埆同確，堅剛相持之意。』從土、從石，義相近，段説當是，然『桷』則從木，非是，當爲『埆』之訛字。 切語上下字底一僅存殘畫，不識何字，平山（一）、潘重規均録前一字爲『瓜』。

〔九六〕 礼紂，《行露》『室家不足』《毛傳》有『昏禮，純帛不過五兩』句，《釋文》出『紂』字，云：『依字糸旁才，後人遂以才爲屯，因作純字。』王国維《書毛詩故訓傳後》云：『用《地官·媒氏職》文。』案《周禮·地官·媒氏》『凡嫁子娶妻，入幣純帛，無過五兩』鄭玄注：『純，實緇字也。 古緇以才爲聲。』段玉裁《周禮漢讀考》認爲『紂』與『純』之隸體形近，因而誤『紂』爲『純』；然鄭玄所見本《周禮》作『純』不作『紂』，可知當時已誤，因而孫詒讓《周禮正義》云：「《毛詩・召南・行露》傳云：『昏禮，純帛不過五兩。』彼《釋文》及孔《疏》引定本並作『紂』字，疑後人依此注改之，毛、鄭讀不必同也。」『礼』爲古文『禮』字，敦煌寫本多用此字，後世刊本則多用『禮』字，下凡此均不復出。

〔九七〕切上字底一殘去右邊小半，平山（一）、潘重規均録作『踰』，茲據以擬補。

〔九八〕佹，《羔羊》有『素絲五紽』句，《釋文》出『它』字，云：『本又作他，同，徒何反。它，數也，本或作紽。』《説文》無『紽』字，而有『纆』字，云：『粗緒也。』《廣韻・支韻》云：『纆，繒似布，俗作絁。』陳壽祺《左海經辨・説文經字攷》、馬瑞辰《毛詩傳箋通釋》均認爲『纆』即『素絲五紽』之『紽』。案『它』者『紽』之借，『他』爲『它』之俗，『佹』又『他』之俗。

〔九九〕虵，《羔羊》有『委蛇委蛇』句，《釋文》云：『虵，本又作蛇，同，音移。』《新加九經字樣・虫部》：『蛇，今俗作虵。』切下字底一僅存殘畫，不可識別，平山（一）録作『支』。

〔一〇〇〕縱，《羔羊》『委蛇委蛇』《毛傳》有『委蛇，行可從迹也』句，《釋文》云：『從，足容反，字亦作蹤。』平山（一）改作『蹤』，校云：『原作「縱」，今依《釈文》「字亦作蹤」改。』案縱、蹤皆爲『從』之後起字，『縱』爲縱横之從的專字，『蹤』爲蹤跡之從的專字，然縱、蹤二字亦常通用，例詳高亨《古字通假會典》二六頁，平山（一）改『縱』爲『蹤』，非是。切上字底一存右上角殘畫，似『足』之殘，平山（一）録作『足』。

〔一〇一〕緎，底一右部訛作『式』形，案此《羔羊》『素絲五緎』句中文，茲據以改正。

〔一〇二〕総，《羔羊》有『素絲五緫』句，案：『総』『緫』皆『總』之俗字，説詳《敦煌俗字研究》下編五三二至五三三頁。下凡『総』字同，不復出校。

〔一〇三〕暇，底一原作『睱』，『暇』之俗字，平山（一）校：『原從「目」非。』案此《殷其靁》『莫敢或遑』《鄭箋》『無敢或閒暇時』句中文，茲據以改正。

〔一〇四〕㠯，《摽有梅・序》有『男女得以及時也』句，《説文・巳部》：『㠯，用也。』段注：『今字皆作「以」，由隸變加人於右也。」

〔一〇五〕墮，《摽有梅》「摽有梅，其實七兮」《毛傳》有「盛極則隋落者，梅也」句，「隋」「墮」古今字。

〔一〇六〕「迨」爲《摽有梅》第二章「求我庶士，迨其今兮」句中文，「筐塈」則爲第三章「摽有梅，頃筐塈之」句中文，依寫卷體例，「迨」下當有注音。

〔一〇七〕番，《摽有梅》「求我庶士，迨其謂之」《毛傳》有「所以蕃育民人也」句，《釋文》亦作「蕃」，「番」「蕃」古今字。

〔一〇八〕昴，底一原誤作「昂」，平山（一）改作「昴」，校云：「原作「昂」誤。」案此《小星》「維參與昴」句中文，兹據以改正。

〔一〇九〕沱，底一原作「泡」，平山（一）改作「沱」，校云：「原作「泡」誤。」案此《江有汜》「江有沱」句中文，兹據以改正。

〔一一〇〕星即，平山（一）改「即」爲「弔」，校云：「原作職韻「即」，與嘯韻「嘯」不合，故訂「弔」。」

〔一一一〕棟，《野有死麕》有「林有樸樕」句，《釋文》亦出「樕」字，《説文·木部》：「樕，樸樕，小木也。」「棟，短椽也。」是「樕」爲正字，「棟」爲借字。

〔一一二〕吉，平山（一）改作「古」，校云：「原作四等A類「吉」，與一等「感」不合，故訂「古」。」

〔一一三〕翟繢，《何彼襛矣》小序「車服不繫其夫」《鄭箋》有「謂車乘厭翟，勒面繢總」句，「翟」下蓋脱去音注。切上字「故」平山（一）改作「胡」，校云：「原作見母「故」，與匣母「繢」不合，下字「憒」亦見母，故訂「胡」。」案平山是也，第九三行「繢」音「胡憒」，可證。

〔一一四〕褕，平山（一）校云：「此一項當在「唐棣」之前。」案平山是也，「褕」見《何彼襛矣》小序之《鄭箋》，「唐棣」在《何彼襛矣》首章。

〔一一五〕豝，《騶虞》有「壹發五豝」句，案《毛傳》云：「豕牝曰豝。」則當從豕旁，從犭旁者俗字。

〔一一六〕 猣，底一原作「摐」，《騶虞》有「壹發五猣」句，《釋文》云：「猣，子公反，徐又在容反，字又作猣，同。」平山(一)改作「猣」，校云：「原從「扌」誤。」兹據以改作「猣」；《鄭箋》云：「豕生三曰猣。」則當從豕旁，作「猣」者俗字。

〔一一七〕 鄁栢，《釋文》云：「邶，本又作鄁；柏，字又作栢。」案《説文・邑部》：「邶，故商邑，自河内朝歌以北是也。从邑，北聲。」《五經文字・邑部》：「邶，《詩・風》作「鄁」者譌。」是「邶」爲本字，而「鄁」爲後起俗字。又《干禄字書・入聲》：「栢、柏，上俗下正。」

〔一一八〕 切上字「七」平山(一)改作「己」，校云：「原作清母「七」，與見母「據」不合，故訂「己」。」

〔一一九〕 切上字「唐」底一殘去下部「口」，平山(一)、潘重規録作「唐」，兹據以擬補。

〔一二〇〕 《柏舟》有「寤辟有摽」句，《釋文》云：「辟，本又作擘，避亦反。」《説文・日部》「晤」篆下引《詩》作「辟」，《玉篇・手部》引《詩》作「擗」，李富孫《詩經異文釋》云：「毛作「辟」，爲古字；「擗」，後人滋益之字；「擘」又通叚字。」案「擗」「擘」同字，僅手旁位置之異。《廣韻》「擘」音博厄切，幫紐麥韻，與切語「脾益」奉紐昔韻不合；《廣韻》「辟」音房益切，奉紐昔韻，與「脾益」相合；《釋文》音避亦反，亦與「脾益」相合，是讀作「辟」也。

〔一二一〕 緑閒，《緑衣》「緑兮衣兮，緑衣黄裹」《毛傳》有「緑，間色」句，「閒」「間」古今字。

〔一二二〕 燕乙，此處當是指「《燕燕》」篇詩題，刊本、《釋文》並作「燕燕」，平山(一)改「乙」爲重文符號，校云：「原作「乙」，當訂「=」。此蓋是涉一章傳文「燕燕鳦也」而誤者。」

〔一二三〕 「池」條底一抄重，兹删其一。

〔一二四〕 亢，《燕燕》有「頡之頏之」句，《説文・亢部》：「亢，人頸也。或从頁。」「頏」爲「亢」之後起字，段玉裁認爲《詩》「頏之」，古本當作「亢之」。

〔一二五〕 竚，《燕燕》有「佇立以泣」句，《釋文》出「竚」字，與底一同，《説文・宁部》：「宁，辨積物也。」段注：「俗字作佇、作竚，皆非是。」
〔二二六〕氏任，底一原作「民任」，案此《燕燕》「仲氏任只」句中文，平山（一）改作「氏任」，校云「原作「民」，誤」，潘重規云：「「民」當爲「氏」之誤。」茲據以改正。
〔二二七〕朂，《燕燕》有「以勖寡人」句，《釋文》出「朂」字，《字彙·力部》「勖」字下云：「朂，同上，俗字。」
〔二二八〕向洛，平山（一）校：「洛一等，謔三等，疑「洛」或爲「略」之誤，今暫仍之。」案斯一〇《毛詩傳箋》卷背注音「向略反」，該卷注音多與此卷同，平山所疑當是。
〔二二九〕貇，《終風》有「終風且霾」句，《釋文》出「霾」字，平山（一）改作「霾」，案「貇」當是「霾」之俗寫。
〔二三〇〕欬，《終風》「願言則嚏」《鄭箋》有「嚏讀當爲不敢嚏咳之嚏」句，《釋文》出「咳」字，案《説文·欠部》：「欬，屰氣也。」口部：「咳，小兒笑也。」是「欬」乃欬嗽之本字，「咳」爲假借字。
〔二三一〕擊，底一原作「繫」，平山（一）改作「擊」，校云：「原作繫，誤。」潘重規云：「「繫」當爲「擊」之誤。」案此《擊鼓》篇題也，茲據平山（一）、潘校改正。底一切語「經歷」因換行而抄重，茲據平山（一）校删去。
〔二三二〕弊，《擊鼓》小序《鄭箋》有「敝邑以賦與陳、蔡從，則衛國之願也」句，《玉篇·㡀部》「敝」條下云：「弊，同上，俗。」
〔二三三〕鐺，《擊鼓》有「擊鼓其鏜，踊躍用兵」句，《釋文》出「鏜」字，即此字所出。案《説文·金部》：「鏜，鼓鐘之聲。」「鐺，鋃鐺也。」是「鏜」爲正字，「鐺」爲借字。《廣韻》「鐺」音都郎切，與此切語「太郎」聲紐端透不同，「鏜」音吐郎切，正與「太郎」合，是讀爲本字「鏜」也。《集韻·唐韻》則將「鐺」作爲「鏜」之異體收入。
〔二三四〕底一切下字左旁爲「糹」，右旁不清晰，平山（一）録作「結」。
〔二三五〕底一切上字模糊難辨。
〔二三六〕颽，此《凱風》詩篇題也，《釋文》亦作「凱」，平山（一）改作「凱」，校云：「原作「颽」，蓋涉「凱風」之「風」而訛也。」案伯二五二九《毛詩》、伯二五三八《毛詩傳箋》兩寫卷均作「颽」，「颽」實即「凱」的類化增旁俗字，平山誤也。

〔三七〕即各，平山（一）改作「郎各」，校云：「原作精母「即」，與來母「樂」不合，故訂「郎」。」潘重規云：「「即」蓋「郎」之誤。」

〔三八〕奮訊，底一原誤作「舊訡」，平山（一）「舊」改作「奮」，校云：「舊似「奮」，非。」案此《雄雉》「泄泄其羽」《鄭箋》「奮訊其形貌」句中文，「訡」爲「訊」之俗訛，玆據刊本改正。

〔三九〕自貽，《雄雉》有「自詒伊阻」句，《釋文》云：「貽，本亦作詒，以之反。」案《説文·言部》：「詒，相欺詒也。一曰遺也。」段注：「《釋言》、《毛傳》皆曰：「詒，遺也。」俗多叚「貽」爲之。」

〔四〇〕翳，《雄雉》「自詒伊阻」《鄭箋》云：「伊當作緊，緊猶是也。」伯二五三八、斯一〇兩《毛詩傳箋》寫卷均作「翳」，與底一同，案敦煌寫卷「緊」多寫作「翳」，二字同音通假。

〔四一〕不伎，《雄雉》有「不忮不求」句，《釋文》出「不忮」，潘重規云：「「伎」蓋「忮」之誤。」案《大雅·瞻卬》「鞫人忮忒」，《説文·人部》「伎」篆下引作「伎」，且二字皆從「支」得聲，應可通假，「伎」非誤字。平山（一）録作「不忮」，校云：「此項當在「臧」之前。」

〔四二〕「脨」爲「膝」之俗字，説見《敦煌俗字研究》下編三四八頁。

〔四三〕㳽，《匏有苦葉》有「有瀰濟盈」句，「㳽」即「瀰」的簡俗字。

〔四四〕軓，《匏有苦葉》有「濟盈不濡軌」句，《釋文》云：「軓，舊龜美反，謂車轊頭也。依《傳》意宜音犯。」戴震《毛鄭詩考正》、段玉裁《毛詩故訓傳定本》、王引之《經義述聞》、阮元《詩經校勘記》（下簡稱「阮校」）、黄位清《詩異文録》、李惇《群經識小》等均認爲作「軌」是，案「軓」者「軌」之俗字，刊本作「軌」，亦「軌」之訛，阮校已發之；此卷作「軓」，以「凡之上聲」音之，乃是爲誤字注音也。

〔四五〕威共，平山（一）校：「「共」去聲，「雝」平聲，此疑是「恭」之誤，暫仍之。」案《廣韻》「雝」在小韻「於容切」下，故平山（一）認爲「雝」讀平聲；然《廣韻》「於容切」下有「雍」字，又音於用切，而去聲「於用切」下正有

『雍』字，『雍』爲『雝』之隸變，二字同，『雍』有於用切，則『雝』亦有於用切一音。底一作『共』不誤。

〔一四六〕仰，《匏有苦葉》有『人涉卬否』句，《釋文》云：『卬，五郎反，我也，本或作仰。』伯二五二九《毛詩傳箋》作『仰』，案《説文·匕部》：『卬，望也。』在『仰望』義上，卬、仰古今字；然此『卬』字《毛傳》釋爲『我也』，《爾雅·釋詁上》：『卬、吾、台、予、朕、身、甫、余、言，我也。』乃人稱代詞，故仍當以作『卬』爲善。

〔一四七〕僶俛，此《谷風》『黽勉同心』句中文，伯二五二九、斯一〇號《毛詩傳箋》寫卷亦皆作『僶俛』，案僶俛、黽勉皆雙聲疊韻聯緜詞，聯緜詞多無定字。

〔一四八〕我財，《谷風》『薄送我畿』《鄭箋》有『送我裁於門内』句，平山（一）據以改作『我裁，纔，財音』，校云：『此項原作「財，纔音」，按此係《鄭箋》「送我裁於門内」中「裁」字之注文，「纔」當謂其義，「財」當謂其音者，故訂如此。』案平山誤。財、裁、纔均同音通假字，《漢書·司馬遷傳》『不能引決自財』顔注：『財與裁同，古通用字。』《説文·才部》『才』篆下段注：『凡才、材、財、裁、纔字以同音通用。』寫卷注『纔音』者，可以理解爲『財讀爲纔』，乃是破讀也。

〔一四九〕宴尒，此《谷風》『宴爾新昏』句中文，《釋文》出『宴爾』，與刊本同，《敦煌俗字研究》：『「爾」「尒」古本非一字，後世則合二而一，字多寫作「爾」。』（下編第七頁）

〔一五〇〕貽，《谷風》有『既詒我肄』句，《釋文》出『詒』字，案『詒』本字，『貽』借字。

〔一五一〕隸，《谷風》有『既詒我肄』句，《釋文》出『肄』字，案『隸』爲『肄』之小篆隸定字，斯七八九《毛詩》寫卷作『肄』，陳奐《詩毛氏傳疏》、馬瑞辰《毛詩傳箋通釋》皆以『肄』爲『勩』之假借字；今謂作『肄』者，又爲『肄』之假借字。平山（一）録作『肄』，潘重規録作『肄』，皆非原形。

〔一五二〕璅，《旄丘》有『瑣兮尾兮』句，《釋文》云：『璅，依字作瑣，素果反。』『璅』爲『瑣』之俗字，考詳《敦煌俗字研究》下編二二四頁。

〔一五三〕偷，《旄丘》『瑣兮尾兮，流離之子』《毛傳》有『始而愉樂』句，《釋文》出『愉』字，案『愉』『偷』古今字，説詳

《説文・心部》『愉』篆下段注。

〔一五四〕蕳，此《簡兮》篇題也，《釋文》云：『簡，居限反，字從竹，或作蕳，是草名，非也。』李富孫《詩經異文釋》云：『蕳爲香草，故陸以爲非。然从竹字隸體多省變从艸。』案李説是，俗⺮、艹混用，此『蕳』實爲『簡』之俗寫。

〔一五五〕兵冀，底一原作『丘冀』，平山（一）改作『兵冀』，校云：『原作溪母「丘」，與幫母「轡」不合，故訂「兵」。』潘重規云：『「丘」蓋「兵」之誤。』茲據以改正。

〔一五六〕蘥，《簡兮》有『左手執籥』句，《釋文》出『籥』字，平山（一）改底卷『蘥』作『籥』，校云：『原從「艸」，當誤。』案『蘥』乃是因⺮、艹不分造成之俗字，非誤字。

〔一五七〕淳，《簡兮》『赫如渥赭，公言錫爵』《毛傳》：『赫，赤貌。渥，厚漬也。祭有畀煇、胞、翟、闇、寺者，惠下之道，見惠不過一散。』《鄭箋》云：『碩人容色赫然如厚傅丹，君徒賜其一爵而已。不知其賢而進用之。散受五升。』經、傳、箋皆無『淳』字，平山（一）校云：『阮本作「厚」。』按此卷撰者以『淳』爲是，引《冬官・鍾氏》文爲証。』案《毛詩》有作『淳』之異本，説詳《毛詩傳箋》（二）校記〔五八五〕。

〔一五八〕琿，《簡兮》『赫如渥赭，公言錫爵』《毛傳》有『祭有畀煇、胞、翟、闇、寺者』句，《釋文》云：『煇，字亦作韗，暄願反。劉昌宗音運。』平山（一）改『琿』作『韗』，校云：『原從「玉」，當誤。』案『琿』蓋爲『煇』之誤。

〔一五九〕湛，據《泉水》之經、傳、箋次序，此處當是『毖彼泉水，亦流于淇』句，『湛』應是『淇』之形誤，平山（一）改作『淇』，校云：『原作「湛」，誤。』底一切上字模糊，不能辨識。

〔一六〇〕禰，《泉水》有『飲餞于禰』句，『禰』爲小篆隸定字，『禰』爲隸變字。

〔一六一〕寠，《北門》有『終寠且貧』句，《釋文》亦出『寠』字，伯二五二九《毛詩》寫卷作『寠』，與底一同，《説文》有『寠』無『窶』，陳奐《詩毛氏傳疏》曰：『寠，從宀，俗從穴。』平山（一）、潘重規皆録作『窶』，非是。

〔一六二〕徧，底一原作『偏』，此《北門》『我入自外，室人交徧讁我』句中文，《釋文》云：『徧，古遍字。凡徧字從彳，偏字從人。』茲據以改正。

〔一六三〕事敦，底一原作『事熟敦』，案此《北門》『王事敦我』句中文，平山（一）録作『事敦』，校云：『此上原有「熟」，當是書誤「敦」者，今删之。』兹據删。

〔一六四〕徧催，底一『徧』原誤作『偏』，案《北門》有『我入自外，室人交徧摧我』句，兹據改正；又《釋文》云：『摧，徂回反，沮也。或作催，音同。』《説文・人部》：『催，相擣也。《詩》曰：「室人交徧催我。」』段注：『據許則「催」是也。不從傳者，傳取沮壞之義，與摧訓擠訓折義同。蓋當時字作催而毛釋爲摧之假借，許則釋其本義也。』是段意以爲《毛詩》本作『催』。斯一〇《毛詩傳箋》亦作『催』，蓋段説是也。

〔一六五〕擕，《北風》小序有『百姓不親，莫不相攜持而去焉』句，《釋文》出『攜』字，《説文》有『攜』無『擕』，《五經文字・手部》云：『攜，相承作攜，或作擕者，皆非。』則『擕』爲後起字。

〔一六六〕徐，此《北風》『其虚其邪』《鄭箋》『邪讀如徐』句中文，寫卷『彳』旁與『亻』旁常相混。

〔一六七〕踟躕，底一原無『躕』字，平山（一）録作『踟蹰』，校云：『原脱此字，今補。』潘重規云：『「踟」下「直須」蓋「蹰」音，疑脱「蹰」字。』案《静女》有『搔首踟躕』句，兹據以補（『蹰』爲『躕』的俗字）。

〔一六八〕説懌，底一原無『説』字，平山（一）録作『説懌』，校云：『原脱此字，今補。』案《静女》有『説懌女美』句，兹據以補。

〔一六九〕歸苐，《静女》有『自牧歸荑』句，《集韻・齊韻》：『荑，或作苐、苐。』黄侃《字通》認爲『苐』爲『荑』之後出字（《説文箋識四種》八八頁，上海古籍出版社一九八三）。案『苐』蓋又爲『苐』之形誤；平山（一）、潘重規均録作『荑』，誤。

〔一七〇〕蘧，《新臺》有『籧篨不鮮』句，底卷『蘧』應是『蘧』之訛，『蘧』爲『籧』之俗寫，俗書⺮、⺿不分。

〔一七一〕『蒢』當是『篨』之俗寫，説參上條校記。

〔一七二〕洒浼浼，此《新臺》『新臺有洒，河水浼浼』句中文，據寫卷體例，此兩者不應合爲一條，應是後來抄寫者所爲。

〔一七三〕景，《二子乘舟》有『汎汎其景』句，《釋文》云：『景，如字，或音影。』切語『余景』平山（一）録作『？景』，校云：『原作羊母「余」。被切字「景」爲見母或影母（《釈文》「如字，或音影」）。下字「景」梗韻三等見母，不能與羊母結合。「余」字當有誤。疑影母「英」之誤，或疑見母「金」之誤（則下字「景」當訂作「影」。）難定。今暫闕之。下字暫仍之。』案第三四行『儆』音『巾影』，九九行『竟』音『巾景』，一〇六行『警』音『布影』，儆、竟、警與景《廣韻》皆在居影切下。『余景』蓋爲『巾影』之誤也。一〇六行『警』之切語上字『布』亦『巾』之形誤也。

〔一七四〕刊本『栢』作『柏』，『栢』俗字。平山（一）『栢』下補『舟』字，校云：『原脱此字，當補。』案據《衛風》以下，則應有『舟』字，然前『鄁栢第三』，亦無『舟』字，『鵲巢第二』，則無『召南』二字，蓋底卷所據即如此，非必其抄脱也，故仍其舊。

〔一七五〕佰蚤，此《柏舟》小序『衛世子共伯蚤死』句中文，平山（一）改『佰』作『伯』，校云：『原從「百」，當是俗字。』

〔一七六〕切下字『悔』平山（一）誤認作『侮』，校云：『原作麌韻「侮」，與隊韻「昧」不合，當是「誨」或「佩」之誤。』案原字實作『悔』，正可切『昧』字，潘録作『悔』不誤。

〔一七七〕縰，底一原作『縱』，平山（一）改作『縰』，案此《柏舟》『髧彼兩髦，實維我儀』《鄭箋》有『亦櫛、纚、笄、總、拂髦、冠、緌、纓』句，《釋文》出『纚』字，案『纚』與『縰』字同，見《廣韻·紙韻》；『縱』爲『縰』之訛，兹據以改。

〔一七八〕冠綏，《柏舟》『髧彼兩髦，實維我儀』《鄭箋》有『亦櫛、纚、笄、總、拂髦、冠、緌、纓』句，平山（一）改底卷『綏』爲『緌』，校云：『原作綏，誤。』案《周禮·天官·夏采》『以乘車建綏復于四郊』鄭注：『《士冠禮》及《玉藻》冠緌之字，故書亦多作「綏」者。』是綏、緌二字古多通用，《説文·糸部》：『緌，系冠纓也。』『綏，車中靶也。』則作『緌』者爲正字。

〔一七九〕埽，《牆有茨》有『不可埽也』句，『掃』爲『埽』之後起換旁字。

〔一八〇〕襄抽，『襄』在《牆有茨》第二章『牆有茨，不可襄也』句中，『抽』在第三章『不可讀也』《毛傳》『讀，抽也』句中，『襄』後當脱去切語。

〔一八一〕切下字『編』當是涉下『編髮』條而誤，平山（一）改作『皆？』，校云：『原作「編」，蓋涉下文而誤者，疑本是「遐」。』潘重規録作『皆緺』，案『緺』在平聲戈韻，不可切麻韻字『珈』，潘録誤。

〔一八二〕它它，此《君子偕老》『委委佗佗』句中文，《爾雅·釋訓》釋文：『佗佗，本或作它字，音徒河反。』强運開《説文古籀三補》云：『佗，它字重文。』案金文無『佗』字，『佗』應是後起字。

〔一八三〕瑳，《君子偕老》有『玼兮玼兮，其之翟也』句，《釋文》云：『玼，音此，又且禮反，鮮盛貌。本或作瑳，此是後文瑳兮……然舊本皆前作「玼」，後作「瑳」字。』段玉裁在《説文·玉部》『玼』篆下注：『《詩·君子偕老》二章、三章皆曰「玼兮玼兮」，是以二章毛、鄭有注，三章無注，或兩章皆作瑳。……淺人分别「玼」屬二章，「瑳」屬三章，畫爲二字二義，又於《説文》增「瑳」爲訓釋。』馬瑞辰《毛詩傳箋通釋》從之；然阮元則從《釋文》而不從段説。案《周禮·天官·内司服》鄭注引此句詩曰：『玼兮玼兮，其之翟也。』《釋文》：『玼，音此，劉倉我反。本亦作「瑳」，與下「瑳」字同倉我反。』『倉我反』與『七我反』同，亦與『千我』同，是劉昌宗所據本亦作『瑳』，伯二五二九《毛詩》寫卷亦作『瑳』，今此兩寫本作『瑳』，可證段説之善。切語『千我』平山（一）改作『千礼』，校云：『原似「我」誤。』案第三章『瑳兮瑳兮』，《釋文》音『七我反』，『七我』與『千我』同音，平山改作『千礼』，蓋欲讀『瑳』爲『玼』也，然此實爲『瑳』注音，不爲『玼』注音也。

〔一八四〕切語『之忍』底卷原作『云忍』，平山（一）校云：『原作匣母「云」，與章母「鬒」不合，故訂「之」。』案『之』字與『云』字形近，『云』爲『之』之形誤，今據以改正。

〔一八五〕髲髢，《君子偕老》『鬒髮如雲，不屑髢也』《毛傳》云：『鬒，黑髮也。如雲，言美長也。屑，絜也。髢，髲也。』是『髢』當在『髲』前；平山（一）改作『髢髲』，并改下注音爲『上庭帝下皮義』，校云：『此二字原誤倒，今正之。』案平山所改是也。

〔一八六〕晳，底一原作『哲』，此《君子偕老》『揚且之晳也』句中文，平山（一）改作『晳』，校云：『原作「哲」，誤。』兹據以改正。

〔一八七〕『縠』字底一原作『穀』，《君子偕老》『瑳兮瑳兮，其之展也』《毛傳》有『以丹縠爲衣』句，平山（一）録作『縠』，校云：『原作穀，當誤。』潘重規云：『「穀」當作「縠」。』兹據以改正。　切下字『槃』平山（一）改作『穀』，校云：『原字難認，蓋是「穀」之訛字。』案此『穀』之俗字，《干禄字書·入聲》：『槃、穀，上俗下正。』

〔一八八〕袢延，底一原作『祥延』，《君子偕老》『蒙彼縐絺，是紲袢也』《毛傳》有『絺之靡者爲縐，是當暑袢延之服也』句，平山（一）改『祥』爲『袢』，校云：『原作「祥」，誤。』潘重規云：『「祥」當作「袢」。』兹據以改正。　切語『舒延』與『袢』、『延』二字皆不合，疑有誤。

〔一八九〕『蹙』字底一原作『纖』，案此《君子偕老》『蒙彼縐絺，是紲袢也』《鄭箋》『縐絺，絺之蹙蹙者』句中文，平山（一）改作『蹙』，校云：『原從「糸」，當是從「足」之誤。』兹據以改正。

〔一九〇〕弋，此《桑中》『云誰之思？美孟弋矣』句中文，平山（一）校：『此項當在「沫」前。』案平山誤也，《小序》鄭箋有『取姜氏、弋氏、庸氏者也』句，平山（一）以爲當音於此，然『弋』條下爲『葑』，音第四章『爰采葑矣』句，則此『弋』乃是音第三章『美孟弋矣』句，非音《小序》鄭箋也。

〔一九一〕『彊』字左旁底一原作『予』，乃『弓』旁之訛，兹據《鶉之奔奔》『鵲之彊彊』句改正。

〔一九二〕方中作爲，此《定之方中》第一章首句『定之方中，作于楚宫』句中文，『作于楚宫』之『于』，伯二五二九、斯七八九兩《毛詩》寫卷並作『爲』，王引之《經義述聞》據張載注《魏都賦》、李善注謝朓《和伏武昌詩》及王融《曲水詩序》所引《詩》作『爲』，認爲：『于當讀曰爲。古聲于與爲通。』平山（一）改作『方中爲狄』，校云：『此下當有「中」字之音注。　原此下有「作」，蓋一章「定之方中，作于楚宫」之「作」誤書於此，此係序文，不當有，故删之。』並將反切録作『田歷』；平山（二）補校云：『校録文「爲」下補「狄」，今删之。』並録切語爲『□麾』。　雖然平山（二）删去原補之『狄』，然並未改變他此條『作爲』是『衛爲狄所滅』句中文的説法，只是以切語『□䴲』（切上字爲『曰』，平山未識讀出）是『爲』之音，《廣韻》『爲』有二音，动詞『爲』音薳支切，在平聲支韻；介詞『爲』音于僞切，在去聲寘韻，《釋文》凡动詞『爲』音如字，介詞『爲』音于僞反，與《廣韻》同也。寫卷音『曰䴲』，讀同《廣韻》之薳支切，可知此『爲』字乃是『作爲楚宮』句中文，非『衛爲狄所滅』句中文也。此條應是錯簡，依序當在『廬』條後。

〔一九三〕莫宜，平山（一）改『莫』作『英』，校云：『原作明母「莫」，與影母「椅」不合，故訂「英」。』案平山改是也，第七一行『猗』音『英宜』，可爲佐證。

〔一九四〕桼，《定之方中》有『椅桐梓漆』句，《干禄字書・入聲》：『桼、漆，上俗下正。』切下字『粟』當是『栗』之形誤，平山（一）、潘重規均録作『此栗』。

〔一九五〕蝅，《定之方中》『降觀于桑』《毛傳》有『地勢宜蠶』句，《干禄字書・平聲》：『蝅、蠶，上俗下正。』

〔一九六〕銇，《説文》、《玉篇》無此字，《廣韻・隊韻》有此字，云：『銇，銇鑽。』此處《定之方中》『卜云其吉，終然允臧』《毛傳》有『喪紀能誄』句，平山（一）改『銇』爲『誄』，校云：『原從金，當非。』潘重規云：『「銇」蓋「誄」之誤。』案平山、潘説當是。

〔一九七〕『虹隮』二字分别爲《蝃蝀》首章『蝃蝀在東』《毛傳》『蝃蝀，虹也』及第二章『朝隮于西』句中文，依寫卷體例，『虹』下當有音注。

〔一九八〕卑，此《干旄》『何以畀之』句中文，平山（一）改作『畀』，校云：『原作「卑」，當非。』案敦煌寫卷『畀』多訛寫作『卑』形。

〔一九九〕鄭云當作屬，底一原作『鄭作當屬』，案《干旄》『素絲祝之』《鄭箋》云：『祝當作屬，屬，著也。』平山（一）改作『鄭當作屬』，校云：『「當作」原誤倒，今正之。』案平山改是也，『云』字底一原無，案無此字則句不通，兹以意補（下凡補『云』者皆同）。底一『朱辱反』下有『之』字，應是爲雙行對齊而添，故删之。

〔二〇〇〕兵冀，底一原作『丘冀』，平山（一）改作『兵冀』，校云：『原作溪母「丘」，與幫母「闕」不合，故訂「兵」。』潘重規云：『「丘」當作「兵」。』茲據以改正。

〔二〇一〕稗，《載馳》有『衆穉且狂』句，平山(一)録作『穉』，案『稗』爲『穉』的俗字。

〔二〇二〕告送，平山(一)改作『苦送』，校云：『原作見母「告」，此処「控」當是溪母，故訂「苦」。』案平山所改是也，第九八行『控』音『苦送』，可爲佐證。

〔二〇三〕澳，刊本、《釋文》均作『奥』，平山(一)校：『阮本、《釈文》俱作「奥」，「澳」恐是涉「淇」而誤者。』案《左傳・昭公二年》：『北宫文子賦《淇澳》。』《禮記・大學》：『《詩》云：「瞻彼淇澳，菉竹猗猗。」』皆引作『澳』，『奥』『澳』古今字，説見王筠《説文釋例》卷八《分别文》。下條『澳』字同此。

〔二〇四〕猥，此《淇奥》『瞻彼淇奥』《毛傳》『奥，隈也』句中文，《釋文》亦作『隈』，平山(一)改作『隈』，校云：『原從犭，誤。』案『猥』『隈』同從畏聲，古可通用；此音『烏回』，乃是爲『隈』作音，平聲灰韻也，而『猥』則在上聲賄韻，『猥』蓋爲『隈』之形誤。

〔二〇五〕瑳，《淇奥》有『如切如磋』句，阮校：『小字本、相臺本「磋」作「瑳」。考《五經文字》「磋，治也」，在石部；「瑳，玉色鮮」，在玉部。是唐人有以此字從石與「瑳兮瑳兮」字别者。《説文》有「瑳」無「磋」，「磋」本「瑳」之俗字耳。此經及傳并《小雅・谷風》、《大雅・卷阿、桑柔》箋皆當本是「瑳」字。《周禮》、《禮記》二釋文亦作「瑳」。』

〔二〇六〕矝，《淇奥》『瑟兮僩兮』《毛傳》有『瑟，矜莊貌』句，凡經典『矜』字皆『矝』之訛，説詳《説文・矛部》『矝』篆下段注、臧庸《拜經日記》卷五『矝』字條。平山(一)、潘重規均録作『矜』，誤。

〔二〇七〕瓅，《淇奥》『會弁如星』《鄭箋》有『皪皪而處，狀似星也』句，《説文》有『瓅』無『皪』，朱珔《説文假借義證》云：『《文選・上林賦》「明月珠子，玓瓅江靡」，《漢書》作「的皪」，當爲「玓瓅」之假借。』楊樹達《漢書窺管》云：『的皪本字當爲玓瓅。』（第四四四頁，上海古籍出版社一九八四）

〔二〇八〕猗，《淇奥》有『倚重較兮』句，《釋文》云：『猗，於綺反，依也。』阮校：『《唐石經》、小字本、相臺本「倚」作

「猗」，閩本、明監本、毛本同。案「猗」字是也。』切語『莫綺』平山（一）改作『英綺』，校云：『原作明母「莫」，與影母「猗」不合，故訂「英」。』案平山改是也，第七一行『猗』音『英宜』，可爲佐證。

〔二〇九〕切上字底一存右半『欠』，平山（一）録作『歆』，近是。

〔二一〇〕較，平山（一）校：『此項當在「戲」之前。』案平山説是也，《淇奧》云：『寬兮綽兮，倚重較兮。善戲謔兮，不爲虐兮。』『戲』在『較』後。

〔二一一〕㢮，《淇奧》『善戲謔兮，不爲虐兮』《鄭箋》有『君子之德，有張有弛』句，『㢮』爲『弛』之俗訛，平山（一）校：『此下當有注。』是也。

〔二一二〕『考盤』爲《考槃》篇題，『盤』《釋文》亦作『槃』，『盤』『槃』皆『般』之後起分別文。

〔二一三〕佼，《碩人》『碩人其頎，衣錦褧衣』《鄭箋》有『言莊姜儀表長麗俊好頎頎然』句，《釋文》云：『佼，本又作姣，古卯反。』案《正義》云：『言莊姜儀容表狀乃長大而佳麗，又佼壯美好頎頎然也。』是刊本『俊』乃『佼』之誤。

〔二一四〕太，《碩人》『衣錦褧衣』《鄭箋》有『爲其文之大著』句，《釋文》出『大』字，『大』『太』古今字。

〔二一五〕柔第，《碩人》有『手如柔荑』句，《静女》『自牧歸荑』，寫卷第五八行寫作『歸苐』，俗將『苐』楷正即爲『第』字，『第』爲『苐』之形誤，『苐』爲『荑』之後出字，説參校記〔一六九〕。

〔二一六〕切語『旨氷』平山（一）改作『宜冰』，校云：『原作章母「旨」，與疑母「凝」不合，故訂「宜」。』

〔二一七〕蝤，《碩人》有『領如蝤蠐』句，《釋文》云：『蝤，似脩反，徐音曹。』案《淮南子·氾論》『槽柔無擊』高誘注：『槽，讀「領如蠐螬」之螬也。』蔡邕《青衣賦》：『玄髮光潤，領如螬蠐。』則《詩》有作『螬』之異文；郝懿行《爾雅義疏·釋蟲》：『蝤、螬、蠐三字俱聲轉，蠐螬倒言之即爲蝤蠐，故司馬彪注《莊子·至樂篇》蠐螬作螬蠐，云：「螬蠐，蝎也。」是螬蠐即蝤蠐。』徐邈音『曹』者，知其所見本作『螬』也。此音『在勞』者，亦讀『蝤』爲螬音也。

〔二八〕⿱齊虫，《碩人》有「領如蝤蠐」句，《釋文》云：「⿱齊虫，本亦作蠐，又作齊，同，音齊。」是《釋文》所據本與底一同；《說文·虫部》：「蝤，蝤⿱齊虫也。」是作「⿱齊虫」者爲本字，「蠐」爲後起別體也。

〔二九〕《廣韻》「頸」有巨成切、居郢切二音，「祇形反」與巨成切同；「整」在上聲静韻，與「郢」同，而「坐」爲從紐，蓋有誤。

〔三〇〕犀，《碩人》有「齒如瓠犀」句，慧琳《音義》卷三《大般若波羅蜜多經》第三三二卷「遲鈍」條云：「犀音西，從尾從牛，經文從尸從羊，俗字也。」此從尸從半，又「犀」之訛變也。

〔三一〕⿱艹⿲辛廾辛，《碩人》「齒如瓠犀」《毛傳》有「瓠犀，瓠瓣」句，《釋文》出「瓣」字，案字書無「⿱艹⿲辛廾辛」字，疑本作「⿲辛廾辛」，爲「瓣」之借字，展轉傳抄，又加意符「艹」，遂成「⿱艹⿲辛廾辛」字。此條下原有「說于」、「驕」、「鑣」、「幩」四條，平山（一）校：「以下與七七行「說于」至七八行「敷文」重複，今删之。」茲據以删。

〔三二〕螓首，底一「螓」原作「溱」，平山（一）改作「螓」，校云：「原作溱，誤。」潘重規云：「「溱」當作「螓」。」茲據以改正。

〔三三〕切下字似爲「鎮」，然其韻與「蜻」不合，姑仍之。

〔三四〕盻，《碩人》有「美目盻兮」句，《釋文》云：「盻，敷莧反，徐又敷諫反。《字林》云美目也，匹問反，又匹莧反。」阮校：「《唐石經》「盻」作「盼」，毛本同。案「盼」字是也。」盧文弨亦改「盻」爲「盼」，案從切語「普莧」看，當爲「盼」字，作「盻」者訛字也。

〔三五〕御喬，平山（一）改作「卿喬」，校云：「原作疑母「御」，與溪母「驕」不合，故訂「卿」。」《彙校》云：「《集韻》、《類篇》「驕」字無讀疑紐之音，「御」字疑誤。」案第五行「綌」音「卿逆」，第二五行「憩」音「卿□」，第四四行「揭」音「卿列」，皆以「卿」爲切上字，平山所改疑是。

〔三六〕幩，底一原作「憤」，平山（一）改作「幩」，校云：「原作「憤」誤。此項當在「鑣」之前。」案寫卷「巾」旁與「忄」旁常相亂，茲據以改正；《碩人》有「四牡有驕，朱幩鑣鑣，翟茀以朝」句，「幩」在「鑣」前，平山說是也。

〔三二七〕狄茀，底一原作「狄第」，考《碩人》有「翟茀以朝」句，「狄」、「翟」古書常通假，是「狄第」爲「狄茀」之形誤字，兹據刊本改正。

〔三二八〕薢，《碩人》「翟茀以朝」《毛傳》有「茀，蔽也」句，「薢」爲「蔽」之增旁俗字。

〔三二九〕甇軏，平山（一）改「甇」爲「榮」，校云：「原作四等群母「甇」，與三等匣母「鮪」不合，當是「榮」之誤。」案平山校是也，第一〇六行「洧」音「榮軏」，可爲佐證。「軏」爲「軌」之別體，《干禄字書・上聲》：「軏、軌，上通下正。」下「軏」字同，不復出校。

〔三三〇〕𡤼，《碩人》有「庶姜孼孼」句，《正字通・女部》云：「𡤼，俗孽字。」「𡤼」應是「孼」之俗訛，而《説文》無「孽」字，「孽」又爲「孼」之後起別體。

〔三三一〕郎各，底一原作「即各」，平山（一）改作「郎各」，校云：「原作精母「即」，與來母「鉻」不合，故訂「郎」。」潘重規云：「「即」當作「郎」。」兹據以改正。

〔三三二〕切上字平山（一）改爲「瓦」，校云「原作並母「凡」，與疑母「亂」不合，故訂「瓦」。」潘重規録「凡」爲「丸」，案「丸」爲匣紐字，不可切「亂」；「瓦」之俗字作「凢」，與「凡」形似，故誤作「凡」，平山所改是也。

〔三三三〕壯，底一原作「杜」，平山（一）改作「壯」，校云：「原作「杜」，誤。」案《碩人》「庶士有朅」《毛傳》有「朅，武壯貌」句，兹據以改正。

〔三三四〕氓，底一原作「泯」，平山（一）改作「氓」，校云：「原作「泯」，誤。」案此《氓》篇題也，兹據以改正。

〔三三五〕僁，《氓》有「匪我愆期」句，《干禄字書・平聲》：「僁、愆，上俗下正。」

〔三三六〕蓍，底一原作「著」，此《氓》「爾卜爾筮」《毛傳》「龜曰卜，蓍曰筮」句中文，潘重規云：「「著」當作「蓍」。」兹據以改正。　切下字底一僅左邊「月」可辨，平山（一）録作「脂」。

〔三三七〕葚，底一原作「萁」，此《氓》「無食桑葚」句中文，平山（一）改作「葚」，校云：「原作「萁」誤。」兹據以改正。

〔二三八〕『躭』爲《氓》『無與士耽』句中文，《玉篇·身部》云：『躭，俗耽字。』

〔二三九〕榮閏，《廣韻》『隕』在上聲軫韻，而『閏』則爲去聲稕韻，疑『閏』爲『閔』之誤，『閔』亦上聲軫韻。

〔二四〇〕帷，底一原作『惟』，考《氓》有『漸車帷裳』句，底一『巾』旁與『忄』旁多相亂，此當是『帷』字，兹據以改正。切上字平山（一）録作『榮』，校云：『原作匣母四等「熒」，與匣母三等「帷」不合，故訂「榮」。』

〔二四一〕褣，《氓》『漸車帷裳』《鄭箋》有『幃裳，童容也』句，《文選》卷四〇任昉《奏彈劉整》『而襜帷交質』李善注：『《方言》曰：「江淮謂襜褕爲童容也。」』今本《方言》云：『襜褕，江淮南楚謂之褈褣。』是『童容』與『童褣』同。平山（一）改切上字『庚』爲『庾』，校云：『原作見母「庚」，與羊母「褣」不合，故訂「庾」。』又平山（一）謂『褣』條當在『爽』條前，是也。

〔二四二〕冈，《氓》有『士也罔極』句，罔、网字同，『网』俗作『冈』，『冈』又『冈』之訛也。

〔二四三〕构，《氓》『淇則有岸，隰則有泮』《鄭箋》有『曾無所拘制』句，『构』應是『拘』之俗寫，『勾』爲『句』之俗，又寫卷扌、木不分。

〔二四四〕棇，《氓》有『總角之宴』句，『棇』乃爲扌、木不分所造成的俗寫，本應是『揔』；『揔』『緫』皆『總』之俗字。切上字底一殘存右半『且』，平山（一）、潘重規均録作『祖』。

〔二四五〕『宴』字底一殘去上部『宀』，此處《氓》有『總角之宴』句，兹據以擬補。切語『翳厄』平山（一）改作『翳見』，校云：『原作麥韻「厄」，與霰韻「宴」不合，故訂「見」。』

〔二四六〕切語『見諫』平山（一）改作『厄諫』，校云：『原作見母「見」，與影母「晏」不合，故訂「厄」。』案平山所改是也，此處乃手民將它與上條切語錯亂所致，原貌應是『宴，翳見；晏，厄諫』。

〔二四七〕⿱狠土，《氓》『信誓旦旦』《鄭箋》有『言其懇惻欵誠』句，平山（一）改作『懇』，校云：『原作「墾」，誤。』案『⿱狠土』應是『墾』之俗字，俗書豸、犭不分，『墾』則爲『懇』之音訛字。切語『肯佷』，『肯』爲『肯』之別體，『佷』爲『很』之俗寫。

〔二四八〕側欵，《氓》『信誓旦旦』《鄭箋》有『言其懇惻欵誠』句，『側』當作『惻』。

〔二四九〕切上字底一模糊難辨，平山（一）録作『根』，潘重規録作『竹』，案第五、一九行『濯』底一均音『根孝』，櫂、濯《廣韻》同小韻，竹、櫂聲有清濁之別，當以作『根』爲是。

〔二五〇〕丸，此《芄蘭》篇題也，《釋文》云：『芄，音丸，本亦作丸。』『丸』『芄』通假。

〔二五一〕僮，《芄蘭》有『童子佩觿』句，『童』『僮』古今字。

〔二五二〕雋，《芄蘭》有『童子佩觿』句，『雋』應是『觿』之俗字，『雟』旁寫作『雋』者，『攜』俗作『携』，可爲佐證。

〔二五三〕沆之，此處《河廣》有『一葦杭之』句，案《説文·水部》：『沆，莽沆，大水也。』『斻，方舟也。』段注：『杭即斻字。斻亦作航。』是杭、航別體，而作『沆』者應是假借。

〔二五四〕傑，《伯兮》有『邦之桀兮』句，『桀』『傑』古今字。切語『歌桀』，平山（一）校：『歌見母一等，傑群母三等，疑歌當有誤，今暫仍之。下字桀與傑同音，恐桀或是音之誤，存疑。』

〔二五五〕綏，此處《有狐》有『有狐綏綏』句，『綏』應是『綏』之俗訛，兹據刊本改正。

〔二五六〕仿偟，《黍離》小序有『彷徨不忍去』句，案聯緜詞無定字，彷徨、仿偟並同。

〔二五七〕『摇』字底一原作『榣』，案此《黍離》『行邁靡靡，中心摇摇』句中文，『榣』乃『摇』因扌、木不分造成之俗寫，爲免與木名之『榣』混淆，故依刊本改爲『摇』；又底卷凡重言詞均出二字，其中後一字用重文符號，此『摇』下疑脱重文符號。

〔二五八〕于時，此處《君子于役》有『雞棲于塒』句，《釋文》云：『時，如字，本亦作塒，音同，《爾雅》同，《玉篇》持理反。』《説文·土部》：『塒，雞棲於垣爲塒。』是作『塒』者爲正字，『時』爲假借字。

〔二五九〕切下字『括』當是『括』之形誤，平山（一）録作『胡括』。

〔二六〇〕奇傑，平山（一）録作『奇？』，校云：『原作傑，則傑、桀、奇同爲群母，字當有誤。今闕之。』

〔二六一〕有椎，此《中谷有蓷》篇題也，『椎』爲『推』之手寫變體，而『推』爲『蓷』之借字。

〔二六二〕暵，底一原作『暎』，此《中谷有蓷》『暵其乾矣』句中文，『暎』爲『暵』之形誤，兹據以改正。

〔二六三〕萑，《中谷有蓷》『中谷有蓷，暵其乾矣』《毛傳》有『蓷，鵻也』句，《釋文》云：『鵻，音隹，《爾雅》又作「萑」，音同。』案《爾雅·釋草》：『萑，蓷。』《説文·艸部》：『蓷，萑也。』段玉裁改『萑』爲『隹』，嚴章福《説文校議議》云：『《四牡》釋文：「鵻，本又作隹。」《釋鳥》釋文：「隹，旁或加鳥，非也。」據此知《説文》無「鵻」，即「隹」字。』馬敘倫《説文解字六書疏證》云：『蓋或鵻字出《字林》。』則『鵻』本當作『隹』也。底一作『萑』者，加艸也。

〔二六四〕『啜』字底一原作『⿰目叕』，案此《中谷有蓷》『啜其泣矣』句中文，平山（一）改作『啜』，校云：『原作「⿰目叕」，誤。』兹據以改正。

〔二六五〕莵爰，此《兔爰》篇題也，《説文》無『莵』字，『莵』爲後起增旁俗字。

〔二六六〕訛，《兔爰》有『尚寐無吪』句，《説文》有『吪』無『訛』，『訛』當爲『吪』之後起字。

〔二六七〕頋，《葛藟》有『謂他人父，亦莫我顧』句，《玉篇·頁部》『顧』條下云：『頋，同上，俗。』

〔二六八〕隒，《葛藟》『在河之漘』《毛傳》有『漘，水溓也』句，《釋文》云：『隒，魚檢反，何音檢。《詩》本又作水旁兼者，字書音呂恬、理染二反，《廣雅》云「溓，清也」，與此義乖。』

〔二六九〕鴭，《大車》『毳衣如菼』《毛傳》有『菼，鵻也』句，『鴭』爲『鵻』之別體，僅偏旁位置之異也；此字蓋本亦作『隹』，後人加鳥也，説詳校記〔二六三〕。

〔二七〇〕今本《説文》作『璊，玉䞓色也。禾之赤苗謂之樠。言璊，玉色如之』，段注《説文》改『樠』爲『⿰禾㒼』，並云：『⿰禾㒼即艸部「虋」字之或體。艸部不言或作「⿰禾㒼」，而此見之。亦可見或字不能悉載。』案平山（一）改『盈』爲『虋』，校云：『原作「盈」，今擬《説文》訂「虋」。』『盈』字與『虋』形略近，而與『⿰禾㒼』則相差甚遠，底一作『盈』，蓋爲『虋』字抄誤，據此，則《説文》可能本無『⿰禾㒼』字。又『⿰赤坙』爲『䞓』之俗寫，敦煌寫卷『巠』旁常有寫作『至』者。

〔二七一〕璊䞓，《大車》『毳衣如璊』《毛傳》有『璊，赬也』句，《説文・赤部》：『䞓，赤色也。或从貞。』

〔二七二〕皎，《大車》有『有如皦日』句，《釋文》云：『皦，本又作皎，古了反。』《五經文字・白部》：『皦、皎，上玉石之白者，下月皎字，今《詩・風》通用之。案今《詩》本及《釋文》多從日，傳寫之誤。』

〔二七三〕有麻，《丘中有麻》篇題中字。

〔二七四〕堍施，『堍』爲『丘中有麻』《毛傳》『丘中墝堍之處』句中文，『施』則爲『將其來施施』句中文，依寫卷體例『堍』下應有音注。切下字『袳』爲『移』之俗字，敦煌寫卷衤旁、禾旁多混。

〔二七五〕『緇』字底一原作『繢』，平山（一）改作『緇』，校云：『原作「繢」，誤。』潘重規云：『「繢」誤，改作「緇」。』案『繢』當是『緇』之俗寫『緕』的訛體，兹據以改正。

〔二七六〕舘，《緇衣》有『適子之館兮』句，《説文》有『館』無『舘』，『舘』爲後起別體。

〔二七七〕⿱癶食，此出《緇衣》『予授子之粲兮』《毛傳》有『粲，餐也』句，《釋文》出『飧』字，音『蘇尊反』，與底一『蘓温』之音合；然『⿱癶食』與『飧』形不類，斯二〇五三《禮記音》末行亦出『⿱癶食』，音『孫』，『⿱癶食』應是『餐』之變體，而音『孫』者，則讀爲『飧』字也，與《詩》釋文同。《禮記》之文乃鄭玄注引《詩・緇衣》篇，然刊本《詩・緇衣》作『予授子之粲兮』句，《釋文》亦出『粲』字，并不作『餐』，《禮記音》作『餐』，乃據《毛傳》改經也。《毛傳》云：『粲，餐也。』阮校：『《正義》云：「粲，餐」，《釋言》文。考《爾雅》與此傳意同，皆謂「粲」爲「餐」假借。《釋文》本誤。』《説文・食部》『餐』篆下段注：『餐訓吞，引伸之爲人食之，又引伸之爲人所食，故曰授餐。飧與餐，其義異，其音異，其形則「飧」或作「飱」，「餐」或作「餐」，《鄭風》、《釋言》音義誤認「餐」爲「飧」字耳。』案以『餐』釋『粲』，聲訓也。至於底一及《禮記音》正文作『餐』而讀爲『飧』者，蓋據《説文》『餐』之義爲『吞』，與《詩》義不合，遂讀爲『飧』也。此當是破讀之法。有破讀，故又有據以改字之舉，《釋文》作『飧』者，其所據本已改『餐』爲『飧』也，非如段氏所謂誤認也。

〔二七八〕受采，底一原作『愛采』，《緇衣》『予授子之粲兮』《毛傳》有『諸侯入爲天子卿士，受采禄』句，平山（一）改

「愛」爲「受」，校云：「原作「愛」，誤。」潘重規云：「「愛」當作「受」。」茲據以改正。平山（一）改切語爲「倉代」，校云：「原作船母「食」，與清母「采」不合，故訂「倉」。」潘重規云：「「食」當作「倉」。」

〔二七九〕廗，《緇衣》有「緇衣之蓆兮」句，《干禄字書·入聲》：「廗、席，上俗下正。」「席」「蓆」古今字。

〔二八〇〕「將」爲《將仲子》篇題中文，平山（一）校云：「原此上有「好」，蓋誤寫「將」而衍者，今刪之。」茲據以刪。

〔二八一〕祭，底一原作「⿱癶木」，通常爲「粲」的俗寫，然此爲《將仲子》小序「祭仲諫而公弗聽」句中文，故據以改正。

〔二八二〕驟，《將仲子》小序有「祭仲諫而公弗聽」句，無「驟」字，案首章「將仲子兮！無踰我里，無折我樹杞」《鄭箋》有「祭仲驟諫，莊公不能用其言」句，《釋文》出「驟諫」，音「竹救反」，知陸所據本小序無「驟」字，然伯二五二九《毛詩》作「祭仲驟諫而公弗聽」，蔣曰豫《詩經異文》云：「日本古本「諫」上有「驟」字。」两者皆與底一同；又此處前後文爲「弟叔失道而公弗制，祭仲諫而公弗聽」，上下两句相對，上句爲「失道」二字，下句似以作「驟諫」爲佳。平山（一）校云：「此項當在次行「檀」之前。」乃以爲此「驟」爲首章《鄭箋》之「驟」，誤也。

〔二八三〕段，底一原作「⿰扌段」，平山（一）改作「段」，校云：「原從扌，蓋涉下文「折」而誤者。」潘重規云：「「⿰扌段」當作「段」。」案「⿰扌段」當是涉下「折」字類化所致，茲據平山説改正。

〔二八四〕彊忍，《將仲子》「無折我樹檀」《毛傳》有「檀，彊韌之木」句，《釋文》出「忍」字，云：「本亦作刃，同。」案「韌」爲《説文》新附字，本字當爲「刃」，作「忍」者，乃借字。

〔二八五〕底卷「洵」本與下「太」字連文，平山（一）認爲「太」字當在「洵」前，「洵」後脱去音注；蓋平山以此「太」爲《叔于田》首章「叔于田，巷無居人」《毛傳》「叔，大叔段也」之「大」，故認爲此「太」字在「洵美且仁」句前；其實此「太」字我们可以認爲是《大叔于田》篇題中之「大」，則其位置在「洵」之後，「洵」後奪去音注；「大」「太」古今字。

〔二八六〕乙羊，平山（一）改作「七羊」，校云：「原作「乙」，誤。」

〔二八七〕乘乘隝，《大叔于田》有『乘乘鴇』句，《玉篇・阜部》：『隝，今作島。』則『隝』應是『鴇』之訛字。

〔二八八〕嫚，《大叔于田》有『叔馬慢忌』句，《説文・心部》：『慢，惰也。』女部：『嫚，侮易也。』是『嫚』爲『慢』之借字。

〔二八九〕伞，《大叔于田》有『叔發罕忌』句，『伞』應是『罕』之形誤字。

〔二九〇〕弢，底一原作『殀』，《大叔于田》『抑鬯弓忌』《毛傳》有『鬯弓，弢弓』句，『殀』蓋爲『弢』之形誤；平山（一）、潘重規録作『弢』，茲據以改正。

〔二九一〕率，《清人》『清人在彭』《鄭箋》有『高克所帥衆之邑也』句，帥、率二字古多通用，將帥之『帥』《説文》作『衛』，帥、率均借字也，説詳《説文・行部》『衛』篆下段注。

〔二九二〕橋，此處《清人》有『二矛重喬』句，《釋文》云：『喬，毛音橋，累荷也；鄭居橋反，雉名，所以縣毛羽也，《韓詩》作鷮。』《正義》云：『《釋詁》云：「喬，高也。」重喬猶如重英，以矛建於車上，五兵之最高者也。而二矛同高，其高復有等級，故謂之重高。《傳》解稱高之意，故言累荷。』陳奐《詩毛氏傳疏》、馬瑞辰《毛詩傳箋通釋》均認爲《毛詩》作『喬』爲借字，《韓詩》作『鷮』爲本字。底一作『橋』，又『喬』之借字也。又《鄭箋》云：『喬，矛矜近上及室題，所以縣毛羽。』馬瑞辰《毛詩傳箋通釋》云：『《鄭箋》訓「懸毛羽」者，正本《韓詩》讀喬爲鷮。』此音『京妖』者，乃據《鄭箋》爲讀也。

〔二九三〕累何，《清人》『二矛重喬』《毛傳》有『重喬，累荷也』句，平山（一）改『何』作『荷』，校云：『原作「何」，當誤。』案平山誤也，陳奐《詩毛氏傳疏》云：『荷當作何。』『何』『荷』古今字。

〔二九四〕矜，《清人》『二矛重喬』《鄭箋》有『喬，矛矜近上及室題，所以縣毛羽』句，作『矜』是，説見校記〔二〇六〕。

〔二九五〕摻攬，『摻』字底一殘泐左上角，此處《遵大路》『摻執子之祛兮』《毛傳》有『摻，擥』句，茲據以擬補；《説文》有『擥』無『攬』，『攬』爲後起字。

〔二九六〕魗，此《遵大路》『無我魗兮』句中文。平山（一）校：『酋尤韻字，但上字「昌」爲昌母，疑「酋」或爲有韻

「酉」之誤。』案《廣韻》『䰩』『醜』同昌九切，是『酋』當爲『酉』之誤。

〔二九七〕平山（一）改『布影』爲『巾影』，校云：『原作幫母「布」，與見母「警」不合，故訂「巾」。』潘重規云：『「布」當作「巾」。』

〔二九八〕爤，《女曰雞鳴》有『明星有爤』句，《説文》有『爤』無『爛』，『爛』爲後起字。

〔二九九〕底一『弋』原作『戈』，此《女曰雞鳴》『弋鳧與鴈』句中文，平山（一）改作『弋』，校云：『原作「戈」，誤。』兹據以改正。

〔三〇〇〕『肴』前底一本有『希』條，注僅一『行』字，平山（一）校：『此上原有「希行」，「希」蓋是誤書「肴」者，今删之。』兹據以删。

〔三〇一〕直余力，『力』蓋衍文；平山（一）校：『原似力，或似刀，蓋是「反」之誤。存疑。』亦可參。

〔三〇二〕堇，《有女同車》『顔如舜華』《毛傳》有『舜，木槿也』句，《説文・堇部》：『堇，黏土也。』艸部：『堇，艸也。』雷浚《説文外編》云：『《説文・艸部》有「堇」字，爲「槿」之正字。』張舜徽《説文解字約注》云：『經傳皆作堇，不从艸，乃省借耳。』指草名的『堇』『堇』當爲古今字，『槿』則爲别體，與『堇』之别在艸旁、木旁之不同耳。底一切下字殘破，可辨爲『隱』字，平山（一）、潘重規均録作『隱』。

〔三〇三〕切上字『妾』平山（一）録作『桑』，校云：『原作清母三等「妾」，與心母一等「蘇」不合，故訂「桑」。』

〔三〇四〕橋，《山有扶蘇》有『山有喬松』句，《説文・夭部》『喬』篆下段注：『喬不專謂木，淺人以説木則作橋，如《鄭風》「山有橋松」是也；以説山則作嶠，《釋山》「鋭而高嶠」是也。皆俗字耳。』黄位清《詩異文録》云：『當從「喬」訓高義爲正。』切語『亦妖』之『亦』字平山（一）改作『奇』，校云：『原作羊母「亦」，與群母「橋」不合，故訂「奇」。』案『奇』與『亦』形不近，没有誤寫之理由，『亦』蓋『亓』之訛，『亓』爲『其』之古體，《釋文》云：『橋，本亦作喬。毛作橋，其驕反；鄭作槁，苦老反。』『亓妖』從毛讀，『苦老』從鄭讀。

〔三〇五〕切下字『昂』平山（一）改作『昴』，校云：『原作唐韻「昂」，與巧韻「狡」不合，故訂「昴」。』

〔三〇六〕 ⿰扌蘀,底一原作『⿰氵蘀』,此《⿰扌蘀兮》篇題也,平山(一)改作『⿰扌蘀』,校云:『原從「氵」,誤。』茲據以改正。

〔三〇七〕 槀,《⿰扌蘀兮》『⿰扌蘀兮⿰扌蘀兮』《毛傳》有『⿰扌蘀,槁也』句,平山(一)改底卷『槀』作『槁』,校云:『原似「槀」』。案平山誤也,『槀』本字,『槁』後起字,《説文·木部》『槀』篆下段注:『枯槀、禾槀字古皆「高」在上,今字「高」在右,非也。』

〔三〇八〕 ⿱癶食,《狡童》有『使我不能餐兮』句,『⿱癶食』爲『餐』字變體,説參校記〔三七〕。

〔三〇九〕 褰⿱㳄心,『褰』爲《褰裳》篇題中文,『⿱㳄心』爲小序《鄭箋》『狂童恣行』句中文,按寫卷體例,『褰』下應有音注。

〔三一〇〕 底一『丰』原作『手』,案此《丰》篇題也,茲據以改正。

〔三一一〕 底一『堂』字上端殘泐,案此《丰》『俟我乎堂兮』句中文,茲據刊本補。

〔三一二〕 底一『茅』原作『芓』,《東門之墠》『茹藘在阪』《毛傳》有『茹藘,茅蒐也』句,茲據以改正。

〔三一三〕 噉,《東門之墠》『東門之栗,有踐家室』《鄭箋》有『栗,人所啗食而甘耆』句,《説文》有『啗』無『噉』,『噉』乃後起字。

〔三一四〕 瀟,《風雨》有『風雨瀟瀟』句,前『淒淒』、『喈喈』及下『膠膠』底一皆作『淒=』、『喈=』、『膠=』,此亦當同,蓋換行而脱去重文符號也。

〔三一五〕 瓀,《子衿》『青青子佩』《毛傳》有『士佩瓀珉而青組綬』句,《釋文》云:『碝,本又作瓀,如兖反。』案《禮記·玉藻》云:『士佩瓀玟而緼組綬。』錢大昕《經典文字考異》云:『瓀,當作碝。』《説文·石部》『碝』篆下段注云:『「耎」多譌「需」,故《山海經》誤作「礝」,《玉藻》誤作「瓀」。』是《釋文》作『碝』爲正字。切語『辱允』平山(一)録作『辱兖』,校云:『原作元韻「元」,與獮韻「瓀」不合,故訂兖。』案平山誤,《廣韻》『允』在上聲準韻,『兖』在上聲獮韻,雖然兩韻不同用,但《莊子·天下》釋文:『舛,川兖反,徐尺允反。』是《廣韻》獮韻之字徐邈有讀作準韻者,底一『辱允』不必改爲『辱兖』也。

〔三一六〕 切上字平山(一)録作『湯』,校云:『原作溪母「渴」,與舌音「達」不合,故訂湯。』

〔三一七〕釁，《出其東門》小序「公子五争」《鄭箋》有「謂突再也，忽子、亹子、儀各一也」句，《廣韻・震韻》「釁」條下云：「釁，俗。」則「釁」當是「亹」之誤字。

〔三一八〕慉，《出其東門》「縞衣綦巾，聊樂我員」《鄭箋》有「迫兵革之難，不能相畜」句，《説文・心部》云：「慉，起也。」《嘼部》「嘼」篆下段注：「凡畜養古作嘼養。」是當以「畜」爲正字，「慉」爲借字。《廣韻・宥韻》小韻「許救切」下有「嘼」字，云：「亦作畜。」「許救切」正同底一之「朽救」也。

〔三一九〕誆，刊本此處無此字，平山（一）校：「阮本、《釈文》俱作「迋」。此《揚之水》一章字，當在前行「子」之前。」案《詩》無「誆」字，「迋」亦唯《揚之水》一見，則此「誆」字應是《揚之水》之「迋」，平山（一）説是也。《説文・辵部》「迋」篆下段注：「《鄭風》「無信人之言，人實迋女」，毛曰：「迋，誑也。」傳意謂「迋」爲「誑」之叚借。」《説文》無「誆」字，蓋爲「誑」的改换聲旁之别體。此條本應在「子釁」條前，蓋脱漏而補於最末者。切語「求狂」，平山（一）録作「求往」，校云：「原似群母「狂」，則與「誆」「求」同是群母，故訂「往」。」案《廣韻》「迋」音俱往切，平山訂作「往」，蓋是。

〔三二〇〕底一原無「鳴」字，平山（一）録有，校云：「原脱此字，當補。」案此《毛詩詁訓傳》通例，兹據刊本補。小字「姜」蓋當爲「鷄」之切語上字，底一蓋奪切下字。

〔三二一〕底一「同」原作「周」，平山（一）改作「同」，校云：「原作「周」，非。」潘重規云：「「周」當作「同」。」案此處《雞鳴》有「甘與子同夢」句，兹據以改正。

〔三二二〕狃，《還》有「並驅從兩肩兮，揖我謂我儇兮」句，伯二五二九《毛詩》、伯二六六九《毛詩傳箋》「肩」均作「狃」，《釋文》：「肩，如字，獸三歲曰肩。《説文》云：「三歲豕，肩相及者。」本亦作豜，音同。」馬宗霍《説文解字引詩考》云：「《豳風・七月》云：「獻豜于公。」彼傳云：「豕三歲曰豜。」是毛於兩詩異字同訓，故此詩《正義》亦引《七月》以申傳，許引作「豜」，訓曰三歲豕，文義皆與《七月》合。以豳證齊，以許證毛，疑此詩「肩」字毛本作「豜」。……然則作「肩」蓋是《韓詩》，後人以韓改毛。」案「狃」爲「豜」之换旁别體，今三敦煌寫卷皆作「犴」，可爲馬説佐證。
〔三二三〕底一切上字中間部分殘損，形似「當」，平山（一）即録作「當」；切下字底一殘缺。
〔三二四〕切上字平山（一）録作「湯」，校云：「原作溪母「渴」，與透母「闥」不合，故訂「湯」。」
〔三二五〕契，《東方未明》小序有「挈壺氏不能掌其職焉」句，《説文・大部》：「契，大約也。」手部：「挈，縣持也。」段注：「古叚借爲契、栔字。」是作「契」者借字。
〔三二六〕壼，此處《東方未明》小序有「挈壺氏不能掌其職焉」句，「壼」當是「壺」俗寫之變體，秦公《碑別字新編》收有十二个「壺」之俗寫字（一九五頁，文物出版社一九八五），可以比照。
〔三二七〕爲已，平山（一）校：「按一章箋「東方未明而以爲明」，此卷所拠之本「爲明」作「爲已」或「爲已明」也。」案平山疑其所據本作「爲已明」者是也，《東方未明》「東方未明，顛倒衣裳」《鄭箋》有「挈壺氏失漏刻之節，東方未明而以爲明」句，《正義》云：「以挈壺氏失漏刻之節，每於東方未明而爲已明，告君使之早起。」是孔所據本作「爲已明」，不作「以爲明」也；伯二六六九《毛詩傳箋》此句作「挈壺氏失漏刻之節，東方未明而爲已明」，正與《正義》同，此寫卷出「爲已」，可知其所據本亦作「東方未明而爲已明」。爲者，以爲也（説參裴學海《古書虚詞集釋》），作「爲已明」是，刊本作「以爲明」者，乃「爲已明」之誤倒，已、以古通用。蓋本作「爲已明」，因已、以通用，展轉寫作「爲以明」，不可解，故倒作「以爲明」也。切語「羊之」，平山（一）校：「「已」無平聲讀音，疑「之」或爲「止」之誤。」案第二八行「目」音「羊止」，可證平山之善。
〔三二八〕「䖏」爲「處」之俗字，此處《東方未明》「東方未明，顛倒衣裳」《鄭箋》有「故羣臣促遽，顛倒衣裳」句，《廣韻》「遽」音其據切，與此「其據」之切語合，「䖏」應是「遽」之誤。
〔三二九〕析，《東方未明》有「折柳樊圃」句，底卷作「析」，乃是木、扌混淆所致。
〔三三〇〕底一切語殘破，不能辨别。
〔三三一〕蕃，《東方未明》「折柳樊圃」《毛傳》有「樊，藩也」句，《釋文》云：「藩，方元反，本又作蕃。」「蕃」「藩」古今字。切下字「表」應是「袁」之誤字。

〔三三二〕搤，底一原作「榏」，此《南山》小序《鄭箋》「襄公使公子彭生乘公而搤殺之」句中文，「榏」爲扌、木不分造成之俗字，兹據刊本改爲「搤」。

〔三三三〕嗺嗺，《南山》有「南山崔崔」句，「嗺」當是「嗺」之形誤，《經典釋文・周易音義・晉卦》：「摧如，罪雷反，退也。鄭讀如「南山崔崔」之崔。」《大雅・雲漢》「先祖于摧」《鄭箋》：「摧當作嗺。」崔、摧、嗺並同音通假；《說文》無「嗺」字，正字當作「崔」。切上字平山(一)録爲「足」，校云：「原似章母「之」，與精母「嗺」不合，故訂「足」。」案平山改是也，「足」字俗寫與「之」形近，第三八行「卒」音「足恤」之「足」可證。

〔三三四〕太朗，《廣韻》「蕩」音徒朗切，定紐上聲蕩韻；又音他浪切，蒗蕩渠，透紐去聲宕韻。而「太」則爲透紐字，與徒朗切不合，作他浪切者其義及聲調亦不合，「太」應是「大」之誤，「大」亦定紐字。

〔三三五〕屨，底一原作「屢」，《南山》有「葛屨五兩」句，平山(一)改作「屨」，校云：「原作「屢」誤。」兹據以改正。切下字底一殘存上部「且」，平山(一)、潘重規均録作「具」，兹從之。

〔三三六〕綏，《南山》有「葛屨五兩，冠緌雙止」句，「綏」爲「緌」之借字，說見校記〔一七八〕。切語上下字模糊不可辨，唯切下字下半尚可辨爲「大」。

〔三三七〕藝，《南山》有「蓺麻如之何」句，《釋文》云：「蓺，魚世反，樹也。本或作藝，技藝字耳。」李富孫《詩經異文釋》云：「《說文》云：「埶，種也。」不从艸。《廣韻》：「蓺，本埶。」則艸已是後人所加。「藝」爲才藝字，世俗不知其義，恒與「蓺」相亂。」《說文・丮部》「埶」篆下段注：「唐人樹埶字作「蓺」，六埶字作「藝」。說見《經典釋文》。然蓺、藝字皆不見於《說文》。周時六藝字，蓋亦作「埶」。」

〔三三八〕獦，《南山》「衡從其畝」《毛傳》有「衡獵之，從獵之」句，「獦」爲「獵」之俗字，說見《敦煌俗字研究》下編二五七頁。

〔三三九〕重之，《南山》「衡從其畝」《毛傳》有「衡獵之，從獵之，種之然後得麻」句，《正義》云：「今定本云「重之然後得麻」，義雖得通，不如爲「種」字也。」案《説文·禾部》：「穜，埶也。」「種，先穜後孰也。」《五經文字·禾部》：「穜，經典相承作穜稑之穜。種，經典相承以爲種植之種。」是「穜」者，今種植之「種」；「種」者，今種子之「種」，今義與古互易。寫卷作「重」者，與定本同，「重」爲「種」之省借。

〔三四〇〕穫，《甫田》「無田甫田，維莠驕驕」《毛傳》有「大田過度，而無人功，終不能獲」句，《説文·犬部》：「獲，獵所獲也。」《禾部》：「穫，刈穀也。」《正義》云：「若大田過度，力不充給，田必蕪穢，維有莠草驕驕然。」則當以作「穫」爲本字。

〔三四一〕怛怛，底一原作「怚怚」，平山（一）改作「怛怛」，校云：「原作「怚」，誤。」案此《甫田》「勞心怛怛」句中文，平山改是也，茲據以改正。

〔三四二〕丱，此處《甫田》有「總角丱兮」句，「丱」或寫作「卝」，乃《説文》「𠁩」字隸變之異，此作「丱」，「卝」之訛體。切上字「瓜」底一原寫作「爪」，俗書「瓜」「爪」相亂，茲徑録正。下同此者不再出校。

〔三四三〕切語「出兀」平山（二）録作「土兀」，校云：「「土」原似「出」，蓋是譌字。」

〔三四四〕濁，《盧令》小序「襄公好田獵畢弋而不脩民事」《鄭箋》有「畢，噣也」句，《釋文》云：「噣，直角反，本亦作濁。」《爾雅·釋天》：「濁謂之畢。」楊賡元《讀爾雅日記》云：「「噣」爲「濁」之本字，作「濁」者，假借字也。」

〔三四五〕苟，此《敝笱》篇題也，平山（一）改作「笱」，校云：「原作「苟」，當誤。」案「苟」爲「笱」之俗寫，敦煌寫卷艹、竹不分也。

〔三四六〕鱞，《敝笱》有「其魚魴鰥」句，「鱞」爲「鰥」之別體。

〔三四七〕唯唯，底一原作「准准」，此處《敝笱》有「其魚唯唯」句，平山（一）據以改作「唯唯」，校云：「原作「准」，誤。」潘重規云：「「准准」當作「唯唯」。」茲據以改正。《廣韻》「唯」有以追、以水二音，馬瑞辰《毛詩傳箋通釋》以「唯唯」爲「遺遺」之假借，《廣韻》「遺」音以水切，底一「食水」蓋爲「養水」之誤，「養」亦喻紐字。

〔三四八〕駈，此《載驅》篇題也，『駈』爲『驅』之改換聲旁俗字，説見《敦煌俗字研究》下編六五一頁。切語『佃跦』，平山（一）改作『曲踰』，校云：『二字原作「回跦」，當是「曲踰」之誤，「跦」蓋是涉「徐」而誤者。』潘重規云：『「回」當作「曲」。』

〔三四九〕播，底一原作『橎』，《載驅》小序有『播其惡於萬民焉』句，『橎』乃木、扌不分造成之俗字，爲免與木名之『橎』混淆，兹據刊本録正。

〔三五〇〕平山（一）改『吉郭』作『苦郭』，是也。

〔三五一〕捶，《載驅》有『垂轡濔濔』句，『捶』當作『垂』。

〔三五二〕轡爾爾，《載驅》有『垂轡濔濔』句，《釋文》云：『爾爾，本亦作濔，同，乃禮反。』陳奐《詩毛氏傳疏》云：『《釋文》「爾爾，本亦作濔濔」，猶《新臺》「濔濔」，今作「瀰瀰」，皆爲後人增益偏旁耳。』是『爾』『濔』爲古今字。

〔三五三〕豈第，《載驅》有『齊子豈弟』句，『第』爲『弟』之後起字。『今愷字』之『字』底一原作『子』，平山（一）改作『字』，校云：『原作「子」，誤。』潘重規云：『「愷子」當作「愷字」。』兹據以改正。注文『閭闈』，此出《鄭箋》『豈讀當爲闓。弟，《古文尚書》以弟爲圛』，平山（一）改『閭』改爲『闓』，校云：『原作「閭」誤。』潘重規云：『「閭」當作「闓」。』『閭』當爲『闓』之形誤；『闈』應是因『闓』而類化者，本當作『圛』。

〔三五四〕標目字存右半『攵』，蓋爲『汶』之殘，此處《載驅》有『汶水湯湯』句，平山（一）録作『汶』。切語『亡羊』，平山（一）校：『原作陽韻「羊」，與問韻「汶」不合，當誤。疑「糞」之訛，暫闕之。』案『糞』與『羊』形不似，待考。

〔三五五〕仿，《載驅》『齊子翱翔』《毛傳》有『翱翔猶彷徉也』句，聯緜詞無定字，仿、彷並同。

〔三五六〕滔滔，底一原作『浛浛』，此處《載驅》有『汶水滔滔』句，『浛』應是形誤字，兹據刊本改正。

〔三五七〕儦，底二起於此，自此至『趨』條爲底二之文。平山（一）切上字作缺字，校云：『原作「皮」。』『儦』幫母字，不宜用並母「皮」作上字，疑是「彼」之譌，今闕之。」

〔三五八〕底二切下字模糊，然尚可辨爲『逼』字，潘重規録作『英邁』，誤。

〔三五九〕『蹌』字底二存上半截，底一存下半截。

〔三六〇〕毛須允，上文『選』音『須兖』，選、兖同韻，『允』似乎爲『兖』之誤，然準、獮二韻亦有同用者，説參校記〔三三五〕，則作『允』亦不可謂誤。

〔三六一〕切語在底二中，第二个反切有殘泐，切上字存右下角竪筆及一捺之殘筆，蓋是『爪』，即『瓜』之俗也；切下字存上部『串』，蓋是『患』，平山（一）録作『瓜患』。

〔三六二〕魏葛屨第九，此五字爲底二文。底二『屨』原作『屢』，形誤字，兹據刊本改正。

〔三六三〕《廣韻》『隘』音烏懈切，在去聲卦韻，而切下字『買』則在上聲蟹韻，第五九行『隘』音厄賣，『賣』在去聲卦韻，正與《廣韻》合，『買』應是『賣』之誤。

〔三六四〕切語『從諭』平山（一）録作『促諭』，校云：『原作從母「從」，趨《釈文》「七須反，徐七喻反」、《廣韻》「七逾切」，俱爲清母，故訂「促」。』案平山是也，底二第一行『趨』音『促愚』，可爲佐證。

〔三六五〕□側，自此切語至『襳襳』條爲底二之文。

〔三六六〕切下字底二模糊，不能辨識。

〔三六七〕襳襳，《葛屨》『摻摻女手』《毛傳》有『摻摻猶纖纖也』句，《説文》有『纖』無『襳』，『襳』當是後起換旁字。切下字底二殘存上部，不能辨識。

〔三六八〕要，底一存下部『女』之下半，《葛屨》此處有『要之襋之』句，兹據刊本擬補。

〔三六九〕𣚍，《葛屨》此處有『要之襋之』句，『𣚍』乃『襋』之俗訛，『棘』俗寫作『𣗥』，木旁爲衤旁之形誤。

〔三七〇〕僻，《葛屨》有『宛然左辟』句，平山（一）改作『辟』，校云：『原作「僻」，按二章「宛然左辟，佩其象揥」，蓋涉「佩」而誤。』案伯二五二九《毛詩》、伯二六六九《毛詩傳箋》兩寫卷均作『僻』，『僻』爲『辟』之後起字，非誤，且切語下字作『辟』，可知作者所據本《毛詩》作『僻』。

〔三七一〕自此條至『彼其』條爲底二文。

〔三七二〕切上字爲被切字『莫』之省代符，此以被切字作反切上字，以切下字表示韻調不同的一種注音方法。

〔三七三〕切下字底二殘存左下角，平山（一）、潘重規均録作『廉』。

〔三七四〕『其』字底二殘存上部『廾』，此處《汾沮洳》有『彼其之子，美無度』句，平山（一）、潘重規均録作『其』，兹據以擬補。切下字底一殘存下部『心』，潘重規録作『忌』，蓋是，《韓詩外傳》卷二『君子有主善之心』章引《詩》云：『彼己之子，美如英。美如英，殊異乎公行。』其引此《汾沮洳》次章作『彼己之子』，則首章亦必作『彼己之子』也。寫卷『其』音『姜忌』，乃讀『其』爲『己』也。

〔三七五〕遁，《汾沮洳》『殊異乎公路』《鄭箋》有『晉趙盾爲軞車之族』句，平山（一）據以改作『盾』，校云：『原作「遁」。箋文此上有「趙」，「遁」蓋是涉「趙」而誤者。』案趙盾之『盾』多有寫作『遁』者，伯二六六九《毛詩傳箋》寫作『遁』，斯一四四三背《春秋左傳杜注》亦作『遁』，可知作『遁』非訛字，應是假借字。切下字平山（一）録作『損』，校云：『原從亻，當誤。』

〔三七六〕蕒，《汾沮洳》『言采其藚』《毛傳》有『藚，水舄也』句，《爾雅·釋草》：『芣苢，馬舄。』《釋文》出『蕒』字，嚴元照《爾雅匡名》云：『蕒，俗字。』

〔三七七〕照，《汾沮洳》『殊異乎公族』《鄭箋》有『公族，主君同姓昭穆也』句，平山（一）改作『昭』，校云：『原作「照」，當誤。』案昭、照二字古多通假者，『照』爲『昭』之借字。切語『成柘』平山（一）録作『成招』，案《廣韻》『柘』在去聲禡韻，不可切平聲宵韻字『昭』，『柘』當是『柖』之形誤；然『柖』爲僻字，應是『招』字由於扌、木混淆造成之俗寫。自『成柘』二字至『以行』條爲底二文。

〔三七八〕謡，底二原作『謟』，此《園有桃》『我歌且謡』句中文，平山（一）改作『謡』，校云：『原作「謟」，似是「謡」之俗字，今訂作「謡」。』兹據以改正。切語『羊柘』平山（一）録作『羊招』，案『柘』當作『招』，説詳上條校記。

〔三七九〕後一切語之切下字底二殘存上半，不知何字。

〔三八〇〕『岵』字底一殘泐，據切語『洪古』，知其當是《陟岵》篇題之『岵』，平山（一）即補『岵』字，兹據以補。

〔三八一〕自第二『坎』字至『貆』爲底二文。

〔三八二〕連，《伐檀》有『河水清且漣猗』句，『連』當爲『漣』之同音借字。

〔三八三〕堙，《伐檀》有『胡取禾三百廛兮』句，『堙』爲『廛』之俗字，説見《敦煌俗字研究》下編一八〇頁。

〔三八四〕貆，底二殘存左上角『爫』，平山（一）、潘重規均録作『貆』，案此處《伐檀》有『胡瞻爾庭有縣貆兮』句，兹據以擬補。

〔三八五〕飱，此處《伐檀》有『彼君子兮，不素餐兮』句，『飱』爲『餐』字變體，説參校記〔二七七〕。

〔三八六〕飱，《伐檀》有『不素餐兮』句，『飱』乃『餐』之變體，此以『蘓昆』切之者，乃讀『餐』爲『飧』也，説參校記〔二七七〕。自『蘓昆』至『樂』爲底二文。

〔三八七〕平山（一）改『力瞻』爲『力贍』，校云：『原作瞻，平聲塩韻字。斂屬上聲琰韻，亦屬去聲豔韻，故訂瞻爲豔韻字贍。』

〔三八八〕切上字底二殘存上部『十』，當爲『古』之殘，平山（一）即録作『古』。

〔三八九〕『樂』字底二殘去中間部分，此《碩鼠》『適彼樂土』句中文，兹據刊本擬補。

〔三九〇〕標目字底一殘泐，平山（一）、潘重規均補『咏』字，案此處《碩鼠》有『誰之永號』句，平山（一）及潘皆據《釋文》補也。

〔三九一〕底一『蟀』原作『蟬』，平山（一）改作『蟀』，校云：『原作「蟬」，誤。』兹據以改正。

〔三九二〕自此條至『其居』之前一條爲底二文。

〔三九三〕切下字底二殘存上半『加』及下半小部，蓋是『賀』字之殘存者，若此爲『賀』字，則被切字當是『太』，第七五行『太』音『湯賀』，切下字亦作『賀』；《蟋蟀》首章有『無已大康』句，《釋文》：『大，音泰，徐勑佐反。』平山（一）疑是『大』，伯二五二九《毛詩》作『太』，『大』『太』古今字。

〔三九四〕切上字底一模糊，不能辨識，平山（一）録作『恭』，潘重規録作『其』。

〔三九五〕慆，底一原作『慆』，乃『慆』之俗寫，爲免與『憂困』義之『慆』混淆，茲依刊本改作『慆』。

〔三九六〕自『生寄』至『菀』爲底二文。

〔三九七〕掃，《山有樞》小序有『有朝廷不能洒埽』句，『掃』爲『埽』之後起换旁字。

〔三九八〕『菀』字底二殘損右下角，此處《山有樞》有『宛其死矣』句，《釋文》云：『宛，於阮反，本亦作苑，死貌。』案『菀』即『苑』之俗字，説詳《敦煌俗字研究》下編五〇五頁。馬瑞辰《毛詩傳箋通釋》云：『宛爲苑之假借。』切上字底一殘存下半，似『威』之殘，平山（一）、潘重規均録作『威』。

〔三九九〕『愉』字底一殘存右邊『俞』，平山（一）、潘重規均録作『愉』，此處《山有樞》有『他人是愉』句，茲據以補。又注文『毛容朱』三字在雙行注文之右行，其左行殘缺約三字。

〔四〇〇〕標目字底一存右邊殘畫，平山（一）録作『栲』。切上字底一存右邊殘畫。

〔四〇一〕標目字底一殘缺，平山（一）補『杻』，案此處《山有樞》有『隰有杻』句，據切上字『拏』，知被切字應是『杻』。

〔四〇二〕『檍』字底一殘存右半『意』，平山（一）、潘重規均録作『檍』，此處《山有樞》『隰有杻』《毛傳》有『杻，檍也』句，茲據以擬補。

〔四〇三〕『掃』字底一殘存右半『帚』，此處《山有樞》有『弗洒弗埽』句，平山（一）、潘重規均録作『埽』，案寫卷凡『埽』皆寫作『掃』，此亦當同，故補『掃』字。底一止於切上字『素』。

〔四〇四〕自『灑』條以下爲底二文。切上字存殘筆，平山（一）、潘重規録此切語爲『生彼』，案敦煌寫卷亻、彳混用。

〔四〇五〕切上字底二存右半『寸』，平山（一）、潘重規均録作『付』；切下字底二殘存左上角殘畫，不識何字，平山（一）疑是『武』字。

〔四〇六〕此字底二殘存上截約三分之一，潘重規録作『綃』，平山（一）録作『純』，校云：『原字只見上半，不似「綃」，而似「純」。』案《揚之水》『素衣朱襮』《鄭箋》有『丹朱爲純也』句，平山所録爲善；『純』下底二殘泐。

〔四〇七〕粼，底二原爲重文符號，其前一字在上一行之末，已殘泐，案此處《揚之水》有『白石粼粼』句，據其切語『力珍』，知爲『粼』字，故據刊本補。

〔四〇八〕徹，《揚之水》『白石粼粼』《毛傳》有『粼粼，清澈也』句，《釋文》云：『澈，直列反。或作徹，誤。』案王力《同源字典》云：『水通明爲「澈」。《説文》無「澈」字。「澈」是後起的分別字，以別於一般通徹的「徹」。』毛公作《傳》時尚無『澈』字，《釋文》以不誤爲誤。

〔四〇九〕切上字底二存殘筆，據下條『繆』爲『《綢繆》』篇題也，則此當是『綢』之切語。

〔四一〇〕『茍』爲『蒭』的變體，而『蒭』則爲『芻』之俗字，《玉篇·艸部》：『芻，俗作蒭。』《綢繆》有『綢繆束芻』句。

〔四一一〕『覯』字底二殘存上半截，左邊爲『世』，《綢繆》有『見此邂逅』句，《釋文》云：『覯，本又作逅，同，胡豆反，一音户冓反。』陳奐《詩毛氏傳疏》云：『《説文》無「邂」字，「邂逅」當依《釋文》作「解覯」。』此殘字應是『覯』之俗寫，底卷凡『冓』旁皆寫作『菁』，故據補『覯』字。『覯』下底二殘泐約十字（按大字正文計）。

〔四一二〕此處《杕杜》小序有『獨居而無兄弟，將爲沃所并爾』句，《釋文》云：『并，必政反。』『賓正』當是『并』之切語。

〔四一三〕『毛』下一字底二存上半，不識何字；『子』下一字底二存上半，亦不識何字。此下底二殘泐約十字（按大字正文計）。

〔四一四〕此處《羔裘》有『羔裘豹褎，自我人究究』句，『詳秀』應是『褎』之切語。

〔四一五〕隝，此《鴇羽》篇題也，『隝』當作『鴇』，説見校記〔三八七〕。

〔四一六〕煖，《無衣》『安且燠兮』《毛傳》有『燠，暖也』句，《釋文》出『煖』字，《説文》有『煖』無『暖』，『暖』爲後起換旁字。

〔四一七〕切上字底二存右上角，蓋『詳』之殘存者，第九五行『食』音『詳吏』，可爲佐證。此下底二殘泐約十二字（按大字正文計）。

〔四一八〕切上字殘存上半，不識何字。

〔四一九〕『謗』字右半破損，《采苓》『人之爲言，苟亦無信』《鄭箋》有『謂謗訕人』句，茲據刊本補。

〔四二〇〕平山（一）『生管』録作『生菅』，校云：『原作管，上聲緩韻合口字。訕屬平聲删韻開口，故訂作菅。』案敦煌寫卷⺮、艹混用，平山所改當是。

〔四二一〕車轔，《釋文》云：『鄰，本亦作隣，又作轔。』馬瑞辰《毛詩傳箋通釋》曰：『《説文》有「鄰」無「轔」，新附有之，是古本作「鄰」，「轔」乃後人增益之字。……三家詩或有作「轔」者，遂並改《毛詩》作「轔」耳。』『第』字底二殘存上部『⺮』，底二『第』以下殘泐，依例補此『十一』二字。

〔四二二〕標目字僅存右下角『弋』，從切語上字『庭』及下條『囿』來看，蓋是『駟驖』之『驖』。

〔四二三〕切下字底二殘存右半『立』，平山（一）、潘重規録作『位』。

〔四二四〕『括』字底二左邊『扌』之上半殘去，《駟驖》『舍拔則獲』《鄭箋》有『拔，括也』句，茲據以補。此下底二殘泐約十字（按大字正文計）。

毛詩音(二)(大雅旱麓—召旻)

伯三三八三

【題解】

底卷編號爲伯三三八三,共九十六行,起《大雅·旱麓》「鳶飛戾天」《鄭箋》「鳶,鴟之類」句「鴟」字條注音,至《召旻》「彼疏斯粺」《鄭箋》「糲十,粺九,鑿八,侍御七」句「鑿」字條注音,標目字單行大字,注文雙行小字。

小島祐馬認爲此非徐邈《毛詩音》,乃陸德明《經典釋文》以前的某家詩音(《巴黎國立圖書館藏敦煌遺書所見録(四)》,《支那學》第六卷第三號,一九三二年七月),定名爲「毛詩音義」;王重民《敘録》認爲是東晉徐邈所撰《毛詩音》;劉詩孫《敦煌唐寫本晉徐邈毛詩音考》認爲非徐邈之作,而懷疑爲陸德明《經典釋文》之原本;周祖謨《唐本毛詩音撰人考》則認爲是隋魯世達所作《毛詩音義》(《漢語音韻論文集》,商務印書館一九五七);潘重規《王重民題燉煌卷子徐邈毛詩音新考》,認爲這是徐邈以後、《釋文》以前的六朝《詩音》(《敦煌詩經卷子研究論文集》,香港新亞研究所一九七〇);平山久雄《敦煌〈毛詩音〉殘卷反切的結構特點》認爲據目前資料,難以考定作者,應該闕疑(《古漢語研究》一九九〇年第三期)。今擬名爲《毛詩音(大雅旱麓—召旻)》。

王重民據寫卷「世」字不缺筆,而「民」字或缺或否,懷疑爲貞觀初寫本。平山久雄云:「『民』字有缺筆,其他的唐諱都不避,一般認爲是盛唐抄本。其字迹精美,很可能是從中原地區帶來的,那麼它不會寫在吐蕃佔領敦煌時期。」平山氏之説較爲妥當。

劉詩孫《敦煌唐寫本晉徐邈毛詩音考》對寫卷注音作了音系上的歸納(《真知學報》第一卷第一期,一九四二年三月;第一卷第五期,一九四二年七月;第二卷第一期,一九四二年九月。簡稱「劉詩孫」);平山久雄《敦煌〈毛詩音〉殘卷反切の研究(上)》有對寫卷的録文及校記(《北海道大學文學部紀要》第十四號第三分册,一九六六年三月。簡稱『平山(一)』)，後又在《敦煌毛詩音殘卷反切の研究(中の一)》(《東洋文化研究所紀要》第七十八册，一九七九年三月)對録文作了訂正(簡稱『平山(二)』)。

底卷於詩題前多空兩格(亦有不空者，當是傳抄所致)，録文時另起一段，不再保留空格，並將詩題加粗(如篇名本身無注文，則與下文間空一格)。

今據縮微膠卷録文，以中華書局影印阮元刻《十三經注疏·毛詩正義》(簡稱『刊本』)及《經典釋文》(簡稱『釋文』)爲參校本，校録於後。

(前缺)

鴟尺支。跳田堯。熑香氣。勞郎到。施于上盈豉反。

思齊側皆。〔一〕大姒上太。神罔無往。恫(恫)土工。以御毛顔嫁反，鄭言據反。雝雝雍，於容反。無射毛羊石反，鄭食夜反。列毛力哲；鄭爲厲，良滯反。《説文》云『惡疾』。〔二〕假毛皆雅反；鄭爲瘕，皆牙反。〔三〕不瑕行家。〔四〕無斁毛羊石；鄭作擇，棖白反。〔五〕

皇矣　之莫或誤爲廣。〔六〕爰度唐各。耆翹夷。式郭苦霍反，《尔雅》云：『郭，大。』〔七〕作之宰洛。并之賓領。〔八〕菑(菑)側狸，又側吏。翳宴計。其栵力滯。辟脾赤。檉勑貞。椐起居。攘之上而章。剔天歷反，又天帝。檿燕覃。〔九〕柘之夜。自斃毗袂。〔一〇〕柂而音，郭云『樹似槲樕而庳小，子如細栗』。椐樻困匱反，孫炎云『腫節可以爲杖』。〔一一〕刊肯寒。串毛爪(瓜)患反；鄭爲混，古温反。媲普計反，孫炎云『凡相偶爲媲』。帝省息領。斯拔(拔)蒲外。兑徒外。易盈豉。貊萌百。王此上于誰。克比并里。和偏補見。施于上盈豉。畔蒲半。援毛于万，▨▨▨(鄭胡喚)。〔一二〕歆香今。拔(拔)蒲末。扈户。阮愚袁。徂存都。共恭。周祜洪古。其▨(鮮)□□▨(延)，▨(鄭)息淺。〔一三〕不長珍兩。夏行雅。鉤(鉤)古侯。援于元。衝春鍾。梯天兮。倡尺上。執訊(訊)信。攸馘瓜獲。〔一四〕曰禡萌霸。

蘖蘖（·蘖蘖）迎竭。〔一五〕　茀茀弗。　仡仡言訖。　言拂扶勿。〔一六〕　猶俔京毀。　俔戾零計。

靈臺　民樂顏孝。　▨（𥚃）子▨（鳩）。〔一七〕　登觀古乱。　勿亟己力。　囿于救。　麀衣牛。　濯濯憧角。〔一八〕　翯懷角。〔一九〕　沼之繞。　於牣刃。　虡其吕。〔二〇〕　維樅促雙。〔二一〕　賁扶文。　於論律旬。〔二二〕　於樂郎各。　植成力。　曰栒須尹。　刻畫宏賣。　鼉唐何。　逢逢蒲工。〔二三〕　矇芒工。　瞍蘇走。　眸牟。

下武　成王于誑。

文王有聲　遹容必。　駿須俊。　伊淢兄逼。　其欲容辱。〔二四〕　維翰恒案。　東注朱諭。　氾敷劒。〔二五〕　有芑羌己。　詒羊之。　厥孫如字。　鄭作遜。〔二六〕　以燕翳見。

生民第廿四　卷十七　大雅二〔二七〕

姜嫄原。　故推春隹。　克禋伊仁。　以弗妃勿。　郊禖木杯。〔二八〕　弓韣杜屋。　言祓妃勿。　敏栂（拇）母，賈逵云『大指』。　止住重注。〔二九〕　誕彌民卑。　如達湯割。　不坼薑宅反，《說文》云『裂也』。〔三〇〕　不副丕逼。　無菑（菑）則來。　誕寘正豉。　之隘厄▨（賣）。〔三一〕　牛腓扶非。〔三二〕　誕朝張遥反，或誤爲寘。〔三三〕　鳥覆敷茂。　藉慈夜。　呱工胡，《說文》『小兒啼聲』。　覃徒南。　▨（訏）暉于。〔三四〕　匍薄晡。　匐蒲北。　嶷牛力。　識别兵竭。　蓺魚制。〔三五〕　荏菽仁甚。〔三六〕　旆旆蒲蓋。　穟穟旬醉。　幪幪莫弄。　唪唪逋孔。　茀弗。　種之朱用。　實褎詳秀。　穎營餅，《說文》云『禾末也』。　郃湯來。　秬其莒。　秠丕美。　穈莫昆反，郭云『今赤粱粟』是也。〔三七〕　芑羌己。　一稃妃于，《說文》『穭也』，《倉頡篇（篇）》云『甲也』，《聲類》云『米之皮』。　亘之剄（剛）鄧。〔三八〕　穫胡郭反。　是任而鴆。　肇直小。　或揄羊周反，《說文》云『引也』；又如字。　簸補我。　蹂而周。　溲溲色流。〔三九〕　抒食汝。　淅（淅）先歷。　於爨則落。〔四〇〕　薑（簠）封于。　羝（羝）丁兮。　以軷蒲末。　莅力致。〔四一〕　之芰生銜。　獮息淺。　后爇儒（儒）拙。　羝羊牡母。〔四二〕　傅火上凡付。　則諏足須反，又子樓。　卬我剄（剛）。　盛成。　大羹上太。　以迄香乞。

行葦于鬼。耉工厚。涷梨力之。〔四三〕敦史上都温。敦彼上徒官反、徒桓反二音。泥泥年礼。躐力輒。履折成設。緝(緝)七立。蹴子六。踖子亦。洗桑顯。斝(斚)皆雅。醓側産。醓土感。醢黑改。脾頻卑。臄其略。或咢岸各。臄胡感。〔四四〕者比頻至。敦雕音。弓上丁堯。〔四五〕鍭侯。鈞均。中埶(槷)音嚙,藝列反。〔四六〕矍音钁,誑削。相息亮。賁軍上補門反,《礼記注》云『覆敗也』。〔四七〕序點之廉。楊觶征(征)豉。〔四八〕耄莫報反。盖僅奇釁反,《廣雅》云『劣也』。既勾古豆。〔四九〕既挾(挾)箋協(協)反,《説文》云『持也』;又子合。搢晉。一个𠝹(剛)賀反。已偏補見。醽(醹)辱主。大斗之專庚音主又鍾庚反,二音同。〔五〇〕有醇殊脣反。台鮐皆湯來。維祺其。

既醉　惠施式豉。昄昨存素。〔五一〕俶尺叔。嘏皆雅。施及上盈豉。之壼苦本反,《尔雅》云『宫中巷』。梱苦本。儆直義。〔五二〕天被皮義。附著直略。釐力之。

鳧(鳬)凡夫。鷖燕兮。馨顯丁。品齊前細。來爲榮僞。在渚章汝。湑息与。之沝箋音濟礼。〔五三〕潨毛存東反,鄭殊容反。崒(瘗)英憩。亹(亹)音門,莫昆。又作亹。熏熏暉君。芬芬芳文。

假樂上行嫁反,下顔孝。保右于救。抑抑莫逼。〔五四〕匪解耿賣。〔五五〕塈香氣。

公劉　將涖力致。迺乃。埸(埸)羊石。裹果。糧力張。橐湯洛。囊乃郎。輯(輯)慈立。戚揚(揚)上倉亦反。啓行下庚。〔五六〕鉞于月。巘牛偃。鞞邊泠。〔五七〕琫補孔。溥滂補。蹌蹌七羊。俾并婢。乃依毛衣;鄭扆,應豈反。乃造忩(怱)到。匏彭交。搏豕上補各反。燰奴管。三單當安。度徒各。卒子忽。鍛東乱。夾(夾)其上皆洽。澗皆晏。遡速故。芮辱鋭。鞠九六。〔五八〕隩衣六反,又烏報。

泂酌上玄駉。潦郎道。〔五九〕饎甫云。饎尺志。餾力救反,《尔雅》『饎、餾,稔也』郭璞云:『今呼脩飯爲饎,飯孰爲餾。』〔六〇〕罍盧回。溉𠝹(剛)慨。〔六一〕清秦性。〔六二〕

卷阿上逵員。票風上毗遥。〔六三〕則猥烏罪。伴毛普半反,鄭蒲半。奐毛呼乱,鄭胡乱。縱弛式是。酋即由,又在由。宇販彭板。〔六四〕 苐毛弗；鄭秡，妃勿反。〔六五〕 有馮（馮）皮冰。 豫撰狀（狀）轡。 顒顒元凶。 卬卬我罰（剛）。 令聞亡糞。 翽翽呼會。 藹藹哀盖。 亦傅凡付。 橅（撫）擾而沼。〔六六〕 菶菶逋孔反，又蒲孔反。

民勞 重數雙捉。 奷宄（宄）麿美。 汔香乞反，氣不。〔六七〕 汔幾勤衣。 詭京毀。 謥不上忩（忽）感。〔六八〕 遠能乃登，鄭能代反。〔六九〕 怓拏交。 讙況袁。 譊拏交反，又荒瓜反。〔七〇〕 王休歆虯。 以近其靳。 小愒卿列。 泄盈世。 繾遣。 綣丘遠。 覆敷六。 玉汝汝。〔七一〕

板 凡扶嚴。 卒子恤。 癉當旱。 話宏快。 蹶京衛。 泄泄以世。 沓沓徒荅。 繹羊石。 蹻蹻五高反，《尓雅》云『閑也』；又斬妖。〔七二〕 謷謷五高。 蕘儒（儒）招，《説文》『草新』。〔七三〕 灌灌古乱。 蹻其略反，《説文》云『行舉足高也』。〔七四〕 耄莫報。 熇熇香約反，又荒哭。 懠前細。 夸快瓜。 毗頻夷。 弭民卑。 殿丁見，屎香伊反，《尓雅》云『申也』，孫炎云『民愁苦呻吟之聲』。〔七五〕 蔑迷結。 壎況云。 篪直離。〔七六〕 孔易石羊。〔七七〕 辟僻。 立辟毗益。 易易下盈豉，上亦。 掣尺世。 价人上庚拜。 蕃南袁。〔七八〕 垣于元。 翰恒安。 遊衍羊戰。

蕩之什第廿五卷之十八　大雅三

之辟并益。 多辟僻。 駿峻。 諶市林。 是棓（掊）蒲侯。 滔湯高。 倨己御。 懟直類反，《説文》云『怨也』。 攘而章。 祝之又。 詛側助。〔七九〕 炰彭交。 休虎交反，又作休。〔八〇〕 彭享孝庚。 健其建。 無背蒲輩。 陪蒲來。 湎民善。 沉直林。〔八一〕 式號胡高。 呼荒故。 蜩田堯。 螗唐。 蟬市然。 蝘央晚。 内奰平秘反，亦作贔，同。 覃徒南。 人怢成勢（勢）反，又音太。〔八二〕 陟張力。 扈户。 沛補盖。 之揭京竭。 撥補末。 仆芳豆。 沛拔（拔）彭八。 揭見刑殿。 折傷上常設反。

抑英逼。 皆詳羊。〔八三〕 喆人上哲。〔八四〕 訏凶于。 謨莫逋。 荒湛都南。 克共烘。 洒生買，一去音。 掃桑老反，一去音。〔八五〕 廷田經。 灑生綺。 用遏天歷反，鄭作剔，音同。 侯度同各。 話還快。 玷丁簟。 鑢良庶。 毋易盈豉。〔八六〕 捫門。不餴市由，市救。𠷔甲。〔八七〕翕歙急。〔八八〕肩諂勑冉。笑《孟子》曰：『翕肩諂笑，病於夏畦。』言竦體笑勞於夏日灌園也。〔八九〕相在上息亮。於屋烏鹿反，鄭泓角。而厞扶味。〔九〇〕矧式忍。可䠶羊石。〔九一〕辟毗益。卑臧（臧）上并婢反。〔九二〕不譖（譖）創林反，又子念。〔九三〕猶摘直昔。〔九四〕虹胡工。潰胡憒。緡武斌。譖（譖）祖念。〔九五〕於烏。乎呼。〔九六〕臧（臧）否氷美。提田兮。撕星兮。借曰上將亦。而莫莫。〔九七〕夢夢莫朋，崩不。〔九八〕諄諄朱脣。藐（藐）萌剥。取辟譬。遹容必。

桑柔　芮（芮）辱鋭反，《説文》『草生皃』。菀雍勿。侯均。旬須旬。〔九九〕捋盧活。其劉力周。瘼莫。爆苞角。爍郎各。柔濡（濡）辱兖反。〔一〇〇〕人芘并至反，作庇同。〔一〇一〕於暴蒲屋。倉楚亮。〔一〇二〕兄況。填直憐。〔一〇三〕倬都角。騤騤權追。不泯民，名賓。以藎慈進。〔一〇四〕止疑凝。〔一〇五〕梗皆杏。天僤亶。瘏武斌。圉言吕。毖兵冀。兄況。翟撞角。愬宋故。〔一〇六〕僾愛。迸云上八耕。〔一〇七〕稼穡（穡）鄭作家嗇（嗇）。唈烏荅反，郭璞云『短氣也』。食人詳吏。蝨莫侯。痒羊。侗土工。〔一〇八〕贅朱芮（芮）。穹起弓。其相毛息羊，鄭息亮。甡生臻。大風上太。隧遂。中垢罰（剛）厚。悖補佩。嚇呼嫁。〔一〇九〕炙（炙）之石。善背佩。善詈刀（力）智。

雲漢　遇烖則才。旱愒康盖。〔一一〇〕藴威文反，《説文》『欝（鬱）煙也』。蟲蟲徒東反，又作爞。㾕（瘞）英憩。秏（秏）呼到。〔一一一〕斁（斁）東路。可推土雷。霆田鼎。有孑勁列。不相息亮。于摧毛存雷；鄭作嗺，祖雷反。可沮慈吕。炎炎榮鉗。滌滌（滌滌）田歷。旱魃蒲末反，薛綜云『魃鬼，人形，眼在頭上』。〔一一二〕如惔唐甘。焚扶云。心憚毛當佐反，鄭唐旦反。熏暉君。〔一一三〕遯徒頓。黽名忍。瘨丁年反，《廣雅》云『狂病也』，《聲類》云『風病也』。〔一一四〕憯（憯）忿（怱）感。鞫己六。疚恭又。趣馬上忿（怱）走反。不秣莫達。弛式氏。瞻卬仰，言兩反。何瘽里。〔一一五〕嘒血惠。昭假毛皆客反，鄭皆雅反。贏延呈。

崧高上息戎。〔一一六〕駿須俊。華懷化。翰恒安。于藩甫表。〔一一七〕訓夏行雅。贖食欲。亹亹亡斐。〔一一八〕纘祖管。命傅付。俶尺叔。蹻蹻其略。樊蒲安。車乘食證。往近記，姜意反。餞慈箭。郿眉。省生耿。粻珍良。令盧力諸。〔一一九〕委英僞反，又如字。積子漬，又如字。番番補摩。嘽湯丹。揉而又反。聞于上亡坌（糞）。肆四。

蒸民〔一二〇〕秉彝盈尼。昭假皆客。樊扶袁。喉侯。若否甫久。茹仁覔。濡（濡）辱究。脆取歲。侮矜（矜）鰥。輶羊首。衮古本。言樂顔孝。犯軷朋葛。偪兵側。〔一二一〕隘厄介。湽（淄）側狸。〔一二二〕

韓奕羊石。〔一二三〕夏陽上行雅。騷桑勞。甸毛庭見反，鄭食證反。虔共毛音拱，鄭音恭。〔一二四〕不易羊石。榦剄（剛）旦。〔一二五〕奉享興兩。球求。玲力心。瑯郎。〔一二六〕玕干。淑旂勤衣反。綏毛仁隹，鄭荀隹。茀弗。錯忩（怱）故。舄息石。鉤古侯。〔一二七〕鞹苦郭。鞃苦弘。淺幭迷歷。鞗田堯。蠋蜀音，郭璞云『虫大如指，似蚕（蠶）』。蔽并袂。藩甫袁。搤晏革。屠同胡。炰彭交。蔌蘇木反，郭璞云『菜茹之揔名』。筍須尹。有且七余。汾扶云。蹶京衛。父甫。比頻夷。百兩量障。將將七羊。〔一二八〕娣庭帝。祁祁成尸。姞奇乙。韓樂郎各。訏訏暉羽。麀於牛。噳元羽，又作麌。羆彼皮。〔一二九〕貓萌苞。〔一三〇〕溥傍補。〔一三一〕貊萌伯。壑誨各反，《尔雅》云『隍也』，舍人云『城池也』。貔頻夷反，《尔疋》云『白狐也』，郭璞云『一名執夷，虎豹之属（屬）』。

江漢 滔滔湯高。來鋪妃于。湯湯式章。洸洸光。傳中戀。遽其據。辟毗益。旬毛松荀反，鄭作營。釐力之。卣羊首。

常武 繹羊石。皇父甫。有嚴毛宜撿，鄭牛凡。〔一三二〕匪紹毛成沼，鄭尺遥。非解耿賣。如霆田丁。闞孝感。〔一三三〕虓虎交反，虎聲也。鋪妃于反。敦都温；，鄭作屯，徒温反。濆扶文。截前結。嘽嘽湯丹。摯真二。

瞻仰〔一三四〕塡直隣。瘵側介。蟊莫侯。罟古。瘳勑紬。瘉容主。拘恭于。懿（懿）應其。梟古堯。鴟（鴟）尺尸。忮征豉。匿湯得。〔一三五〕如賈工户。倍蒲賄。朱紘壞泓。〔一三六〕奉種朱勇。以食詳吏。人縧素勞。〔一三七〕介狄毛天歷反，鄭田歷反。瘁（瘁）泉粹。幾勤衣。觱并蜜。沸弗。檻下斬。先星見。後胡豆。藐藐（藐）盲角。鞏俱奉。忝天簟。

邵旻靡巾。〔一三八〕**瘨**丁年。**訌**毛胡工，鄭古洪。**椓**竹角。**靡共**恭。**潰**胡憒。**遹**容必。**臯臯（皋皋）**古刀。**訿訿**將此。〔一三九〕**窳**容主。**孔填**直隣。**甚隊**傳淚。**不潰**毛胡憒反；毛作彙，于貴反。〔一四〇〕**捿（棲）**星兮。**苴**林沙反，在加反。〔一四一〕**槁**苦老。**之疚**恭又。**粺**彭賣。**糲**郎達反。《倉頡篇》云「脫粟米也」。**之率**色醉。**鑿**祖洛。**自**〔一四二〕

（後缺）

【校記】

〔一〕思齋，刊本作「思齊」，《釋文》云：「思齊，側皆反。本亦作齋。齋，莊也。」徐灝《説文解字注箋》云：「齊、齋古今字，相承增示也。」《毛詩》用古字，本當作「齊」，《毛傳》：「齊，莊。」《鄭箋》：「常思莊敬者，大任也。」後人據以改爲「齋」。

〔二〕列，此《思齊》「烈假不遐」句中文，《釋文》云：「烈，毛如字，業也。鄭作厲，力世反，又音賴，病也。」「列」爲「烈」之借字。今本《説文·疒部》有「癘」字，云：「惡疾也。」

〔三〕鄭爲瘕，《思齊》「烈假不遐」《鄭箋》云：「厲、假，皆病也。」孔穎達《毛詩正義》（以下簡稱「正義」）云：「鄭讀「列假」爲「厲瘕」，故云皆病也。」

〔四〕不瑕，此《思齊》「烈假不遐」句中文，《釋文》云：「不瑕，毛音遐，遠也。鄭古雅反，已也。」《鄭箋》：「瑕，已也。」案《毛傳》云：「烈，業；假，大也。」僅釋「烈假」二字，《釋文》云：「瑕，毛音遐，遠也；鄭古雅反，已也。」《正義》云：「毛以爲……王之功業廣大，豈不長遠乎？言長遠也。以惡人皆消，故王業遠大，是其聖也。」若經文作「瑕」而不作「遐」，《釋文》、《正義》何從釋爲「遠」？伯二六六九《毛詩傳箋》亦作「遐」，是《毛詩》本當作「遐」，作「瑕」者鄭玄改經也。

〔五〕斁，此《思齊》「古之人無斁」句中文，黄焯《經典釋文彙校》（下簡稱「彙校」）云：「要之從欠從犬，皆「斁」之譌體也。」（四七頁，中華書局一九八〇）

〔六〕平山(二)改『廣』爲『瘼』，案『之莫』爲《皇矣》『求民之莫』句中文，段玉裁《詩經小學》云：『當作嘆。』《潛夫論·班禄》引《詩》作『瘼』，是《詩》有作『瘼』者，底卷『廣』字應是『瘼』之形誤，平山所改是也。

〔七〕式郭，刊本『郭』作『廓』，《釋文》云：『郭，苦霍反，大也。又如字，本又作廓。』陳奐《詩毛氏傳疏》云：『「廓」當依《釋文》作「郭」。』案《説文》無『廓』字，是當以作『郭』爲是。今本《爾雅·釋詁上》『郭』作『廓』，邢昺《爾雅疏》、鄭樵《爾雅注》、邵晉涵《爾雅正義》、郝懿行《爾雅義疏》皆引《方言》『張小使大謂之廓』以釋之。馬宗薌《爾雅本字考》云：『經典亦作「廓」，俗字也。《詩·大雅》「憎其式廓」，傳云「廓，大也。憎其用大位行大政」。《釋文》「廓，本又作郭」，是《詩》本作「郭」也。毛意亦然矣。毛公詁《詩》多用《雅》訓，知《雅》袛訓「郭」爲「大」爾。』『尔』爲『尒』之手寫變體，『爾』『尒』古多混用，下凡『尔』字同。

〔八〕并之，此《皇矣》『作之屏之』句中文，《釋文》云：『屏，必領反，除也。』案《説文·女部》：『姘，除也。』段注：『《詩》「作之屏之，其菑其翳」，《論語》曰「屏四惡」，「屏」皆謂除也。依許則屏，蔽也；姘，除也。義各有當。經傳皆用「屏」，「屏」行而「姘」廢矣。《莊子》「至貴國爵并焉」注：「并，棄除也。」是又叚「并」爲之。』《廣韻》『并』音畀政切，非紐勁韻；切語『賓領』非紐静韻，與此聲調有上去之别，『屏』音必郢切，非紐静韻，正與『賓領』合，是讀『并』爲『屏』也。

〔九〕切下字『覃』平山(一)録作『簟』，校云：『原作一等「覃」，與四等「檿」「燕」俱不合，故訂「簟」。』

〔一〇〕自弊，此《皇矣》毛傳『自斃爲翳』句中文，《釋文》云：『自斃，婢世反，本或作蔽，必世反。』案《爾雅·釋木》云：『獘者，翳。』《説文·犬部》：『獘，頓仆也。或從死。』是『斃』爲『獘』之或體；段注：『獘本因犬仆製字，叚借爲凡仆之偁，俗又引伸爲利弊字，遂改其字作弊。』是『弊』者亦『獘』之别體。

〔一一〕刊本無『椐横』二字，阮元《毛詩校勘記》(下簡稱『阮校』)云：『「樫河柳也」，小字本、相臺本、閩本、明監本、毛本皆下有「椐樻也」，十行本無，按此脱耳。』伯二六六九《毛詩傳箋》在『樫河柳也』下有『椐樻也』三字，正與阮説同；《釋文》有『樻』條，可知陸所據本亦有『椐樻也』三字。

〔一二〕鄭胡喚，底卷『鄭』殘去左邊部分筆畫，『胡』存右半『月』，『喚』存右上角，平山（一）録作『鄭胡喚』，玆據以擬補。

〔一三〕其鮮，底卷『鮮』存左邊部分殘畫，據其所存音注『息淺』二字，當是『度其鮮原』之『鮮』字，平山（一）補『鮮』字，玆據以擬補。切語『延』底卷存右下角，『鄭』存左半，平山（一）録作『延』、『鄭』，玆據以擬補。

〔一四〕馘，刊本作『聝』，慧琳《音義》卷八三《大唐三藏玄奘法師本傳卷第六》『俘馘』條云：『杜注《左傳》「馘，所以截耳也」，《文字典説》「馘，正從耳作聝。」《傳》從酋作馘，俗字也。』《説文·耳部》：『聝，或从首。』是『馘』爲『聝』之俗字。

〔一五〕蘖蘖，此《鄭箋》『言言猶孽孽』句中文，案聯緜詞無定字，『蘖蘖』『孽孽』並同。

〔一六〕言拂，此處《皇矣》有『四方以無拂』句，平山（一）改爲『無拂』，校云：『原作「言」，蓋涉上文「言」誤者，今訂「無」。』

〔一七〕底卷『祲』字殘存右上角和右下角部分筆畫，案此處《鄭箋》有『所以觀祲象、察氣之妖祥也』句，據切上字『子』，知其應是『祲』之殘，平山（一）録作『祲』，玆據以擬補。底卷切下字『鴆』字存左半『冘』，平山（一）録作『鴆』，玆據以擬補。

〔一八〕切語『憧角』平山（二）録作『幢角』，案《廣韻》『濯』音直角切，澄紐字；『憧』音尺容切，穿紐字；『幢』音宅江切，澄紐字，『憧』當是『幢』之變體，敦煌寫卷忄部與巾部常混，平山之録是也。

〔一九〕翯，此《灵臺》『白鳥翯翯』句中文，底卷凡重言字皆出二字，此僅一者，蓋下脱重文符號。

〔二〇〕虡，底卷原作『虗』，此《靈臺》『虡業維樅』句中文，劉詩孫云：『「虗」乃「虡」字之譌。』平山（一）録作『虡』，玆據以改正。

〔二一〕劉詩孫云：『「促」字《廣韻》列入清紐，是「樅」字爲清紐江韻矣。江韻爲二等字，有穿無清，其穿紐楚江内復見「樅」字，是《廣韻》列樅於穿紐也。岂清、穿二紐有混耶？玆據《等子》爲準，列「樅」於穿，別著其紐異韻同之名於上，藉便考徵焉。』案《廣韻》楚江切内爲『摐』，非『樅』也，劉説誤。此音可疑，不可解。

〔二二〕於淪，此《靈臺》『於論鼓鍾』句中文，平山（一）改『淪』爲『論』，校云：『原誤作「淪」。』馬瑞辰《毛詩傳箋通釋》云：『《説文》：「侖，思也。」侖字注又曰：「侖，理也。」傳蓋以「論」爲「侖」之假借。』案『侖』『論』古今字，『侖』『淪』亦古今字。

〔二三〕逢逢，此《靈臺》『鼉鼓逢逢』句中文，《干禄字書・平聲》：『逄、逢，上俗下正。』

〔二四〕其慾，此《文王有聲》『匪棘其欲』句中文，《釋文》：『慾，音欲，本亦作欲。』『欲』『慾』古今字。

〔二五〕汜，底卷原作『汜』，案此《文王有聲》『豐水東注，維禹之績』《鄭箋》『而豐水亦汎濫爲害』句中文，《釋文》云：『汜，芳劒反，字亦作汎。』《説文・水部》：『汎，浮皃。』『汜，濫也。』『氾，水别復入水也。』是『汜』爲『氾』之誤字，『汎』爲『氾』之借字，兹據以改正。

〔二六〕鄭作遜，此處《鄭箋》云：『孫，順也。』不作『遜』；《釋文》云：『孫，鄭音遜。』鄭玄讀『孫』爲『遜』，故云『順也』，『作』當爲『音』字之誤。

〔二七〕民，底卷原缺末筆作『巳』，避諱缺筆字，兹據刊本録正。

〔二八〕禖，底卷原作『禖』，案此《生民》『生民如何？克禋克祀，以弗無子』《毛傳》『古者必立郊禖焉』句中文，平山（一）改作『禖』，校云：『原誤作「禖」。』兹據以改正。

〔二九〕底卷『止』原作『心』，此《生民》『履帝武敏歆，攸介攸止』《鄭箋》『其左右所止住，如有人道感己者也』句中文，平山（一）改作『止』，校云：『原誤作「心」。』案『止』之俗寫與『心』形似，故誤，兹據以改正。

〔三〇〕坼，此《生民》『不拆不副』句中文，《説文・土部》：『㘿，裂也。《詩》曰：「不㘿不䃗。」』《説文・言部》『諦』篆下段注：『凡從㡿之字隸變爲斥，俗又譌斥。』據此，『坼』爲隸變字，『拆』爲俗字。

〔三一〕切下字底卷存上半，平山（一）録作『賣』，兹據以擬補。

〔三二〕牛腓，刊本有『誕寘之隘巷，牛羊腓字之』句，平山（一）校云：『按《生民》三章「牛羊腓字之」，疑此當爲

「羊」。』案《太平御覽》卷五七《地部・林》引《詩》：『誕寘之隘巷，羊牛腓字之。』物觀《七經孟子考文補遺》云：『古本「牛羊」作「羊牛」，注及下同。』皆作『羊牛』，底卷出『牛腓』，則其所據之底本此句應是作『羊牛腓字之』，平山不知《毛詩》實有作『羊牛腓字之』之傳本也。

〔三三〕刊本無『誕朝』條，《正義》曰：『復棄后稷朝旦于寒冰之上，有鳥以翼覆、以翼藉之。』此釋經『誕寘之寒冰，鳥覆翼之』句，然句中『朝旦』二字不知所出，底卷出『誕朝』二字，注云：『張遥反，或誤爲寘。』是其所據之底本作『誕朝之寒冰』也，《正義》之『朝旦』正可釋此『朝』字，《正義》所據本當與底卷同，作『誕朝之寒冰』也。

〔三四〕『訏』字底卷殘去右上角，兹據刊本擬補。

〔三五〕蓺，刊本作『蓺』，《説文・艸部》云：『蓺，艸木不生也。』桂馥《説文解字義證》云：『篆文當從埶，本書爇從蓺，又槸或從蓺，可證也。從坴之字多誤爲幸。……《玉篇》「蓺，子習切，草木生皃」；「蓺，魚制切，種蒔也」。形聲雖異，實一字重出。』則『蓺』爲『蓺』之訛體也。

〔三六〕荏菽，底卷原作『荏＝』，此《生民》『荏菽旆旆』句中文，平山（一）校云：『《生民》四章「蓺之荏菽荏菽旆旆」，疑「＝」當爲「菽」。』案當作『荏菽』，此蓋涉下『旆＝』、『穟＝』、『幪＝』、『唪＝』之重文符號而誤。

〔三七〕底卷『粱』原作『梁』，平山（一）校云：『原似「梁」，當訂「粱」。』案《爾雅・釋草》『虋，赤苗』郭注：『今之赤粱粟。』兹據以改。

〔三八〕亘之，此《生民》『恒之秬秠』句中文，《釋文》：『恒，古鄧反，徧也。本又作亘。』是陸氏所見有作『亘』之本。《顔氏家訓・書證》云：『「弥亘」字從二間舟，《詩》云：「亘之秬秠」是也。今之隸書，轉舟爲日；而何法盛《中興書》乃以舟在二間爲舟航字，謬也。』則顔氏所見《詩》作『亙』，而認爲『亘』乃『亙』隸變。王國維《殷卜辭中所見先公先王考》認爲『亙』乃『亘』之變體，均爲『恒』之初文。王氏據甲文爲説，當勝於顔，『亘』『恒』古今字也。

〔三九〕溲溲，此《生民》『釋之叟叟』句中文，《釋文》：『叟叟，所留反，字又作溲，濤米聲也。《爾雅》作溞，音同。郭音騷。』案《説文・水部》：『浚，浸沃也。』『溲』爲『浚』之隷變，是作『溲』者爲正字。

〔四〇〕於糳，此《生民》『或舂或揄，或簸或蹂』《鄭箋》『將復舂之，趣於鑿也』句中文，《釋文》云：『鑿，子洛反，精米也。《字林》作毇』。案《説文・毇部》：『糳，糲米一斛舂爲九斗曰糳。』段玉裁注：『經傳多叚「鑿」爲「糳」。』是作『糳』者正字。

〔四一〕莅，此《生民》『載謀載惟，取蕭祭脂。取羝以軷，載燔載烈』《毛傳》『嘗之日涖卜來歲之芟』句中文，朱珔《説文假借義證》於『竦』篆下云：『莅、涖皆或體，爲竦之假借。』

〔四二〕『羝』字底卷原誤作『牴』，乃涉下『牡』字而誤，兹據刊本改。

〔四三〕『涷』字底卷原作『涷』，平山（一）改作『涷』，校云：『原作「涷」，非。』兹據以改正。

〔四四〕䐄，《行葦》『嘉殽脾臄，或歌或咢』《毛傳》『臄，函也』句中文，《釋文》云：『函，胡南反，何又户感反，本又作䐄，同。』案『䐄』乃因『臄』而類化。

〔四五〕敦雕音弓上丁堯，平山（一）校云：『此是爲敦注音，疑當作「敦弓，上雕音丁堯」，今暫仍之。』案『敦』讀作雕，『敦』、『雕』雙聲通假；『敦弓』即雕弓，説詳馬瑞辰《毛詩傳箋通釋》。『丁堯』爲『敦』之切語，『敦』『弓』二字當連寫，不應分爲兩條。

〔四六〕槷，此《行葦》『舍矢既均』《毛傳》『已均中蓺』句中文，《説文・木部》云：『臬，射準的也。』《周禮・考工記・匠人》『置槷以縣』鄭注：『槷，古文臬，假借字。』《漢書・司馬相如傳》『蓺殪仆』顔注：『蓺謂射的，即今之垛上臬也。蓺讀與藝同，字亦作臬。』是『槷』『蓺』並『臬』之借字。

〔四七〕賁軍，《行葦》『序賓以賢』《毛傳》有『奔軍之將、亡國之大夫與爲人後者，不入』句，《釋文》云：『奔，音奮。奮，覆敗也。』案此處乃《毛傳》引《禮記・射儀》文，《禮記》作『賁』，鄭注：『賁讀爲僨，僨猶覆敗也。』《説文・人部》：『僨，僵也。』段注：『引伸之爲凡倒敗之偁。』是『賁』『奔』皆『僨』之借字。

〔四八〕 楊觶，此《行葦》『序賓以賢』《毛傳》『又使公罔之裘、序點揚觶而語曰』句中文，當作『揚』，此作『楊』者，扌、木不分之故也。

〔四九〕 勾，此《行葦》『敦弓既句』句中文，《干禄字書·去聲》：『勾、句，上俗下正。』

〔五〇〕 之專庚音主又鍾庚反，平山（一）録作『之專庚音主又鍾庚反』，校云：『「之」字不明何義，疑本是配「庚」之反切上字，後因其爲開口，以合口字「專」換之耶？ 存疑。』案此乃爲《行葦》『酌以大斗』句之『斗』注音，《釋文》云：『字又作枓，都口反。 徐又音主。』陳奐《詩毛氏傳疏》云：『斗者，枓之假借。』馬瑞辰《毛詩傳箋通釋》云：『此詩「大斗」及《小雅》「維北有斗」皆「枓」之省借。』是此『斗』字爲『枓』之假借。《廣韻·麌韻》小韻『之庾切』下有枓、主二字，可知寫卷二『庚』字皆當爲『庾』之誤，平山（一）改『庚』爲『庾』，是也。『鍾庾反』與『主』音同，唯『之專庾』三字不可解，平山（一）懷疑底卷原作『之庾』，後抄者爲使開合口相合而改爲『專庾』，確實，底卷於虞韻系諸字之反切上字皆作合口，唯此『之』字爲開口，然若如平山所説底卷原作『之』，後改作『專』，則表示底卷於開合口區分不嚴，其甚嚴者乃抄手也。 若謂此改字亦作者所爲，那麽前提是必須證明此寫卷爲作者手稿，但此非作者原稿，則不待證明而可知也，故平山的懷疑是不可靠的。 在没有確切證據證明前，我以爲將『之』字視爲衍文可也。 專庾、主、鍾庾三音實同。

〔五一〕 𡚒昨，此處《既醉》『既醉以酒，既飽以德』《鄭箋》有『事謂惠施先後及歸俎之類』句，據《説文》，『𡚒』爲籀文隸定字，『歸』爲小篆隸定字；『昨』當是『俎』之誤。

〔五二〕 儌，此處《既醉》『其類維何？ 室家之壼』《鄭箋》有『室家先以相梱致』句，阮校：『《正義》云：「定本緻皆作致。」是《正義》本此箋及下傳箋「攻致」皆作「緻」也。 考《説文·糸部》本無「緻」字，徐氏新附字有之。鄭《考工記注》云：「稹，致也。」亦不從糸。 當以《釋文》、《定本》爲長。』案《説文》無『儌』字，《方言》卷一：『抵、儌，會也。』致、儌古今字。

〔五三〕 『箋音』二字可有兩種讀法，一作爲反切，一作爲直音，《廣韻》『泲』音子禮切，與此兩讀皆不合，斯二七二九《毛詩音》第一一九行『濟』音『箋礼』，《廣韻》『濟』『泲』皆有『子禮切』一音，與『箋礼』合，則『箋音濟礼』當本作『音濟，箋礼』也，一直音一反切。

〔五四〕切語『莫逼』平山（一）録作『英逼』，校云：『原作明母「莫」，與影母「抑」不合，故訂「英」。』案平山是也，底卷第三七行『抑』音『英逼』，可證。

〔五五〕匪解，此處《假樂》有『不解于位』句，《釋文》出『不解』，《彙校》云：『不，宋本作「匪」。』阮校：『考文古本作「匪」，當是依《公劉》箋中「不」字、經中「匪」字而爲之耳。』蔡邕《陳留太守胡碩碑》云：『納忠盡規，匪懈于位。』馮登府《三家詩異文疏證》據之認爲作『匪』者爲《魯詩》。案斯六三四六背《毛詩》出『匪解』，《釋文》之宋本亦作『匪』，則阮、馮之説可商。

〔五六〕啓行，此《公劉》『爰方啓行』句中文，『啓』爲小篆隸定字，『啓』爲隸變字。

〔五七〕邊泠，《廣韻》『鞞』音補鼎切，在上聲迥韻；『泠』音郎丁切，在平聲青韻，『泠』蓋當爲『冷』之誤，『冷』音魯打切，在上聲梗韻，梗、迥爲庚、青之上聲。

〔五八〕鞠，《公劉》有『芮鞠之即』句，案『鞠』『鞫』二字古多通用，陳啓源《毛詩稽古編》認爲其本字當是『垙』。

〔五九〕『潦』字底卷原作『璙』，此處《洞酌》有『洞酌彼行潦』句，平山（一）改作『潦』，校云：『原誤作「璙」。』茲據以改正。

〔六〇〕飯孰爲餾，平山（一）校云：『今本《爾雅》郭注云「今呼餈飯爲饙，饙熟爲餾」，此処「飯」疑「餴」之誤，暫仍之。』案平山是也，《釋文》云：『郭云：餴熟爲餾。』

〔六一〕摡，《洞酌》有『可以濯溉』句，《釋文》云：『溉，古愛反，清也。』平山（一）校云：『阮本、《釈文》俱作「溉」，「摡」或疑「溉」之誤，暫仍之。』案《説文・水部》以『溉』爲溉水名，而『濯溉』之『溉』以作『摡』爲正字。《説文・手部》『摡，滌也』段玉裁注：『《詩》「摡之釜鬵」，《傳》曰：「摡，滌也。」今本作「溉」者，非。』陳奐《詩毛氏傳疏》云：『溉，當依《釋文》作「摡」。《匪風》傳「摡，滌也」。此篇「濯摡」連文，「濯」爲滌，則

「摡」爲清矣。連言之曰「濯摡」。」王先謙《詩三家義集疏》云：「本詩《釋文》，「溉」無作「摡」之説。《匪風》「溉之釜鬵」，《釋文》：「溉，本又作摡。」亦毛「或作」本。惟據《説文》，則「摡」爲正字。」《彙校》云：「溉乃水名，作摡是。」皆可參。

〔六二〕秦性，劉詩孫云：「《詩音》「清」字，切以「秦性」，秦居從紐，不應切清，此既相切，可以推知清、從不分。但僅孤證，亦未敢定也。」案劉氏誤也，《釋文》云：「清，才性反。」才、秦同爲從紐，《説文》「清」篆下段注：「凡人潔之亦曰清，同瀞。」「瀞」篆下段注：「此今之浄字也，古瀞今浄，是之謂古今字。……今古書多假清爲瀞。」《廣韻・勁韻》「浄」音疾政切，正與「秦性」合，是底卷音「秦性」者，乃讀「清」爲「瀞」也。

〔六三〕票風，《卷阿》有「飄風自南」句，《釋文》云：「票，避遥反，本亦作飄。」案《説文・風部》：「飄，回風也。」《檜風・匪風》「匪風飄兮」《毛傳》：「迴風爲飄。」《大雅・卷阿》「飄風自南」《毛傳》：「飄風，迴風也。」故「飄」爲正字，「票」爲借字。

〔六四〕宇販，《卷阿》有「爾土宇昄章」句，平山（一）録作「昄」，校云：「原作「販」，誤。」

〔六五〕「秡」字平山（一）録作「祓」，校云：「原從禾，誤。」案《卷阿》「爾受命長矣，茀禄爾康矣」《鄭箋》：「茀，福。」《爾雅・釋詁》云：「祓，福也。」段玉裁《詩經小學》云：「鄭依《爾雅・釋詁》以「茀」爲「祓」之假借。」是底卷「秡」當作「祓」，敦煌寫卷禾旁、礻旁常混。

〔六六〕撫擾，《卷阿》「維君子命，媚于庶人」《鄭箋》有「善士親愛庶人，謂無擾之，令不失職」句，阮校：「「謂無擾之」，閩本、明監本、毛本同，小字本、相臺本「無」作「撫」，考文古本同。案「撫」字是也。」

〔六七〕氣不，平山（一）校：「「氣不」応是「或讀作香氣反，非也」之意。」

〔六八〕譟不，此處《民勞》有「憯不畏明」句，《釋文》云：「憯不，七感反。本亦作憯，曾也。」劉詩孫云：「《詩音》「譟」字，乃「憯」字之譌，今據《釋文》正之。」平山（一）録作「憯不」，校云：「原作「譟」，蓋是涉上文「詭」而誤也。」案劉、平山所説是也，「參」之俗寫與「喿」之俗寫同形，故參旁與喿旁常互誤。

〔六九〕鄭能代反，切語上字與被切字同，必誤，《釋文》云：『鄭奴代反。』

〔七〇〕譊，此處《民勞》『無縱詭隨，以謹惛怓』《鄭箋》有『惛怓猶讙譁也』句，《釋文》云：『譊，女交反。本又作譁，音花。』『拏交反』爲『譊』之切語，『荒瓜反』爲『譁』之切語。

〔七一〕玉汝，此處《民勞》有『王欲玉女』句，平山（一）録作『女』，校云：『原作「汝」，則不用注「汝」，今依阮本訂「女」。』

〔七二〕斳妖，平山（一）録作『歆妖』，校云：『原作莊母「斳」，與曉母「䶑」不合，蓋是「歆」之訛誤。』案底卷四七行『休』音『歆虬』，六〇行『翕』音『歆急』，皆以『歆』作爲切上字；『歆妖』者，即『囂』之本音，《廣韻》『許嬌切』，正與『歆妖』合。

〔七三〕説文草新，《釋文》云：『蕘，如謡反。芻蕘，薪采者也。《説文》云：蕘，草薪也。』而今本《説文》作『蕘，薪也』，段玉裁《説文解字注》據《釋文》改作『蕘，艸薪也』，桂馥《説文解字義證》云：『《詩·板》「詢于芻蕘」《傳》云：「芻蕘，薪采者。」《釋文》引本書：「蕘，草薪也。」《長楊賦》「蹂踐芻蕘」李善引本書：「蕘，艸薪也。」馥案：二書所引，並有「艸」字。《漢書·賈山傳》「芻蕘，採薪之人」、《揚雄傳》「麋鹿芻蕘」，顏注並云：「蕘，草薪。」馥謂草薪别於木薪也。』王筠《説文解字句讀》因而據《釋文》及《文選·長楊賦》李善注引改作『蕘，艸薪也』。《廣韻·晧韻》：『草，《説文》作「艸」，百卉也。經典相承作「草」。』《説文解字句讀》：『薪者，新之絫增字。』則『草新』即『艸薪』也。

〔七四〕行舉足高也，今本《説文》作『舉足行高也』，段玉裁《説文解字注》據《漢書·高帝紀下》晋灼注改作『舉足小高也』。案：喬，高也。從喬之字多有高義，《廣韻·藥韻》：『蹻，舉足高。』『舉足行高』與『舉足高』義有别。『舉足行高』意謂擡足行至高處，『舉足高』乃爲行之一種方式。《説文》體例，表動作之方式，前以某類動作之字領頭，如『踧，行平易也』，『跛，行不正也』，『擣，手推也』，『捆，手推之也』，故此處當如底卷作『行舉足高也』。

〔七五〕申也，今本《爾雅》作『呻』，『申』『呻』古今字。『民愁苦』之『民』底卷原缺末筆作『巳』，避諱缺筆字，兹依例録正。

〔七六〕箎，《板》有『如壎如箎』句，案《説文》有『篪』無『箎』，『箎』爲後起別體。

〔七七〕石羊，劉詩孫改作『羊石』，云：『此切殘卷誤作「石羊」，兹據同字同切正之。』案底卷第八一行『易』正音『羊石』，劉改可從。

〔七八〕蕃，《板》有『价人維藩』句，『蕃』『藩』古今字。切語『南袁』，劉詩孫云：『《詩音》「南」字，係「甫」字之誤。』平山(一)録作『甫袁』，校云：『原作泥母「南」，與幫母「蕃」不合，故訂「甫」。』案底卷第八四行『藩』音『甫袁』，可爲證。

〔七九〕『詛』字底卷原作『誼』，《蕩》『侯作侯祝』《毛傳》有『作、祝，詛也』句，『誼』爲『詛』之形誤，兹據以改正。

〔八〇〕注文『又作休』之『休』平山(一)録作『烋』，校云：『原作「休」，與上文「休」重複，依阮本等訂作「烋」。』案平山是也。《蕩》有『女炰烋于中國』句，即本條所出。《説文》無『炰』、『烋』二字，『炰』爲『炮』之後起字，『烋』爲『休』之俗字。 左思《魏都賦》『剋翦方命，吞滅咆咻』劉淵林注引《詩》云：『咆烋于中國。』《説文解字繫傳》『咆』篆下引《詩》云：『咆哮于中國。』《説文・口部》：『咆，嗥也。』『哮，豕驚聲也。』雷浚《説文外編》云：『此炰烋之正字。』是《詩》『炰烋』本當作『咆哮』也。《文選》卷十八嵇康《琴賦》『觸巖觝隈，鬱怒彪休』李善注：『彪休，怒貌。』《三國志・魏書・高柔傳》裴注引孫盛曰：『則不恭可斂衽於一朝，炰哮可屈膝於象魏矣。』彪休、炰哮並『咆哮』之異寫，《毛詩》『咆哮』蓋有作『炮休』者，後遂寫作『炰烋』也。

〔八一〕沉，《蕩》『天不湎爾以酒』《鄭箋》有『有沈湎於酒者』句，《玉篇・水部》『沈』條下云：『沉，同上，俗。』

〔八二〕人忲，《蕩》『内奰于中國』《鄭箋》有『此言時人忕於惡』句，《廣韻》祭韻『時制切』小韻下有『忕』字，注云：『忕，習。』泰韻『他蓋切』小韻下亦有『忕』字，注云：『奢也。又逝、大二音。』《説文・心部》：『忕，習也。』『忲』者俗字也，『忕』則訛字。

〔八三〕皆詳，《抑》「人亦有言，靡哲不愚」《鄭箋》有「賢者皆佯愚不爲」句，「詳」「佯」古今字。

〔八四〕喆人，《抑》有「哲人之愚」句，《玉篇·口部》：「喆，同哲。」

〔八五〕掃，《抑》有「洒埽庭内」句，「掃」爲「埽」之後起换旁字。

〔八六〕毋易，《抑》有「無易由言」句，《説文·毋部》：「毋，止之詞也。」段注：「古通用無。」

〔八七〕刊本無「胛」字，平山（一）校：「阮本、《釈文》俱不見此字。按箋文「皆翕肩諂笑」，疑此卷所拠之一本「肩」作「肩胛」也。但下行有「肩諂」與此不合。存疑。」

〔八八〕翕，《抑》「視爾友君子，輯柔爾顏」《鄭箋》有「皆脇肩諂笑以和安女顏色」句，《釋文》云：「脅肩，本又作脇，香及反。」《後漢書·張衡列傳》「干進苟容，我不忍以歙肩」李賢注：「《孟子》：「阿意事貴，脅肩所尊，俗之情也。」歙亦脅也。」「翕」「歙」古今字，「脇」「脅」同字。

〔八九〕笑，刊本作「笑」，「笑」爲「笑」之古字，説見《敦煌俗字研究》下編四七六頁。

〔九〇〕而屝，《抑》「相在爾室，尚不愧于屋漏」《鄭箋》有「改設饌於西北隅而𢋨隱之處」句，《釋文》云：「𢋨，扶味反，隱也。」阮校：「而𢋨隱之處，小字本、相臺本同。案「𢋨」當作「厞」，《説文》、《五經文字》皆在厂部，《爾雅》不誤，此《釋文》亦誤爲𢋨。」案《説文·尸部》：「屝，履屬。」厂部：「厞，隱也。」此作「屝」者，當亦假借字。

〔九一〕可䠶，《抑》有「矧可射思」句，據《説文》，「䠶」爲「射」之古文。

〔九二〕卑臧，《抑》有「俾臧俾嘉」句，「卑」「俾」古今字。

〔九三〕不譖，《抑》有「不僭不賊」句，《釋文》云：「譖，本亦作僭，子念反，差也。」《説文·言部》：「譖，愬也。」段玉裁於《説文·人部》「僭」篆下注云：「以下儗上，僭之本義也。」是「僭」爲正字，「譖」爲借字。

〔九四〕猶擿，《抑》「投我以桃，報之以李」《鄭箋》有「投猶擲也」句，《釋文》云：「擿，直赤反。」案「擿」「擲」古今字，「擿」爲「擲」的借字。

〔九五〕譖，《抑》有『覆謂我僭』句，『譖』爲正字，『僭』爲借字。

〔九六〕乎，《抑》有『於呼小子，未知臧否』句，《匡謬正俗》卷二『烏呼』條云：『《詩》皆云「於乎」字。』阮校：『《唐石經》、小字本、相臺本「呼」作「乎」，閩本、明監本、毛本同。案「呼」字誤也。』

〔九七〕注文『莫』字平山（一）録作『暮』，校云：『原作「莫」當誤。據《釈文》「音暮」改。』

〔九八〕平山（一）校：『「崩不」応是「或讀作莫崩反，非也」之意。』案莫朋、莫崩音同，平山之説未必是。

〔九九〕侯均旬須旬，平山（一）認爲『均』爲『旬』之義，故録作『侯旬，均須旬』，案此處《桑柔》有『其下侯旬』句，《釋文》：『侯旬，如字，又音荀，均也。』『均』當是『旬』之注文，侯、旬應併爲一條；『須旬』之『旬』與被切字『旬』同，當誤，蓋爲『尹』之訛，底卷一四行『栒』、八四行『笱』竝音『須尹』，可爲佐證，且底卷體例，音在義前，故『侯均旬須旬』當作『侯旬須尹均』。

〔一〇〇〕辱兖反，《桑柔》『菀彼桑柔』《鄭箋》有『桑之柔濡，其葉菀然茂盛』句，《廣韻》『濡』音人朱切，與此不合，且《説文·水部》云：『濡，濡水，出涿郡故安。』與此義亦不合。阮校：『《釋文》云：「濡，而轉反。」段玉裁云：「當是本作偄也。」』案《説文·人部》：『偄，弱也。』段注：『偄俗作輭，譌作軟。』《廣韻》『輭』音而兖切，正與『辱兖反』合。

〔一〇一〕人芘，《桑柔》『菀彼桑柔，其下侯旬』《鄭箋》有『人庇陰其下者』句，《説文·广部》：『庇，蔭也。』艸部：『芘，艸也。』底卷作『芘』者借字。

〔一〇二〕劉詩孫云：『《詩音》「倉」字，切以「楚亮」，即《廣韻·漾韻》穿紐之初亮切也。《廣韻》「倉」居清紐，「楚」居穿紐，以彼例此，豈《詩音》清、穿有淆耶？ 然楚亮切語，應列穿紐二等，《廣韻·漾韻》穿紐二等初亮切内有「創」字，意者「倉」爲「創」字誤耶？』案《羣經音辨》卷二：『倉，喪也，音創，《詩》「倉兄填兮」。』是賈昌朝讀『倉』爲『創』也；馬瑞辰《毛詩傳箋通釋》云：『《傳》訓「倉」爲喪者，蓋讀「倉」爲「愴」。《説文》：「愴，傷也。」』《説文·心部》：『愴，傷也。』段注：『愴訓傷，猶創訓傷也。』愴、創義同，一爲心傷，一爲刀傷也，《廣韻》二字音皆『初亮切』，正與『楚亮』合。

〔一〇三〕切語『直憐』平山（一）録『憐』爲『隣』，校云：『原作先韻「憐」，先韻不與澄母相結合，故訂「隣」。《釈文》「音塵」亦與「直隣」相合。』案底卷九一、九五行兩『填』皆音『直隣』。

〔一〇四〕以藎，《桑柔》有『具禍以燼』句，《釋文》云：『藎，才刃反，本亦作燼，同。』陳奐《詩毛氏傳疏》云：『燼，當依《釋文》作「藎」。』

〔一〇五〕止疑，《桑柔》有『靡所止疑』句，《釋文》：『疑，魚陟反。』案《毛傳》：『疑，定也。』《正義》云：『疑音凝。凝者，安靖之義，故爲定也。』

〔一〇六〕愬，《桑柔》有『如彼遡風』句，案作『愬』是，説詳錢大昕《十駕齋養新録》卷一『愬風』條。

〔一〇七〕迸云，《桑柔》有『荓云不逮』句，《釋文》云：『荓，字又作迸，音普耕反，徐補耕反，本或作拼，同。』《廣韻》『迸』音北諍切，在上聲諍韻，與切語『八耕』作平聲耕韻聲調有平上之別；李富孫《詩經異文釋》云：『荓，依《尔雅》爲馬帚。此假借爲「拼」字。』《廣韻》『拼』音北萌切，正與『八耕』合。《爾雅·釋詁》：『拼，使也。』

〔一〇八〕侗，《桑柔》有『哀恫中國』句，《思齊》『神罔時恫』，《説文·人部》『侗』篆下引作『神罔時侗』，王筠《説文釋例》、桂馥《説文解字義證》皆以『侗』爲『恫』之借字，馬宗霍《説文解字引詩考》云：『疑《毛傳》用本字，三家詩則叚「侗」爲「恫」，許偁之所以説叚借也。恫、侗皆從同聲，故通用。』案此處底卷作『侗』，故知《毛傳》亦有作『侗』之本。

〔一〇九〕嚇，《桑柔》有『反予來赫』句，『赫』『嚇』古今字。

〔一一〇〕旱愒，《雲漢》『倬彼雲漢，昭回于天』《鄭箋》有『時旱渴雨，故宣王夜仰視天河』句，《釋文》云：『愒，苦蓋反，貪也。本又作渴，苦葛反。』

〔一一一〕秏，此處《雲漢》有『耗斁下土』句，『耗』爲『秏』之後起別體。

〔一一二〕眼在頭上，平山（一）校：『此引《毛詩答雜問》（吴韋昭、朱育等撰）也。《藝文類聚》卷一百引云「魃鬼人形眼在鼎上」，《太平御覽》卷三百六十四引云「旱鬼眼在頂上」，疑此殘卷所引「頭」當訂「頂」，暫仍之。』案平山是也，《詩·大雅·云漢》『旱魃爲虐』孔穎達《正義》引《神異經》曰：『南方有人，長二三尺，袒身而目在頂上，走行如風，名曰魃。所見之國大旱，赤地千里。』可證。

〔一一三〕熏，此處《雲漢》有『憂心如薰』句，《釋文》云：『如熏，本又作燻，許云反，灼也。』阮校：『《唐石經》、小字本、相臺本「薰」作「熏」，閩本、明監本、毛本同。案十行本注及《正義》中仍作「熏」。《釋文》以「如熏」作音，「薰」字非也。』案《説文·中部》：『熏，火烟上出也。』艸部：『薰，香艸也。』徐灝《説文解字注箋》云：『熏，本香艸，爇以取其馨烈，故从中从黑。……引申爲凡熏灼之偁。又爲昏黑之義，隸變作熏，因又加艸作薰。』則『熏』『薰』古今字也。至於《釋文》所引别本之『燻』，『熏』之增旁俗字。

〔一一四〕今本《廣雅·釋詁》『狂』下無『病』字。

〔一一五〕瘇，此處《雲漢》有『云如何里』句，『里』『瘇』古今字。

〔一一六〕崧高，底卷『高』原在雙行小注中，平山（一）校：『原以細字書之，此當爲標目之大字，由下文「上」可證，今正。按「崧」字有高訓，因致混淆也。』兹據以録正。

〔一一七〕藩，此處《崧高》有『四國于蕃』句，『蕃』『藩』古今字。切下字『表』當作『袁』，底卷第八四行『藩』音『甫袁』，可證。

〔一一八〕亹亹，此處《崧高》有『亹亹申伯』句，《廣韻·尾韻》：『亹，美也。亹，俗。』

〔一一九〕盧，刊本作『廬』，『盧』爲『廬』之借字。

〔一二〇〕蒸民，刊本作『烝民』，『烝』『蒸』古今字。

〔一二一〕偪，此處《烝民》『王命仲山甫，城彼東方』《毛傳》有『古者諸侯之居逼隘，則王者遷其邑而定其居，蓋去薄姑而遷於臨菑也』句，《釋文》云：『逼，本亦作偪，彼側反。』《説文·畐部》：『畐，满也。』段注以逼、偪皆爲

『畐』之俗字，案段所謂『俗字』，實後起分別文也。

〔一二二〕淄，《烝民》『王命仲山甫，城彼東方』《毛傳》有『去薄姑而遷於臨菑也』句，《釋文》云：『菑，側其反。』案淄、菑在用作地名時多通用，《史記・曹相國世家》『遂取臨菑』，《漢書・曹參傳》作『臨淄』。

〔一二三〕韓弈，刊本作『韓奕』，乃《詩》篇名，案敦煌寫卷『弈』、『奕』常相混，此當作『奕』。

〔一二四〕虔共，底卷『虔』原作『虎』，此出《韓奕》有『虔共爾位』句，平山（一）録『虎』作『虔』，校云：『原誤作「虎」。』兹據以改正。

〔一二五〕幹，此處《韓奕》有『榦不庭方』句，《説文》無『幹』字，《木部》『榦』篆下段注：『榦，俗作幹。』

〔一二六〕瑯，刊本作『琅』，《集韻・唐韻》：『琅，俗作瑯。』

〔一二七〕鉤，此出《韓奕》有『鉤膺鏤鍚』句，《龍龕・金部》：『鈎，俗；鉤，正。』

〔一二八〕將將，此處《韓奕》有『八鸞鏘鏘』句，陳玉樹《毛詩異文箋》卷六：『正字當作「鎗」，「鏘」俗字，《説文》無。』案《説文・寸部》：『將，帥也。』則『將』爲借字。

〔一二九〕羆，此處《韓奕》有『有熊有羆』句，平山（一）録作『羆』，校云：『原誤作「羆」』。案林義光《文源》謂『羆』乃『後出字，疑無本字，借羆字爲之，後因加火耳。』羆、羆蓋古今字。

〔一三〇〕萠苞，平山（一）校：『疑當作「包」，蓋涉上字與右字誤作「苞」。「苞」「包」音同，今暫仍之。』案此説不妥，既然苞、包同音，爲何不可作反切用字？ 第六五行『爆』音『苞角』，正用『苞』作切上字。

〔一三一〕傍補，平山（一）校：『「傍」並母，與「溥」爲滂母不合，疑「傍」或是「滂」之誤。 今暫仍之。』案平山所疑是也，第三九行『溥』音『滂補』，可爲佐證，而且寫卷滂、並二紐不同用。

〔一三二〕宜撿，平山（一）校：『疑或當作「檢」，檢、撿音同，暫仍之。』案平山所疑是也，敦煌寫卷扌、木不分，故『檢』常寫作『撿』。

〔一三三〕切語『孝感』平山（一）録作『孝減』，校云：『原作一等「感」，與二等「闞」「孝」俱不合，故訂「減」。』

〔三四〕瞻仰，此《詩》篇名，刊本作「瞻卬」，「卬」「仰」古今字。

〔三五〕匿，此處《瞻卬》有「伊胡爲慝」句，平山(一)録作「慝」，案黄侃《説文段注小箋》云：「《説文》無「慝」字，止作「匿」。」(《説文箋識四種》二〇〇頁，上海古籍出版社一九八三)「匿」「慝」古今字。

〔三六〕朱絃，此處《瞻卬》「婦無公事，休其蠶織」《毛傳》有「古者天子爲藉千畝，冕而朱紘」句，「絃」應是「紘」之訛字。

〔三七〕人繰，此處《瞻卬》「婦無公事，休其蠶織」《毛傳》有「后夫人繅」句，「繰」爲「繅」之换旁字「縔」的俗寫，説參《敦煌俗字研究》下編五三五頁「繅」字條考釋；《釋文》云：「繅，素刀反，本亦作縿，同。」「縿」之俗體與「縔」之俗體同形，均作「繰」。

〔三八〕邵旻，此《詩》篇名，刊本作「召旻」，「召」「邵」古今字。

〔三九〕訿訿，此處《召旻》有「臯臯訿訿」句，「訿」「訿」異體。

〔四〇〕毛作彙，平山(一)改「毛」爲「鄭」，校云：「原作「毛」，捄《釈文》改。」案平山所改是也，《鄭箋》云：「潰茂之潰當作彙。」

〔四一〕林沙反，平山(一)録「林」爲「牀」，校云：「原作來母「林」，與崇母「茞」不合，故訂「牀」。」

〔四二〕「自」應是《召旻》「不云自頻」句中文。

禮記音(樂記—緇衣)

斯二〇五三背A

【題解】

斯二〇五三背的第一部分爲《禮記音》，第二部分爲《籯金》，今據《施目》之編號，編底卷爲斯二〇五三背A。底卷起《樂記》『羽者嫗伏』句之『嫗』字條的切上字『於』，止《緇衣》『惡惡如《巷伯》』鄭注引《詩》『取彼譖人，投畀豺虎』句注音『譖』字條(注音已殘缺)，共一百八十行。標目字單行大字，注音雙行小字。

《向目》疑其爲徐邈《禮記音》，王重民《敘録》從之，《索引》遂據以定名《禮記音》，而黄焯則懷疑其非徐邈之《禮記音》(《經典釋文彙校》一三五頁，中華書局一九八〇)；大島正二《敦煌出土〈禮記音〉殘卷について》(《東方學》第五十二輯，一九七六年七月)認爲非徐邈《禮記音》，並考其撰寫時間在六世紀後半期，抄寫年代不會晚於七世紀中葉，而且其中所反映的語音系統是河南方音；許建平《唐寫本〈禮記音〉著作時代考》(《中國典籍與文化論叢》第三輯，中華書局一九九五)認爲應是撰寫於五世紀的徐邈《禮記音》後、陸德明《經典釋文》前的作品；王松木《試論敦煌寫本〈禮記音〉與徐邈音的同異關係》(《敦煌學》第二十一輯，臺灣敦煌學會一九九八)認爲寫卷《禮記音》大體上反映北方文讀系統，但在標音形式上則多參照徐邈音的音注形式，其抄寫時間應在七世紀初期。

綜合以上研究，可以肯定此寫卷《禮記音》並非徐邈之作，它應是五世紀時期的北方作者所爲，至於其抄寫時間則以王重民中唐説較妥。

底卷字多俗訛，如礻旁作衤、忄旁作十之類，爲免刻字之苦，均徑據刊本或文意録正，不一一出校説明。

底卷據《英藏》及縮微膠卷録文，參校以中華書局影印阮元刻《十三經注疏・禮記正義》(簡稱『刊本』)，校記中所引《禮記》经注皆據此本），校録於後。

（前缺）

▭於▨。〔一〕孕羊甑。粥育，又扶遠。〔二〕▨（胎）湯▨（來）。〔三〕▨（殰）▨（獨）。〔四〕▨▭〔五〕▨（行）▨孟。〔六〕伎妓。〔七〕麭甫交。柎（拊）▨（妃）武。〔八〕▨▭〔九〕▨（優）憂。〔一〇〕侏朱。猱乃▨。〔一一〕莫莫▨。〔一二〕類□▨。〔一三〕▭〔一四〕▨□▨。〔一五〕玩五乱。趍（趨）七余，▨▨。〔一六〕敖（敖）五到，▨▨。〔一七〕辟芳▨。〔一八〕喬驕。淫▭〔一九〕惡烏故。誘以酒。易□致。鼗徒高。椌苦江。楬▨▨。〔二〇〕⿰木動況（況）▨。〔二一〕⿱竹席池。〔二二〕柷章六。圉言▨。〔二三〕簨須遵。簴强羽。〔二四〕和胡卧。酢胙。〔二五〕鏗苦耕（耕）。號胡到。横古壙。濫盧擔。〔二六〕磬苦耕（耕），苦廷。〔二七〕辨扶勉。聚▨樹。〔二八〕畜勅六。擥力敢。〔二九〕最祖會。鼙（鼙）薄迷。讙懽。將子亮。〔三〇〕⿰阝市（帥）所類。蹦所妖。〔三一〕牟莫侯。賈君雅。鎗側庄。〔三二〕▨（憲）軒。〔三三〕▨▨□。〔三四〕□（莀）直良。〔三五〕請七領。女攘与。〔三六〕召邵音。治直吏。楯神准（準）。〔三七〕彊己良。〔三八〕分扶問。陝（陜）▨冉。〔三九〕▨□□。〔四〇〕▨伏。〔四一〕綴丁▨（衛）。〔四二〕夹（夾）古洽。振章刃。鐸徒（徒）各。袘式是。倍薄□。〔四三〕▨（濟）子▨。〔四四〕反及。〔四五〕蔚（蔚）古▨▭作▭。▭〔四六〕陳□□。▨（杞）去己。〔四七〕宋桑洞。比▨履。〔四八〕釋傷▨。〔四九〕弛式是。華▨罵。〔五〇〕衅虚覲。名武正。□（建）□□。〔五一〕□（櫜）高。〔五二〕墟▨。〔五三〕使▨▨。〔五四〕鑄▨▨。〔五五〕射倉石。〔五六〕狸▨知。〔五七〕▨郰（鄒）。〔五八〕虞顒踰。▨古叚（段）。〔五九〕▨□□。□□□。〔六〇〕衮古本。捷▨協，又扔。〔六一〕酳⿰亻胤（胤）。弟唐細。易以▨。〔六二〕諒□張。▨□□。〔六三〕減古▨。〔六四〕盈□征（征）。銷▨焦。〔六五〕放甫妄。報甫高。下皆同。耐古文能字。道徒（徒）到。脊（瘠）在益。肉而育。煞所列。〔六六〕闋苦□。▨（閨）古▨。〔六七〕比扶卑。奏子漏。詘屈。伸（伸）申。行胡耕（耕）。其懃希。行胡剛（剛）。弋胡和。〔六八〕域王逼。□□▨。〔六九〕鈇方▨。〔七〇〕鉞于▨。〔七一〕齊（齊）在詣。〔七二〕轒古卡。〔七三〕断（斷）都乱。應於澄。換胡乱。屨良儲。堀古行。〔七四〕隧除類。〔七五〕橋□□。〔七六〕▨□□。〔七七〕句己具。鉤古侯。〔七八〕纍良追。〔七九〕説悦。

雜記上弟廿〔八〇〕

鞼倉且，倉見。〔八一〕裧昌膽，羊古。〔八二〕▨榮▨。〔八三〕▭。〔八四〕鶩(鶩)方行。圍亏非。墻(牆)慈良。殯方刃。説勑活。夷容脂。〔八五〕輲輇轉▨▨專音。〔八六〕▨市▨。〔八七〕□□□。易以致。輴勑輪。〔八八〕訃赴。適丁歷。薨虎肱(肱)。謙口兼。敵徒(徒)歷。實章▨。〔八九〕盧良賭(豬)。〔九〇〕踰容朱。晏烏諫。卒子恤。嬰伊營。麁倉姑。〔九一〕衰七雷。〔九二〕苴七余。苫傷針。杬(枕)童審。〔九三〕縷龍柱。斉(齊)將墀(墀)。絹(緝)鏘立。罝(置)張值。喪蕪郎。屨己具。〔九四〕緇(緇)側基。綏耳誰。〔九五〕箸張▨。〔九六〕純成遵。▨(弥)亡支。〔九七〕苞甫交。〔九八〕奠唐練。晅芳鳳。〔九九〕鞠己六。褒甫高。〔一〇〇〕襢張戰，又展。狄□□。□(爛)魯旦。〔一〇一〕趙緾(纏)紹。姬居希。請七領。迎疑京。〔一〇二〕隗五海。衰弃危。〔一〇三〕褘許威。▨(揄)□。〔一〇四〕□□□。縠紅槃(縠)。〔一〇五〕袍蒲高。襌單。袿圭。祝之襈床(牀)還。〔一〇六〕屬囑。附方務。池治之。〔一〇七〕昆古埬。照韶。〔一〇八〕穆目。雖相〔□〕。〔一〇九〕援羊撰。祝之六。〔一一〇〕傶(戚)千歷。號胡到。葵强頃。或胡国(國)。爲王僞。練郎殿。易以尺。葛古曷。童徒(徒)緾(纏)。〔一一一〕重治踵。〔一一二〕繩神承。造在老。惻弃(楚)側。〔一一三〕怛都獺。〔一一四〕痛湯送。〔一一五〕踈霜俱。〔一一六〕祥徐(徐)良。撫妃武。襆(僕)扶卜。當都郎。〔一一七〕槁之沙。〔一一八〕煞所列。弁扶變。長張兩。▨(稽)啓。〔一一九〕▨趍(趨)央。〔一二〇〕條(條)徒(徒)▨(彫)。〔一二一〕屬(屬)之欲。縫扶用。屈丘勿。辟方益。緦相慈。絞胡交。〔一二二〕緣(繰)災老。▨□□。〔一二三〕□□□。檖(檖)徐(徐)遂。遺去戰。視成指。个成賀。〔一二四〕鄣之亮。〔一二五〕隅顒偷。〔一二六〕蘇(蔽)甫世。翳於計。粻張。醢呼在音反。〔一二七〕粮良。〔一二八〕蕤耳誰。〔一二九〕委於僞。縞古到。卷倉▨。〔一三〇〕暘治亮。臼(臼)狂九。椈己六。杵昌与。梧五姑。搗都指。〔一三一〕蘇(棘)己力。刊苦丹。柄方命。倖律(律)。〔一三二〕甕於貢。甒亡甫。見古辨。間古閑。〔一三三〕折之世。桁(桁)行音，又故罡。〔一三四〕皮居綺。〔一三五〕承時悉。塵腸珍。〔一三六〕重治龍。埋亡階。辯甫見。肆以二。〔一三七〕扂公貴。〔一三八〕闇烏紺。彌古顯。〔一三九〕稅吐乱。纁（纁）況（況）云。納而瞻。〔一四〇〕褥市欲。〔一四一〕絖壙。〔一四二〕緼邕問。緣以絹。葛胡剌。〔一四三〕□（使）所吏。〔一四四〕踴羊拱。〔一四五〕袷其劫。〔一四六〕襲習。衮（衮）古本。〔一四七〕韍（韍）方勿。鋪芳烏。廣公壙。長洛亮。〔一四八〕請七領。淑▨祝。〔一四九〕唅胡闇。〔一五〇〕穟（襚）徐（徐）醉。霤力救。〔一五一〕輈張流。臨力鴆。紼弗。〔一五二〕袷（拾）其劫。辟夫隻。絞胡交。紟其鴆。盥古叚（段）。溤（馮）扶氷（冰）。燎力詔。輕區貞。〔一五三〕乘神證。士於趾。〔一五四〕

雜記下第廿一

喪息浪。除治魚。蘈（蘈）孔頮（穎）。〔一五五〕与羊暑。〔一五六〕濯治握。奔甫門。衰（齋）將墀（墀）。〔一五七〕衰七雷。〔一五八〕駈羌魚。〔一五九〕散蕪［□］。〔一六〇〕嚌（嚌）在細。〔一六一〕哷（啐）倉決。請七▨（省）。〔一六二〕□（筴）策（策）。〔一六三〕怠唐戴。解古買。期居疑。堕（墮）徒（徒）卧。〔一六四〕倦床援。〔一六五〕見故見。〔一六六〕長張兩。已羊止。煞所列。比扶至。醲奴龍。酔（醉）遵類。瞿九具。禫徒（徒）敢。縁▨（梨）▨。〔一六七〕贈在鄧。瞐（賵）芳鳳。植（犆）徒（徒）得。牲所爭。祝之六。秤千澄。〔一六八〕赦叔。〔一六九〕踝胡罪。〔一七〇〕輪良屯。仇求。冒（冒）莫報。弁邕撿。〔一七一〕遺去戰。苞甫交。〔一七二〕果剄（剛）禍。〔一七三〕卷居阮。遺移（移）遂。剡以断。〔一七四〕与豫。封甫驗。趍七餘。〔一七五〕贊章煮。〔一七六〕坎苦感。視成指。酪會各。酢採故。截墉（牆）載。瘍（瘍）以章，始章。〔一七七〕倉楚行。〔一七八〕膌（瘠）在益。免▨（問）。〔一七九〕□（垣）古鄧。〔一八〇〕辟房臂。涕湯礼。泣查及。〔一八一〕嬰於營。兒攘之。鷖烏奚。弥五嵇。〔一八二〕號胡高。姑古吴。姉（姊）兹履。妹亡佩。矍己具。〔一八三〕名亡征（征）。重治龍。衰七雷。〔一八四〕移昌昏。〔一八五〕袂面鋭。聲傷仛（征）。辟扶亦。瑟所乙。樂五角。執仛（征）入。玄紅渕（淵）。纁（纁）況云。菲扶諱。柳良腩。〔一八六〕飯扶晚。含胡闇。〔一八七〕穟（襚）徐（徐）醉（醉）。瞐（賵）鋪鳳。臨（臨）力鴆。竿蕪乱。〔一八八〕比方志。衘胡监（監）。衩（枚）盛迴。〔一八九〕鐸徒（徒）各。蕼（葆）甫抱。御言与。茅亡交。鏤郎斫。〔一九〇〕篋姜湑。〔一九一〕袚良儲。〔一九二〕樹時注。玷丁念。〔一九三〕藻災老。▨徒（徒）□。〔一九四〕依於豈。辟早隻。〔一九五〕棁之悅。〔一九六〕薄蒲縛，蒲歷。櫨盧。〔一九七〕侏。〔一九八〕晏烏諫。〔一九九〕腞徒（徒）禪。〔二〇〇〕肩□賢。奄邕撿。〔二〇一〕徑（徑）古定。併薄鼎。〔二〇二〕覆孚又。僭（僭）子念。損蘊墾。〔二〇三〕踰容朱。封方容。越亐月。境姜影。〔二〇四〕壃卞良。〔二〇五〕闈亐非。跬（鞋）側瓜。〔二〇六〕帷榮龜。娷蘊老。〔二〇七〕撫妃武。乘神烝。駑奴。貶方撿。孺（孺）而樹。悲封眉。蜡士嫁。樂魯作。狂拒王。〔二〇八〕索蘊洛。序辭呂。嗇（嗇）色。烝之升。勞（勞）力到。農乃東。燕煙見。弛式借。〔二〇九〕禘唐細。蘁亡結。〔二一〇〕娶七庾。〔二一一〕外五會。宗祖紅。厩己又。樊扶袁。〔二一二〕遇顒喻。〔二一三〕盜唐▨。〔二一四〕遊羊周。辟芳益。乱（亂）魯叚（段）。〔二一五〕官胡串。〔二一六〕不方手。与（与）容樹。辟方辟。〔二一七〕賛（贊）走旦。厚（厚）賢苟。▨（剡）□▨。〔二一八〕行胡剄（剛）。釁許覲。〔二一九〕紂側碁。〔二二〇〕拭聲織。〔二二一〕視成詣。碑方皮。静在井。中丁仲。屋烏酷。刲苦圭。〔二二二〕夾（夾）古協。削（割）古獺。雞古兮。饣（饣）既音，魚乙。〔二二三〕衈如志。鄉許亮。〔二二四〕舜容脂。〔二二五〕出勑律（律）。〔二二六〕夫方於。人攘真。比方▨。〔二二七〕奋曲吏。〔二二八〕使所吏。俟許美。〔二二九〕皿武灼。〔二三〇〕賣將妾。〔二三一〕姿將墀（墀）。〔二三二〕盛常正。辟房臂。食祀。我言何。倨（倨）據。墁武諫。〔二三三〕湌鹿單。〔二三四〕弊（弊）房制。〔二三五〕卷己願。見胡見。舅强酉。燕煙見。毪（鬈）權，又居阮。鴲（鬌）都果。紒計。韠封七。廣公壙。會公外。去羌与。紕方移（移）。爵（爵）將畧。韋亐皈。〔二三六〕純之允。紃辭▨。〔二三七〕縫房用。表方夭。房扶光。〔二三八〕裏良此。施以致，傷移（移）。絛吐刀。〔二三九〕

喪大記弟廿二

庚（疾）墙（牆）栗。〔二四〇〕病（病）房命。外五會。内囊對。掃蘊到。〔二四一〕徹除列。懸胡渕（淵）。〔二四二〕去羌汝。瑟所乙。牖以酒。𤼵（發）方日。〔二四三〕床助良。〔二四四〕氣美救。〔二四五〕屈丘勿。申（申）傷▨。〔二四六〕属（屬）之欲。纊壙。俟羊美。〔二四七〕置張吏。緱紉豆。〔二四八〕死仙雉。卒子恤。適丁歷。復方目。麓鹿。虞▨▨（顒踰）。〔二四九〕狄唐歷。魄芳家。〔二五〇〕梯湯嵇。篿須遵。簴强羽。〔二五一〕卷古本。屈去勿。頳勑貞。〔二五二〕檀（襢）张連。税▨□。〔二五三〕號胡到。卷居阮。〔二五四〕禕况（況）非。鰲（鼇）方行。〔二五五〕榆以照。〔二五六〕毷（毳）秋歲。▨（靁）力求。〔二五七〕楝湅。錧古段。〔二五八〕緌耳誰。〔二五九〕衣於希。斂力瞻。拖力致。〔二六〇〕納而瞻。〔二六一〕秤尺烝。〔二六二〕先蕪見。後貞苟。〔二六三〕甦桑租。〔二六四〕啼徒（徒）兮。踴羊腫。〔二六五〕深傷針。衾欽。扳攀。〔二六六〕援員。跣蕪顯（顯）。极（扱）倉合。衽（衽）而鳩。柎（拊）妃武。嚮向。〔二六七〕淜（馮）扶外。〔二六八〕租（祖）徒旱。脱湯活。〔二六九〕毦（毳）毛。髽（鬘）側瓜。鬕（髮）方秣。〔二七〇〕惟（帷）滎龜。氾（汜）敷斂。拾其劫。罷房悲。倦（倦）牀援。㷍（爨）七乱。䩻九于反，注音。〔二七一〕袝章乘。〔二七二〕沸方味。沃烏酷。挈（契）苦結。〔二七三〕壺黄姑。燎力詔。衰七雷。〔二七四〕抱負老。價賀。〔二七五〕輒前入。〔二七六〕造七到。槃薄干。〔二七七〕併扶鼎。檀（襢）章善，壇音。苐（第）側里。哈胡闇。〔二七八〕濡（濡）奴乱。濯仲櫂，徒（徒）教。札祖乙。祖（袒）徒（徒）旱。〔二七九〕簣（簣）振逆。斂力瞻。幠呼。楔（楔）素結。齒昌舒。枇比。〔二八〇〕綴張衛。燕煙見。凡（几）居史。管古乱。汲急。説湯乱。〔二八一〕繘（繘）悸音。梳（抗）苦剄（剛）。盆扶奔。沃景鹿。〔二八二〕絺（絺）勑私。振之憒。〔二八三〕奞（棄）曲至。〔二八四〕坎苦敢。蘚（蔽）甫世。栻（拭）詩軄（職）。断（斷）都管。筵倉何。〔二八五〕甸徒見。坔役。〔二八六〕陶羊照。鎘歷。〔二八七〕暑（煑）章与。扉（扉）非。蕇進踐。〔二八八〕淅自益。〔二八九〕須相踰。潘芳袁。粥育。朝張遥。溢逸。暮亡布。〔二九〇〕竿蕪喚。〔二九一〕盛上。〔二九二〕甖（盥）古叚（段）。篹（篹）蕪管。醢呼在。〔二九三〕醬子亮。幹干。〔二九四〕杯方裴。朽云俱。〔二九五〕歠昌悦。〔二九六〕箕（籑）撰。与豫。樂五角。辟芳臂。簞唐玷。縮霜六。絞古交。紟其蕪。〔二九七〕榀方目。〔二九八〕辟甫尺。紞（紞）都感。析思益。點都蕈。倒都老。䅵（襚）徐（徐）醉（醉）。俄（戚）千歷。複方目。褶徒（徒）協（協）。箸張呂。袍房毛。襌單。緰古弥。〔二九九〕税勑乱。纁（纁）况（況）云。納攘占。〔三〇〇〕暑詩主。綌起逆。篋口俠（俠）。詘屈。紵（紵）柱。舒商朱。卷居阮。祖（袒）徒（徒）旱。〔三〇一〕首（胥）須。執仕（征）入。冒

（冒）莫報。欽所别。〔三〇二〕鯆父。〔三〇三〕綴丁衛。頳勑貞。〔三〇四〕裁昨載。弢湯高。〔三〇五〕鋪芳烏。淜（馮）扶冰（冰）。撫妃武。巫（巫）文區。辟方益。雁應。〔三〇六〕奉芳勇，扶恭。拘鈎（鉤）。〔三〇七〕倚於綺。塗唐盧。苫始廉。凷苦對。禮章善。圍亐非。鄣章亮。〔三〇八〕柱竚（竚）。楣眉。適丁歷。屬（屬）之欲。黝（黝）幽，又於虯（虯）。惡於故。〔三〇九〕禫徒（徒）敢。樂五角。御魚庶。俟羊美。〔三一〇〕檳（擯）方刃。椑扶歷。光（兕）徐（徐）姊（姊）。被扶義。袘（杝）移（移）。〔三一一〕梓子。篸楚宜。〔三一二〕鐕（鐕）子男。瑑（瑑）丁角。着（著）治畧。裏吏音。衽而鴆。牡莫右。要於遥。鬊（鬊）舜。緑緑。角孤楃（握）。隅顒余。狸里音，盧伊。〔三一三〕囊乃黨，一託。〔三一四〕盛常征（征）。遱（簍）郎斗。輴勑輪（輪）。欑（欑）在丸。〔三一五〕檮（幬）徒（徒）到。曁其器（器）。見胡見。惟（帷）榮龜。蔾。〔三一六〕喿（參）楚林。〔三一七〕題唐兮。湊倉奏。掘求忽。錞堂卧，一都猥。敖（敖）五高。〔三一八〕種之勇。筐去狂。〔三一九〕晴（腊）倶迹。〔三二〇〕煎進踐。虵房夷。蜉房不。鯆（黼）斧。荒許光。韍（黻）弗。褚强呂。〔三二一〕僞榮龜。〔三二二〕纁（纁）許云。紉（紐）尼刃（丑）。齊（齊）在細。具（貝）奔蓋。箑所甲。〔三二三〕戴都代。躍以灼。拂孚弗。披扶寄。畫胡麦（麥）。綏耳誰。〔三二四〕揄遥。絞胡交。〔三二五〕紂側碁。〔三二六〕緣以絹。儭倉覲。〔三二七〕苓（笭）領。翟狄。屬（屬）之欲。縫房用。辨薄[□]。〔三二八〕乏（窆）封驗。紼弗。〔三二九〕碑悲。輇團大市亐。〔三三〇〕繂律（律）。〔三三一〕封甫驗。緘古咸。梚（挽）勉。〔三三二〕杭（抗）剛（剛）。〔三三三〕甒武。裏吏。椁（椁）。〔三三四〕

祭法第廿三

祭祖繼。〔三三五〕法方却。〔三三六〕有王九。虞顒踰。禘唐細。鰥古村。〔三三七〕顓專。頊許玉。〔三三八〕嚳（嚳）酷。宾（冥）黄丁。〔三三九〕契（契）息列。昊胡寶。啚居。〔三四〇〕勾古侯。〔三四一〕芒亡。燔（燔）扶袁。壇徒（徒）單。磨烏計。〔三四二〕埋武[□]。〔三四三〕圻新。〔三四四〕騂傾營。〔三四五〕坦湯早。〔三四六〕暑詩渚。穹于。〔三四七〕熒豪寘（冥）。〔三四八〕攘而羊。〔三四九〕祈鯨寄。却去宕，殗。〔三五〇〕域王逼。假（假）古雅（雅）。數所具。折常設。腐房府。置（置）智。祧吐堯。

墠善。亨孚彭。幬（禱）都蹈。照招。〔三五一〕禑（穆）目。晪（腆）𠡠典。塲傷。〔三五二〕適都歷。伐扶發。〔三五三〕釋舒亦。弊（弊）扶世。〔三五四〕厭於涉。御言与。〔三五五〕災子才。〔三五六〕杍（扞）胡且（旦）。〔三五七〕共恭。箸張慮。鰥古村。〔三五八〕障之羊。〔三五九〕洪胡攻。〔三六〇〕極强力。〔三六一〕去羌汝。禪市戰。

祭儀（儀）第廿四〔三六二〕

數𧞤角。〔三六三〕踈霜菹。〔三六四〕㤟古坎。〔三六五〕悽桑奚。愴初床。怵（怵）𠡠述。〔三六六〕惕（惕）𠡠歷。哀烏才。亨許兩。否方久。致稺（稺）。斎（齋）側佳。〔三六七〕爲于僞。耆常至。〔三六八〕芰亍（亓）寄。偯（僾）烏改。還袒。〔三六九〕𣝣（愾）慨（慨）。閧紅納。愨（愨）苦角。箸丁慮。享許兩。嚮許兩。〔三七〇〕怍在作。盎烏浪。愉以朱。繹亦。醢吐感。〔三七一〕礐苦角。〔三七二〕趍促。〔三七三〕數速。齋（齋）側佳。〔三七四〕漆切。惚呼骨。〔三七五〕慌（慌）許廣。槩古愛。比甫至。盛常正。奉敷勇。侗徒（徒）瓮。〔三七六〕漏（灟）之欲。〔三七七〕祝（祝）之六。詘屈。〔三七八〕愉以朱。敖（敖）五倒。嚴魚鍼。威邕皈。〔三七九〕儼（儼）魚檢。格（恪）枯各。近其靳。王亏放。弟唐細。賈古下。〔三八〇〕序庠与。從墻（牆）用。麗郎帝。刲苦圭。〔三八一〕膟律（律）。膋力遥。爓辞廉。熠治輒。箸張單。〔三八二〕壇徒（徒）單。召治詔。築竹。〔三八三〕夜羊柘。巡徐遵。氾（氾）敷斂。〔三八四〕悖（悖）房妹。奇巨宜。耶以奢。〔三八五〕噓虛。吸虛及。弊（弊）扶世。〔三八六〕蔭於鳩。氣羌投。〔三八七〕焄火云。蒿呼高。箸張慮。薦方驕。〔三八八〕極己力。黕（黔）旲▨。〔三八九〕祢（禰）乃礼。燔扶袁。燎力詔。羶始襜。〔三九〇〕鄉許姜。〔三九一〕見胡見。間古辨。狭（狹）閑栖。〔三九二〕甒亡甫。竭▨煞。〔三九三〕紘（紘）胡盲。耒力癸。醴礼。齊（齊）將稺（穉）。盛市正。齋（齋）側皆。〔三九四〕戒古賣。㩕（犧）所宜。羚（牷）令（全）。朝治遥。巡徐（徐）遵。蛩慛謏。〔三九五〕近卞（亓）靳。築竹。麳（棘）前色。墻（牆）慈良。肵（昕）欣。涼遼張。〔三九六〕胞秋歲。〔三九七〕搡（燥）蘓到。漯（濕）舒汁。卒子恤。副孚月。〔三九八〕禕况非。与豫。繰（繰）蘓高。〔三九九〕盆扶奔。掩（淹）邕驗。揔祖孔。〔四〇〇〕振子順。〔四〇一〕緒洋煮。〔四〇二〕易以豉。抽（油）由。慢武諫。熚（熚）虚非。減刑儉。〔四〇三〕銷相焦。報甫冒（冐）。騰徒（徒）登。〔四〇四〕養以尚。糸（參）所良。莊側良。〔四〇五〕泣龍至。享孚彭。〔四〇六〕羶詩袒。〔四〇七〕酪洛。馨呼逕。響許羌。〔四〇八〕卒子恤。强卞（亓）良。棲數。〔四〇九〕撗（橫）公壙。椎（推）春錐。准之尹。〔四一〇〕放方妄。樹市予。煞霜桀。述脣出。數蘐玉。〔四一一〕虧（虧）社僞。〔四一二〕廖（瘳）勑流。〔四一三〕頃丘并。跬丘婢。徑古定。〔四一四〕舩神專。〔四一五〕忩（忩）孚松。〔四一七〕俟羊美。〔四一七〕併扶罍。〔四一八〕避方臂。〔四一九〕任而鴆。甸徒（徒）見。頒班。長腈（豬）兩。庾所流。〔四二〇〕狩詩祝。甸養澄。獵良輒。〔四二一〕蒐所流。〔四二二〕酭（酭）羊振。断（斷）都乱。境景。〔四二三〕夢亡鳳。〔四二四〕齋（齋）側亮。〔四二五〕壯側亮。〔四二六〕陶遥。隧遂。〔四二七〕磬苦定。〔四二八〕術（術）述（述）皆脣出反。省糸慤。〔四二九〕匱遽蹶。齒初止。〔四三〇〕

祭統第廿五

重治龍。怵勑述。侑王救。〔四三一〕追張維。養（養）以尚。傒古詣。〔四三二〕畜許六。盡字忍。行下孟。葅京居。〔四三三〕醢（醢）呼在。蒀（簋）軌（軌）。昆褌。芹强文。茆柳。蚍房夷。蜉浮。〔四三四〕范（范）範。莅儉音，其寄。〔四三五〕搸（榛）子巾。栗李悉。齊（齊）將墀（墀）。盛上。妨孚方。〔四三六〕耆市至。〔四三七〕慾欲。〔四三八〕防房。旬（旬）徐（徐）基。〔四三九〕冕勉。樻（瓚）在旦。祼古叚（段）。紖治忍。從在用。蒟（蒻）楚俱。〔四四〇〕盎烏朗。涚歲音，始鋭。箸（著）知慮。〔四四一〕嚌（嚌）在細。緌緌（纏）旨。〔四四二〕刲苦圭。〔四四三〕假古雅。謖所流。〔四四四〕進鄭讀曰餕。湅（湅）都同。餧奴罪。〔四四五〕詷庭貢。〔四四六〕舍釋。校交。柎方亐。〔四四七〕髀（髀）扶礼。膍奴到。〔四四八〕早（皁）方至。〔四四九〕撣况（况）万，一暈。〔四五〇〕胣（胞）扶交。狄唐歷。〔四五一〕闇浮温。〔四五二〕啺况（况）非。〔四五三〕弥都鄗。〔四五四〕艾（艾）邓（刈）。芟所銜。㸚（爨）倉乱。夫扶。鼎都挺。銘武並。箸丁慮。譔巽。斟針。傅賦。鍾章容。〔四五五〕埋（悝）惔音，一魁，又枯催、康迴。〔四五六〕假格。剠（蒯）苦懷。蒯五懷。〔四五七〕壯側良。〔四五八〕奔甫門。射亦。筞（策）楚責。〔四五九〕鎬胡堯。纂（纂）祖卬。〔四六〇〕解古賣。辟甫尺。勒魯得。〔四六一〕蔪子隨。〔四六二〕夏下嫁。犨奔榮。〔四六三〕褒

補高。〔四六四〕

經解弟廿六

温烏孫。〔四六五〕易以尺。樂五角。屬(屬)之欲。比扶至。遇顒踰。〔四六六〕誈文區。〔四六七〕奢傷耶。賦(賊)才勤(勒)。煩扶袁。乱(亂)魯叚(段)。近卞(亓)斤。環故開。〔四六八〕珮房妹。〔四六九〕瑲倉。〔四七〇〕鈴郎丁。嚴方未。造故到。〔四七一〕出尺遂。除治魚。去丘与。操(操)倉到。繩神烝。默亡北。〔四七二〕秤(秤)千澄。〔四七三〕倕治爲。〔四七四〕俾唐蘭。〔四七五〕畫胡麦(麥)。坊扶方。懷(壞)胡卦。〔四七六〕淫羊針。〔四七七〕辟芳益。倍蒲載。判扶半。〔四七八〕箠楚宜。〔四七九〕蕿胡高。〔四八〇〕釐力知。〔四八一〕繆謬。

哀公問弟廿七

辨扶冕。長賭(豬)兩。踈所魚。〔四八二〕雕堤招。鏤陋。畿彊希。〔四八三〕笇藴乱。〔四八四〕怠唐改。敖(敖)五到。慢武諫。忤梧。〔四八五〕楸(愀)在由,慈糺。少始妙。嗣徐(徐)吏。振之忍。遂徐(徐)醉(醉)。愾許乞(乞)。幽(豳)甫巾。歧强支。惷常恭,湯江,當降。愚顒喻。寘(冥)亡定。志識。噈(蹴)慈育,又墻(牆)育。謙嚚(器)嫌。辞詳慈。〔四八六〕

仲尼燕居弟廿八

燕烏見。縱子用。汜(氾)孚劒。〔四八七〕褊(偏)甫見。應伊證。給涙急,卞(亓)萊。鈍唐頓。〔四八八〕矜夅冰(冰)。〔四八九〕庄(莊)側亮。濟(濟)子詣。量諒。錯七故。辟芳避。〔四九〇〕醬古。〔四九一〕相息亮。倀粇張。〔四九二〕畎古犬。闋苦穴。夒(夔)求悲。鋪孚。綴丁衛。奥(奥)烏到。照之韶。〔四九三〕矇亡攻。

孔子閑居弟廿九〔四九四〕

閒故艱。悌徒(徒)礼。〔四九五〕近相近之近。朞基音。〔四九六〕宥(宥)王救。選息轉。匍扶。賙周。恤徒卒。〔四九七〕效閑教。〔四九八〕施以致。畜許六。聞問。勞(勞)力到。斉(齊)子愁。〔四九九〕齋(齋)側階。〔五〇〇〕叚(假)格。遅

（遲）直移（移）。祏（祇）鍾遲（墀）。春昌純。秋倉酉。雲于君。雨于拒。霜所壯（壯）。露隣度。霆徒（徒）泠。清親成。嵩息戎。峻須儁（儁）。翰（翰）胡旦（旦）。番方袁。〔五〇一〕弛（弛）息柘，式氏。協胡頰（頰）。蹶居衛。隧徐（徐）醉（醉）。〔五〇二〕竟鏡。

坊記弟卅〔五〇三〕

辟芳避。坊甫妄。辟芳益。移昌帋。〔五〇四〕踰容朱。淫羊針。驕恭躡。慊苦覃。畿姜鼇（鼇）。〔五〇五〕荼徒（徒）。妻倉賣。〔五〇六〕雉（雉）緦指。〔五〇七〕僭（僭）子念。號胡到。辟芳臂。盍古盖，又鳥。〔五〇八〕晦呼憒。嫌胡兼。偝薄代。偷吐侯。畜許六。仵以善。〔五〇九〕號胡高。披丕。〔五一〇〕吝（吝）良進。詢（詢）胡遵。〔五一一〕芻（蒭）楚居。〔五一二〕蕘饒。莖（筮）常世。咎（咎）舅。鎬胡老。惟盈誰。龜恭悲。弛（弛）式柘。讙懼。〔五一三〕𠜂五各。〔五一四〕睦目。〔五一五〕綽處若。裕容樹。瘉（瘉）以主，又唐。〔五一六〕辨扶勉。辟甫尺。戲（戲）香寄。鉶刑。〔五一七〕盂玄俱。菲扶尾，扶未。籥（籥）以灼。〔五一八〕既居乞（乞）。齊離力智。〔五一九〕坎告感。〔五二〇〕牛魚求。豕（豕）傷悉。〔五二一〕奢傷死。〔五二二〕慢武諫。儉武撿。〔五二三〕馨呼刑，苦逕。〔五二四〕醉（醉）遵類。醍射。〔五二五〕澄沾徵。卒子恤。度徒（徒）各。猚胡郭。〔五二六〕薨呼咕。〔五二七〕奚兮。齊在愁。〔五二八〕卓敕孝（學）。弟唐細。叚（段）徒（徒）乱。餽其類。〔五二九〕獻許建。耕（耕）孤盲。獲（獲）胡郭。〔五三〇〕菑（菑）側碁。畬（畬）餘。遺盈誰。濟子細。〔五三一〕桾（捃）舉群。拾成汁。葑豊（豐）。蕜數尾。〔五三二〕蔓莫掘。〔五三三〕菁子丁。葍方目。〔五三四〕根（根）古恩。縱子容。〔五三五〕繆謬。辟辟。〔五三六〕遠于万。漁魚。蕜扶尾。〔五三七〕御魚鹿（鹿）。淫羊針。泆逸。

中庸第卅一

味亡費。〔五三八〕天吐煙。稟（稟）封針。循（循）徐（徐）遵。放方往。佼胡教。〔五三九〕離力智。睹（睹）當魯。見胡見。佔（佔）敕廉。中丁仲。撣（憚）徒（徒）旦。鮮息皮。〔五四〇〕智知。好呼到。罟姑。阱茲性。卷姜阮，一權。賷(膺)應。强卞(亍)良。挍(校)教。矯居表。綺(倚)卞(亍)義，其蟻。抑莫側。〔五四一〕女汝。縤(傃)桑故。嚮向。〔五四二〕譎(譎)古穴。汲急。豫徒(徒)豫。〔五四三〕拂佛。〔五四四〕与豫。堿胡闇。〔五四五〕載以衸(旃)，以專。〔五四六〕躍以灼。造在老。晲詣。視成指。施式豉。行(行)胡孟。拮七到。〔五四七〕難乃旦。援爰。易以豉。險所撿。徼(徼)古堯。倖胡更。〔五四八〕射倉夜。〔五四九〕正征(征)。鵠紅穀。辟芳避。早(卑)婢。漸在斂。翕許及。褻側皆。〔五五〇〕樂洛。躭(耽)都南。洋詳。髣(髣)芳同(罔)。矧失忍。射亦。掩奄。〔五五一〕嚮許兩。〔五五二〕侵於豈。〔五五三〕蔦(篤)都鹿。災將采。〔五五四〕倍薄来。〔五五五〕覆敷目。嘉(嘉)假。樂五角。憲(憲)顯(顯)建。令良正。祐王救。〔五五六〕纘(纘)纂(纂)。戎攘終。衣殷。王于放。基居希。〔五五七〕組祖。紺剄(剛)濫。掃蘓老。糞(糞)夫問。逯(逮)健帝。〔五五八〕燕煙見。觶之豉，又善儧(儧)。示之致。京(寘)張史。蒲房漠。盧郎都。蜾果。螺郎果。〔五五九〕螘(蜂)芳恭。螟(螟)莫丁。蛉郎丁。負抱苟。煞所吏。〔五六〇〕强卞(亍)良。眩(眩)懸。塈許氣。〔五六一〕稟(稟)力甚。〔五六二〕稍霜僑。跆劫。躓致。箸丁盧。禛(禎)真(貞)。妖於驕。蔆(蔆)魚列。〔五六三〕箸(著)傷脂。見胡見。〔五六四〕泄以世。卷居阮。藏在浪。勺市若。惻(測)倉側。黿元。鼉(鼉)徒(徒)河。鮫交。鱉(鱉)夫行。〔五六五〕值市力。〔五六六〕撮七幸。〔五六七〕耿公幸。於鳴呼。〔五六八〕純成遵。假(假)瑕(瑕)。〔五六九〕峻思儁(儁)。極己力。温烏悶。繆謬。厭於占。射五。〔五七〇〕撥(撥)市沛。〔五七一〕辟譬。覆敷六。幬(幬)徒(徒)到。捊(悖)扶没。敦都門。幬(幬)或作壽音。〔五七二〕般鉛。〔五七三〕裕容樹。溥普。渕(淵)烏玄。説悦。袘(施)以豉。〔五七四〕貊(貊)武佰。舟章遊。綺(倚)於綺。吨七尹。〔五七五〕浩胡老。褎(褎)孔頴(穎)。〔五七六〕箸張慮。闇烏減。酌之若。〔五七七〕禪舟(丹)。淡徒(徒)咸。絛湯躭(耽)。〔五七八〕愧振僞。〔五七九〕漏陋。假賈。鉞曰。蔦(篤)都鹿。輶猶。絅(絅)口定。〔五八〇〕

表記弟卅二

隱於近。顯(顯)呼爾。〔五八一〕狝辛永。〔五八二〕庄(莊)側亮。厲良制。威邕販。〔五八三〕憚徒(徒)旦。裼孫歷。贖(贖)唐鹿。〔五八四〕極己力。辨夫勉。辟避。掩邕撿。〔五八五〕揄(偷)湯侯。儳在監。狀(怵)市階。首(胥)須。辟扶赤。傑(僇)六。〔五八六〕知智。強下兩。〔五八七〕數霜柱。橬(憯)慘。怛(怛)當達。芑羌犯(杞)。燕烏見。檵(檵)迷。〔五八八〕昂五剄(剛)。〔五八九〕行下孟。嚮向。〔五九〇〕嫳房覔(覓)。〔五九一〕極其力。罷皮。頓當鈍。仆赴。易以豉。蟹解。〔五九二〕説治悦。〔五九三〕近其軒。〔五九四〕鮮息淺。侈(侈)昌絺。〔五九五〕衰七雷。〔五九六〕鵜徒子。濡(濡)如。滚(粢)將墀(墀)。盛上。柜(柜)巨。暢樝悵。〔五九七〕鯷魚己。度徒洛。慈兹。〔五九八〕庇方至。易以赤。傲(傲)古堯。藟雷。〔五九九〕施以致。聿羊出。述(述)脣出。謚神至。遠亐方。〔六〇〇〕惷許鍾,又當降。〔六〇一〕喬驕。怵(怵)香惡。〔六〇二〕費乎味。〔六〇三〕誙(誣)交區。〔六〇四〕畜勑六。象吐見。女汝。闇(讇)極劒。〔六〇五〕境景。要於遥。辟避。難乃旦(旦)。否方母。唯盈誰。雖相隹。行(行)下孟。費孚味。賻附。〔六〇六〕啖徒(徒)闞。〔六〇七〕餤以廉。衣於希。諾乃託。晏烏幹。穿川。〔六〇八〕窬(窬)豆,又踰。窖教。〔六〇九〕樂五角。袞將擇(墀)。〔六一〇〕拴(牷)廬(廬)緣。純成遵。氿(汔)許乞(乞)。瀆徒(徒)鹿。顯(顯)浮爾。〔六一一〕

緒(緇)衣第卅三

易以豉。又下皆同。好呼到。悪(惡)烏故。原䫻(願)。〔六一二〕粹(弊)扶世。〔六一三〕適諸亦。館(館)古叚(段)。裋祥。〔六一四〕飱孫。〔六一五〕讒〔六一六〕

(後缺)

【校記】

〔一〕切下字底卷殘存下端一橫,據下條『孕』字,可推知此爲《樂記》『羽者嫗伏』句之『嫗』的切語。底卷該行此條上部約殘缺三條音注(按每條標目字大字一、注文雙行小字二計算,下同)。

〔二〕粥，此處《樂記》有『毛者孕鬻』句，『鬻』『粥』古今字；《經典釋文》（下簡稱『釋文』）出『鬻』字，注云：『音育，生也。徐又扶袁反。』吴承仕《經籍舊音辨證》云：『本字作育，同音借鬻爲之，形近訛作鬻，不合六書，徐誤仞從番聲，故音「扶元反」（案：通志堂本作「扶袁反」，吴蓋據别本）。《廣韻》二十二元：「鬻，附袁切，生養也。」《集韻》據收，並謂「字省作播」，滋益謬矣。蕃從番聲，雖有生殖滋衍之義，然形從二弓，無以下筆，且此文「伏」、「鬻」、「殰」、「殈」爲韻，足證徐實誤音，非有别本異文可據也。』（一三三頁，中華書局一九八六）案斯二〇七一《切韻》元韻下不收『鬻』字，至王仁昫《刊謬補缺切韻》元韻小韻『附袁反』下收入『鬻』字，其後《廣韻》、《集韻》並據收，吴説可從。『鬻』乃是『粥』之訛字，徐邈據訛字而作音『扶袁反』，切下字『遠』乃『袁』之誤。

〔三〕『胎』字底卷左半略模糊，據切語『湯來』，知此乃《樂記》『胎生者不殰』之『胎』字，兹據補。切下字『來』底卷存上半，《廣韻》『胎』音土來切，切下字亦作『來』。

〔四〕『殰』字底卷存右半『賣』，當是《樂記》『胎生者不殰』之『殰』的殘存，兹據補。注音『獨』字底卷存右邊『蜀』，《釋文》『殰』音『獨』，兹據以擬補。

〔五〕『殰』與『行』條間底卷殘泐約五條，其中第一條標目字存上端殘畫，不知何字。

〔六〕『行』字底卷殘去左上角，當是《樂記》『行成而先』句之『行』；切上字底卷模糊不可辨。

〔七〕伎，《樂記》『藝成而下』鄭注有『藝，才技也』句，《釋文》出『技』字，《史記·樂書》裴駰《集解》引作『伎』，與底卷同，《説文·手部》：『技，巧也。』人部：『伎，與也。』則『技』爲正字，『伎』爲借字。

〔八〕切上字『妃』底卷殘去右邊小半。

〔九〕『拊』與『優』條間底卷殘泐約五條，其中第一條標目字存左半『虚』，然上下文並無從『虚』旁之字，唯下『獶雜子女』鄭注有『言舞者如獼猴戲也』句，『戲』字俗或寫作『戯』（底卷第一四五行有『戯』字），然此字依序當在『獶』條下，俟考。

〔一〇〕『優』字底卷脱右上角，兹據刊本『及優、侏儒』句擬補。自前行『▨』至此『優』間底卷殘泐約五條音注。

〔一一〕猱，此處《樂記》有『獶雜子女』句，《釋文》出『獶』字，云：『乃刀反，獼猴也。依字亦作猱。』《玉篇·犬部》『猱』與『獶』同，雷浚《説文外編》以『獶』爲『獿』之變體，『獿』爲『夒』之後起增旁字，《説文·夊部》：『夒，貪獸也。一曰母猴。』母猴即獼猴也。底卷切下字模糊，似爲『陶』字。

〔一二〕底卷切下字存左邊『木』，切上字與被切字同，蓋有誤。

〔一三〕類，此當是《樂記》『克明克類』句中文。切下字存左半殘畫。

〔一四〕此處底卷殘泐約三條音注。

〔一五〕此條標目字底卷存左下角殘畫，切下字模糊難辨。

〔一六〕切語上下字底卷均殘存右邊殘畫。

〔一七〕底卷切上字模糊難辨，切下字存上端殘畫。

〔一八〕底卷切下字模糊難辨。

〔一九〕此處底卷殘泐約二條半音注。

〔二〇〕切語上下字底卷模糊，不能辨識。

〔二一〕⿰木勳，此處《樂記》有『然後聖人作爲鼗、鼓、椌、楬、壎、篪』句，《釋文》出『壎』字，案敦煌寫卷從『熏』旁之字俗或寫作『勳』旁，如《喪大記》『纁紐六』，底卷第八八行『纁』寫作『⿰糹勳』，『⿰木勳』疑即『壎』字俗訛，其作『木』旁，當是因上『椌』、『楬』二字類化所致。切下字底卷模糊，左邊『土』旁可辨，右邊上端一横可見，疑是『垣』之殘。

〔二二〕⿱⺮帝，底卷此字依稀可辨，乃『箎』之俗字，『箎』爲『篪』之後起別體，此《樂記》『然後聖人作爲鼗、鼓、椌、楬、壎、篪』句中文。

〔二三〕圉，《樂記》『然後聖人作爲鼗、鼓、椌、楬、壎、篪』鄭注有『椌、楬，謂柷、敔也』句，《釋文》出『圉』字，注云：

『本又作敔，魚呂反。』『敔』本字，『圉』借字。又切下字底卷模糊難辨。

〔二四〕簴，底卷原作『簴』，此《樂記》『然後聖人作爲鞉、鼓、椌、楬、壎、篪』鄭注『壎、篪或爲簨、虡』句中文，《釋文》出『虡』字，《廣韻·語韻》：『虡，俗作簴。』茲據以改正。

〔二五〕《廣韻·鐸韻》『酢』音在各切，而『胙』在暮韻，不協，『胙』當爲『昨』之訛，《廣韻》『酢』『昨』同音，《禮記·雜記下》『主人之酢也』、《昏義》鄭注『酌而無酬酢曰醮』、《鄉飲酒義》『不酢而降』，諸『酢』字《釋文》皆音『昨』。

〔二六〕濫，此《樂記》『竹聲濫，濫以立會，會以聚衆。君子聽竽、笙、簫、管之聲，則思畜聚之臣』句中文，依序當置於『辨』字條後、『聚』字條前。

〔二七〕苦耕苦廷，《廣韻》『磬』音苦定切，在去聲徑韻，與『苦廷』之音合，《釋文》：『磬，依注音罄，口挺反。一音口定反。』《廣韻》『磬』『罄』同音，『挺』在上聲迥韻，是《釋文》音與《廣韻》不同，殘卷『苦耕』之音非『磬』之切語，《史記·樂書》此句作『石聲硜』，《廣韻》『硜』音口莖切，與『苦耕』合，則『苦耕』乃『硜』之切語。

〔二八〕切上字底卷殘存上端及右邊殘畫，不知何字。

〔二九〕掔，刊本、《釋文》作『擥』，《説文·手部》：『擥，撮持也。』又『掔，固也。』其義不同，『擥』俗或寫作『掔』，『掔』應是『擥』之形誤。

〔三〇〕底卷切上字『子』原作『于』，形誤字，《釋文》音『子亮反』，茲據以改正。

〔三一〕噩，刊本作『囂』，案『噩』爲『囂』之别體。

〔三二〕鎗，此《樂記》『非聽其鏗鎗而已也』句中文，在『賓牟賈侍坐於孔子』句前，是此『鎗』當在『牟』條前。切下字『庄』爲『莊』之俗字，見《干禄字書·平聲》，《釋文》云：『鎗，七羊反，又吐衡反，徐勑庚反。』《説文·金部》：『鎗，鐘聲也。』《廣韻》『鎗』音楚庚切，與《釋文》之首音聲韻皆不同。《樂記》『鏗鎗』，《説苑·修文》引作『鏗鏘』，《説文》無『鏘』字，雷浚《説文外編》認爲『鏘』之本字爲『瑲』。《廣韻·陽韻》小韻『七羊切』下有『瑲』字，《説文・王部》：『瑲，玉聲也。』是『鎗』爲『瑲』之借字，《釋文》『鎗』音『七羊反』，乃是讀作『瑲』也。『瑲』，清紐陽韻，與『側莊』莊紐陽韻聲紐不合，『側』蓋『測』之訛，『測』爲初紐字，殘卷清、初二紐每互切，第六八行『扱』音『倉合』，第九十行『覢』音『倉覲』，第一六三行『惻』音『倉側』，皆清、初互切之例。

〔三三〕『憲』字底卷殘存上半，乃《樂記》『致右憲左』句中文，兹據以補。

〔三四〕標目字底卷模糊，依稀似『薹』，案《樂記》『則武王之志荒矣』鄭注有『荒，老耄也』句，並引《尚書・呂刑》『王耄荒』句以證之，《書・呂刑》釋文出『耄』字，云：『本亦作薹。』段玉裁《古文尚書撰異》云：『薹乃《説文》薹字之譌也。』切上字底卷殘存右邊殘筆。

〔三五〕『萇』字底卷原殘泐，從其切語『直良』來看，當是《樂記》『丘之聞諸萇弘』句之『萇』，《釋文》『萇，直良反』，兹據以擬補。

〔三六〕女，此處《樂記》有『吾語汝』句，《釋文》出『女』字，『女』『汝』古今字。

〔三七〕楯，此處《樂記》『總干而山立』鄭注有『總干，持盾也』句，《釋文》出『盾』字，案《説文・目部》：『盾，瞂也，所以扞身蔽目，象形。』木部：『楯，闌檻也。』『楯』爲『盾』之借字。

〔三八〕彊，此處《樂記》有『四成而南國是疆』句，『彊』爲『疆』之俗字，説詳《敦煌俗字研究》下編四一六頁。

〔三九〕陜，刊本無此字，有『五成而分周公左、召公右』句，阮元《禮記校勘記》（下簡称『阮校』）云：『各本同，《石經》同。《考文》云：「古本分下有陜字。」』孫志祖挍云：『按《史記・樂書》本、《家語・辨樂解》皆有陜字。』底卷切上字存下半『大』，當是『失』之殘，《公羊傳・隱公五年》『自陜而東者，周公主之；自陜而西者，召公主之』《釋文》：『陜，失冉反。』可爲佐證。

〔四〇〕標目字底卷存上端，模糊難辨。其下底卷殘缺，從所缺空間判斷，本條注文應爲一至二字，兹姑擬補二字空格。下文所缺注文一字或二字難以確定者，亦皆暫擬定作二字，不再一一出校説明。

〔四一〕此直音『伏』應是爲《樂記》『六成復綴以崇』句之『復』作音，《廣韻》『復』、『伏』並音房六切。

〔四二〕底卷切下字存左邊『偉』，右邊殘缺，《釋文》云：『綴，丁劣反，又丁衛反。』則此字當是『衛』之殘，底卷第八一行『綴』音『丁衛』，可爲佐證，兹據以擬補。

〔四三〕『袘』當是『施』之俗字，敦煌寫卷『方』旁與『礻』旁常混，然刊本此處無『施』、『倍』二字。

〔四四〕『濟』字底卷存右半『齊』，《樂記》此處有『分夾而進，事蚤濟也』句，此當爲『濟』之殘，其切上字爲『子』，正可切『濟』字，兹據以擬補。切下字存左半『糹』旁，或爲『細』之殘，第一四九行『濟』音『子細』，可爲佐證。

〔四五〕『反』爲《樂記》『武王克殷反商』句中文，鄭注云：『反商當爲及，字之誤也。』《釋文》：『反，依注音及。』案此依鄭注以正字注误字。

〔四六〕『薊』條注文『作』字底卷在雙行注文的左行，『古』下一字底卷存左半『言』，此殘字與上『古』字在雙行注文的右行，此殘字與『作』下疑各殘缺一注文小字。如果這一推斷正確，從所缺位置判斷，底卷至行末應另殘缺一條。

〔四七〕標目字底卷存右半『己』，案此處《樂記》有『下車而封夏后氏之後於杞』句，此當是『杞』之殘，兹據以擬補。

〔四八〕底卷切上字存右上角殘畫。

〔四九〕底卷切下字存上端殘畫。

〔五〇〕底卷切上字模糊難辨。

〔五一〕建，此條底卷殘泐，據行款，此處應有一條音注，《樂記》有『名之曰建櫜』句，上條出『名』，下條出『櫜』，則此條所出定是『建』字，《釋文》亦有『建』條，兹據以擬補。

〔五二〕高，此處《樂記》有『名之曰建櫜』句，則此『高』當爲『櫜』之直音，《釋文》云：『櫜，音羔。』『高』『羔』《廣韻》同音古勞切。

〔五三〕底卷直音字模糊難辨。

〔五四〕底卷切語上下字模糊難辨。

〔五五〕底卷切語上下字模糊難辨。

〔五六〕此處《樂記》有『左射《貍首》』句，《釋文》云：『射，食亦反，沈食夜反。』切上字『倉』當是『食』之形誤。

〔五七〕貍，刊本作『貍』，『貍』爲『貍』之後起换旁字，《干禄字書·平聲》：『貍、貍，上通下正。』切上字底卷模糊難辨。

〔五八〕標目字模糊難辨，據直音『鄒』，知其當是『右射《騶虞》』句之『騶』字。

〔五九〕標目字存右半殘畫，不能辨爲何字，據其切語『古段』，應是『貫』字，《樂記》此處有『而貫革之射息也』句。

〔六〇〕從所缺空間判斷，此處應缺二條，其中前一條標目字存右上角殘畫。

〔六一〕捷，此處《樂記》『裨冕搢笏』鄭注有『搢猶插也』句，《釋文》出『捷』字，云：『本亦作插，初洽反，徐采協反。』切上字底卷存右半，似爲『采』之殘。又注文『又扔』，案作『扔』無義，當是『扱』之誤，《禮記·内則》『搢笏』注『搢猶扱也』，《釋文》：『扱，本又作捷，又作插，初洽反，徐采協反。』可爲佐證。

〔六二〕底卷切下字右邊作『攴』，左邊模糊，疑爲『致』字，『致』爲『致』之俗體，第二十行『易』音『以致』，可爲佐證。

〔六三〕標目字底卷存左上角殘畫。

〔六四〕底卷切下字上半部似『木』，下半部模糊不可辨。

〔六五〕切上字底卷存左邊殘畫。

〔六六〕煞，此處《樂記》『使其曲直、繁瘠、廉肉、節奏』鄭注有『繁瘠、廉肉，聲之鴻殺也』句，《干禄字書·入聲》以『煞』爲『殺』之俗字。下『煞』字皆同，不復出校。

〔六七〕『閨』字底卷僅中間『圭』旁清晰，餘皆模糊，案此處《樂記》有『在閨門之内』句，兹據刊本擬補。切下字底

〔六八〕卷存右半「隽」，疑爲「携」之殘，「携」爲「攜」之後起别體。

〔六九〕弋，此字當作「戈」，乃《樂記》「行其綴兆」鄭注引《詩》「荷戈與綴」句中文，敦煌寫本戈、弋常混，斯二一四四《韓擒虎話本》「不如擣弋卸甲来降」，「戈」即寫作「弋」；此以匣紐字切見紐字，底卷見、匣二紐多互切。

〔七〇〕切下字底卷模糊，不可辨認。

〔七一〕底卷切下字模糊難辨。

〔七二〕底卷切下字模糊難辨。

〔七三〕齊，此處《樂記》有「故先王之喜怒，皆得其儕焉」句，《釋文》出「儕」，《荀子·樂論》、《史記·樂書》、《白虎通·禮樂》均作「齊」，王引之《經義述聞》云：「儕當讀爲齊。……齊，正字也；儕，借字也。鄭據借字解爲輩類，失之。」王先謙《荀子集解》引郝懿行《荀子補注》云：「齊，才細切，謂分齊也。《樂記》作「儕」，假借字耳。」切語「在詣」即「齊」之音也。

〔七四〕䫎，此處《樂記》有「子贛見師乙而問焉」句，《説文·貝部》：「贛，賜也。」段注：「端木賜字子贛，凡作子貢者，亦皆後人所改。」《玉篇·革部》：「䫎，古孔切，生皮也。」與「贛」聲調有上去之别，疑「䫎」爲「贛」之形誤，而非聲借。切下字「卡」爲「弄」之俗字，説見《敦煌俗字研究》下編一一二頁。

〔七五〕炕，此處《樂記》有「故歌者上如抗」句，此當爲「抗」之俗訛字。切語「古行」，案孔氏《正義》云：「言歌声上饗，感動人意，使之如似抗舉也。」《廣韻·唐韻》小韻「古郎切」下收「㧊」字，云：「舉也。」則底卷乃是讀「抗」爲「㧊」也。

〔七六〕隧，此處《樂記》有「故歌者上如抗，下如隊」句，「隊」爲「墜」之本字，「隧」爲「墜」之借字。

〔七七〕橋，此處《樂記》有「止如槀木」句，「橋」當是「槁」之誤字，「槁」爲「槀」之後起字，《説文·木部》「槀」篆下段注：「枯槀、禾槀字古皆「高」在上，今字「高」在右，非也。」

〔七八〕標目字底卷殘存左邊「亻」，當是《樂記》「倨中矩」之「倨」。

〔七八〕鉤，此《樂記》「句中鉤」中文，「鈎」爲「鉤」之俗字。

〔七九〕纍，底二原作「疊」，此《樂記》「纍纍乎端如貫珠」中文，兹據刊本改正。

〔八〇〕弟，刊本作「第」，「弟」俗作「苐」，俗書竹頭多寫作草頭，復據「苐」楷正，則成「第」字。下凡篇名之「弟」、「弟」均不復出。刊本「廿」作「二十」，案「廿」爲「二十」之合文，下皆同。

〔八一〕切下字「且」疑爲「旦」之誤。

〔八二〕昌膽羊古，《廣韻》「裧」在平聲鹽韻，「膽」在談韻之上聲敢韻，「膽」當是「瞻」之形誤，「瞻」亦平聲鹽韻字；《釋文》、《廣韻》「裧」均無「羊古」之音，「裧」與「襜」同字，見《玉篇·衣部》。《儀禮·士冠禮》鄭注「坫作襜」，阮元《儀禮校勘記》曰：「云「坫作檐」者，陳、閩、監本俱同，《要義》同，毛本作襜。」通志堂本《釋文》作「襜」，音以占反。黄焯《經典釋文彙校》（下簡称「彙校」）云：「宋本襜作檐。張氏《識誤》云：「《廣韻》云：檐與詹同，屋檐也。垝謂之坫，故或爲檐，今從襜，非也。」」「檐」與「襜」形近易混，《廣韻》「檐」音余廉切，正與《釋文》之「以占反」合。底卷「羊古」蓋爲「羊占」之誤，「羊占」乃「檐」之音也。蓋別本《禮記音》誤「襜」爲「檐」，因誤音「羊占反」，此本遂據以收入。

〔八三〕標目字底卷殘存左邊「忄」，由切上字「榮」看，當是「帷」，底卷偏旁「巾」、「忄」常混，此處《雜記上》有「緇布裳帷」句。底卷切下字殘存上截，不能辨别爲何字。

〔八四〕此處底卷約殘缺一條，但從殘缺空間判斷，注文似有三至四字。

〔八五〕夷，《雜記上》「至於廟門，不毁牆，遂入」鄭注有「尸亦侇之於此」句，《儀禮·士喪禮》「男女奉尸，侇于堂」鄭注：「今文侇作夷。」

〔八六〕「輲」爲《雜記上》「載以輲車」句中文，鄭注：「輲讀爲輇，或作槫。」則此乃是釋鄭注「輲讀爲輇，或作槫」之音，故三字連釋；「軨」爲「輇」字俗訛，敦煌寫卷「全」與「令」常混。注音前兩字模糊不可辨。

〔八七〕標目字模糊不清，據切上字「市」，疑爲鄭注「《周禮》又有蜃車」句之「蜃」字；切下字殘存左半。

〔八八〕輴，此處《雜記上》『至於阼階下而説車，舉自阼階，升適所殯』鄭注有『不易者，不易以楯也』句，《釋文》云：『楯，勑輪反，下同。一本作輴，同。』《玉篇·車部》以『輴』同『軕』字，《説文·車部》『軕』篆下云：『一曰：下棺車曰軕。』『輴』當是『軕』之後起換旁字，『楯』則爲借字。

〔八九〕切下字模糊不可辨。

〔九〇〕盧，此處《雜記上》有『大夫居廬』句，『盧』『廬』二字古多通用。

〔九一〕麁，此處《雜記上》『大夫爲其父母兄弟之未爲大夫者之喪，服如士服』鄭注有『晏嬰麤衰斬』句，『麁』爲『麤』之俗寫。

〔九二〕『衰』字底卷原誤作『襄』，案此鄭注『晏嬰麤衰斬』句中文，《釋文》出『衰』，音『七雷反』，正與此音同，茲據以改正。

〔九三〕切上字『童』當爲『章』之訛，『章』『枕』皆照紐三等字。

〔九四〕『屨』字底卷原作『屢』，案前『大夫爲其父母兄弟之未爲大夫者之喪』鄭注引《春秋傳》『杖，菅屨』句《釋文》：『屨，九具反。』『九具反』與此『己具』之音同，據前『喪』字條，知此乃爲《雜記上》『因喪屨』之『屨』作音，茲據以改正。

〔九五〕綾，此處《雜記上》有『布冠不蕤』句，《玉篇·糸部》：『綾，綾續也。』與此義不合，『蕤』爲『緌』之借字，《説文·糸部》：『緌，系冠纓也。』『緌』常誤作『綏』，如《周禮·天官·夏采》『以乘車建綏復于西郊』鄭注：『綏者當作緌，字之誤也。』《釋文》：『綏，依字作緌，誤作綏耳。』『綾』蓋又爲『綏』之誤。

〔九六〕『箸』字刊本作『著』，案《説文》無『著』字，乃後起別體，下凡『箸』字皆同。底卷切下字模糊難辨。

〔九七〕『弥』字底卷殘去左上角，『弥』爲『彌』之俗字，説見《敦煌俗字研究》下編二一〇八頁。此《雜記上》『占者皮弁』鄭注『其服彌吉』句中文。下凡『弥』字同此。

〔九八〕苞，《雜記上》有『乃出包奠』句，『包』『苞』通用。

〔九九〕眐，此處《雜記上》「薦馬者哭踊，出乃包奠，而讀書」鄭注有「主人之史請讀賵」句，「眐」當是「賵」之誤。

〔一〇〇〕褻，此處《雜記上》有「內子以鞠衣、褒衣，素沙」句，「褻」蓋「褒」之俗訛。

〔一〇一〕魯旦，《釋文》「爛，力旦反」，則「魯旦」當是「爛」之切語，此處《雜記上》「內子以鞠衣、褒衣，素沙」鄭注有「爛脱失處在此上耳」句，兹據補「爛」字。

〔一〇二〕迎，此處《雜記上》「內子以鞠衣、褒衣，素沙」鄭注有「晉趙姬請逆叔隗於狄」句，《爾雅·釋言》：「逆，迎也。」二字同義。

〔一〇三〕袁，底卷原作「襄」，此《雜記上》「內子以鞠衣、褒衣，素沙」鄭注「趙袁以爲內子」句中文，兹據以改正。切上字「䢒」，其形極似「䢒」，然字書無此字，當是「楚」字之訛體，第二七行「側」條之切上字「楚」之草寫與此形相近，可爲佐證；《釋文》「袁」音初危反，楚、初同紐，兹據以改。第一二一行有「䢒」，第一二四行有「䢒」，皆當爲「楚」之訛俗字。

〔一〇四〕「揄」字底卷右下角殘脱，此處《雜記上》「下大夫以襢衣，其餘如士」鄭注有「侯伯夫人自揄狄而下」句，兹據刊本擬補。注文右行殘泐，左行大部不缺，但無字迹，疑本僅一字注文，故只擬補一個缺字符。

〔一〇五〕縠，底卷原作「槃」，當是「縏」之誤，「縏」則爲「縠」之俗字，此《雜記上》「內子以鞠衣、褒衣，素沙」鄭注「若今紗縠之帛也」句中文，兹據以改正。

〔一〇六〕襈，底卷原作「撰」，當是「襈」之俗訛（「衤」旁俗寫作「礻」旁，又訛作「扌」旁），此《雜記上》「內子以鞠衣、褒衣，素沙」鄭注「如今袿袍襈重繒矣」句中文，兹據以録正。

〔一〇七〕「池」爲《雜記上》「大夫不揄絞，屬於池下」句中文，此句在「大夫附於士」之前，且「大夫附于士」段經文及鄭注均無「池」字，則「池」條當在「附」條前。

〔一〇八〕照，此處《雜記上》有「無昆弟則從其昭穆」句，「照」爲「昭」之借字。

〔一〇九〕「相」與「雖」同紐，「相」當是「雖」之切上字，此當是奪去切下字，第一七六行「雖」音「相隹」，是其比。

〔一一〇〕『祝』字底卷原作『税』，此《雜記上》『男子附於王父則配，女子附於王母則不配』鄭注『配與不配，祭饌如一，祝辭異』句中文，底卷『禾』旁與『礻』旁常混，兹據刊本録正。

〔一一一〕童，刊本此處無此字，下章有『稱「陽童某甫」』句，則依序當在『繩』條下，但切下字『纏』又與東韻字『童』不合，俟考。

〔一一二〕切語『治腄』爲《雜記上》『有三年之練冠，則以大功之麻易之，唯杖、屨不易』鄭注『又不如大功之麻重也』句之『重』作音，《釋文》『重』音直龍反，作平聲讀；字書無『腄』字，疑爲『腫』之誤，而『腫』爲上聲字，又不合，存疑待考。

〔一一三〕『惻』字底卷原作『側』，此《雜記上》『凡異居，始聞兄弟之喪，唯以哭對可也』鄭注『惻怛之痛』句中文，兹據刊本改正。

〔一一四〕底卷切下字『獺』原寫作『㒟』，當是『獺』之訛變，第五七行『割』音『古獺』，即以『獺』爲切下字，兹改正。

〔一一五〕『痛』字底卷原寫作『㾓』，當是『痛』之俗訛字，此鄭注『惻怛之痛』句中文，兹據刊本改正。

〔一一六〕踈，此處《雜記上》有『疏者與主人皆成之』句，《廣韻・魚韻》：『疏，俗作踈。』

〔一一七〕當，此處《雜記上》有『女君死，則妾爲女君之黨服』句，『當』蓋爲『黨』之借字。

〔一一八〕經注此處無『攝』字，此處《雜記上》有『攝女君，則不爲先女君之黨服』句，則當是『攝』之俗訛。切語『之沙』之『沙』當爲『涉』之訛，《儀禮・士昏禮》『納徵，執皮，攝之』《釋文》：『攝，之涉反。』又《聘禮》『庭實，皮則攝之』《釋文》：『攝，之涉反。』《左傳・襄公十一年》『則武震以攝威之』《釋文》：『攝，如字，又之涉反。』皆可證。

〔一一九〕『稽』字底卷殘去左下角，《雜記上》有『母在，不稽顙』句，兹據刊本擬補。

〔一二〇〕標目字殘存右上角，不知爲何字之殘，依序當爲『顙』字，然切語『趨央』與『顙』不合。

〔一二一〕切下字『彫』底卷殘存上半，《廣韻》『條』『彫』皆在平聲蕭韻，兹以意擬補。

〔二二二〕絞，此《雜記上》『大功以上散帶』鄭注『小功緦輕，初而絞之』句中文，依序當在『繅』條之下。

〔二二三〕標目字殘存左上角，從上條『繅』及下條『繸』之間的經注來看，此蓋爲『庵』之殘，第二一行有『庵』字，其左上角與此近似。

〔二二四〕切上字『成』爲禪紐字，而被切字『个』爲見紐字，『成』疑爲『戈』字之誤。

〔二二五〕鄣，此處《雜記上》有『疏布輤，四面有章』句，《釋文》云：『章，本或作鄣，音同。』『章』『鄣』古今字。

〔二二六〕切下字『偷』當爲『愉』之誤，『愉』『隅』同韻。

〔二二七〕『醢』字右部底卷作『盃』，據注『呼在音反』（『音呼在反』之倒），應是《雜記上》『喪奠，脯醢而已』之『醢』字，玆據刊本改正。

〔二二八〕粮，此《雜記上》『喪奠，脯醢而已』鄭注『言死者不食糧也』句中文，《干禄字書·平聲》：『粮、糧，上通下正。』

〔二二九〕『蕤』字底卷原作『䔾』，當是『蕤』之形誤字，此《雜記上》『大白冠、緇布之冠，皆不蕤』句中文，玆據刊本改正。切上字『耳』底卷原誤作『可』，底卷上文『蕤』音『耳誰』，參校記〔九五〕，玆據校改。

〔二三〇〕底卷切下字右上角模糊，似是『搉』（『權』之俗字）字缺損，《釋文》：『卷，苦圓反。』《喪大記》鄭注『武吉，冠卷也』《釋文》：『卷，起權反。』『起權』、『苦圓』音同，是冠卷之『卷』讀爲溪紐仙韻，切上字『倉』當有誤。

〔二三一〕『搗』字底卷原作『掲』，此處《雜記上》『暢，臼以椈，杵以梧』鄭注有『所以擣鬱也』句，《干禄字書·上聲》：『搗、擣，上俗下正。』『掲』應是『搗』之形誤，玆據以改正。切下字『指』與『擣』韻不同，當有誤。

〔二三二〕倅，《雜記上》『率帶，諸侯、大夫皆五采』鄭注有『率，繂也』句，『倅』應是『繂』之俗字，底卷『糹』旁與『亻』旁混用。

〔二三三〕『間』字底卷原作『閒』，此《雜記上》『實見間，而后折入』句中文，玆據刊本改正。

〔二三四〕《儀禮·既夕禮》『皆木桁久之』鄭注：『桁所以庪苞、筲、甕、甒也』《釋文》：『桁，户庚反，又户郎反。』『户庚反』同底卷之直音『行』。《廣韻・唐韻》『桁』有户郎切一音，械也；《莊子・在宥》『今世殊死者相枕也，桁楊者相推也』《釋文》：『桁，户剛反。司馬云：脚長械也。』玄應《音義》卷一《大集日藏分經》卷九『桁械』條：『胡郎反，下胡戒反。《通俗文》云：拘罪人曰桁、械。謂穿木加足曰械，大械曰桁。』桁當即今之脚鐐，《釋文》音户剛反，《廣韻》音户郎切，皆匣紐唐韻开口一等字，殘卷見、匣多互切，則此『故罡』之音乃『桁械』之『桁』的反切。

〔一三五〕 庋，《雜記上》『甕、甀、筲、衡，實見間』鄭注有『衡當爲桁，所以庪甕、甀之屬，聲之誤也』句，《釋文》云：『庪，九委反，又九僞反，徐居綺反，字亦作庋，同。』《説文》無『庪』『庋』二字，黄侃《説文新附考原》謂爲『几』之後起（《説文箋識四種》二九七頁，上海古籍出版社一九八三）。

〔一三六〕 塵，刊本此處無此字，且《雜記》上下篇中均不見有『塵』字，俟再考。

〔一三七〕 肂，此處《雜記上》『朝夕哭，不帷』鄭注有『緣孝子心欲見殯、肂也』句，《釋文》出『肂』，音『以二反』，與底卷之音合。《儀禮・士喪禮》『掘肂見衽』《釋文》：『肂，以二反，劉音四。』又《既夕禮》鄭注『有司於是乃請啓肂之期於主人以告賓』《釋文》：『肂，以二反，劉音四。』《廣韻》『肂』音息利切，與『以二反』不同。『肂』之本字作『殔』，《廣韻》『殔』音羊至切，與『以二反』亦合。《釋名・釋喪制》：『假葬於道側曰肂。肂，翳也。』是『肂』當讀爲『殔』。《禮記・檀弓下》鄭注『士掘肂見衽』《釋文》：『肂，本又作肆，以二反，棺坎也。』『肂』、『肆』音同，故可通借，而『肆』、『肄』古多通用，《周禮・春官・小宗伯》『肆儀爲位』鄭注：『故書肆爲肄，杜子春讀肄當爲肆。』《儀禮・聘禮》『爲肆』鄭注：『古文肆爲肄。』皆其例。底卷作『肄』，蓋『肆』之借，而『肆』又『肂』之借。

〔一三八〕 扂，底卷原作『居』，當是俗字，敦煌寫卷『户』旁、『尸』旁常混，此爲《雜記上》『朝夕哭，不帷』鄭注『既出，則施其扂』中文，兹據以改正。

〔一三九〕 纒，《玉篇》有此字，爲『纏』之省文；《説文・糸部》：『纏，粗緒也。』經注此處無此字，而有『繐衣裳與税衣、纁袡爲一」句，「繭」爲「繡」之假借，《説文・衣部》：「繡，袍衣也。」「繭」當是「繡」之俗字，「古顯」正可切「繡」字。切下字「顯」當是「顯」之俗字，「濕」俗或寫作「溼」，可爲佐證。

〔一四〇〕 衻，《雜記上》有「繭衣裳與稅衣、纁袡爲一」句，《釋文》云：「袡，字又作衻，而占反。」《説文》無「袡」、「衻」，二字皆當爲「襜」之後起別體。

〔一四一〕 褥，《雜記上》「繭衣裳與稅衣、纁袡爲一」鄭注有「繭衣裳者，若今大襡也」句，《説文》無「襡」字，亦無「褥」字，《説文・衣部》有「襡」字，「襡」出《玉篇》，二字實同（説見王筠《説文釋例》）；黄侃《説文段注小箋》云：「古無褥字，止作蓐。」（《説文箋識四種》一四四頁）《説文・艸部》：「蓐，陳艸復生也。」「褥」當爲誤字。

〔一四二〕 絖，《雜記上》「繭衣裳與稅衣、纁袡爲一」鄭注有「纊爲繭」句，《釋文》云：「絖，字又作纊，音曠。」《説文・糸部》：「纊，絮也。纊或从光。」

〔一四三〕 葛，此處經注無「葛」字，《雜記上》「子羔之襲也」鄭注有「未聞子羔曷爲襲之」句，「葛」蓋爲「曷」之誤。

〔一四四〕 「使」字底卷原殘泐，由切語「所吏」，知其當是「使」字，此處《雜記上》有「爲君使而死」句。

〔一四五〕 踴，此處《雜記上》有「公七踊」句，「踴」爲「踊」之俗字。

〔一四六〕 袷，底卷經注無此字，《雜記上》「公七踊，大夫五踊，婦人居間」鄭注有「婦人居間者，踊必拾」句，《廣雅・釋詁》：「跲，代也。」王念孫《廣雅疏證》以「拾踊」之「拾」爲「跲」之借，《釋文》「拾」音其劫反，正與此切語同，則作「袷」者，當是「拾」之形誤，底卷「衤」旁與「扌」旁多混。下凡「袷」字皆同。

〔一四七〕 衮，此處《雜記上》有「卷衣一」句，《釋文》云：「卷，音衮，古本反。」《禮記・王制》「三公一命卷」鄭注：「卷，俗讀也。其通則曰衮。」

〔一四八〕 切上字「洺」當是「治」之形誤，《釋文》「長」音直亮反，「治」「直」同紐。

〔一四九〕 切上字底卷殘存左半，不知何字。

〔一五〇〕唅，《雜記上》有「含者執璧將命曰」句，《釋文》云：「含，本又作唅，《説文》作琀，同。胡闇反。」案「含」「唅」古今字。

〔一五一〕「霤」字底卷原作「雷」，案此《雜記上》「受爵弁服而門内霤」句中文，《釋文》：「霤，力救反。」兹據刊本改正。

〔一五二〕紼，此處《雜記上》有「使一介老某相執綍」句，《釋文》云：「綍，音弗。」《説文》無「綍」字，雷浚《説文外編》謂「綍」即《説文》之「紼」字。

〔一五三〕輊，經注此處無此字，《雜記下》鄭注有「虽有親之大喪猶爲輕服者除」句，依順序當在下行「除」字條下，疑羼入於此者。

〔一五四〕土，經注此處無此字，且「於趾」亦非「土」之切語，俟考。

〔一五五〕蘏，《雜記下》有「如三年之喪，則既穎」句，鄭注：「穎，草名。」既爲草名，應可寫作「蘏」，底卷作「蘏」者，當是其訛變也。

〔一五六〕与，此《雜記下》「大夫、士將與祭於公」句中文，「与」「與」二字古混用無别。

〔一五七〕齌，此處《雜記下》有「而有齊衰内喪」句，「齊」「齌」古今字。

〔一五八〕「衰」字底卷原作「襄」，此《雜記下》「而有齊衰内喪」句中文，兹據刊本改正。切上字「七」底卷原作「乙」，形誤字，底卷第二一、四六、七一、一七二行諸「衰」（原皆誤作「襄」）皆音「七雷」，兹據以改正。

〔一五九〕駈，《玉篇·馬部》「驅」字下云：「駈，同上，俗。」此《雜記下》「必有前驅」句中文。

〔一六〇〕「散」「蕪」同紐，底卷當是脱漏切下字。

〔一六一〕切下字「細」底卷原訛作「佃」，《釋文》「嚌」音在細反，底卷第一二〇行「嚌」音「在細」，兹據以改正。

〔一六二〕請，經注此處無此字，《雜記下》有「顔色稱其情」句，《史記·禮書》「故至備，情文俱盡」裴駰《集解》引徐廣曰：「古『情』字或假借作『請』，諸子中多有此比。」此「請」蓋即「情」之借字。切下字底卷殘存上半，與

「省」字上部同，故據擬補。

〔一六三〕「策」字爲直音，此處《雜記下》有「兄弟之喪，則存乎書策矣」句，底卷以「策」爲注，明正文非「策」字，疑正文本作異體字「筴」，故以「策」爲注，茲以意擬補。

〔一六四〕墮，《雜記下》「三日不怠」鄭注有「怠，惰也」句，《釋文》出「惰」字，音徒臥反；《五經文字·𨸏部》云：「墮，俗作隋，以此爲惰字，皆非也。」是「惰」俗亦有寫作「墮」者。

〔一六五〕「倦」爲《雜記下》「三月不解」鄭注「解，倦也」句中文，《釋文》云：「倦，其眷反。」「倦」爲疲倦之「倦」，《廣韻·線韻》渠卷切，群紐字，此作牀紐，且第七十行「倦」亦音「床援」，無以索解，俟考。

〔一六六〕切下字「見」與標目字同，乃一讀「見」一讀「現」也，下以「胡見」音「見」諸條亦此類。

〔一六七〕綠，此處經注無此字，鄭注有「既祭，乃服禫服、朝服、綅冠」句，蓋爲「綅」之形誤。切語下字底卷模糊。

〔一六八〕底卷「秤」原作「衶」，此處《雜記下》有「祝稱卜葬虞」句，「秤」爲「稱」之俗字，《干祿字書·去聲》：「秤、稱，上俗下正。」底卷乃因禾、礻混用所致，茲據以録正。

〔一六九〕赦，此處經注無此字，其注音爲「叔」，然「赦」「叔」音不同，故非注音可知；從底卷體例看，此蓋以正字注誤字，「赦」、「叔」形近易訛，蓋作者所據《禮記》底本訛「叔」爲「赦」，故作者以「叔」字注之，表示「赦」當爲「叔」之誤，《雜記下》有「叔孫武叔朝」句。

〔一七〇〕踝，此處《雜記下》有「見輪人以其杖關轂而輠輪者」句，《釋文》云：「輠，胡罪反，又胡瓦反，又胡管反。」「踝」當爲「輠」之誤。

〔一七一〕底卷「弇」原作「奔」，此處經有「所以揜形也」句，「揜」爲「弇」之後起增旁字，茲據刊本改正。

〔一七二〕苞，此處《雜記下》有「夫既遣而包其餘」句，「包」「苞」通用。

〔一七三〕果，《雜記下》有「猶既食而裹其餘與」句，《釋文》出「裹」字，音果；底卷作「果」，當是音借字。

〔一七四〕此爲《雜記下》「三年之喪如斬，期之喪如剡」句之「剡」作音，《釋文》云：「剡，徐以漸反。」「斷」蓋爲「漸」

之形誤。

〔一七五〕底卷「趍」原作「移」，此處《雜記下》「相趨也，出宮而退」鄭注有「相趨，謂相聞姓名、來會喪事也」句，「七餘」正可切「趨」字，「趨」俗寫作「趍」，「移」當是「趍」之誤字，玆據以改正。

〔一七六〕贄，《雜記下》「相見也，反哭而退」鄭注有「相見，嘗執摯相見也」句，《釋文》出「贄」字，與底卷字同，錢大昕《十駕齋養新録》卷二「摯」條云：「「摯」正字，「贄」俗字。」

〔一七七〕瘍，《雜記下》「身有瘍則浴」句中文。注「以章始章」，《周禮・天官・醫師》「疕瘍者造焉」鄭注：「身傷曰瘍。」《廣韻》「瘍」音與章切，傷也，《釋文》音羊，皆與底卷之音「以章」合；韻書「瘍」無「始章」一音，《廣韻・陽韻》有「殤」字，音式羊切，傷也，《説文・矢部》有「𥏫」字，云：「傷也。」段注以「殤」爲「𥏫」之本字，「殤」「瘍」義同，「式羊切」與底卷「始章」之音合，「始章」當爲「殤」之切語。

〔一七八〕倉，此處《雜記下》有「首有創則沐」句，「倉」當是音借字。切上字「楚」底卷原作「查」，應是「楚」之訛變，説參校記〔一〇三〕。

〔一七九〕直音「問」底卷殘去左下角及中間「口」，《釋文》云：「免，音問。」玆據以擬補。

〔一八〇〕「垣」字底卷原殘泐，《雜記下》此處有「無免於垣」句，《釋文》出「垣」，音「古鄧反」，正與底卷之音「古鄧」同，故據刊本擬補。

〔一八一〕切上字「查」當爲「楚」之訛變，説參校記〔一〇三〕，然「楚」「泣」聲紐有初、溪之別，俟考。

〔一八二〕弥，《雜記下》「中路嬰兒失其母焉」鄭注有「嬰猶鷖彌也」句，「弥」爲「彌」之俗字，説見《敦煌俗字研究》下編二一〇八頁。

〔一八三〕矍，《雜記下》「母之諱，宮中諱。妻之諱，不舉諸其側」鄭注有「孝子聞名心瞿」句，《説文・夰部》「界」篆下段注認爲此「瞿」本當作「界」，案《説文・瞿部》：「瞿，鷹隼之視也。」「矍，隹欲逸走也。」則「瞿」「矍」均爲「界」之借字。

〔一八四〕衰，底卷原作『褎』，此《雜記下》『雖三年之喪可也』鄭注『明齊衰以下』句中文，茲據以改正。

〔一八五〕袳，此處《雜記下》有『凡弁經，其衰侈袂』句，《説文・衣部》：『袳，衣張也。』段注：『袳之言侈也，經典罕用袳字者，多作移、作侈。』底卷作『袳』，似爲『袳』字由於衤、礻不分造成之俗字，然底卷凡『移』多作『袳』，如第四三行『遺』音『移遂』、第六十行『紕』音『方移』、第六一行『施』音『傷移』、第八四行『施』音『移』、第一三八行『遲』音『直移』，諸『移』字皆寫作『袳』，則此『袳』字亦當是『移』之俗字而非『袳』之俗也，『移』『侈』古多通用。

〔一八六〕切下字『𦙶』蓋爲『膭』（『疛』之後起別體）之俗訛，『膭』字《玉篇・肉部》除有切，《廣韻・有韻》除柳切，與『柳』韻同。

〔一八七〕『含』字底卷原作『合』，此《雜記下》『天子飯九貝』鄭注『周禮，天子飯含用玉』句中文，《釋文》云：『含，本又作唅，胡闇反。』正與底卷之切語同，茲據刊本改正。

〔一八八〕筭，《雜記下》有『君問之無筭』句，《干禄字書・去聲》：『筭、筭，上俗下正。』

〔一八九〕切上字『盛』與『枚』不同紐，蓋有誤。

〔一九〇〕『𣂔』字漢簡已有（參《敦煌俗字研究》下編六四五頁），乃『鬬』之別體。

〔一九一〕『簋』字底卷原作『葢』，『葢』爲『芬葢』字，施於此不合，此處《雜記下》有『管仲鏤簋而朱紘』句，『葢』當是『簋』字俗訛，茲據刊本改正。

〔一九二〕裗，俗『旒』字，説見《敦煌俗字研究》下編三六一頁。

〔一九三〕玷，《雜記下》有『旅樹而反坫』句，案《説文》有『坫』無『玷』，可知經本作『坫』，『玷』當是音誤字。

〔一九四〕標目字底卷脱左下角，不知何字，刊本此字及下『依』、『辟』二字皆無；前條『藻』及下條『棁』爲《雜記下》『山節而藻棁』句中文，則此三條不可能是經文有所脱漏，當是從他處羼入。

〔一九五〕切上字『早』當爲『卑』之形誤，底卷『卑』字常寫作『早』，與『早』形近。

〔一九六〕「梲」字底卷原作「悦」，此《雜記下》「山節而藻梲」句中文，茲據刊本改正。

〔一九七〕直音「盧」底卷原作「虚」，《釋文》出「櫨」字，音「盧」，茲據以改正。

〔一九八〕侏，此《雜記下》「山節而藻梲」鄭注「梲，侏儒柱」句中文，殘卷體例，每字作音，此下蓋脱去音注；《釋文》「侏」音「朱」，底卷第三行以「朱」音「侏」，此蓋脱直音「朱」字。

〔一九九〕切下字「諫」底卷原作「課」，當是「諫」之形誤，第二一行「晏」即音「烏諫」，茲據以改正。

〔二〇〇〕腞，《雜記下》有「豚肩不揜豆」句，「豚」字《説文》正篆作「豚」，從「彖」省，從又持肉，「腞」蓋即「豚」省「又」而從不省的「彖」旁，實即「豚」字或體。

〔二〇一〕奄，《雜記下》有「豚肩不揜豆」句，《釋文》出「弇」字，案「弇」「揜」古今字，「奄」「弇」同字。

〔二〇二〕併，《雜記下》「豚肩不揜豆」鄭注有「言并豚兩肩不能覆豆」句，「并」「併」古今字。

〔二〇三〕損，《雜記下》有「下不偪下」句，《釋文》云：「偪，音逼，本又作損。」

〔二〇四〕境，《雜記下》「不踰封而弔」鄭注有「踰封，越竟也」句，「竟」「境」古今字。

〔二〇五〕壃，《雜記下》「不踰封而弔」鄭注有「或爲越疆」句，《玉篇・土部》：「疆，又作壃。」切上字「卞」當是「亓」（「其」之古字）字訛變，「疆」見紐字，此作群紐字「亓」，當誤。

〔二〇六〕切下字「瓜」底卷原作「爪」，底卷「瓜」字往往寫作「爪」，《釋文》「髽」音「側瓜反」，茲據以録正。

〔二〇七〕「㛐」字底卷原作「便」，此處《雜記下》有「嫂不撫叔」句，「便」當是「㛐」之形誤，「㛐」爲「嫂」之俗寫。

〔二〇八〕切上字「拒」底卷原作「挋」，「挋」爲「振」之本字，《廣韻》章刃切，不能作「狂」之切上字，當是「拒」之俗訛，敦煌寫卷「臣」旁與「巨」旁常混，茲據以録正。

〔二〇九〕「弛」爲《雜記下》「張而不弛，文、武弗能也」句中文，《廣韻》「弛」音施是切，上聲紙韻，與此作去聲禡韻有別，《釋文》「弛」音尸是反，與《廣韻》合；底卷第一一行「弛」音「式是」，亦與《廣韻》合，則「式借」當非「弛」之音。《廣雅・釋詁》：「弛，舍也。」《淮南子・原道》「人不弛弓，馬不解勒」高誘注：「弛，舍也。」是弛、舍同義。《廣韻・禡韻》「舍」音始夜切，正與此「式借」之音合。此乃讀「弛」爲「舍」也。

〔二二〇〕「蘉」字《集韻》謨中切，「寐言也」，與此「亡結」之音不同；《呂氏春秋・季春紀・盡數》：「處目則爲䁾爲盲。」《文選》卷十三宋玉《風賦》「得目爲蔑」李善注引作「蔑」，並云：「蔑與䁾古字通，亡結切。」《玉篇》以「䁾」爲「薎」之俗字，音莫結切。此「蘉」當是「薎」之訛，「薎」、「蔑」字通，此處鄭注正有「孟獻子，魯大夫仲孫蔑也」句。

〔二二一〕娶，《雜記下》「夫人之不命於天子，自魯昭公始也」鄭注有「昭公取於吴」句，「取」「娶」古今字。

〔二二二〕樊，此處《雜記下》有「廄焚，孔子拜鄉人爲火來者」句，《説文・火部》：「樊，燒田也。从火棥，棥亦聲。」段注因經傳有「焚」無「樊」，故改「樊」篆爲「焚」，徐灝《説文解字注箋》云：「樊、焚竝从棥聲，「樊」字既爲《説文》所有，豈得以多見「焚」少見「樊」而輒删之。竊謂「焚」即「樊」之省，疑本有或體「焚」篆附「樊」下，而今佚之耳。」大徐本《説文》「樊」音附袁切（即《唐韻》反切），與底卷「扶袁」之音合。此「樊」字當是「樊」之形誤。

〔二二三〕「遇」字底卷原作「過」，此處《雜記下》有「管仲遇盜」句，且切語「顒喻」乃爲「遇」之音，兹據刊本改正。

〔二二四〕切下字底卷存右部殘畫。

〔二二五〕亂，經注此處無此字，下有「内亂不與焉，外患弗辟也」句，依序則當在「宧」條後。

〔二二六〕「宧」爲「宦」之俗字，考詳《敦煌俗字研究》下編一八五頁；此處《雜記下》有「宦於大夫者之爲之服也」句，阮校：「惠棟校宋本「宦」作「宧」，宋監本、《石經》、岳本、嘉靖本、衛氏《集説》同，此本誤作「官」，閩、監、毛本同，注疏並放此。《石經考文提要》云：「宋大字本、宋本九經、南宋巾箱本、余仁仲本、劉叔剛本並作宧。」按惠棟校《正義》皆作宧。」

〔二二七〕切下字「辟」與被切字同，蓋爲「避」之誤，第一三四、一四一、一五六行諸「辟」皆音「芳避」，可爲佐證。

〔二二八〕「剡」字底卷殘泐右下角，此《雜記下》「剡上左右各寸半」句中文，兹據刊本擬補；底卷切下字存左邊殘畫。

〔二二九〕『舋』爲『釁』之俗字，見《廣韻·震韻》，此處《雜記下》有『成廟則釁之』句。

〔二三〇〕『⿰糸才』字底卷原作『⿰彳廾』，此處《雜記下》有『祝、宗人、宰夫、雍人皆爵弁、純衣』句，案《禮記·祭統》『以共純服』孔穎達《正義》：『凡言純者，其義有二：一糸旁才是古之緇字，二是糸旁屯是純字。但書文相亂，雖是緇字，並皆作純。』《詩·召南·行露》『雖速我獄，室家不足』《毛傳》『昏禮，純帛不過五兩』《釋文》：『⿰糸才，側基反，依字糸旁才，後人遂以才爲屯，因作純字。』《周禮·地官·媒氏》『凡嫁子娶妻，入幣純帛，無過五兩』鄭玄注：『純，實緇字也。古緇以才爲聲。』段玉裁《周禮漢讀考》認爲『⿰糸才』與『純』之隸體形近，因而誤『⿰糸才』爲『純』。是作『⿰糸才』者本字，作『純』者訛字也，《釋文》出『純』字，音側其反，與此『側碁』之音同，『⿰彳廾』應是『⿰糸才』之訛體，茲據以改正。

〔二三一〕拭，底卷原作『伐』，此處《雜記下》有『雍人拭羊』句，『伐』當是訛變字，茲據刊本改正。

〔二三二〕刲，《雜記下》有『封羊，血流于前，乃降』句，《説文》有『封』無『刲』，『刲』乃後起別體。

〔二三三〕⿰乞寸，此出《雜記下》『其衈皆于屋下』鄭注『《周禮》有刏衈』句，從『刂』與從『寸』之字或混寫，如『剋』之俗字寫作『尅』，『⿰乞寸』當是『刏』之俗字。『刏』或作『刉』（見《龍龕·刀部》），《廣韻》音居依切，與底卷直音『既』合。又《玉篇·刀部》有『⿰刂乞』字，音魚乙切，斷也，《説文·刀部》：『刏，劃傷也，从刀，气聲。一曰斷也。』『⿰刂乞』當即『刏』之別體，則與底卷『魚乙』反合。

〔二三四〕嚮，《雜記下》有『有司皆鄉室而立』句，『嚮』爲『向』之後起字，『鄉』爲『向』之借字。

〔二三五〕彛，此處《雜記下》鄭注有『謂尊、彝之屬』句，此字當是『彝』之俗訛。

〔二三六〕『出』爲《雜記下》『諸侯出夫人』句中文，《廣韻·術韻》『出』音赤律切，在穿紐，而『勑』爲徹紐字。底卷共有穿紐字十五個，徹紐字十二個，僅此以徹切穿。《孟子·離婁下》：『爲得罪於父，不得近，出妻屏子，終身不養焉。』焦循《正義》引全祖望《經史問答》云：『蓋必勸其父以弗爲已甚而父不聽，遂不得近，此自是人倫大變，章子之黜妻屏子，非過也。」是全氏以『黜』釋『出』。《莊子・徐無鬼》『君將黜耆欲』，《釋文》：『黜，敕律反，退也。本又作出，音同。』是『黜』字有借作『出』者。『黜』音敕律反，正與底卷之音同。

〔二二七〕切下字底卷存上部殘畫。

〔二二八〕奄，此處《雜記下》『以夫人之禮行』鄭注有『弃妻致命其家』句，『奄』當是『棄』之俗字，『弃』爲古文『棄』字，唐代因爲避太宗之諱，多從古文寫作『弃』，說詳《敦煌俗字研究》下編二四〇頁；刊本作『弃』，蓋承襲此諱改字。下『奄』字同，不復出校。

〔二二九〕許美，底卷第六四、八四、一一四行諸『俟』皆音『羊美』，『許』蓋當爲『羊』之誤，《集韻・止韻》小韻『羽已切』下收『俟』字，切下字『美』疑爲『矣』或『美』之形誤，『矣』上聲止韻字，『美』上聲旨韻字，止、旨同用。

〔二三〇〕切下字『炒』爲『炒』之俗字，見《龍龕・火部》，然『炒』字不可切『皿』，疑爲『炳』之訛，『皿』『炳』《廣韻》同在梗韻。

〔二三一〕賷，此處《雜記下》『有司官陳器皿』鄭注有『器皿，其本所齎物也』句，《釋文》出『齊』字，案『齊』『齎』古今字，『齎』『賷』正俗字。切下字『妾』蓋『妻』之誤，『齎』『妻』同爲齊韻字，而『妾』則爲葉韻字。

〔二三二〕姿，此處《雜記下》有『不能從而共粢盛』句，『姿』當是『粢』之音借字，此二字《廣韻》均音即夷切。

〔二三三〕墁，此處《雜記下》『吾食於少施氏而飽，少施氏食我以禮』鄭注有『時人倨慢』句，『墁』當是誤字。

〔二三四〕湌，《雜記下》有『吾飧，作而辭曰』句，《釋文》云：『飧，音孫。』案此語本於《玉藻》：『客祭，主人辭曰：「不足祭也。」客飧，主人辭以「疏」。』《釋文》：『飱，音孫。』『飱』爲『飧』之俗字（段玉裁《說文・食部》『飧』篆下注）。而『湌』爲『餐』之或體（《說文・食部》：『餐，或从水。』），與『飧』形音義均異，但二字古或混用不分。切上字『鹿』爲來紐字，不可切清紐字『湌』，『鹿』蓋爲『麁』之誤，『麁』亦清紐字。

〔二三五〕弊，此處《雜記下》有『納幣一束』句，『弊』爲『幣』之借字。

〔二三六〕切下字『畈』當是『皈』之誤，『皈』爲『歸』之會意俗字（《敦煌俗字研究》上編五九頁），『歸』『韋』《廣韻》同在微韻。

〔三三七〕切下字底卷存左上角殘畫。

〔三三八〕房，經注此處無此字，其前一條『表』及下一條『裏』乃爲《雜記下》『紕以爵韋六寸』鄭注『純六寸者，中執之，表裏各三寸也』句中『表』、『裏』二字作音，『房』當是從他處羼入者。

〔三三九〕絛，此處《雜記下》『紃以五采』鄭注有『紃，施諸縫中，若今時絛也』句，『絛』應是『絛』之變體，『絛』則『絛』之別體。

〔三四〇〕切下字『栗』底卷原作『粟』，《廣韻》『栗』、『疾』同在質韻，『粟』當是『栗』之形誤，茲改正。

〔三四一〕埽，此處《喪大記》有『外内皆埽』句，『埽』爲『埽』之後起換旁字。

〔三四二〕縣，此《喪大記》『君、大夫徹縣』句中文，『縣』『懸』古今字。

〔三四三〕發，此處《喪大記》有『廢牀，徹褻衣』句，此『發』當是『廢』之借字，二字古多通用，説詳王念孫《讀書雜志·史記第四·平原君虞卿列傳》『發』字條。《廣韻》『日』在入聲質韻，『發』在入聲月韻，韻部相差較遠，切下字『日』當讀作『曰』，『曰』亦月韻字，敦煌寫卷『日』、『曰』二字不分。

〔三四四〕床，此《喪大記》『廢牀，徹褻衣』句中文，《釋文》云：『牀，仕良反，本或作床字。』《干禄字書·平聲》：『床、牀，上俗下正。』

〔三四五〕切語上下字均不可識，第一〇六行『氣』音『羌投』，『羌』爲溪紐字，正可切『氣』，是『美』當是『羌』之形誤；《廣韻》『投』在上聲侯韻，不可切『氣』，『投』、『投』均當爲某字之形誤。

〔三四六〕申，此處《喪大記》『廢牀，徹褻衣，加新衣，體一人』鄭注有『爲其不能自屈伸也』句，『申』『伸』古今字。切下字底卷模糊不清。

〔三四七〕切下字『美』蓋爲『矣』或『美』之誤，説見校記〔三三九〕。

〔三四八〕緱，此處《喪大記》『屬纊以俟絶氣』鄭注有『置口鼻之上以爲候』句，底卷糹旁與亻旁常混寫，此字當爲

『侯』之俗訛。切上字『紉』當是『紈』之誤，『侯』、『紈』皆匣紐字。

〔二四九〕底卷『顒』左下角殘泐，『踰』存上部殘畫，第十二、九三行『虞』皆音『顒踰』，兹據以擬補。

〔二五〇〕魄，此《喪大記》『復，有林麓則虞人設階』鄭注『復，招魂復魄也』句中文，《廣韻》『魄』在入聲陌韻，『家』在平聲麻韻，不合，俟考。

〔二五一〕『簴』字底卷原作『篪』，此《喪大記》『無林麓則狄人設階』鄭注『簨虡之類』句中文，《釋文》出『虡』字，《廣韻·語韻》：『虡，俗作簴。』兹據以改正。參看上文校記〔二四〕。

〔二五二〕頳，此《喪大記》『大夫以玄頳』句中文，『頳』爲『赬』之俗字，見《龍龕·赤部》。

〔二五三〕底卷切上字存右邊殘畫。

〔二五四〕卷，此處《喪大記》有『捲衣投于前』句，『卷』『捲』古今字。切上字『居』底卷原作『各』，二字雖均爲見紐字，但『各』爲見紐一等字，第四三、八〇、一六二行諸『卷』字均音『居阮』，『居』爲見紐三等字，兹據以改正。

〔二五五〕鱉，此處《喪大記》『君以卷，夫人以屈狄，大夫以玄赬，世婦以襢衣』鄭注有『而侯伯以鷩』句，『鱉』蓋爲『鷩』字之誤。

〔二五六〕榆，此處《喪大記》『君以卷，夫人以屈狄，大夫以玄赬，世婦以襢衣』鄭注有『其夫人用揄狄』句，《釋文》出『揄』，《五經文字·衣部》：『褕，翟羽飾衣。字書以爲褕狄，后服。經典作「揄」，從手，與「摇」同。褕翟，雉名。』《廣韻·宵韻》：『褕狄，后衣，亦作揄。』朱珔《説文假借義證》云：『揄當爲褕之假借。』案：從木、從扌之字古多混淆。

〔二五七〕『霤』字底卷殘脱下部『田』，此處《喪大記》『皆升自東榮』鄭注有『天子、諸侯言東霤』句，兹據以擬補。

〔二五八〕舘，此《喪大記》『其爲賓，則公館復』句中文，《干禄字書·去聲》：『舘、館，上俗下正。』

〔二五九〕綾，『綏』字俗訛，説見校記〔九九〕，經注此處無此字。

〔二六〇〕拖，此處《喪大記》「復衣不以衣尸，不以斂」鄭注有「若以其衣襲斂，是用生施死」句，「拖」當是「施」之俗訛。切上字「力」與被切字「施」不同紐，「力」蓋涉上「斂」之切上字「力」而誤，「力」蓋當作「以」，底卷第一三八、一七四行二「施」字皆音「以致」。

〔二六一〕䋎，《喪大記》有「婦人復，不以袡」句，《釋文》出「袡」字，「䋎」即「袡」字異寫。

〔二六二〕秤，《喪大記》有「男子稱名，婦人稱字」句，《干禄字書·去聲》：「秤、稱，上俗下正。」

〔二六三〕切上字「貞」蓋爲「賢」之誤，「賢」、「後」皆匣紐字，第五五行「厚」音「賢苟」，可爲佐證。

〔二六四〕甦，此處《喪大記》「唯哭先復，復而後行死事」鄭注有「復而不蘇」句，「甦」爲「蘇」之俗字。

〔二六五〕踴，此處《喪大記》有「婦人哭踊」句，「踴」爲「踊」之俗字。

〔二六六〕「扳」字底卷原作「极」，此出《喪大記》「主人二手承衾而哭」鄭注「哀慕若欲攀援」句，《釋文》云：「扳，本又作攀，普班反，一音班。」則「极」爲「扳」之形誤，茲據以改正。

〔二六七〕嚮，此處《喪大記》「君拜寄公、國賓于位」鄭注有「於庭鄉其位而拜之」句，「嚮」爲「向」之後起字，「鄉」爲「向」之借字。

〔二六八〕切下字「外」當爲「冰」之誤，第三七、八一行「馮」皆音「扶冰」。

〔二六九〕脱，此處《喪大記》有「主人袒，説髦」句，孔穎達《正義》曰：「髦，幼時翦髮爲之，至年長則垂著兩邊，明人子事親，恒有孺子之義也。若父死説左髦，母死説右髦，二親並死則並説之，親没不髦是也。今小斂竟，喪事已成，故説之也。」是此「説」字之義爲解散；《説文·言部》：「説，説釋也。」段注：「説釋即悦懌。」肉部：「脱，消肉臞也。」段注：「此義少有用者，今俗用爲分散、遺失之義。分散之義當用挩。」手部：「挩，解挩也。」則「脱」、「説」皆爲「挩」之借。

〔二七〇〕髮，此處《喪大記》有「主人袒，説髦，括髮以麻。婦人髽，帶麻于房中」句，則「髮」條當在「髽」條前。

〔二七一〕「𣂔」字底卷原作「斢」，此處《喪大記》「虞人出木、角」鄭注有「角，以爲𣂔水斗」句，《説文·斗部》有「𣂔」

字，徐灝《説文解字注箋》云：「奭从二目，今書傳多譌爲奭，蓋世俗多見「奭」少見「奭」耳。」則刊本「斞」乃「斞」之形誤字；底卷「斞」之左半爲「叟」，中間從「目」，與「斞」字同，可知「斞」爲「斞」之俗訛，從而知底卷所據以注音之底本作「斞」，兹據《説文》録正。《詩·小雅·大東》「不可以挹酒漿」《毛傳》云：「挹，斞也。」陳奂《詩毛氏傳疏》以「斞」爲俗字，據此而知陳説誤。「九于反注音」原倒亂作「九反于，注音」，兹以意改正。

〔二七二〕 枓，經注此處無此字，頗疑此爲鄭注「角，以爲斞水斗」之「斗」字，「枓」蓋爲「枓」之形訛，「斗」「枓」古今字，然「枓」無「章乘」之音，姑存疑。

〔二七三〕 契，此處《喪大記》「狄人出壺」鄭注有「此挈壺氏所掌也」句，「契」應爲「挈」之借字。

〔二七四〕 「衰」字底卷原誤作「襄」，案此《喪大記》「子幼，則以衰抱之」句中文，兹據以改正。

〔二七五〕 儐，經注此處無此字。

〔二七六〕 𨎌，《喪大記》有「寢門之内輯之」句，「𨎌」爲「輯」之俗字，見《龍龕·車部》。

〔二七七〕 槃，《喪大記》有「大夫設夷盤」句，「槃」爲小篆隸定字，「盤」爲籀文隸定字。

〔二七八〕 唅，此處《喪大記》有「含一牀，襲一牀」句，「含」「唅」古今字。

〔二七九〕 切下字「旱」底卷原誤作「畢」，底卷第六九行「袒」音「徒旱」，兹據以改正。

〔二八〇〕 枇，經注此處無「枇」字，《喪大記》有「小臣楔齒用角柶」句，《禮記·雜記上》「枇以桑」鄭注：「枇，所以載牲體者。」《釋文》：「枇，音匕，本亦作朼。」《説文·木部》：「枇，枇杷木也。」《説文》無「朼」字，「匕」「朼」古今字，「枇」則爲同音借字也。《周禮·天官·玉府》「大喪，共含玉、復衣裳、角枕、角柶」鄭注：「角柶，角匕也，以楔齒。」《説文·匕部》：「匕，相與比敘也。匕，亦所以用比取飯，一名柶。」木部：「柶，禮有柶。柶，匕也。」《儀禮·士冠禮》「有篚實勺、觶、角柶」鄭注：「柶狀如匕，以角爲之。」《詩·小雅·大東》「有捄棘匕」馬瑞辰《毛詩傳箋通釋》云：「以角爲之名柶，以木爲之則名匕也。」疑底卷所據之本作「枇」，「枇」

者「匕」之借字，與刊本作「柶」不同。

〔二八二〕「説」爲《喪大記》「管人汲，不説繘」句中文，《釋文》出「説」字，音「吐活反」，案「乱」當爲「活」之誤，第八行「脱」音「湯活」，可爲佐證。

〔二八二〕切上字「景」當讀作「影」。

〔二八三〕振，此處《喪大記》有「抳用浴衣」句，《釋文》亦出「抳」，《儀禮·士喪禮》「乃沐，櫛，抳用巾」鄭注：「抳，晞也，清也。古文抳皆作振。」

〔二八四〕切上字「曲」底卷原誤作「典」，底卷第五八行「⿱大曲」音「曲吏」，兹據以改正。

〔二八五〕䇲，此處經注無此字，《玉篇·竹部》有此字，義爲「炭籠」，其音莊雅切，又直音鮓，與底卷「倉何」之音不合；此處《喪大記》有「御者差沐于堂上」句，鄭注：「差，淅也。淅飯米取其潘以爲沐也。」孔氏《正義》云：「差是差摩。」淘米取汁用手搓，此「差」即「搓」之本字，《釋文》「差」音「七何反」，正與此「倉何」之音合，此「䇲」當爲「差」之俗字。

〔二八六〕⿰亻⿱殳土，《喪大記》有「甸人爲垼于西牆下」句，「垼」字《説文》本作「坄」，此作「⿰亻⿱殳土」者，當是因「役」之古文作「伇」類化所致。

〔二八七〕鎘，《喪大記》有「陶人出重鬲」句，「鎘」爲「鬲」之後起增旁字。

〔二八八〕⿱前手，此處《喪大記》有「小臣爪手翦須」句，「⿱前手」當是「揃」偏旁移位之别體字，《儀禮·士喪禮》：「蚤揃如他日。」「翦」爲「揃」之借字。

〔二八九〕淅，此《喪大記》「御者差沐于堂上」鄭注「差，淅也」句中文，按次序當在「須」條下。切上字「自」底卷寫得稍靠上，疑爲「息」字之半。

〔二九〇〕暮，《喪大記》有「朝一溢米，莫一溢米」句，「莫」「暮」古今字。

〔二九一〕笇，《喪大記》有「食之無筭」句，《干禄字書·去聲》：「笇、筭，上俗下正。」

〔二九二〕以『上』音『盛』者，北方方言音，説詳許建平《唐寫本〈禮記音〉所見方音考》（《俗語言研究》第四期七四頁，日本國禪籍俗語言研究會編，一九九七）。

〔二九三〕『醢』字底卷原作『醘』，據其注音『呼在』，知此字當是『醢』之訛變；此處經注無此字，有『食菜以醯、醬』句，《釋文》云：『醯，呼雞反。』是經注作『醯』而不作『醢』。

〔二九四〕幹，《喪大記》有『始食肉者，先食乾肉』句，『幹』爲『乾』之借字。

〔二九五〕杇，《喪大記》『食粥於盛』鄭注有『盛，謂今時杯杅也』句，《説文·木部》有『杇』字，『杇』、『杅』皆其變體。

〔二九六〕歚，《玉篇·習部》：『歚，盧合切，歚歁，不滿皃。』然經注無此字，此處《喪大記》『食粥於盛，不盥，食於篹者盥』鄭注有『歠者不盥』句，《釋文》『歠』音『昌悦反』，正與底卷『昌悦』之音同，『歚』當是『歠』之訛體。

〔二九七〕《廣韻·沁韻》『紟』音巨禁切，與模韻字『蕪』不合，『蕪』當有誤，《釋文》『紟』音其鴆反。

〔二九八〕楅，經注無此字，此處《喪大記》有『絞一幅爲三』句，《釋文》云：『幅，本又作畐，方服反。』『方服反』正與底卷『方目』之音合，『楅』蓋爲『幅』之訛體。

〔二九九〕襧，此處《喪大記》『袍必有表，不禪，衣必有裳，謂之一稱』鄭注有『《雜記》曰「子羔之襲，繭衣裳與稅衣纁衻爲一」是也』句，『襧』當是『繭』之俗字，『繭』爲『繭』之假借，説參校記〔一三九〕。切下字『弥』蓋爲『殄』之誤，『殄』之俗寫與『弥』形近，《廣韻》『殄』、『繭』同在銑韻。

〔三〇〇〕衲，此處鄭注有『《雜記》曰「子羔之襲，繭衣裳與稅衣纁衻爲一」是也』句，『衲』即『衻』字異體。

〔三〇一〕切下字『旱』底卷原誤作『早』，底卷第六九行『袒』音『徒旱』，兹據以改正。

〔三〇二〕敛，《説文·攴部》有『敍』字，王筠《説文解字句讀》認爲是『擒』之本字；此處經注無此字，底卷第十四、二八、四〇行『煞』均音『所列』，與此『所别』合，此處《喪大記》有『君錦冒黼殺』句，『煞』爲『殺』之俗字，疑『敛』爲『煞』之訛。

〔三〇三〕黼，《喪大記》有『大夫玄水黼殺』句，《干禄字書·上聲》：『黼、黼，上俗下正。』

〔三〇四〕頳，《喪大記》有「士緇冒頳殺」句，「頳」爲「赬」之俗字，見《龍龕・赤部》。

〔三〇五〕「弢」爲「弢」之俗字，見《龍龕・弓部》；《喪大記》「君錦冒黼殺」鄭注有「冒者，既襲所以韜尸」句，「韜」「弢」二字古多通用，如《六韜》，《漢書・藝文志》作「六弢」。

〔三〇六〕雁，《喪大記》「君、大夫馮父、母、妻、長子」鄭注有「馮，謂扶持服膺」句，《玉篇・隹部》：「雁，今作鷹。」案《說文》以「鷹」爲「雁」之籀文，此《玉篇》所據也，然金文「膺」皆寫作「雁」，底卷作「雁」，存本字也，至於「鷹」、「膺」、「應」，皆後起分別文。

〔三〇七〕「拘」字底卷原作「枸」，此「拘」之俗字「抅」的變體，恰與「枸」之俗字「构」同形，茲據刊本録正。

〔三〇八〕鄣，《喪大記》「大夫、士禮之」鄭注有「禮，袒也，謂不障」句，《說文・邑部》：「鄣，紀邑也。」阜部：「障，隔也。」「鄣」爲「障」之借字。

〔三〇九〕惡，此處《喪大記》有「既祥，黝堊」句，《釋文》出「堊」字，《儀禮・既夕禮》「主人乘惡車」鄭注：「古文惡作堊。」《禮記・雜記下》「廬、堊室之中，不與人坐焉」《釋文》：「堊，烏各反，字亦作惡，同。」則此「惡」爲「堊」之借。

〔三一〇〕切下字「美」蓋爲「矣」或「美」之誤，說見校記〔三一九〕。

〔三一一〕柂，《喪大記》「君大棺八寸」鄭注引《檀弓》文有「杝棺一，梓棺二，四者皆周」句，《說文》有「杝」無「柂」，「柂」爲「杝」之後起別體。

〔三一二〕「䇥」蓋爲「差」之俗訛，參校記〔二八五〕，此處《喪大記》「君大棺八寸，屬六寸，椑四寸」鄭注有「以是差之，上公革棺不被，三重也」句。切上字「楚」底卷原作「楚」，應是「楚」之訛變，說參校記〔一〇三〕。

〔三一三〕狸，經注此處無此字，「緑」條下《喪大記》有「士埋之」句，「埋」爲「薶」之後起字，《周禮》多省爲「貍」，如《周禮・地官・族師》「以相葬埋」《釋文》：「埋，本或作貍。」又《夏官・校人》「及葬埋之」《釋文》：「埋，本又作貍。」而「貍」又可寫作「狸」，豸旁與犭旁古可换用，如「貍貓」亦寫作「狸猫」，蓋《禮記》原有寫

『薶』作『貍』之本，傳寫而轉作『狸』，底卷作者遂讀作『狸』。此處『狸』在『隅』條下者，疑爲錯亂。

〔三一四〕底卷『黨』『乃』二字在左右兩側，『託』原作『記』，『一記』二字在中間，案『囊』乃《喪大記》『君、大夫鬊爪實于緑中，士埋之』鄭注『必爲小囊盛之』句中文，《釋文》：『囊，乃剛反，徐音託。』《廣韻》『囊』音奴當切，據此，底卷『乃黨』二字爲切語，『記』當是『託』之誤，爲直音，兹據以校録如上；然『囊』并無『託』音，《禮記・內則》鄭注『縏，小囊也』《釋文》：『囊，奴郎反。又作槖，徐音託。』《廣韻・鐸韻》小韻『他各切』下收有『槖』、『託』二字，是『託』爲『槖』之直音，徐邈音『託』，知『囊』字徐所據本《禮記》作『槖』，底卷有一直音『託』，當是據別本《禮記音》收入。

〔三一五〕切下字『丸』底卷原誤作『九』，《廣韻》『欑』音『在丸切』，兹據以改正。

〔三一六〕藂，此處《喪大記》『欑至于上』鄭注有『欑猶菆也』句，『藂』爲『叢』之後起字；《説文・丵部》：『叢，聚也。』艸部：『菆，麻蒸也。』則『菆』爲『叢』之借，底卷當是脱去切語。

〔三一七〕切上字『楚』底卷原作『查』，乃『楚』之訛俗字，説參校記〔一〇三〕。

〔三一八〕敖，《喪大記》有『熬，君四種八筐』句中文，『敖』『熬』古今字。

〔三一九〕『筐』字底卷原作『篋』，據切語『去狂』，知此乃音《喪大記》『君四種八筐』句之『筐』，兹據刊本改正。

〔三二〇〕切上字『倶』當有誤。

〔三二一〕切上字『强』當有誤，《釋文》『褚』音『張呂反』。

〔三二二〕『榮龜』所音之『僞』乃《喪大記》『素錦褚，加僞荒』之『僞』，鄭注：『僞當爲帷，或作于，聲之誤也。』『榮龜』爲『帷』之切語。

〔三二三〕篓，此處《喪大記》有『黼翣二、黻翣二、畫翣二』句，《集韻・狎韻》：『翣，或作篓。』

〔三二四〕綾，此處《喪大記》有『皆戴綏』句，『綾』爲『綏』之誤，説見校記〔九五〕。

〔三二五〕切語『胡交』底卷原作『交胡』，底卷第二九、三六行『絞』皆音『胡交』，兹據以乙正。

〔三二六〕『紂』字底卷原作『什』，乃訛體，此處《喪大記》有『緇紐二』句，『紂』爲『緇』之古字，説參校記〔三二〇〕。

〔三二七〕儭，《喪大記》『素錦褚，加僞荒』鄭注有『有褚以襯覆棺』句，《正字通·人部》：『儭，與襯通。』

〔三二八〕辨，經注此處無此字，《喪大記》『齊五采，五貝』鄭注有『齊，象車蓋蕤，縫合雜采爲之，形如瓜分然，綴貝落其上乃旁』句，《釋文》云：『分，扶問反，又皮莧反，又夫云反。』『皮莧反』非『分』之音也，《詩·衛風·碩人》毛傳『瓠犀，瓠瓣』《釋文》：『瓣，補遍反，又蒲莧反。』《爾雅·釋草》『瓠棲，瓣』《釋文》：『瓣，苻莧、苻閑二反。』『皮莧反』與『苻莧反』同，與『蒲莧反』亦同，唇音輕重之别也，則此處《釋文》音『皮莧反』者，其所見某《禮記音》『分』字作『瓣』也。《周禮·天官·縫人》『喪，縫棺飾也』鄭注引《喪大記》『齊五采五貝』賈公彦《疏》云：『「齊五采五貝者」，謂於荒之中央以五采繒爲之，綴具絡其上，形如瓜瓣然。』賈氏此釋即據《禮記》鄭注也，足證此『分』字有作『瓣』之本，底卷作『辨』者，『辨』、『瓣』二字古多通用，《詩·豳風·東山》『有敦瓜苦，烝在栗薪』《鄭箋》『瓜之辨有苦者，以喻其心苦也』，《釋文》出『瓣』字，阮元《詩經校勘記》云：『小字本、相臺本「辨」作「瓣」，閩本、明監本、毛本同。案「瓣」字是也。《釋文》「瓣」下引《説文》云「瓜中實也」可證。十行本《正義》中亦作「辨」，明監本、毛本作「瓣」，所改是也。』案『瓣』爲正字，『辨』『辯』皆其音借字。『薄』、『辨』同紐，此當是脱去切下字。

〔三二九〕紼，《喪大記》有『四綍二碑』句，《説文》無『綍』字，雷浚《説文外編》謂『綍』即《説文》之『紼』字。

〔三三〇〕軨團，《喪大記》『君葬用輴』鄭注有『輴皆當爲「載以輇車」之輇，聲之誤也。輇字或作團』句，『軨』爲『輇』字俗寫，敦煌寫卷『全』多寫作『令』形，此出二字者，『軨』、『團』二字同音也。注『大市亐』，不解其意，當有脱誤。

〔三三一〕『繂』字底卷原作『𢕟』，案《喪大記》『四綍二碑』鄭注有『綍或爲率』句，《釋文》出『率』字，《詩·小雅·采菽》『汎汎楊舟，紼纚維之』《毛傳》：『紼，繂也。』《爾雅·釋水》云：『紼，繴也。』《説文》有『繴』字（段玉裁以爲繴之誤），『繂』爲後起別體；『綍』爲『紼』之後起字，是『綍』與『繂』同義。『𢕟』當是『繂』之俗訛，敦煌寫卷亻、糸常混也，今録正。

〔三三二〕⿰扌勉，《喪大記》「大夫、士以咸」鄭注有「輓棺而下之」句，《説文》有「輓」字，「挽」爲後起換旁字，「⿰扌勉」爲「挽」之增旁俗字。

〔三三三〕「抗」爲《喪大記》「君松椁，大夫柏椁，士雜木椁」鄭注「抗木之厚，蓋與椁方齊」句中文，《釋文》：「抗，苦浪反，徐户剛反。」案底卷以「剛」爲音者，當是讀「抗」爲「掆」也，説見校記〔七四〕。

〔三三四〕「椁」下當是脱去注音。

〔三三五〕切下字「繼」底卷原寫作「𢇍」，應是「繼」之俗訛，「繼」俗作「継」，敦煌寫卷糸旁與亻旁混，「𠃊」寫作「辶」，故訛變作「𢇍」，兹據以録正。

〔三三六〕切下字「却」蓋「劫」之誤，《廣韻》「法」在入聲乏韻，「劫」在入聲業韻，業、乏二韻同用。

〔三三七〕鱞，《祭法》有「夏后氏亦禘黄帝而郊鯀」句，「鱞」爲「⿰魚果」之後起别體，「⿰魚果」爲「鯀」之借字。

〔三三八〕切下字原訛作「王」，據《釋文》改。

〔三三九〕切上字「黄」當爲「莫」之訛。

〔三四〇〕「啚」爲「圖」之俗字，《干禄字書·平聲》：「圖、啚，上俗下正。」經注此處無「圖」字，鄭注有「謂祭昊天於圜丘也」句，疑「圜」誤作「圖」，「圖」又俗寫作「啚」，底卷又據誤字作音。

〔三四一〕勾，《祭法》「有虞氏禘黄帝而郊嚳，祖顓頊而宗堯」鄭注引《明堂月令》「春曰其帝大昊，其神句芒」句，《干禄字書·去聲》：「勾、句，上俗下正。」

〔三四二〕磨，經注無此字，字書亦不見此字，此處《祭法》有「瘞埋於泰折」句，其切語「烏計」正可切「瘞」字，疑爲「瘞」之訛字。

〔三四三〕「埋」字《釋文》音「武皆反」，底卷當是奪去切下字。

〔三四四〕標目字似「圻」，然經注無此字，此處《祭法》有「瘞埋於泰折」句，蓋即「折」之形誤，然其直音爲「新」，又非

『折』之音，俟考。

〔三四五〕《玉篇·人部》：『偵，思主切，姓也。』然《正字通》據《姓譜》無『偵』姓，認爲『偵』爲『偦』之訛字，案『偦』爲僻字，底卷心紐字多有用『須』爲切上字者，疑此『偵』爲『須』之訛，彡旁與亻旁形近。

〔三四六〕切下字『早』應是『旱』之誤。

〔三四七〕穻，《玉篇·穴部》有『穻』字，義爲牖；《隸釋》卷五《梁相孔耽神祠碑》『造作堂穻』，洪适云：『穻即宇字。』經注此處無『穻』，亦無『宇』字，《祭法》有『雩宗，祭水旱也』句，疑爲『雩』之俗訛。

〔三四八〕熒，經注無此字，《祭法》『幽宗，祭星也。雩宗，祭水旱也』鄭注有『宗皆當爲禜，字之誤也』句，然依序當在『域』條後，鄭注『宗皆當爲禜，字之誤也』正爲此『宗』字作注，疑此所據本經文作『禜』，不作『宗』也。《尚書》『禋于六宗』，《初學記》卷十三《禮部上·祭祀第二》『六宗』條引王肅《尚書注》云：『所宗者六，皆潔祀之。埋少牢於太昭，祭時也；相近於坎壇，祭寒暑也；王宮，祭日也；夜明，祭月也；幽禜，祭星也；雩禜，祭水旱也。禋于六宗，此之謂也。』《藝文類聚》卷三十八《禮部上·祭祀》引同（唯『雩』誤作『雲』），《史記·五帝本紀》『禋于六宗』張守節《正義》引《祭法》亦作『禜』，故底卷爲『禜』作音，此作『熒』者，蓋爲形誤。

〔三四九〕攘，此處《祭法》『相近於坎、壇』鄭注有『相近當爲禳祈，聲之誤也』句，阮校：『此本《疏》「相近當爲攘祈」。攘，卻也。則祭攘卻之，及祭以攘之，故讀相近爲攘祈。』

〔三五〇〕《字彙補·穴部》：『⿱穴乇，音義與虐同。』『⿰歹虐』字不識。

〔三五一〕照，《祭法》『遠廟爲祧，有二祧』鄭注有『以昭穆合藏於二祧之中』句，『照』爲『昭』之借字。

〔三五二〕塲，經注此處無此字，《祭法》『設廟、祧、壇、墠而祭之，乃爲親疏多少之數』鄭注有『魯煬公者，伯禽之子也』句，《釋文》云：『煬，餘讓反，徐音傷。』徐邈音正與此同，『塲』當爲『煬』之誤。

〔三五三〕伐，經注此處無此字，《祭法》『曰泰厲』鄭注有『厲，主殺罰』句，『伐』『罰』二字古多通用，疑此『伐』爲

「罰」之借。
〔三五四〕弊，《祭法》「曰國行」鄭注有「釋幣於行」句，「弊」爲「幣」之借字。
〔三五五〕御，《祭法》有「能禦大菑則祀之」句，「御」「禦」古今字。
〔三五六〕災，《祭法》有「能禦大菑則祀之」句，「菑」爲「災」之借字。
〔三五七〕扞，《祭法》有「能捍大患則祀之」句，《釋文》出「扞」字，「捍」爲後起字。
〔三五八〕鰥，《祭法》有「鯀鄣鴻水而殛死」句，「鰥」爲「鯀」之借字。
〔三五九〕障，《祭法》有「鯀鄣鴻水而殛死」句，「障」爲「鄣」之借字。
〔三六〇〕洪，《祭法》有「鯀鄣鴻水而殛死」句，「鴻」爲「洪」之借字。
〔三六一〕極，《祭法》有「鯀鄣鴻水而殛死」句，「殛」爲「極」之借，説見《説文解字》「殛」篆下段玉裁注。
〔三六二〕儀，刊本作「義」，「義」「儀」古今字。
〔三六三〕切上字「褒」爲「雙」之俗字「䨇」的訛變。
〔三六四〕踈，《祭義》有「祭不欲疏，疏則怠」句，《廣韻·魚韻》：「疏，俗作踈。」
〔三六五〕「古坎」非「怠」之音，乃「感」之音，此處《祭義》有「祭不欲疏，疏則怠」句，鄭注有「孝子感時念親」句，「怠」、「感」二字形不近，疑非字誤；可能此處原有「怠」、「感」二條，抄脱「怠」之切語及「感」字，遂成今貌。
〔三六六〕底卷此條旁又用小字寫一遍，但標目字左部寫作「木」形，反不如「𠯈」之近於「怵」，今不取。
〔三六七〕齋，《祭義》有「致齊於内，散齊於外」句，「齊」「齋」古今字。
〔三六八〕「耆」字底卷原作「煮」，此處《祭義》「思其所嗜」鄭注有「所嗜，素所欲飲食也」句，《釋文》於經「思其所嗜」句出「所耆」，是陸氏所據本作「耆」，「耆」「嗜」古今字，「煮」乃「耆」之形誤，茲據《釋文》改正。
〔三六九〕䄇，《廣韻·候韻》「田候切」小韻下有此字，義爲「祭䄇」（《集韻》則作「祭福」），《龍龕·礻部》亦有此字：

「䄈，音豆，祭䄈；又音祥，緣也。」皆與標目字「還」不合，「還」爲《祭義》「周還出户」句中文，《釋文》出「還」字，音「旋」；底卷一八〇行有「䄈」字，其音爲「祥」，正與《龍龕》同，後例「䄈」爲鄭注引《詩》「適子之館兮，還，予授子之粲兮」句中文，《釋文》亦出「還」，音旋。「還」「旋」二字古多通用，此「䄈」應是「旋」之變體。

〔三七〇〕鄕，《祭義》「死則敬享」鄭注有「享猶祭也、鄕也」句，「鄕」、「鄉」均爲「饗」之借字。

〔三七一〕醘，經注此處無此字，「醘」音克盍切（《集韻・盍韻》），與此作「吐感」亦不合；此處《祭義》「君獻尸，夫人薦豆」鄭注有「主婦自東房薦韭、菹、醢」句，《龍龕・西部》：「醘，酒器也，與榼同。又俗音海。」其云「俗音海」者，乃是「醢」之音也，則「醘」爲「醢」之誤也。然底卷音「吐感」，非「醢」之音也，賈《疏》云：「此是《有司徹》文。」查《儀禮・有司徹》云：「主婦自東房薦韭、菹、醢，坐奠于筵前，菹在西方。婦贊者執昌、菹、醢以授主婦，主婦不興，受，陪設于南，昌在東方。」鄭注：「韭菹、醓醢、昌本、麋臡。」胡培翬《正義》曰：「此經但云韭菹醢、昌菹醢，鄭知爲醓醢麋臡者，以「醢人」豆實，醓醢配韭菹，麋臡配昌本，故知之也。」是「韭菹醢」即韭菹醓醢也。《周禮・天官・醢人》「其實韭沮、醓醢」《釋文》：「醓，吐感反。」「吐感」爲「醓」之切語，「醘」當爲「醓」之誤，疑底卷所據《禮記》底本引《有司徹》文作「韭菹醓醢」。

〔三七二〕「斝」應是「㲉」之俗訛，《廣韻》「㲉」音苦角切，鳥卵也，此處《祭義》「勿勿諸其欲其饗之也」鄭注有「勿勿猶勉勉也，愨愛之貌」句，「㲉」當是「愨」之同音借字。

〔三七三〕「趍」爲「趨」之俗字，見《廣韻・虞韻》。此《祭義》「其行趨趨以數」句中文，鄭注：「趨讀如促。」《釋文》：「趨，音促。」此亦音「促」，據鄭注作音也。

〔三七四〕齊，《祭義》有「子之言祭，濟濟漆漆然」句，《釋文》云：「濟濟，子禮反。」前「齊齊乎其敬也，愉愉乎其忠也」句，所言亦祭祀之容也，《釋文》云：「齊齊乎，如字，舊子禮反。」「子禮反」即「濟」之音也，是「齊齊」亦有作「濟濟」者，《周禮・地官・保氏》鄭注：「祭祀之容，齊齊皇皇。」《釋文》：「濟濟皇皇，上子禮反，又音齊。」濟濟皇皇即濟濟漆漆也，均言祭祀時肅穆之容。「濟濟漆漆然」句蓋當有作「齊齊漆漆然」之本，此作「齋」者，蓋從作「齊齊漆漆」之本而來，「齊」「齋」古今字。

〔三七五〕惣，《祭義》有「夫何慌惚之有乎」句，「惣」爲「總」之俗字（見《敦煌俗字研究》下編五三四頁），文中當是「惚」之形誤；此處底卷先出「惚」條，後出「慌」條，則其所據本應是作「惚慌」，與刊本作「慌惚」不同，「慌惚」聯緜詞，倒作「惚慌」，其義一也。

〔三七六〕侗，《祭義》有「洞洞乎，屬屬乎」句，《釋文》出「洞洞」，「侗」「洞」均從「同」聲，當可通用。

〔三七七〕濁，《祭義》有「洞洞乎，屬屬乎」句，《釋文》出「濁濁」，《廣雅・釋訓》：「洞洞、屬屬，敬也。」張洪義《廣雅疏證拾補》云：「《集韻》三燭「濁」下引《博雅》：「濁濁，恭也。」《類篇》同。今本《廣雅》無此語，蓋即屬屬之異文。宋人諱敬字，故變言恭矣。《淮南子・天文訓》云「洞洞濁濁」，字即從水爲之。」（徐復主編《廣雅詁林》四五〇頁，江蘇古籍出版社一九九二）案《淮南子・氾論》云：「有奉持於文王，洞洞屬屬，如將不能，恐失之，可謂能子矣。」

〔三七八〕詘，《祭義》有「其立之也，敬以詘」句，《説文・言部》：「詘，或从屈。」

〔三七九〕切下字「販」當是「皈」之誤，「皈」爲「歸」之會意俗字（《敦煌俗字研究》上編五九頁），「歸」、「威」《廣韻》同在微韻。

〔三八〇〕賈，經注此處無此字。

〔三八一〕刲，《祭義》有「鸞刀以封」句，《説文》有「封」無「刲」，「刲」乃後起別體。

〔三八二〕切下字「單」蓋涉下「壇」之切下字「單」而誤。

〔三八三〕經注此處無「召」、「築」二字。

〔三八四〕氾，《祭義》「天下之禮，致反始也，致鬼神也，致和用也，致義也，致讓也」鄭注有「因祭之義，汎説禮也」句，《釋文》出「氾」字，「汎」「氾」同字。

〔三八五〕耶，《祭義》有『雖有奇邪，而不治者則微矣』句，『耶』爲『邪』之俗字。

〔三八六〕弊，《祭義》有『骨肉斃于下，陰爲野土』句，《釋文》云：『斃，本亦作弊，婢世反。』《正義》曰：『言死，骨肉斃敗於地下，依陰於地爲野澤土壤。』《説文·犬部》：『獘，頓仆也。或从死。』是『斃』爲『獘』之或體；『弊』爲『敝』之俗字，見《玉篇·㡀部》；又《説文·㡀部》：『敝，帗也。一曰敗衣。』段注：『引伸爲凡敗之偁。』則作『弊』者正字，『斃』爲借字。

〔三八七〕切下字『投』不可切『氣』，應是誤字，説見校記〔三四五〕。

〔三八八〕『蕉』字底卷原作『亀』，此处《祭義》『焄蒿悽愴』鄭注有『蒿或爲蕉』句，『亀』應是『蕉』之形誤，兹據刊本改正。

〔三八九〕切上字『昊』爲『昃』之俗，與『黔』聲紐不同，疑爲『其』之形誤；切下字左邊爲『亻』，右邊似『欠』，中間模糊難辨，不知何字。

〔三九〇〕切下字『⿰礻旃』當爲『旃』之俗字，『旃』、『羶』《廣韻》同在平聲仙韻。

〔三九一〕鄉，《祭義》有『燔燎羶薌』句，『鄉』蓋爲俗省。

〔三九二〕切下字『栭』蓋爲『插』之俗訛。

〔三九三〕底卷切上字模糊難辨。

〔三九四〕齋，《祭義》『齊戒沐浴而躬朝之』句中文，『齊』『齋』古今字。

〔三九五〕蚕，《祭義》有『古者天子、諸侯必有公桑蠶室』句，《干禄字書·平聲》：『蚕、蠶，上俗下正。』切下字似『訞』，《集韻·宵韻》有此字，然與『蠶』之韻不協，當非，俟考。

〔三九六〕涼，《祭義》『風戾以食之』鄭注有『及早涼脆採之』句，《玉篇·冫部》：『凉，俗涼字。』

〔三九七〕脃，《祭義》『風戾以食之』鄭注有『及早涼脆採之』句，《釋文》出『脃』字，『脆』爲『脃』之俗字，見《玉篇·肉部》。

〔三九八〕『副』字底卷原作『⿰冐刂』，此處《祭義》有『遂副褘而受之』句，孔氏《正義》云：『故夫人首著副，身著褘衣，受此所獻之繭。』《釋名·釋首飾》云：『王后首飾曰副。』《廣雅·釋器》：『假結謂之⿱髟畐。』《玉篇·髟部》：『⿱髟畐，匹育、匹宥二切。』《廣韻·宥韻》小韻『敷救切』下有『⿱髟畐』字，云：『假髻，又敷六切。』《說文》無『⿱髟畐』字，亦無『⿱髟畐』字，『⿱髟畐』爲『副』之後起本字，『⿱髟畐』則又『⿱髟畐』字換旁字，『⿰冐刂』當是『副』之訛變，茲據以改正。

切下字『月』當是『日』之誤，《廣韻》『日』在入聲屋韻，與《玉篇》之『匹育切』、《廣韻》之『敷六切』同。

〔三九九〕繰，此處《祭義》有『夫人繅，三盆手』句，《說文·糸部》：『繅，繹繭爲絲也。』段注：『俗作繰。』

〔四〇〇〕『摠』字底卷原作『楤』，此處《祭義》『夫人繅，三盆手』鄭注有『凡繅，每淹大揔，而手振之，以出緒也』句，『揔』爲『總』之俗字，『總』之俗字又有寫作『摠』者，《說文·糸部》『總』下徐鉉云：『今俗作摠，非是。』底卷作『楤』，與『摠』『揔』形近，當是其誤，茲據以改正。

〔四〇一〕切下字『順』原從『十』旁，蓋『忄』旁之變，『忄』則爲『川』之變，《廣韻》『振』在去聲震韻，『順』在去聲稕韻，『震』、『稕』同用，是『順』可切『振』字，茲據以録正。

〔四〇二〕切上字『洋』蓋爲『詳』之形誤，『詳』、『緒』同爲邪紐字。

〔四〇三〕減，此《祭義》『故禮主其減，樂主其盈』句中文，《玉篇·冫部》：『減，俗減字。』

〔四〇四〕騰，經注此處無此字。

〔四〇五〕『莊』字底卷原作『烿』，此《祭義》『居處不莊，非孝也』句中文，當是訛字，茲據刊本改正。

〔四〇六〕亨，此處《祭義》有『亨、孰、羶、薌』句，《說文·亯部》『亯』篆下段注：『薦神作亨，亦作享；飪物作亨，亦作烹。……隸書作亨、作享，小篆之變也。』

〔四〇七〕切下字『裗』當爲『旃』之俗字，『旃』、『羶』《廣韻》同在平聲仙韻。

〔四〇八〕經注此處無『酪』、『馨』、『轡』三字。

〔四〇九〕『梬』字似『榑』之變體，然經注無此字，此處《祭義》有『溥之而横乎四海』句，疑爲『溥』之訛體。《釋文》出

「溥」字，注云：「本亦作敷，芳于反。」疑底卷之直音「數」爲「敷」之形誤。

〔四一〇〕准，《祭義》有「推而放諸西海而準」句，《玉篇・冫部》：「准，俗準字。」

〔四一一〕切上字「褏」爲「雙」俗字「雙」的訛變。

〔四一二〕切上字「社」蓋「祛」之形誤，「祛」、「虧」並溪紐字。

〔四一三〕「瘳」爲《祭義》「夫子之足瘳矣」句中文，依序當在「虧」字條前。

〔四一四〕「侄」字底卷原作「侄」，此《祭義》「是故道而不徑，舟而不游」句中文，「侄」即「徑」或體「侄」的訛變字，茲參刊本録正。

〔四一五〕舩，《祭義》有「是故道而不徑，舟而不游」句，「舩」、「舟」義同。

〔四一六〕切下字「松」與「坌」不同韻（《廣韻・吻韻》「坌」音敷粉切，「松」爲平聲鍾韻字），當爲「粉」之誤，斯一四三九《春秋後語釋文》第九行「坌」音「乎粉」，可爲佐證。

〔四一七〕切下字「美」當爲「矣」或「美」之誤，説見校記〔三九〕。

〔四一八〕「併」爲《祭義》「行，肩而不併」句中文，《釋文》云：「併，步頂反，徐扶頂反。」切下字「嚚」蓋有誤。

〔四一九〕避，《祭義》有「見老者則車、徒辟」句，「辟」「避」古今字。

〔四二〇〕「廋」字底卷原作「㢊」，此處《祭義》有「而弟達乎獀狩矣」句，《釋文》出「廋」字，云：「本又作獀，音蒐，所求反。」是此字當是「廋」之訛變，茲據《釋文》録正。

〔四二一〕「獵」字底卷原作「獦」，案此處《祭義》「而弟達乎獀狩矣」鄭注有「春獵爲獀」句，「獦」當是「獦」之訛體，「獦」爲「獵」之俗字，茲據刊本録正。

〔四二二〕蒐，此處《祭義》「而弟達乎獀狩矣」鄭注有「春獵爲獀」句，底卷「獀」作「廋」，則注文亦當用「廋」，而此竟作「蒐」，其所據本之經注用字不一；「獀」、「廋」、「蒐」皆「搜」之借字也，見朱珔《説文假借義證》「蒐」篆下説解。

〔四二三〕境，此處經注無此字，《祭義》『執醬而饋，執爵而酳』後有『天子巡守，諸侯待于竟』句，依序當在『斷』條前；『竟』『境』古今字。

〔四二四〕『夢』字底卷原作『葳』，此處《祭義》『立以爲《易》』鄭注有『大卜主三兆、三《易》、三夢之占』句，此當是『夢』之形誤字，茲據刊本録正。

〔四二五〕齋，此處《祭義》有『必有齊莊之心以慮事』句，『齊』『齋』古今字。第一〇〇、一〇二行『齋』音『側佳』，第一〇八行『齋』音『側皆』，佳、皆二韻通用，切下字『亮』蓋涉下條切語『側亮』而誤。

〔四二六〕壯，此處《祭義》有『必有齊莊之心以慮事』句，『壯』『莊』二字古多通用。

〔四二七〕隧，《祭義》有『及祭之後，陶陶遂遂』句，『遂』『隧』通用。

〔四二八〕經注此處無『磬』字。

〔四二九〕『糸慤』爲《祭義》『而術省之，孝子之志也』句之『省』作音，切上字疑爲『桑』的俗字之訛變，『桑』、『省』皆心紐字；切下字下部底卷模糊，略似『心』字，然字書無此字，頗疑此乃『謦』字，《廣韻》『謦』在上聲迥韻，『省』在上聲静韻，静、迥同在梗攝。

〔四三〇〕此處經注無『匱』、『齒』二字，底卷第一一五行『頒』後《祭義》有『居鄉以齒而老窮不遺』句，《釋文》云：『遺，一本作匱。』疑此二條爲手民漏録而補於末者。

〔四三一〕『侑』字底卷原作『诮』，《集韻》有『誚』字，音烏回切，與此音『王救』聲韻皆不同，且經注無此字，此處《祭統》『賢者之祭也，必受其福，非世所謂福也』鄭注有『世所謂福者，謂受鬼神之祐助也』句，《説文·女部》：『姷，耦也。从女，有聲，讀若祐。或从人。』《説文》之讀若，多爲通假之音，故『侑』、『祐』可通，『诮』當是『侑』之俗訛，茲據以改正。

〔四三二〕經注無『傒』字，此處《祭統》有『祭者，所以追養繼孝也』句，《淮南子·本經》『驅人之牛馬，傒人之子女』高誘注：『傒，繫囚之繫，讀曰雞。』《詩·召南·何彼襛矣》小序『車服不繫其夫』《釋文》：『繫，本或作繼。』傒、繼、繫三字《廣韻》同小韻（古詣切），『傒』蓋爲『繼』之借字。

〔四三三〕葅，《祭統》有『水草之菹，陸産之醢，小物備矣』句，『葅』爲『菹』之後起別體。

〔四三四〕經注無『蚳』、『蜉』二字，此處《祭統》『水草之菹，陸産之醢，小物備矣』鄭注有『陸産之醢，蚳、蝝之屬』句，蚳蝝，蟻卵也，亦即蚳蜉也，疑底卷所據本《禮記》鄭注『蚳蝝』二字作『蚳蜉』。

〔四三五〕芰，此處《祭統》『昆蟲之異，草木之實，陰陽之物備矣』鄭注有『草木之實，蔆、芡、榛、栗之屬』句，《釋文》出『芡』字，云『音儉』，正與底卷第一音『儉』同；至於『其寄』則非『芡』之音，底卷第一百行『芰』音『亓寄』，正與此第二音『其寄』（『亓』爲『其』之古字）同，《周禮·天官·籩人》『加籩之實，蔆、芡、栗、脯』鄭注『蔆，芰也』《釋文》：『芰，其寄反。』可證『其寄』爲『芰』之音。《呂氏春秋·恃君覽》『夏日則食菱芡，冬日則食橡栗』，《列子·説符》『菱芡』作『菱芰』，殷敬順《釋文》云：『芰，奇上聲，一本作芡。』其一本作『菱芡』，正與《呂覽》同，是也。『芰』蓋『芰』之增旁俗字，則底卷所據《禮記》底本作『芰』也，而其直音『儉』蓋據別本《禮記音》收入，彼乃爲『芡』注音。

〔四三六〕妨，此處《祭統》有『不齊則於物無防也』句，『妨』當爲『防』之借字。

〔四三七〕『者』字底卷原作『煮』，案此《祭統》『嗜欲無止也』句中文，《釋文》出『耆欲』，『耆』『嗜』古今字，『煮』爲形誤字，茲據刊本改正。

〔四三八〕慾，此《祭統》『嗜欲無止也』句中文，『欲』『慾』古今字。

〔四三九〕《廣韻》『旬』在平聲諄韻，切下字『基』當有誤。

〔四四〇〕蒭，《祭統》有『士執芻』句，『蒭』爲『芻』之增旁俗字；切上字『楚』本作『㚇』，乃『楚』之訛俗字，説見校記〔一〇三〕。

〔四四一〕經注此處無『著』字，前行『盛』條下《祭統》『王后蠶於北郊，以共純服』鄭注有『純以見繒色，冕以著祭服』句，或爲從彼處羼入。

〔四四二〕『絼』字右部底卷原作『昜』，案此出《祭統》『君執紖』鄭注『紖，所以牽牲也，《周禮》作絼』句，《周禮・地官・封人》『凡祭祀，飾其牛牲，設其楅衡，置其絼』鄭注引鄭司農云：『絼，著牛鼻繩，所以牽牛者，今時謂之雉，與古者名同。』底卷原字當是『絼』之形誤，茲據以改正。《釋文》『絼』音『直忍反』，與此讀作『纏旨』不同，《廣韻》『紖』音直引切，可知《釋文》乃讀『絼』爲『紖』也，底卷音『纏旨』者，乃讀爲『雉』也。

〔四四三〕此處經注無『刲』字，《祭統》『君執鸞刀，羞嚌』鄭注有『君以鸞刀割制之』句，《左傳・僖公十五年》『士刲羊』《釋文》：『刲，苦圭反，刺割也。』《禮記・祭儀》『鸞刀以刲取膟膋』《正義》：『刲取膟膋者，謂用鸞刀刲割牲體，取血及腸間脂。』則刲、割義同（『刲』爲『封』之後起別體），底卷所據《禮記》底本『割制』蓋作『刲制』。

〔四四四〕『謖』字底卷原作『謏』，案此處《祭統》有『是故尸謖，君與卿四人餕』句，《釋文》出『謖』字，音所六反，與此音『所流』韻有尤屋之別，《儀禮・士虞禮》『尸謖』鄭注：『古文謖或爲休。』是『謖』古文本作『休』，《廣韻》『休』音許尤切，與『所流』韻相合，而聲則有山、曉之別，底卷所反映的語音山、曉二紐多有相混者，是『所流』可爲『休』之切語。底卷乃是讀『謖』爲『休』也，『謏』當是形誤，茲據刊本改正。

〔四四五〕餧，《祭統》有『非上積重而下有凍餒之民也』句，《說文》有『餧』字，『餒』爲後起別體。

〔四四六〕『詷』字底卷原作『調』，此《祭統》『鋪筵設同几』鄭注『同之言詷也』句中文，『調』乃形誤字，茲據刊本改正。

〔四四七〕『柎』字底卷原作『拊』，案此處《祭統》『夫人薦豆執校，執醴授之，執鐙』鄭注有『鐙，豆下跗也』句，《說文・木部》『柎，闌足也』段玉裁注：『柎、跗正俗字。』錢大昕《經典文字考異》云：『跗，當作柎。』『跗』爲『柎』之後起換旁字，底卷作『拊』者，扌、木混用之故也，本當是『柎』字，茲據以録正。

〔四四八〕經注無『腮』字，據其切語『奴到』，蓋即《祭統》『凡前貴於後』鄭注『謂脊、脅、臂、臑之屬』句中之『臑』字，『腮』應是『臑』之訛。

〔四四九〕卑，《祭統》有「夫祭有畀煇、胞、翟、閽者」句中文，敦煌寫卷「畀」常寫作「卑」。

〔四五〇〕經注無「⿰扌暈」字，據其注音，知此當是《祭統》「夫祭有畀煇、胞、翟、閽者」句中之「煇」字，因《釋文》云：「煇，況萬反，又音運。」底卷第一一一行「煇」寫作「⿰火暈」，則此「⿰扌暈」當即「揮」之俗，鄭注云：「煇，《周禮》作韗，謂韗磔皮革之官也。」則作「揮」非是，「⿰扌暈」疑爲「⿰火暈」之形誤也，「⿰火暈」即「煇」之俗也。

〔四五一〕狄，《祭統》有「夫祭有畀煇、胞、翟、閽者」句，鄭注云：「翟，謂教羽舞者也。」則「狄」爲「翟」之借字。

〔四五二〕切上字「浮」蓋爲「呼」之誤，斯二七二九B《毛詩音》第五七行「閽」音「呼温」，「閽」、「呼」同爲曉紐字，而「浮」則爲奉紐字。

〔四五三〕「⿰耳旱」字可楷定爲「⿰韋卑」，第三五行「⿰韋皮」寫作「⿰耳支」，本行「卑」寫作「⿱丿早」，即其證也，「⿰韋卑」即「鞞」之別體；經注無「鞞」字，此處《祭統》「夫祭有畀煇、胞、翟、閽者」鄭注有「煇，《周禮》作韗」句，「鞞」當是「韗」之形誤。

〔四五四〕⿰弓桀，此處《祭統》「夫祭有畀煇、胞、翟、閽者」鄭注有「謂韗磔皮革之官也」句，「⿰弓桀」應是「磔」之訛變。《字彙·邑部》始有「⿰鬲阝」字，音郎狄切，在入聲錫韻，不可切陌韻字「磔」，「⿰鬲阝」當爲「隔」字偏旁移易之俗字，《廣韻》「隔」在入聲麥韻，麥陌同用，正可切「磔」字。

〔四五五〕鍾，此處《祭統》「自名以稱揚其先祖之美，而明著之後世者也」鄭注有「言斟酌其美，傳著於鐘鼎也」句，「鍾」爲「鐘」之借字。

〔四五六〕「惔音」之「惔」蓋爲「恢」之形誤，「悝」、「恢」同在《廣韻·灰韻》小韻「苦回切」下。

〔四五七〕⿰萠刂，此處《祭統》「公假于大廟」鄭注有「公，衛莊公蒯聵也」句，「⿰萠刂」當是涉上「蒯」字而類化。

〔四五八〕壯，《祭統》有「乃祖莊叔，左右成公」句，「壯」、「莊」二字古多通用。

〔四五九〕切上字「楚」原作「查」，「楚」之訛俗字，説見校記〔一〇三〕。

〔四六〇〕切下字「卬」當爲「卯」之誤，「纂」、「卯」《廣韻》同在上聲緩韻。

〔四六一〕經注此處無『勒』字，《祭統》有『勤大命，施于烝彝鼎』句，于鬯《香草續校書·淮南子》『纖微而不可勤』條云：『「勤」字無義，疑「勒」字形近之誤。《小戴·祭統》「勤大命，施于烝彝鼎」，前人謂勤者勒之誤字，此其例矣。』底卷正作『勒』字。

〔四六二〕經注無『蔚』字，據其切語『子隨』，知其當是《祭統》『勤大命，施于烝彝鼎』鄭注引《周禮》『大約劑，書於宗彝』句中之『劑』字（《釋文》『劑』音『子隨反』），字書不見此字，疑爲『劑』之俗訛，古有加『艹』頭而成爲繁化俗字者（參張涌泉《漢語俗字叢考》一二三三頁『薺』字條），故『劑』或可寫作『薺』，而其下部之『劑』形誤作『drawn』，遂成『蔚』字。

〔四六三〕經注此處無『犎』字，案字書有『犇』字，而不見『犎』字。

〔四六四〕『褒』字底卷原作『褏』，此處《祭統》『康周公，故以賜魯也』鄭注有『康猶褒大也』句，『褏』應是『褒』之訛體，兹據刊本録正。

〔四六五〕底卷『烏』下原有『孤』字，乃是『孫』字寫誤而未删去者，今不録。

〔四六六〕『遇』字底卷原作『過』，此處《經解》有『故《詩》之失愚』句，『愚』無誤作『過』之例，當是『遇』之誤，『愚』『遇』古多通用，故改爲『遇』。

〔四六七〕誈，此處《經解》有『《書》之失誣』句，『誈』爲『誣』之俗字，見《龍龕·言部》。

〔四六八〕切下字『開』當是『閞』之形誤，『閞』爲『關』之俗字，『環』、『關』《廣韻》同在平聲删韻。

〔四六九〕珮，此處《經解》有『行步則有環佩之聲』句，『佩』『珮』古今字。

〔四七〇〕瑲，《經解》『行步則有環佩之聲』鄭注引《玉藻》有『進則揖之，退則揚之，然後玉鏘鳴也』句，《説文》無『鏘』字，雷浚《説文外編》認爲『鏘』之本字爲『瑲』。

〔四七一〕此處經注無『嚴』、『造』二字，《經解》有『發號出令而民説』句，『嚴』蓋『發』之形誤，『造』蓋『誥』之誤。『發』字《廣韻·月韻》音方伐切，底卷切下字『未』蓋爲『末』之誤（敦煌寫卷『末』、『未』多混），底卷月、末二韻同用，第六九行『髮』音『方袜』，即其例。『誥』字《廣韻・号韻》音古到切，與底卷音『故到』合，《史記・高祖本紀》『常告歸之田』《集解》引服虔説：『告音如「嗥呼」之「嗥」。』《索隱》云：『《東觀漢記・田邑傳》云：「邑年三十，歷卿大夫，號歸罷，厭事，少所嗜欲。」尋號與嗥同，古者當有此語，古服氏云「如號呼之號」，音豪。今以服虔雖據田邑「號歸」，亦恐未得。然此「告」字當音誥，誥、號聲相近，故後「告歸」、「號歸」遂變耳。』以是知『誥』與『號』字通。

〔四七二〕默，《經解》有『猶衡之於輕重也，繩墨之於曲直也』句，『默』爲『墨』之借。伯四六六〇《沙州釋門故張僧政讚》：『良工默妙，威儀真器。』是其比。

〔四七三〕秤，《經解》『禮之於正國也，猶衡之於輕重也』鄭注有『衡，稱也』句，《干禄字書・去聲》：『秤、稱，上俗下正。』

〔四七四〕倕，《經解》『故衡誠縣，不可欺以輕重』鄭注有『縣，謂錘也』句，『倕』應是『錘』之借字。

〔四七五〕僤，《經解》『規矩誠設，不可欺以方圜』鄭注有『陳、設，謂彈畫也』句，『僤』『彈』古同音通用，如《周禮・考工記・廬人》『句兵欲無彈』，《説文・人部》『僤』篆下引作『僤』。

〔四七六〕『壞』字底卷原作『懷』，此處《經解》有『故以舊坊爲無所用而壞之者』句，兹據刊本改正。

〔四七七〕『淫』字底卷原作『谣』，此處《經解》有『而淫辟之罪多矣』句，兹據刊本改正。

〔四七八〕判，此處《經解》有『諸侯之行惡，而倍畔侵陵之敗起矣』句，『判』、『畔』皆『叛』之借。

〔四七九〕『⿱𥫗差』應是『差』之俗訛，參校記〔二八五〕，此處《經解》有『差若豪氂，繆以千里』句。切上字『楚』底卷原作『查』，應是『楚』之訛俗字，説參校記〔一〇三〕。

〔四八〇〕⿱艹豪，此處《經解》有『差若豪氂，繆以千里』句，案『豪』爲『豪』之隷變字，此作『⿱艹豪』，則又『豪』之俗也，古有加『艹』頭而成爲繁化俗字者，參張涌泉《漢語俗字叢考》一二三三頁『藿』字條。

〔四八一〕氂，《經解》有『差若豪氂，繆以千里』句，《釋文》出『氂』字，云：『李其反，徐音來，本又作氂。』《干禄字書・平聲》：『鼇、鼇，上俗下正。』『鼇』又爲『鼇』之俗省。

〔四八二〕 疎，《哀公問》有『非禮無以别男女父子兄弟之親、昬姻疏數之交也』句，《廣韻・魚韻》：『疏，俗作疎。』

〔四八三〕 幾，《哀公問》有『車不雕幾，器不刻鏤』句，『幾』『譏』古多通用。

〔四八四〕 笇，《哀公問》『其順之，然後言其喪筭』鄭注有『筭，數也』句，《干禄字書・去聲》：『笇、筭，上俗下正。』案：前有經文『其順之，然後言其喪筭』，《釋文》即據之作音『悉亂反』。此在『譏』下，則爲鄭注作音。

〔四八五〕 忤，《哀公問》有『午其衆以伐有道』句，案《大戴禮記・哀公問於孔子》、《孔子家語・問禮》此句『午』字均作『忤』，《説文》有『午』無『忤』，『忤』爲後起字。

〔四八六〕 辞，《哀公問》『寡人既聞此言也，無如後罪何』鄭注有『爲謙辭』句，敦煌寫本『辭』多寫作『辞』或『辝』。

〔四八七〕 氾，此處《仲尼燕居》『縱言至於禮』鄭注有『縱言，汎説事』句，『汎』『氾』同字。

〔四八八〕 『鈍』字底卷原作『純』，此處《仲尼燕居》『爾過，而商也不及』鄭注有『過與不及，言敏、鈍不同』句，『純』當是形誤，兹據刊本改正。

〔四八九〕 『矜』字底卷原作『矜』，案《玉篇・犬部》有『矜』，然經注無此字，此處《仲尼燕居》『子産猶衆人之母也，能食之，不能教也』鄭注有『言子産慈仁，多不矜莊』句，『矜』當是『矜』之俗訛，『矜』爲『矜』之誤，凡經典『矜』字皆『矜』之訛，説詳《説文・矛部》『矜』篆下段注、臧庸《拜經日記》卷五『矜』字條。切上字『夅』當是『夅』之訛變，『夅』則爲『舉』之俗字（説見《敦煌俗字研究》下編四八六頁）。

〔四九〇〕 辟，此處《仲尼燕居》有『治國而無禮，譬猶瞽之無相與』句，『辟』『譬』古今字。

〔四九一〕 醫，《字彙・酉部》：『醫，胡谷切，濁酒也。』經注無此字，此處《仲尼燕居》有『治國而無禮，譬猶瞽之無相與』句，《釋文》：『瞽，音古。』與底卷之音合，『醫』當爲『瞽』之形誤。

〔四九二〕 『倀』字底卷原作『張』，此處《仲尼燕居》有『倀倀乎其何之』句，『張』、『倀』本可通用，然此處切語下字爲『張』，則被切字不可作『張』，兹據刊本改正。

〔四九三〕照，此處《仲尼燕居》有「昭然若發矇矣」句，「照」爲「昭」之借字。

〔四九四〕閑，刊本作「閒」，「閑」爲「閒」之借字，説見段玉裁《説文・門部》「閒」篆下注。

〔四九五〕悌，此處《孔子閒居》有「敢問《詩》云『凱弟君子，民之父母』」句，「弟」「悌」古今字。

〔四九六〕朞，《孔子閒居》有「孔子曰：『夙夜其命宥密』」句，鄭注云：「《詩》讀其爲基，聲之誤也。」案此《詩・周頌・昊天有成命》中文，作「夙夜基命宥密」，《説文・月部》：「期，會也。從月其聲。古文從日丌。」丌部：「丌，下基也。」段注：「字亦作『亓』，古多用爲今渠之切之『其』。《墨子》書『其』字多作『亓』，『亓』與『丌』同也。」則「朞」即「期」之古文也。「朞」與「期」同，僅偏旁位置之異耳，此作「朞」，當爲「其」之借字也。

〔四九七〕切上字「徒」應是「徙」之形誤。

〔四九八〕「效」字底卷原作「郊」，此處《孔子閒居》「『凡民有喪，匍匐救之』，無服之喪也」鄭注有「有以賙恤之，則民傚之」句，《説文・攴部》：「效，象也。」段注：「傚，效法字之或體。」「效」、「郊」形近，「郊」當是形誤，兹改爲「效」字。

〔四九九〕此爲《孔子閒居》「帝命不違，至于湯齊」句之「齊」作音，鄭注云：「《詩》讀湯齊爲湯躋。躋，升也。」《釋文》出「齊」字，云：「依注音躋，亦作隮，子兮反。《詩》如字。」「愁」蓋爲「嵆」之形誤，「躋」、「嵆」《廣韻》同在平聲齊韻。

〔五〇〇〕齋，《孔子閒居》有「湯降不遲，聖敬日齊」句，鄭注：「齊，莊也。」《釋文》：「齊，側皆反。」「齊」「齋」古今字。

〔五〇一〕番，此處《孔子閒居》引《诗》有「四國于蕃，四方于宣」句，「番」为「蕃」之借字。

〔五〇二〕隧，此處《孔子閒居》「弟子敢不承乎」鄭注有「承，奉承不失隊也」句，「隊」爲「墜」之本字，「隧」爲「墜」之借字，《釋文》「隊」音「直媿反」，是也；底卷音「徐醉」者，蓋讀「隧」之音，非「墜」之音，底卷第十六行「隧」

音「除類」，「隧」亦「墜」之借，即讀「墜」之音。

〔五〇三〕卌，刊本作「三十」，「卌」爲「三十」之合文。下同。

〔五〇四〕袳，此處《坊記》「辟則坊與」鄭注有「失道則放辟邪侈也」句，「袳」爲「移」之俗字，「移」「侈」古通用，說見校記〔一八五〕。

〔五〇五〕譏，此處《坊記》有「天下其幾矣」句，「幾」「譏」二字古多通用。

〔五〇六〕妻，經注此處無此字。

〔五〇七〕切上字「縓」字與「雉」聲紐不合，「縓」當是「緾」（「纏」之俗字）之形誤，第一二一行「緆」音「緾旨」，「緆」「雉」同音，說參校記〔四二〕。

〔五〇八〕此《坊記》引逸《詩》「相彼盍旦」句，鄭注：「盍旦，夜鳴求旦之鳥也。」《釋文》：「盍，音渴，徐苦蓋反。」首音切上字「古」疑爲「苦」之誤。又底卷凡云「又某」，多以異文爲釋，如第十三行「捷，又扱」，第二三行「襢，又展」，《禮記·月令》「鶡旦不鳴」，《釋文》出「曷」字，云：「本亦作鶡。」則此「鳥」當是「曷」之形誤。

〔五〇九〕「仵」字不識，此處《坊記》引《詩》「先君之思，以畜寡人」鄭注有「定姜無子，立庶子衎，是爲獻公畜孝也」句，依字形及次序，此疑即「衎」字，然其切語爲「以善」，則非「衎」之音，《穀梁傳·襄公二十六年》「衛侯衎復歸于衛」《釋文》：「衎，苦旦反，本作衎。」此衛侯衎即定姜所立庶子衎，是此「衎」或有作「衍」者，《廣韻·獮韻》「衍」音以淺切，正與此音「以善」合，疑此爲「衍」之訛變。

〔五一〇〕經注此處無「拔」字。

〔五一一〕《廣韻·諄韻》「詢」音相倫切，在心紐，底卷之切上字「胡」則爲匣紐字，「胡」、「相」形近，疑「胡」爲「相」之誤字，「相」亦心紐字。

〔五一二〕蒭，《坊記》有「先民有言，詢于芻蕘」句，《玉篇·艸部》：「芻，俗作蒭。」切上字「楚」本作「查」，乃「楚」之訛俗字，說見校記〔一〇三〕。

〔五一三〕『讙』字底卷原作『謙』，此處《坊記》有『三年其惟不言，言乃讙』句，此當是『讙』之俗訛，玆據刊本録正。《釋文》云：『讙，音歡。』直音『懽』蓋爲『懽』之誤，『懽』『歡』同字。

〔五一四〕咢，此處《坊記》『從命不忿，微諫不倦』鄭注有『子於父母尚和順，不用鄂鄂』句，『咢』、『鄂』皆爲『咢』之借字。

〔五一五〕『睦』字底卷原作『瞻』，乃『瞻』字俗寫，然底卷直音『目』，且《坊記》有『睦於父母之黨，可謂孝矣』句，是此字當爲『睦』，玆據刊本改正。

〔五一六〕『唐』當是『庾』之誤，『庾』、『瘉』同音。

〔五一七〕刊本此處無『鉶』字，字書亦不見此字；此處《坊記》『敬則用祭器』鄭注有『祭器，籩、豆、簋、鉶之屬也』句，『鉶』爲食器，『鉶』當是『鉶』之换旁俗字。

〔五一八〕籥，《坊記》有『東鄰殺牛，不如西鄰之禴祭』句，『籥』乃『禴』之借字。

〔五一九〕齊離，此處《坊記》『東鄰殺牛，不如西鄰之禴祭，寔受其福』鄭注有『既濟離下坎上』句，『齊』蓋『濟』之誤字，且又脱漏切語。

〔五二〇〕切上字『告』當是『苦』之誤，『坎』、『苦』同爲溪紐字，第四三行『坎』音『苦感』可證。

〔五二一〕切上字『傷』蓋爲『傷』之形誤，切下字『悉』亦當有誤。

〔五二二〕切下字『死』不可切『奢』字，第一二六行『奢』音『伤耶』，則『死』乃『耶』之誤字。

〔五二三〕切上字『武』當是涉上條切語『武諫』而誤。

〔五二四〕『馨』爲《坊記》鄭注『《春秋傳》曰：「黍稷非馨，明德惟馨」』句中文，『苦逕』非『馨』之切語，案『苦逕』可切『磬』字，或底卷所見有作『磬』之本。

〔五二五〕底卷『醍』字上有『題』字，旁有△，乃爲删字符，故不録；『醍』爲《坊記》『醴酒在室，醍酒在堂』句中文，《釋文》『音體』，『射』當是『躰』之形誤，『躰』爲『體』之俗字。

〔五二六〕猚，《説文·隹部》：「猚，鳥也。」經注無此字，此處《坊記》引《詩》有「禮儀卒度，笑語卒獲」句，此當爲「獲」之俗訛，「獲」俗寫作「獏」（下一行「獲」即作此形），「獏」又誤作「猚」也。

〔五二七〕「薨」字底卷原作「薨」，此處《坊記》有「以此坊民，諸侯猶有薨而不葬者」句，當是誤字，兹據刊本改正。「呫」不可作「薨」之切下字，第二十行「薨」音「虎肱」，「呫」蓋「肱」之誤。

〔五二八〕切下字「愁」當爲「嵆」之形誤，「齊」、「嵆」《廣韻》同在平聲齊韻。

〔五二九〕餽，《坊記》有「饋獻不及車馬」句，「餽」爲「饋」之借字。

〔五三〇〕獲，此處《坊記》有「不耕穫，不菑畬」句，「獲」「穫」古多通用。

〔五三一〕濟，此處《坊記》有「彼有遺秉，此有不斂穧」句，「濟」應爲「穧」之誤字。

〔五三二〕字書無「葑」字，此處《坊記》引《詩》有「采葑采菲，無以下體」句，「葑」當爲「菲」之增旁俗字。切上字「數」應是「敷」之形誤。

〔五三三〕「蔓」字底卷原作「蔑」，此處《坊記》引《詩》「采葑采菲，無以下體」鄭注有「葑，蔓菁也」句，當是形誤，兹據刊本録正。切下字「捃」不可音「蔓」，蓋有誤。

〔五三四〕蕌，此處《坊記》引《詩》「采葑采菲，無以下體」鄭注有「菲，蕌類也」句，「蕌」「蕌」同字。

〔五三五〕縱，此處《坊記》引《詩》有「蓺麻如之何？横從其畝」句，「從」「縱」古今字。

〔五三六〕「辟」爲《坊記》「君子以辟遠也」句中文，直音「辟」當是「避」之誤，《釋文》云：「辟，音避。」

〔五三七〕葑，此處《坊記》「故男女授受不親」鄭注引《内則》有「其相授，則女受以篚」句，此「葑」當爲「菲」之增旁俗字（參校記〔五三二〕），「菲」爲「篚」之借字。

〔五三八〕經注此處無「味」字。

〔五三九〕佼，此處《中庸》「修道之謂教」鄭注有「治而廣之，人放傚之」句，《釋文》云：「傚，胡教反。」「佼」蓋「傚」之誤。

〔五四〇〕『息皮』之『皮』蓋有誤，《釋文》云：『鮮，息淺反。』亦可能『皮』是『反』之誤，而脱『淺』字，第一七二行『鮮』音『息淺』。

〔五四一〕切上字『莫』蓋『英』之誤字，『英』、『抑』均影紐字。

〔五四二〕嚮，此處《中庸》『素隱行怪』鄭注有『傃猶鄉也』句，《釋文》云：『鄉，本又作嚮，許亮反。』『嚮』爲『向』之後起字，『鄉』爲『向』之借字。

〔五四三〕腞，此處《中庸》有『遯世不見』句，案《説文》有『𧰨』字，『豚』爲其或體。『腞』蓋即『𧰨』省『又』而從不省的『象』旁，實亦爲『豚』之或體，底卷切下字爲『腞』，標目字應是『遯』，此作『腞』者，誤脱『辶』也。

〔五四四〕拂，此處《中庸》有『君子之道，費而隱』句，《釋文》：『費，本又作拂，扶弗反，猶佹也。』案鄭注：『費猶佹也。』《詩·大雅·皇矣》『四方以無拂』《鄭箋》『拂猶佹也』《釋文》：『佹，戾也。』《説文·口部》：『咈，違也。』違、戾義同，『費』、『拂』皆『咈』之借字。

〔五四五〕堿，此處《中庸》有『天地之大也，人猶有所憾』句，《釋文》出『憾』字，云：『本又作感，胡暗反。』《説文》有『感』無『憾』，『堿』蓋爲『感』之誤。

〔五四六〕䳒，此處《中庸》引《詩》有『鳶飛戾天，魚躍于淵』句，《五經文字·鳥部》云：『鳶，俗或作䳒。』

〔五四七〕經注無『拮』字，此處《中庸》有『君子胡不慥慥爾』句，《釋文》：『慥，七到反。』正與底卷之音同，則『拮』當是『慥』之誤字。

〔五四八〕倖，此處《中庸》有『小人行險以徼幸』句，『幸』『倖』古今字。

〔五四九〕切上字『倉』疑爲『食』之誤。

〔五五〇〕褰，從字形看，當是『齎』之俗訛，然經注此處無此字；《廣韻》『齎』音即夷切，切語『側皆』乃『齋』之音，而且此條介於『翕』及『樂』、『耽』間，『翕』、『樂』、『耽』乃『兄弟既翕，和樂且耽』句中文，『褰』必從他處羼入，『耽』條後《中庸》有『齊明盛服』句，《釋文》出『齊』字，云：『側皆反，本亦作齋。』『褰』蓋『齋』之誤字。

〔五五一〕掩，此處《中庸》有『夫微之顯，誠之不可揜』句，『揜』『掩』同字。

〔五五二〕嚮，此處《中庸》有『宗廟饗之，子孫保之』句，『嚮』爲『饗』之借字。

〔五五三〕經注無『伇』字，字書亦無此字。

〔五五四〕經注此處無『災』字。

〔五五五〕倍，此處《中庸》有『故栽者培之，傾者覆之』句，『倍』、『培』皆『陪』之借字，黄侃《字通》云：『陪，此培植正字。』（《説文箋識四種》一三三頁）

〔五五六〕『祐』字底卷原作『礻』旁『居』，此處《中庸》有『保佑命之』句，『佑』『祐』古通，當是『祐』之誤，故録正。

〔五五七〕基，此處《中庸》有『期之喪，達乎大夫』句，《儀禮·士虞禮》『朞而小祥』鄭注：『古文朞皆作基。』『朞』『期』同字。

〔五五八〕切上字『健』字當誤，『撻』之俗寫與『健』形近，疑爲『撻』之誤。

〔五五九〕蜾，此處《中庸》『夫政也者，蒲盧也』鄭注有『蒲盧，蜾蠃』句，《釋文》：『蜾，力果反，本亦作蠃。』《説文》無『蜾』字，乃『蠃』之後起別體。

〔五六〇〕煞，此處《中庸》有『親親之殺，尊賢之等，禮所生也』句，『煞』爲『殺』之俗字。

〔五六一〕塈，此處《中庸》有『既廩稱事，所以勸百工也』句，『塈』當是『既』之借字。

〔五六二〕稟，此處《中庸》有『既廩稱事，所以勸百工也』句，《釋文》出『稟』字，云：『彼錦反，一本又力錦反。』臧琳《經義雜記》卷三『既稟稱事』條云：『鄭本必作「稟」字。』底卷正可爲其佐證。

〔五六三〕蔞，此處《中庸》有『國家將亡，必有妖孽』句，《正字通·女部》云：『蔞，俗孽字。』

〔五六四〕見，此處《中庸》有『見乎蓍龜』句，依序此條當在『蓍』前。

〔五六五〕鱉，此處《中庸》有『黿鼉蛟龍魚鱉生焉』句，《説文》有『鼈』字，『鱉』爲後起別體。

〔五六六〕值，此處《中庸》有『貨財殖焉』句，『值』爲『殖』之借字。

〔五六七〕切下字「幸」蓋爲「卒」之誤，當是涉下條切下字「幸」字而誤。

〔五六八〕於，此《中庸》「於乎不顯，文王之德之純」句中文，注音「嗚呼」，蓋標目字原作「於乎」，此脱「乎」字也。

〔五六九〕經注此處無「假」字，《中庸》有「於乎不顯，文王之德之純」句，此句出自《詩·周頌·清廟》，其下尚有「假以溢我，我其收之」句，《釋文》：「假，音暇。」疑底卷所據《禮記》「文王之德之純」下更有「假以溢我，我其收之」句。

〔五七〇〕五，此爲《中庸》引《詩》「在彼無惡，在此無射」句之「射」注音，《釋文》：「射，音亦。」「五」當是「亦」之誤，「亦」之俗字與「五」形近。

〔五七一〕切上字「市」蓋爲「巿」之形誤，「巿」爲非紐字，可切幫紐字「撥」。

〔五七二〕《中庸》「無不覆幬」鄭注：「幬或作燾。」注文「壽」字蓋「燾」之誤。

〔五七三〕字書無「𣪊」字，其注音「鉛」亦不見於字書；「鉛」或爲「鋭」之脱筆，《釋文》「叡，音鋭」，乃爲《中庸》「聰明睿知，足以有臨也」句之「睿」注音也，「睿」爲「叡」之古文，「𣪊」當是「叡」之誤字。

〔五七四〕切下字「𧯛」字不見於字書，疑爲「豉」之誤，《釋文》：「施，以豉反。」

〔五七五〕盹，此處《中庸》有「肫肫其仁」句，「盹」當是「肫」之誤。切上字「七」蓋爲「之」之誤，「之」、「肫」均照紐字。

〔五七六〕褧，此處《中庸》引《詩》有「衣錦尚絅」句，《釋文》：「絅，本又作潁，《詩》作褧，同，口迥反，徐口定反，一音口穎反。」案此句《詩·衛風·碩人》作「衣錦褧衣」，馬瑞辰《毛詩傳箋通釋》認爲「褧」、「絅」皆「檾」之借字。

〔五七七〕經注此處無「酌」字，此處《中庸》有「小人之道的然而日亡」句，的然、酌然義同，皆顯明義，且二字均從「勺」得聲，例可通用，《史記·建元以來王子侯者年表》有平酌侯劉彊，《漢書·王子侯表上》「平酌」作「平的」。

〔五七八〕字書無『椂』字，據其切語『湯耽』，當是『探』之俗訛，此處《中庸》『知遠之近，知風之自，知微之顯』鄭注有『探端知緒也』句。

〔五七九〕切上字『振』不可切『愧』字，當有誤。

〔五八〇〕經注此處無『絇』字，據切語『口定』，當是爲『絅』作音，參校記〔五七六〕，『絇』應是『絅』之俗。

〔五八一〕切下字『爾』蓋爲『繭』字脱筆，『繭』爲『繭』之俗字，《廣韻》『襺』（與『繭』同）、『顯』同在上聲銑韻。

〔五八二〕『㺯』爲『矜』之俗訛，切上字『幸』爲『舉』之俗訛，説參校記〔四八九〕；切下字『永』應是『冰』之誤，底卷第一三四行『矜』音『舉冰』，可證。

〔五八三〕切下字『販』爲『皈』（『歸』之俗字）之誤，説參校記〔三七九〕。

〔五八四〕黷，此處《表記》有『欲民之毋相瀆也』句，『瀆』爲『黷』之借字。

〔五八五〕掩，此處《表記》有『篤以不揜，恭以遠恥』句，『掩』『揜』同字。

〔五八六〕僇，此處《表記》有『以怨報德，則刑戮之民也』句，《釋文》：『戮，音六，本或作僇。』『僇』爲『戮』之借字。

〔五八七〕切上字『下』當爲『卞』之脱筆，第一一二、一五三、一六一行『强』均音『卞良』，而『卞』則爲『亓』（『其』之古字）字訛變。

〔五八八〕注音『㡭』疑即『繼』之俗訛，説參校記〔三三五〕。

〔五八九〕昂，此處《表記》有『高山仰止，景行行止』句，『昂』、『仰』均爲『卬』之後起字。

〔五九〇〕嚮，《表記》有『鄉道而行，中道而廢』句，『嚮』爲『向』之後起字，『鄉』爲『向』之借字。

〔五九一〕『斃』字底卷原作『斃』，此處《表記》有『俛焉日有孳孳，斃而后已』句，《釋文》：『斃，音弊，仆也。本又作弊。』顔師古《匡謬正俗》卷八：『斃者，仆也。音與弊同。……今關中俗呼「斃」皆作「䠶」音，遂無爲「弊」讀者。』《廣韻》『䠶』音扶歷切，正與此『房覓』之音合，此字當爲『斃』字寫訛，兹據刊本録正。

〔五九二〕此處《表記》『故仁者之過，易辭也』鄭注有『辭猶解説也』句，《釋文》：『解，古買反，徐又音蟹。』底卷標目字與注音字誤倒。

〔五九三〕切上字「治」疑爲「始」之誤。

〔五九四〕切下字「靳」當是「蘄」之誤，第一〇四行「近」音「其蘄」，可證。

〔五九五〕侈，此處《表記》有「衣服以移之，朋友以極之」句，《釋文》出「移」字，云：「昌氏反，注汜移之移，移猶大也，同。徐又怡耆反，一音以示反。」《釋文》「昌氏反」者，讀作「侈」也，「移」「侈」古多通用。切下字「⿰糹帋」爲「紙」與其俗字「帋」交互影響産生的俗字，底卷第四六、一四一行「移」（與「侈」通）皆音「昌帋」，可參。

〔五九六〕「衰」字底卷原誤作「襄」，案此《表記》「是故君子衰經則有哀色」句中文，兹據以改正。

〔五九七〕暢，此處《表記》有「粢盛秬鬯以事上帝」句，「暢」爲「鬯」之借字。切上字「⿰木虚」字書無，疑爲「槫」之誤。

〔五九八〕經注無「鯷」、「度」、「慈」三字。

〔五九九〕「藟」字底卷原作「壘」，案此《表記》引《詩》「莫莫葛藟」句中文，「壘」爲誤字，兹據刊本改正。

〔六〇〇〕切下字「方」應是「万」之形誤。

〔六〇一〕惷，此《表記》「惷而愚，喬而野」句中文，《釋文》出「惷」字，案《説文·心部》：「惷，亂也。」「惷，愚也。」作「惷」者當是形誤字。

〔六〇二〕「香惡」不可切「怵」字，蓋有誤。

〔六〇三〕切上字「乎」爲匣紐字，而被切字「費」則爲敷紐字，《彙校》云：「此溷脣音爲喉。」案黄説誤，底卷第一七六行「費」音「孚味」，「孚」爲敷紐字，正可切「費」字，此「乎」乃「孚」之形誤。

〔六〇四〕此上字「交」應是「文」之誤，底卷第一二六行「誣」音「文區」，可證。

〔六〇五〕切上字「極」當有誤。

〔六〇六〕賻，此《表記》「不能賻焉，則不問其所費」句中文，依序當在「費」條前。

〔六〇七〕啖，此處《表記》有「君子淡以成，小人甘以壞」句，「啖」當是誤字。

〔六〇八〕穿，《表記》有「在小人則穿窬之盜也與」句，《集韻·僊韻》：「穿，或从身。」

〔六〇九〕經注此處無「窖」字。

〔六一〇〕齎，此處《表記》有「牲牷禮樂齊盛」句，「齊」之後起本字作「齍」，此字疑爲「齍」之訛體。

〔六一一〕切上字「浮」爲「呼」之誤，底卷第一六八行「顯」音「呼爾」，可證。切下字「爾」爲「彌」字脱筆，説参校記〔五八二〕。

〔六一二〕原，此處《緇衣》有「則爵不瀆而民作愿」句，「原」蓋「愿」之誤。

〔六一三〕弊，此《緇衣》「好賢如《緇衣》」鄭注引《詩》「緇衣之宜兮，敝，予又改爲兮」句中文，「敝」「弊」古今字。

〔六一四〕「袨」爲「旋」之俗字，説詳校記〔三六九〕。

〔六一五〕飧，此處《緇衣》「好賢如《緇衣》」鄭注有「適子之館兮，還，予授子之粲兮」句，《釋文》亦出「粲」字，案此《詩·鄭風·緇衣》篇文，《毛傳》云：「粲，餐也。」《釋文》作「飧」。底卷此字似「餐」，然據其注音「孫」，則應是作「飧」，然作「餐」作「飧」，乃《毛傳》文，此處爲鄭注引《詩》，未引《毛傳》，底卷之「飧」，爲「粲」之異文。

〔六一六〕讒，《緇衣》「惡惡如《巷伯》」鄭注引《巷伯》「取彼讒人」句中文。

論語鄭注音義（八佾—公冶長）

北臨七三九（底一）　北殷四二（底二）

【題解】

底一編號爲北臨七三九，起『所振』條注音，至『名縚』條注音，共十個下半行。『所振』見於《論語・八佾》鄭注『施政教時所振』句，『名縚』則爲《論語・里仁》鄭注『男容悦之字，一名韜也』句中文。

底二編號爲北殷四二，起《論語・公冶長》『子謂公冶長』句之『長』字條注音，至『山節藻棁』句之『藻棁』條注音，共八行，第一行下端殘泐，末三行上截殘損。這兩殘片乃一卷之裂，底一第十行正可與底二之第一行綴合。

底卷乃是爲鄭玄《論語注》所作之音義，有關綴合及考釋參許建平《北圖藏殷四二〈論語音義〉殘卷跋》（《敦煌吐魯番研究》第二卷，北京大學出版社一九九七）及《中國國家圖書館藏未刊敦煌寫本殘片四種的定名與綴合》（《浙江與敦煌學——常書鴻先生誕辰一百周年紀念文集》，浙江古籍出版社二〇〇四）。

底卷據國家圖書館所藏原卷録文，以阿斯塔那三六三號墓唐景龍四年卜天壽抄本（簡稱『卜抄本』）及中華書局影印阮元刻《十三經注疏・論語注疏》爲校本（簡稱『刊本』），校録於後。

（前缺）

□▨今□也。〔一〕所振直刃。受禪時戰。〔二〕□▨（擇）▨▨▨（反），根格反。〔三〕不處昌与。得智珍利。〔四〕處□▨（亦）□▨（字）。〔五〕溢免音，又惣是逸。〔六〕案（案）樂洛音。〔七〕能悪（惡）□值，又□反。〔八〕沛字亦狽，又補賴反，音配也。〔九〕倉猝忩（怱）没反。〔一〇〕見□音同上，已下爲□▨惡之義者。〔一一〕心懈佳買。力疲字亦罷，被彼反。□▨(作)慕□▨反。〔一二〕匹音疋，又編必反。耦五口。〔一三〕放於上方忘反。□▨(毋)幾字亦譏，既希反。〔一四〕猶剴音該，又古哀反。□▨(懼)群句。〔一五〕不出尺遂。不逮臺愛反，啼計反。

不□〔一六〕

□▨(公冶)長第五〔一七〕

公冶羊冩反，字從[□]。〔一八〕長才良。〔一九〕可妻倉細。縲力惟。結(紲)字▨，又仙列反。〔二〇〕徽▨音。〔二一〕縲門北。〔二二〕孟僖喜音。容閲悦音。〔二三〕名縚討▨。〔二四〕虙不今作宓，音浮富反，濟南伏生是其後也。虙與宓相類，因誤耳也。〔二五〕瑚璉字亦摙(槤)，上胡音，下連善反，連音。夏曰瑚此誤也。□案《礼記》曰：『《明堂位》有虞氏之兩殷(敦)，夏舌(后)氏之四摙(槤)，殷人(之)六瑚，周人(之)八簋(簋)。』俗僑(儒)以瑚在上，夏當先殷，遂因誤耳。〔二六〕簠甫于反，甫毋反。簋(簋)龜洧。不佞寧定。〔二七〕才倢潛(潛)菨。〔二八〕禦人魚莒。屢龍住反，縷▨反。〔二九〕憎則登。悪(惡)烏故。漆雕鳥聊。乘泭字亦桴(桴)，撫于反。《説文》云：『泭，木筏。』〔三〇〕▨(筏)扶發反，今作𢪛(栰)。〔三一〕過我上古和反。取材才音。難奴只(旦)。中忠仲。悔呼憒。言任入金。將將亮。〔三二〕帥色類。□〔三三〕晝輈又。寢侵廪。〔三四〕朽休九。可雕字亦彫，鳥聊反。可杇字亦圬、污。〔三五〕□亦鏝□。〔三六〕予與与諸。何誅張朱。申棖擇庚。不屈去勿。□虔□。〔三七〕山節《説文》云『亦作櫛』，箋結反。〔三八〕藻梲上早音，下又旃

(後缺)

【校記】

〔一〕『今』前一字底一存下端殘畫。『今』爲『所振』前一條殘存之右行末注文，『也』則爲左行末注文，其前底一殘泐約十四字(按正文大字計，下同)。

〔二〕時戰，底一原作「時善戰」，案切語均兩字，此必有一字衍，《廣韻》「善」音常演切，禪紐上聲獮韻，「戰」音之膳切，禪紐去聲線韻，「禪」音時戰切（《廣韻》「禪」有兩音，斯三三三九《論語注》有「美舜以聖德受禪於堯」句，應讀「時戰切」），禪紐去聲線韻，以「時戰」切「禪」，正與《廣韻》同，《經典釋文》亦多以「時戰」切「禪」，而「善」與「禪」則聲調有別，而且底卷抄寫反切時，如果只有兩字，則一左一右，所以「時戰」應是手民原抄反切，「善」則是後加的。

〔三〕擇，底一殘存下半，據其「根格反」之切語（慧琳《音義》卷六八《阿毘達磨大毘婆沙論》第六十四卷有「擇滅」條，注云：「根格反。」）知此爲《里仁》「擇不處仁」之「擇」的殘字。又「根格反」前三字底一均殘存左半，末字尚可辨爲「反」之左半。「擇」前底一殘泐約十一字。

〔四〕得智，此當是《里仁》「擇不處仁，焉得知」句中文，卜抄本「知」作「智」，與底一同。

〔五〕標目字「處」底一在行末，次行上部殘泐約十一字，其中末條注文「亦」及「字」均殘去上端，分别在該條雙行注文的右行和左行行末。

〔六〕溢，底一其前有「慍」字，應是「溢」之誤字，故又寫「溢」以正之。卜抄本此處不見「溢」字，有「久居不貴，則將驕逸之」句，「溢」「逸」同音通用，《楚辭·九歎·愍命》「麒麟奔於九皐兮，熊羆羣而逸囿」洪興祖《補注》：「逸，一作溢。」此處「溢」當是「逸」之借字。「溢」無「免」音，注音「免」字疑爲「逸」之誤。

〔七〕案樂，卜抄本此處有「仁者安樂仁道，智者利仁爲之」句，「案」爲「安」之音誤字。

〔八〕標目字「能惡」底一在行末，次行上部殘泐約十一字，其中末條注文「值又」及「反」分别在該條雙行注文的右行和左行行末。

〔九〕沛，此《里仁》「顛沛必於是」句中文。注「字亦狽」，案「顛沛」聯緜詞，亦寫作「顛狽」，例參朱起鳳《辭通》。

〔一〇〕倉猝，卜寫本殘存「造次猶倉」、「倉卒不待文」九字，《經典釋文·論語音義》出「造」字，注云：「鄭云：倉卒也。」「卒」「猝」古今字。

〔一一〕標目字『見』底一在行末，次行上部殘泐約十一字，其中末條注文『音同上，已下爲』及『☒惡之義者』分別在該條雙行注文的右行和左行行末，『惡』前一字底一殘存下半，下端『日』字可見。

〔一二〕『力疲』條底一在行末，次行上部殘泐約十一字，其中末條注文『作慕』（『作』殘去上部三分之一）及『反』分別在該條雙行注文的右行和左行行末。

〔一三〕耦，卜寫本作『偶』，《説文·耒部》『耦』篆下段注：『引伸爲凡人耦之偁，俗借偶。』

〔一四〕母幾，底一『母』字殘存右下角彎鈎，《里仁》有『事父母幾諫』句，故知此爲『母』之殘泐，兹據刊本擬補。『母』前底一殘泐約十一字。

〔一五〕懼，底卷存右下角殘筆，據其切語『群句』，應是《里仁》『一則以喜，一則以懼』之『懼』的殘筆，兹據刊本擬補。『懼』前底一殘泐約十字。

〔一六〕標目字『不』底一在行末，次行上部殘泐，所缺條數不詳，所缺最後一字應爲『公冶长第五』的『公』字。

〔一七〕公冶，底一『冶』殘存右半『台』（據下出『公冶』條，疑此處本亦作『治』，今據刊本擬爲『冶』字），『冶』前已殘泐，兹據刊本擬補『公』字。

〔一八〕公治，『治』應是『冶』之形誤。『字從』下應有脱字，疑爲『冫』。

〔一九〕才良，底二起於此。

〔二〇〕『字』下一字底二殘存左邊『糹』。

〔二一〕『音』前一字底二殘存左邊『日』。

〔二二〕⿰糹黑，卜抄本此處有鄭注『縲紲，微纆之屬』句（『微』爲『徽』之誤），《説文·糸部》：『⿰糹黑，索也。』段注：『今字从墨。』則『⿰糹黑』爲『纆』之本字。

〔二三〕悦，底一存右邊『兑』，底二存左邊『忄』。

〔二四〕『名縚』二字底一存右半，底二存左半。切下字底一殘存右邊『刂』，疑爲『刀』之殘。底一止於切下字。

行對齊而添。

〔二五〕虙不，底二「虙」原作「虔」，卜抄本有「子賤，孔子弟子密不齊之字」句，案《五經文字·虍部》云：「虙，音伏，古作伏羲字。」《論語釋文》：「宓犧，或作虙。」又云：「宓子賤，姓虙，文字譌舛，轉而爲宓。故濟南伏生稱子賤之後也。」則「虔」乃「虙」之訛，兹據以改正。注中「虙」原亦誤作「虔」。「耳也」之「也」當是爲雙行對齊而添。

〔二六〕夏曰瑚，底二「曰」原作「因」，案卜抄本作「曰」，《世説新語·言語》「何以器舉瑚璉」劉孝標注引鄭玄《論語注》云：「黍稷器，夏曰瑚，殷曰璉。」兹據以改正。又「此誤也」下底二殘破約一字，不知所缺何字，今擬補一缺字符。又底二所引《禮記·明堂位》文，今本作「有虞氏之兩敦，夏后氏之四連，殷之六瑚，周之八簋」，諸誤字、俗字皆隨文括注正字；至於「槤」字今本作「連」者，阮元《論語校勘記》云：「《説文》：『槤，胡槤也。』大徐云：『今俗作連，非。』《九經古義》云：『瑚連二字从玉旁，俗所作也，當爲胡連。《春秋傳》曰胡簋之事，《明堂位》曰夏后氏之四連，皆不从玉旁。』據此則『槤』爲本字，『連』爲假借，从玉者俗字耳。」案應是「連」爲古字，「槤」爲後起本字，「璉」爲增旁俗字。

〔二七〕佞，卜抄本同，刊本作「佞」，《干禄字書·去聲》：「佞、佞，上俗下正。」

〔二八〕才倢，卜抄本有「口才捷利之也」句，《説文·人部》：「倢，佽也。」錢坫《説文解字斠詮》云：「此用便利之佽，義與捷同。」又切下字「茱」爲「葉」之諱改字。

〔二九〕第二音之切下字底二殘存左邊「亻」。

〔三〇〕乘泭，刊本作「乘桴」，《説文·水部》：「泭，編木以渡也。」木部：「桴，眉棟名。」則「桴」爲「泭」之借字，「洀」應是「泭」之增旁俗字。

〔三一〕筏，底二殘存右下角，卜抄本有「大曰栰，小曰浮」句（「浮」爲「桴」之誤），「栰」有别體「筏」字，注中有「今作栰」三字，則正文必爲「筏」字，兹據以補。

〔三二〕切上字「將」與被切字同，此蓋爲以被切字作反切上字，以切下字表示韻調不同的一種注音方法。

〔三三〕『帥』條底二在行末，次行上部殘泐約七字。

〔三四〕寑，刊本有『宰予晝寢』句，『寑』『寢』隸變之異。

〔三五〕杇，底二原誤作『朽』，此『糞土之墻不可杇也』句中文，兹據刊本改正。

〔三六〕『可杇』條底二在行末，次行上部殘泐約七字，其中末條注文『亦鏝』二字在雙行注文右行之末，左行殘缺。案卜寫本於『糞土之墻不可杇也』下有鄭注『汙，漫也』句，何晏《論語集解》引王肅注有『杇，鏝也』句，則『亦鏝』二字應是『漫』字條注文。

〔三七〕『不屈』條底二在行末，次行上部殘泐約十字，其中末條注文『虔』字在雙行注文右行之末，左行殘缺。

〔三八〕今本《説文》並無『亦作櫛』三字，疑『説文云』下有脱文，而『亦作櫛』則爲作者所録别本之文。

論語集解音（先進）

伯三四七四碎二背

【題解】

底卷編號爲伯三四七四碎二背，係附於伯三四七四之碎片，當是從伯三四七四卷上揭下之補丁。《法目》據其中第三行『論語卷弟六』五字而定名爲『論語卷弟六』。

碎片前二行共三個直音，其被注字爲《論語·先進篇》經、注中文，故可定名爲『論語集解音』，考詳許建平《英倫法京所藏敦煌寫本殘片八種之定名並校録》（《敦煌學》第二十四輯，臺北樂學書局二〇〇三）。

底卷據縮微膠卷録文，以中華書局影印阮元刻《十三經注疏·論語注疏》爲校本（簡稱『刊本』），校録於後。

⿰口反伴。 喭岸。〔一〕

偘看。〔二〕

論語卷弟六

【校記】

〔一〕 ⿰口反喭，《先進》『由也喭』何晏《集解》引鄭玄曰：『子路之行，失於畔喭。』乃作『畔喭』，與此作『⿰口反』不同，阮元《論語校勘記》云：『皇本「畔」作「⿰口反」，「喭」下有「也」字，《釋文》出「⿰口反」字，云：「本今作畔。」案《廣韻》二十九換「⿰口反」：「⿰口反喭，失容。」據此則字不當作「畔」。』案《史記·仲尼弟子列傳》『由也喭』裴駰《集解》引鄭玄云：『子路之行，失於⿰口反喭。』又伯二六二〇、伯三二五四、伯三四〇二、斯三〇一一諸《論語集

〔二〕 解》寫卷皆作『吸嗲』，而不作『畔嗲』，則鄭玄之注原應作『吸嗲』也。

偘，《先進》有『冉有、子貢，侃侃如也』句，伯二六二〇、伯三二五四、伯三四〇二、斯三〇一一諸《論語集解》寫卷『侃侃』皆作『偘偘』，《干禄字書·去聲》：『偘、侃，上俗下正。』則此『偘』字應是『侃侃如也』句中文。

春秋後語釋文（魏語—燕語）

斯一四三九

【題解】

底卷編號爲斯一四三九，起《魏語》『以相』條，至《燕語》末，共一百一十七行，前二行首尾殘損，行有界欄。標目字單行大字，音義雙行小字。此卷訛誤脱漏嚴重，當是幾經傳抄之本。卷背爲『唐大中十二年（八五八）戊寅歲具注曆日』。《向目》首先定名爲《春秋後語釋文》，諸家均從之。

寫卷卷首殘缺，作者無考。王重民《敘録》據日人滕原佐世《日本國見在書目》及《新唐書·藝文志》所載，疑爲唐人盧藏用所作。臺灣康世昌《春秋後語研究》以《太平御覽》、《弘外決典鈔》、姚宏續注《戰國策》等書所引《後語》及吴師道補正鮑彪本《國策》所引盧藏用《後語注》與殘卷對照，認爲殘卷與諸書所引之注不同，乃是另外一種《春秋後語》注本。康氏據寫卷第七十九行『今汲郡恭成懸』（『恭成懸』當作『共城縣』）句，定其爲唐玄宗天寶元年（七四二）至唐肅宗乾元元年（七五八）間的作品，因爲天寶元年以前及乾元元年以後『汲郡』皆稱『衛州』（《敦煌學》第十六輯一〇〇頁，臺北新文豐出版公司一九九〇）。康氏言之有據，洵爲確論。

寫卷諱『世』字（『葉』字或避或不避，『揲』和『購』字之右上部或從俗寫作『世』，又不避），且卷背爲『唐大中十二年（八五八）戊寅歲具注曆日』，是其抄寫時間不遲於唐宣宗時期。

本卷是對孔衍《春秋後語》所作的釋文，其體例與陸德明《經典釋文》近似，以注音爲主，兼及釋文、辨字、收録異文。卷中又有後人旁注直音。

康世昌《〈春秋後語〉輯校（下）》（《敦煌學》第十五輯，臺北新文豐出版公司一九八九。簡稱『康世昌』）、王恒傑《春秋後語輯考》（齊魯書社一九九三。簡稱『王恒傑』）、許建平《〈春秋後語釋文〉校證》（《敦煌研究》一九九五年第四期）都對底卷作過校勘，鄭榮芝《唐人盧藏用音切研究》（《李新魁教授紀念文集》，中華書局一九九八。簡稱『鄭榮芝』）則對底卷的音切作了考察。

今據《英藏》録文，參校以《戰國策》、《史記》等《春秋後語》所以取資之材料，校録於後。

（前缺）

□以相息亮。〔一〕▨▨（誶疾）〔二〕□▨（疾）疹▨□反。〔三〕▨▨（施于）上羊智反。〔四〕趍促。〔五〕赦辟匹亦反。〔六〕孔▨（易）□智。〔七〕□▨（𨫼）□刀。〔八〕▨（椌）楬苦江反，下苦轄。〔九〕堹蕮上許𡖒，下馳。〔一〇〕旄翟毛狄。〔一一〕酳羊刃反。〔一二〕鏗上苦耕（耕）。擴（橫）上古曠。〔一三〕聲磬苦耕（耕）反，或作硜（硜）。〔一四〕聲濫力暫反。〔一五〕畜聚上丑六反。皷（鼓）鞞（鼙）步迷。讙許元。將（將）䢵（率）子匠反。〔一六〕不軾（軾）式。〔一七〕忿然上孚粉。屈侯鮒居勿，下附。〔一八〕穰（穰）苴莵（田完）之苗衮（裔），善兵法。景公時大司馬，故号司馬穰（穰）苴。〔一九〕羸粮盈音，擔（擔）也。〔二〇〕病疽七余反。又作瘫，於恭反。吮之上食兖反，嗽也。還踵旋。〔二一〕掮（猜）忍上七才反。〔二二〕毋訣古穴（穴）反，别。齧臂五結反。數有朔。〔二三〕逮代。幾祈音。〔二四〕羊膓在太原晉陽西九十里。〔二五〕欒死五孝反。孰與預音。〔二六〕屬（屬）之燭音。〔二七〕應門於陵，國門。〔二八〕収淚上之粉反，或作収。〔二九〕孫臏扶忍。〔三〇〕騧（騶）行《曹植集》『騧（騶）羡』。〔三一〕孟軻車輔軸。字子輿，故人名字相配。〔三二〕官費字味反。〔三三〕弛期式至反，廢。〔三四〕前和棺兩頭板。張朝更設悵（帳）幕而爲朝廷之礼。〔三五〕亟葬上居力反，急。負壘力追反，盛土籠。〔三六〕操揷（插）楚洽（洽）反，鍤。田需（需）須。〔三七〕昭魚吾。〔三八〕之鱼胥（胥）汆反。〔三九〕安鼇（鼇）僖。〔四〇〕葉陽式業反。〔四一〕段干崇段干，姓；崇，名。〔四二〕貴梟古堯反。周訢欣。〔四三〕而名已正反。〔四四〕祝曰之曺（胄）反。鄴丘犀。〔四五〕中旗其。中行户郎反。附（肘）韓康子知手反。唐睢（雎）七余反。〔四六〕先臣蕪見反。芒然莫郎反。言年老惛恾，志意乱（亂）。數矣朔。遽發巨去反。〔四七〕范痤在戈反。〔四八〕騎垝騎。下魚毁反，室棟。〔四九〕施上式智。〔五〇〕寘（冥）阸之塞春秋有九塞。〔五一〕間之古莧反。文臺隟（隟）許規反。〔五二〕濫闞音。〔五三〕於共恭。自度徒洛。〔五四〕能探土南。侯嬴盈。〔五五〕門監古陷。門卒之長。以監門古銜。虛左謂虛中左畔席，故侯嬴直上車右而坐，不讓。〔五六〕俾倪邪視。偏賛（贊）布莧反。〔五七〕稠人直由。〔五八〕爲公子本作羞。〔五九〕半辞片音。〔六〇〕委上於爲反，啗。〔六一〕齎服資。〔六二〕五伯霸。〔六三〕鐡（鐵）推（椎）直追反，内衣袖中。反自驕翻。〔六四〕慱徒慱蕩之徒。〔六五〕賣膠《史記》作賣漿。〔六六〕間步古莧。豪舉據。趣駕促。蒙驁五到反。醇酒純。子假古下。〔六七〕鄢於坂反。〔六八〕惜昔。〔六九〕徒跣先典。搶地七羊反。彗星邃。傫力追。〔七〇〕白虹户工反。祲裂子鴆反。〔七一〕色撓奴孝反。諭矣羊樹反。縮高所六反。〔七二〕管守古滿反。導使者徒倒反。〔七三〕子煞試。〔七四〕与焉預。〔七五〕悍户〔□〕反。〔七六〕縞素上古老反。〔七七〕

楚第八

悼王徒到反。〔七八〕捐不遺專反。射刾（刺）上食亦反，下七夕反。得見胡見反。〔七九〕有鯨巨京反。〔八〇〕翺（翱）翔五高反。窈寘（冥）上烏了，下莫丁。蕃田鶡上甫袁反，下戹諫。〔八一〕断天地上力吊反。〔八二〕之墟丘居反。覆軍煞将（將）上敷（敷）目反，下子匠反。〔八三〕湣王閔。〔八四〕乃爲秦使上滎僞反，下所事反。祠祥移反。畫地爲虵上獲。〔八五〕持戹軄（職）移反，酒噐（器）。争長珎（珍）兩反。〔八六〕廝斯。閉閞（關）布結反。致璽胥（胥）尒反，印。〔八七〕屈丐古大反。〔八八〕黔中巨金反。之間諫。説王束鋭反。烹普耕（耕）反。妬之當路反。〔八九〕悪（惡）子烏故。强問其兩反。王臭尺又反。劓之魚噐（器）反，截鼻。黄棘（棘）紀。〔九〇〕入質如蕃甫袁反。郢中羊愸（整）。頃上丘頛（穎）反。〔九一〕隘之上烏賣反。昭尚上征遥反。〔九二〕從間道閑。蔽（蔽）明卑袂反。〔九三〕枯熇苦老反。〔九四〕漁父魚甫。渾濁上户婚反，下桹學反。〔九五〕獨醒先丁反。凝滯語陵反。餔其糟上慱（博）姑反，下祖曹。而歠觸劣反。〔九六〕其醨力之反。〔九七〕懷瑾居隱反。握瑜羊朱反。拭冠（冠）上升力反，下古丸反。〔九八〕惛惛呼尊反。〔九九〕浩浩户老反。〔一〇〇〕汨羅上迷辟反，又古忽反。〔一〇一〕而隕榮敏反。計畫獲。〔一〇二〕儵忽上户六反。〔一〇三〕羿蓬蒙上魚列反，下莫工反。〔一〇四〕枳只。

而悼慄上唐致反，下利日反。〔一〇五〕不便婢面反。　良菟湯露反。　東郭駿須閏反。〔一〇六〕　鐈士卒上式，下子忽反。〔一〇七〕
會于宛。〔一〇八〕　會于鄢於板反。〔一〇九〕　會于穰而羊。〔一一〇〕　微繳（繛）章約反。〔一一一〕　所弋（亦）羊力反。〔一一二〕　鳬鴈上房夫
反。〔一一三〕　郯邳羅籠洛東反。〔一一四〕　砦新繳（灼）上藕哥反，下之藥反。〔一一五〕　從不約子松反。〔一一六〕　折酈。〔一一七〕　寘（冥）
塞上莫經反，下先代反。〔一一八〕　皷趄（熾）尸至反。〔一一九〕　激怒上古歷反，下乃故反。　踊躍羊隴反，下羊略反。　鋭營嵗（歲）反。
以塞桑得反。　虎宍臊桑刀反。〔一二〇〕　之麋用悲反。〔一二一〕　絀丑律反。〔一二二〕　三翮衡革。　楚輟中劣。〔一二三〕　苗（黄）歇虚
謁。〔一二四〕　説秦昭王束鋭。　濡（濡）其尾辱逾反。　始之易羊二反。〔一二五〕　接踵之勇。〔一二六〕　宗廟隳許規反。〔一二七〕
剞。〔一二八〕　曝（曝）骸上蒲卜反，下户厓反。〔一二九〕　係頸繫音，下經郢反。〔一三〇〕　嬰城於盈反。　輂從鄢陵上良善反。〔一三一〕
老悖乎蒲没反。　國妖乎於驕反。〔一三二〕　補窂郎刀反。〔一三三〕　青蛉洛丁。〔一三四〕　挽　蚉　而食之。〔一三五〕　螻蟻洛侯，下
牛綺反。　俯啄丁角。〔一三六〕　白粒立。　菱藻凌早。〔一三七〕　左挾（挾）彈上刑頬，下徒旦。　右攝丸。　酸鹹。　矰弩。〔一三八〕
鼎俎夕井反，下測吕。〔一三九〕　左挑紉妾上徒了反。〔一四〇〕　右擁嬖補計反。　騁勑領反。〔一四一〕　黽塞桑代。　變怍詐。〔一四二〕
荀卿須巡。〔一四三〕　瑇瑁上徒盖反，下莫盖反。〔一四四〕　以郈火各反。〔一四五〕　遺之羊季。〔一四六〕　明娼上孟音，下子須反。　仲長《昌
［言］》曰：『毛墻（嫱）、西施、陽文、孟娵、吴娃、子夫、飛鷰皇［后］，不同而期於美。』字或作娵，同。〔一四七〕　嫫母謨音，黄帝妃。　更
羸脉上古行反，下脉音。　或朋，直引反。〔一四八〕　處［廩］力甚。〔一四九〕　此孽也魚列。　創痛上楚庄（莊）反，下他凍反。〔一五〇〕　未
去羌与反。　創隕于敏。　承間閑。〔一五一〕　朱英於京反。《史記》反（及）《國冊（策）》無此人字。　於蘄巨衣反，今蘄春縣。

齊九〔一五二〕

煞蔄（簡）公試。〔一五三〕　濁澤棖角。　騔忌庄（莊）愁。　段干多或作用（朋）字。　裴駰曰：老子之［子］名宗，爲魏将
（將），封於段干，段干疑是邑名。《魏世家》有段干木、段干子，《田世家》有段干多，疑此三人姓段干也，因邑爲姓。而《風俗通》之
『姓段，名干木』，恐失之矣。　自有姓段，何必干木。〔一五四〕　且折之列反。　桓侯《傅子》曰：是時齊無［桓］侯。　裴駰曰：是［齊侯
田］和之［子］桓公午。〔一五五〕　扁鵲出典反。　《史記》：勃海鄭人，姓秦氏，名越人。　十餘年，長桑君授以禁方，忽然不見。〔一五六〕　膹

理七奏反，謂皮膚之上。〔一五七〕 腸腨謂。〔一五八〕 湯熨於謂反，灸均。 還走上旋音，迴走也。〔一五九〕 鍼石之任反。 許順（慎）注《淮南子》曰：『藏（鍼）所以剌（刺），石可（所）以砭。』《韓子》曰：『夫疢疽之痛也，不能使以半寸砭石而彈之。』是也。〔一六〇〕 野辟婢亦反，開也。〔一六一〕 無留事留，滯。 攻鄄（見）居面反。〔一六二〕 薛陵思列反。 擢之上直角反。〔一六三〕 均諧居倫反。〔一六四〕 無觀古乱（亂）反。〔一六五〕 狢膏胡各反，又作狶字。 下古刀。〔一六六〕 爲滑古八反。 方穿昌涓反，車缸。 弓膠腊幹《史記》交錯二音。〔一六七〕 傅（附）合附音，下古合反。 疏罅（罅）呼火嫁反，圻（坼）绛（縫）。〔一六八〕 無較古學反。〔一六九〕 無軫之忍反。〔一七〇〕 眄莫見反。〔一七一〕 肥孋麗音。〔一七二〕 操七刀反。 豚（豚）（豘）蹄上徒昆反，下徒兮反。〔一七三〕 甌窶上烏侯反，下古侯反。 謂側之地。 本或作窳字。〔一七四〕 滿溝（溝）徐廣曰：『塂，籠也。』古侯反。 言培塿之處。 即收一籠一粟。〔一七五〕 汚耶上烏爪反，下年奢反。 汚耶，下地田。〔一七六〕 帣韝（韝）上居免反。 徐廣曰：帣，收衣袖；下古侯反，臂捍也。 字或作搆（搆）。〔一七七〕 鞠䏶上居六反。 徐廣曰：鞠，曲身。 下巨簟反，脛後宍（肉）也。〔一七八〕 餘瀝歷音。〔一七九〕 投壺胡音，或作投箸。 握手上烏角反，把手。 目眙徐廣曰：丈甑反。 今音丑史反，直視。〔一八〇〕 随（隨）珥而志反，耳璫。〔一八一〕 樂此洛。 襦（襦）而朱反。 微章上許韋反。 《三蒼》云：『軍旗幟（幟）也。』字或作微。〔一八二〕 以綒古乱（亂）字，或作綷。〔一八三〕 還告旋。〔一八四〕 馬棧仕板反。 强之其兩反。〔一八五〕 盼子普諫反，人姓。〔一八六〕 東漁魚音。 捕魚。 孫臏扶忍反。〔一八七〕 不控捲巨員反。 捄鬪（鬭）救音。〔一八八〕 不搏撠愽（博）戟。 批亢上扶結反，又豊（豐）鷄反。 下胡郎。 擣虚形格剸禁。〔一八九〕 衙路上胡巖反。 《史記》作『衙路』。〔一九〇〕 數与朔。〔一九一〕 重射食邪反。 謂以千金爲質，輟馬力射。 君苐（弟）徒帝反。 桂古惠反。〔一九二〕 臨質致。 剌（刺）髡七亦反。 之誹夫未反。〔一九三〕 直走趣音，向也，赴也。〔一九四〕 蹷上将（將）上巨月反。 魏武帝注《孫子兵書》：『蹷猶挫也。』 并行上卑正反，兼也。 僉且，或作險，謂一日行百廿里山，山沮同。〔一九五〕 拆託音，破木皮。 《史記》作斫字。〔一九六〕 自剄古挺反。 挹水於入反。〔一九七〕 顔蠋燭音，齊之高士。 或作𠏉。〔一九八〕 龔力重反。 田駢步田反。 韋昭曰：『齊威王時遊於稷下。』〔一九九〕 接子上子荼（葉）反。 《史記》曰：齊人，齊〔稷〕下先生。〔二〇〇〕 慎到《史記》曰：趙人，齊稷下〔先〕生，學黄老〔道〕德之述（術），著書十二論。〔二〇一〕 靖郭静。〔二〇二〕 惕而舒亦反，驚也。〔二〇三〕 短褐。〔二〇四〕 餘藏在浪反。 餽与上巨愧反，餉。〔二〇五〕 掇食上張劣反。〔二〇六〕 木偶（耦）五口反。 刻木爲人形。〔二〇七〕 魁若（苦）回反。 魁，大皃。妙小上名小反。〔二〇八〕 登徒直姓登名徒，直者當御事。〔二〇九〕 摽賣上卑遥反。〔二一〇〕 馮煖許袁反。《史記》作馮驩，音同。或作谖（諼）。〔二一一〕 人属（屬）之欲食寺音。〔二一二〕 劍鋏（鋏）頰（頰），或作挟（挾），同。 鋏（鋏），劍鋒刃。〔二一三〕 食之寺音。收責庄（莊）賣反。 謂放錢出物。 賈利古音，商販曰賈。 反田田，獵。〔二一四〕 三堀若（苦）骨反。〔二一五〕 復鑿在洛反。 傍穿。譚拾子上徒南反。 譚，國名，属（屬）齊。 拾是其大夫。〔二一六〕 補文上布户。〔二一七〕 血濺子見反。 謂以血迸射之。〔二一八〕 田瞀（瞀）茂音，或作瞀（稽），誤。 勝贅或作蒙。 贅音之祝反。〔二一九〕 代之上他得反。〔二二〇〕 盛血成。〔二二一〕 郙（鄒）魯（魯）《史記》音誅。〔二二二〕 供居共反。〔二二三〕 淖齒卓。 洽衣或作沾衣。〔二二四〕 地坼丑白。〔二二五〕 遂煞試。〔二二六〕 倚門於彼。〔二二七〕

盡邑劉熙曰：『齊西近邑名也。』息忍反。，或作晝，非。〔二二八〕 王燭觸音。 齊之忠臣。〔二二九〕 騎刼居菜（葉）反。〔二三〇〕 僇六。板插（插）上百服反，下楚洽反。〔二三一〕 編於上婢然反，補縫。 虜掠獲生口。 束炬巨，束葦（葦）燒之。〔二三二〕 炫燏上泫音，下羊略反，火光照。〔二三三〕 銜枚（枚）郙衍云：吠蕭，口銜之，以繩繫兩頭，洽耳項，以静聲。〔二三四〕 鼓譟先到反，衆聲。〔二三五〕 太史激《史記》音古吊反，今古狄反。〔二三六〕 衣食於既反，下寺。 洿吾世烏臥。〔二三七〕 淄水庄（莊）师（師）。〔二三八〕 巖下五咸反，岸礁下。 食寺。 貂勃丁遼反。〔二三九〕 蹠之犬之石反，盗跖。〔二四〇〕 吠堯扶廢反。 擢公孫居縛。〔二四一〕 之腓肥音。 脛内宍（肉）也。 啞（噬）誓。 悪（惡）得烏。 單与余。〔二四二〕 之鬬扶亦反。 惴惴之瑞反，恐懼。 棧道士板反。 劇巨逆。〔二四三〕 相倍步昧。〔二四四〕 漏甕烏貢。〔二四五〕 拒全巨。〔二四六〕 反外飜。 墠塲上善音。 大除地於中爲壇。〔二四七〕 忿悁烏玄。攻狄《漢書》云：『田儋，狄人。』羊昭縣属（屬）千乘，即是邑名。〔二四八〕 織簣巨位反，土籠。〔二四九〕 杖插（插）楚洽（洽）反。〔二五〇〕 之俸扶共反，禄。〔二五一〕 之虞意所思慮。 淄繩下食升反，水出齊地。〔二五二〕 援桴（桴）上爰音，下浮，打鼓（鼓）推（椎）。〔二五三〕 椎直隹。〔二五四〕 於共居凶反。 今汲郡恭成懸（縣）是。

燕語第十

朝鮮潮。《地里志》樂浪郡，大汕水與海通潮，故曰朝鮮。〔二五五〕呼池徒何。〔二五六〕東垣袁。烏喙許穢反。《本草》：
『一名烏頭。』〔二五七〕偷充腹《史記》本作『愈充腹』。〔二五八〕㶁行户郎反。〔二五九〕愀然在酉反。色變皃。〔二六〇〕左右賣言東西
賣弄。〔二六一〕佯僵羊。〔二六二〕王噲快。〔二六三〕不死殊裴駰云：『不死殊而去者，藴然是死創，故云殊。風俗殊秦雖不即死，死形
也。』〔二六四〕鋤耨上士居反，下奴豆反。〔二六五〕蓄聚上丑六反。〔二六六〕㓐（南）首狩音，向也。〔二六七〕悪（惡）所烏。〔二六八〕數
戰朔。清濟子礼反。鉅防抗拒。下扶放。還而旋音。迴繞而顧。〔二六九〕先後胥（胥）見反，謂道引。其覇（霸）布
嫁。〔二七〇〕貴重主斷丁乱（亂）。屯壽上張倫反，或作廣屯。〔二七一〕屬（屬）國燭音，託寄。市被扶彼反。漢有五被。〔二七二〕
恫惌（怨）通音。郭隗五罪反。〔二七三〕走燕趍音，向。〔二七四〕狼頋郎。〔二七五〕齊紫徐廣曰：『下敗素口，染以爲紫。』〔二七六〕
如挑徒了反。〔二七七〕接收上子葉反。脱躧所解反。石交《史記》作厚交。〔二七八〕蜯步項反。〔二七九〕鷸聿。水鳥，翠形，青色，
膺赤。而挾（挾）頰（頰），又夹（夾）。〔二八〇〕擒之禽。〔二八一〕啗秦徐廣曰：『嚪謂進説之［意］。』音徒濫反。〔二八二〕分魏上扶
問反，謂處分指畫。惌（怨）懟直愧反，怒。濟上子礼反。〔二八三〕勞軍力到反。〔二八四〕侵掠力上。〔二八五〕阿鄄居變反。今云
東河（阿）鄄。王燭之欲反。或作僪，同。呼吸許及反。劉（劉）之上六音，煞也，從刀。若劉力，字從力。巨怵思律反，誘
其郭説。乱（亂）沮慈与反，敗乱（亂）。得枳巴郡有枳縣，音君尔反。〔二八六〕於汶亡貧反。江水出汶山，故号汶山（江）。
五渚《戰國策（策）》曰：『秦与荆人戰，大破荆軍，襲郢，取洞（洞）庭、五渚。』渚，洲也，其地在洞庭左右。《春申君傳》：『越王禽
吴王三渚之浦。』此謂三江之浦，在吴地。〔二八七〕少曲上式照反，地名。盡流。〔二八八〕女戟地名。太原卷去員反。銛戈上
息廉反，利也。或作銛，音羊冉反。〔二八九〕宿胥（胥）徐廣《記年》曰：『魏救中山，塞集宿胥（胥）之口。』〔二九〇〕虚頓丘徐廣
曰：『秦始皇取魏酸棗、燕、虚、長平之地。』〔二九一〕踐昀陵。〔二九二〕知或作制。〔二九三〕龍賈《史記》『魏襄王五［年，秦］敗我龍賈
軍』是也。姓龍名賈，将（將）軍。〔二九四〕岸門韓宣惠王十九年，秦破我軍於岸門。岸門，地名。封陵魏襄王十九年，秦拔我封
陵。封陵，地名。〔二九五〕高商。趙壮（莊）裴駰云：此戰趙壮（莊）不見出。〔二九六〕曝露步卜。〔二九七〕亞卿或作客卿。僅以
巨靳反。珍嚚（器）或作練嚚（器）。元英於京反。磨室《史記》音歷。服虔曰：『齊南歷城。』張晏曰：『磨，山名。』然别城

中有宫，故得返舊處。〔二九八〕　曼臺《史記》作寕（寧）臺。〔二九九〕　薊（薊）丘計。　之鶴《史記》『薊（薊）丘之鶴，植於汶篁』。〔三〇〇〕　汶篁上問。皇（篁），竹藂生。徐廣曰：『謂燕之壃界移於齊之汶水。』〔三〇一〕　嗛於志上若（苦）簟反，愜（愜）也，當也。或作慊、慊，同。服虔曰：『人相匿蒲之匡滿。』〔三〇二〕　不頓頓猶挫辱。〔三〇三〕　慎庶孽（孽）上市忍，下迎竭。〔三〇四〕　施及羊智反。　鴟（鴟）夷昌之反。以馬革如樹形盛屍投之於江。〔三〇五〕　而不化化，變。〔三〇六〕　毀辱《史記音》作『辱』，音越，訓輕。〔三〇七〕　誹謗上甫吠反。腹内非之。〔三〇八〕　樂閒間。　爲昌國地各（名），属（屬）齊。　鄗鄉上火各反。〔三〇九〕　慶泰（秦）軍将（將）姓名。　飲人之主於榮。〔三一〇〕　将（將）渠燕将（將）姓名。　王蹵七六反，蹋。　鞠武上之六反。〔三一一〕　批其逆鱗上普迷反，又普結反，撥動也。或挑字。《韓子》：驪龍頷下有逆鱗，撥動，立舟書，無故枓犯皇作怒。〔三一二〕　於期其反（音）。〔三一三〕　謂委宍（肉）於僞。〔三一四〕　搆（搆）單于上古豆反，連也。或音古侯反，列也。單于，骨（胥）奴号。〔三一五〕　惛然昬音。或作炲，非。〔三一六〕　俛（俛）而笑（笑）俯音。　僂而行上力勾反，曲身者，示敬受命。〔三一七〕　距障滐上章下業。〔三一八〕　數困朔。　視以古示字，或作覫，非。〔三一九〕　其贄至音。〔三二〇〕　曹沫音味。《左傳》作『劌』，居衛反。　擅兵市戰反。〔三二一〕　購（購）之上古豆反。　督亢徐廣曰：『方城縣有督亢亭。』《别録》到（劉）向曰：『督亢，膏臾之地。』亢音古郎反。〔三二二〕　涕（涕）泣他礼反。〔三二三〕　揕其胷《史記音》苦感反，徐廣音丁鴆反。字或作枕（扰），謂以劒刾（刺）其胷也。〔三二四〕　扼捥烏革反，下烏翫。〔三二五〕　腑心撫。〔三二六〕　徐夫人一作陳。　藥淬七蓟（對）反。劒刃。〔三二七〕　血濡（濡）縷儒（儒），下力注反。裴駰曰：『言以比（匕）首試人，血出足以沾濡（濡）絲（絲）縷，使（便）立死。』〔三二八〕　与忤視上吾故反，逆人不敢逆視，其害己。〔三二八〕　改悔本或作慨悔。　而叱昌一反，呵也。〔三二九〕　漸離晳（晳）。　擊筑竹音。應邵曰：『状（狀）似琴而大，頭安絃，以竹擊之，故曰筑。』〔三三〇〕　濮（濮）上卜音。昔殷紂之樂师（師）师（師）延自投於濮（濮）水。後衛靈公聞有異聲音，令师（師）涓寫之，國（因）謂之濮（濮）上之音。〔三三一〕　垂髮涕（涕）泣言哀音感人，皆魂傷志但，故髮垂而泣下。〔三三二〕　衣題羽聲本作衣題羽聲，悽愴慷慨。〔三三三〕　蒙毅是蒙恬苐（弟），或作加，非。〔三三四〕　奉地畐匣上芳勇反，下胡甲反，小㔶。〔三三五〕　振慴之業反。　操其室執也。言劒長，秦王不得拔出，但（但）合削拔之。〔三三六〕　卒起不意七忽反。　搏之愽（博）。　夏無且子余反。《史記》曰：『秦王賜之黄金。』〔三三七〕　提軻上章氏反，擊也。或音直益反，是擲字。　軻廢廢，頓地也。晉灼曰：『廢，手足不收。』箕踞居庶反，安坐。　揄（榆）次〔三三八〕　孟聶《史記》作盖，音古盍反。〔三三九〕　目攝之式業反。目送之。　句踐上右（古）侯反。　雖遊於酒人。〔三四〇〕　押（柙）中胡甲反。〔三四一〕　乃矐（矐）古木反，又角音。謂煇（燻）瞎其目。　以鉛羊專反。〔三四二〕　朴始皇上普卜反，猶擊也。〔三四三〕　煞智於鑿臺之下徐廣曰：『在揄（榆）次。』〔三四四〕

【校記】

〔一〕『以相』前底卷該行殘缺約十個字（按正文大字計，下同）；又此行之前底卷另有一殘行，然僅存本行『相』字右邊二小字（注文）之左側殘畫，故不録。從『以相』到第五行『將率』條乃《魏語》子夏與魏文侯關於古樂與新樂問題的問答之辭，康世昌云：『本則（「以相」條至「將率」條）見《禮記》三九《樂記》、《史記》二四《樂書》，敘魏文侯問子夏事。《魏世家》「文侯受子夏經藝」，繫於文侯二十五年下，孔衍敘子夏事蓋據此。』案此段文字孔衍應是取自《禮記·樂記》（《禮記》據中華書局影印阮刻《十三經注疏》本，下同），考詳許建平《〈春秋後語釋文〉校讀記》（《杭州大學學報》一九九六年第二期）。

〔二〕此兩殘字康世昌録作『訊疾』，乃據《禮記·樂記》『治亂以相，訊疾以雅』句也，然第一字底卷右上角爲『亠』，故不可能是『訊』，『訊』、『辞』二字古多混用，此字應是『辞』殘去右下角；第二字底卷殘存『疒』，確是『疾』之殘，故據以擬補如上。

〔三〕底卷『疾』殘存左上角，《禮記·樂記》有『疾疢不作而無妖祥』句，玆據以擬補；『⿸疒尔』爲『疹』之俗字，《禮記·樂記》、《史記·樂書》皆作『疾疢』，案《左傳·襄公二十三年》『季孫之愛我，疾疢也』，《呂氏春秋·仲冬紀·長見》『與處則安』高誘注引『疾疢』作『疾疹』；《左傳·哀公五年》『則有疾疢』，《經典釋文》（中華書局影印清徐乾學通志堂本，下簡稱『釋文』）云：『疢，勑覲反，本或作疹。』是『疾疢』或寫作『疾疹』

也，且兩詞義同，《後語》雖引《禮記》，然已改『疾疢』爲『疾疹』。底卷前一行『誶疾』下約殘泐三個字，本行『疾』前約殘泐六個字。底卷切上字殘存右上角。

〔四〕底卷第一個標目字殘存左邊殘畫，第二個標目字存左下角，此處《禮記·樂記》、《史記·樂書》引《詩》有『既受帝祉，施于孫子』句，且切語『羊智反』正爲『施』之音（第九九行『施』音『羊智反』），故據《禮記》擬補。

〔五〕趍，《禮記·樂記》有『衛音趨數煩志』句，『趍』爲『趨』之俗字（《廣韻·虞韻》）；《禮記》鄭玄注：『趨數讀爲促速，聲之誤也。』《釋文》：『趨，音促。』此以『促』音『趨』，與《釋文》同也，皆據鄭注以正字注誤字。

〔六〕敖辟，康世昌云：『「敖」字《史記》作「驁」，《禮記》作「傲」。』案阮刻本《禮記》作『敖辟』。

〔七〕孔易，底卷『易』字右下角殘泐，《禮記·樂記》引《詩經》有『誘民孔易』句，兹據以擬補。

〔八〕標目字存左側殘畫，據行款，『刀』應是切下字；《禮記·樂記》此處有『然後聖人作爲鼗、鼓、椌、楬、壎、篪』句，『刀』應是『鼗』之切下字。《史記·樂書》『鼗』作『鞉』，然從殘存筆畫來看，標目字應是『鼗』，故據《禮記》擬補。『鼗』前殘缺處，僅可容納一字，疑是『爲』字，故擬補一缺字符。

〔九〕第一個標目字殘存左邊『才』形（據下『楬』字，此『才』恐爲『木』旁之殘形），此處《禮記·樂記》有『然後聖人作爲鼗、鼓、椌、楬、壎、篪』句，故據《禮記》擬補『椌』字；康世昌即録爲『椌』。

〔一〇〕堹蓆，此處《禮記·樂記》有『然後聖人作爲鼗、鼓、椌、楬、壎、篪』句，『堹』爲『壎』之訛俗字，『蓆』爲『篪』之俗體。

〔一一〕旄翟，《禮記·樂記》有『干、戚、旄、狄以舞之』句，『狄』爲『翟』之借字。

〔一二〕酳，底卷右部原作『角』，此處《禮記·樂記》有『所以獻酬酳酢也』句，康世昌謂原字爲『酳』之誤字，兹據以改正。

〔一三〕『鏗』、『横』爲《禮記·樂記》『鍾聲鏗，鏗以立號，號以立横』句中文，《釋文》『鏗，苦耕反』，『横，古曠反，充也」，其音正與底卷同。

〔一四〕聲磬，《禮記·樂記》有『石聲磬，磬以立辨』句，《廣韻》『磬』音苦定切，與『苦耕反』韻部耕、徑有别，底卷耕、青（徑韻爲青韻之去聲）兩部不同用，考此句《史記·樂書》作『石聲硜，硜以立别』，《廣韻》『硜』音口莖切，正與『苦耕反』合，是底卷乃是爲『硜』注音。

〔一五〕聲濫，《禮記·樂記》『竹聲濫，濫以立會』句中文，切下字『暫』底卷原右上角『斤』寫作『夂』，康世昌改作『暫』，今從之。

〔一六〕將率，《禮記·樂記》、《史記·樂書》均有『則思將帥之臣』句，康世昌云：『《禮記》、《史記》並作「將帥」，《釋文》：「帥，本又作率。」又《漢書》七十《張湯傳》谷永上疏訟湯，有「君子聞鼓鼙之聲，則思將率之臣」，即引《禮記》文，顏師古注引《禮記·樂記》「帥」亦作「率」。此二字古通用。』案將帥之『帥』《説文》作『衛』，『帥』、『率』均借字，説詳《説文·行部》『衛』篆下段注。

〔一七〕不軾，康世昌云：『《史記·魏世家》：「（文侯）二十五年……客段干木，過其閭，未嘗不軾也。」』

〔一八〕康世昌謂『忿然』、『屈侯鮒』兩條『見《史記·魏世家》文侯二十五年下、《韓詩外傳》三、《説苑》二《臣術》』，此蓋據《史記》』。

〔一九〕『穰苴』至『収淚』十七條，康世昌云：『本則並述吴起事，由釋文本知原本《後語》蓋以吴起聞魏文侯賢欲事之始，至吮士卒之疽，皆依《史記》之次。次以倒述法載初仕魯事，再述文侯謀事而當羣臣莫逮事。武侯即位後敘吴起諫武侯修德，其後與田文爭賢，被譖而已，而並具伯二五八九。其所運用材料除《新序》一、《吕氏春秋》十一《長見》外，餘見《史記》六五《吴起列傳》。』注文底卷原作『菀之苗衰善故号司馬穰兵法景公時大司馬苴』，倒亂錯訛甚，康世昌據《史記·司馬穰苴列傳》改正，今從之。

〔二〇〕底卷『羸』字原作『贏』，康世昌據《史記·孫子吴起列傳》『親裹羸糧』句改爲『羸』，茲從之；《干禄字書·平聲》：『粮、糧，上通下正。』王恒傑云：『下至「齧臂」見《史記·孫子吴起列傳》。』

〔二一〕還踵，《史記・孫子吴起列傳》作『旋踵』，案『還』、『旋』二字古多通用。

〔二二〕猜，底卷原作『掅』，王恒傑云：『《孫子吴起列傳》「掅」作「猜」。「掅」當爲「猜」的借字。』案《史記・孫子吴起列傳》有『起之爲人，猜忍人也』句，『掅』乃『猜』之形誤，扌旁與犭旁形近致誤也。

〔二三〕『數有』二字不知《後語》之所據。

〔二四〕《太平御覽》卷三八八引《春秋後語》云：『魏文侯謀事而當，群臣莫之逮者。朝而喜色，吴起進曰：「昔楚莊王朝而有憂色，申公巫臣問曰：「君有憂色何也？」莊王曰：「吾聞諸侯擇師，王者擇友，霸者自足，而群臣莫之若者亡。今以不穀之不肖而議於朝，群臣莫能逮，吾國其幾於亡乎？吾是以憂色。」」』『逮』、『幾』二條出於本段。康世昌云：『此文與《新序》所引最近。』

〔二五〕羊膓，《史記・孫子吴起列傳》有『羊腸在其北』句，《正字通・肉部》：『膓，俗腸字。』裴駰《史記集解》引皇甫謐曰：『壺關有羊腸阪，在太原晉陽西北九十里。』《戰國策・西周策》『韓魏易地』章『即趙羊腸以上危』姚宏本引高誘注：『羊腸，趙險塞名也。山形屈璧，狀如羊腸。今在太原晉陽之西北也。』底卷注中『晉陽西』下當是奪去『北』字。

〔二六〕《史記・孫子吴起列傳》有『將三軍，使士卒樂死，敵國不敢謀，子孰與起』句，『樂死』、『孰與』二條出於此。

〔二七〕《史記・孫子吴起列傳》有『屬之子矣』句，『屬之』條出於此。

〔二八〕應門，伯二五八九《春秋後語》寫卷有『吴起之出也，至於應門』句，然《吕氏春秋・仲冬紀・長見》及《恃君覽・觀表》、《韓非子・難言》皆作『岸門』，不知孔衍作『應門』何所據。

〔二九〕本條標目字與注文或作字同形，標目字『収』康世昌録作『抆』，云：『依其音注，當作「抆」，《釋文、爾雅、釋詁》（案：原即如此標點，應作『《爾雅・釋詁》釋文』）「抆，亡粉反」，即其證，據改正。此所云「或作收」，與伯二五八九《魏語》合。又《吕覽》十一《長見》作「抿」，意與「抆」同。』案注文或作字此處似即『抆』的俗字，康世昌定作『收』，恐不妥。又觀伯二五八九《春秋後語》殘卷此段文字，乃綜合《吕氏春秋·恃君覽·觀表》及《仲冬紀·長見》相關文字而成，《長見》此句作『吴起抿泣而應之曰』，孔衍改『抿泣』爲『抆淚』也。切上字『之』乃『亡』之誤，《廣韻》『抆』音武粉切，『武』『亡』同紐。

〔三〇〕孫臏，伯二五八九《春秋後語》殘卷有『齊宣王使孫臏救趙』句，此出《史記·魏世家》，《魏世家》作『齊宣王用孫子計，救趙擊魏』，孔衍改『孫子』爲『孫臏』也。切上字原作『収』，乃『扶』之形誤，康世昌改作『扶』，兹從之。

〔三一〕『騶行』康世昌録作『騶衍』，云：『原作「行」，形省致誤，兹據前文及《史記》改正。又「騶」字前文作「鄒」，《史記·魏世家》作「鄒」，二八《封禪書》則作「騶」，本有兩説。釋文本所據與伯二五八九異。』案『鄒』、『騶』同從『芻』得聲，古多混用；『行』、『衍』古亦多通用，如《史記·建元以來王子侯者年表》『平度侯劉衍』，《漢書·王子侯表》『衍』作『行』，『衍』亦從『行』得聲也。伯二五八九《春秋後語》殘卷有『鄒衍、淳于髡、孟軻皆來如梁』句，此本《史記·魏世家》惠王三十一年有『鄒衍、淳于髡、孟軻皆至梁』句。

〔三二〕故人，『故』爲『古』之借字。

〔三三〕字味反，康世昌以『字』爲『芳』之誤，案『字』『芳』形不近，斯二〇五三背A《禮記音》第一七六行『費』音『孚味』，『字』與『孚』形近，當是『孚』之誤。自『官費』至『亟葬』條，康世昌謂見《吕覽》二一《開春》、《戰國策·魏策二》『魏惠王死』章。

〔三四〕弛期，康世昌云：『《吕氏春秋》、《國策》並作「弛」。案：「弛」爲「弛」之後起字。』

〔三五〕張朝，伯二五八九《春秋後語》有『張幕朝以百姓』句，康世昌云：『斯二〇七二引作「張惟（帷）以見百姓」，姚宏引《後語》作「張帳以朝［百姓］」。又釋文本作「張朝」，與鮑注吴校本《國策》、《吕覽》、《論衡》合。』案姚宏本《戰國策·魏策二》作『張於朝』，張，設也，張朝謂布置朝見之所，作『張朝』是，説詳陳奇猷《吕氏春秋新校釋》（一四四六頁，上海古籍出版社二〇〇二）；注文云云，乃注者誤以『張』爲帳幕之帳。

〔三六〕負壘，伯二五六九《春秋後語略出本》、伯二五八九《春秋後語》殘卷作「負纍」，案《國語·齊語》「諸侯甲不解纍」韋昭注：「纍，所以盛甲也。」是「纍」爲盛具，與底卷之注「盛土籠」合；「壘」「纍」字通，如上引《國語》「諸侯甲不解纍」句，《管子·小匡》「纍」即作「壘」。《廣韻》「壘」音力軌切，在上聲旨韻，而「纍」音力追切，在平聲脂韻，正與底卷之音密合，是《後語》原文當爲「纍」，「壘」爲手民所改。「負壘」、「操插」兩條康世昌認爲出《新序·刺奢》。

〔三七〕「田需」至「之𩵋」三條出《戰國策·魏策二》「田需貴於魏王」章。

〔三八〕昭魚，伯二五八九《春秋後語》殘卷作「昭侯魚」，康世昌云：「《國策》亦作昭魚，《索隱》云『昭奚恤也』，史、策並二見，皆無『侯』字，疑涉『魚』字而衍，釋文本亦作『昭魚』，是。」

〔三九〕之𩵋，康世昌録作「之璽」，「胥尒反」正爲「璽」之音，「𩵋」乃「璽」之訛變。

〔四〇〕「安釐」至「貴梟」四條康世昌謂出《戰國策·魏策三》「華軍之戰」章、《史記·魏世家》。

〔四一〕葉陽，《太平御覽》卷六八二《儀式部三·璽》引《後語》有「秦破魏軍於華陽，走我將軍孟卯」句，《史記·魏世家》於安釐王四年載：「秦破我及韓、趙，殺十五萬人，走我將芒卯。」（《韓非子·顯學》「是以魏任孟卯之辯而有華下之患」，梁啓雄《韓子淺解》注云：「孟卯、芒卯、昭卯，同是一人。」《史記·秦本紀》於昭襄王三十三年載：「擊芒卯華陽，破之，斬首十五萬。」（此事應隸三十四年）又《六國年表》秦昭襄王三十四年載：「白盧擊魏華陽軍，芒卯走，得三晉將，斬首十五萬。」又《韓世家》韓釐王二十三年載：「趙、魏攻我華陽。韓告急於秦……敗趙、魏於華陽之下。」皆作「華陽」，底卷之「葉」當是「華」之形誤，「式業反」爲「葉」之切語，作者據誤字作音。

〔四二〕段干崇，《太平御覽》卷六八二《儀式部三·璽》引《後語》有「王使段干木子崇與秦南陽，以千金和」句，康世昌删去「木」字，云：「段干木乃魏文侯師，去此稍早。釋文本亦作『段干崇』，《史記》同，《國策》或作『段干子』或作『段干崇』並可證，兹據删。下文『段干子』原亦作『段干木子』，兹據此删『木』字。」

〔四三〕『周訢』至『祝曰』三條康世昌謂當出於《戰國策・魏策三》『秦敗魏於華』章。

〔四四〕切上字『已』康世昌改作『亡』，是也。

〔四五〕『鄴丘』至『肘韓康子』四條，康世昌云：『乃中旗説秦昭王語，見《韓非子》一《難言》、《國策》六秦四「秦昭王謂左右」章、《史記》四四《魏世家》、《説苑》十《敬慎》，文字與《説苑》最近。《史記》繫此事於「十一年，秦拔我鄴丘」下，《後語》蓋亦據此。今《御覽》所引頗有删略。』

〔四六〕『唐睢』至『遽發』五條康世昌謂出《戰國策・魏策四》『秦魏爲與國』章、《史記・魏世家》、《新序》三、《長短經・七雄略》注。

〔四七〕遽發，伯二五八九《春秋後語》殘卷作『遂發』，康世昌云：『《國策》、《史記》並作「遽」，姚宏云：「一本作遂。」與原卷合。』

〔四八〕『范痤』、『騎垝』兩條，康世昌謂出《戰國策・趙策四》『虞卿請趙王』章、《史記・魏世家》、《説苑・善説》，並云：『此蓋據《史記》。』

〔四九〕騎垝，伯二五八九《春秋後語》殘卷同，康世昌云：『「垝」字《説文繫傳》十一「極」字下引作「危」，《史記》、《説苑》同，《集解》：「危，棟上也。」與釋文本所釋合。「垝」字從土，《説文》十三下云「毁垣也」，與室棟意殊，王叔岷《斠證》云：「垝亦借爲危。」蓋是。』案《廣韻》『垝』有過委切、詭僞切二音，皆與底卷『魚毁反』之音不協。《史記集解》『危，棟上也』，《禮記・喪大記》『中屋履危』鄭玄注：『危，棟上也。』《廣韻》『危』音魚爲切，與『魚毁反』合，是『垝』讀作『危』也，王叔岷説是。注文『騎』字與標目字同，司馬貞《索隱》云：『上音奇。危，棟上也。』『騎』蓋當作『奇』，涉標目字『騎』而誤也。

〔五〇〕『施』至『於共』六條康世昌謂出《戰國策・魏策三》『魏將與秦攻韓』章、《史記・魏世家》。

〔五一〕冥阸，《戰國策》作『危隘』，王恒傑云：『馬王堆帛書本《朱己謂魏王》作「冥戹之塞」，與《後語》合，當從之。《戰國縱横家書》編者注云，作「危隘」誤，説甚是。』康世昌云：『「春秋」蓋「呂氏春秋」之省誤，《春秋》無九塞之名，此本《吕覽》十三《有始》：「何謂九塞？太汾、冥阨、荆阮、方城、殽、井陘、疵處、句注、居庸。」」

〔五二〕康世昌云：「「隳字《國策》、《史記》並作「墮」，墮、隳古通用。」案《五經文字・阜部》云：「墮，俗作隳。」「規」字康世昌録作「規」，案《正字通・矢部》：「規，規本字。」」

〔五三〕濫，《戰國策》、《史記》作「監」，王恒傑云：「帛書作「監」，相通假。」案《戰國策・魏策三》「魏將與秦攻韓」章：「北至乎闞。」《史記・魏世家》安釐王十一年：「北至乎監。」張守節《正義》引徐廣曰：「平縣屬河南。平，或作「乎」字。《史記》齊闞止作「監」字。闞在東平須昌縣。」則「濫」應是「監」之誤字，「監」、「闞」字通，底卷乃以異文爲注。

〔五四〕「自度」至「醇酒」二十三條，康世昌謂《後語》乃據《史記・魏公子列傳》。

〔五五〕「嬴」字底卷原作「羸」（「羸」之俗字），據其注音「盈」，則當依《史記》作「嬴」，今據以改正。下「虚左」條注文「嬴」原亦作「羸」。

〔五六〕注文「中」當是衍文。

〔五七〕偏，《史記》作「遍」，「遍」爲「偏」之後起别體。

〔五八〕稠人，王恒傑云：「《史記・魏公子列傳》「稠」作「衆」。案《史記會注考證》云，楓山、三條本「衆人廣坐」作「稠人廣坐」。」

〔五九〕本作羞，王恒傑云：「「本作羞」是指「爲」本作「羞」。《史記》《集解》：徐廣曰：「爲一作羞。」此爲《集解》增一傍證。」

〔六〇〕辭，《史記》作「辭」，「辞」爲「辭」之俗字。《漢書・李陵傳》「令軍士人持二升糒，一半冰」顔注引如淳曰：「半讀曰片。」底卷以「片」音「半」者同此。

〔六一〕委，康世昌云：「《史記、魏公子列傳》「以肉投餧虎」，「投」字《後語》蓋作「委」，即此注文所據。」王恒傑云：「『委』下原脱去一字。」案『於爲反』爲『委』之切語，標目字『委』下脱去一字。《説文・口部》：『咍，食也。』《廣雅・釋詁》『餧，食也』王念孫《疏證》：『餧、萎、委並通。』

〔六二〕齎服，康世昌録作『齎服』，云：『「齎服」下原文蓋有「三年」二字。《史記》作「資之三年」，《索隱》云：「舊解資之三年，謂服齊衰也。」《後語》蓋依此解而改如此。「齎」字假作齊。』案『齎』應是『齎』之俗字，『齊』『齎』古今字。

〔六三〕五伯，《史記》作『五霸』，『霸』爲『伯』之借字。

〔六四〕反自驕，王恒傑云：『《魏公子列傳》作「乃自驕」。《史記會注考證》云，楓山、三條本「乃」作「反」。案：「乃」當爲「反」之形近誤字。』

〔六五〕愽，《史記》作『博』，『愽』爲『博』之後起别體。

〔六六〕賣膠，康世昌云：『「膠」蓋「醪」之形譌，謂賣酒也。今本《史記》作「賣漿」，與此注文合，《集解》引徐廣曰：「漿，一作醪。」又《索隱》云：「按：《别録》云：漿，或作醪字。」知孔衍所據爲《史記》别本。』

〔六七〕子假，底卷原作『子下假』，『下』旁有删字符。伯二五八九《春秋後語》殘卷有『十五年，卒，子王假立』句，《史記・魏世家》作『十五年，景湣王卒，子王假立』，康世昌據以録作『子王假』，云：『蓋誤「王」爲「下」而脱「王」字。』王恒傑云：『《史記・魏世家》作「子王假」。又伯二五八九有「子王假」。案《集解》引《列女傳》作「秦殺假」。又《史記・高祖本紀》「故梁從」句，《集解》：「文穎曰，梁惠王孫假，爲秦所滅。」此句意應爲子魏王假。』案此爲《史記》通例，秦滅六國，諸國之末代君主皆以『王＋名』的形式稱之，如《趙世家》謂『王遷』，《韓世家》謂『王安』，《楚世家》謂『王負芻』，《田敬仲完世家》謂『王建』，《燕召公世家》謂『王喜』，因末代君主無謚號，故直以名稱之。

〔六八〕『鄗』至『諭矣』十條，康世昌云：『見《國策》二五魏四「秦王使人謂安陵君」、《説苑》十二奉使、《御覽》四八三怒引《新序》，文辭多與《國策》同。』

〔六九〕惜，王恒傑云：『《秦王使人謂安陵君》「惜」作「錯」。案：伯二五八九、伯二五六九作「措」音，俱當讀「昔」音，「錯」爲「惜」之借字。』案『惜』當是『錯』之形誤，底卷又據誤字作音。

〔七〇〕傫，《戰國策》有『聶政之刺韓傀也』句，伯二五八九《春秋後語》殘卷作『聶政之剌（刺）累也』，伯二五六九《春秋後語略出本》作『聶政之剌（刺）韓相俠（俠）累也』，案《史記・韓世家》有『聶政殺韓相俠累』句，『累』『傫』通借，『傀』疑爲『傫』之誤。

〔七一〕祲裂，伯二五八九、伯二五六九『裂』皆作『烈』，『裂』爲『烈』之借字。

〔七二〕『縮高』至『縞素』七條，康世昌謂『見《國策》二五魏四「魏攻管而不下」章』。

〔七三〕導使者，《戰國策》『導』作『道』，『道』『導』古今字。；王恒傑云：『此條證明伯二五八九「通使者」爲「道使者」之誤。』

〔七四〕子煞，《戰國策》『煞』作『弑』，案『煞』爲『殺』之俗字，『殺』『弑』古今字，此音『試』者，讀作『弑』也。

〔七五〕与焉，《戰國策》『与』作『與』，二字古混用無別，敦煌寫本多用『与』字，後世刊本多改作『與』。下凡『与』字不復出校。

〔七六〕康世昌云：『「户」下有脱文。』兹據補一缺字符。

〔七七〕王恒傑將此條移到『祲裂』條後，云：『原卷將此條誤鈔於卷尾「捍」（案當作『悍』，王氏誤録）條後。據伯二五八九和伯二五六九《鄢陵君者魏之族也》章移此。』案《戰國策・魏策四》『魏攻管而不下』章中有『素服縞素辟舍』句，在『悍』字條後不誤，底卷乃爲此處『縞素』作音，末爲『鄢陵君者魏之族也』章作音也，王説誤。

〔七八〕『悼王』至『射刺』三條，王恒傑謂出於《史記・孫子吴起列傳》。

〔七九〕得見，康世昌云：『本則見《國策》十六楚三「蘇秦之楚三日」章，文辭相去稍遠，《類聚》八〇薪炭灰、《御覽》八四七食上、《文選》二九《張協雜詩》之十注所引《國策》則略近本則，《後語》蓋據古本。』

〔八〇〕『有鯨』至『之墟』六條，康世昌謂『見《新序》一《雜事》、《文選》四五《宋玉對楚王問》』，並謂孔衍乃據《新序》。

〔八一〕蕃田鶡，《御覽》卷九三八《鱗介部十・鯨鯢魚》引《後語》作『藩籬之鶡』，康世昌云：『「藩籬」，《文選》作「蕃籬」，意同，「蕃」爲「藩」之借字；《新序》作「糞田」，意並可通。惟釋文本作「蕃田」，意稍塞，恐經後人改易。』

〔八二〕断天地，康世昌録『断』爲『料』，云：『「料」字原卷作「斷」，此俗體形近而譌，兹據音注及《御覽》引本文改正，《文選》同。今本《新序》作「斷」，蓋同此譌。』案『断』當是『料』之形誤。

〔八三〕『覆軍煞將』至『持危』六條，王恒傑謂『見《戰國策・齊策》二《昭陽爲楚伐魏》章和《史記・楚世家》』。『煞』字《戰國策》作『殺』，『煞』爲俗字。

〔八四〕湣王，《戰國策》『陳軫爲齊王使』，《史記・楚世家》懷王六年『齊王患之』，皆作『齊王』。康世昌云：『「湣王」蓋指「齊湣王」，《史記・六國年表》楚懷王六年當齊湣王元年，《史記・楚世家》「（懷王）六年，楚使柱國昭陽將兵而攻魏，破之於襄陵，得八邑。又移兵而攻齊，齊王患之」。此所言「齊王」即「齊湣王」。』案《楚世家》繫此事於楚懷王六年，當齊威王三十四，距湣王即位尚有二十二年。孔衍依《史記・六國年表》所記齊湣王元年在周顯王四十六年，恰當楚懷王六年，故以爲此『齊王』即指『湣王』，其實《六國年表》所記年代是錯的（考詳楊寬《戰國史》五八九頁，上海人民出版社一九八〇），此處之『齊王』乃是威王。

〔八五〕畫地爲虵，《戰國策》、《史記・楚世家》『虵』作『蛇』，《新加九經字樣・虫部》：『蛇，今俗作虵。』

〔八六〕『争長』至『烹』九條，康世昌謂『互見《史記・楚世家》、《張儀列傳》、《屈賈列傳》，以釋文互見諸篇，此蓋孔衍綜合諸文而成』。

〔八七〕致壐，《史記》作『置相壐』，王恒傑云：『《史記會注考證》云「古鈔本置作致」，與《後語》合。』

〔八八〕屈丏，《史記》『丏』作『匄』，案『匃』爲小篆隸定字，『匄』爲隸變字，『丐』爲俗字，則『丏』爲『丐』之形誤。

切下字「大」，王恒傑云：「《廣韻》「匄」作「古太切」，《釋文》中「大」即「太」字，二字古通。」案《廣韻》「大」「太」同韻，不必讀「大」爲「太」也。

〔八九〕 妬之，底卷「妬」原作「姑」，此據康世昌改正。「妬之」至「劓之」五條，康世昌云：「見《韓非子》十《內儲説》下、《國策》十七楚四「魏王遺楚王美人」章。《韓非子》內録二則，「一曰」所載與本則最近，孔衍或即據此。」

〔九〇〕 「黄棘」至「從間道」七條，康世昌云：「詳見《史記・楚世家》楚懷王三十年至頃襄王三年間，於頃襄王自齊歸楚，《史記》較略，釋文本「隘之」「昭尚」二注即不見《史記》，此蓋孔衍又以《國策》十五楚二「楚襄王爲太子之時」章，補《史記》之略而成。」「棘」、「紀」韻不同，鄭榮芝云：「也許「紀」爲反切上字，而反切下字脱漏。」

〔九一〕 王恒傑云：「「頃」下原脱去一「襄」字。」案據注文「上丘穎反」，知「頃」下有脱字，此處乃言頃襄王爲質於齊之事，王氏所言是。

〔九二〕 昭尚，康世昌云：「《國策》作「昭常」，楚臣。」案「尚」、「常」通用。

〔九三〕 蔽明，康世昌云：「「蔽明」二字未詳所指。」王恒傑云：「下至「淚羅」條史事見《史記・屈原賈生列傳》。」案王説是也，唯「汨」誤作「淚」。康世昌謂至「而隕」條，蓋誤，《史記・屈原賈生列傳》、《楚辭・漁父》及《文選・漁父》皆無「而隕」二字。

〔九四〕 枯熇，《史記・屈原賈生列傳》作「枯槁」，案「熇」當是形誤字，《楚辭・漁父》及《文選》卷三三《漁父》皆作「槁」。

〔九五〕 渾濁，《史記・屈原賈生列傳》「渾」作「混」，二字古多通用。

〔九六〕 而歠，《楚辭・漁父》同，《史記・屈原賈生列傳》作「而啜」。《説文・口部》：「啜，嘗也。」欠部：「歠，飲也。」王力《同源字典》云：「「啜、歠」實同一詞，但在文字上加以區別：前者作食講，後者作飲講。」

〔九七〕其釃，《楚辭・漁父》同，《史記・屈原賈生列傳》作「其醨」。《説文・酉部》：「醨，薄酒也。」「釃，下酒也。」「釃」爲「醨」之借字。

〔九八〕拭冠，《史記・屈原賈生列傳》、《楚辭・漁父》、《文選・漁父》皆作「彈冠」。

〔九九〕惛惛，《史記・屈原賈生列傳》、《楚辭・漁父》、《文選・漁父》皆作「汶汶」。洪興祖《楚辭補注》云：「《荀子》注引此作惛惛。惛惛，不明也。」案「汶」、「惛」一聲之轉，「惛」爲「惽」之諱改字。

〔一〇〇〕浩浩，《史記・屈原賈生列傳》作「皓皓」，《楚辭・漁父》、《文選・漁父》作「晧晧」。《説文・日部》：「晧，日出皃。」徐鍇《説文解字繫傳》云：「初見其光白也。」王筠《説文句讀》云：「字俗作皓。」《説文・水部》：「浩，澆也。」則「浩」爲借字。

〔一〇一〕「迷辟反」底卷原寫作「迷羅」，旁改爲「迷辟反」。

〔一〇二〕「計畫」至「不便」六條，康世昌云：「本則述宋玉事楚襄王而不見察事，詳見《新序》五。」「計畫」旁底卷有「齊語」二字，當是閲者所添，此爲《楚語》，非《齊語》也。

〔一〇三〕儵忽，《新序》無，余知古《渚宫舊事》卷三有「倐忽」二字，《白帖》卷二九「猿」條引《春秋後語》亦有「倐忽」二字。「倐」爲「倏」之俗字，「儵」爲「倏」之借字。

〔一〇四〕魚列反，《廣韻》「羿」音五計切，在去聲霽韻，而「列」在入聲薛韻，「列」蓋爲「例」之誤，《廣韻》「例」在去聲祭韻，霽、祭同用。

〔一〇五〕「唐致反」之「致」康世昌認爲是「到」之誤，應是。

〔一〇六〕「良菟」、「東郭駿」兩條，康世昌謂出於《新序》五。《太平御覽》卷九〇七引《後語》「菟」作「兔」，「駿」作「俊」；《新序》「菟」作「兔」，「駿」作「㕙」。康世昌云：「此並同聲而因物立名，此既云兔，則恐作「㕙」爲正。而此作「俊」「駿」者，通假耳。」石光瑛《新序校釋》云：「《齊策》云：「東郭逡者，海内之狡兔也。」又云：「世無東郭俊盧氏之狗。」此以東郭俊爲犬名，文有脱譌。但其字作俊，則狡兔之本字。俊，輕俊也，狡兔以善走得此名，逡叚借字，俗改從兔，失之。」（七四八頁，中華書局二〇〇一）案《説文・馬部》：「駿，馬之良材者。」則「駿」亦「俊」之借字。「兔」「菟」古今字。

〔一〇七〕「餝士卒」至「楚輟」二十二條康世昌謂據《史記・楚世家》。《楚世家》「餝」作「飭」，「餝」爲「飾」之俗字，「飾」爲「飭」之借字。

〔一〇八〕會于宛，康世昌云：「『宛』下疑脱釋文。」

〔一〇九〕會于鄢，《史記・楚世家》「于」作「於」，二字古通用。

〔一一〇〕會于穰，《史記・楚世家》作「會穰」。王恒傑云《楚世家》誤脱「于」字。

〔一一一〕綽，康世昌云：「『繳』旁原卷旁寫『綽』字，蓋直標其音。下釋文『弋』字旁寫『亦』，『繳』字旁寫『灼』，『趄』字旁寫『熾』，並同此意。」此改用括注小字形式標注於被注字之下，下同此。

〔一一二〕亦，王恒傑云：「原卷中『弋』旁標有『亦』字，係卷子本抄者爲『弋』作的音注。」

〔一一三〕鳬鴈，《史記・楚世家》此處無，「郯邳羅籠」後有「其獲非特鳬鴈之實也」句，底卷蓋爲錯簡。《字彙・鳥部》：「鳧，从鳥，从几，俗省作鳬。」底卷「鳬」旁有小字「鳥」，蓋即指「鳬」字正字從鳥。

〔一一四〕郯邳羅籠，《史記・楚世家》有「故秦、魏、燕、趙者，鶀鴈也；齊、魯、韓、衛者，青首也；騶、費、郯、邳者，羅鸗也」句，「籠」應是「籠」之俗字，《太平御覽》卷八三二引《後語》即作「籠」。據《史記索隱》，「鶀」、「青首」、「鸗」皆鳥類，「鸗」字所以寫作「籠」者，當是誤解「羅」字而臆改。其實「羅」亦鳥類，《山海經・西山經・萊山》「其鳥多羅羅，是食人」郭璞注：「羅羅之鳥，所未詳也。」此處之「羅」當即「羅羅」也。

〔一一五〕砦，康世昌云：「『砦』字《史記》作『磻』，《集解》引徐廣曰：「以石傅弋繳曰磻，磻音波。」《後語》作「砦」蓋形近之譌，然音注作「蘇哥反」，則作音釋者所據本恐已如此，今姑存舊。」王恒傑云：「在『新』和『繳』字行傍有一小『灼』字，係卷子本抄者爲『繳』字作的音注。」

〔一一六〕從不約，《史記・楚世家》作「從不待約」。

〔一一七〕折鄘，康世昌云：『「折」字《史記》作「析」字，是。《史記》八、四十一亦作「析」。「鄘」字下原卷空一格，缺音釋。』

〔一一八〕冥塞，《史記·楚世家》『冥』作『鄳』。裴駰《史記集解》引徐廣曰：『或以爲「冥」，今江夏。』

〔一一九〕皷趄，《史記·楚世家》作『鼓翄』，《正字通·皮部》：『皷，俗鼓字。』康世昌云：『「趄」字誤。《史記》作「翄」，「翄」與「翅」同。考「尸至」所切爲「翅」字而非「趄」；且「鼓翅」有意而「鼓趄」無意。余恐「趄」字即「翅」字之形譌。』王恒傑云：『原卷中「姐」傍注有「熾」字，即「姐」的音注。』案王恒傑『趄』字誤録作『姐』。

〔一二〇〕虎宍臊，《史記·楚世家》作『虎肉臊』，《干禄字書·入聲》：『宍、肉，上俗下正。』『臊』之右下角有旁注字『息』，當是閲者所加，『息』、『臊』同紐。

〔一二一〕切上字『用』爲喻紐字，不可切微紐字『麋』，『明』與『用』形近，且『明』亦微紐字，『用』當爲『明』之訛。鄭榮芝云：『王恒傑先生校「用」爲「朋」，其實也可能是「明」的訛字。』

〔一二二〕絀，《史記·楚世家》有『詘楚之名，足以尊主』句，『絀』『詘』二字古多通用。

〔一二三〕楚輟，《史記·楚世家》有『於是楚計輟不行』句。

〔一二四〕『黄歇』至『嬰城』十條，康世昌云：『本則見《史記》七八《春申君列傳》、《國策》六、《新序》九《善謀》。』

〔一二五〕此條與下條右側行間有小字『錯』，該行天頭又有『此行有錯字，後勘』七字，乃指此處有脱漏，原卷卷末『煞智於鑿臺之下』條即此處所脱而抄手『後勘』補抄者。參下校記〔三四四〕。

〔一二六〕接踵，底卷『接』原作『椄』，兹據《史記·春申君列傳》『夫韓、魏父子兄弟接踵而死於秦者將十世矣』句改正。

〔一二七〕《史記·春申君列傳》『隳』作『毀』，《五經文字·阜部》：『墮，俗作隳。』『墮』、『毀』同義，《史記·孔子世家》『吴伐越，墮會稽』裴駰《集解》引王肅曰：『墮，毀也。』《正字通·矢部》：『䂓，規本字。』

〔二二八〕康世昌云：「「刳」下恐有缺字，《史記》、《新序》作「刳腹絶腸」，《國策》作「刳腹折頤」，知《後語》蓋原釋「刳」字，以漏鈔而誤合於下注文。」

〔二二九〕曝骸，《史記·春申君列傳》「曝」作「暴」，「暴」「曝」古今字。

〔二三〇〕係頸，《史記·春申君列傳》作「係脰」，王恒傑云：「疑「脰」爲「頸」之誤。」案王説誤，「脰」與「頸」同義，《玉篇·肉部》：「脰，頸也。」《後語》以同義詞替之也。

〔二三一〕「輦從鄢陵」至「變作」二十條，康世昌云：「詳《國策》十七楚四「莊辛謂楚襄王」章、《新序》二，文辭多與《新序》同。」

〔二三二〕國妖乎，《戰國策·楚策四》「莊辛謂楚襄王」章有「將以爲楚國祆祥乎」句，《干禄字書·平聲》：「妖、祆，上妖冶，下祆祥，今亦用上字。」

〔二三三〕穽，《戰國策·楚策四》作「牢」，「穽」爲「牢」之換旁俗字。

〔二三四〕青蛉，底卷「蛉」字原作「蚙」，旁注「蛉」字，當是以旁注字改正文誤字之例，玆據以録正；「青」字《新序·雜事》二同，《戰國策·楚策四》作「蜻」。

〔二三五〕此句《戰國策·楚策四》作「俛啄蚊虻而食之」，「挽」爲「俛」之形誤；「挽」下一字底卷寫存「虫」旁，然旁有删字符；「虻」、「䖟」皆「蝱」之後起別體，「䖟」下底卷空一格，應是脱漏注音。

〔二三六〕啄，《戰國策·楚策四》作「噣」，「噣」爲「啄」之借。

〔二三七〕菱藻，《戰國策·楚策四》有「仰嚙蔆衡」句，《新序·雜事二》有「仰奮陵衡」句，依序應在「酸鹹」條下。石光瑛《新序校釋》云：「陵，蔆之省文……蔆俗字，當作蔆。」（二五八頁）「菱」亦「蔆」之別體。

〔二三八〕矰弩，《戰國策·楚策四》、《新序·雜事二》作「繒繳」，伯二七一一《勵忠節鈔》寫卷引《戰國策》作「矰繳」。又底卷「右攝丸」條、「矰弩」條下各空一格（「酸鹹」條在行末，故未留空格），似皆留空待補注文。下凡詞目下無釋文者皆姑用句號讀斷，不再出校説明。

〔一三九〕鼎俎，《新序·雜事二》同，《戰國策·楚策四》作「鼎鼐」。案伯二七一一《勵忠節鈔》寫卷、《藝文類聚》卷九〇引《戰國策》皆作「鼎俎」。康世昌云：「『夕井反』切『鼎』字，『夕』字誤。鼎屬端紐，或恐是『多』字之省譌。」鄭榮芝云：「『夕』也許是『冬』之殘字。」「測呂」之「測」蓋爲「側」之形誤，「側」與「俎」皆初紐字。

〔一四〇〕左挑⿰糸幼妾，《戰國策·楚策四》作「左抱幼妾」，《字彙補·糸部》：「⿰糸幼，幼字之譌。」案「挑」應是「抱」之形誤。

〔一四一〕「騁」條底卷在行末，該行地脚有「此闕一字」四字，或本條標目字脱一字。

〔一四二〕變怍，《戰國策·楚策四》作「變作」。《玉篇·心部》：「怍，顔色變也。」「作」爲「怍」之借字。

〔一四三〕「荀卿」至「嫫母」條，康世昌云：「本則承上敘春申君事轉而及荀卿事。孔衍蓋合《史記》七八《春申君列傳》、《國策》十七楚四「客説春申君」章而成此文。」

〔一四四〕「璹瑁」二字不知所出。

〔一四五〕「鄗」之右下角有旁注小字「恪」。

〔一四六〕「遺之」二字不知所出。

〔一四七〕明媢，「媢」爲「⿰女曷」之俗字。《戰國策·楚策四》「客説春申君」章有「閭姝子奢，莫之媒兮」句，《荀子·賦篇》、《韓詩外傳》卷四作「閭娵」，《荀子·賦篇》楊倞注：「《後語》作「明陬」。」「明⿰女曷」、「明陬」及底卷注文之「孟娵」皆一聲之轉。康世昌云：「『仲長昌』三字疑爲『仲長統昌言』之脱譌，然《昌言》一書已佚，嚴可均《全後漢文》八八、八九、馬國翰《玉函山房輯佚書》並輯之而不見此文，今且存疑。」案《隋書·經籍志》子部雜家類：「《仲長子昌言》十二卷，漢尚書郎仲長統撰。」《舊唐書·經籍志》：「《仲長子昌言》十卷，仲長統撰。」是唐時《昌言》尚存，茲據以補「言」字。「吴娃」之「娃」底卷原作「姓」，康世昌云：「『娃』字原作『姓』，形近之譌。《文選》三四枚乘《七發》：『使先施、徵舒、陽文、段干、吴娃、閭娵、傅予之徒，雜裾垂髾，目窕心與。』卷五《吴都賦》劉逵注云：『吴俗謂好女爲娃。』」茲據以改正。康世昌又云：「『子夫』

不可解。」案子夫即漢武帝皇后衛子夫；飛鷰即漢成帝皇后趙飛燕，『燕』『鷰』古今字，故於『皇』下補『后』字。

〔一四八〕『更嬴脉』至『創隕』六條，康世昌云：『本則亦見《三教指歸覺明注》上之下引，王輯本、鄭輯本並入《魏語》，未確，此乃魏加告春申君引述之語，亦見《國策》十七楚四「天下合從」章、《御覽》四六二遊説下引樂資《春秋後傳》。』康世昌云：『《三教指歸覺明注》上之下引「脉」作「脈」同。《國策》無「脉」字。』

〔一四九〕『廩』字底卷原無，康世昌云：『「廩」字原無，與釋音不合，蓋鈔者脱誤，今依前文補入。』案康氏乃據《太平御覽》卷九一四所引《後語》『與王處廩下』句補入。

〔一五〇〕創痛，《太平御覽》卷九一四引作『瘡痛』，康世昌云：『「瘡」字釋文、《三教指歸》注引並作「創」，下同。孔衍原本蓋作「創」，《御覽》據《國策》改耳。《御覽》引文末有注云「創與瘡同」，猶見原本遺跡。』王恒傑云：『創、瘡通。』案洪成玉《古今字》云：『創、瘡古今字。』

〔一五一〕『承間』至『於蘄』三條，康世昌云：『本則承上敘春申君及李園、朱英事，至楚爲秦所滅。孔衍於此蓋參合《春申君列傳》及《楚世家》而成。朱英事亦見《國策》十七楚四「楚考烈王無子」章。』

〔一五二〕齊九，應是『齊語第九』之省。

〔一五三〕『煞簡公』至『且折』五條出《史記·田敬仲完世家》。『煞』字《史記·田敬仲完世家》作『殺』，王恒傑云：『「煞」「殺」通。』案『煞』爲『殺』之俗字，非通假字。康世昌於注文『試』下括注『弑』字，蓋以爲誤字也。案底卷注『試』者，讀『煞』爲『試』音也，此乃破讀『煞』爲『弑』。

〔一五四〕段干多，《史記·田敬仲完世家》桓公午五年作『段干朋』；《戰國策·齊策一》『邯鄲之難』章作『段干倫』，吴師道云：『《後語》作萠。』案『多』當爲『朋』之訛，二字形近易誤；底卷作者所見本《後語》訛『朋』爲『多』，然別本有作『朋』者，故注云：『或作朋字。』後注文又有『《田世家》有段干多』句，尋《史記·田敬仲完世家》乃作『段干朋』，《老子列傳》『封于段干』裴駰《集解》云：『《田完世家》有段干朋。』是訛『朋』

爲『多』之證也。吳所見本《後語》『萌』亦『朋』之誤字。『老子之子名宗，爲魏將，封於段干』，底卷原無『子』字，『宗』作『宋』，康世昌據《史記·老子列傳》補正，今從之；又此句爲傳文，非裴駰《集解》之文。『段干疑是邑名』，底卷前句『段干』下僅一重文符號，康世昌認爲底卷脱其一而據《集解》補，今從之。『魏世家有段干木』，『段』字底卷寫誤，旁改爲『疑』，康世昌認爲是形近之訛，亦據《集解》改正，案此當是涉上『段干疑是邑名』而誤。『風俗通之姓段名干木』，底卷原作『風俗通之姓段干多木』，康世昌謂底卷錯亂而據《集解》改正，茲從之。『何必干木』，底卷『必』原作『女』，康世昌謂底卷形誤而據《集解》改正，今亦從之。

〔一五五〕『桓侯』至『鍼石』六條，康世昌云：『本事見《韓非子》七《喻老》、《史記》一〇五扁鵲本傳、《新序》二《雜事》，本則文辭與《史記》最近。』『桓侯』之『侯』底卷原作『佳』，乃『侯』俗字『伕』的形誤，茲據《史記·扁鵲列傳》改正。『是時齊無桓侯』，王恒傑云：『《釋文》原有舛誤，「齊時無」三字原在行外，第二排小字「和」之上。』案『齊時無』三字在雙行小注的左列，『無』之右下角有一提筆，其意蓋謂此三字當置於右列，今據裴駰《集解》補正。『是齊侯田和之子桓公午』，底卷原無『齊侯田』、『子』四字，茲據裴駰《集解》補。

〔一五六〕康世昌以切上字『出』爲『步』之誤，當是；『勃海』下《史記·扁鵲列傳》有『郡』字；『十餘年』底卷原誤倒作『年十餘』，茲據《扁鵲列傳》乙正。

〔一五七〕謂皮膚之上，底卷原作『膚之謂皮上』，疑手民所據本換行致使手民誤抄。手民所據本蓋本作：前行末之右列爲『七奏反』三字，左列爲『謂皮』二字；另起一行之右列爲『膚之』二字，左列爲『上』字。手民則先抄兩行中的右列，再抄兩行中的左列，遂抄成『七奏反膚之謂皮上』，今以意乙正。

〔一五八〕膓腒，《史記·扁鵲列傳》作『腸胃』。《正字通·肉部》：『膓，俗腸字。』『腒』爲『胃』之增旁俗字。

〔一五九〕還走，《韓非子·喻老》同，《史記·扁鵲列傳》作『退走』。

〔一六〇〕此條注文底卷原作『之任反許順剌石可以砭注淮南子藏所以之痛不能使以半也韓子曰夫疢疽寸砭石而彈

之是也』，今據康世昌之説正之。『淮南子曰』之『曰』底卷旁有删字符，案此字不應删，今仍存之。

〔一六一〕『野辟』至『薛陵』四條，康世昌云：『本則敘齊威王发奮圖强事，《史記·齊世家》繫此於齊威王九年。』案此見《史記·田敬仲完世家》。《史記》『辟』作『闢』，『辟』『闢』古今字。注文『開』字底卷原誤作『闢』之俗字『閞』，今改正。

〔一六二〕康世昌云：『「鄄」，《史記·田完世家》「趙攻甄」作「甄」，《趙世家》成侯五年「伐齊于鄄」即作「鄄」，兩字同指一地，《史記》一書兩字互出。又原卷「鄄」字有旁寫「見」字，蓋直注其音。《廣韻》「見」在霰韻，「鄄」在線韻，兩字雙聲而韻同用。』案錢大昕《聲類·釋地》「鄄，甄也」條云：『《春秋》「會于鄄」注：「今東郡甄城也。」甄，舉然反，讀如堅，故爲鄄之轉。』

〔一六三〕『擢之』、『均諧』二條，康世昌云：『本則蓋敘騶忌以鼓琴見威王事，見《史記》四六《田完世家》。』案『擢之』《田敬仲完世家》作『攫之』。

〔一六四〕均，《田敬仲完世家》作『鈞』，二字古多通用。

〔一六五〕『無覿』至『盱』十條，康世昌云：『本則敘淳于髡見鄒忌事，又見《史記》四六《田完世家》、《新序》二《雜事》、《御覽》五七七琴上引《周書》。』『無覿』二字不知所出。

〔一六六〕狢，《史記·田敬仲完世家》作『狶』。

〔一六七〕弓膠腊幹，《史記·田敬仲完世家》『腊』作『昔』。王恒傑云：『「腊」「昔」俱當讀「錯」音。』康世昌云：『「史記交錯二音」，蓋取諸注《史記》音者。「昔」讀爲「錯」乃「交錯」之意，與《索隱》云「昔，久舊也」，不同訓。』

〔一六八〕疏鏄呼，《史記·田敬仲完世家》有『然而不能傅合疏鏄』句，王恒傑云：『原卷「呼」在「鏄」字正文下，應係《釋文》注誤入正文。』案《唐韻正》卷十二：『古人讀鏄爲呼。』

〔一六九〕無較，《史記·田敬仲完世家》作『不較』。

〔一七〇〕無軫，《史記·田敬仲完世家》有「琴瑟不較」句。《史記·田敬仲完世家》：「大車不較，不能載其常任；琴瑟不較，不能成其五音。」兩「不較」《琱玉集》卷十二引《後語》皆作「無軫」。王恒傑云：「『較』當爲『軫』之誤。」並無實據。

〔一七一〕「盯」爲「眄」之俗字。此條不知所出。

〔一七二〕「肥孋」至「襦」條，康世昌云：「除『肥孋』二字未確何指外，餘並見《史記》一二六《滑稽列傳》，敘淳于髡與威王事。」

〔一七三〕「㹠」字注於「豚」之右下角，應是旁注直音。

〔一七四〕甌寠，《史記·滑稽列傳》「寠」作「窶」，二字通用。「古侯反」，康世昌云：「原卷『古』字乃旁寫補入，恐有譌誤，《荀子·大略》楊涼注『窶，力侯反』。《史記索隱》『音如婁』是。」「謂側之地」，康世昌云：「《荀子·大略》『流丸止於甌臾』楊涼注引裴駰云：『甌窶，傾倒之地；汙邪，下地也。』《後語》釋文本蓋據此，言其地傾斜也。」「作」字底卷原作「在」，茲據康世昌、王恒傑説改正。

〔一七五〕滿溝，《史記·滑稽列傳》「溝」作「篝」，康世昌云：「《荀子·大略》楊涼注引《史記》同，注文引徐廣云作『籠』解，則『溝』當從『竹』，此音同而譌。」案注文「搆」亦「篝」之誤。「一籠一粟」，康世昌云：「『下「一」字蓋有譌誤。」案下「一」字蓋「之」之誤。

〔一七六〕標目字「汚」底卷原作「誇」，旁改作「汚」。康世昌云：「『誇』字乃『洿』字之形譌，『汚』字又抄者據注文改耳。《史記》作『汙』，《集解》引司馬彪曰：『汙邪，下地回也。』作注者蓋直引此文，抄者以原文『誇』字不可解，遂改從注文。今以《説苑》六《復恩》、八《尊賢》並作『洿』，據改正。」「耶」字《史記》作「邪」，《玉篇·耳部》：「耶，俗邪字。」《廣韻》「耶」音以遮切，喻紐；此音「年奢反」，「年」在泥紐，聲紐不合，「年」蓋爲「余」之訛，「余」亦喻紐字。

〔一七七〕收衣袖，《史記集解》引「袖」作「褏」，「袖」爲「褏」之異體。

〔一七八〕䏈，《史記・滑稽列傳》作『䠠』，《史記集解》引徐廣曰：『䠠音其紀反，又與「跽」同，謂小跪也。』『鞠䠠』意即曲身下跪，與文意合。《集韻・董韻》：『䏈，肥貌，或从翁。』《廣韻・董韻》：『膉，臭貌，出《字林》。』義不與文意合。『䏈』當爲『䠠』之誤。注文『曲身』，《史記集解》引徐廣無『身』字。

〔一七九〕『瀝』字底卷原誤作『灑』，兹據《史記・滑稽列傳》改正。

〔一八〇〕丈甑反，《史記集解》引徐廣作『吐甑反』，作『丈』者，已改類隔爲音和也。

〔一八一〕隨，《史記・滑稽列傳》作『墮』，案二字通用。

〔一八二〕『徵章』至『强之』條，康世昌云：『本則敘齊威王使章子將而應秦軍事，詳《國策》八齊一「秦假道韓、魏以攻齊」章。』《戰國策・齊策一》『秦假道韓、魏以攻齊』章有『章有爲變其徽章』句，案《墨子・旗幟》『城中吏卒民男女皆葕異衣章微』，王念孫《讀書雜志・墨子雜志》『衣章微』條云：『「衣章微」當作「衣章微職」。《説文》：「徽，識也。」《墨子》書「徽識」皆作「微職」……章亦徽識之類也，故《齊策》云「變其徽章」，徽亦與徽同。』吴毓江《墨子校注》引吴汝綸《點勘墨子》云：『章微猶徽章也。』底卷標目字『微章』及注文『本亦作微』，兩『微』字中當有一作『徽』或『徽』。

〔一八三〕以𤔲，《集韻・换韻》：『亂，古作𤔲。』『𤔲』爲『𤔲』之變體。《戰國策・齊策一》『秦假道韓、魏以攻齊』章有『以雜秦軍』句，雜者，亂也。

〔一八四〕還告，《戰國策・齊策一》『秦假道韓、魏以攻齊』章有『候者復言』句，《後語》改『復言』爲『還告』。

〔一八五〕强之，《戰國策・齊策一》『秦假道韓、魏以攻齊』章有『夫子之强，全兵而還』句。

〔一八六〕『盼子』、『東漁』兩條，康世昌云：『敘威王二十四年與魏惠王相會事，見《韓詩外傳》十、《史記》四六《田完世家》。』案《史記・田敬仲完世家》『盼』作『肦』。

〔一八七〕『孫臏』至『銜路』七條，康世昌云：『敘魏伐趙，趙請救於齊事，詳《史記》六五《孫子吴起列傳》，《史記》五六《田完世家》繫此事於威王二六年，《後語》蓋據此。』

〔一八八〕 捄，《史記・孫子吳起列傳》作『救』。《漢書・冀奉傳》『振捄貧民』顏注：『捄，古救字。』

〔一八九〕 擣虛形格⿰⿱丰月刂禁，『格⿰⿱丰月刂禁』三字底卷原作小字注文，乃正文誤爲注文者，今據《史記》改正。康世昌云：『「勢」古俗作「埶」，⿰⿱丰月刂又埶之形譌。』

〔一九〇〕 史記作衙路，《史記・孫子吳起列傳》有『據其街路』句，『衙』乃『街』之誤。

〔一九一〕 『數与』至『臨質』五條，《史記・孫子吳起列傳》有『忌數與齊諸公子馳逐重射』句，案『与』『與』二字古混用無別。

〔一九二〕 桂，康世昌云：『《御覽》所引及《史記》並無，此未詳所指。』案：從『數与』至『臨質』五條在《史記・孫子吳起列傳》中爲『忌數與齊諸公子馳逐重射』章內容，無『桂』字；《太平御覽》卷八九六引《後語》此段文字亦無『桂』。『圍魏救趙』章有『與齊戰於桂陵』句，蓋錯簡，依次序當在『衙路』條下。

〔一九三〕 『刺髡』至『自剄』八條，康世昌云：『敘馬陵之戰，孫臏與龐涓鬥智事，詳《史記》六五《孫子吳起列傳》。《田完世家》繫此事於宣王二年，《後語》蓋據此。』康氏又云：『「刺髡」「之誹」二文，《史記》未見。《焦氏易林》十「睽」之「賁」云：「剠刖髡劓，人所殘棄；批捍之言，我心不快。」《後語》蓋據此，而「剠」作「刺」，「言」作「誹」。考前文桂陵之戰，《史記》云：「齊威王欲將孫臏，臏辭謝曰：刑餘之人不可，於是乃以田忌爲將，而孫子爲師。」孫臏所言與《易林》意可通，唯《後語》挪置於馬陵之戰前耳。』底卷『誹』字原寫錯，録正字於本行天頭。

〔一九四〕 直走，《史記・孫子吳起列傳》有『直走大梁』句，然『走』無『趣』音。《説文・走部》：『走，趨也。』『趨』與『趣』同，『趣』、『走』二字同義，古多通用，此以『趣』音『走』，當是破讀。

〔一九五〕 『僉且』二字原爲雙行小字，然此非『并行』之注文，應是單行大字誤爲注文者，王恒傑云：『《孫子吳起列傳》「僉且」作「阻隘」。』案《史記・孫子吳起列傳》有『馬陵道陜，而旁多阻隘』句，疑《後語》改『阻隘』爲『險阻』，底卷所據底本則改爲『僉且』也。

〔一九六〕 拆，《説文·木部》有『㭞』字，云：『判也。』段注：『土裂曰坼，木判曰㭞，二字今可用。今人從手作「拆」，甚無謂也。自專以㭞爲擊㭞字，而㭞之本義廢矣。』『㭞』義爲判，故底卷釋爲『破木皮』也。『㭞』隸變爲『柝』，『析』、『拆』乃扌、木混淆之故也。康世昌云：『「託」字蓋誤，疑不能解。』案『託』乃音『柝』。

〔一九七〕 挹水，康世昌云：『本事見《國策》十齊三「淳于髡一日而見七士於宣王」章。』

〔一九八〕 『顏蠋』至『壟』兩條，康世昌云：『見《國策》十一齊四「齊宣王見顏斶」章、皇甫謐《高士傳》卷中。』

〔一九九〕 『田駢』至『慎到』三條，康世昌云：『本則蓋敘述宣王好文學遊説之士，見《史記》四六《田完世家》。』

〔二〇〇〕 接子，《史記·田敬仲完世家》作『接予』，《孟子荀卿列傳》作『接子』，王恒傑云：『予爲名。』案王説無據。《漢書·藝文志》有『《捷子》二篇』，錢大昭《漢書辨疑》云：『《史記·孟荀傳》作接子，接、捷古字通。』『予』蓋誤字。『齊稷下先生』，底卷原無『稷』字，『生』作『王』，《孟子荀卿列傳》云：『自騶衍與齊之稷下先生，如淳于髡、慎到、環淵、接子、田駢、騶奭之徒，各著書言治亂之事，以干世主，豈可勝道哉！』茲據以補正。

〔二〇一〕 齊稷下先生學黃老道德之述，底卷原無『先』、『道』二字，《孟子荀卿列傳》云：『自騶衍與齊之稷下先生，如淳于髡、慎到、環淵、接子、田駢、騶奭之徒，各著書言治亂之事，以干世主，豈可勝道哉！……慎到，趙人。田駢、接子，齊人。環淵，楚人。皆學黃老道德之術，因發明序其指意。』茲據以補。

〔二〇二〕 『靖郭』條見《史記·孟嘗君列傳》。

〔二〇三〕 剔而，康世昌云：『「惕而」二字《白帖》、《史記》並未見。「惕」字《廣韻》作「他歷切」，「舒亦反」蓋方音。《廣韻》「鬄」字與「惕」同音，又與「釋」字同音，而「釋、施隻切」正與「舒亦反」同音。「惕」字或亦如此，《廣韻》不收此音耳。』案《文選》卷九潘岳《射雉賦》『亦有目不步體，邪眺旁剔』李善注：『《説文》曰：「惕，驚也。」剔與惕古字通。』《集韻·昔韻》小韻施隻切下收有『剔』字，施隻切即舒亦反，是寫卷讀『惕』爲『剔』也。

〔二〇四〕『短褐』至『妙小』七條，王恒傑云：『史事見《史記·孟嘗君列傳》。』康世昌云：『「短褐」下疑脱釋文，又與「餘藏」誤合。』中華書局點校本《史記》改『短』爲『裋』，《墨子·非樂上》『萬人不可衣短褐』孫詒讓《閒詁》云：『短褐即裋褐之借字。』

〔二〇五〕餽与，《太平御覽》卷七〇一『屏風』條引《後語》作『謝餽』，《史記·孟嘗君列傳》作『獻遺』。

〔二〇六〕掇食，《史記·孟嘗君列傳》『掇』作『輟』，康世昌云：『「輟」「掇」正假字。』

〔二〇七〕木耦，《史記·孟嘗君列傳》作『木禺』，『耦』爲『禺』之後起增旁字。

〔二〇八〕妙小，《史記·孟嘗君列傳》『妙』作『眇』，案《説文》無『妙』字，《方言》卷十三：『眇，小也。』當以作『眇』爲正。

〔二〇九〕『登徒直』及『摽賣』二條，康世昌謂見《戰國策·齊策三》『孟嘗君出行五國』章。『名』字底卷原作『反』，王恒傑云：『「反」當爲「名」之誤。』兹據以改正。

〔二一〇〕摽賣，《戰國策·齊策三》有『傷此若髮漂，賣妻息不足以償』句，姚宏云：『別本「髮標」。』『摽』『標』乃扌、木混用所致。《玉篇·木部》：『標，顛也。』髮標者，髮梢也。

〔二一一〕『馮煖』至『復鑿』條，康世昌云：『見《國策》十一齊四「齊人有馮諼者」章、《史記》七五《孟嘗君列傳》，《國策》與《史記》頗不同，《後語》蓋據《國策》。』

〔二一二〕人屬之欲食，《戰國策·齊策四》有『使人屬孟嘗君，願寄食門下』句，《後語》有改動。

〔二一三〕劍鋏，《戰國策·齊策四》有『倚柱，彈其劍』句，《太平御覽》卷五七一引《戰國策》作『彈其劍鋏』，正與寫卷同。

〔二一四〕反田，《戰國策·齊策四》、《史記·孟嘗君列傳》皆無。

〔二一五〕三堀，《戰國策·齊策四》『堀』作『窟』，『窟』爲『堀』之後起換旁字。

〔二一六〕譚拾子，康世昌云：『見《國策》十一齊四「孟嘗君逐於齊而復反」章。』

〔三一七〕『補文』至『勝贅』四條，康世昌云：『見《國策》十齊三「孟嘗君讌坐」章。』

〔三一八〕血濺，《戰國策·齊策三》作『血湔』，『湔』爲『濺』之借字。

〔三一九〕勝贅，《戰國策·齊策三》『贅』作『瞀』。注文『贅』字底卷原爲大字，康世昌云：『今依其常例屬「勝贅」注。』兹據康説改正。

〔三二〇〕代之，康世昌云：『此蓋敘齊湣王三六年蘇代説齊王伐宋事，見《史記》四六《田完世家》、《國策》十一齊四「蘇秦謂齊王」章。《史記》蘇代曰「釋帝而貸之以伐桀宋之事」，「貸之」二字疑即本則出注所據。』案『代』、『貸』通假，此字當讀作『貸』。

〔三二一〕盛血，康世昌云：『此蓋倒述宋君偃無道之事，《史記》三八《宋微子世家》：「君偃十一年，自立爲王……盛血以韋囊，縣而射之，命曰射天。」「盛血」疑此注所本。』

〔三二二〕鄒魯，康世昌云：『此蓋敘湣王三八年伐宋事，《史記》四六《田完世家》云「泗上諸侯鄒魯之君皆稱臣」，「鄒魯」疑此注所本。』

〔三二三〕『供』至『遂煞』條，康世昌云：『本則敘湣王四十年燕、秦、楚、三晉伐齊，湣王奔，爲淖齒所煞事。事詳《史記》四六《田完世家》及《國策》十三齊六「齊負郎有孤狐咺者」章。《後語》合此二者。』《史記·田敬仲完世家》有『稱臣而共具』句，『共』『供』古今字。

〔三二四〕洽衣，《戰國策·齊策六》作『沾衣』。

〔三二五〕地圻，《戰國策·齊策六》『圻』作『坼』，《説文·言部》『𧦝』篆下段注：『凡從㡿之字隸變爲厈，俗又譌斥。』據此，『圻』爲隸變字，『坼』爲俗字。

〔三二六〕遂煞，《史記·田敬仲完世家》有『淖齒遂殺湣王而與燕共分齊之侵地鹵器』句，『煞』爲『殺』之俗字。底卷音『試』者，乃讀作『弒』也。

〔三二七〕倚門，康世昌云：『本則敘王孫賈刺淖齒事，詳《國策》十三齊六「王孫賈年十五事閔王」章。』

〔三二八〕「盡邑」、「王偶」兩條，康世昌云：「見《史記》八二《田單列傳》、《説苑》四《立節》。」「齊西近邑名」，《史記·田單列傳》「聞畫邑人王蠋賢」裴駰《集解》引劉熙曰：「齊西南近邑。」「西」下多一「南」字。

〔三二九〕王偶，「偶」字《史記·田單列傳》作「蠋」，《説苑·立節》作「歜」。向宗魯《説苑校證》云：「《史記》「歜」作「蠋」，俗字。」案《説文》無「偶」，乃後起字。

〔三三〇〕「騎刧」至「鼓譟」九條，康世昌云：「本則敘田單復國事，見《史記》八二本傳。」《史記·田單列傳》「刧」作「劫」，「刧」爲「劫」之後起别體。

〔三三一〕板插，《史記·田單列傳》「板」作「版」，《説文》有「版」無「板」，「板」爲「版」之後起字。「百服反」之「服」不可切潸韻字「板」，「服」蓋爲「眅」之誤，「眅」亦潸韻字。「楚冾反」之「冾」實爲「洽」之俗字，《史記索隱》「插」音初洽反。下「楚冾反」之「冾」同。

〔三三二〕束炬，《史記·田單列傳》有「而灌脂束葦於尾」句，疑《後語》改「束葦」爲「束炬」。

〔三三三〕炫爚，《史記·田單列傳》有「牛尾炬火光明炫燿」句。字書有「爚」，爲「爚」之别體，「爚」即「爚」也，俗書艹、竹混用。《説文·火部》：「爚，火光也。」「燿，照也。」《玉篇·火部》：「燿，光也。」「爚」、「燿」同義。

〔三三四〕康世昌云：「《史記》八《高祖本紀》二世二年「秦益章邯兵，夜銜枚擊項梁」《集解》云：「周禮有銜枚氏。鄭玄曰：銜枚，止言語囂讙也。枚狀如箸，横銜之，繣結於項者。」本則引「鄒衍」云，蓋「鄭玄」之譌，「蕭」字蓋「箸」字之譌，「冾」字蓋「結」字之譌。」

〔三三五〕皷譟，《史記·田單列傳》「皷」作「鼓」，《正字通·皮部》：「皷，俗鼓字。」

〔三三六〕「太史激」至「洿吾世」三條，康世昌云：「見《國策》十三齊六「齊閔王遇殺」章、《史記》四六《田完世家》、八二《田單列傳》。」「激」字《戰國策·齊策六》「齊閔王之遇殺」章、《史記·田敬仲完世家》作「敫」。

〔三三七〕洿吾世，《史記·田敬仲完世家》「洿」作「汙」，黄侃《説文段注小箋》：「洿，與汙同字。」（黄焯編次《説文箋識四種》一九四頁，上海古籍出版社一九八三）

〔三三八〕「淄水」至「食」三條，康世昌云：「本則敘齊襄王疑田單事，見《國策》十三齊六「燕攻齊齊破」章。」《戰國策・齊策六》「燕攻齊齊破」章有「過菑，有老人涉菑而寒」句，蓋《後語》「菑」作「淄水」，「菑」、「淄」常通假。

〔三三九〕「貂勃」至「劇」十二條，康世昌謂見《戰國策・齊策六》「貂勃常惡田單」章。

〔三四〇〕蹠之犬，《戰國策・齊策六》「貂勃常惡田單」章同，《太平御覽》卷九〇四引《後語》作「跖之狗」，「蹠」、「跖」同字，「犬」、「狗」同義。

〔三四一〕攫，《太平御覽》卷九〇四引《後語》云：「徐子之狗攫公孫子之腓而噬之。」《戰國策・齊策六》此句作「徐子之狗，猶時攫公孫子之腓而噬之也」，《説文・手部》：「攫，爪持也。」又「擭，扟也。」馬敘倫《説文解字六書疏證》云：「《玉篇》亦有「擭」無「攫」，「攫」或爲「擭」之重文，或竟爲二徐妄竄。」

〔三四二〕單与，《戰國策・齊策六》有「今王得安平君而獨曰「單」」句，蓋《後語》所引下有「与」字。

〔三四三〕劇，康世昌云：「《國策》「益封安平君以夜邑萬户」，姚校云：「夜一作劇。」釋文本與姚校一本合。」

〔三四四〕相倍，康世昌云：「「相倍」二字未詳何指，《史記》敘此前有「親則退兵，不親遂攻之」。或謂此「不親」二字。」

〔三四五〕漏甕，康世昌云：「見《國策》九齊二「秦攻趙長平」章、《史記》四六《田完世家》。」

〔三四六〕「拒全」至「忿悁」四條，康世昌云：「本則敘魯仲連遺燕將書事，見《國策》十三齊六「燕攻齊取七十餘城」章、《史記》八三《魯仲連列傳》。釋文本所出注，多與《史記》同，蓋據《史記》也。」《戰國策・齊策六》「燕攻齊取七十餘城」章有「距全齊之兵」句，「距」、「拒」古今字。

〔三四七〕墠塲，《史記・魯仲連列傳》作「壇坫」，《戰國策・齊策六》作「壇位」。《説文・土部》：「壇，祭壇場也。」「墠，野土也。」「墠」爲「壇」之借字，然注中作「壇」，則應以作「壇塲」爲是。「塲」爲「場」之後起别體。

〔三四八〕「攻狄」至「援桴」七條，康世昌云：「本則敘田單攻狄事，見《國策》十三齊六「田單將攻狄」章、《説苑》十五《指武》。」「羊昭縣屬千乘即是邑名」，康世昌云：「《漢書》三三《田儋傳》：「田儋，狄人也。」師古曰：「狄，縣名也，地理志屬千乘。」釋文本引韋昭云云，蓋所著《漢書音義》也，師古承之而不標其名耳。」康氏據以録作：「羊(韋)昭：「縣，屬千乘。」即是邑名。」

〔三四九〕織簣，《戰國策·齊策六》「田單將攻狄」章有「坐而織蕢，立則丈插」句，《説文·竹部》：「簣，牀棧也。」艸部：「蕢，艸器也。」《玉篇·竹部》：「簣，土籠也。」「簣」者「簣」之誤，「簣」者「蕢」之後起換旁字。

〔三五〇〕杖插，《戰國策·齊策六》「田單將攻狄」章「杖」作「丈」，「丈」「杖」古今字。

〔三五一〕之俸，《戰國策·齊策六》「俸」作「奉」，「奉」「俸」古今字。

〔三五二〕淄繩，《戰國策·齊策六》、《説苑·指武》皆作「淄澠」，「繩」、「澠」通用。

〔三五三〕援桴，《戰國策·齊策六》「桴」作「枹」，《説文·木部》：「枹，擊鼓杖也。」「桴，棟名。」「桴」爲「枹」之借字。

〔三五四〕「椎」、「於共」兩條，康世昌云：「本則敘君王后事，及君王后死後齊滅，齊王建遷於共事，詳《國策》十三齊六「齊閔王之遇殺」章、《史記》四六《田完世家》，《史記》繫於王建四十四年，《後語》蓋據此。然齊后卒於王建十六年，此倒敘其事。」

〔三五五〕「朝鮮」至「東垣」條，康世昌云：「本則蓋敘蘇秦説燕文侯事，詳《國策》二九燕一「蘇秦將爲從北説燕文侯」章、《史記》六九《蘇秦列傳》。」「地里志樂浪郡」，「地里志」即指《漢書·地理志》，「理」、「里」字通；底卷「郡」原作「部」，康世昌謂「部」字誤，兹據《漢書·地理志》改正。

〔三五六〕呼池，《戰國策·燕策一》「蘇秦將爲從北説燕文侯」章作「呼沱」，「池」、「沱」同字，《黄侃論學雜著》云：「隸書它、也偏旁多變易。」(一三頁，中華書局一九六四)

〔三五七〕「烏喙」至「愀然」條，康世昌云：「本事亦見《國策》十九燕一「燕文公時」章、《史記·蘇秦列傳》。由釋文知尚有「齊王愀然變色」云云，今佚。」

〔二五八〕偷充腹，《戰國策・燕策一》「燕文公時」章同，《史記・蘇秦列傳》「偷」作「愈」。王念孫《讀書雜志・史記第四》「愈充腹」條云：「「偷」與「愈」通也。偷薄字《説文》本作「愉」，从心俞聲，其心字或在旁或在下，轉寫小異耳。」

〔二五九〕鴈行，《史記・蘇秦列傳》同，《戰國策・燕策一》「燕文公時」章「鴈」作「雁」。《説文・隹部》：「雁，鳥也。」鳥部：「鴈，鵝也。」「鴈」爲「雁」之借字。

〔二六〇〕愀然，《史記・蘇秦列傳》有「齊王愀然變色曰」句，此《後語》所據，康世昌云「今佚」者，僅據《國策》而未檢《史記》也。

〔二六一〕「左右賣」、「佯僵」二條，康世昌云：「敘蘇秦在燕被讒，因説易王事。見《國策》二九燕一「人有惡蘇秦於燕王者」章、《史記》本傳。」

〔二六二〕佯僵，「佯」字《戰國策・燕策一》作「陽」，《史記・蘇秦列傳》作「詳」。案「詳」「佯」古今字，「陽」則爲借字。

〔二六三〕「王噲」、「不死殊」二條，康世昌謂本事見《史記・蘇秦列傳》。

〔二六四〕此條注文應是據《史記・蘇秦列傳》裴駰《集解》文，今本《集解》云：「《風俗通義》稱《漢令》「蠻夷戎狄有罪當殊」。殊者，死也，與誅同指。而此云「不死，殊而走」者，蘇秦時雖不即死，然是死創，故云「殊」。」底卷脱誤倒亂甚。

〔二六五〕「鋤耨」至「鉅防」七條，康世昌云：「本則敘蘇代欲承蘇秦，因説燕王事。見《國策》二九燕一「蘇秦死其弟蘇代欲繼之」章、《史記》六九《蘇秦列傳》。」「鋤耨」，《戰國策・燕策一》、《史記・蘇秦列傳》作「鉏耨」，「鋤」爲「鉏」之後起增旁字，「耨」爲「耨」之換旁異體字。

〔二六六〕蓄聚，《戰國策・燕策一》作「稸積」；《史記・蘇秦列傳》作「畜聚」，「畜」「蓄」古今字，《後語》乃據《史記》。

〔二六七〕南首，《戰國策·燕策一》、《史記·蘇秦列傳》作「南面」，「南面」與「南首」義同。

〔二六八〕惡所，「惡」字底卷此字寫壞，正字寫於地脚。《戰國策·燕策一》有「安有取哉」句，《史記·蘇秦列傳》有「惡足取乎」句，《後語》改作「惡所」也。

〔二六九〕「還而」、「先後」二條，康世昌云：「本事見《國策》三十燕二「蘇代爲燕説齊」章。」「旋」字底卷原作「放」，第七、五二、六〇行諸「還」字皆音「旋」，兹據康世昌説改正。「繞」「顧」二字底卷原誤作「澆」「領」，亦據康世昌説改正。

〔二七〇〕「其霸」、「貴重主斷」二條，康世昌云：「本則敘蘇代貴子之於燕王噲事，「其霸」蓋指《史記·蘇秦傳》燕王噲問代「齊王其霸乎」句，「貴重主斷」蓋指《國策》二九「燕王噲既立」章、《史記》三四《燕世家》「子之相燕，貴重主斷」句。」

〔二七一〕「屯壽」、「屬國」二條，康世昌云：「本則敘鹿毛壽説王噲讓國事，詳見《韓非子》十四《外儲説右下》説三、《國策》二九燕一「燕王噲既立」章、《史記》三四《燕世家》。」案《史記集解》引徐廣曰：「一作厝毛。」《史記索隱》云：「《春秋後語》亦作厝毛壽。」疑底卷所據本《後語》誤「毛」爲「屯」，其注中所云「廣屯」，應是「鹿毛」之誤。

〔二七二〕「市被」、「惆怨」二條，康世昌謂見《韓非子·外儲説右下》、《戰國策·燕策一》「燕王噲既立」章、《史記·燕召公世家》。

〔二七三〕「郭隗」、「走燕」二條，康世昌云：「本事又見《國策》二九燕一「燕昭王收破燕後即位」章、《史記》三四《燕世家》、《説苑》一《君道》、《新序》三《雜事》。」

〔二七四〕「走燕趍音向」五字原均爲「郭隗」下之小字注文，康世昌云：「此鈔者誤合，今依其文意析出。《史記》三四《燕世家》有「士争趨燕」，「趨燕」此作「走燕」也。本書卷九《齊語》釋文「走，趣音，向也，赴也」，「直走」《史記》作「直趣」，例並同此。又《新序》三雜事敘此亦作「士争走燕」益可爲證。」今據康説改正。

「趍」爲「趨」之俗字。

〔二七五〕「狼頋」至「石交」六條，康世昌云：「本則敘蘇代爲宋遺燕昭王書事，見《國策》二九燕一「齊伐宋宋急」章、《史記》六九《蘇秦列傳》。」《史記・蘇秦列傳》「頋」作「顧」，《玉篇・頁部》「顧」字下云：「頋，同上，俗。」

〔二七六〕《史記・蘇秦列傳》「齊紫，敗素也」裴駰《集解》引徐廣曰：「取敗素染以爲紫。」底卷誤「取」爲「下」，衍「口」字。

〔二七七〕如挑，《史記・蘇秦列傳》有「則莫若挑霸齊而尊之」句，《後語》改「若」爲「如」也，「如」、「若」義同。

〔二七八〕石交，《戰國策・燕策一》有「夫取秦，上交也」句，《史記・蘇秦列傳》「上交」作「厚交」，「石交」不辭，疑爲「后」之形誤，「后」則「厚」之音誤。

〔二七九〕「蜯」至「擒之」條，康世昌云：「本事亦見《國策》三十燕二「趙且伐燕」章。」《戰國策・燕策二》「蜯」作「蚌」，「蜯」爲「蚌」之後起別體。

〔二八〇〕而挾，《太平御覽》卷九四一引《後語》同，《戰國策・燕策二》「挾」作「拑」，「挾」、「拑」同義。

〔二八一〕擒之，《太平御覽》卷九四一引《後語》同，《戰國策・燕策二》「擒」作「禽」，「禽」「擒」古今字。

〔二八二〕「啗秦」至「乱沮」十二條，康世昌云：「本則所敘多不詳所出，「啗秦」至「勞軍」蓋敘樂毅攻齊事，見《史記》八十《樂毅列傳》，而「分魏」「怨懟」二注未見所出。「侵掠」以下，未可考，蓋亦敘樂毅耶？」《史記・樂毅列傳》「啗秦」作「嚪說秦」。「啗」、「嚪」字同，《史記索隱》云：「嚪音田濫反，字與「啗」字同也。」《史記》有作「嚪秦」之本，王念孫認爲應作「嚪說秦」（詳《讀書雜志・史記第四》「嚪秦」條）。《後語》作「啗秦」者，其所據本《史記》無「說」字也。注文康世昌據《史記集解》所引徐廣語補「意」字，今從之。

〔二八三〕濟上，底卷「濟」字原作「齊」，康世昌、王恒傑皆據《史記・樂毅列傳》改作「濟」，案《史記・樂毅列傳》：「親至濟上勞軍，行賞饗士。」《廣韻》「濟」音子禮切，與底卷之音同，第八六行「濟」音子礼反，亦可證，茲據康、王之說改正。

〔二八四〕『㔙軍力到反』五字原爲『濟上』下之小字注文，康世昌云：『「㔙軍力到反」五字原並屬上注小字，今據《史記》「燕昭王大説，親自濟上㔙軍……」云云析出。』今據康説改『㔙軍』二字爲標目字。

〔二八五〕切語『力上』，康世昌改作『力六』，案康氏誤，《廣韻》『掠』有『來讓切』與『離灼切』二音，『力上』正同《廣韻》之『來讓切』。

〔二八六〕『得枳』至『趙莊』十六條，康世昌云：『本則敘蘇代止燕昭王勿入秦語，見《國策》三十燕二「秦召燕王」章、《史記》六九《蘇秦列傳》，釋文所出多據《集解》，蓋當時《史記》通行本也。』

〔二八七〕《史記·蘇秦列傳》『四日而至五渚』《集解》所引《戰國策》無『荆軍』之『軍』字，王恒傑云：『今《集解》不見「軍」字，係誤脱。』『渚州也』三字底卷原作『渚～洲～洲也』，當是衍『～洲』二字，兹以意删之。『禽吴王』之『禽』底卷原作『會』，康世昌據《史記·春申君列傳》改爲『禽』，今從之。

〔二八八〕盡流，《戰國策·燕策二》、《史記·蘇秦列傳》作『盡谿』。康世昌云：『下恐脱釋文，而與下則注文誤合。』

〔二八九〕銛戈，《戰國策·燕策二》同，《史記·蘇秦列傳》作『錟戈』。

〔二九〇〕《史記·蘇秦列傳》『決宿胥之口』裴駰《集解》引徐廣曰：『《紀年》云魏救山塞集胥口。』《紀年》非徐廣所作，乃晉太康年間所發現之汲冢書的一部分，《隋書·經籍志》史部古史類有著録，即今所云之《竹書紀年》。底卷注者全抄《集解》，而對《紀年》又不了了，誤以爲徐廣所作，故致誤。《紀年》之文，今本《史記集解》有脱漏，當據底卷補足。諸祖耿《戰國策集注彙考》對此有考，惜未引底卷爲證。

〔二九一〕『燕』字底卷原作『無』，《史記集解》云：『秦始皇五年，取魏酸棗，燕虚、長平。』康世昌云：『「燕」字原作「無」，《史記》云「決宿胥之口，魏無虚、頓丘」。蓋誤以「無虚」爲地名，今據《史記集解》改正。』王恒傑云：『今本《集解》「無」作「燕」，誤。「燕」當爲「無」的形近誤字。』案王氏誤，康氏改『無』爲『燕』是也，然康氏以『燕虚』連文爲一地名則誤，酸棗、燕、虚、長平皆魏地，《戰國策·秦策四》『楚人有黄歇者』章云：『王又舉甲兵而攻魏，杜大梁之門，舉河内，拔燕、酸棗、虚、桃人。』即其證。中華點校本《史記》之標點則以『燕』爲國名，大誤。

〔三九二〕踐昀陵，『昀』字《史記·蘇秦列傳》、《戰國策·燕策二》作『均』，字書不見『昀』字，蓋『均』涉後『陵』字類化換從『阝』旁，右部又訛作『勻』。康世昌云：『陵下疑脱釋文，又誤合下則注。』

〔三九三〕知，康世昌云：『此蓋指《史記》「用兵如刺蜚，母不能制，舅不能約」「制」字，《後語》作「知」也。』

〔三九四〕『年秦』二字底卷原無，康世昌云：『引《史記》見《魏世家》，此蓋據《集解》。』案《史記·魏世家》云：『「襄王」五年，秦敗我龍賈軍四萬五千于雕陰。』茲據以補。

〔三九五〕康世昌云：『「十九」年蓋「十六」年之誤，《集解》云：「魏哀王十六年，秦敗我封陵。」是，《魏世家》同，又《史記》所載魏有惠王、襄王、哀王，《竹書紀年》以哀王爲襄王，而《史記》之襄王爲惠王後元，故注文所稱襄王，或別有據，未必誤也。』案康氏所疑是也，《史記》所記魏文侯、魏武侯、魏惠王、魏襄王的年世是錯的。魏襄王的十六年當爲魏惠王的後元，魏哀王在位的二十三年實即魏襄王的年世（考詳楊寬《戰國史》五八五頁，上海人民出版社一九八〇）。故魏哀王十六年實即魏襄王十六年，底卷『十九年』當作『十六年』。

〔三九六〕康世昌云：『《集解》於「高商之戰」下云：「此戰事不見。」「趙莊之戰」下云：「趙肅侯二十二年，趙莊與秦戰敗，秦殺趙莊河西。」此蓋《後語》釋文本作者誤合《集解》於《史記》本文，故有此謬誤。』案疑底卷此注原當在『高商』條下，輾轉傳抄而羼入『趙莊』條並訛誤如此貌。

〔三九七〕『曝露』至『爲昌國』條，康世昌云：『本則敘燕惠王與樂毅以書對答事，見《國策》三十燕二「昌國君樂毅爲燕昭王合五國之兵而攻齊」章、《史記》八十《樂毅列傳》、《新序》三《雜事》。』『曝』字《戰國策·燕策二》、《史記·樂毅列傳》作『暴』，『暴』『曝』古今字。

〔三九八〕磨室，底卷『磨』字寫壞，補於地脚。『磨』字《史記·樂毅列傳》作『磿』，《戰國策·燕策二》作『歷』。康世昌云：『「磨」字蓋「磿」字之譌（説見梁氏《志疑》《高祖功臣年表》「磿侯」條）。』『磿』『歷』同音通用。

〔二九九〕曼臺，《戰國策·燕策二》、《史記·樂毅列傳》、《新序·雜事》作「寧臺」。

〔三〇〇〕之鶴，《戰國策·燕策二》有「薊丘之植植於汶皇」句（《史記·樂毅列傳》、《新序·雜事》「皇」作「篁」），注引《史記》作「鶴」，然今本《史記》作「植」不作「鶴」。「鶴」爲「鶴」之俗字。

〔三〇一〕壃，今本《史記集解》引徐廣作「疆」，《説文》有「疆」無「壃」，「壃」爲後起別體。

〔三〇二〕嗛於志，《戰國策·燕策二》作「愜其志」，《史記·樂毅列傳》作「慊於志」，《新序·雜事》作「快其志」。《説文·心部》：「愿，快也。」「愜」爲「愿」之偏旁移位字，「愜」、「慊」、「嗛」三字皆有「快」義。注中「愴」字疑爲「快」之誤。「人相匿蒲之匡滿」不可解，當有譌誤。

〔三〇三〕不頓，王恒傑云：「《燕策》二、《樂毅列傳》作『不廢』。」案王氏誤，《戰國策·燕策二》有「以臣爲不頓命」句，《史記·樂毅列傳》無此句。

〔三〇四〕慎庶孽，「慎」字《戰國策·燕策二》作「順」，「孽」字《史記·樂毅列傳》作「孼」。「順」爲「慎」之借字，「孽」爲「孼」之後起別體。

〔三〇五〕「樹」字康世昌據《史記·伍子胥列傳》「乃取子胥屍盛以鴟夷革」裴駰《集解》引應劭「鴟夷，榼形」句改爲「榼」字，當是。「屍」字底卷原寫壞，補於天頭。

〔三〇六〕而不化，《史記·樂毅列傳》同，《戰國策·燕策二》作「而不改」。

〔三〇七〕「史記音」下一字模糊，康世昌録作「□」，云：「釋文恐有譌脱，今不可解。」王恒傑録作「或」，云：「《釋文》有譌誤。」案細審寫卷，此似爲「越」字寫訛而塗抹者，今不録。

〔三〇八〕誹謗，《戰國策·燕策二》有「離毀辱之非，墮先王之名者」句，《史記·樂毅列傳》作「離毀辱之誹謗，墮先王之名」，《新序·雜事》作「離虧辱之誹，墮先王之明」。案此句上下對文，不當有「謗」字，《史記》之「謗」疑後添，《後語》乃據《史記》。

〔三〇九〕「鄗鄉」至「王甓」五條，康世昌云：「本則敘燕王喜攻趙事，見《史記》三四《燕世家》，《史記》繫於王喜四年，《後語》蓋據此。又略見《國策》燕三「燕王喜使栗腹以百金爲趙孝成王壽」章。』康世昌云：『「鄉」字《國策》、《史記》並無，《史記》「慶秦」作「卿秦」，此蓋涉《史記》而衍，又譌爲「鄉」字。作釋文者所據已如此，今存舊。』

〔三〇〕飲人之主，《史記・燕召公世家》「主」作「王」。

〔三一〕「鞠武」至「箕踞」三十九條，康世昌云：『本則敘燕太子丹及荆軻刺秦王事，見《史記》八六《刺客列傳》、《國策》三一燕三「燕太子丹質於秦亡歸」章。釋文本始「鞠武」，依《後語》例，蓋自燕太子丹質秦亡歸燕始，《史記》三四《燕世家》繫此於王喜二十三年，《後語》蓋從之。』「鞠」字《史記・刺客列傳》同，《戰國策・燕策三》作「鞫」，二字古多通用。切上字「之」不可切「鞠」字，「之」蓋爲「己」之形誤。

〔三二〕康世昌於「立」下補「殺人」二字，云：『「舟書」以下文句譌脱不可解。』

〔三三〕底卷「於期其」三字原爲標目字，「其」下有雙行小字「反蹋委宍」四字，康世昌云：『「其」字原卷大字，較之《國策》、《史記》，此蓋注「樊於期」也，「其」字乃釋音錯入本文，今正。』於是以「於期」爲標目字，而以「其反」爲小字注文，並謂「反」乃「音」之誤。今姑依之。

〔三四〕「謂委宍」三字原爲「其」下小注，「謂」字原作「諿」，康世昌謂「諿」爲「謂」之誤字，乃《史記》「是謂委肉當餓虎之蹊也」句中文，當爲大字正文，今從之。「於僞」二字康世昌謂爲「委」之注音，是也，然康氏「僞」字誤録作「爲」，《集韻》「委」有於僞切之音，正與此合。

〔三五〕搆，《戰國策・燕策三》作「講」，《史記・刺客列傳》作「購」，案此三字古多通用。

〔三六〕惽然，「惽」字《戰國策・燕策三》、《史記・刺客列傳》作「惛」，案二字異體。注文「炲」疑爲「怋」之形誤，「怋」與「惛」通用。

〔三七〕僂而行，《戰國策・燕策三》、《史記・刺客列傳》皆作「僂行」。

〔三八〕距障㶟，《戰國策・燕策三》、《史記・刺客列傳》「障㶟」皆作「漳鄴」。「障」「漳」字通，「㶟」爲「鄴」之誤字。

〔二九〕視以，「視」字《戰國策・燕策三》作「窺」，《史記・刺客列傳》作「闚」，三字義同。

〔三〇〕其贄，「贄」字《戰國策・燕策三》同，《史記・刺客列傳》作「勢」。

〔三一〕擅兵，「擅」字底卷右下部訛作「示」，「兵」字訛作「丘」，《戰國策・燕策三》、《史記・刺客列傳》皆作「擅兵」，茲據以改正。

〔三二〕膏臾之地，底卷「膏」前有「煞」字，康世昌據《史記集解》删，茲從之；《史記集解》引《别録》「臾」作「腴」，二字通用。「亢音古郎反」之「亢」底卷原誤作「名」，今從康説改爲「亢」。

〔三三〕涕泣，《戰國策・燕策三》、《史記・刺客列傳》皆作「流涕」。

〔三四〕揕其胷，「胷」字《史記・刺客列傳》作「匈」，《戰國策・燕策三》作「胸」，《説文・勹部》：「匈，膺也。」段注：「今字胷行而匈廢矣。」「匈」與「胸」、「胷」爲古今字。

〔三五〕扼捥，《戰國策・燕策三》作「扼腕」，《史記・刺客列傳》作「搤捥」。「扼」「搤」同字，「捥」「腕」亦同字。

〔三六〕腑心，「腑」字《戰國策・燕策三》作「拊」，《史記・刺客列傳》作「腐」。康世昌云：「「腑」字疑誤。」王恒傑云：「「腑」爲「撫」「拊」之借字。疑「腐」爲「腑」之借字。據《後語》、《國策》及《釋文》，作「拊」「撫」似妥。」案《説文》無「腑」字，「腑」應是「腐」字偏旁移位俗字；臟腑之「腑」本作「府」，「腑」乃分别文。《史記索隱》云：「腐音輔，亦爛也。犹今人事不可忍云「腐爛」然。」拊者，擊也，拊心犹椎胸，狀憤怒之貌。

〔三七〕藥淬，《戰國策・燕策三》同，《史記・刺客列傳》「淬」作「焠」。《説文・火部》：「焠，堅刀刃也。」水部：「淬，滅火器也。」朱駿聲《説文通訓定聲》云：「其實焠、淬同字，刃出于火，故从火，入于水，故从水。」

〔三八〕「其」前當缺一字，康世昌補「畏」，王恒傑云：「疑「其」上脱一「畏」或「懼」字。」

〔三九〕而叱，底卷「叱」原作「比」，康世昌謂「比」爲「叱」之形誤，茲據《戰國策・燕策三》、《史記・刺客列傳》改正。

〔三〇〕康世昌云：「應劭云云見《漢書・高帝紀下》十二年「上擊筑」師古注引，原卷「大頭」二字倒，「安」形譌爲「要」，今據改正。」案「故曰筑」之「筑」原誤作「竹」，兹亦據以改正。又「邵」、「劭」字通。

〔三一〕標目字「濮上」《戰國策・燕策三》、《史記・刺客列傳》皆作「變徵」。姚宏校《戰國策》云：「一作濮上。」

〔三二〕垂髮涕泣，《戰國策・燕策三》、《史記・刺客列傳》作「垂淚涕泣」，《太平御覽》卷四八八引《後語》作「流涕」。金正煒《戰國策補釋》云：「《説文》無「淚」字。《漢書・外戚傳》「哭而泣不下」注：「泣謂淚也。」既云涕泣，不得復云淚，疑「淚」爲「洟」之誤。」案金云「淚」誤，是也。然謂是「洟」之誤，並無實據。查《風俗通義・聲音》「筑」條引《太史公記》作「垂髮涕泣」，《太史公記》即《史記》，是《史記》本作「髮」也。《太平御覽》所引《後語》，當是已經後人删改。「但」爲「但」之避諱缺筆字，下「但」字同。

〔三三〕衣題羽聲，《戰國策・燕策三》作「忼慨羽聲」，《史記・刺客列傳》作「羽聲忼慨」。

〔三四〕蒙毅，《戰國策・燕策三》、《史記・刺客列傳》作「蒙嘉」。康世昌云：「「蒙嘉」，《史記》、《漢書・鄒陽傳》敘此事同，他書未見。蒙毅爲始皇寵臣，《史記・蒙恬列傳》云：「（始皇）甚尊寵蒙氏，信任賢之。而新近蒙毅，位至上卿，出則參乘，入則御前。」《後語》蓋亦有據。」案據《史記・蒙恬列傳》，恬爲將在始皇二十六年，因蒙恬功大，始皇寵之，遂親近其弟蒙毅，位至上卿。然此已在始皇二十六年蒙恬爲將之後，而荆軻刺秦王事在始皇二十年，此時恬、毅尚未出仕。《後語》作「蒙毅」，或孔衍誤據他書。

〔三五〕奉地啚匣，底卷「奉」原作「春」，康世昌謂當作「奉」，兹據《戰國策・燕策三》、《史記・刺客列傳》改正；《戰國策》、《史記》「啚」作「圖」，《史記》「匣」作「柙」，《干禄字書・平聲》：「啚、圖，上俗下正。」「柙」爲「匣」之後起換旁字。

〔三六〕「削」字後康世昌括「鞘」，乃以「削」爲「鞘」之誤。案《説文・刀部》：「削，鞞也。」革部：「鞞，刀室也。」「鞘」乃「削」之後起換旁字。

〔三七〕黄金，底卷原作「音令」，康世昌據《史記・刺客列傳》改正，兹從之。

〔三三八〕『榆次』至『雖遊於酒人』五條，康世昌云：『本則倒述荆軻事，見《史記》八六《刺客列傳》。』康世昌謂此條原卷脱去釋文。

〔三三九〕孟聶，《史記·刺客列傳》作『蓋聶』。王恒傑云：『《史記會注考證校補補遺》云，南化本引正義本，蓋一作孟。可見作孟聶爲一古本所有。』

〔三四〇〕雖遊於酒人，康世昌云：『原卷脱釋文。』

〔三四一〕『柙中』至『朴始皇』條，康世昌云：『本則敘始皇統一天下，高漸離刺始皇事。見《史記》八六《刺客列傳》，又略見《國策》三一燕三「燕太子丹質於秦亡歸」章。』《史記·刺客列傳》『柙』作『匣』，『柙』爲『匣』之後起换旁字。

〔三四二〕以鈆，《史記·刺客列傳》『鈆』作『鉛』，『鈆』爲『鉛』之後起别體。

〔三四三〕朴始皇，《史記·刺客列傳》作『朴秦皇帝』。

〔三四四〕煞智於鑿臺之下，康世昌補於《楚語》『始之易』條下，並云：『本條注原在卷末，原卷此行上云：「此行有錯字，後勘。」蓋謂此。今依黄歇説秦昭王文次於此。』案康氏是也，爲保持底卷原貌，此條仍置於此。《史記·春申君列傳》有『殺智伯瑶於鑿臺之下』句，底卷『智』後當有脱字。

莊子集音（駢拇—在宥、讓王、天下）

徐邈

伯三六〇二（底一）　斯六二五六（底二）　伯四〇五八B（底三）

【題解】

底一編號爲伯三六〇二，起《駢拇》『駢拇枝指』句之注文，至《在宥》『嗃』字條，共七十一行，前五行下端殘損，末二行下截損泐。《敘録》以之爲陸德明『莊子釋文』，《黄目》、《索引新編》、《法藏》均據以定名。其實日本學者小島祐馬早在一九三九年已論定其爲徐邈《莊子音義》（《巴黎國立圖書館藏敦煌遺書所見録》之一，《支那學》第五卷第五號，一九三九年十二月），寺冈龍含在《敦煌本郭象注莊子南華真經研究總論》（福井漢文學會一九六六）中亦讚同小島之説；阪井健一《敦煌出土莊子音義寫本殘卷（ペリオ三六〇二）と經典釈文音義との比較考察》（日本大學人文科學研究所《研究紀要》十五號，一九七三）進一步將寫卷與陸德明《經典釋文》所引徐音作了對比，分析了兩者聲韻體系上的異同；許建平《伯三六〇二殘卷作者考》（《文史》第四十輯，中華書局一九九四）亦考定寫卷的作者爲徐邈，但認爲該寫卷並非徐邈《莊子音》，而是徐邈《莊子集音》；黄華珍《莊子音義研究》（中華書局一九九九）通過對寫卷與陸氏《莊子音義》的對比，得出的結論支持小島祐馬的觀點。

底二編號爲斯六二五六，存《讓王》篇音義，起『苴布之衣，而自飯牛』句之『苴』字條，至『仁義之慝』的『慝』字條。一殘片，共七行，存下端。《索引》定爲『字書』，《黄目》、《索引新編》從之；《金目》定名爲『莊子讓王品音義』，《英藏》從之。寺岡龍含認爲是徐邈《莊子音義》（《敦煌本郭象注莊子南華真經研究總論》，福井漢文學會一九六六），並以爲與底一是同一寫卷；許建平在《敦煌音義匯考》（杭州大學出版社一九九六）中亦疑其與底一同卷。

伯四〇五八號由三部分内容組成，今據《索引新編》將第二部分音義的編號定爲伯四〇五八B，即底三，首尾殘缺，存十八行，第八行至十八行下半部皆缺，起『卵有毛』條之注『必有毛羽』之『必』，至『矢之疾而有不行不止之時』條之注『止也質薄而可』。《索引》没有著録，《索引新編》定名『陸德明莊子音義』，《法目》、《法藏》均從之。許建平《殘卷定名正補》（三〇三頁，《二〇〇〇年敦煌學國際學術討論會文集·歷史文化卷》，甘肅民族出版社二〇〇三）疑其亦爲徐邈《莊子集音》殘卷。

寺岡龍含據字體與界欄判斷底一與底二爲同一寫卷，今謂底三亦與底一、底二相同，故三者應是同一人所抄的同一寫卷的不同部分，今依例擬名爲《莊子集音（駢拇—在宥、讓王、天下）》。

《敘録》因底一不避『虎』、『民』二字，因而認爲是陳隋時期抄本；小島祐馬認爲是唐太宗時期抄本，寺岡龍含則認爲是唐高祖時期抄本。然底三第八行『世人』之『世』寫作『廿』，當是『世』之缺筆字訛變而成，則其抄寫不會早於高宗時期也。

底一、底三據縮微膠卷録文，底二據《英藏》録文，以郭慶藩《莊子集釋》（王孝魚點校，中華書局一九六一）爲校本（簡稱『刊本』），校録於後。

（前缺）

二指也。枝指，謂手六指也。侈，溢也。德之本躰也。二者不出於姓，故於躰爲▭〔一〕出於形哉，而侈於性▭〔二〕故在手爲莫用之肉，於▨（足）▭〔三〕於五藏之情者，淫辟孚□反。〔四〕▨▭〔五〕崔譔曰：駢枝贅疣，雖非性之正，亦出▨□□□□□□□□□□□（於形，不可去也。五藏之情，雖非道德）之正，亦列於形性，不可治也。今設仁義之教，以治五藏之情，猶削駢枝，既傷自然之理，更益其夷。〔六〕黼黻甫弗。〔七〕煌音皇。▨（非）乎而離朱是已向秀曰：『非乎，言是也。』司馬曰：『離朱，黄帝時人，百步見秋豪末。』〔八〕師曠是已司馬曰：『師曠，晉賢大夫，善音律，能致鬼神。』擢德塞性司馬曰：『拔其德，則塞性。』纍凡（瓦）力彼，又魚彼反。結繩李頤曰：『言小辯危辞，若結繩之累凡（瓦）

也。』崔譔曰：『聚无用之語，如瓦之累，如繩之結也。』〔九〕竄句捶辭司馬曰：『謂▨（耶）説也。』〔一〇〕而敝徐音婢，郭父結反，李步葪（薊）反。司馬曰：『敝，罷也。』〔一一〕跬丘婢反，郭音屑，李却茥反。司馬曰：『跬，近也。』〔一二〕檮杌▨元。〔一三〕不爲岐音奇。〔一四〕鳧脛鳧，音扶。脛，胡定反。鶴音鵠。〔一五〕齕（齕）蓀胡切反，郭恬宎（突）反，李音紇（紇）。李頤曰：『齕（齕），齧断（斷）也。』〔一六〕之則啼音提。蒿許高反目司馬曰：『蒿，乱（亂）。』而饕勅高反。瞷許喬反。頤曰：『蒿目，快性之皀（皃）。』〔一七〕是削思虐反。呴况于反，李酮字。〔一八〕俞音喻。李頤曰：『喻，顔色爲礼義皀（皃）。』〔一九〕又奚連連如膠柒墨索音墨、素各反。司馬曰：『言連續仁義，遊道德閒。』〔二〇〕仁義以撓而小反，郭呼堯反，李乎高反。小人以身殉辭倫反。司馬曰：『殉，營。』〔二一〕鶉音敦。〔二二〕禿菟木反。異號胡到。臧與穀司馬曰：『楊雄云：「民男聓婢謂之臧。」穀，良家子。』李頤曰：『臧，善也。穀，謂子者也。』〔二三〕挾（挾）筴（筴）音協（協）策（策）。李頤曰：『筴（筴），竹簡，古以寫書也。』博塞藉代反。〔二四〕首陽之下司馬曰：『山名，在河東蒲坂。』〔二五〕東陵之上李頤曰：『泰山也。』夫屬（屬）音燭。俞音喻，李式瑜反。〔二六〕兒司馬曰：『俞兒，古之識味者。』《淮南子》曰：『俞兒、易牙，甞澅（淄）澠之味也。』〔二七〕欻豈詭反也。〔二八〕

馬蹄音帝第九

可以御李音圉。〔二九〕而陸司馬曰：『陸，跳也。』伯樂音洛。司馬曰：『姓孫名陽，古善馭者。』燒詩遥反之剔詩赤反之刻之雒之司馬曰：『燒，謂燒鐵（鐵）以爍之。剔，謂剪其毛。刻，謂削蹄甲。絡，謂羈絡其頭尾。』〔三〇〕連之以羈居宜反馽丁立反，李音述。夫馬一歲曰馽，惟馬絆足曰馽，各有義，不可相乱（亂）。字有疑似，故具列之者也。〔三一〕編甫連反之以阜在老反棧在蕳反。司［馬］曰：『阜，櫪也。編木作櫺（櫺）床曰棧，以御濕。』〔三二〕驟在救反。之前有橛其月反餝式。司馬［曰］：『橛，銜也。餙，鑣也，謂加飾於鑣也。』〔三三〕駑音奴。楺（揉）女柳反。〔三四〕治埴市力反。司馬曰：『土之可以爲器（器）。』〔三五〕其行填填田。李頤曰：『質重皀（皃）。』其視顛顛（顛顛）李頤曰：『專一皀（皃）。』山无蹊隧音稽遂。李頤曰：『蹊，徑（徑）也；隧，道。』〔三六〕可攀援而闚去知反。〔三七〕蹩（蹩）扶結反薛蕪結反〔三八〕爲仁踶直氏反跂丘氏反爲義李頤曰：『蹩（蹩）薛、踶跂，皆用心爲仁義之皀（皃）。』澶徒旦反漫武旦反爲樂李五較反。李頤曰：『澶漫猶縱逸也。樂以蕩物，常失放逸也。』擿勑歷反〔三九〕僻敫歷反，李父檗〔四〇〕爲礼李頤曰：『糺擿耶辟而爲礼也。』〔四一〕犧義樽司馬曰：『畫犧牛象飾樽也。』〔四二〕珪璋李頤曰：『皆噐（器）名。半珪曰璋。』交頚（頸）其盈反，又己領反。相靡李頤曰：『靡，摩。』分背相踶徒礼反。李頤曰：『踶，蹹。』〔四三〕加之以衡栀音厄。頤曰：『衡，車轅也。』〔四四〕齊之以月題徒子反。司馬〔曰〕：『頟上顱如月形。』〔四五〕而馬知李音智。介古穴反〔四六〕倪五佳反，郭五苐反〔四七〕闉曰（因）扼鷙勑一反，郭音躓也〔四八〕曼武旦，郭武諫。李頤曰：『介倪猶俾倪也。闉，曲也。鷙，抵也。曼，宊（突）也。』司馬曰：『言曲頚（頸）於扼以扺（抵）宊（突）也。』〔四九〕詭衕竊（竊）轡（轡）司馬曰：『謂詭戾衕轡（轡），盗自縱脱也。』夫赤胥李思余反。司馬曰：『上聖帝王也。』〔五〇〕胠起法反。［篋］口恊（協），李音祛業。〔五一〕

第十

將爲胠篋（篋）司馬曰：『從旁開爲胠。』一曰脅（脅）。探取物爲胠也。〔五二〕探貪。囊奴郎反。發匱巨位。則必攝緘古咸縢徒（徒）登。〔五三〕固扃尤寘（冥）〔五四〕鐍（鐍）决。李頤曰：『攝，結也。縢（縢），繩也。扃，閲也。鐍（鐍），鈕也。』司馬曰：『緘縢（縢），繩約。鐍（鐍），環舌。』揭其謁反篋（篋）而趍李頤曰：『揭，擔也。趍，走者也。』〔五五〕盗積李子賜反。罔冈（网）。罟古。耒力猥反，郭吕匱反〔五六〕耨奴豆反之所剌李頤曰：『耒，犁也。耨，鋤，謂平地也。』剌音七智反。〔五七〕田成子盗其國司馬曰：『成子，陳敬仲孫齊大夫田恒也。盗其國，謂割安邑以東至瑯琊自爲封邑也。』〔五八〕十二世有齊國司馬曰：『自敬仲至荘（莊）公凡九世知齊政，自成公至武王三世爲齊侯，通計爲十二世也。荘（莊）子是宣王時人，故不數之耳。』〔五九〕以守音獸其盗。萇長音弘（弘）胣勑氏反，郭詩氏反，李賜紙反。司馬曰：『胣，剔也。言幸死也。萇弘（弘），周霊（靈）王賢臣。劉康公説之於王曰：「弘（弘）遺叔向書曰：子起晉國之兵以攻周，吾煞劉氏。」王乃誅之。』〔六〇〕子胥（胥）靡司馬曰：『靡，糜也。浮之江令糜爤。』〔六一〕故跖之石。魯酒薄邯寒鄲單圍司馬曰：『楚宣王朝諸侯，魯共公後至，酒又薄。楚王怒，發兵攻之。梁惠王常欲擊趙，畏楚救。以魯爲事，梁因得擊趙也。言事相由。』〔六二〕權衡李頤曰：『權，稱錘也。

衡，稱衡。』〔六三〕而橋己表。〔六四〕之擿治赤反，郭都隔反，李音蹢。李頤曰：『擿，刻者。』〔六五〕殫丹天下之法司馬曰：『殫，盡也。盡天下之法也。』〔六六〕擢乱（亂）六律（律）司馬曰：『拔去之，乱（亂）其音也。』鑠音藥。郭、李詩灼反絶竽音于瑟司馬曰：『金者鑠之，弦音絶之也。』〔六七〕膠古孝離朱之目攦所綺反，郭呂奚反〔六八〕工倕垂，郭時僞反之指李頤曰：『攦，折。』鉗其嚴反，李巨炎反。李頤曰：『鉗，鍼也。鐵（鐵）曰鉗。』〔六九〕天下不累力僞反。爚藥。司馬曰：『爚，散。』驪力馳反，李音梨。〔七〇〕畜勑六。司馬曰：『此十二氏，皆古之帝王也。』氏祝融氏祝，之六反。延頸（頸）李巨貞反。〔七一〕贏盈〔七二〕糧良。李頤曰：『贏（贏），嫊（嫊）也，以滕（縢）囊裹糧而荷之也。』〔七三〕而趍七喻。〔七四〕之畢弋機變李頤曰：『菟絧（網）曰畢，繳射曰弋，怒牙曰機。』〔七五〕罾增苟（笱）李頤曰：『罾，魚苟（笱）也。』〔七六〕削七妙格羅落罝子耶罘浮。李頤曰：『削格，所以施羅冈（罔）也。鳥冈（罔）曰羅，菟冈（罔）曰罝罘。』智詐漸毒頡胡結滑堅白李頤曰：『漸，績也。漸漬之毒不覺其深也。頡滑，滑稽。』每每大乱（亂）李頤曰：『每每猶昬昬。』〔七七〕解苦懈反垢苦遘（遘）反同異司馬曰：『解垢，隔角也。』或［曰］：『詭曲之辯也。』〔七八〕上悖李、郭甫妹反。〔七九〕下爍藥。郭、李詩灼反山川司馬曰：『悖，薄食也。爍，崩竭也。』中隳（隳）許規。〔八〇〕四時之施始智。喘尺轉〔八一〕蝡耳轉〔八二〕之虫司馬曰：『動搖之皀（皃）也。』肖消翹之物崔譔曰：『殰物也。』李頤曰：『謂翾飛之属（屬）也。』〔八三〕舍夫種種之勇役役之佞李頤曰：『種種，謹愨皀（皃）。役役，鬼黠皀（皃）也。』〔八四〕釋夫恬啚廉反〔八五〕惔徒敢反〔八六〕无爲而説悦〔八七〕夫哼哼之意許彭反，郭音惇，李之閏反。崔譔曰：『哼哼，荘（莊）健皀（皃）也。』司馬曰：『少智之人也。』向秀曰：『以智誨人之皀（皃）也。』〔八八〕

在宥又第十一

天下瘁瘁在遂反。不愉踰。耶毗於陽司馬曰：『毗，助也。』〔八九〕喬起驕反，郭音矯，李憍也。〔九〇〕詰起列反，李去吉反。卓勑學，郭都邈反。〔九一〕鷙勑二反，郭諸立反。崔譔曰：『喬詰，意不夷也。卓鷙，行不平。』〔九二〕而且子余反悦明耶。〔九三〕是相於枝（技）李音岐，李頤曰：『相，助。』〔九四〕疵廬（廥）離反。乃始臠卷居阮反，李居勉反。囊而乱（亂）天下司馬曰：『臠卷，不申舒狀也。』跪其詭，郭音危坐。無解古蟹五藏。〔九五〕炊音吹。累力僞反。司馬曰：『炊累猶動升。』崔催。瞿音劬。女音汝。〔九六〕無攖於營反。司馬曰：『攖，引也。』囚煞所例反。〔九七〕廉劌居衛反。司馬曰：『劌，傷。』其動也縣郭音懸天李頤曰：『懸，着（著）也。』司馬曰：『希高慕遠，故曰懸天。』〔九八〕僨甫問反，郭音奔。股古無胈扶末反，郭、李扶盖反。李頤曰：『胈，白肉。』〔九九〕脛無毛司馬曰：『無細毛也。』放讙歡兜都侯於崇山李頤曰：『讙兜，堯臣；崇山，在南方。』投三苗於三峗音危。三苗，国（國）名。三峗山，属（屬）秦州。流共公於幽都李頤曰：『堯臣也。幽都，今在幽州。』施以智反及三王。釿斤。鋸據。推（椎）直追反。决（決）苦穴反。天下藉音藉。〔一〇〇〕嵁苦巖反，一嵒巖之下。〔一〇一〕今世殊死者相枕之鴆也司馬曰：『殊，决（決）也。』〔一〇二〕桁胡對（剛）。楊陽者相推也司馬曰：『桁，脚長械。』一曰：『械夾頚（頸）及脛曰桁楊。』〔一〇三〕離（離）力氏▨（反）。〔一〇四〕跂丘氏。桁楊接（椄）蕪恊（協）反，郭慈接反，李音接也。〔一〇五〕槢徒▨▨（恊反）□〔一〇六〕枘而▨（鋭）。〔一〇七〕嗃許交反□〔一〇八〕

（中缺）

□萓〔一〇九〕□▨（萓）▨雅反司〔一一〇〕□▨（悦）。司馬曰：『説，屠〔一一一〕□▨（原）憲李頤曰：『姓原，名〔一一二〕□▨（室）擖曷，郭音割，李零甲反。〔一一三〕□表素李頤曰：『紺爲中衣，加素爲表。』〔一一四〕

□▨（繼），履無跟也。梨□故▨▨▨（自應門）〔一一五〕▨（睎）慮（慝）〔一一六〕

（中缺）

□者〔一一七〕□□□（卵有毛）□□□□□（司馬云：『胎卵之生）▨▨（必有）□□□□（毛羽。雞伏）▨▨（鵠卵），卵不爲雞，則生類於鵠□□□□（也，雖胎卵）▨▨（未生），毛羽之性已著者也。』〔一一八〕雞三足□□（司馬）曰：『雞兩足而須▨（神）以行，▨□（故曰）三足也。』〔一一九〕犬可以爲羊司馬〔曰〕：『名以名爲物而非物也，犬羊之名，非犬羊也。▨（非）羊可以名羊，則以犬名羊可。』〔一二〇〕郢有天下李頤曰：『九州之於宇宙，未万分之一也。故天下者，以喻盡名大而名大，而盡非大，俱其未足，郢可爲天下。』〔一二一〕馬有卵李□□（頤曰）：『□（形）名所託，皆假耳。故犬羊无定▨（名），□▨（胎卵）无定形，故鳥可有胎，馬可有卵也。』〔一二二〕丁子有尾李頤曰：『夫物无定形，□▨（形无）定稱。』司馬曰：『世人有行曲波爲尾。今丁子亦定左行曲波亦是尾者。』〔一二三〕火不熱司馬曰：『木生於水，火生於木；木以水潤，［火以木］光。今（金）寒於水而熱於火，寒熱殊反而更相愈。然則物之至▨也，水爲木寒，木爲水寒，火爲金寒，寒熱之相兼无窮，而水火之生有盡。以有盡隨无盡，則▨▨▨（水火之）▨与未始有分也。无常分而謂火熱水寒，是偏舉也。傷（偏）舉則水□。』一曰：大熱小寒，▨□（猶金）木加人而有楚痛，物加於體，痛發於□无分於善惡，故有處水之▨（鳥），食鐵（鐵）之□人能堪，則水寒將寒，▨▨將熱者也。〔一二四〕山出口 ▨ ▨（司馬）曰：『□□□□□□□□□□□（形聲氣色，合而成物。律呂以聲兼）形，玄黃□□□□□□□□□□□□□□□□□□（以色兼質。呼於一山，一山皆應，一山之聲入於耳），形与聲呼於山，於山並行，是山遊於口。〔一二五〕輪不蹍（蹍）乃展反。司□跡□不成則觭□＝異員員而□□□□至員之物无高□▨里之□未剋□〔一二六〕□□□（目不見）□□▨（司馬曰）：『水中視魚，必［先］見水。魚之▨（濡）鱗異▨▨（於曝）鱗，則▨（見）□必先見光，光之耀形異於耀，不耀則視見耀形□晝見非明，有假与不假也。目假光而後明，无明則无以見光，故目之於物，未嘗有見。』〔一二七〕指不至，□□□（至不絶），□□□□□□□□□□（司馬云：『夫指之取物，不能）自至，要假物故不▨（至），□假由指不絶也。』〔一二八〕▨▨（龜長）□以□▨（繩）爲直而▨（非）直也。〔一二九〕鑿在到反。不圍枘□□反。司馬□□□□□□□□□□□（云：『鑿枘異質，合爲一形。鑿積於枘），則鑿□□□□□□□□□（枘異圍，鑿枘異圍，是）不相圍也。』〔一三〇〕飛鳥之影未嘗動也司馬曰：『鳥▨（之）□□□□□□□□□□□（鳥之蔽光，猶魚之蔽水，魚動蔽）水而水不□□□□□□□□□（動，鳥動影生，影生光亡。亡）非往，生非來也。墨子曰：「影不徙。」說在故爲者。』〔一三一〕鏃郭疾，李錯角反。〔一三二〕矢之□□□□□□□□（疾而有不行不止之時）□□□□□□□□（司馬云：形分止，勢分）行，形分朋（明）者行遲，勢分明者行疾。目明无形，□□□□□□□（分無所止，則其疾）无間。矢疾而▨▨□□▨（有間者，中有）止也，質薄而可□〔一三三〕

（後缺）

【校記】

〔一〕此當是《駢拇》「駢拇枝指」句之注；《玉篇·身部》以「躰」爲「體」之俗字，下「躰」字同；「不出於姓」之「姓」當作「性」，刊本有「駢拇枝指，出乎性哉，而侈於德」句，可證。「爲」下底一約殘缺九字（按正文大字計，下同）。

〔二〕「出」下底一原有「指」，刊本無此字，兹據以删。「性」下底一約殘缺九字。

〔三〕「故在手爲莫用之肉於足」諸字不見於刊本，陸德明《經典釋文·莊子音義》（下簡稱「釋文」）「而侈於性」條下引司馬彪云：「故在手爲莫用之肉，於足爲無施之指也。」疑此諸字本當爲雙行小注而誤爲正文大字。「足」字底一存上端殘畫，兹據《釋文》所引擬補。「足」下底一約殘缺九字。

〔四〕淫辟，「辟」字刊本作「僻」，「辟」「僻」古今字。

〔五〕標目字底一殘存左上角，不知何字，其下底一約殘缺七字。

〔六〕此注文之標目字底一殘泐，《釋文》之標目字爲「於仁義之行」；「亦出」下「於」字底一殘存左半，「於」下底一殘泐，兹皆據《釋文》擬補；《釋文》無「形性」之「形」字，「猶削駢枝」下有「贅疣」二字，「夷」作「疾」，末有「也」字。

〔七〕顓黻，刊本、《釋文》作「黼黻」，《干禄字書·上聲》：「黼、黼，上俗下正。」「黻」爲「黻」之俗（《敦煌俗字研究》下編六六八頁）；「顓」應是「黼」之誤。

〔八〕「非」字底一殘存左半，兹據刊本擬補；注文「離朱」前底一有「雖」字，當是寫「離」而誤者，兹據《釋文》删；「秋豪末」，《釋文》所引作「秋毫之末」，「毫」爲「豪」之後起別體。

〔九〕「危」字底一原誤作「色」，此據《釋文》所引李頤語改正；「辞」字《釋文》作「詞」，「辞」爲「辭」之俗字，「辭」「詞」古通用；「累瓦」之「累」《釋文》作「纍」，「纍」「累」古今字；「无用」之「无」《釋文》作「無」，《説文・亼部》：「无，奇字無也。」下凡「无」字不復出校。《釋文》所引無「如繩」之「如」字。

〔一〇〕竄句捶辭，刊本無「捶辭」二字。王叔岷《莊子校釋》（臺北中央研究院歷史語言研究所一九九三，下簡稱「王叔岷」）云：「唐寫本《釋文》所出「竄句」下有「捶辭」二字，當從之。「纍瓦結繩，竄句捶辭」文正相耦，「遊心」二字屬下讀。《後漢書・張衡傳》注引作「竄句籍辭」，亦可證今本之有挩文。」底一「耶」字殘存左半「耳」，《釋文》引司馬彪説有「謂邪説微隱」句，「邪」、「耶」正俗字，此字應是「耶」之殘，兹據以擬補。

〔一一〕而敝，底一「敝」字原誤作「敞」，刊本有「而敝跬譽無用之言非乎」句，兹據刊本改正，注中「敝」原亦誤作「敞」。「步薊反」之「薊」，《釋文》引作「計」，「薊」「計」二字《廣韻》皆在去聲霽韻。

〔一二〕「李却蕐反」之「蕐」，《釋文》所引作「垂」，「蕐」「垂」同韻。

〔一三〕《釋文》亦出「檮杌」二字，注云：「上徒刀反，下音兀。」底一「元」字當爲「兀」之誤，「兀」爲「杌」之直音，底一「兀」前殘破之字應是「音」。

〔一四〕不爲岐，刊本有「而枝者不爲跂」句，《釋文》出「不爲跂」，注云：「其知反。崔本作枝，音同。或渠支反。」王叔岷云：「陳碧虚《闕誤》引江南古藏本「跂」作「岐」。跂、岐義近。」

〔一五〕鸖，刊本作「鶴」。《干禄字書・入聲》：「鸖、鶴，上俗下正。」

〔一六〕荼胡切反，《釋文》作「徐胡勿反」，案「荼」爲「徐」之俗字（俗有加草頭而成爲俗字者），黄焯《經典釋文彙校》云：「《廣韻》齕、切在十六屑，勿在八物，作「切」是。」

〔一七〕嚻，刊本作「囂」。「嚻」爲「囂」之偏旁移位字。「皃」字《釋文》所引作「貌」，據《説文》，「皃」爲小篆隸定字，「貌」爲籀文隸定字。下「皃」字同，不復出校。

〔一八〕酗，《説文・酉部》：「酗，醉醬也。」「酗」乃「酗」之誤。

〔一九〕俞，底一原作「喻」，刊本有「呴俞仁義」句，作「喻」則與注中「喻」字同，故據刊本改作「俞」；「礼義」，《釋文》所引作「仁義」。

〔二〇〕「柒」、「墨」二字刊本作「漆」、「纆」。《干禄字書・入聲》：「柒、漆，上俗下正。」「纆」字《説文》作「纆」，「墨」爲借字。「言」字《釋文》所引作「謂」。

〔二一〕小人以身殉，刊本「小人」下有「則」字。

〔二二〕《釋文》出「鶉」字，注云：「音純，又音敦。」底一之「敫」應是「敦」字形誤。

〔二三〕臧與穀，《釋文》云：「穀，如字。《爾雅》云：『善也。』崔本作穀，云：『孺子曰穀。』」王叔岷《莊子校詮》云：「朱駿聲云：『穀，叚借爲㝅。』按正文已作『穀』，《釋文》不得云『崔本作穀』，郭氏《集釋》本《釋文》，崔本下兩穀字並改爲穀，穀乃㝅之俗變。朱氏謂穀借爲㝅，是也。」此作「穀」，蓋亦「㝅」之借。注中「穀」字同。「聟」爲「壻」之俗字。

〔二四〕慱塞，刊本作「博塞」。「慱」爲「博」之後起別體，《干禄字書・入聲》：「慱、博，上通下正。」

〔二五〕蒲坂，底一原誤作「捕攻」，兹據《釋文》所引改正。

〔二六〕李式瑜反，《釋文》「瑜」作「榆」。「瑜」、「榆」《廣韻》同在虞韻。

〔二七〕底一「淮」原作「准」，「牙」原作「分」，案《淮南子・氾論》云：「臾兒、易牙，淄澠之水合者，嘗一哈水而甘苦知矣。」兹據以改正。「甞」爲「嘗」之後起別體。

〔二八〕欻，刊本無此字，郭注有「從容吹累」句，《釋文》云：「吹，如字，又昌僞反。字亦作炊。」「欻」當是「炊」之誤字。「炊」爲穿紐字，而切上字「豈」爲溪紐字，「豈」蓋有誤。「也」字衍。

〔二九〕御，刊本作「禦」，「御」、「禦」古今字。

〔三〇〕《釋文》所引司馬彪之語，「剪」作「翦」，「蹄甲」作「其甲」，「頭尾」作「頭也」。案：《干禄字書・上聲》：「剪、翦，上俗下正。」成玄英《疏》云：「雒，謂著籠頭也。」「尾」字應爲衍文。

〔三一〕馵，刊本有「連之以羈馽」句，《説文・馬部》：「馽，絆馬也。」無「馵」字，《玉篇・馬部》：「馵，馬一歲也。」「馵」當是「馽」之省筆。「惟馬絆足曰馵」之「馵」應是「馽」之誤。

〔三二〕底一原無『司馬』之『馬』字，潘安仁《馬汧督誄》『歷馬長鳴』李善注引司馬彪《莊子注》曰：『皂，歷也。』顔延年《赭白馬賦》『歲老氣殫，斃于内棧』李善注引司馬彪曰：『棧若欞牀，施之濕地也。』兹據以補。『歷』爲『櫪』之借字。『編木作欞床曰棧』，底一『編』原誤作『偏』，兹據《釋文》所引改正；《釋文》此句作『編木作靈似牀曰棧』，據《赭白馬賦》李善所引，當以底一爲是；《干禄字書·平聲》：『床、牀，上俗下正。』

〔三三〕餝，刊本作『飾』，《干禄字書·入聲》：『餝、飾，上俗下正。』底一原無『司馬曰』之『曰』字，兹依底一通例擬補。『餙』疑爲『飾』之誤字；『於鑣』二字底一原誤作『加鑣』，《釋文》引司馬彪云『謂加飾於馬鑣也』，兹據以改正。

〔三四〕揉，此郭象注文『揉曲爲直』句中文，依序在經文『我善治埴』句之後，則此條當在『治埴』條後。

〔三五〕『市力反』《釋文》引徐邈音作『時力反』，『市』、『時』皆禪紐字；『土之可以爲器』，《釋文》所引作『埴土可以爲陶器』。

〔三六〕『音嵇』之『嵇』《釋文》引徐邈音作『兮』，『嵇』、『兮』同音；注中『隧』字底一原作『墜』，案此謂『蹊隧』之『隧』，『墜』應是誤字，兹據以改正。

〔三七〕闚，刊本作『闚』。『闚』爲『闚』之後起别體。

〔三八〕薛，刊本作『躠』。此『蹩躠爲仁』句中文，『蹩躠』爲聯緜詞，故亦寫作『蹩薛』。

〔三九〕擿，刊本作『摘』。郭慶藩《莊子集釋》引郭嵩燾曰：『《釋文》引李曰「糾擿邪辟而爲禮也」，崔云「擿辟，多節」，擿辟，當作摘擗。王逸注《楚詞》：「擗，析也。」摘者，摘取之；擗者，分之。謂其煩碎也。』

〔四〇〕僻，刊本同，《釋文》作『辟』。『僻』爲『擗』之借字，『辟』『擗』古今字。『敫歷反』，《釋文》云：『徐敫歷反。』則『敫』爲『敫』之形誤。『李父檗』，《釋文》引『檗』作『歷』，《廣韻》『檗』在麥韻，『歷』在錫韻。

〔四一〕爲礼，刊本『礼』作『禮』，『礼』爲古文『禮』字，敦煌寫本多用此字，後世刊本則多用『禮』字，下凡敦煌本及刊本作『禮』者均不復出。《釋文》所引『糺』作『糾』，『耶』作『邪』，《廣韻·黝韻》：『糾，俗作糺。』《玉篇・耳部》：『耶，俗邪字。』

〔四二〕樽，刊本作『尊』，『尊』『樽』古今字。注文『象』下《釋文》所引有『以』字。

〔四三〕蹌，《釋文》所引作『蹋』，『蹌』爲『蹋』之後起別體。

〔四四〕加之以衡枙，『枙』字刊本、《釋文》作『扼』。《説文・車部》：『軶，轅前也。』段注：『轅前者，謂衡也。自其横言之，謂之衡；自其扼制馬言之，謂之軶。隸書作軛。』木部：『槅，大車枙也。』段注：『枙當作軶，隸省作軛。』『扼』應是扌、木不分所致。

〔四五〕『司馬曰』之『曰』底一原無，兹依底一通例擬補。司馬彪所云《釋文》引作『馬頟上當顱如月形者也』，案有『當』字是，當顱者，馬頭上之鏤金飾物。《詩・大雅・韓奕》『鉤膺鏤鍚』鄭《箋》：『眉上曰鍚，刻金飾之，今當盧也。』孔《疏》：『當盧者，當馬之頟盧，在眉眼之上。』『盧』『顱』古今字。

〔四六〕古穴反，《釋文》：『介，徐古八反。』《易・繫辭下》釋文：『介，徐音戒，徐云：王廙古黠反。』《集韻・黠韻》有『介』字，是『介』確有讀作黠韻者。然《廣韻》『穴』在入聲屑韻，不與黠同用，『穴』蓋『八』之訛，『八』亦黠韻字。

〔四七〕五佳反郭五苐反，《釋文》：『倪，徐五圭反，郭五第反。』邵榮芬《經典釋文音系》云：『此「倪」讀爲「睥睨」之「睨」，「睨」《釋文》都作開口去聲讀，此「圭」疑有誤。』（三六二頁，臺北學海出版社一九九五）黄焯《經典釋文彙校》云：『圭，景宋本同，宋本作「佳」，敦煌本同。案《廣韻》「圭」、「倪」同在十二齊，而《集韻》、《類篇》「倪」又有宜佳一切，則作「圭」作「佳」皆是。唯據敦煌本作「佳」，則《釋文》原本當亦作「佳」也。』『苐』爲『弟』之俗字，俗書竹頭多寫作草頭，俚俗據『苐』楷正，則成『第』字。

〔四八〕勑一反，《釋文》：『鷙，徐勑二反。』案切下字『一』爲『二』之誤，『二』、『鷙』《廣韻》同在平聲脂韻，『一』則在入聲質韻，第六〇行『鷙』音勑二反，可證。《五經文字・攵部》：『敕，古勑字，今相承皆作勑。』

〔四九〕『挃』字《釋文》所引作『抵』。疑『挃』爲『拞』之訛，『拞』即『抵』之俗。

〔五〇〕夫⿱卄亦胥，刊本「⿱卄亦」作「赫」，《釋文》出「赫」字，云：「本或作⿱艹赤。」「⿱艹赤」爲「赫」之俗字，「⿱卄亦」則又「⿱艹赤」字省筆。「上聖」二字《釋文》所引作「上古」。

〔五一〕「口協」以下六字本緊接「起法反」，皆爲標目字「胠」下之雙行小字，案《禮記・内則》釋文：「篋，口協反。」是「口協」爲「篋」之切語，兹據以補「篋」字。

〔五二〕「開」字底一原誤作「閈」，兹據《釋文》所引改正。

〔五三〕緣，刊本作「縢」。「縢」之别體作「⿰糸桼」（《集韻・登韻》），「緣」應是「⿰糸桼」之訛體。

〔五四〕固扄，刊本「扄」作「扃」，《正字通・户部》：「扄，俗扃字。」切上字「尤」疑爲「九」之誤。

〔五五〕篋而趍，刊本有「則負匱揭篋擔囊而趨」句，《廣韻・虞韻》「趨」字下云：「趍，俗。」則底一「篋」字下略去「擔囊」二字。《釋文》所引無「走者也」之「者」字，此應是爲雙行對齊而添。

〔五六〕耒，底一原作「丰」，案刊本有「耒耨之所刺」句，《釋文》云：「耒，力對反，徐力猥反，郭吕匱反。」兹據以改正。

〔五七〕之所剌，刊本「剌」作「刺」，「剌」爲「刺」之俗字。

〔五八〕瑯琊，《釋文》所引作「琅邪」。《玉篇・玉部》：「瑯，瑯琊，郡名，正作琅。琊，正作邪。」

〔五九〕《釋文》所引「莊公」作「莊子」，「成公至武王」作「太公和至威王」。案據《史記・田敬仲完世家》，自田敬仲至田莊子共九世，且田莊子相齊宣公，不可稱爲「莊公」；田齊無成公與武王，而太公和至齊威王且爲三世，故應以《釋文》所引爲善。

〔六〇〕弘肔，刊本「肔」作「胣」，「胣」爲「肔」之後起别體。「勑氏反」，《釋文》引徐邈作「徐勑紙反」，《廣韻》「氏」、「紙」同韻。「攻周」之「攻」底一原作「政」，案《説苑・權謀》云：「子起晉國之兵以攻周。」兹據以改正。

〔六一〕「靡爢也」之「爢」《釋文》所引作「糜」，《説文・火部》：「爢，爛也。」段注：「古多叚糜爲之。」則以作「糜」

爲善。

〔六二〕魯酒薄邯鄲圍，刊本有「魯酒薄而邯鄲圍」句，底一略去「而」字；「魯共公」，底一「魯」後原有「得」字，《釋文》所引「共」作「恭」，案「得」字衍文，茲據《釋文》刪；「共」「恭」古今字。

〔六三〕「鍾」字《釋文》所引作「鎚」，「鎚」爲「鍾」之後起別體。

〔六四〕而橋，刊本有「爲之仁義以矯之」句，「而」、「以」通用；「橋」爲「矯」之借字。

〔六五〕《釋文》所引「都隔反」作「都革反」，「刻者」之「者」作「也」字。案《廣韻》「隔」「革」同在麥韻，「者」當作「也」。

〔六六〕殫天下之法，刊本有「殫殘天下之聖法」句，底一有省略。

〔六七〕「弦音絶之」之「音」疑爲「者」之形誤。

〔六八〕「郭吕奚反」之「奚」《釋文》所引作「係」，《廣韻》「奚」在平聲齊韻，「係」在去聲霽韻。

〔六九〕鉗，底一原作「鉗其天」，「天」旁有刪字符，而刊本有「鉗楊、墨之口」句，「鉗」下無「其」字，《釋文》云：「鉗，李巨炎反，又其嚴反。」《田子方》釋文又云：「鉗，其炎反，徐其嚴反。」是徐邈音「鉗」爲「其嚴反」，底一標目字「其」乃從注文羼入可知，茲改爲小字注文。底一「李巨炎反」之「巨」原作「吕」，茲據《釋文》所引改正。

〔七〇〕「力馳反」之「馳」《釋文》所引作「池」，案「馳」、「池」同音。「李音梨」之「梨」《釋文》所引作「犂」，《廣韻》「梨」(「棃」之後起別體)在平聲脂韻，「犂」在平聲齊韻，「驪」在平聲支韻。

〔七一〕「李巨貞反」《釋文》所引作「李巨盈反」，《廣韻》「貞」、「盈」同在平聲清韻。

〔七二〕羸，底一原作「贏」，刊本有「贏糧而趣之」句，案敦煌寫卷「贏」字多錯作「羸」，斯七九六《莊子郭璞注》即作「贏」，茲據刊本改正。

〔七三〕《方言》卷七：「攍、儋、賀、艜，儋也。齊楚陳宋之間曰攍。」郭璞注：「《莊子》曰：『攍糧而赴之。』」錢繹

《方言箋疏》謂「攍」、「贏」、「嬴」通用，「艜」、「滕」、「縢」字異而聲義同，則底一「滕」字當是「縢」之借字。

〔七四〕而趍，刊本有「贏糧而趣之」句，「趍」爲「趨」之俗字，「趨」、「趣」通用。

〔七五〕李頤之語《釋文》所引「莵」作「兔」，「怒」作「弩」。案「兔」「莵」古今字；「怒」、「弩」同源詞。《釋名・釋兵》：「弩，怒也，有執怒也。」《廣雅・釋詁》「怒，健也」王念孫《疏證》：「怒、努、弩並義相近。」

〔七六〕「魚笱」當作「魚網」，《廣雅・釋器》云：「罶，魚罔也。」「罔」「網」古今字。

〔七七〕每每大乱，刊本有「知詐漸毒、頡滑堅白、解垢同異之變多，則俗惑於辯矣。故天下每每大亂，罪在於好知」句，則此條當移至「同異」條後。「昬昬」《釋文》所引作「昏昏」，「昏」、「昬」異體。

〔七八〕注文「或」後底一原無「曰」字（《釋文》有「云」字），爲免滋歧義，茲據底卷通例補；「辯」字《釋文》所引作「辭」。

〔七九〕「甫妹反」《釋文》所引作「必内反」，案《廣韻》「甫」、「必」同紐，「妹」、「内」同韻。

〔八〇〕中隳，刊本有「中墮四時之施」句，斯七九六《莊子郭璞注》與底一同，《五經文字・阜部》：「墮，俗作隳。」《正字通・矢部》：「䂓，規本字。」

〔八一〕喘，刊本有「惴耎之蟲」句，《釋文》出「惴」字，注云：「本亦作蝡，又作喘，川兖反。向音揣。」案「惴耎」疊韻聯緜詞。

〔八二〕蝡，底一標目字原作「蝡耳之」，案刊本有「惴耎之蟲」句，《釋文》：「耎，耳轉反。」「惴耎」聯緜詞，故亦可寫作「喘蝡」，「耳」當是切上字羼入正文，「之」則因下「之虫」之「之」而衍，底一原貌應是「蝡耳轉」，茲據以改正。

〔八三〕殖物也，《釋文》所引作「植物也」。

〔八四〕伇伇之倿，底一「倿」原作「接」，案刊本有「舍夫種種之機而悅夫役役之侫」句，《干祿字書・去聲》：「倿、侫，上俗下正。」「接」應是「倿」之誤，茲據以改正；據《說文》，「伇」爲「役」之古字。「謹𢾰」之「𢾰」《釋文》所引作「愨」，《正字通·心部》：「愨，俗慤字。」《廣雅·釋詁》：「慤，善也。」王念孫疏證：「慤，與愨同。《説文》：『愨，謹也。』」

〔八五〕切上字「啚」爲「圖」之俗字，《干禄字書·平聲》：「啚、圖，上俗下正。」

〔八六〕惔，刊本有「釋夫恬淡無爲而悦夫啍啍之意」句，案「恬淡」爲疊韻聯緜詞。切上字「徒」，《釋文》所引徐邈音作「大」，「大」、「徒」皆定紐字。

〔八七〕无爲而説，刊本「説」作「悦」。「説」「悦」古今字。

〔八八〕「莊健」之「莊」，《釋文》所引作「壯」，「莊」爲「壯」之借字。「少智之人也」《釋文》所引作「少智貌」。

〔八九〕耶眦於陽，刊本有「人大喜邪，毗於陽」句，《玉篇·耳部》：「耶，俗邪字。」

〔九〇〕李憍也，《釋文》作「李音驕」。

〔九一〕郭都邈反，《釋文》作「郭丁角反」。

〔九二〕意不夷也，《釋文》所引作「意不平也」，案《説文·大部》云：「夷，平也。」

〔九三〕悦明耶，刊本有「而且説明邪」句，「説」「悦」古今字，「耶」爲「邪」之俗字。

〔九四〕「李音岐」之「岐」《釋文》所引作「歧」，二字音同義通。

〔九五〕無解五藏，刊本有「故君子苟能無解其五藏」句，底一略去「其」字。

〔九六〕「瞿」「女」二條底一原作「女瞿音女劬」，刊本此處云：「崔瞿問於老聃曰：『不治天下，安藏人心？』老聃曰：『女慎無攖人心。』」是「瞿」當在「女」之前，《釋文》出「女慎」，注云：「音汝。」兹據以乙正。

〔九七〕因煞，刊本「煞」作「殺」，「煞」爲「殺」之俗字。

〔九八〕「故曰懸天」之「懸」《釋文》所引作「縣」，「縣」「懸」古今字。

〔九九〕白肉，底一「白」原作「自」，《釋文》所引作「白」，《史記·司馬相如列傳》「躬胝無胈」《索隱》引李頤曰：「胈，白肉也。」兹據以改正。

〔一〇〇〕天下藉，刊本有「天下脊脊大亂」句，成玄英《疏》云：「脊脊，相踐藉也。一云亂，宇宙大亂，罪由聖知。」《黄帝内經素問·方盛衰論》：「是以肺氣虚則使人夢見白物見人斬血籍籍。」吴崐注：「籍籍，積屍狀。」《漢書·武五子傳》：「髮紛紛兮寘渠，骨籍籍兮亡居。」師古注：「籍籍，從横貌也。」朱起鳳《辭通》謂「籍」字讀作狼藉之「藉」，狀亂貌。是「脊脊」與「藉藉」（「籍」與「藉」古多混用，竹、艹不分之故也）同，重言詞也。底一出「天下藉」三字，蓋其所據本作「天下藉藉」也，然作「藉」則與注音「藉」相同，或「天下藉」之「藉」爲「脊」之誤歟？

〔一〇一〕嵁巖之下，刊本「故賢者伏處大山嵁巖之下」句中文，《釋文》出「嵁」字，注云：「苦巖反，一音苦咸反，又苦嚴反。」又出「巖」字，注云：「音嚴，語銜反。一音嵒，語咸反。」則底一「一嵒」二字當在「巖」字下，而且其前應該尚有注音。

〔一〇二〕殊決也，底一「殊」原誤作「列」，《釋文》出「殊死」條，注云：「司馬云：決也。」兹據以改正。

〔一〇三〕「脚長械」之「械」底一原誤作「拭」，兹據《釋文》所引改正；「械夾頸及脛曰桁楊」，底一「夾」原作「頰」，「曰」原作「於」，兹皆據《釋文》所引崔譔語改正。

〔一〇四〕底一「反」字存右下角殘筆，兹據《釋文》擬補。

〔一〇五〕蘓協反，《釋文》引徐邈音作「徐音燮」，「燮」字《廣韻》「蘇協切」，與底一合。

〔一〇六〕底一「恊」存右半「劦」，「反」存右邊小半；因爲底一「協」字皆寫作「恊」，故據以補「恊」字。「反」下底一殘泐約八字大字的位置。

〔一〇七〕底一切下字「鋭」左下角殘泐，兹據《釋文》之切下字擬補。

〔一〇八〕嗃，刊本有「焉知曾、史之不爲桀、跖嚆矢也」句，《釋文》出「嚆矢」，注云：「許交反。本亦作嗃。」《廣雅·釋詁》：「嗃，鳴也。」王念孫《疏證》曰：「嚆，義亦與嗃同。」案「嚆」爲「嗃」之後起別體。底一止於本條，本條下至行末殘泐約十五個大字的位置。

〔一〇九〕苴，此爲底二首行之末一字，其前殘泐，刊本有「顏闔守陋閭，苴布之衣，而自飯牛」句。底二凡七行，每行僅存下部一至十餘字不等。

〔一一〇〕「苴」字底二存下端一横之左半，由切語下字「雅」推知爲「苴」字，此「其土苴以治天下」句中文，《釋文》出「苴」字，注云：「側雅反，又知雅反。司馬云：土苴，如糞草也。」茲據以擬補。切上字底二存左上角殘畫。

〔一一一〕此條當是釋「屠羊説走而從昭王」句之「屠羊説」，《釋文》出「屠羊説」三字，注云：「音悦，或如字。」「悦」字底二脱去右上角。

〔一一二〕「原」字底二存下部「小」，由下字「憲」推知爲「原」之殘，刊本有「原憲居魯，環堵之室」句。

〔一一三〕「室」字底二存下部「至」及上部左邊一點，當是「室」之殘，刊本有「桑以爲樞而甕牖，二室，褐以爲塞」句，茲據以擬補；「擖」當是「褐」之誤（《釋文》云：「（褐）字或作褐。」），「褐」爲「褐」之增旁俗字，《集韻・曷韻》：「褐，粗衣。或从葛。」「郭音割」《釋文》作「郭音葛」，「割」、「葛」同音。「李零甲反」者，乃讀爲「獵」也，「獵」俗作「獦」，犭、扌偏旁常混，故誤「擖」爲「獦」也。

〔一一四〕表素，刊本有「中紺而表素」句。

〔一一五〕此條當是釋「原憲華冠縰履，杖藜而應門」句，「縰」字存右下角殘畫，據《釋文》「縰履」條下所引「李云：縰履，謂履無跟也」句，此殘字應是「縰」或「履」，但據其殘筆，不似「履」，而且《釋文》引《通俗文》云：「履不著跟曰屣。」則《釋文》所引李頤之語「縰」下衍「履」字，底二之殘字應是「縰」，茲據以補。「梨」蓋爲「藜」之直音。「自應門」三字底二均殘脱右半。

〔一一六〕「晞」字存右半「希」及左半一竪，刊本有「夫希世而行，比周而友，學以爲人，教以爲己，仁義之慝，輿馬之飾，憲不忍爲也」句，《廣雅・釋詁》：「晞，望也。」王念孫《疏證》：「《莊子・讓王篇》『希世而行』司馬彪注云：『希，望也。』希與晞通。」茲據以擬補。底二止此二字。

〔一一七〕底三始於「者」字，底三該行「者」上約殘泐六個大字的位置，「者」字不知爲何條之注文。

〔二一八〕此條當是釋『卵有毛』句，故據《釋文》補此標目字。；據《釋文》，底三注文乃引司馬彪之説，故殘損之處皆據《釋文》所引擬補。；底三『必有』二字均殘存左半，『鵠』字殘存左半『告』，『卵』字殘脱右上角。；『也雖胎卵未生』六字，《釋文》所引有『也毛氣成毛羽氣成羽雖胎卵未生而』十五字，然底三此處殘泐者只有六七字的位置，而且『未生』二字尚存左邊殘畫，故疑底三所引司馬彪之言無『毛氣成毛羽氣成羽』八字，今擬補如此。；『者也』二字，《釋文》所引作『矣』。

〔二一九〕此條注文引司馬彪之説，故殘損之處據《釋文》所引擬補。；《釋文》所引無『而』字，『以』作『而』。；底三『神』字殘存左半『礻』，『故』字殘存上部殘畫。

〔二二〇〕底三注文『司馬』下原無『曰』字，茲據底卷通例補。；『非』字底三存上半，茲據《釋文》所引補。；『則以犬名羊可』《釋文》所引作『則犬可以名羊』。

〔二二一〕郢有天下，刊本在『犬可以爲羊』前，《釋文》亦在『犬可以爲羊』條前。底三所引李頤之語與《釋文》所引略有不同。

〔二二二〕『頤曰』二字底三原殘泐，此據底卷通例補。；『名所託』前底三殘泐約三個字的位置，除去『頤曰』二字，僅餘一個字的位置，而《釋文》所引此句作『形之所託名之所寄』，疑此句底三作『形名所託』，故以意擬補『形』字。；《釋文》所引『皆假耳』下有『非真也』三字。；底三『犬羊无定』後的『名』字存上半，『胎』字殘泐，『卵』字存下半，茲據《釋文》所引擬補。

〔二二三〕『物无定形』《釋文》引作『萬物无定形』。底三『夫物无定形』後的『形』字殘泐，茲據《釋文》補。；『无』字底三殘存下半，《釋文》作『無』，底三『無』皆寫作『无』，故據以擬補。《釋文》無『司馬曰』三字，則注文皆屬於李頤矣。『世』字底三原作『廿』，蓋『世』之缺筆字訛變而成，今據《釋文》所引録正。；『有』字《釋文》所引作『右』，當是『有』蓋音誤。；『亦定』《釋文》所引作『二字』。

〔二二四〕『火以木』三字底三原無，茲據《釋文》所引補。；『然則物之至』下一字不能辨識；『則』後的『水火之』三字底三「水」字存上半，「火之」二字存右半，「之」下一字存右半而不能辨識，疑是「相」字；「偏舉則水」下底三約殘泐六字；「猶」字殘存右上角，「金」字殘泐，兹據《釋文》所引補；「痛發於」及「食鐵之」下底三皆殘泐約十三字；「鳥」存上半，兹據《釋文》所引補；「將熱者也」前二字皆存右半，不能辨識。

〔一二五〕此條注文引司馬彪之説，故殘損之處據《釋文》所引擬補；「遊於」二字《釋文》所引作「猶有」。

〔一二六〕輪不跈，刊本「跈」作「蹍」，《釋文》出「蹍」字，云：「本又作跈。」案二字同義。注文殘泐嚴重，無法句讀。

〔一二七〕標目字「目不見」三字底三殘泐，兹據《釋文》擬補；此條注文引司馬彪之説，故殘脱之處據《釋文》所引擬補；「司馬曰」之「曰」底三存左半；「濡」殘脱右上角，「於曝」均殘存右半；「見」字殘存上半「目」，《釋文》所引作「視」，「見」下底三殘泐約十一字；「視見耀形」下底三亦殘泐約十一字。此條注文與《釋文》所引多有不同，爲免煩瑣，不再詳列異文。

〔一二八〕標目字「至不絶」三字底三殘泐，兹據《釋文》擬補；此條注文引司馬彪之説，故殘脱之處據《釋文》所引擬補。

〔一二九〕底三「龜」存下半，「長」存上半，兹據《釋文》擬補；「長」下底三殘泐，據行款，疑殘泐處爲「於蛇矩不方規不可」諸字；底三「繩」字存左邊與下端少量筆畫，「非」存左半，兹據《釋文》所引擬補。

〔一三〇〕此條注文引司馬彪之説，故殘脱之處據《釋文》所引擬補。

〔一三一〕飛鳥之影未甞動也，刊本「影」作「景」，「甞」作「嘗」。「景」「影」古今字，「甞」爲「嘗」之後起别體。此條注文引司馬彪之説，故殘脱之處據《釋文》所引擬補。

〔一三二〕「郭疾」之「疾」《釋文》作「族」，當據正。

〔一三三〕標目字「疾而有不行不止之時」九字底三殘泐，兹據《釋文》擬補；此條注文引司馬彪之説，故殘脱之處據《釋文》所引擬補；「遅」字《釋文》所引作「遲」，「遅」爲「遲」之俗字；底三「有閒」及「有」三字存右半。

楚辭音（離騷）

伯二四九四

【題解】

底卷編號爲伯二四九四，起《離騷》『駟玉虬以椉鷖兮』之『椉』條（其前一條存『反』字），至『雜瑶象以爲車』之『瑶』條，共八十四行。卷背爲雜寫『下蔡者楚縣也其俗奢淫好哥謡』一行。寫卷是對王逸《楚辭章句》所作的音義，以注音爲主，兼及釋義、正字。

王重民《敘録》以爲此乃隋朝時釋道騫所撰之《楚辭音》殘卷，諸家目録從之，周祖謨《騫公楚辭音之協韻説與楚音》（《輔仁學志》第九卷第二期，一九四〇年；收入《漢語音韻論文集》，商務印書館一九五七）、聞一多《敦煌舊鈔楚辭音殘卷跋附校勘記》（撰寫於一九四八年，收入《聞一多全集》二《古典新義》，三聯書店一九八二）、姜亮夫《敦煌寫本隋釋智騫〈楚辭音〉跋》（《中國社會科學》一九八〇年第一期）、李大明《道騫楚辭音論考》（《楚辭文獻史論考》，巴蜀書社一九九七）、饒宗頤《隋僧道騫〈楚辭音〉殘卷校箋第三》（《楚辭書録》，香港東南出版社一九五六）、張金泉《敦煌音義匯考》（杭州大學出版社一九九六）亦從之。黄耀堃、黄海卓《道騫與〈楚辭音〉殘卷的作者新考》（《姜亮夫、蔣禮鴻、郭在貽先生紀念文集》，上海教育出版社二〇〇三）則懷疑其非智騫作品。

寫卷不避唐諱（甚至有本非諱字被誤寫作唐代諱字的情況，如『娍』字條注引《世本》『有娍氏』誤寫作『有娍民』），諸家多以之爲隋唐間寫本。黄耀堃、黄海卓認爲，既然不能肯定作者是誰，那麽其撰寫時代也只能存疑；因爲没有唐諱，可能非唐時寫本，但也有可能是五代或宋初的寫本。

聞一多《敦煌舊鈔楚辭音殘卷跋附校勘記》（簡稱『聞一多』）、饒宗頤《隋僧道騫〈楚辭音〉殘卷校箋第三》

（簡稱『饒宗頤』）、姜亮夫《重訂屈原賦校注》（天津古籍出版社一九八七。簡稱『姜亮夫』）、張金泉《敦煌音義匯考》（簡稱『張金泉』）都對底卷作過校勘，李大明《敦煌寫本〈楚辭音〉釋讀商兑》（《西南民族學院學报》一九九九年第三期）對王重民、聞一多、周祖謨、姜亮夫的録文作過一些糾正。

今據縮微膠卷録文，參校以中華書局一九八三年點校本《楚辭補注》（簡稱『刊本』），校録於後。

（前缺）

反。　椉時升反。　鷖烏計反。　溘苦閤反。王逸云：『溘猶掩也。』案：掩，蓋也。《埤蒼》云：『溘，依也。』埃烏來反。　上時壤反。　離力智反。　遠▨（于）願反。〔一〕　朝張遥反。　軔如振反。《説文》云：『軔，礙車也。』王逸云：『枝輪木也。』〔二〕　楮之移反。《迩疋》曰：『楮，拄也。』注本作枝字。〔三〕　縣玄音。　圃布音。《廣疋》曰：『崑崙虚有▨（三）山：閬風、板桐、縣圃，其高萬一千里百一十四步一尺六寸。』案：捴曰崑崙，别則三山之殊，而縣圃最在其上也。〔四〕　少失紹反。　瑣桒（桑）果反。　鏤勒豆反。　省生景反。下同。　莫亡故反。〔五〕　弭亡尔反。　奄宜作『崦』、『嵫』二字，同。於炎反。〔六〕　兹宜［作］『嵫』，同，咨音。郭云：『止日之行勿近昧谷也。』《山海經》云：『西南三百六十里曰崦嵫之山，上多丹木，其葉如穀，其實如瓜，赤苻（符）而黑理，食之已癉（癉），可以禦（禦）火。』註云：『日没所入山也。』《禹大傳》云：『洧盤水出崦嵫山也。』《穆天子傳》云：『遂驅陞于弇山，乃紀其迹于弇山之石而樹之。』案此弇山即崦嵫山也。《大荒西經》云：『西海陼中有神，人面鳥身，珥兩青虵，踐兩赤虵，名曰弇兹。』騫案：弇兹之神居此山，因以名焉，而加山旁。《穆天子傳》云：『天子遂驅陞于弇山』郭［云］：『弇，弇兹山，日所入也。』『乃紀其跡于弇山之石』郭云：『銘題（題）之。』〔七〕　近勤靳反。〔八〕　曼曼（曼曼）亡半反。　上時賞反。　索疏格反，取也。〔九〕　卒麈忽。　徧遍。〔一〇〕　飲於鴆反。　揔子孔反。揔，結也。〔一一〕　纚（縰）碑僃（備）反。　結計音。下同。〔一二〕　朏普骨、芳尾、匹愷、敷愛四反。《廣疋》：『明也。』〔一三〕　行遐盲反。　折支列反。　須臾本或作『消摇』二字，非也。須臾者，謂待卜日也。〔一四〕　卒麁忽反。　過古卧反。下同。　驅丘于、丘芳二反。〔一五〕　屬（屬）協韻作章喻反。　爲于僞反。　興許膺反。　知智音。下同。〔一六〕　飄扶遥反。　乇（屯）大昆反。下同。　相息羊反。　離力智反。下同。此又力智。〔一七〕　御五駕反。〔一八〕　揔揔子孔反。〔一九〕　僔僔子損反。王逸曰：『聚皃也。』《廣疋》

曰：『傳傳，衆也。』〔二〇〕斑補姦反。上如字。下協韻作户音。觀古丸反。閽虎（虎）昆反。〔二一〕倚於綺、渠蟻二反。閶充羊
反。闔盍音。予与音。惡汪故反。上時壤反。曖曖烏代反。罷疲音。還旋音。溷胡困反。《廣疋》曰：『濁也。』好秏
音，注同。〔二二〕别碑桀反。閬力宕反。緤息列反，注同。馬協韻作媽音，同，亡古反。行遐孟反。懈居賣反。涕耻禮反。
《詩》云：『涕泗滂沱。』毛曰：『自目出曰涕。』女紐吕反。女以諭臣也。爲亏▨（僞）反。〔二三〕溘苦閤反。王逸曰：『溘，奄也。』
案奄並作晻字，於感反。《廣疋》：『晻晻，暗也。』《字詁》云：『亦陪字也。』王逸又詁爲掩。凡作三形也。舍尸夜反。折之列反。
繼古系反。繼，續也。觀古丸反。行遐盲反。下同。相息亮反。女紐吕反。女，諭臣也。貽又詒，同，餘之反。〔二四〕還
（遺）唯季反。下同。聘匹政反。聘，問也。椉時升反。宓亡筆反。在詞以。解古蟹反。纕息羊反。蹇居展反。分扶
問反。戲歆宜反。〔二五〕敦（敦）丁昆。緯宜作韙，同，許韋反。繣宜作㦎，同，火麦（麥）反。王逸云：『乖戾也。』《廣疋》：『㦎
㦎，乖剌也。』僻匹亦反。僻，衺也。舍尸夜反。下同。濯徒角反。洧胡軌（軌）反。驕紀招反。《字林》云：『怚也。』子恕
反。』傲五秏反。日馹音。違胡歸反。《詩》曰：『何斯違斯。』毛曰：『違，去也。』又曰：『中心有違。』毛曰：『違，離也。』《廣疋》
曰：『違，偝也。』而本或作『遥』字，与招反。《方言》：『遥，遠也。梁楚曰遥。』字書逍遥也。覽力敢反。相息亮反。觀古丸反。
下協韻作户音。瑶与招反。偃蹇上於甗反。《左傳》曰『彼皆偃蹇』，杜曰：『偃蹇，憍傲也。』《論語》曰『草上之風必偃』，孔安
國曰：『偃，仆也。』蹇，渠偃反。《公羊傳》曰：『爲其憍蹇，使其世子處諸侯之上。』王逸曰：『偃蹇，高皃也。』《廣疋》曰：『偃蹇，夭
撟也。』又云：『偃，卬也。』又曰：『偃蹇，憍也。』〔二六〕娀胥（胥）戎反。《世本》云：『帝嚳次妃，有娀民（氏）女曰簡狄。吞乙卵而
生偰。』息列反也。娀，國名也。帝嚳，苦毒反。立四妃，元妃有台氏女，曰姜嫄；次妃有娀氏女，曰簡狄；次妃陳豊（豐）氏女，曰慶
都；次妃娶（娵）訾氏女，曰常儀。鄭玄云：『帝嚳立四妃，象后妃四星。』嚳前無聞。姜嫄生后稷，后稷，周之始祖也。簡狄吞乙卵
而生偰，爲堯司徒，有功封於商。堯知其後將興，錫姓子氏，自偰至湯八遷，始居亳之殷地，湯王因以爲天下号。《淮南子》云：『有
娀在不周之北。』佚与壹反。《書》曰『無教佚欲有邦』，孔安國曰：『佚，豫也。』又曰：『冈（罔）淫亏佚。』《國語》曰『佚則淫』，賈逵
曰：『佚，樂也。』《蒼頡篇》曰：『佚，愓也。』王逸曰：『佚，美也。』〔二七〕飲於鴆反。食詳吏反。恖胥詞。〔二八〕鴆丈沁、徒蔭二反。

《廣疋》曰：『其雄曰運日，其雌曰陰諧。』《山海經》曰『女几之山多鴆』，郭璞曰：『大如鵰，紫緑色，長領赤啄（喙），食虵。』《淮南子》作『雲日』，字或作『鴆日』，或土俗云：『千年潭鳥成同力，千年同力作暈日。』郭云：『凶人見欺也，成鴆鳥也，三千歲也。』亦不詳審斯言之虚實。[二九] 媒亡回反。 好呺（呼）老反。 鳩九弓反。 或雄字也。[三〇] 鳩居九反。 惡烏故反。 佻他雕反。 佻，輕也。 要一妙反。 適失亦反。 介古登（鎣）反。[三一] 詒餘之反。 詒，遺也。 遺餘季反。 先蕪練反。 觀古丸反。 妻千聟（壻）反。 緡亡邠反。[三二] 復伏。[三三] 索所格反。 少失邵反。 拙止悦反。 頓鈍音。[三四] 導徒到反。 效户孝反。 溷胡困反。 好秏音。 偁又稱，同，尺仍反。[三五] 惡烏故反。 邃雖醉反。 處昌汝。 語魚據反。 焉於連反。 古恊韻作故音。 索疏格反。 索，取也。 蔓臼并反。[三六] 筳（䇢）丈丁反。《淮南子》曰『柱不可摘齒，筳不可持屋』，許眘曰：『筳，小籥也。』《方言》曰：『筳，管也。』《説文》曰：『繀絲管也。』王逸曰：『筳，小破竹也。』与許爲叶。《漢書》云『以筳撞鐘』，文穎曰：『音謂稾筳。』案宜大丁反，謂草莖也，從艸。 繀、管及籥從竹，音同。[三七] 篿之沿、大官二反。《説文》曰：『篿，圜竹器也。 一曰：篾也。』王逸曰：『楚人名結草折竹卜曰篿。』案從草非也。[三八] 折之列反。 下同。 氛敷分反。 爲亐僞反。 女紐吕、而与二反。 釋釋，置也。 或作舍字，捨音。 女而与反。 汝者，靈氛汝屈原也。 艸七老反。[三九] 宅如字。 或作穸音。[四〇] 眩胡絢反。[四一] 惡烏各反。 啓丁合反。[四二] 難乃旦反。 好秏音。 惡烏故反。 要於遥反。 遠亐願反。 近巨靳反。 珵除京反。《相玉書》云：『珵玉六寸，明自照矣。』本或作『瑶』字，非也。 郭本止作『程』字，取同音。 觀古丸反。 别碑列反。 下同。 易羊豉，下同。 當丁唐反。 王逸云：『豈當知玉之美惡乎？』 蘇宜作『穌』，同，私胡反。 幃許韋反。 幐幐杜縆反。 近巨靳。 遠亐願反。 降古巷反。 椒又椒，又茮，同，子遥反。 糈依字宜先吕反。《説文》曰：『糈，糧也。』《聲類》曰：『糈，糤也。』案今以祠神米爲糈，音駛吕反。 王逸云：『糈，精米，所以享神也。』宜作糈字，駛吕反。《説文》：『祭具也。』見示部。 或從貝，《字林》『䝙』字所音從貝。 要於遥反。 降古巷反。 繽匹賓反。 迎魚敬反。 剡剡羊冉、示檢二反。 告古毒反。 曰亐月反。 曰，靈氛之詞。 陞升音。 降古巷反。 上下二字依文讀。 強巨兩反。 下同。 矱宜作蒦。 又蒦，同。 紆縛、於號、居薄三反。《廣疋》曰：『蒦，度也。』度，徒各反。《字林》曰：『蒦，郭也。』[四三] 度徒故反。 度，法度也。 索疎格反。 治徒吏反。 儼魚儉反。《迩疋》云：『儼，敬也。』[四四] 摰止示反。 摰，伊尹名。

調徒雕反。調，和也。好秏音。夫扶音。行遐盲反。説悦音。操七曹反。朝張遥反。屠度胡反。釣弔。甯泥定反。謳烏侯反。該古來反。賈工户反。叩苦后反。晏烏鴈。恐丘用反。鷤逹計、逹兮、徒典三反。〔四五〕鴂又鴃，同。古惠、古穴、古典三反。郭云：『姦佞先己也。』《文釋》曰：『鶗鴂，一名鵙，今謂之伯勞。順陰氣而生，賊害之禽也。王逸以爲春鳥，謬矣。』《廣疋》：『鷤鴃，布穀也。』案江之意，秋時有之。《詩》云『七月鳴鵙』，毛傳云：『鵙，伯勞也。』箋云：『伯勞鳴，將寒之候。』〔四六〕鴿九委。夫扶音。爲亐僞反。偃於甗反。蹇渠偃反。薆烏既反。亮宜作諒。諒，信也，同，力仗反。〔四七〕折支列反。行遐孟反。挫租課反。《説文》：『摧也。』宜古宜字。芷之視反。蓀蘇存反。司馬相如賦云『葴蒣若蓀』是也。本或荃，非也。凡有荃字悉蓀音。而《字詁》：『蕼，荃。』今蓀復同得也。〔四八〕蕙胡桂反。茅亡交反。菅古顔反。〔四九〕更古孟反。下同。艾五蓋反。好秏音。少失照反。怙户。羌祛姜反。長徒良反。委於詭反。慢亡諫。謟又慆。宜作滔（滔），同，他牢反。《書》曰『象恭滔天』，孔曰：『滔，謾也。』《詩》云『日月其滔』，毛曰：『滔，過也。』王逸曰：『滔，淫也。』〔五〇〕椴疏黠反。幃又褘，又緯，同。許韋反。茱常瑜反。萸羊朱反。處召汝。援袁。化虎瓜反。行下孟。〔五一〕揭丘桀反。車居音。觀官。朝直遥。迋（廷）定。邪羊嗟。菲菲孚尾反。歇許謁。沬亡盖反。《廣疋》曰：『已也。』浡浡步没反。〔五二〕和胡戈反。調徒幺反。度徒故反。聊了彫反。字從丣，音羊首反。他倣此。〔五三〕女紐呂反。女，陰也，以諭臣，求与己同志之臣也。行遐孟反。樂洛。觀古丸反。上如字。上謂君也。下協韻作户音。行協胡剛（剛）反。折支列反。羞私由反。脯甫。糜又糜，同，亡皮反。粻陟姜反。鑿祖各。〔五四〕屑素結反。糇胡鈎反。〔五五〕腊四亦。爲亐僞反。瑶或作璠字。

（後缺）

【校記】

〔一〕 切上字『亐』底卷殘存右半，底卷第五五行『遠』音『亐願反』，兹據以擬補。

〔二〕 礙車也，段玉裁注《説文》，於『礙車』前補『所目』二字，云：『所目二字今補，玄應時已失之。』徐承慶《説文解字注匡謬》云：『按王逸注《离騷》曰「軔，支輪木」，此云「礙車」，其義一也，不當增「所以」字。』張金泉曰：『段玉裁注本作「軔，所以礙車也」。云「所以二字今補，玄應時已失之」。案「所以礙車」與「礙車」意可相通。段氏未見《楚辭音》，遂斷玄應一人之説不可信，有增字之嫌。』「枝輪木」之「枝」刊本作「搘」，《説文》無「搘」字，當作「榰」，「榰」「枝」同義。

〔三〕 榰，刊本作「搘」，案當作「榰」，説見上條；饒宗頤云：『「榰」下引《迩疋》：「榰，柱也。」又「軔」下引王逸云：「枝輪木也。」是王注又作「枝」，然洪《補注》引王作「搘輪木」。又言「搘一作支」。考唐鈔《文選集注》正作「支」，《詩·小旻》疏引注同，可見字有榰、搘、枝、支數本之異。』「迩疋」即「爾雅」，「迩」爲「邇」之古文「迩」的變體（説詳《敦煌俗字研究》下編五八四頁），「爾」「邇」古今字，此當作「爾」；《説文·疋部》：「疋，足也，古文以爲《詩·大雅》字。」下凡「迩疋」及「廣疋」皆同。

〔四〕 「三」字底卷原存右半，兹據《廣雅》補：「其高萬一千里百一十四步一尺六寸」，今本《廣雅·釋山》作「萬一千一百一十里一十四步二尺六寸」，案《淮南子·地形》云：「禹乃以息土塡洪水，以爲名山，掘昆侖虚以下地，中有增城九重，其高萬一千里百一十四步二尺六寸。」正與底卷同。

〔五〕 莫，刊本有「日忽忽其將暮」句，「莫」「暮」古今字。

〔六〕 奄，刊本有「望崦嵫而勿迫」句。朱熹《楚辭集注》云：「古但作奄兹。」胡正武《同義複詞是聯緜詞一大來源例説》：「崦嵫是中國古代神话傳説中的日落之山，日落則天色黑暗。崦從奄得聲義，嵫從兹得聲義，兩者都有黑暗之義。……正是因爲奄兹本表示無光、不明、黑暗之意，故以此命名日落處的神秘之山。從此，奄兹加山旁變成崦嵫，緊密結合成爲一個整體，演變成一個聯緜詞。」（《古典文獻與文化論叢》二六三頁，中華書局一九九七）

〔七〕 兹，説見上條；底卷原脱「作」字，兹據張金泉説擬補；所引「郭云」之文張金泉認爲「郭璞《楚辭注》佚文」；所引「山海經云」，出《山海經·西山經》，今本「⿰山弇」作「崦」，「上」前有「其」字，「實」下有「大」字；

「郭云」之「云」底卷原脱，兹依例擬補。

〔八〕此條張金泉謂「當居「曼曼」之上」，案底卷於「近」字右上角有一乙字符，即謂「近」條當居「曼曼」條前，兹據以乙正。

〔九〕𡩋，刊本有「吾將上下而求索」句，《説文・宀部》：「𡩋，入家搜也。」段注：「𡩋，經典多假索爲之。」下「𡩋」字同。

〔一〇〕偏，刊本無此字，而有「遠而且长，不可卒至」句，聞一多云：「明正德本《楚辭》及唐寫本《文選集注》「至」並作「偏」，今卷亦作「偏」，則卷是而今本非也。」饒宗頤云：「胡刻《文選》引王注：「不可卒偏，吾方上下左右，以求索賢人。」唐本《文選》同，明正德刊《楚辭》亦同，與此卷合。知《補注》及今本《章句》作「卒至」者非是。」

〔一一〕揔，刊本有「總余轡乎扶桑」句，「揔」爲「總」之俗字「捴」的變體。注中「揔」字同。

〔一二〕結，張金泉云：「段玉裁於《説文・糸部》「結」字注：「古無髻字，即用此。」《廣韻》「髻」「計」同音。」

〔一三〕廣疋明也，今本《廣雅・釋詁》有「䏚，明也」條，「䏚」爲「朏」之偏旁移位字；「眀」「明」異體。

〔一四〕媭臾，刊本有「聊逍遥以相羊」句，姜亮夫云：「洪、朱、錢三家皆引一本作須臾。按漢以前用須臾，皆逍遥之意，漢以後乃有以須臾作俄頃解者，非本義矣。故須臾與逍遥無殊也。此乃義存於聲，不必定有專字。然逍遥、相羊連用，似爲漢以前習見之語。」黄靈庚《楚辭異文辯證》云：「《楚辭音》非是。逍遥、消摇、須臾，皆連語一字之變體，其義不在乎形，即存於其聲，不必泥其字也。《楚辭音》以求訓詁字，則泥也。」（中州古籍出版社二〇〇〇，下簡稱「黄靈庚」）《説文・女部》有「嬃」字，云：「女字也。《楚詞》曰：「女嬃之嬋媛。」賈侍中説楚人謂姊爲嬃。」段注：「樊噲以吕后女弟吕須爲婦，須卽嬃字也。」「嬃」爲「媭」之偏旁移位字。雲夢睡虎地四號秦墓出土十一號木牘背面有「爲黑夫、驚多問東室季須苟得無恙也」句，《雲夢睡虎地秦墓》釋「須」爲「嬃」（二五頁，文物出版社一九八一），疑「須」「媭」爲古今字。

〔一五〕丘芳，「驅」爲虞韻字，不可用陽韻字「芳」作切下字，張金泉云：「《廣韻．尤韻》「祛尤切」，「芳」誤。」案《廣韻》讀「祛尤切」者，謂「驅」有「丘」音也。《説文．匚部》「區」篆下段注：「鄭注《禮記》「嫌名」曰：「若禹與甫、丘與區之類。」是可證古音同「邱」也。」此音切上字爲「丘」，已與「驅」字同音，若切下字「芳」爲尤韻字之誤，則成蛇足矣；「丘芳」者，溪紐陽韻，《廣韻》「去王切」小韻下有「駈」字，疑有或本誤「驅」爲「駈」，故讀作「丘芳反」也。

〔一六〕知，刊本有「言己使仁智之士，如鸞皇」句，「知」「智」古今字。

〔一七〕「力智反」之「智」底卷原作「此」，後又在上改作「智」。若作「智」字，則與下「此又力智」重複，疑誤。

〔一八〕五駕反，張金泉云：「「五駕反」《廣韻》在禡韻；「御」在御韻，「牛倨切」。二者韻、調俱異。」案王逸注：「御，迎也。」「御」音「五駕反」者，乃讀爲「訝」也，《説文．言部》：「訝，相迎也。《周禮》曰：「諸侯有卿訝也。」」段注：「《秋官．掌訝職》文，惟《周禮》作「訝」，他經皆作「御」。」《詩．召南．鵲巢》「百兩御之」，陸德明《經典釋文．毛詩音義》云：「御，五嫁反，本亦作訝，又作迓，同，迎也。王肅魚據反。」

〔一九〕摠摠，刊本有「紛總總其離合兮」句，「摠」爲「總」之俗字「揔」的變體。

〔二〇〕聚皃也，刊本「皃」作「貌」，無「也」字。據《説文》，「皃」爲小篆隸定字，「貌」爲籀文隸定字，下「皃」字不復出；聞一多云：「夫容館本亦有「也」字，《文選．甘泉賦》注引同。」

〔二一〕閽，刊本有「吾令帝閽開關兮」句，「閽」、「閽」異體。

〔二二〕「秏音注同」四字，底卷「同」字倒寫於「秏」字下，乃是手民先寫「秏音」二字，後發現漏抄「注同」二字，故在「音」下抄「注」字，爲雙行對齊，而將「同」字倒寫於「秏」字下。

〔二三〕切下字「僞」底卷殘存左半「亻」，第十行「爲」音「亐僞反」，兹據以擬補。

〔二四〕貽，刊本有「相下女之可詒」句，「貽」爲「詒」之借字。

〔二五〕戲，刊本有「伏羲時敦朴」句，「伏羲」古或寫作「伏戲」，《經典釋文．尚書音義》：「犧，本又作羲，亦作戲，許皮反。《説文》云：「賈侍中説此犧非古字。」張揖《字詁》云：「羲古字，戲今字。」」

〔二六〕憍傲，今本《左傳》杜注作「驕敖」，「驕」「憍」、「敖」「傲」均古今字；「憍蹇」，今本《公羊傳》作「驕蹇」；「卬」字今本《廣雅》作「仰」，「卬」「仰」古今字；今本《廣雅》無「偃蹇，憍也」條。

〔二七〕無教佚欲有邦，見《尚書·皋陶謨》，今本「佚」作「逸」，案《漢書·王嘉傳》、《玉篇·人部》「佚」字下引均作「佚」；「罔淫于佚」句，張金泉云：「今本作「罔遊于逸」，見《書·大禹謨》。非孔安國語。」案此蓋引《無逸》篇「則其無淫于觀、于逸、于遊、于田」句；「佚則淫」句，今本《國語·魯語下》「佚」作「逸」。

〔二八〕悤，刊本有「思得與共事君也」句，《玉篇·思部》「思」字下云：「悤，古文。」

〔二九〕「千年同力作暈日」下底卷原有「字」字，聞一多云：「此字上下皆無所附麗，疑衍。」兹據以删。

〔三〇〕鳩，刊本有「雄鳩之鳴逝兮」句，姜亮夫云：「古「隹」、「鳥」一字，自小篆而分，從隹者，或又從鳥，則雄、鳩蓋一字也。」黃靈庚云：「雄、鳩一字異體，敦煌《楚辭音》殘卷本亦作鳩。《郭店楚墓竹簡·語叢（四）》雄字皆作鴆，與鳩同。 則鴆亦楚之古文也。 蓋本字讀爲薨，實即蒙。 蒙鳩，即鷦鷯也。」

〔三一〕介，張金泉云：「本文及王逸注未見。」案此「欲自適而不可」王逸注「士必待介也」句中文。

〔三二〕緡，刊本有「而邑於綸」句，聞一多云：「少康食邑，《左傳·哀元年》及《史記·吴太伯世家》字並作「綸」，無作「緡」者。 此似誤。 正德本作「綸緡」，則又合二本而並存之。」

〔三三〕復，刊本有「復禹之舊績」句。「復」爲小篆隸定字，「復」爲隸變字。下「復」字同。

〔三四〕頓，刊本有「拙，鈍也」句。《説文·頁部》：「頓，下首也。」金部：「鈍，錭也。」段注：「古亦叚頓爲之。」

〔三五〕偁，刊本有「好蔽美而稱惡」句。 張金泉云：「《説文·人部》：「偁，揚也。」禾部「稱，銓也」。 段玉裁云：「今皆用稱，稱行而爯、偁廢矣。」此卷用本字。」

〔三六〕臼并反，張金泉云：「《廣韻》在清韻見紐；「蔓」在群紐，「渠營切」，二者分清濁。」案《廣韻》「臼」音其九切，亦在群紐，非見紐也。

〔三七〕「淮南子曰」云云見《淮南子·齊俗》，今本作「柱不可以摘齒，筐不可以持屋」，王念孫《讀書雜志·淮南内篇雜志》「筐」字條云：「《太平御覽·居處部十五》引作『蓬不可以持屋』，念孫案：筐與蓬皆筳字之誤也。筳讀若庭，又讀若挺，庭、挺皆直也。小簪形直，故謂之筳。柱與筳，大小不同而其形皆直，故類舉之。若筐與蓬，則非其類矣。」底卷所引可爲王氏佐證。「許昚曰」云云，乃許慎所注《淮南子》也，《玉篇·日部》：「昚，古文慎。」「籗」字今本作「簪」，《集韻·覃韻》：「簪，或从竇。」「方言曰筳管也」，今本《方言》卷七云：「絙筳，竟也。秦晉或曰絙，或曰竟，楚曰筳。」「説文曰維絲管也」，今本《説文》「管」作「筦」，「管」爲「筦」之借字。「小破竹也」，刊本「破」作「折」，聞一多云：「與《文昌雜録》二所引正同，今本「破」作「折」，蓋蒙下文「結草折竹以卜曰篿」而誤。」「宜大丁反」，張金泉云：「此例説明《楚辭音》分澄紐和定紐。」

〔三八〕一曰篾也，今本《説文》無。

〔三九〕艸，刊本有「何所獨無芳草兮」句，《説文·艸部》：「艸，百卉也。」段注：「俗以草爲艸。」

〔四〇〕宅，刊本有「爾何懷乎故宇」句。姜亮夫云：「王逸注云「宇，居也」，考古無訓宇爲居者，王逸蓋用《爾雅·釋言》「宅，居也」之訓，因正文誤作宇，故後人乃改注從之也，則王本蓋亦作宅矣。惟洪、朱以作宅爲入韻而宇不入韻，則非。宇、惡、宅皆魚、模平上入通韻，皆無殊也。」

〔四一〕眩，刊本有「世幽昧以眩曜兮」句。姜亮夫云：「作眩是也，《説文》無從日之昡，蓋涉下曜字而譌。」「胡絢反」，張金泉云：「《廣韻》在霰韻匣紐，「眩」在喻紐，「黄練切」，二者異紐。」案「黄」匣紐字，非喻紐字。

〔四二〕𠯑，刊本有「屈原答靈氛曰」句。黄侃《説文段注小箋》云：「荅，酬荅借爲「對」，《爾雅》作「畣」，乃後起字，本作「𠯑」，从曰、合聲，形誤爲「畣」。」（黄焯編次《説文箋識四種》一四一頁，上海古籍出版社一九八三）「答」爲「荅」之後起換旁字。

〔四三〕紆縛，張金泉云：「《廣韻》在藥韻喻紐，「矱」在影紐，「憂縛切」。二者分清濁。」案《廣韻》「紆」爲影紐字，非喻紐字。「居薄」，張金泉云：「《廣韻》在鐸韻見紐，無對應之音。」案「矱」讀爲居薄反者，乃讀作

「郭」也，底卷引《字林》云：「韄，郭也。」此爲訓詁字作音。

〔四四〕『嚴』爲『湯、禹嚴而求合兮』句中文，饒宗頤云：『《釋名》：「嚴，儼也。」《文選》各本作「儼」。騫公蓋讀「嚴」爲「儼」。』

〔四五〕鷤，刊本有『恐鵜鴂之先鳴兮』句。聞一多云：『《史記·曆書》索隱，《漢書·揚雄傳》注，《後漢書·張衡傳》注，《爾雅翼》，任淵《山谷内集》注十二並引作「鷤」，鵜、鷤陰陽對轉。』

〔四六〕文釋，聞一多云：『文釋似非人名。注《漢書》者有文穎，然「釋」之與「穎」，形聲俱遠，無緣致誤。竊意「文釋」當爲「釋文」之倒。其書洪《補注》屢引之。隋、唐《志》不載。《郡齋讀書志》、《直齋書録解題》並有《離騷釋文》一卷，解題云：「古本，無名氏，洪氏得之吴郡林虙德祖，其篇次不與今本同。」案《釋文》篇次異於今本，而與王逸注暗合，又據洪所引，率多古文奇字，蓋隋唐以前舊籍也。騫公所引必此書無疑。第宋人云其書無名氏，今細審前揭騫公語，上引《釋文》駁王逸曰：「王逸以爲春鳥，謬矣」，下云「案江之意，秋時有之」，則江是《釋文》作者之姓矣。』饒宗頤云：『《文釋》爲書名，聞一多跋疑係「釋文」之倒誤。（然無名氏《楚辭釋文》爲宋人所傳，騫公隋人，年代懸絶，不應引及其書。況《釋文》未見爲舊本，説詳《四庫提要》。）今考《文選》張衡《思玄賦》「鶗鴂鳴而不芳」，善注引服虔云：「鶗鴂一名鵙，伯勞也。順陰氣者生，賊害之鳥也。王逸以爲冬鳥，繆也。」與騫公引文釋語正同。《一切經音義》引書有曰《文字釋訓》、《文字釋要》者，「文釋」可能爲其省稱。又《思玄賦》有舊註，李善云：「未詳註者姓名」，此句胡刻《文選》善注前有「鶗鴂，鳥名也」，以秋分鳴」九字。當是舊註文。騫公言「江之意」，其人無考，江或注字之誤，豈指《思玄賦》注歟？疑莫能明也。』『七月鳴鶪』之『鶪』今本《詩經》作『鵙』，案《説文》有『鶪』字，『鵙』爲誤字；下『鶪』字同。

〔四七〕亮，刊本有『惟此黨人之不諒兮』句，《説文》有『諒』無『亮』，則本當作『諒』字，《説文·言部》云：『諒，信也。』

〔四八〕蓀，刊本有『荃蕙化而爲茅』句，《説文》無『蓀』字，新附始有，黄侃謂『蓀』從『荃』來（《説文箋識四種》二二〇頁）。『葴⿱艹登若蓀』，《漢書·司馬相如傳》引《上林賦》『⿱艹登』作『持』，師古注：『葴，寒漿也。持當爲符，字之誤耳。符，鬼目也。杜若苗頗類薑，而爲椶葉之狀。今流俗書本「持」字或作「橙」，非也。後人妄改耳。其下乃言黄甘橙榛，此無橙也。』《集韻·耕韻》：『橙，或从艸。』

〔四九〕菅，此王注『荃蕙化而爲菅茅』句中文，張金泉云：『當即王逸注中「蘭」字。《廣韻·刪韻》：「菅，草名。又姓，出趙郡。或作蕑。」古顔切，蕑、蘭形近義同。』誤。

〔五〇〕『滔謾也』之『謾』今本《尚書》僞孔傳作『漫』，『謾』爲『漫』之借字；『日月其滔』之『滔』今本《詩經》作『慆』，馬瑞辰《毛詩傳箋通釋》以『慆』爲『滔』之借字。

〔五一〕『行』字底卷原爲『化』條下小注，張金泉云：『正文「行」誤入注文，是另一條。「行」是王逸注中字。』案此乃王注『二子復以諂諛之行』句中文，兹改『行』爲標目字。

〔五二〕浡浡，刊本有『芬芳勃勃』句，《説文》無『浡』字，爲『勃』之後起換旁字。

〔五三〕聊，刊本有『聊浮游而求女』句。段注《説文》改『聊』爲『聊』，謂從『卯』者訛，此可爲其佐證。

〔五四〕糳，刊本有『精，鑿也』句，《敦煌秘籍留真新編》許壽裳序云：『按卷子本《楚辭音》鑿作「糳」，段氏《説文注》云：「糲米一斛舂爲八斗曰糳，經傳多假鑿爲糳。」是糳爲正字，鑿爲假借字也。』（《敦煌叢刊初集》十三册二四七頁，新文豐出版公司一九八五）

〔五五〕糇，刊本有『詩云乃裹餱糧』句，《説文》有『餱』無『糇』，『糇』爲後起別體。

文選音（卷二三—二五、二九）

伯二八三三（底一）

俄敦三四二一（底二）

斯八五二一（底三）

斯一一三八三B（底四）

【題解】

底一編號爲伯二八三三，起《文選》卷二十三任彦昇《王文憲文集序》「增益標勝，未嘗留心」句之「勝」字條，迄卷二十五千令升《晉紀總論》「故能西禽孟達」之「禽」（寫卷作「擒」），共九十七行，前七行的中間有殘破，而且拼接欠佳，行約十二條注音，乃未經李善注釋的三十卷本《文選》。《索引》定名「文選音」，諸家從之。殘卷體例，隨文摘字注音而無釋義。所注直音中有一部分是以異文相注或以正確字注錯字，寫卷甚至有用被注字作反切上字（録文時切上字用「〃」代替）而以下字表示韻調者。王重民《敘録》以此爲蕭該《文選音》，周祖謨《論文選音殘卷之作者及其方音》（《漢語音韻論文集》，商務印書館一九五七）則認爲是許淹《文選音》，王利器《跋〈毛詩述義〉（擬）》（《王利器論學雜著》，北京師范學院出版社一九九〇）又以爲是曹憲《文選音》，徐真真《敦煌本〈文選音〉殘卷研究》（浙江大學二〇〇三年碩士論文）認爲在没有新的有力證據出現之前，是無法解決殘卷作者这個問題的，並據避諱考定此《文選音》之著作時代必在唐高宗朝以前。

底二編號爲俄敦三四二一，起《文選》卷二十九《齊敬皇后哀策文》「繼池紼於通軌兮」之「紼」條，至《郭有道碑文》「稟命不融」之「稟」條，三殘行，存上部，僅存十個標目字。《俄藏》定名「文字音義」，張涌泉首先定名爲《文選音》，今從之。

底三編號爲斯八五二一，起《文選》卷二十九蔡伯喈《陳太丘碑文》『化行有謚』之『謚』條，至王仲寶《褚淵碑文》『于時新安王寵冠列蕃』之『冠』，六殘行，存下半。《榮目》首先定名爲『文選音』，并謂此與底一爲同一抄本的不同部分。

底四編號爲斯一一三八三B，起《文選》卷二十九王簡棲《頭陁寺碑文》『於昭有齊，式揚洪烈』之『於』條，至『桂深冬燠』之『燠』條，五殘行，第一行及第五行均不可辨識，故不録，實存三殘行，僅存七個標目字。《英藏》以爲『切韻』，張涌泉疑爲《文選音》，是也。

《榮目》認爲底一與底三爲同一抄本，今據字體及注音方式，底二、底四亦當與底一、底三爲同一抄本，故四者應是同一人所抄的同一寫卷的不同部分，今依例擬名爲《文選音（卷二三—二五、二九）》。

底二『國』字寫作『圀』，因而王重民《敘録》、周祖謨《論文選音殘卷之作者及其方音》、張金泉《敦煌音義匯考》（杭州大學出版社一九九六）、饒宗頤《敦煌吐魯番本文選》（中華書局二〇〇〇）皆謂此爲武后時抄本，徐真真則認爲這只能説明抄寫年代不會早於武后時期，而不能得出武后時抄本的結論。

張金泉《敦煌音義匯考》（簡稱『張金泉』）、徐真真《敦煌本〈文選音〉殘卷研究》（簡稱『徐真真』）對底一作過校勘；周祖謨《論文選音殘卷之作者及其方音》（簡稱『周祖謨』）則對底一的音切作了考察。

底一據縮微膠卷録文，底二據《俄藏》録文，底三、底四據《英藏》録文，以中華書局影印胡克家本《文選》（中華書局一九七七）爲校本（簡稱『刊本』），校録於後。

（前缺）

勝＝▨。〔一〕折之熱。便＝面。咽一結。勝升。□▨（請）＝令。〔二〕㓞（契）思列。刊可干。〔三〕應去。▨▨

▨。〔四〕粲□旦。令零。〔五〕曰越。冠（冠）古乱（亂）。▨□〔六〕▨（照）。〔七〕▨（襟）今。〔八〕闋苦穴。長知丈。〔九〕

守狩。課苦戈。□(肇)兆。〔一〇〕傑(傑)巨▨(列)。〔一一〕宸辰。宿秀。著知慮。▨(長)[ ]〔一二〕▨。〔一三〕紊聞。蓄丑六。頃去頻(穎)。射夜。日人一。詹占。令力政。仇求。摽必昭。鼂昌又。〔一四〕▨□▨。〔一五〕▨▨。〔一六〕譽捐以專。駒俱。雺(處)=与。涯崖。量力上。治。〔一七〕緝(緝)七入。論力頓。摯至。摸莫于。忤誤。余。〔一八〕己紀。量力上。擅禪。治=吏。數□主。昉方往。〔一九〕行下孟。操七到。侔牟。▨(己)▨(紀)。〔二〇〕[ ]▨(倦)巨▨。〔二一〕行下孟。該古来(來)。縟而玉。已以。綴竹衛。昉方往。伎巨▨。〔二二〕▨(緝)▨□(入)。〔二三〕▨(貽)夷。〔二四〕撰仕巒。

第廿四〔二五〕

賢臣

曰越。〔二六〕荷乎可。旃之延。〔二七〕被=義。毳昌鋭。藜力兮。唅含。糗去友。噬茲。〔二八〕長知丈。茨疾尸。智知。〔二九〕累力瑞。杼常与。〔三〇〕曰越。己紀。已以。任而鳩。舍失也。省所景。施失豉。筋斤。日人一。矻苦骨。冶也。鑄之戍。淬之對、子妹二反。〔三一〕砥(砥)旨。鍔五各。断徒管。〔三二〕蛟交。剸之兖、大丸二反。犀(犀)西。沛莫外。鏊呼郭。〔三三〕篲息醉。氾汎。〔三四〕畫獲。婁力侯。層才恒。衺茂。溷乎困。吻亡粉。喘昌兖。汗乎旦。嚙五結。▨(參)七甘。〔三五〕乘剩。靶霸。騖尾付。蹶古月。塊苦外。絺丑之。綌(綌)去逆。燠於菊。貉于各。煖乃管。易以豉。嘔吁。喻以朱。〔三六〕裕以句。索所革。伯霸。捉側角。〔三七〕揆巨水。見現。悃苦本。斥赤。〔三八〕僁去焉。〔三九〕殂(俎)庄(莊)吕。粥以六。〔四〇〕甯乃定。飯扶反。諍庄(莊)更。奧於六。〔四一〕渫息列。〔四二〕陞升反。〔四三〕蔬所尻。屩(屩)尻略。〔四四〕冽列。蟋悉。▨(蟀)率。〔四五〕蜉浮。蝤由。〔四六〕曰越。下同。偰思列。〔四七〕皋古刀。陶遥。操七刀。箎(篪)池。鸞烏環。號乎刀。諭以句。〔四八〕懽呼丸。論力頓。沛普外。鏊許各。〔四九〕曷乎葛。令力政。被=義。臻側巾。偏遍。〔五〇〕窺去垂。已以。殫單。已以。〔五一〕翱(翱)五刀。恬太占。惔大感。〔五二〕 塲直羊。〔五三〕 壃姜。〔五四〕 雍於恭。 詘屈。 信申。 㖃香句。〔五五〕 嘘虚。 吸許急。 濟走礼。

充 國〔五六〕

零力年。 猖昌。 壃姜。 震之仁。〔五七〕 諭以句。 守狩。 旅吕。〔五八〕 鮮仙。 屢力句。 粁力弔。〔五九〕 勝之孕。〔六〇〕 抗

康。〔六一〕 中=仲。 赳（赳）▨酉。〔六二〕

出 師〔六三〕

茫漠郎。 中=仲。 西先。〔六四〕 零力天。 遘（遘）古豆。 將=上。下同。 父甫。 旄毛。 渾乎本。 獫險。 狁允。

旗其。 褰去焉。 沾知占。〔六五〕 鉉泫。 壃姜。 輅路。〔六六〕 車尻。 乘剩。 壤而兩。 勳挾韻，又訓音。〔六七〕 令力政。

酒 德〔六八〕

日人一。 扃古丁。〔六九〕 牖以久。 轍直列。 摸莫。〔七〇〕 操七刀。 巵支。 觚姑。 㮏（楔）苦結。〔七一〕 榼苦臈（臘）。

䖏（處）=与。 已以。〔七二〕 袂弥尔。〔七三〕 穰（攘）而羊。 衿今。〔七四〕 鋒峯。 捧芳奉。 甖於耕（耕）。 槽曹。 漱所又。

髯耳占。 箕基。〔七五〕 醪力刀。〔七六〕 踞據。 杌（枕）之鴆。 麴（麴）去六。 藉疾夜。 糟走刀。 樂洛。 怳吁往。〔七七〕 酲

呈。〔七八〕 霆大▨。〔七九〕 肌飢。 櫌（擾）而沼。 蓱步丁。〔八〇〕 蜾果。 蠃（蠃）力果。〔八一〕 螟（螟）莫丁。

功 臣〔八二〕

相=上。 酇才何。 沛布艾。 相=上。 曑（參）七甘。 頛（穎）營屏。〔八三〕 睢雖。 灌古乱（亂）。〔八四〕 少失照。〔八五〕

歙許及。 酈力的。 食異。 其基。 黥巨京。 燕一天。 綰烏板。 芮（芮）而鋭。 敎（勃）步没。 噲快。〔八六〕 苛何。 酈

力的。〔八七〕

頌曰 茫莫郎。〔八八〕 慘初錦。〔八九〕 黷獨。 籙録。〔九〇〕 應去。 彤大冬。 積大回。〔九一〕 渥一角。 駿俊。 綢直由。

繆牟音，又靡由反。 叡以税。 難乃旦。 樂洛。 嘿墨。 穰而羊。〔九二〕 揣初委。 遁大頓。〔九三〕 難乃旦。 印一刃。 籌直由。

喪=浪。怡以之。惎忌。〔九四〕戢側立。曲區主。逆五恭。〔九五〕好=到。杳。〔九六〕漠莫。重直工。櫅(擠)子兮。摧才回。窘具敏。冠(冠)古乱(亂)。思=吏。挈(契)可計。臂。〔九七〕啞(噬)逝。脆七歲。索所革。扼烏革。掃素老。燕一天。且子余。旅吕。〔九八〕弢吐刀。〔九九〕稜(稜)力恒。〔一〇〇〕難乃旦。濟子礼。黥巨京。眈(眈)多含。冠(冠)古乱(亂)。蟬是延。蜕悦音，又吐外反，又税音。輯(輯)七入、才入二反。垓古来(來)。詒以之。脱。〔一〇一〕難乃旦。榛仕巾。〔一〇二〕悴(悴)疾季。楛苦乎。〔一〇三〕肆異。〔一〇四〕孼魚列。綰烏板。婉菀。孿力兖。跨苦化。昨祚。〔一〇五〕芮(芮)而税。鋗呼玄。濆墳。〔一〇六〕悠由。淑孰。憤肥粉。歎土干。鶩務。擒。〔一〇七〕狶許紀。燕一天。挾(挾)乎牒。〔一〇八〕誚才肖。俾必氏。〔一〇九〕蜕吐外。墉容。〔一一〇〕荼大加。擒禽。〔一一一〕黥巨京。猗於奇。與余。〔一一二〕裕以句。譽(譽)彼媚。殆待。又(乂)刈。謀茂。頴(穎)營屏。〔一一三〕擒禽。〔一一四〕帥=位。俾必氏。令力政。拒巨。〔一一五〕庾以主。輶酋。〔一一六〕昨(胙)祚。〔一一七〕輅下白反，又恪祚反。褐乎葛。銓七全。〔一一八〕酆(酆)豊(豐)。鎬乎老。勁吉政。教(勃)步没。與典。〔一一九〕晞希。侔牟。相=上。貺况(況)。紓舒。勣績。〔一二〇〕皤(皤)步何。叟素苟。旆步代。撓乃孝。邈莫角。誑句訪。軺遥。齊諮。苛何。偕皆。陞升。〔一二一〕軾式。媪烏老。過古卧。嚮向。〔一二二〕漼牙。〔一二三〕比鼻。

東方〔一二四〕

曼(曼)万。〔一二五〕倩七見。厭於耕(耕)。〔一二六〕樂洛。偉于尾。〔一二七〕思=吏。頡乎結。頏(頏)乎郎。傲五到。詠(詠)苦回。弛失尔。〔一二八〕耶。〔一二九〕材才。倜吐的。儻土朗。能挾韻乃来(來)反。笇素乱(亂)。索所革。論力頓。覆芳伏。脈麦(麥)。究尻又。壑(豁)呼各。轢歷。相=上。謿竹交。罩竹孝。跆臺。乘剩。僚力交。〔一三〇〕儔直由。芥介。萃疾季。已以。嘘虚。吸許急。惚忽。怳吁往。〔一三一〕守狩。像象。曰越。肥肥。〔一三二〕遁大骨。〔一三三〕涅乃結。〔一三四〕樂洛。淪。〔一三五〕從七從。〔一三六〕墟去余。仚去豉。〔一三七〕榱色惟。〔一三八〕萊(萊)来(來)。

仿芳往。佛芳勿。

三國〔一三九〕

治=吏。迭大結。緝(緝)七入。分浮問。契(契)可計。陞升。〔一四〇〕重直工。賂力故。〔一四一〕治=吏。璩巨於。〔一四二〕卷但免。〔一四三〕三=蹔。契(契)可計。毅(毅)五既。樂洛。傑(傑)桀(桀)。勝=孕。庇必二。沛布代。喪=浪。日人一。比鼻。摽(標)必昭。要一昭。趣七俱。舍失也。折之熱。撓女孝。〔一四四〕笏忽。覆芳伏。攘而羊。瑾覲。〔一四五〕粠力弔。〔一四六〕參三。齡力丁。量力羊。輟竹劣。蹇尻免。愕。〔一四七〕已以。舍失也。

魏志〔一四八〕　戓於匊。〔一四九〕琰〔一五〇〕。

蜀志　龐步江。蔣將兩。琬於遠。

吳志　瑜以朱。藂。〔一五一〕雍於恭。〔一五二〕飜方元。〔一五三〕

過古卧。溟莫丁。虬求。杞起。應去。賾仕白。日人一。鑽走。〔一五四〕愈以主。滄七郎。己紀。思=吏。蓍尸音。邁(邁)古豆。沛布代。處(處)=与。愔一林。幕莫。裹里。笇素乱(亂)。〔一五五〕亹尾。哂許忍。〔一五六〕拯=等。恂荀。冠(冠)古乱(亂)。怡以之。〔一五七〕行下孟。飾式。〔一五八〕僭去焉。〔一五九〕操七到。櫨疾羊。〔一六〇〕嶷魚列。剪。〔一六一〕惡(惡)=故。琅郎。扙(杖)直尚。貽以之。長知丈。〔一六二〕己紀。〔一六三〕庭大丁。讜多朗。把布馬。〔一六四〕量力上。摽(標)必沼。洿烏。處(處)=与。易以豉。盪。〔一六五〕累力瑞。橈女孝。〔一六六〕宏乎萌。摽(標)必昭。蟠步干。〔一六七〕礭苦角。〔一六八〕喪=浪。迭大結。雺莫貢。〔一六九〕褐乎葛。長知丈。〔一七〇〕勝=孕。摽(標)必昭。綢直由。繆牟音，又靡由反。緝(緝)七入。已。〔一七一〕殖時力。已。〔一七二〕難乃旦。惑或。見乎見。參七甘。〔一七三〕隔乎革。〔一七四〕擅氏戰。擾而沼。把(把)布馬。臂必。〔一七五〕難乃旦。任=禁。猜七来(來)。昂五郎。萊(萊)来(來)。〔一七六〕荷何可。擔多暫。〔一七七〕瑜以朱。長知丈。毅(毅)五記。鶴績。詵所巾。驤肖羊。挹一入。

日人一。匱巨位。儒（懦）乃乱（亂）。

封禪〔一七八〕

穹去弓。〔一七九〕辟必赤。迄許乙。踵之勇。䟼武。〔一八〇〕逖土的。葳威。〔一八一〕蕤（蕤）耳隹。堙囙（因）。〔一八二〕
傳直專。曰越。郅之一。易亦。易以豉。湛多甘。厖莫江。易以豉。襁姜丈。褓保。〔一八三〕冦（冠）古乱（亂）。
攸由。〔一八四〕卒即聿。躡女牒。沕密。潏爲密反，又聿音。曼（曼）万。羨（羨）以戰。魄薄。〔一八五〕垓古来（來）。泝
（泝）素。〔一八六〕埏延。沾知占。濡（濡）耳朱。浸（浸）即鴆。炎必照。〔一八七〕陿洽。泳詠。沫末。晰之舌。蟲
虫。〔一八八〕澤羊石。〔一八九〕囿又。騶（騶）邪（鄒）。驉虞。〔一九〇〕傲古堯。〔一九一〕麋迷。〔一九二〕莖（莖）乎耕（耕）。穗遂。
庖步交。犧羲。船（觡）格。柢（柢）多礼。乘剩。閒閑。譎決（決）。詭古毀。俶（俶）吐的。儻吐朗。殞隕。
杭乎郎。〔一九三〕燎力召。恧女六。與余。〔一九四〕曰越。譓惠。夏下。樂洛。贄至。侔牟。應去。見乎見。祉
恥。〔一九五〕挈可結。驩乎丸。〔一九六〕曰越。父甫。〔一九七〕恧女六。〔一九八〕幾紀。祇巨支。觀古乱（亂）。丕。〔一九九〕搢晉。
紳申。日人一。炎艷。錯七户。〔二〇〇〕祓弗。〔二〇一〕俾必氏。〔二〇二〕蜚非。稱之孕。〔二〇三〕俙呼皆。〔二〇四〕曰越。俞以
朱。曰越。覆芳又。滲所禁。漉鹿。穡（穡）色。蓄丑六。氾芳劍。濩護。〔二〇五〕樂洛。囿又。〔二〇六〕喜許
既。〔二〇七〕旼旻。態他代。來力代。時止。車尻。〔二〇八〕祉恥。宛於。〔二〇九〕陞升。〔二一〇〕炳丙。煇乎本。煌皇。見乎
見。傳。〔二一一〕諄之倫。寓遇。諭以句。〔二一二〕戀力丸。〔二一三〕已以。曰越。嚴魚檢。〔二一四〕祗（祇）脂。與典。〔二一五〕
省胥（胥）井。

美新〔二一六〕

散素誕。上上。〔二一七〕行下孟。擢大角。〔二一八〕比鼻。稱＝孕。粹（粹）相季。聽他定。包白交。〔二一九〕參三。
冦（冠）古乱（亂）。著知慮。眴舜。膽多敢。腹福。究尻又。分扶問。思＝吏。曰越。祛去於。睢許。〔二二〇〕盱

許于。剖普后。嘔吁。〔二二一〕茫莫郎。舋許靳。著知庶。知智。〔二二二〕屈巨勿。〔二二三〕邠筆貧。從足容。〔二二四〕擅氏戰。
衡横。〔二二五〕耶徐遮。〔二二六〕鶩務。恬大兼。〔二二七〕賁奔。劚初蔄。刮古八。弛直氏。〔二二八〕狙七余。〔二二九〕稭(稽)古
兮。〔二三〇〕獷古猛。漂匹遥。絛(絛)狄七。〔二三一〕盪大朗。〔二三二〕爂然。〔二三三〕耆巨尸。〔二三四〕量力上。碩石。遜
遜。〔二三五〕卷但免。〔二三六〕浸七林。潭以林。〔二三七〕茀步没。賈于敏。妖於苗。歇許勿。繹(繹)亦。離力豉。已以。
妖於苗。胥去焉。應去。數依字。已以。〔二三八〕祜户。〔二三九〕沛布代。迅峻。宛於元。葉失葉。〔二四〇〕勦聊。〔二四一〕擿
(擿)竹革。慘七感。應去。辟婢赤。弛失尔。〔二四二〕數。〔二四三〕殫丹。還旋。渾必音,婢失。浡步没。沕密、勿二音。
潏聿音,又于筆反。霧。〔二四四〕坼土革。〔二四五〕日人一。焱必昭。〔二四六〕剖苦后。〔二四七〕挈(契)可計。億一力。偉于尾。
倜土的。儻吐朗。詭古毁。際祭。〔二四八〕將=上。帥(帥)=類。穹去弓。〔二四九〕鋪普乎。断大短。〔二五〇〕易=豉。纘
祖管。踵之勇。治=吏。思=吏。懇康佷(很)。与余。〔二五一〕塲直羊。〔二五二〕量力。〔二五三〕樤(樤)絛(絛)。〔二五四〕軨力
丁。旃其。轡力丸。〔二五五〕夏下。黼(黼)甫。黻(黻)弗。冕勉。祇巨支。雍於恭。觀古乱(亂)。單氏延。復
伏。度大各。爍炎灼。〔二五六〕俾必尔。濩乎(互)。延以戰。〔二五七〕韞於粉。櫝讀。〔二五八〕郁於菊。究。〔二五九〕少失照。
迄許乙。〔二六〇〕日人一。渟大丁。〔二六一〕壇大干。塲直羊。〔二六二〕踵之勇。喁魚恭。惡(惡)烏。已以。臭昌又。〔二六三〕
粹(粹)恤季。喜。〔二六四〕荷何可。提大兮。釐力之。已以。

典引

殺(殺)五記。〔二六五〕郄去逆。〔二六六〕曰越。耶以遮。過。〔二六七〕論力頓。耶以遮。下同。曰越。著知慮。誎七
智。〔二六八〕洿(洿)烏卧。行下孟。論力頓。断多乱(亂)。〔二六九〕見乎見。被=義。竄走外。〔二七〇〕浸浸。〔二七一〕亡無。
引以刃。雝於恭。〔二七二〕分扶問。樂洛。〔二七三〕憤扶粉。懣莫本。〔二七四〕軼逸。韇竹絳。曰越。氤曰(因)。氳紆
云。〔二七五〕奥於六。〔二七六〕挈(契)可計。亡無。系乎計。闡昌若。〔二七七〕敻吁穽。函乎甘。〔二七八〕稭(稽)吉兮。冔

(冠)古乱(亂)。舍失也。夏下。偰(偰)息列。〔二七九〕股古。肱古弘。褊必善。見乎見。躍以若。拊撫。熛必昭。縊於豉。莅利。揖(揖)一入。度大各。撝許危。蓄丑六。炎矣三。韞行粉。〔二八〇〕已。〔二八一〕鋪普乎。賾仕白。匱具位。彤大冬。〔二八二〕濩乎(互)。〔二八三〕於烏。〔二八四〕參三。夏下。鎬乎老。毫薄。〔二八五〕猗於宜。郍乃何。〔二八六〕翕許入。〔二八七〕烏苦。〔二八八〕行下孟。渝以朱。矧失忍。泝素。〔二八九〕夏下。甄真。重直工。被=義。慝吐得。〔二九〇〕亡無。泯民忍。賾仕革。〔二九一〕鋪普乎。遺具位。〔二九二〕渾乎本。沾知占。芒莫郎。亨許庚。〔二九三〕已以。亡無。亢可浪。鞏恭奉。貶彼(彼)撿(檢)。正征。〔二九四〕抑憶。傳直專。仿芳往。彿芳勿。〔二九五〕優憂。葸思里。僉七占。曰越。惇多昆。觶古還。〔二九六〕浹(浹)走牒。燔煩。瘞(瘞)於例。祏(祇)脂。覩古乱(亂)。馴巡。擾而沼。煇輝。〔二九七〕翥者庶。諜牒。日人一。犖力角。要一照。秬巨。豫牟。〔二九八〕寅夷。丞承。〔二九九〕覆芳又。鑠失若。顓專。恁而鴆。〔三〇〇〕縢大能。繇由。〔三〇一〕孚芳于。行下孟。祉恥。放方往。憚大旦。台夷。已以。〔三〇二〕諭以朱。讜多朗。繇直又。絣布耕(耕)。煇暉。〔三〇三〕炎艷。〔三〇四〕

第卄五〔三〇五〕

【公孫】〔三〇六〕

兒五兮。〔三〇七〕枚悔(悔)。〔三〇八〕父甫。牧目。擢。〔三〇九〕賈古。日人一。磾多兮。降乎江。版板。飯扶反。已以。行下孟。黯烏故。〔三一〇〕瞀(稽)古兮。枚梅。臯古刀。應去。數色句。閎宏。籌直由。使(使)=吏。騫去焉。將(將)=上。帥(帥)=季。去=吕。向失尚。〔三一一〕勝升。召卲(劭)。敞昌兩。參七甘。

晉紀〔三一二〕

曰越。應去。

揔論〔三一三〕

量力上。畫獲。中＝仲。任＝禁。數。〔三一四〕擒。〔三一五〕

（中缺）

□。〔三一六〕▨（紵）▨。〔三一七〕造▨到。〔三一八〕已▨（以）。〔三一九〕▨（閟）▭〔三二〇〕應去。〔三二一〕量去。〔三二二〕已以。〔三二三〕砥（砥）旨。行▨（去）。〔三二四〕▨▭〔三二五〕▨亦▨。〔三二六〕椓以▨（絹）。〔三二七〕涯五▨（佳）。〔三二八〕跱直▨。〔三二九〕▨（稟）兵▨（飲）。〔三三〇〕▨▭〔三三一〕

（中缺）

▭▨。〔三三二〕▨（謚）□。〔三三三〕▨（樂）□。〔三三四〕▨□冄（冉）。〔三三五〕□□一。□□。〔三三六〕▨（辟）□亦。〔三三七〕

▭▨（曰）越。〔三三八〕▨（躋）▨（子）兮。〔三三九〕重平。相去。卆（卒）即聿。櫬初覲。曰越。▭〔三四〇〕傳直絹。曰越。下同。令去。守去。曰越。椽（掾）以絹。刊可干。▭□▨。〔三四一〕▨（已）▨（以）。〔三四二〕曰越。▨（於）烏。〔三四三〕喪去。圮平美。

褚渕（淵）碑〔三四四〕

▭▨（婉）菀。〔三四五〕▨（冕）▨（免）。〔三四六〕▨（稟）兵飲。〔三四七〕冠（冠）去。閒澗（澗）。己紀。撓

▭▨（槐）懷。〔三四八〕幾其。闋苦▨（穴）。〔三四九〕冠（冠）古乱（亂）。〔三五〇〕

（中缺）

▭去。〔三五一〕▨去。〔三五二〕▭▨平。〔三五三〕▨（於）烏。〔三五四〕抴（枻）以折。〔三五五〕▨（倚）〔三五六〕

▭□□▨。〔三五七〕已以。〔三五八〕▨（桂）古▨（惠）。〔三五九〕▨（煥）▨。〔三六〇〕▭〔三六一〕

（後缺）

【校記】

〔一〕勝，刊本有『增益標勝，未嘗留心』句，切下字底一模糊難辨，底一『勝』字第十九行音『之孕』，第四五、五四行音『=孕』，切下字皆作『孕』，疑此亦當爲『孕』字；切上字底一作『[illegible]』形（文中統一改作『=』），乃爲省代符，寫卷有用被注字作反切上字（用省代符代替），以下字表示韻調不同者，説詳張金泉《敦煌音義匯考·文選音》『題解』，下凡作『=』者皆然。

〔二〕『請』字底一殘存左下角，張金泉認爲是『以死固請』句『請』之殘，《廣韻》『請』有去聲讀，與『令』同爲勁韻，今從之。『請』前底一殘泐約兩條音注。

〔三〕刊，張金泉云：『此條在「羿」前。』案刊本『稷契匡虞夏』前有『於是采公曾之中經，刊弘度之四部』句，此當是錯簡。

〔四〕標目字底一存左上角，切語上下字皆存下端殘畫，此當是爲《王文憲集序》『自是始有應務之跡，生民屬心矣』句中某字注音。

〔五〕令，此處刊本有『見公弱齡，便望風推服』句，張金泉云：『「一齡」之殘。』案此字左邊不殘，不可能是『齡』之殘，當是『齡』之借字。

〔六〕標目字底一存上端殘畫，不識何字。此字下底一殘泐本條注文及下條的標目字。

〔七〕『照』字殘脱右上角，刊本有『老夫亦何寄？之子照清襟』句，然『照』乃正文，底一此處『照』字則爲小字注文，疑爲前『要以歲暮之期，申以止足之戒』句中『要』之切下字，第九一行『要』音『一照』，可爲佐證。

〔八〕襟，底一殘去右上角，刊本有『老夫亦何寄？之子照清襟』句，兹據以擬補。

〔九〕知丈，張金泉云：『《廣韻》在漾韻知紐；「長」在澄紐，「直亮切」，二者分清濁。』案此《王文憲集序》『服闋，拜司徒右長史』句中文，《廣韻·養韻》小韻『知丈切』下有『長』字，正與底一之音相同。

〔一〇〕肇，底一原殘泐，據其注音『兆』，此字當是『肇基王命』句之『肇』字，《尚書·舜典》『肇十有二州』，《經典釋文・尚書音義》：『肈，音兆。』（《玉篇・攴部》：『肇，俗肈字。』）茲據以擬補。

〔一一〕切下字『列』底一依稀可辨，《廣韻・薛韻》『傑』音渠列切，《爾雅・釋丘》『天下有名丘五』郭注『殆自別更有魁梧桀大者五』，《經典釋文・爾雅音義》：『傑，渠列反。本今作桀。』（『桀』『傑』古今字）皆以『列』爲切下字，茲據以擬補。

〔一二〕『長』字底一存上端殘畫，據其殘存筆畫，當是『俄遷左長史』之『長』字，茲據以擬補。『長』字下底一殘泐本條注文和下條的標目字及注文。

〔一三〕此字底一存下端殘筆，乃小字注文。

〔一四〕臯，刊本有『臭味風雲，千載無爽』句，《干禄字書・去聲》：『臯、臭，上俗下正。』

〔一五〕標目字存右上角殘畫，切下字殘存左半。

〔一六〕標目字存左邊小半，注音存下端殘畫。

〔一七〕『治』爲『皇朝以治定制禮，功成作樂』句中文，張金泉云底卷『脱注』。

〔一八〕『譽』字上下兩半移位，乃因底一原有殘破，拼接欠佳所致。

〔一九〕昉，底一原作『眆』，刊本有『昉行無異操，才無異能』句，此任昉自稱，《王文憲集序》乃任昉作品，茲據以改正；切下字『往』原誤作『住』，茲據第七行『昉』之切語改正。

〔二〇〕標目字底一存『己』之右半，張金泉云：『據殘畫當是「己」之殘，文云「士感知己」，相合。』注音『紀』字底一存右半『己』，張金泉云：『依四行「己」注以「紀」，是「紀」之殘。』茲皆據以擬補。

〔二一〕標目字底一殘破，張金泉云：『依注「巨□」及文「述作不倦」，是「倦」之殘。』茲據以擬補；切下字底一殘破。據原卷行款，此條前應另殘泐一條，故擬補一不能確定字數的缺字符號。

〔二二〕伎，刊本有『昉嘗以筆札見知，思以薄技效德』句，《説文・手部》：『技，巧也。』人部：『伎，與也。』則『技』爲正字，『伎』爲借字；切下字底一殘破。

〔三三〕『絹』字底一破損，『糸』之下半殘泐，右下角『月』錯拼在前行『紀』字下，刊本有『是用綴緝遺文，永貽世範』句，兹據以擬補：『絹』爲『緝』之俗字。切上字底一殘存上半。切下字『入』字亦殘泐，底一在下一行重複抄寫了『絹（緝）』、『貽』、『撰』三條，『緝』下注『入』，故據以補。

〔三四〕此條本殘泐，底一在下一行重複抄寫了『貽』等三條（參上條校記），故據以補。『貽』字底一存左半『貝』，由其注音『夷』看，此當是『永貽世範』之『貽』。

〔三五〕『第廿四』三字本置於『伎』『緝』、『貽』、『撰』四條前，而此四條乃《王文憲集序》的内容，『第廿四』乃指第二十四卷（李善注之第四七、四八兩卷），此卷第一篇爲王褒《聖主得賢臣頌》，下『賢臣』二字即『聖主得賢臣頌』篇題之省，故將『第廿四』三字移至『撰』條後。

〔三六〕曰，刊本無此字。張金泉云：『案文章此處無「曰」，推測所據《文選》，文題下有注。』徐真真云：『「荷」出此篇第一句「夫荷旃被毳者，難與道純緜之麗密」句。「曰」，今本皆未見有此字。《漢書·王褒傳》在所録頌之前有云：「既至，詔褒爲聖主得賢臣頌其意。褒對曰」，疑此篇篇首原有「對曰」二字，今本皆脱漏。』

〔三七〕『旃』條前底一原有『緝』、『貽』、『撰』三條，此乃重複抄寫的條目，參校記〔三三〕，故此處删之。

〔三八〕嗞，刊本有『羹藜唅糗者，不足與論太牢之滋味』句，徐真真云：『殘卷誤。《説文·口部》：「嗞，嗟也。从口，兹聲。」殘卷「嗞」當以傳本作「滋」爲是，蓋涉「味」字類化偏旁。』案：據《説文》，則『嗞』、『滋』皆無滋味之義。《廣韻·之韻》：『滋，旨也。』此乃聲訓。《説文·旨部》：『旨，美也。』《論語·陽貨》：『食旨不甘，聞樂不樂。』《禮記·學記》：『雖有嘉肴，弗食，不知其旨也。』『旨』皆爲『美味』之意。故『滋味』詞之本字當爲『旨』，『滋』則借字也，而『嗞』又爲『滋』之同音借字。

〔三九〕智，刊本有『無有游觀廣覽之知，顧有至愚極陋之累』句，『知』『智』古今字。

〔三〇〕杼，底一原作『秄』，刊本有『敢不略陳愚心，而杼情素』句，兹據以改正。

〔三一〕淬，刊本有『及至巧冶鑄干將之璞，清水淬其鋒』句，張金泉云：『《漢書·王褒傳》作「焠」，是。六臣亦誤。』案《説文·火部》：『焠，堅刀刃也。』水部：『淬，滅火器也。』朱駿聲《説文通訓定聲》云：『其實焠、淬同字，刃出于火，故从火，入于水，故从水。』注音『之對』，周祖謨云：『考諸書此字均無「之對」一音，此「之對」者當爲「七對」之譌，蓋寫者不察乃蒙上文「鑄」字之音「之戍」而誤。』張金泉云：『「之對」是「七對」之誤。《廣韻·隊韻》「七内切」，音同。《漢書》顔師古注「千内反」，音同。』

〔三二〕斷，刊本有『水斷蛟龍，陸剸犀革』句，《干禄字書·上聲》：『断、斷，上俗下正。』

〔三三〕刊本此處無『沛』、『蟼』二字，張金泉云：『誤抄，見一六行。』案第十六行『論』條下亦有『沛』、『蟼』二條，乃爲『翼乎如鴻毛過順風，沛乎如巨魚縱大壑』句作音（《干禄字書·入聲》：『蟼、壑，上俗下正。』），此處『沛』之切上字『莫』乃『普』之形誤；《廣韻》『壑』音呵各切，曉紐鐸韻开口一等，正與十六行『壑』之切語『許各』合，此處之『呼郭』則爲曉紐鐸韻合口一等，與『許各』开合口不同。此處『沛』、『蟼』兩條疑爲後人誤抄而衍。

〔三四〕『氾』字底一原誤作『汜』，此『忽若篲氾畫塗』句中文，兹據以改正。

〔三五〕參，底一殘脱左下角，張金泉録作『參』，云：『「六臣「驂」」，「參」借用。』徐真真云：『此處被切字殘脱左下角。從殘留部分辨認，又據切語「七甘」推測，此字應爲「參」。殘卷十一行、二五行、五四行、九六行有「參，七甘」條，可證。參、驂通假。』案刊本有『及至駕齧膝，驂乘旦』句，兹據以擬補。

〔三六〕以朱，張金泉云：『六臣音俞，音同。《廣韻》在虞韻，「喻」在遇韻「羊戍切」，二者異調。』案『嘔喻』爲聯緜詞，亦作『呴愉』、『呴俞』、『姁媮』，底一音『以朱』者，讀『喻』爲『俞』也。

〔三七〕捉，刊本有『昔周公躬吐握之勞，故有圄空之隆』，《漢書·王褒傳》『握』作『捉』，二字義同。

〔三八〕厈，刊本有『進仕不得施效，斥逐又非其愆』句，『厈』『斥』二字均『㡿』之隸變，説詳《敦煌俗字研究》下編三三一頁。

〔三九〕僁，刊本有『進仕不得施效，斥逐又非其愆』句，案『愆』『僁』古異體，分别爲《説文》小篆、籀文隸定字。

〔四〇〕粥，刊本有「百里自鬻，甯戚飯牛」句，徐真真云：「粥，鬻之省筆俗字。《説文·䰜部》段注云：『鬻作粥者，俗字也。』」

〔四一〕於六，張金泉云：「《廣韻》在屋韻，『奥』在号韻『烏到切』，二者異韻。」案李善注云：「張晏曰：『奥，幽也。渫，狎也。辱，汙也。』如淳曰：『奥音郁』。」王念孫《讀書雜志·漢書十六》「連語」條下云：「『如音郁』，是也。奥者，濁也，言去卑辱污濁之中而升於朝廷也。……《廣雅》『澳，濁也』，曹憲音於六反，『澳』與『奥』同。」「奥」字當讀作於六反。

〔四二〕「渫」字右上角「世」原缺一竪筆，乃避諱缺筆字，兹據刊本録正。

〔四三〕升反，張金泉云：「『古多以升代陞，反是衍文。「升」録異文。』案第三八、四四、六六行『陞』均音『升』。此條下原有『静』、『奥』兩條，張金泉云：『此重，當删。』兹據以删。

〔四四〕屩，刊本有「離蔬釋蹻而享膏粱」句，徐真真云：「《説文·履部》：『屩，草履也，从履省，喬聲。』又足部：『蹻，舉足小高也，从足，喬聲。』此處應以『屩』爲正字，『蹻』則爲『屩』之借。《漢書·卜式傳》：『布衣中蹻而牧羊。』顔師古注：『蹻，即今之鞋也，南方謂之屩。字本作屩，並音居略反。』」

〔四五〕「蟀」字底一存右上角殘畫，刊本有「蟋蟀俟秋吟」句，兹據以擬補。

〔四六〕由，張金泉云：「『六臣同。《廣韻》在尤韻，「以周切」；「蝤」音「即由切」。二者異紐。』案刊本有『蜉蝣出以陰』句，《漢書·王褒傳》『蝣』作『蝤』，與底一同，師古注：『蝤音由，字亦作蝣，其音同也。』『蝤』音『由』者，讀作『蝣』也。

〔四七〕偰，刊本「獲稷、契、皐陶、伊尹、吕望之臣」句，邵瑛《説文解字羣經正字》云：「今經典俱省人作『契』……正字當作『偰』。」

〔四八〕諭，刊本有「猶未足以喻其意也」。《説文》有「諭」無「喻」，「喻」乃後起字。

〔四九〕蹔，説參校記〔三三〕。

〔五〇〕 偏，底一原作『偏』，此『是以聖主不偏窺望而視已明』句中文，兹據以改正。『偏』注『遍』係以後起通行字爲正字注音。

〔五一〕 已，張金泉云：『誤重。』當是因前已有『已』條，故謂爲『誤重』。然此處刊本有『是以聖主不偏窺望而視已明，不殫傾耳而聽已聰』句，此『已』可以認爲是爲『聽已聰』之『已』作音，『已』下底一本有一『殫』字，旁有三點删除符，而此『已』旁并無删除符。

〔五二〕 恬惔，刊本有『遵游自然之勢，恬淡無爲之場』句，『惔』、『淡』通用；張金泉云：『「太占」，《廣韻》在鹽韻透紐；「恬」在添韻定紐。二韻同用，二紐分清濁。「大感」，《廣韻》在感韻，「惔」在闞韻，「徒濫切」。二者異調。』徐真真云：『「恬惔」、「恬淡」，一詞異形也。亦寫作「恬澹」、「恬憺」。其義猶言清浄。朱起鳳云：「淡、澹音義同，惔、憺、淡三字，並同音通用。」其説是也。「太占」，《廣韻》在鹽韻透紐；「恬」，《廣韻》徒兼切，添韻定紐。鹽添同用，透定清濁有别。「大感」，《廣韻》在感韻定紐；「惔」，《廣韻》徒濫切，闞韻定紐。聲調上去有别。』案：『太占』之『太』當作『大』；《廣韻》『惔』亦有『徒敢切』一音，感敢同用。

〔五三〕 塲，刊本有『恬淡無爲之場』句，『塲』爲『場』之後起别體。

〔五四〕 壃，刊本『休徵自至，壽考無疆』句，徐真真云：『壃、殭字同，皆爲「畺」之後起字。』下『壃』字同。

〔五五〕 呴，刊本有『呴嘘呼吸如喬松』句，六臣本作『呴』，與底一同。『呴』爲『呴』之借字。

〔五六〕 充國，張金泉云：『「文題《趙充國頌》之省。」』

〔五七〕 震，刊本『整我六師，是討是震』句中文，六臣注云：『音真，協韻。』正與底一『之仁』之音合。

〔五八〕 旍，刊本有『請奮其旅，于罕之羌』句，張金泉云：『旍，俗字。』案《玉篇・㫃部》『旅』下云：『旅，古文。』『旍』又爲『旅』之增繁俗字。

〔五九〕 粁，刊本有『料敵制勝，威謀靡亢』句，《龍龕・米部》以『粁』爲『料』之俗字。

〔六〇〕 切上字『之』徐真真認爲是省代符『=』之誤，因爲殘卷中其餘『勝』字皆以『=孕』爲注。

〔六一〕抗，刊本有『料敵制勝，威謀靡亢』句，六臣本亦作『亢』，『亢』『抗』古今字。直音『康』，張金泉云：『六臣音「剛」，《廣韻》「康」在唐韻溪紐，「苦岡切」；「剛」在見紐，「古郎切」；「抗」、「亢」在映韻，「苦浪切」。紐、調有異。』案六臣音『剛』者，讀『抗』爲『掆』也，《廣韻》『掆』音古郎切，以手抗舉也。寫卷讀作『康』者，《後漢書・班固傳》：『尊無與抗。』李賢注：『抗猶敵也，讀曰康。』

〔六二〕切上字存上端殘畫。

〔六三〕出師，張金泉云：『文題《出師頌》之省。』

〔六四〕西，刊本有『西零不順，東夷遘逆』句，張金泉云：『西無先音，《集韻・先韻》有之，作「蕭前切」。』徐真真云：『李善注「西零，即先零也」。《集注》本引《音決》：「西，音先。案下云東夷，此音宜如字。」「零」，《廣韻》落賢切，「《漢書》云先零，西羌也」。朱起鳳云：「西、先聲近，古通。西施又作先施，西海亦作鮮海，是其證也。」西有先音，因此，此處用「西零」代「先零」，以與後句中的「東夷」對偶。』

〔六五〕沾，刊本有『澤霑遐荒，功銘鼎鉉』句，《說文・雨部》：『霑，雨䨞也。』水部：『沾，沾水，出上黨壺關，東入淇。』是『沾』爲『霑』之借字。

〔六六〕輅，刊本有『天子餞我，路車乘黃』句，徐真真云：『此處當以作「路」爲正。《尚書・顧命》「大輅在賓階面，綴輅在阼階面」，王鳴盛《尚書後案》云：「《說文》卷十四上車部云：『輅，車軨前橫木也。』然則輅乃車上一物，何得爲天子車名？《春官・巾車、典路》及《明堂位》、《禮器》、《郊特牲》皆作路。鄭《巾車》注云：『王在焉曰路。』《儀禮・覲禮》注云：『君所乘車曰路。』是作輅非也。」王說是也。《釋名・釋車》云：「天子所乘曰路，路亦車也，謂之路者，言行於道路也。」《藝文類聚》卷七一《舟車部》引《白虎通》曰：「制車以步，故立乘。天子大路。路，大也，道也，正也。君至尊，制度大，所以行道德之正也。諸侯路車，大夫軒車，士飾車。」雖說甚牽强，然作「路」則是也。畢沅《釋名疏證》即認爲當作路。』

〔六七〕挾，張金泉云：『協之音誤。』

〔六八〕酒德，張金泉云：「文題《酒德頌》之省。」

〔六九〕扃，刊本有『日月爲扃牖，八荒爲庭衢』句，《正字通·户部》：「扃，俗扃字。」

〔七〇〕摸，刊本有『幕天席地，縱意所如』句，張金泉云：「『摸』誤，六臣『幕』，是。」徐真真云：「作『摸』誤。疑殘卷乃以正確字注誤字，『莫』、『幕』古今字。」

〔七一〕楔，刊本有『止則操巵執觚，動則挈榼提壺』句，《莊子·天地》『挈水若抽』，慧琳《音義》卷九八《廣弘明集》十九『縮挈』條云：「《集》作揳，俗字也。」『楔』應是『揳』之訛變。

〔七二〕已，刊本有『聞吾風聲，議其所以』句，『已』『以』古多通用。

〔七三〕弥尔，張金泉云：「《廣韻》在紙韻：『袂』在祭韻，『彌弊切』。二者韻調俱異。」

〔七四〕衿，刊本有『乃奮袂攘襟』句，徐真真云：「殘卷用借字。《爾雅·釋器》『衣眥謂之襟』郭注：『交領。』『衿謂之袸』郭注：『衣小帶。』《説文》：『裣，交衽也。』是『襟』爲正字，『衿』爲借字。」

〔七五〕箕，刊本有『奮髯踑踞，枕麴藉糟』句，《藝文類聚》卷七二《食物部·酒》引《酒德頌》與底一同。徐真真云：「殘卷作『箕』，應是正字。《説文·己部》：『㫷，長居也，从己，其聲。』段注云：『居，各本作踞，俗字也。尸部曰：居者，蹲也，長居謂箕其股而坐，許云㫷居者，即他書之箕踞也。』箕踞者，坐形如簸箕也，故作『箕』。從足者，因『踞』而類化也。」

〔七六〕醪，此條當置於『漱』條後，刊本前有『先生於是方捧甖承槽，銜杯漱醪』句。

〔七七〕怳，刊本有『兀然而醉，豁爾而醒』句，張金泉云：「《廣韻·養韻》『怳，惝怳，許昉切』，末韻『豁，豁達，呼括切』，二字紐同義近。」案：紐雖同，韻則有陽入之别。《晉書·劉伶傳》『豁爾而醒』作『怳爾而醒』，正與底一同，刊本作『豁』者，蓋讀作『惚』也（聯緜詞有『惚怳』），《廣韻》『惚』音『呼骨切』，没、末韻近。

〔七八〕醒，刊本有『兀然而醉，豁爾而醒』句，周祖謨謂『醒』爲『醒』之誤：「則字以形近而譌，寫者不審，復從而改作字音，揆諸文義，均有未安。」

〔七九〕切下字存左邊殘畫。

〔八〇〕萍，刊本有『俯視萬物，擾擾焉如江漢之載浮萍』句，《干禄字書・平聲》：『萍、蓱，上通下正。』

〔八一〕蠃，刊本有『二豪侍側，焉如蜾蠃之與螟蛉』句，《字彙・虫部》：『蠃，同蠃。』

〔八二〕功臣，張金泉云：『文題《漢高祖功臣頌》之省。』

〔八三〕潁，刊本有『丞相潁陰懿侯睢陽灌嬰』句，張金泉云：『誤，六臣「潁」。』案漢有潁川郡，下轄有潁陽縣、潁陰縣，皆因潁水而得名，故當作『潁』。

〔八四〕『灌』字底一原從『十』旁，敦煌寫卷有從十從氵混用者，兹據刊本録正。

〔八五〕少，張金泉云：『依文「少」在「參」後。』案此『太子少傅留文成侯韓張良』句中文，依序張良在曹參之後，故當置於『參』字條下。

〔八六〕張金泉云：『「黥」起至「噲」共六條，當前移「少」後。』案自『黥』至『噲』六條，乃『淮南王六黥布，趙景王大梁張耳，韓王韓信，燕王豐盧綰，長沙文王吴芮，荆王沛劉賈，太傅安國懿侯王陵，左丞相絳武侯沛周勃，相國舞陽侯沛樊噲』句中文，依序當在『相國平陽懿侯沛曹參，太子少傅留文成侯韓張良，丞相曲逆獻侯陽武陳平，楚王淮陰韓信，梁王昌邑彭越』之後，今已移『少』條於『參』條後，此六條亦移至『少』條後。陸士衡《漢高祖功臣頌》，前序列諸功臣名號，『頌』中則鋪排諸臣功績，兩者相較，次序不誤，可證底一之次序有倒亂。

〔八七〕此條張金泉謂『重複當删』。案此或爲『右丞相曲周景侯高陽酈商』句注音，前『酈』條乃爲『大行廣野君高陽酈食其』句注音，則此當與『苟』條互乙。

〔八八〕茫，刊本有『芒芒宇宙，上墋下黷』句，『芒』『茫』古今字。

〔八九〕慘，刊本有『上墋下黷』句，『慘』當是『慘』之俗寫（底卷忄旁多有寫作十旁者），然施於此不通，蓋爲『墋』之誤。

〔九〇〕籙，刊本有『沈跡中鄉，飛名帝録』句，王力《同源字典》云：『「籙」是「録」的分別字。』

〔九一〕積，刊本有『金精仍頹，朱光以渥』句，《説文·禿部》：『積，禿皃。』段注：『此从貴聲，今俗字作頹，失其聲矣。』

〔九二〕穰，刊本有『長驅河朔，電擊壤東』句，周祖謨云：「則字以形近而譌，寫者不審，復从而改作字音，撰諸文義，均有未安。」張金泉云：「『而羊」，《廣韻》在陽韻，「壤」在養韻。此因字誤而誤音。』

〔九三〕遁，刊本有『鬼無隱謀，物無遯形』句，徐真真云：『《説文·辵部》：「遯，逃也。从辵，从豚。」又「遁，遷也，一曰逃也。从辵，盾聲。」楊樹達云：「遁、遯同訓爲逃而音同，實一字也。遯從豚者，豚性喜放逸，《孟子》云『如追放豚』，通言『狼奔豕突』是也。有逃往乃有追逐，故逐字從辵從豕。此知遯字受義於豚，遁字從盾，乃豚之借字也。」二字音義均同。但從造字的角度講，「遯」先而「遁」後。』

〔九四〕綦，張金泉云：『依文當前移「印」後。』案張説是也，刊本有『銷印綦廢，推齊勸立』句。

〔九五〕『曲』、『逆』兩條爲『曲逆宏達，好謀能深』句中文，張金泉云：『「區主」，《廣韻》在麌韻；「曲」在燭韻，「丘玉切」；六臣「區句」，又在遇韻。三者各異。「五恭」，《廣韻》在鍾韻；「逆」在陌韻「宜戟切」。六臣音「遇」，在遇韻「牛具切」。三者韻、調俱異。』徐真真云：『《匯考》之説誤。殘卷音、六臣音都是將曲逆作曲遇。《漢書·高帝紀》注：「蘇林曰：『曲音齲。遇音顒。』師古曰：『齲音丘羽反。』」與殘卷音同。但殘卷音、六臣音皆誤。曲逆者，曲逆侯陳平也。曲逆爲地名。曲逆應如字讀，周祖謨在《論文選音之作者及其方音》一文中考云：「曲逆縣在中山，曲遇縣在中牟。《史記·曹相國世家》『西擊秦將楊熊軍於曲遇』，司馬貞《索隱》云『遇，牛凶反』，顔師古《漢書·曹參傳》注云『遇音顒』。但漢高之封陳平，本爲中山國之曲逆，《漢書·地理志》云：『曲逆，莽曰順平。』張晏注：『濡水於城北曲而西流，故曰曲逆。章帝醜其名，改曰蒲陰。』據此則曲逆當如字讀。」故此應爲「曲逆」而非「曲遇」。』

〔九六〕杳，刊本有『遊精杳漢，神迹是尋』句，張金泉云底卷『脱注』。

〔九七〕臂，刊本有『奮臂雲興，騰迹虎噬』句，張金泉云底卷『脱注』。

〔九八〕旅，『旅』之古文『旅』的增繁俗字，説見校記〔五八〕。

〔九九〕弢，刊本有『彭越觀時，弢迹匿光』句，『弢』爲『弢』之俗字，見《龍龕·弓部》。

〔一〇〇〕棱，刊本有『威凌楚域，質委漢王』句，徐真真云：『「棱」，「棱」之俗字。《説文通訓定聲》：「棱，柧也。从木，夌聲。俗亦作稜，又作楞。」「威棱」，威力，威勢。《漢書·李廣傳》「威稜憺乎鄰國」，王先謙補注：「《一切經音義》十八引《通俗文》：『木四方爲棱。』人有威，如有棱者然，故曰威棱。」但「威棱」爲名詞，與此句句式不合，故應從李善本等作「凌」，或從五臣本作「陵」。「凌」同「陵」，字本作「夌」。《説文·夊部》：「夌，越也。」段注云：「凡夌越字當作此。今字或作淩，或作凌，而夌廢矣。……今字概作陵矣。」』

〔一〇一〕脱，刊本有『脱迹違難，披榛來洎』句，張金泉云底卷『脱注』。

〔一〇二〕仕巾，張金泉云：『《廣韻》在真韻牀紐，「榛」在臻韻照紐，「側詵切」。二韻同用，二紐分清濁。』

〔一〇三〕楛，刊本有『悴葉更輝，枯條以肆』句，『楛』爲『枯』之借字。

〔一〇四〕肆，刊本有『悴葉更輝，枯條以肆』句，張金泉謂『肆』字誤。徐真真云：『應以「肆」爲正，「肆」爲假借，故殘卷音「異」。《説文·長部》：「肆，極陳也。从長，隶聲。」段注云：「以肆爲肆，蓋皆假借。」《周禮·春官·小宗伯》：「肆儀爲位。」鄭注：「故書肆爲肆，杜子春讀肆當爲肆。」又《禮記·玉藻》：「肆束及帶。」鄭注：「肆讀爲肆。」肆，《廣韻·至韻》：「嫩條也。」』

〔一〇五〕昨，刊本有『跨功踰德，祚爾輝章』句，張金泉以『昨』爲『祚』之誤，案唐抄本《文選集注》作『胙』，黄侃《説文新附考原》云：『祚，胙之後出。』（黄焯編次《説文箋識四種》二一五頁，上海古籍出版社一九八三）『昨』乃『胙』之誤。

〔一〇六〕濆，刊本有『往踐厥宇，大啓淮墳』句，《説文·水部》：『濆，水厓也。《詩》曰：「敦彼淮濆。」』『墳』爲『濆』之借字。

〔一〇七〕擒，刊本有「平代禽猇，奄有燕韓」句，張金泉云底卷「脱注」。

〔一〇八〕切下字「牒」爲「牒」之諱改字。

〔一〇九〕必氏，張金泉云：「《廣韻》在紙韻非紐，俾在並紐，「并弭切」。二紐分清濁。」案「俾」亦非紐字，非並紐字。

〔一一〇〕墉，刊本有「振威龍蜕，攄武庸城」句，「庸」「墉」古今字。

〔一一一〕擒，刊本有「克茶禽黥」句，「禽」「擒」古今字。

〔一一二〕與，刊本有「猗歟汝陰」句，「與」「歟」古今字。

〔一一三〕穎，刊本有「穎陰鋭敏，屢爲軍鋒」句，「穎」字是。參校記〔八三〕。

〔一一四〕擒，刊本有「奮戈東城，禽項定功」句，「禽」「擒」古今字。

〔一一五〕拒，刊本有「東窺白馬，北距飛狐」句，「距」「拒」古今字。

〔一一六〕酉，張金泉云：「《廣韻》在尤韻從紐，「自秋切」；「輶」在喻紐，「以周切」，當是誤讀偏旁。」案唐抄本《文選集注》引《音決》云：「輶，由、酉二音。」實有讀作「酉」音者。

〔一一七〕胙，刊本有「我皇寔念，言祚爾孤」句。説參校記〔一〇五〕。

〔一一八〕銓，底一原作「鈴」，刊本有「指明周漢，銓時論道」句，「銓」之俗寫與「鈴」形近，此形誤也，兹據刊本改正；切下字「全」底一原亦誤作「令」，兹依例改正，《文選集注》引《音決》作「七全反」，可證。

〔一一九〕刊本有「穆穆帝典，煥其盈門」句，此以「典」注「與」，當是以正字注誤字之例。

〔一二〇〕勣，刊本有「紓漢披楚，唯生之績」句，「勣」爲「績」之後起换旁字。

〔一二一〕陞，刊本有「貞軌偕没，亮迹雙升」句，「升」「陞」古今字。

〔一二二〕嚮，刊本有「震風過物，清濁効響」句，周祖謨云：「則字以形近而譌，寫者不審，復從而改作字音，揆諸文義，均有未安。」

〔一二三〕灌，刊本有『詔護錯音，袞龍比象』句，《周禮・地官・大司徒職》『以六樂防萬民之情』鄭玄注引鄭司農云：『六樂謂《雲門》、《咸池》、《大韶》、《大夏》、《大濩》、《大武》。』『詔』者『大韶』也，『護』者『大濩』也，『灌』應是『濩』之誤，『濩』『護』通用；注音『牙』應是『乎』之訛，『乎』乃『互』之俗字。

〔一二四〕東方，張金泉云：『文題《東方朔畫贊》之省。』

〔一二五〕『万』字底一原作『刀』，張金泉云：『刀，万之誤。』第五九行『曼』音『万』，兹據以改正。

〔一二六〕於耕，張金泉云：『「耕」是「冉」之訛。《廣韻・琰韻》「於琰切」，音同。六臣「音琰」，《廣韻》「以冉切」，却是濁音。』案：『耕』、『冉』形不近。

〔一二七〕偉，刊本有『先生瓌瑋博達，思周變通』句，『偉』爲『瑋』之借字。

〔一二八〕弛，刊本有『弛張而不爲邪，進退而不離羣』句，『弛』爲『弛』之後起别體。

〔一二九〕耶，刊本有『弛張而不爲邪』句，張金泉云：『耶，誤，六臣「邪」。又脱注。』案『耶』字不誤，《玉篇・耳部》：『耶，俗邪字。』

〔一三〇〕僚，刊本有『戲萬乘若寮友』句，『寮』爲『寮』之俗字，『僚』爲『寮』之借字，説詳《説文・穴部》『寮』篆下段注。

〔一三一〕怳，刊本有『此又奇怪惚恍，不可備論者也』句，張金泉云：『六臣誤「恍」。』徐真真云：『蔣錫昌曰：「惚恍或作芴芒，或作惚怳，雙聲疊字，皆可通用。蓋雙聲疊字以聲爲主，苟聲相近，亦可通假。」朱起鳳認爲惚怳、忽怳、惚恍、忽恍、忽慌等皆同，一詞異形也，「言無形象，無方體，不可端倪也」。』

〔一三二〕『肥』爲『肥』之俗字（説參《敦煌俗字研究》下編三三七頁），此以正字注俗字之例。

〔一三三〕遁，刊本有『矯矯先生，肥遯居貞』句，徐真真云：『「遁」同「遯」』，《廣韻》皆爲徒困切，與殘卷之音不協。《詩・周頌》「我將我享，維羊維牛」鄭箋：「我奉養我享祭之牛羊，皆充盛肥腯。」《左傳・桓公六年》：「牲牷肥腯。」《廣韻》「腯」音陀骨切，正與殘卷「大骨」之音同，則疑殘卷讀「遁」爲「腯」也。《説文・肉部》

「腯」篆下云：「牛羊曰肥，豕曰腯。」是「肥」「腯」二字義同，皆言肥也。「肥遯」典出《周易・遯卦》「上九，肥遯，无不利」，孔穎達《正義》云：「《子夏傳》曰：肥，饒裕也。四五雖在於外，皆在内有應，猶有反顧之心。惟上九最在外極，无應於内心，无疑顧，是遯之最優，故曰肥遯。遯而得肥，无所不利，故云无不利也。」遯，《説文・辵部》：「逃也，从辵，豚聲。」引申爲隱退也。「肥遯居貞」，言先生樂隱於俗而居其正道。若讀爲「肥腯」，則與句意不協。《禮記・檀弓上》「微子舍其孫腯而立衍也」《釋文》：「腯，徐本作遁。」是二字有通假之例。既爲通假，則其音當同。腯音大骨，遁音徒困，求之古音，皆爲定紐，其韻則物文對轉也，且二字皆從盾得聲，是二字同音也。殘卷讀「遁」爲「大骨」，當是一種方音。」

〔一三四〕『涅』字底卷原作『湼』，案刊本有『涅而無滓，既濁能清』句，《廣韻》『涅』音奴結反，正與『乃結』合，『湼』乃『涅』之形誤，兹據刊本改正。

〔一三五〕淪，張金泉云底卷『脱注』。

〔一三六〕從，刊本有『棲遲下位，聊以從容』句，張金泉云：『六臣「蹤」，是。』則謂『從容』當作『蹤容』也，故又云：『七從，《廣韻》在東韻清紐；「蹤」在精紐，二者異紐。』案《廣韻・鍾韻》有『七恭切』一音，注云：『從容。』『七恭切』與底一『七從』合，切下字與標目字同者，其要在於切上字『七』，謂『從』字應讀作清紐。

〔一三七〕仚，刊本有『敬問墟墳，企儜原隰』句，張金泉云：『誤。六臣「企」。』案『仚』爲『仙』之本字，此處應爲『企』之形誤。

〔一三八〕榱，底一原作『欀』，此處刊本有『榱棟傾落，草萊弗除』句，兹據以改正。

〔一三九〕三囶，張金泉云：『文題《三國名臣序贊》之省。「囶」是武后新字。』

〔一四〇〕陞，刊本有『故二八升而唐朝盛，伊吕用而湯武寧』句，『升』『陞』古今字。

〔一四一〕賂，刊本有『居上者不以至公理物，爲下者必以私路期榮』句，『賂』爲『路』之借字，《詩・魯頌・泮水》『大賂南金』，《後漢書・劉陶傳》『就使當今沙礫化爲南金』李賢注引《詩》『賂』作『路』。

〔一四二〕璩，刊本有『故蘧甯以之卷舒，柳下以之三黜』句，張金泉云：『「璩」誤，六臣「蘧」。』案『璩』者，璩伯玉也，字亦寫作『蘧』，例參高亨《古字通假會典》『璩與蘧』條。

〔一四三〕卷，刊本有『故蘧甯以之卷舒，柳下以之三黜』句，《廣韻・仙韻》小韻『居轉切』下有『卷』字，云『卷舒』，則此『卷』當讀爲『居轉切』。底一切上字『但』爲清紐字，當是『俱』字誤。

〔一四四〕女孝，張金泉云：『《廣韻》在效韻娘紐；「撓」在巧韻泥紐，「奴巧切」。二者紐、韻、調俱異。』案此音『崔生高朗，折而不撓』句之『撓』也，《説文・手部》：『撓，擾也。』木部：『橈，曲木。』段注：『引伸爲凡曲之偁。』是此句之『撓』實爲『橈』之借字，《廣韻・效韻》『橈』音奴教切，正與底一『女孝』之音合。

〔一四五〕覲，底一原誤作『觀』，《文選集注》引《音決》云：『瑾，音覲。』茲據以改正。

〔一四六〕⿰米斤，刊本有『總角料主，則素契於伯符』句，《龍龕・米部》以『⿰米斤』爲『料』之俗字。

〔一四七〕愕，刊本有『神情所涉，豈徒謇愕而已哉』句，張金泉云底卷『脱注』。

〔一四八〕魏志，刊本『魏志九人，蜀志四人，吴志七人』下爲二十人的名字，但刊本的排列位置是錯誤的，據底一，知原來正確的排列次序應是：魏志九人，荀彧、荀攸、袁涣、崔琰、徐邈、陳羣、夏侯玄、王經、陳泰；蜀志四人，諸葛亮、龐統、蔣琬、黄權；吴志七人，周瑜、張昭、魯肅、諸葛瑾、陸遜、顧雍、虞翻。詳參徐真真考證。

〔一四九〕彧，底一原誤作『或』，此『荀彧字文若』句中文，茲據刊本改正。

〔一五〇〕琰，張金泉云底卷『脱注』。

〔一五一〕⿱艹愻，刊本有『陸遜字伯言』句，張金泉云：『「⿱艹愻」誤。六臣「遜」，又脱注。』案李惇《群經識小》云：『遜，遁也；愻，順也。古字並作「孫」，後有愻、遜二字，一从辵，則爲遁；一从心，則爲順，字形文義皆截然不可混。《説文》「愻」字下云：「順也，《唐書》五品不愻。」此古文也。後人並改作「遜」，而經典中遂罕見「愻」字矣。』陸遜字伯言，《禮記・玉藻》『君子之飲酒也，受一爵而色洒如也，二爵而言言斯』，鄭玄注：『言言，和敬貌。』敬與順義相成，則陸遜之『遜』當讀作『愻』也。底一『⿱艹愻』從艹者，當是俗所添也，古有加『艹』頭而成爲繁化俗字者，説參張涌泉《漢語俗字叢考》一二三三頁「⿱艹種」字條。

〔一五二〕雍，底一原作「應」，刊本有「顧雍字元歎」句，兹據以改正。

〔一五三〕飜，刊本有「虞翻字仲翔」句，「飜」「翻」二字異體。

〔一五四〕走，張金泉云：「《廣韻·桓韻》『借官切』，『走』、『借』同紐，脱反切下字。」

〔一五五〕笇，刊本有「愔愔幕裏，筭無不經」句，《干禄字書·去聲》：「笇、筭，上俗下正。」

〔一五六〕許忍，張金泉云：「《廣韻》在軫韻曉紐；『哂』在審紐，『式忍切』。二者異紐。」

〔一五七〕怡，刊本有「雖遇履虎，神氣恬然」句，周祖謨云：「則字以形近而譌，寫者不審，復從而改作字音，揆諸文義，均有未安。」

〔一五八〕飾，底一原作「餔」，案此「行不脩飾」句中文，且注音爲「式」，故據刊本改正。

〔一五九〕⿰亻⿱夂言，刊本有「名迹無愆」句，據《説文》，「愆」爲小篆隸定字，「諐」爲籀文隸定字，則「⿰亻⿱夂言」應是「諐」之誤。下「⿰亻⿱夂言」字同。

〔一六〇〕櫨，刊本有「天骨疎朗，牆宇高嶷」句，「櫨」乃「牆」之俗訛字。

〔一六一〕剪，張金泉云底卷「脱注」。

〔一六二〕知丈，張金泉云：「《廣韻·漾韻》直亮切，二者分清濁。」案此「長文通雅，義格終始」句中文，《廣韻·養韻》小韻「知丈切」下有「長」字，正與底一之音相同。

〔一六三〕紀，底一原作「紂」，張金泉云：「『紀』之訛。」案此音「民未知德，懼若在己」之「己」字，底卷音「己」皆用「紀」，兹據以改正。

〔一六四〕「把」字底一原作「杷」，刊本有「玉生雖麗，光不踰把」句，此乃扌、木混用所致，兹據以録正。

〔一六五〕盪，刊本有「萬物波蕩，孰任其累」句，「蕩」爲「盪」之借字。此字下脱注文。

〔一六六〕橈，刊本有「烈烈王生，知死不撓」句，「女孝」，張金泉云：「《廣韻》在效韻娘紐；『撓』在巧韻泥紐，『奴巧切」。二者音異。』案張説誤，『撓』爲『橈』之借字，『女孝』爲『橈』之音，説詳校記〔一四〕。

〔一六七〕蟠，刊本有『初九龍盤，雅志彌確』句，王力《同源字典》謂『蟠』『盤』同字。

〔一六八〕礭，刊本有『初九龍盤，雅志彌礭』句，『礭』爲『確』之俗字。

〔一六九〕莫貢，張金泉云：『《廣韻》在送韻；「雺」在東韻「莫紅切」，二者異調。』案《廣韻・宋韻》小韻『莫綜切』下有『雺』字，『貢』『雺』非異調也。

〔一七〇〕知丈，張金泉云：『《廣韻》在漾韻知紐；「長」在澄紐「直亮切」，二者分清濁。』案此『士元弘長，雅性内融』句中文，《廣韻・養韻》小韻『知丈切』下有『長』字，正與底一之音相同。

〔一七一〕已，刊本有『三略既陳，霸業已基』句，張金泉云：『脱注。依四七行「已」注「以」，脱「以」。』

〔一七二〕己，刊本有『推賢恭己，久而可敬』句，張金泉云：『脱注。依四九行「己」注以「紀」，脱「紀」。』

〔一七三〕七甘，張金泉云：『《廣韻》在談韻清紐；「參」在心紐「蘇甘切」。二者異紐。』案刊本有『三光參分，宇宙暫隔』句，『參』字當讀作『倉含切』，與『七甘』同在清紐，覃、談同用。

〔一七四〕乎革，張金泉云：『《廣韻》在麥韻匣紐；隔在見紐「古核切」，二者異紐，「乎」誤。』案從『鬲』聲之字有讀匣紐者，《廣韻》『翮』音『下革切』是也；《文選・蜀都賦》『肴槅四陳』，李善注：『《毛詩》曰：「肴核維旅。」槅與核義同。』『核』亦音『下革切』，『乎』字應不誤。

〔一七五〕必，張金泉云：『《廣韻》在質韻「卑吉切」，「臂」在寘韻「卑義切」。二者異韻。』

〔一七六〕萊，底一原作『来』，張金泉云：『誤。六臣「萊」。』案此『昂昂子敬，拔迹草萊』句中文，兹參寫卷書寫習慣擬改如上。

〔一七七〕擔，刊本有『荷檐吐奇，乃構雲臺』句，張銑曰：『荷擔謂賤者之事。』是張銑以此爲『擔』字，與底一同。

〔一七八〕封禪，張金泉云：『文題《封禪文》之省。』

〔一七九〕穹，刊本有『伊上古之初肇，自昊穹兮生民』句，《正字通・宀部》：『穹，同穹，譌省。』

〔一八〇〕 䟼，刊本有『率邇者踵武』句，《集韻·噳韻》：『䟼，《博雅》：「跡也。」通作武。』《正字通·足部》：『䟼，俗字，經史通作「武」。舊註「跡也」，作䟼，非。』案《廣雅·釋詁》：『武，迹也。』不作『䟼』，『䟼』者，『武』之增旁俗字也。

〔一八一〕 葳，刊本有『紛綸威蕤，湮滅而不稱者』句，『葳蕤』聯緜詞，亦寫作『威蕤』。

〔一八二〕 堙，刊本有『紛綸威蕤，湮滅而不稱者』句，徐真真云：『《匯考》云殘卷作「堙」誤，此說不確切。《說文·水部》：「湮，没也。」堙，《説文通訓定聲》云：「垔俗作堙。假借爲湮。《周語》：堙替隸圉。注：没也。」故殘卷作「堙」乃爲「湮」之借字。』

〔一八三〕 襁褓，刊本有『是以業隆於繦緥而崇冠於二后』句，徐真真云：『殘卷作「襁褓」，爲「繦緥」之後起字。《説文·衣部》「襁」篆下段玉裁云：「按古繦褓字从糸，不从衣。淺人不得其解，而增褓篆於此。」』底卷有兩注音『保』字，乃因換行而誤衍者，今删之。

〔一八四〕 攸，底一原作『彼』，張金泉云『誤』，案刊本此處有『揆厥所元，終都攸卒』句，兹據以改正。

〔一八五〕 魄，刊本有『旁魄四塞，雲布霧散』句，注音『薄』，張金泉云：『《廣韻》在鐸韻并紐，「傍各切」；「魄」在陌韻滂紐，「普伯切」。二者紐、韻有别。』案『旁魄』聯緜詞，亦寫作『旁薄』（例參高亨《古字通假會典》），此以『薄』注『魄』者，意謂讀作『薄』也。李善謂『魄音薄』是也。

〔一八六〕 汧，刊本有『上暢九垓，下泝八埏』句，『泝』、『汧』均爲『𣴑』之隸變。

〔一八七〕 焱，刊本有『協氣横流，武節焱視』句，張金泉謂『焱』字誤。案俗書『猋』常寫作『焱』。

〔一八八〕 虫，蟲者昆蟲也，虫者虺也，二字不同，此以『虫』注『蟲』，乃以當時通行俗字注正字也。

〔一八九〕 羊石，張金泉云：『《廣韻》在昔韻喻紐；「澤」在陌韻澄紐，「場伯切」，二者紐、韻有别。』徐真真云：『「豈弟」、「闓澤」、「闓懌」、「凱澤」等皆同，一詞多形，發明之義。《漢書·司馬相如傳》引此句作「昆蟲闓懌，回首面内」，《史記·司馬相如傳》引作「昆蟲凱澤，回首面内」。朱起鳳云：「《説文》云：『闓，開也。』《廣雅・釋詁》云：『闓，明也。』是闓本訓發，惟發故明。……《周禮・春官・太卜》鄭注引《書・洪範》曰：『曰雨，曰濟，曰圛，曰蟊，曰剋。』《史記・宋世家》引《鴻範》作『曰雨，曰濟，曰涕，曰霧，曰克。』《索隱》云：『涕音亦。《尚書》作驛。』《史記》以『涕』字當鄭注之『圛』，是圛、涕兩字，古音相通，於此可見，『豈弟』假作『闓懌』，蓋亦同此例。『澤』又爲『懌』之假借。百姓由闇昧而入光明，與昆蟲出窟穴而見天日，其理正同。舊注釋爲和樂，失其旨矣。」故殘卷音『澤』羊石反。』

〔一九〇〕虪，刊本有『然後囿騶虞之珍羣』句，『虪』爲『虞』之後起字，因『騶』而類化偏旁也。

〔一九一〕儌，刊本有『儌麋鹿之怪獸』句，『儌』爲『徼』之後起別體。

〔一九二〕麃，刊本有『儌麋鹿之怪獸』句，張金泉謂作『麃』誤。

〔一九三〕杭，刊本有『蓋周躍魚隕航，休之以燎』句，『杭』『航』古今字。

〔一九四〕與，刊本有『進讓之道，何其爽歟』句，『與』『歟』古今字。

〔一九五〕祉，刊本此處無該字，下文『車』條後有此條，或涉彼條傳抄而衍歟？

〔一九六〕驩，刊本有『挐三神之歡』句，徐真云：『「驩」、「歡」通假，「歡」爲正。驩，《説文・馬部》：「馬名。从馬，雚聲。」段注：「古假爲歡字。」』注音『乎丸』，張金泉云：『《廣韻》在桓韻匣紐；「驩」在曉紐，「呼官切」。二者分清濁。』

〔一九七〕父，刊本有『是泰山靡記而梁甫罔幾也』句，『甫』『父』古多通用。

〔一九八〕悳，刊本有『羣臣悳焉』句，張金泉云：『依文在「驩」之後、「曰」之前。』

〔一九九〕丕，刊本有『皇皇哉此天下之壯觀，王者之卒業，不可貶也』句，張金泉云：『六臣作「卒」，又脱注。』案作『丕』是，説參張涌泉《校勘學概論》（三六頁，江蘇教育出版社二〇〇七）。

〔二〇〇〕七戶，張金泉云：『《廣韻》在姥韻，「錯」在暮韻「倉故切」。二者異調。』

〔二〇一〕『祓』字底一原誤作『犾』，刊本有『猶兼正列其義，祓飾厥文，作春秋一藝』句，茲據以改正。

〔二〇二〕必氏，張金泉云：『《廣韻》在紙韻非紐；「俾」在並紐，「并弭切」。二紐分清濁。』案『俾』亦非紐字，非並紐字。

〔二〇三〕之孕，張金泉云：『《廣韻》在證韻照紐，「稱」在穿紐，「昌孕切」。二者異紐。』案『之』爲省代符之誤，第六八行『稱』音『=孕』，可證。

〔二〇四〕俙，刊本有『於是天子俙然改容』句，李善注云：『俙或爲沛。』『呼皆』，張金泉云：『《廣韻》在皆韻：「俙」在微韻「香衣切」。二者音義俱異。』案李善『俙』音『許皆切』，與底一之音合，徐真真云：『殘卷及李善、六臣是皆讀「俙」爲「俙」。俙，《廣韻》喜皆切，與殘卷、李善、六臣音同。《康熙字典》按云：諸字書無俙字，《正字通》云與《説文》俙訓略同，當是俙字之訛。』案『俙』字始見於《廣韻》，《正字通》謂爲『俙』之訛，朱起鳳《辭通》謂『俙』是『沛』之誤，當是，然李善何以音『許皆』，未知其因。

〔二〇五〕濩，刊本有『非惟徧（『徧』爲『偏』之誤）之我，氾布護之』句，徐真真云：『濩，《説文·水部》：「雨流霤下皃。从水，蒦聲。」段注云：「霤，屋水流下也。今俗語評檐水溜下曰滴濩，乃古語也。」引申爲分布、布散。《史記·司馬相如傳》：「非唯濡之，氾尃濩之。」司馬貞《索隱》引胡廣曰：「言雨澤非偏於我，普徧布散，無所不濩之也。」「護」爲「濩」之同音借字。』

〔二〇六〕囿，刊本有『般般之獸，樂我君圃』句，徐真真云：『「圃」誤，此處應從殘卷作「囿」，養禽獸曰囿，種菜曰圃，兩字形近而誤。《詩·大雅·靈臺》毛傳曰：「囿所以域養禽獸也。」圃，《説文·□部》：「所以種菜曰圃。」段注云：「《齊風》毛傳曰：圃，菜園也。馬融《論語注》曰：樹菜蔬曰圃。玄應引《倉頡解詁》云：種樹曰園，種菜曰圃。」此句前有云「般般之獸」，則應爲養禽獸之囿，且獸、囿押韻，作圃則韻不協。』

〔二〇七〕喜，刊本有『白質黑章，其儀可嘉』句，徐真真云：『「嘉」誤，應從殘卷作「喜」。《文選胡氏考異》卷八《封禪文》「其儀可嘉」條云：「何校：嘉改喜。陳同。案：《漢書》作喜，《史記》作嘉，以韻求之，喜與囿爲協，何、陳從《漢書》，是也。《史記》嘉，亦有誤。」胡、何、陳之説引《漢書》爲證，以韻求之，均因未見有作「喜」

之《文選》版本，今得殘卷作「喜」，可知善自作「喜」，而傳寫誤作「嘉」耳。」

〔三〇八〕車，刊本有「馳我君輿，帝用享祉」句，張金泉云：「六臣「輿」，非。」案「輿」、「車」同義同韻，以「輿」爲非，不知何據。

〔三〇九〕於，張金泉謂此處脱反切下字。

〔三一〇〕陞，刊本有「宛宛黄龍，興德而升」句，「升」「陞」古今字。

〔三一一〕傳，刊本有「於傳載之，云受命所乘」句，張金泉云底卷「脱注」。

〔三一二〕諭，刊本有「依類託寓，喻以封巒」句，徐真真云：「殘卷作「諭」爲本字，「喻」爲後起字。」

〔三一三〕巒，底一原作「蠻」，張金泉謂底一誤，刊本有「喻以封巒」句，兹據以改正。

〔三一四〕魚檢，張金泉云：「《廣韻》在琰韻，「嚴」在嚴韻「語𩐃切」，二者韻、調俱異。」案「嚴」爲「是以湯武至尊嚴，不失肅祇」句中文，「嚴」有後起分别文「儼」，《爾雅·釋詁下》：「儼，敬也。」《玉篇·人部》：「儼，矜莊貌。」尊嚴者，尊貴矜莊也，「嚴」應讀爲「儼」。《廣韻·儼韻》「儼」音魚埯切，與切下字琰韻「檢」聲調同，儼、琰二韻同用。

〔三一五〕與，刊本有「舜在假典，顧省闕遺」句，此以「典」注「與」，當爲以正字注誤字之例。

〔三一六〕美新，張金泉云：「文題《劇秦美新》之省。」

〔三一七〕上，刊本有「稽首再拜上封事皇帝陛下」句，此字《廣韻·養韻》時掌切，古以讀時亮切者爲「如字」（《經典釋文》皆如此），底卷以「上」爲切下字者皆讀作去聲，故此處注音之「上」應是作切上字（底卷有以被注字爲切上字者，説見校記〔二〕），切下字疑已抄脱。

〔三一八〕「擢」字底一原作「櫂」，刊本有「數蒙渥恩，拔擢倫比」句，乃扌、木混用所致，兹據以録正。

〔三一九〕白交，張金泉云：「《廣韻》在肴韻並紐；「包」在幫紐，「布交切」。二者分清濁。」

〔三二〇〕許，張金泉云脱反切下字。

〔三二一〕吁，張金泉云：『六臣同，《廣韻·虞韻》「況于切」，音同；「嘔」在侯韻影紐「烏侯切」，音義俱異。』案此爲『玄黃剖判，上下相嘔』句之『嘔』作音，李善注：『《禮記》曰：「煦嫗覆育萬物」鄭玄曰：「以氣曰煦。」「煦」與「嘔」同，況俱切。』是底一讀『嘔』爲『煦』也。

〔三二二〕知，刊本有『罔不云道德仁義禮智』句，『知』『智』古今字。

〔三二三〕巨勿，張金泉云：『《廣韻》在物韻群紐；「屈」在見紐，「九勿切」。二者分清濁。』案此『獨秦屈起西戎，邠荒岐雍之疆』句中文，五臣本『屈』作『崛』，《廣韻》『崛』音衢物切，正與底一之音合，是底一音『巨勿』者，讀『屈』爲『崛』也。

〔三二四〕從，刊本有『至政破縱擅衡』句，『從』『縱』古今字。

〔三二五〕横，張金泉云：『《廣韻·庚韻》「横」音户盲切；「衡」音户庚切，音近。』縱衡之『衡』當作『横』，『衡』爲借字也，此以『横』注『衡』，乃以正字注借字也。

〔三二六〕耶，刊本有『盛從鞅儀韋斯之邪政』句，張金泉云：『「耶」誤，六臣「邪」。』案『耶』非誤字，乃俗字也，《玉篇·耳部》：『耶，俗邪字。』

〔三二七〕恬，底一原作『怗』，張金泉認爲『怗』字誤，案此『馳騖起翦恬賁之用兵』句中文，翦恬賁者，王翦、王賁父子及蒙恬也，兹據以改正。

〔三二八〕㢮，刊本有『弛禮崩樂，塗民耳目』句，『㢮』爲『弛』之後起別體。注音『直氏』，張金泉云：『《廣韻》在紙韻澄紐；「㢮」在審紐，「施是切」。二者異紐。』案《荀子·非相》『文久而息，節族久而絶，守法數之有司，極禮而褫』，王念孫《讀書雜志·荀子二》『守法數之有司，極禮而褫』條云：『褫之言弛也，言疲於禮而廢弛也。』《廣韻·紙韻》『褫』音池爾切，正與底一之『直氏』合，是底卷讀『弛』爲『褫』也。

〔三二九〕『狙』及『獷』兩條爲『狙獷而不臻』句中文，當移至『卷』條下。

〔三三〇〕『稽』爲『改制度軌量，咸稽之於秦紀』句中文，當移置於『量』條之後。

〔三三一〕條，刊本有『遂欲流唐漂虞，滌殷蕩周』句，『條』『滌』古多通用。

〔三三二〕盪，刊本有『遂欲流唐漂虞，滌殷蕩周』句，『蕩』爲『盪』之借字。

〔三三三〕𤏸，刊本有『𤎩除仲尼之篇籍』句，李善注云：『𤎩，古然字。』『𤏸』與『𤎩』隸變之異。

〔三三四〕耆，底一原作『者』，張金泉云：『據音當是「耆」，《廣韻・脂韻》「耆」音「渠脂切」，與注「巨尸」同。然文中無此字。』案刊本有『是以耆儒碩老，抱其書而遠遜』句，兹據以改正；此條當移置『碩』條前。

〔三三五〕愻，刊本有『是以耆儒碩老，抱其書而遠遜』句，『愻』爲『遜』之借，説參校記〔一五二〕。

〔三三六〕卷，刊本有『禮官博士，卷其舌而不談』句，切上字『伹』當是『俱』之誤，説參校記〔一四三〕。

〔三三七〕以林，張金泉云：『《廣韻》在侵韻清紐；「潭」在覃韻定紐，「徒含切」，音義皆别。』案張氏所謂『《廣韻》在侵韻清紐』者，乃指『浸』之切語『七林』也，此處乃考『以林』之音，當云『《廣韻》在侵韻喻紐』。『浸潭』爲聯緜詞，或寫作『侵潭』、『侵淫』、『浸淫』，底一以『七林』音『浸』，『以林』音『潭』者，乃讀作『侵淫』也，音義均無别。

〔三三八〕已，刊本有『況盡汛掃前聖數千載功業，專用己之私而能享祐者哉』句，案此當作『己』，周祖謨云：『蓋寫者之誤。』

〔三三九〕祜，刊本作『祐』（見上條引），周祖謨云：『則字以形近而譌，寫者不審，復從而改作字音，揆諸文義，均有未安。』乃以作『祐』爲然。張金泉云：『六臣「祐」，非。』則以作『祐』爲非。案《藝文類聚・符命部》引《劇秦美新》作『祜』；《文選》劉良注：『安能享福久远者乎？』是亦作『祜』。此揚雄上莽封事，言莽稱帝順應天意，當以作『祐』爲然，『享祐』者，受天之助也。

〔三四〇〕葉，刊本『會漢祖龍騰豐沛，奮迅宛葉』句中文，此字六臣音『攝』，《廣韻》書涉切，乃地名。其以『葉』作切下字者，切下字『葉』讀如字也，《廣韻》『與涉切』。

〔三四一〕勠，刊本有『自武關與項羽戮力咸陽』句，《説文・力部》『勠』篆下段注云：『《文賦》注引賈逵《國語解詁》

曰：「勠力，并力也。」許所本也。并者，相从也。併者，竝也。并、併古通用矣。《左傳》、《國語》或云「勠力同心」，或云「勠力一心」，皆謂數人共致力。僞《尚書傳》訓云「陳力」，斯失之。古書多有誤作「戮」者。』注音『聊』，張金泉云：『《廣韻》在蕭韻落蕭切；「勠」在尤韻「力求切」。古代西北方音，二韻相近。』案没有證據證明《文選音》所反映的注音是西北方音，而且『勠』從翏聲，《廣韻》『翏』音落蕭切，正與底一注音『聊』合。

〔二四二〕㢮，刊本有『是以帝典闕而不補，王綱弛而未張』句，『㢮』爲『弛』之後起別體。

〔二四三〕數，刊本有『道極數殫，闇忽不還』句，張金泉云底卷『脱注』。

〔二四四〕霧，刊本有『雲動風偃，霧集雨散』句，張金泉云底卷『脱注』。

〔二四五〕坼，刊本『誕彌八坼，上陳天庭』句，『坼』爲『坼』之別體，張金泉云：『六臣「圻」，是。』注『土革』，張金泉云：『因誤字而誤音。』

〔二四六〕焱，刊本有『炎光飛響，盈塞天淵之間』句，周祖謨云：『則字以形近而譌，寫者不審，復從而改作字音，揆諸文義，均有未安。』案周説是，『焱』爲『炎』之誤，讀作『必昭』者，乃借爲『猋』也。

〔二四七〕苦后，張金泉云：『「苦」是「普」之誤。』

〔二四八〕際，刊本有『奇偉倜儻譎詭，天祭地事』句，此以『祭』注『際』，應是以正字注誤字之例。

〔二四九〕穹，刊本有『登假皇穹，鋪衍下土』句，《正字通·宀部》：『穹，同穹，譌省。』

〔二五〇〕断，刊本有『若夫白鳩丹烏，素魚斷蛇』句，《干禄字書·上聲》：『断、斷，上俗下正。』

〔二五一〕与，刊本有『勤勤懇懇者，非秦之爲與』句，『与』『與』二字古混用無別，敦煌寫本多用『与』字，後世刊本多改作『與』。

〔二五二〕塲，刊本有『遥集乎文雅之囿，翺翔乎禮樂之場』句，『塲』爲『場』之後起別體。

〔二五三〕量，刊本有『懿律嘉量，金科玉條』句，張金泉云注文脱反切下字，按底卷上下文『量』字或音『力上』反（凡五見），或音「力羊」反，可參。

〔二五四〕樤，刊本有「懿律嘉量，金科玉條」句，「樤」爲「條」之借字。

〔二五五〕⿱䜌言，刊本有「揚和鸞肆夏以節之」句，張金泉云底卷誤。案「鸞」「鑾」二字古多通用，「⿱䜌言」應是「鑾」之形誤。

〔二五六〕炎灼，張金泉云「《廣韻・藥韻》「書藥切」，韻同紐異，疑「炎」爲「失」之誤。」徐真真云：「爍，《集韻》弋灼切，音藥。故殘卷音「炎灼」不誤。」案伯三六〇二《莊子集音》第五四行「爍」音「藥」，可證，以「炎」爲切上字者，喻紐三、四等不分。

〔二五七〕延，刊本有「布濩流衍而不韞韣」句，張金泉云：「六臣「衍」，音同義近。」案「流衍」聯緜詞，亦可寫作「流羨」、「流延」。

〔二五八〕韇，刊本有「布濩流衍而不韞韣」句，「韇」爲「韣」之後起別體。

〔二五九〕究，刊本有「姦宄寇賊，罔不振威」句，「究」應是「宄」之誤；張金泉云底卷「脱注」。

〔二六〇〕許乙，張金泉云：「《廣韻》在質韻；「迄」在迄韻「許訖切」。疑「乙」當作「乞」。」徐真真云：「迄從乞聲，乞從乙聲。且「迄」上古在物韻，「乙」在質韻，質、物二韻相近，可通用。涖、位同從立得聲，即質、物相通之證。故作「乙」是也。」案《詩・大雅・生民》「庶無罪悔，以迄于今」《釋文》：「迄，許乙反，至也。」底一第五七行「迄」字亦音「許乙」，作「乙」不可謂誤。

〔二六一〕渟，底一原作「渟」，張金泉云：「六臣「渟」，是。」案此「崇嶽渟海通瀆之神」句中文，玆據以改正。

〔二六二〕塲，刊本有「咸設壇場，望受命之臻焉」句，「塲」爲「場」之後起別體。

〔二六三〕臭，刊本有「臭馨香，含甘實」句，張金泉云：「《廣韻》在宥韻穿紐；六臣「許又」，則在曉紐。二者音義有別，當從六臣。」

〔二六四〕喜，刊本有「則百工伊凝，庶績咸喜」句，張金泉云底卷「脱注」。

〔二六五〕五記，張金泉云：「《廣韻》在之韻，「毅」在未韻，「魚既切」，二者異韻。」案《廣韻》「記」在志韻，志、未二韻可同用。

〔二六六〕郄，刊本有「臣與賈逵傅毅杜矩展隆郗萌等」句，《晉書音義·帝紀第六》：「郤，本或作郄，俗。」則「郤」、「郄」正俗字。《正字通·邑部》「郗」字下云：「「郗」與「郄」別。黃長睿曰：「郗姓爲江左名族，讀如絺繡之絺，俗譌作郄，呼爲郄詵之郄，非也。」郄詵，晉大夫郤縠之後；郗鑒，漢御史大夫郗慮之後。姓源既異，音讀各殊，後世因俗書相亂，不復分郗、郄爲二姓。」則底一作「郄」者，俗訛也，音「去逆」者，爲「郄」字作音。

〔二六七〕過，刊本有「此贊賈誼過秦篇云」句，張金泉云底卷「脱注」。

〔二六八〕誎，刊本有「反微文刺譏，貶損當世」句，案此應是刺譏義之「刺」的增旁俗字（涉「譏」字類化增旁）。《中華字海》收有「誎」字，云「「誎」的訛字。字見朝鮮本《龍龕》」，乃別一字。

〔二六九〕断，刊本有「緣事斷誼」句，《干禄字書·上聲》：「断、斷，上俗下正。」

〔二七〇〕㝡，刊本有「臣固被學最舊，受恩浸深」句，《説文·冖部》「冣」篆下段注：「冣與聚音義皆同，與冃部之「最」音義皆別……至乎南北朝，「冣」、「最」不分。……而《廣韻》十四泰云：「冣，極也。祖外切。」亦是「冣」之義誤以爲「最」之義也。何以言之？古凡云殿冣者，皆當作从冖字。」「㝡」爲「冣」之俗訛。

〔二七一〕濅，刊本有「臣固被學最舊，受恩浸深」句，「濅」爲「浸」之俗字，此以「浸」注「濅」者，乃以正字注俗字也。

〔二七二〕雝，刊本有「雖不足雍容明盛萬分之一」句，徐真真云：「「雝」爲「雍」之本字。雝，《説文·隹部》：「雝，雝渠也。」段注云：「經典多用爲雝和、辟雝，隸作雍。」」

〔二七三〕樂，刊本有「猶啓發憤滿」句，不見「樂」字。徐真真云：「五臣本於「猶」下有「樂」字，六臣本無。」

〔二七四〕慲，刊本有「猶啓發憤滿」句，徐真真云：「「慲」誤，與「滿」形近而誤，「滿」同「懣」。「懣」，《説文·心部》：「煩也。」段注云：「煩者，熱頭痛也。引申之，凡心悶皆爲煩。古亦假滿爲之。」《漢書·佞幸傳·石顯》：「憂滿不食。」顔注：「滿讀爲懣。」憤、懣二字同義連文，《説文・心部》：「憤，懣也，从心，賁聲。」』案：『慲』或即『滿』涉前『憤』字類化換旁，或即『懣』之省聲字（『懣』從滿聲，而『滿』與『慲』又皆從『㒼』得聲）。

〔二七五〕『氤』、『氳』兩條，刊本有『太極之元，兩儀始分，烟烟熅熅，有沈而奥，有浮而清』句，徐真真云：『氤氳、絪緼、烟熅皆同，一詞異形也，言天地之合氣也。』

〔二七六〕於六，張金泉云：『《廣韻》在屋韻；「奥」在号韻「烏到切」，二者異韻。《集韻・屋韻》「奥」「乙六切」，與此同。』案『奥』爲『烟烟熅熅，有沈而奥，有浮而清』句中文，李善注：『奥，濁也。』『濁』義之『奥』當讀於六切，説參校記〔四二〕。

〔二七七〕昌若，張金泉云：『《廣韻・獮韻》「昌善切」，「若」當作「善」。』

〔二七八〕乎甘，張金泉云：『呼甘，《廣韻》在談韻曉紐；「函」在覃韻匣紐「胡男切」。二韻同用，二紐分清濁。』案此爲『函光而未曜』句作音，『乎』爲匣紐字，張氏誤録爲『呼』，遂至有『二紐分清濁』之語。

〔二七九〕偰，刊本有『稷契熙載，越成湯武』句，邵瑛《説文解字羣經正字》云：『今經典俱省人作「契」……正字當作「偰」。』

〔二八〇〕韞，刊本有『蘊孔佐之弘陳云爾』句，『韞』爲『蘊』之借字。注文『行粉』，張金泉云：『《廣韻・吻韻》「紆粉切」，「行」是「紆」之誤。』

〔二八一〕已，刊本有『諮誓所不及已』句，張金泉云：『脱注。依例當注「以」。』

〔二八二〕彤，底一原作『肜』，張金泉云：『誤，六臣「彤」。』案此刊本『乘其命賜彤弧黄鉞之威』句中文，茲據以改正。

〔二八三〕濩，刊本有『武稱未盡，護有慙德』句，『濩』『護』通用，説見校記〔一三〕。

〔二八四〕『濩』『於』兩條見『武稱未盡，護有慙德』及『亦猶於穆猗那』句，依序當置於『亳』條後。

〔二八五〕亳，底一原作『毫』，張金泉云：『誤，六臣「亳」。』案此『至于參五華夏，京遷鎬亳』句中文，茲據以改正。

〔二八六〕郝，刊本有「亦猶於穆猗那」句，「郝」爲「那」之俗字。

〔二八七〕翕，底一原作「俞」，張金泉云：「誤，六臣『翕』。」案刊本有「亦猶於穆猗那，翕純皦繹」句，茲據以改正。

〔二八八〕苦，張金泉云：「《廣韻》在姥韻溪紐；『舃』在昔韻心紐『思積切』。音義有別。」案「苦」當是「昔」之形誤，《經典釋文》「舃」字多以直音「昔」音之。

〔二八九〕泝，刊本有「泝測其源，乃先孕虞育夏」句，「泝」、「泝」均爲「溯」之隸變。

〔二九〇〕慝，刊本有「匿亡回而不泯，微胡鎖而不頤」句，「匿」「慝」古今字。

〔二九一〕賾，刊本有「微胡鎖而不頤」句，「賾」字誤，周祖謨云：「則字以形近而譌，寫者不審，復從而改作字音，揆諸文義，均有未安。」張金泉云：「因誤字而誤音。」

〔二九二〕「遺」乃「匱」之俗寫，刊本此處無「匱」字，案此乃「遺」之訛。「匱」之俗字與「遺」形近，周祖謨云：「則字以形近而譌，寫者不審，復從而改作字音，揆諸文義，均有未安。」張金泉云：「因誤字而誤音。」

〔二九三〕切下字「庾」當是「庚」之訛。

〔二九四〕「正」爲「至令遷正黜色賓監之事」句中文，當置於「抑」條之後，「抑」乃「貶成抑定，不敢論制作」句中文。

〔二九五〕仿佛，刊本有「不傳祖宗之髣髴」句，「仿佛」爲聯縣詞，或作「仿佛」「彷佛」「髣髴」。

〔二九六〕鯡，刊本有「巡靖黎蒸，懷保鰥寡之惠浹」句，「鯡」爲「鰥」的俗字「鰥」之訛體。

〔二九七〕煇，刊本有「升黃輝采鱗於沼」句，「輝」爲「煇」之後起換旁字。

〔二九八〕豫，刊本有「昔姬有素雉、朱烏、玄秬、黃鉾之事耳」句，《古今韻會舉要·平聲下》十一「鉾」下云：「《集韻》或作鍪。」此作「豫」，爲「鍪」之省文。

〔二九九〕丞，刊本有「蓋用昭明寅畏，承聿懷之福」句，「丞」「承」古今字。

〔三〇〇〕而鳩，張金泉云：「《廣韻》在沁韻；『恁』在寑韻『如甚切』。二者異調。」案「恁」爲「若然受之，亦宜懃恁旅力」句中文，李善注：「恁，思也。」《集韻·沁韻》小韻「如鳩切」（此據北京市中國書店一九八三年影印揚州使院重刻本，上海古籍出版社一九八五年影印述古堂影宋鈔本誤作「知鳩切」）下收有「恁」字，云：「思也。」

〔三〇一〕繇，刊本有「孔猷先命，聖孚也」句，「繇」「猷」古多通用，説詳王引之《經傳釋詞》。

〔三〇二〕已，刊本有「是時聖上固以垂精遊神」句，「已」、「以」古多通用。

〔三〇三〕煇，刊本有「揚洪輝，奮景炎」句，「輝」爲「煇」之後起换旁字。

〔三〇四〕艷，張金泉云：「《廣韻》在豔韻「以贍切」；「炎」在鹽韻「于廉切」。二者韻、調俱異。」案「炎」爲「揚洪輝，奮景炎」句中文，《説文·火部》：「爓，火門也。」段注：「門乃爓之壞字耳。……古多叚「炎」爲之，如《左傳》「其氣炎以取之」，《司馬相如傳》「末光絶炎」，《揚雄傳》「景炎炘炘」皆是。」《廣韻》「爓」音以贍切，與「艷」同音。

〔三〇五〕第廿五，此古本第二十五卷，今李善注本第四九、五〇兩卷。底一「第廿五」之上另有「廿五」二字，上文「第廿四」上未重出「廿四」字樣，故不録。

〔三〇六〕底一無篇名，張金泉云：「此上脱文題《公孫弘傳贊》。」兹據以擬補今題。

〔三〇七〕兒，刊本有「公孫弘卜式倪寬」句，「兒」「倪」古今字。

〔三〇八〕悔，張金泉云：「「梅」之訛。《廣韻》「枚」「梅」同音。」案第九五行「枚」音「梅」，可爲證。

〔三〇九〕擢，刊本有「弘羊擢於賈豎」句，張金泉云底卷「脱注」。

〔三一〇〕烏故，張金泉云：「誤。《廣韻·豏韻》「乙減切」，故當作「減」。」案「減」與「故」形不近，無致誤之由，蓋爲「坎」之誤。

〔三一一〕「向」爲「劉向王褒以文章顯」句中文，當置於「勝」條後，「勝」爲「其餘不可勝紀」句中文。

〔三一二〕晉紀，張金泉云：「文題《晉紀總論》之前二字。」案此乃文題《晉紀論晉武帝革命》之前二字。

〔三一三〕揔論，張金泉云：「脱文補抄。」案此爲文題《晉紀總論》之省；「揔」「總」皆「緫」之俗字。

〔三一四〕數，此「行任數以御物」句中文，張金泉云底卷「脱注」。

〔三一五〕擒，刊本有「故能西禽孟達」句，「禽」「擒」古今字。底一止此字。

〔三一六〕此下據底二校録。從第二行「應」上天頭看，「應」當是第二行的第一字，據行款，底二首行行首應該殘去了一個注音，故據以擬補一缺字符。

〔三一七〕「綍」字底二右上角殘泐，此應是《齊敬皇后哀策文》「繼池綍於通軌兮，接龍帷於造舟」句中文，兹據刊本擬補；注音殘存左邊殘畫。

〔三一八〕「造」爲「接龍帷於造舟」句中文；切上字存左上角殘畫。

〔三一九〕「已」爲「迴塘寂其已暮兮」句中文；注音「以」存左下角殘畫，底一「已」字皆以「以」音之，故據以擬補。

〔三二〇〕「閟」字底二右邊殘去小半，乃「籍閟宫之遠烈兮」句中文，兹據刊本擬補。「閟」條下底二約缺八條注音。

〔三二一〕「應」爲《郭有道碑文》「先生誕應天衷」句中文。

〔三二二〕「量」爲「夫其器量弘深，姿度廣大」句中文。

〔三二三〕「已」爲「浩浩焉，汪汪焉，奥乎不可測已」句中文。

〔三二四〕「砥」「行」爲「若乃砥節厲行」句中文。注文「去」字底二殘存上半。

〔三二五〕「行」下一條標目字殘存左上角，不知何字。其下底二殘泐約七條音注。

〔三二六〕標目字殘存右下角；切下字存右邊殘畫。

〔三二七〕椓，《正字通·木部》：「椓，椓字之譌。」《郭有道碑文》無「椓」字，「掾」字俗或寫作「㧻」（《碑別字新編》二〇二頁，文物出版社一九八五），「㧻」、「椓」僅扌、木之異也，《郭有道碑文》有「羣公休之，遂辟司徒掾」句，則此應是「掾」之俗字。切下字「絹」殘存右半，據底三第三行「掾」音「以絹」擬補。

〔三二八〕「涯」爲「將蹈鴻涯之遐迹」句中文；切下字存右半之部分，似「圭」，《廣韻·佳韻》「涯」有「五佳切」一音，則此當是「佳」之殘，兹據以擬補。

〔二九〕跱，刊本有『超天衢以高峙』句，《廣雅·釋詁》：『跱，止也。』《玉篇·山部》：『峙，峻峙。』『跱』爲『峙』之借字。切下字殘存右半。

〔三〇〕『稟』字底二殘存右半，應是『稟命不融』句中文，《字彙·示部》：『稟，俗稟字。』兹據以擬補；切下字『飲』底二殘存右半『欠』，據底三第五行『稟』音『兵飲』擬補。

〔三一〕『稟』下一條標目字底二存上端殘畫。底二止此（此殘條下底二該行殘泐約七條音注）。

〔三二〕此下據底三校録。底三所存首字爲切下字，左半『言』旁清晰，右半模糊。此殘字上底三該行約殘缺六條。

〔三三〕標目字底三右下角殘泐，據其左半『言』及右上角『必』，當是《陳太丘碑文》『化行有謐』之『謐』，兹據刊本擬補。

〔三四〕標目字底三殘去右邊小半，應是『樂天知命』之『樂』，兹據刊本擬補；底一『樂』字注音均爲『洛』，此處殘去之注蓋亦爲『洛』。

〔三五〕標目字底三存一横之左端殘畫及下端殘畫，據其切下字『冉』，當是『交不諂上，愛不瀆下』之『諂』。

〔三六〕前一條切下字爲『一』，底一『日』字切語皆爲『人一』，此處刊本有『不俟終日』句，被注字當是『日』。該條下底三約殘一條的空間，故暫擬補標目字及注文各一字。

〔三七〕標目字底三殘存左邊，據切下字『亦』，當是『司徒袁公，前後招辟』句之『辟』，兹據刊本擬補。

〔三八〕標目字底三存左上角，據直音『越』，當是『皆舉手曰』的『曰』字之殘，兹據刊本擬補。該條之上底三約殘缺五條。

〔三九〕標目字底三殘破，存左下角『止』及右邊小半，據切語『子兮』，此當是『大位未躋』之『躋』，兹據刊本擬補；切上字『子』左上角殘泐。

〔四〇〕此處底三約殘缺五條。

〔四一〕切下字底三殘存左下角。包括該條底三此處約殘缺四條。

〔三四二〕標目字底三存左半，應是「死而不朽者已」之「已」字，兹據刊本擬補；注音存左半，底一「已」字注音均爲「以」，兹據以擬補。

〔三四三〕標目字底三殘破，據其注音「烏」，可知乃「於皇先生」之「於」字，底一第八六行「於」音「烏」可證，兹據以擬補。

〔三四四〕褚淵碑，張金泉云：「文題「褚淵碑文」之省。」

〔三四五〕標目字底三存右下角彎鈎，據其注音「菀」，當是「可謂婉而成章，志而晦者矣」之「婉」字，張金泉録作「婉」，兹據擬補。該條之上底三約殘缺四條。

〔三四六〕冕，底三左邊殘去小半，兹據刊本「軒冕相襲」句擬補；底三注音「免」殘存上端一撇，據底一第七八行「冕」音「免」而擬補。

〔三四七〕「稟」字底三殘存下半，刊本有「公稟川嶽之靈暉」句，《字彙·示部》：「稟，俗稟字。」兹據以擬補。

〔三四八〕「槐」字殘存右下角彎鈎，據其注音「懷」，知其爲「贊道槐庭」句的「槐」之殘，兹據刊本擬補。該條之上底三約殘缺八條半。

〔三四九〕底三切上字「苦」原作「善」，切下字存「穴」之右半，案底一第二行「闋」音「苦穴」，可證，兹據以糾補。

〔三五〇〕底三止此條。

〔三五一〕底四可辨者始此注文「去」字。此行前一行底四另有殘字五六個，但均僅存殘畫或模糊難辨，故不録。

〔三五二〕標目字底四存左邊「亻」，右半殘破不可辨。

〔三五三〕標目字存左邊與下端殘畫。

〔三五四〕標目字右上角殘損，《頭陁寺碑文》有「於昭有齊，式揚洪烈」句，當是「於」之殘，底一第八六行「於」音「烏」，可證，兹據以擬補。

〔三五五〕「枻」爲「釋網更維，玄津重枻」句中文。「以折」，《廣韻》「枻」音餘制切，祭韻；然「折」爲薛韻字。李善

〔三五六〕注：『翊泄切，叶韻。』乃與上『於昭有齊，式揚洪烈』句叶韻，『烈』爲薛韻字，正與『折』同韻。

〔三五七〕標目字殘存上半，刊本有『倚據崇巖，臨睨通壑』句，兹據以擬補。

〔三五八〕切下字底四模糊難辨。

〔三五九〕『已』字當是『象設既闢，睟容已安』之『已』字。

〔三六〇〕『桂』字底四存右下角『土』及右上角殘畫，刊本有『桂深冬燠』句，據其切上字『古』，擬補『桂』字。切下字上半殘破，下半『心』字可辨，斯一四三九《春秋後語釋文》第六三行『桂』音『古惠』，兹據補『惠』字。

〔三六一〕『燠』字底四殘存上部小半，兹據刊本『桂深冬燠』句擬補。注音模糊不可辨。又此行前一行底四另有殘字五六個，但均模糊難辨，故不録。

〔三六二〕此行後二行底四另有殘字四個，但均僅存殘畫或模糊難辨，故不録。

譯注叢書

春秋左傳注（修訂本）二

中華書局

古典名著譯注叢書